女人篇

张星

名人访谈录

—— 爱是女人一生的梦

张星/著

百花文艺出版社
BAIHUA LITERATURE AND
ART PUBLISHING HOUSE

图书在版编目（CIP）数据

爱是女人一生的梦 / 张星著. -- 天津 ：百花文艺出版社，2012.5
（张星名人访谈录）
ISBN 978-7-5306-6118-5

Ⅰ. ①爱… Ⅱ. ①张… Ⅲ. ①女性 - 文化 - 名人 - 访问记 - 中国 - 现代 Ⅳ. ①K825.4

中国版本图书馆CIP数据核字(2012)第091486号

百花文艺出版社出版发行
地址:天津市和平区西康路35号
邮编:300051
e - mail:bhpubl@public.tpt.tj.cn
http://www.bhpubl.com.cn
发行部电话:(022)23332651　邮购部电话:(022)23332478
全国新华书店经销
淄博方正印务有限公司　印刷
*
开本 787×1092毫米 1/16　印张 48.5　插页 4
2012年6月第1版　2012年6月第1次印刷
印数：1 - 5000套 全两册 定价:89.00元

我与笔下人物的故事(代序)

每采访一个人，便进入一个世界，读他的书，看他的资料，与他面对面地交谈，观察他的举止神态，言语形貌。从印象到思考，从立体的人物到平面的文字，再以平面的文字还原出活灵活现的人物，让更多的人跟随我的文字走进他的世界……这是一个相当有趣又不无艰辛的过程。

在我近三十年的记者生涯中，大部分时间都在做人物专访，从靳羽西、章含之、杨澜、王小慧、白先勇、曾宪梓、韩美林、范曾、傅聪、郎朗、爱泼斯坦、叶嘉莹、郎平、张泉灵、黄宗江、朱德庸等名人大家，到贫困母亲、老红军战士、外来打工妹、哈佛女孩、创业大学生、茶馆老板、希望小学教师、派出所民警等普通百姓，还有美国作家库恩、日本指挥家小泽征尔、德国市长吾德、俄罗斯音乐学院院长阿利卡诺夫、非洲姑娘茹丝……已经采写过大大小小五六百个人物、发表数百万字了。无论是名人大腕，还是平凡小人物，我都对采访对象倾注了深厚的感情，对于将要面对的每一个人物，几乎都是从准备采访开始，就全身心地投入进去，做足功课，真诚地与之交谈，倾听与理解，观察与感觉，以心灵去理解心灵，让人物来见证历史——

我曾在北京史家胡同和章含之一起谈她的人生际遇和心灵故事，她边谈边流泪；

我曾在郎朗14岁第一次到天津演出时和他们父子俩谈他们艰难的“北漂”岁月；

我曾和《江泽民传》的美国作者探讨他对中国古典诗词以及中国文化的认识；

我曾和汶川抗震英模蒋敏在钢花四溅的炼钢车间讨论“钢铁是怎样炼成的？”；

我曾和周令钊夫妇一起回忆他们在天安门城楼上画开国大典那幅毛泽东画像时的情景；

我曾在剧院的后台看傅聪练琴，与傅敏谈《傅雷家书》；

我曾和慕尼黑市长夫妇谈他们曲折感人的爱情传奇；

我曾和孙中山的孙女孙穗芳在利顺德饭店她祖父住过的房间里谈人生与命运……

采访犹如攀登，一个个人物的访谈与写作，如同翻越了一座座人生的高峰。

这么多年采访人物的经历，让我从许许多多的人物身上感受到不同的人生况味，汲取了许多精神上的营养。深入到每一个人的人生之中，细细品味那些岁月和故事，那些心情和眼泪，我真的很庆幸自己选择了记者这个职业，每天的太阳都是新的，一种动荡的生活，一种变化的日子，一种永远鲜活的思绪……我迷恋、着迷于各种人物的内心独白，因为这是最直接能够走进人物内心的途径，那种面对面时的脱口而出，那么的真实坦诚，那么的鲜活灵动……

虽然已经采写了这么多的人物，但每当又联系到了新的采访对象时，尤其是那些有性格、有故事、带有传奇色彩的人物，我还是一如当初地那么跃跃欲试、充满期待。无论之前是多么疲惫、多么倦怠，一见到采访对象，进入采访状态，我便立刻灵魂附体一般地精神振奋、文思泉涌……我真的是很喜欢采写人物，那种交流的快感，那种别样人生的刺激，犹如打开了一扇扇生命的窗，常常让我内心激情澎湃。我请曾宪梓讲人生与财富，请巴金的侄子讲真话与真情，请英格丽·张讲星象与形象，请范曾讲他是怎样画出《陈省身与杨振宁》这幅巨画的……

如此迥异的传奇人物，如此落差的际遇人生，穿上记者的红舞鞋，我必须要在很短的时间里转换思绪,更新背景。感觉自己如同一个旋转着的万花筒,在忙碌中拼接着截然不同人生片断。大脑高度兴奋,用一生去穿越几度人生,真的是很神奇!

与名人面对面,通常我要预先做大量的功课,访谈时才能挥洒自如。写作时,我需要先把几个小时的采访录音整理成文字,每个人物都要整理出上万字甚至更多,边听录音边打字的过程仿佛是又进行了一次采访,经过了冷静的思考之后,对人物的感悟和理解更深了一层。这时,人物就在我打字的键盘下开始"活"了,采访时的情景再现,许多当时没留心的细节这时全都蹦了出来,灵感潮涌,我不得不一次次停止打字,把这种印象记录下来,这便是我关于人物最鲜活的印象记。之后是我与人物的对话录。我觉得,这种即时的采访对话,最大的好处就是鲜活,有一种情境和氛围,使读者也能沉浸其中,仿佛参与了访谈,如见其人一般。而不是那种被作者嚼过了又吐出来的东西,早已经没有了味道,甚至完全走味。而我的印象记,又恰恰是在这鲜活之上的理性思考与必要的背景交待,吸引人的还是作者的感觉。

在采访各式各样人物的过程中,我有机会能更深入地走进新闻事件的背后,走进历史见证者的内心世界,而在与这些名人大家的接触过程中,也有一些很有趣的故事和片断,让我感动,让我难忘。

为靳羽西离婚的消息保密了五年

记得第一次结识羽西是在1996年,在天津凯悦饭店的乡味斋,面对落地窗外静静流淌的海河水,我们放下关于事业的话题,谈起了女人共同关心的一些事:婚姻、爱情、孩子……然后羽西告诉我,她离婚了。

一时间,我无言以对。我知道她的结婚,因了她的知名度和她美国丈夫的富有程度,曾经使世界媒体狠炒了一阵子,成为许多人热衷关注的话题。然而,仅仅过了5年的时间,被当时媒体称为"如此完美的结合"、"最幸福的一对"竟然这么快就结束了。羽西说,不是我的原因,是老公又有了另外一个女人,我问她,那你怎么办呢?她只是说,我哭了……

那天，我和她形影不离地相伴了一天．早晨她从市区到塘沽做关于美容知识的讲座，为读者签售她新出版的《亚洲妇女美容指南》一书，下午回到市区，在天津广播电台，为“张士柏英语网”的听众做如何学习英语的演讲，然后又到政协礼堂与中老年女政协委员见面，当晚她要乘机飞往武汉。她很诚恳地要求我：“你是第一个知道我离婚的记者，请你千万不要把这件事写出去！我点头答应了。”

我知道，对于记者来说，这是一个非常难得的独家新闻，以靳羽西的知名度，我完全可以利用这条新闻炒作一阵子。但从同样身为女人的角度，我更知道，羽西能把这么隐私的事情告诉我是一种多么难得的信任。于是我在那篇题为《羽西的爱对你说》的长篇专访中并未提她的离婚，只是引用了一句泰戈尔的诗：“你有星群在天上，你屋里的灯却没有点亮。”不久后，我到北京大学采访她建立奖学基金时再次与她相见，她拥抱着我说：“看了你的文章我都哭了，谢谢你没有把我离婚的事写出来。”

5年过去了，羽西离婚的事已经不再是新闻，当我再次到上海她的家中采访时，她不仅同意我写出来，还详细讲述了那个痛苦的过程。她对我说：“刚离婚时是很难谈的，我现在谈起来就很自如，因为最痛苦的时候过去了。那时候，你谈的越多，就是多次在重复自己的痛苦，你的脑子里的细胞、你的身体里的细胞都好像重新在经历这段痛苦。但是，我有一个最大的优点，就是我能把痛苦全部翻过去，再开始新的一页。你听不到我说痛苦，我记住的都是快乐的事，我就只看前面，不看后面。当然，要做到这一点需要我尽很大的努力，好多年的努力……”

“假如让你再选择，你会找一个什么样的男人做老公？能谈谈你的条件吗？”我问。

羽西脱口而出：“爱我，爱我，爱我呀！爱我是最主要的，当然我也爱他。还有一个特别重要的，就是这个男人是不是真诚？是不是仁慈？”

当我说，女人对爱情的感觉是分阶段的，也许一个时期特别想有人爱我，想嫁人，而另一个时期又只喜欢一个人独处时，羽西立刻打断我的话，说：“不，女人什么时候都喜欢有人爱……”

和郎朗父子在天津吃狗不理包子

1996年，当郎朗第一次踏上天津的土地时，他还是一个“小荷刚露尖尖角”的14岁少年，那时我曾为他写了一个整版的报告文学，题目只用了“中国男孩”这个称谓。而十几年之后的今天，29岁的郎朗已经是享誉世界的著名钢琴大师！

十几年中，他的足迹遍及全世界，他的琴声也感动了全世界。亚洲、美洲、欧洲甚至非洲……他与世界最顶尖的交响乐团签约，在世界最著名的音乐厅和音乐节上举办个人独奏音乐会。他不再是那个靠比赛中获奖而赢得掌声的“中国钢琴男孩”，而是名副其实的世界级钢琴演奏艺术家。

再次采访，望着面前熟悉又陌生的郎朗，我的思绪一下子就回到了当年初见郎朗的那个日子——

1996年11月2日，我在郎朗父子下榻的天津黑牛城道上一家旅馆采访他们，因为前一天刚演奏了一晚的“肖邦作品专场”，对于一个14岁的少年来说，一口气演奏下来肖邦的24首练习曲，在世界钢琴演奏家中也是极为罕见的。中午时分，郎朗正在午睡，第二天晚上他还要再弹一场“老柴”。我还记得那场音乐会的节目单上写着：少年钢琴家郎朗“辞别故土、远涉重洋”前夕钢琴独奏音乐会，并且是首次与天津交响乐团合作，下午他除了排练还要到天津音乐学院有一个交流活动。我和郎爸郎国任就在那家旅馆里一间连沙发都没有的房间谈了一中午。然后郎朗睡醒了，初冬的津城已有了些许寒意，郎国任脱下自己的皮外套披在儿子胖乎乎的身上，我们就一同坐车赶往音乐学院。这时，我发现郎朗的10个手指头全都缠着橡皮膏，他说，昨晚弹肖邦时手弹裂了，特别疼！我担心地问他，第二晚的“老柴”会受影响吗？他说不会，他已经习惯了，不在乎了。第二天中午我们在天津著名的“狗不理”包子店吃包子的时候，郎朗就坐在我的身旁，他一边吃着包子，一边还顽皮地与老演员谢添比手掌。他告诉我，父亲为了不让他看电视，把家里的电视天线都给撅折了……

那时候郎朗给我最强烈的印象就是：餐桌上的他虎头虎脑，活泼可爱，而舞台上的他大气磅礴，却透着一种与年龄不符的早熟和忧郁。

果然，第二晚他弹的“柴可夫斯基作品专场”正如1995年他在日本参加柴可夫斯基钢琴比赛时外国评委所说:“这是一个懂得柴可夫斯基的孩子!”我用望远镜把台上的郎朗拉到眼前,我看到他额头上布满了细小的汗珠,他时而微闭着双眼,全然陶醉状;时而睁大了眼睛,右边的眉毛跟着音乐的节奏向上一挑一挑地动着,他的身体也随着音乐自然地起伏……当我不经意地转过头扫视观众时,我发现一个熟悉的身影站在第二十几排的走道上,镜片后面的目光死死地盯在台上的郎朗身上,仿佛屏住了呼吸,他就是郎朗的父亲。他曾告诉过我,儿子弹的每一个曲子,他几乎都同样能一个乐章、一个乐章地背下来,儿子在弹琴时,他也在弹,只不过儿子弹出的琴声人们听得见,而他用心弹奏的心声只有他自心知……

黄宗江请我吃“鸡素烧”

那是2004年7月的一天,我们专程到北京八一电影制片厂黄宗江的家中采访,黄老见到我们非常高兴,从一见面他就开始改说天津话,边说边笑,亲切随意。刚一落座,他就把早已准备好的录像放给我们看,是电视台为他录制的一部纪录片《回家》。他说,当电视台要为他拍这部片子时,出生于北京、13岁父亲去世后便漂泊一生的他竟然不知何处是“我家”,电视台的人提议,要不就拍回南开吧,他欣然应允。于是,黄宗江的“回家”就是“回”到天津拍的。见到来自天津的记者,老爷子像见到了亲人,聊着聊着,就到了中午时分,我提议请他到外面吃一顿,他却执意让我们尝尝他很喜欢吃的一种日本料理,叫“鸡素烧”。

原来,在我们来之前,黄宗江就已经让在他家服务多年的曾嫂采购好了原料:羊肉片、香菜、生菜等。开吃时,把电磁炉放在餐桌上,放上平锅,倒上油,用一层洋葱铺底,然后依次往上边放羊肉和菜,再浇上日本酱油,撒上盐和胡椒粉等作料。烧好一层再铺一层,绿的菜,红的肉,白的葱,绝对是美“色”;随着平锅上冒起的烟雾,一股诱人的香味在房间里弥漫开来,顿时使人胃口大开。黄宗江边吃边问我:“怎么样?不比馆子里的差吧!”说着,他还从冰箱里拿出自制的酸梅汤给我们喝,酸酸甜甜,冰凉爽口,那叫一个美!

围着香气四溢的电磁炉,黄宗江又聊起了他追求一生的戏剧艺术和他一生难忘的老伴儿。他风趣地说他写过一篇散文,就叫《我爱女演员》,曾引得同行大笑,他又补充说,我也爱男演员,众人更笑。他又坦白地说,我更爱女演员。众人都被他的坦白和热情所感染。他说,我所仰慕的女演员,像秦怡、白杨、张瑞芳、斯琴高娃、卢燕、奚美娟等,多是在生活里不像演员的演员,不做秀而内秀,甘于寂寞地做着不寂寞的事,其中最优秀的代表就是他的老伴儿阮若珊……

推开章含之家那厚厚的大红门

2006年4月我到北京采访章含之,来到著名的史家胡同51号,我还特意推了一下那"厚厚的大红门"——那门可真厚!差不多比我们平常门的两个还要厚,足有上百斤的重量,我用一只手无论怎样使劲都推不动,启动它还真需费一番力气才行。大红门打开后有一个灰砖墙影壁,往左走是前院,从影壁后面绕过去是通往后院的长廊,后院比前院大多了,威严高大的正房和两侧的厢房围成一个天井似的院子。跨入院中,首先映入眼帘的是那棵"比洪晃年龄还大"的海棠树,阳光明媚的春日,枝繁叶嫩的树冠上挂满了粉红色的花蕾。左边的那棵梨树上,雪白的小花像满天的繁星,生机勃勃地宣布着小院的春天……

迈进正房后,足有4米多高的房屋被横着一分为二,后半部用白色雕花的木窗隔开,并搭成了上下两层。章含之就从那雕花的木格门里走出来,两件套的浅咖啡色薄毛衣,一条长裤,白多黑少的一头蓬松卷发下,依然是那张秀美的脸。71岁的年纪,身材依然挺拔,站在那儿,气质、风度、神态、举止,无论怎么看,也都还算是一个优雅的美人。岁月可以剥蚀她的青春,却无法遮掩她由才智和教养放射出来的光芒,她涂了淡淡的唇膏,微笑着招呼我们坐下。

两个多小时的交谈,她与我们谈得最多的不是父亲章士钊,不是丈夫乔冠华,不是女儿洪晃,而是毛泽东——那个事实上掌握、或者说改变了她命运的伟大领袖!

记得当时她曾这样说过:"当你的生命走到最后、你回顾一生的时候,你最大的收获就是你所经历的这一切。你看到了你在这个生命的过程中别人所看不到的东西,别人所没经历到的东西。人到最后是同样的归宿。但在这生命的几十年里,有的人经历到了很多,有的人没有经历到很多;有的人很平静的一生,有的人很波澜壮阔的一生，有的人很坎坷的一生……那么你到了生命最后的时候，唯一能告慰的是，你看到的可能比别人多，你经历的比别人多。我所经历的这些事情，宿命一点的说法，都是命运的安排。是你自己所不能掌握的，你说我能自己掌握吗？”

记得那天我们谈得很深，好几次她的眼圈都红了，泪水就那么盈着，但她却都控制住了。记得那天在采访将要结束的时候她对我说，我这一辈子都在做别人的什么人，都不是我自己，现在我想从过去的生活中迈出来，只做我自己……

章含之依然美丽的笑容让我感到，她的心魂终于从那扇厚厚的大红门中解脱出来，要活一个真正的自己了。年过七旬，属于她自己的生命才刚刚开始。纵观她的一生，为了“总长的女儿”，她放弃了少女时代的演员梦；为了党和时代的需要，她放弃了清华和北大最向往的专业；为了“主席的老师”她改行到了外交部；为了“外交部长的夫人”，她经受了如此沉重的磨难……现在，她终于可以做一次她自己了，可是，她却走了……

与爱泼斯坦掰手腕

当我的手终于和这位九旬老人的手相握的瞬间，心中充满了感动！

这一刻，我所触摸的不仅仅是一位老人的手，而是几乎整整一个世纪的风云变幻。他掌上的每一条纹路、手背上的点点老年斑不仅浓缩了他九十载漫长的人生，更是百年中国的历史见证。这一握，仿佛为我打开了一扇百年中国历史的大门，我被牵引着走进老人的记忆，走进一段依然鲜活的峥嵘岁月……

2005年4月20日下午，我们来到北京爱泼斯坦的住所——美林公寓，首先见到了他的夫人黄浣碧。送上我特意从天津带去的一个插满金百合与红玫瑰的大花篮。爱老夫人说她有点弄错了，因为近日来访的人比较多，爱老刚刚睡下。于是，我们就先和爱老夫人聊了起来。正聊着，保姆说爱老起来了，夫人说，是因为你们来才起来的，一种心疼含在她的语调中。

爱泼斯坦来了，他坐在轮椅上，被从里屋推出来，推到我们面前，他笑着，雪一样纯白的眉毛下，一双深凹的眼睛含着慈祥的笑意，头上不多的头发也完全是雪样纯白，这是我第一次采访一个完全老外模样的中国人。

不得不承认，这是很累的一次采访，因为一来他年龄太大，又因结肠癌在一周之内做过两次手术，身体相当虚弱，二来他的中文能力限制了他的表达。所以，采访的过程大多时间是我在说，他的回答通常只是“对”，“是”，或几个简单的句子。即使这样，我们竟然也谈了一个多小时，大大超过了电话中约定的20分钟。

爱泼斯坦是个幽默的老人，看到摄影记者用数码相机不停地冲他拍照，他便模仿快门的声音说“啪，啪，啪，枪毙啦！”采访结束时，当我和他再一次握手时，老人竟用力攥紧了我的手按下去，有些得意地问我他是不是很有力量？我说，这回不算，再掰一回。于是，在试探着老人确实没有问题之后，我当真使出了浑身的力气，却当真没有掰过他，他笑着就把我的手使劲翻到了下面……

虽然加入了中国籍和中国共产党，又娶了中国太太，但他的中文说得并不地道，仍旧有明显的“洋味”。可是他的表情——当我们聊到抗战、“文革”以及如今的改革开放，他目光中的那种意会，就与中国人无二了，因为他和我们一起经历了这一切。

面对曾宪梓，仿佛面对一部人间神话

2006年我到北京采访正在北京开会的曾宪梓先生，72岁的曾先生身患严重的肾病，曾因换肾失败险些离去。11年来全靠透析维持生命。与他面对面地坐到沙发上时，我看到他虽然顶着一个硕大的头颅，但身体很瘦，脸色也不太好，但他确实是一个善良的老人，非常耐心地听我提问，尽量用普通话讲述大概已经对无数媒体讲过的人生，竟然一讲就讲了一个多小时。中午，他执意要我们同他一起在人大会议中心吃自助餐，还专门安排秘书为我们买好了餐券。吃饭时我就坐在他的身旁，我看到他只选了很少的几样菜，让服务员给他煮了五六个素馅饺子，把盘子吃得干干净净，最后吃了一小碗冰激凌。看着他安详地吃着饭，想到他穷苦的童年和艰辛的少年，想到他靠“勤、俭、诚、信”的人生信条创造出的“金利来”神话，一种感慨油然而生。

因为穷，曾宪梓17岁才读初中，35岁才开始创业。别人是先立业后成家，他却是先成家后立业，养家糊口成了他打拼创业的最大动力。回首他的一生，实在是太挣扎的一生了！虽然现在他是亿万富翁，可他35岁之前的人生全都是挣扎，并且充满委曲、坚忍甚至屈辱！他是一个韧性太强的人了！像那种最具柔韧度的竹竿，压到三百六十度也不会断。他所忍受的绝不仅仅是吃了上顿没下顿的饥饿、光脚板的寒冷和居无定所的流浪，还有寄人篱下时强咽的泪水，遭人白眼时咬紧的牙关……1963年他初到香港的日子，一个在新中国刚刚大学毕业的科研人员，一下子成了资本主义世界别人屋檐下的男保姆。之后带全家来到泰国，拼命工作也无法给妻儿一个温饱和安定的窝。后来在香港街头推销自己做的领带，好多次被人像轰乞丐一样骂着赶出来……

可是，他却从不为金钱折腰，即使在最艰难的日子，他也毅然放弃了对父亲遗产的继承权，横下一条心，硬是靠自己的一双手打拼挣扎，一分钱、一毛钱、一元钱地积累，终于不仅养活了一家老小，挣出了数十亿家产，还创出了"金利来"这个享誉世界的中国名牌。

面对着他，我有一种不真实感，仿佛面对着一部人间神话！四十多年前，本来是为了继承父亲遗产而来到泰国的他，面对亲戚们争斗得不可开交、人情冷漠时，他平静地选择了放弃。他说："上一代人的事与我无关。人不能太贪心，我相信用自己的劳动和智慧一定能创造出财富来！"甚至后来叔叔在他最困难的时期送给他几万港币的买原料费用也被他用从嘴里抠出来的钱全部还清了。正如他叔叔的感叹："世界上怎么会有像你这样不爱钱的人"一样，我也在问：世界上真的有这样不被世俗红尘所诱惑的人吗？

并且，他还是一个特别心细的老人，我看到他已经完全吃好了以后，就劝他先上楼休息，没想到他说："这里一点钟关闭，我走了，服务员会赶你们。我在这，他们不会。"果然，此时已经快一点了。于是我告诉他放心去休息，我们已经吃好了。他仍然不放心，叫来了服务员，叮嘱不要赶我们，一定要让我们吃好。看到服务员点头，他才起身离去。看着他在曾护士的搀扶下一步一颤地走出餐厅，一种感动漫上心头。我不禁扪心自问：什么是人生的意义？财富的意义？贫困的意义？怎样看待贫困与财富？又怎样把握人生与诱惑呢？

台前幕后，与《傅雷家书》中两兄弟一起沉浸

采访傅聪的过程是一次独特的体验，2005年的元旦之夜，他要来天津举办他的个人钢琴独奏音乐会。没想到，因为上海的大雪阻碍，傅先生一行乘坐的飞机直到2004年12月31日深夜才到，几乎就是踩着新年的钟声踏上了天津的土地。原来设想当晚采访的计划顿时落了空，而第二天，从中午一点钟开始，傅聪便来到演出场地练琴，他要不停歇地一直练到下午5点钟，这其间是绝对不允许有人打搅他的。无奈我只好悄悄地来到剧场后台，混在工作人员中偷偷地看他练琴。

对艺术家而言，看他练习其实比看他演出更精彩。一个艺术家一生练习的时间往往是他演出时间的数倍，而这时的他没有包装、没有聚光灯，才更接近于"原生态"。

台上的傅聪留给我的是一个背影，应该说，是一个老人的背影，毕竟70岁的傅聪早已不是很多人印象中《傅雷家书》里的那个在父亲笔下被谆谆教导的少年了。远远望去，空旷的剧场里，不太明亮的灯光下，坐在有靠背的琴椅上的他显得有些孤独和孱弱，然而，当他的双手触动琴键的瞬间，当那一串串音符在剧场上空飞扬的时候，我感到有什么东西在轻叩着我的心扉，像雨滴，像清泉，又像是阴郁的苍穹下那一抹淡淡的晚霞……那背影也随着琴声而变幻出一种诗意，一种激情，一种至纯至雅的音乐精灵，就这样渐渐地充满了剧场的每一寸空间。

傍晚，就在后台等待演出开始的时候，我见到了专程从北京赶来的傅聪的弟弟傅敏夫妇。他说他还没有见到哥哥，因为他深知傅聪在演出前是不能打扰的，所以他们来也没有告诉哥哥。当演出开始的时候，我就和傅敏一起坐在舞台的侧幕观看演出。投入到音乐中的傅聪完全沉醉，他的嘴一直在下意识地动着，仿佛在歌唱。那神情有如天使般圣洁，又如孩童般率真，坐在我旁边的傅敏也是一副沉醉的模样。这时我想起了二十多年前第一次捧读《傅雷家书》时所受到的震撼，傅雷夫妇在那场浩劫中所遭遇的悲剧更使这本"家书"成为绝唱。而今，竟然能与这书中的两兄弟坐在一起，台前台后，人生与命运就是这样奇妙地由音乐相衔接，不由得百感交集，热泪盈眶……

演出结束后，在为傅聪举行的祝贺晚宴上，我终于得以与他面对面地交谈。面对提问，他说得很少。他的一位同龄老朋友、原中央乐团的大提琴手马育弟专程从北京赶来，饶有兴致地加入我们的谈话，并不断地“爆料”——有一年傅聪从国外回来，那是一个夏天，我对他说，你虽然入了英国籍，但你是一个中国人，你就是烧成灰也还是一个中国人。北京的公共汽车那么挤，许多人都光着膀子，你也要挤一下公共汽车，让光膀子的人也蹭一蹭挤一挤。他说好，于是我们就坐车去和平里，谁知才走了两站地，汽车抛锚了，售票员说，下车，推车！我说咱哥儿俩推去吧，就一起“一、二、三！”推车。我说，怎么样，这辈子没推过车吧？没想到他却非常得意地说：“经常推。”原来他老婆开车经常忘了关灯，车子就没电了，他就经常帮他老婆推车……

在老朋友“爆料”的时候，傅聪一直拿着他的大烟斗宽厚地笑着，不知是宽容他话语中的夸张成分，还是宽容他在这样的场合说他的私事。

当我请他谈谈《傅雷家书》对他的影响时，他告诉我：“《傅雷家书》我很少看，为什么？我不忍卒读啊！翻翻家书，我就会泪如雨下，就整天不能自持，就整天若有所思，很难再工作下去……家书里的话已经刻在我心里很深很深。特别是父亲的遗书，我现在一想起，眼泪就忍不住了！那里边真是一个大写的‘人’字！父亲那么纯真、简朴、平凡，可他有真正的人的尊严……”

目录

杨绛

有多少温馨可以回忆

杨绛：本名杨季康。1911年生于北京，祖籍江苏无锡。1932年毕业于苏州东吴大学。1935—1938年留学英法，回国后曾在上海震旦女子文理学院、清华大学任教。1949年后，在中国社会科学院文学研究所、外国文学研究所工作。

写作背景

一个偶然的机会，我在书店橱窗里一片花花绿绿的图书中发现了这本名为《我们仨》的新书，立刻就被它朴素、简捷的封面所吸引，当然，吸引我的还有杨绛这个名字。谁都知道，杨绛不仅自己是一位优秀的学者，她还是著名作家钱钟书先生的夫人。

打开书，里面的文字，也一如这封面般简捷、朴素。这样的文字，表面上看似乎没有什么，可是沉下心来静静地读，眼泪就会禁不住地往外涌……

一位九十高龄的老人，在女儿和丈夫相继去世之后，竟然能用如此清晰的记忆写出这样一本三个人从相依相助到相聚相失的感人故事来，她是怎样写的？这本书又是如何出版的呢？

于是，一个强烈的愿望就是要采访杨绛。

几经周折，总算是找到了杨先生家在北京三里河寓所的电话号码。一通电话打过去，接电话的是她家的保姆小吴，她管杨绛叫奶奶。她说奶奶现在身体还算可以，只是年纪大了，耳朵有点背，但每天仍然不停地写字看书，很忙。她不希望被人打扰，中央电视台的一套、八套、十套节目和北京电视台等许多家新闻媒体都来找过，但全都被奶奶谢绝了。并且奶奶的耳朵背，也不愿意接听电话，怕给别人添麻烦。你们的好意我会转达给奶奶的。

被拒绝是预料之中的事，当年钱钟书先生在世的时候，曾多次拒绝过媒体对他的采访，更何况如今的杨先生已经是92岁的高龄了呢！

虽然这样想着，却并未完全死心。同事们帮我设计，让我手捧鲜花直接奔北京三里河杨先生的家，就说代表天津的读者去看望一下她老人家，然后拍几张照片就算OK了。

应该说，这是一个不错的主意。可是，以这样突然袭击的方式去对待一位92岁的老人，似乎有欠尊重。

2003年中秋节前，不甘心的我再次拨通了杨先生家的电话，仍然是保姆小吴接的，她非常礼貌地再次拒绝了我的采访请求。她说，她已经把《天津日报》记者的好意转达给奶奶了，奶奶让她对我说，天津读者的好意她心领了，并谢谢天津读者对她的关心。奶奶说，来日无多了，她要抓紧时间把手里的活做完。中秋节，有的部门想邀请杨先生参加一些活动，她也拒绝了，奶奶从来对过什么节日都不在意。

后来我才知道，不仅是中秋节，上个月她过生日，连亲友想为她祝寿她都避开了……

于是，我不再幻想。灵机一动，我找到了《我们仨》这本书的出版者——三联书店，请他们谈谈他们眼中的杨先生和这本书的编辑及出版过程。

于是，在前不久一个秋高云淡的上午，我专程到北京，采访了这本书的出版者，他们给我讲述了杨先生许多鲜为人知的动人故事——

万里长梦和暗洒的泪水

说起《我们仨》这本书最初的缘起，还是在钱钟书和阿瑗生病的初期。

当时杨绛正被丈夫和女儿的病忙得焦头烂额，杨先生在朋友们的建议下起意要写“我们仨”的故事，但那时候杨绛实在没有时间写，女儿阿瑗知道后，自告奋勇地要求：“我来写！”

那时候阿瑗的脊椎癌已属晚期，为了写作，当时只能仰卧的她硬是让阿姨拿着板子写起来，后来杨绛见女儿写得实在是太辛苦了，化疗后她已经不能进食了，就劝女儿不要再写了，先好好养病。女儿无奈只好停笔，结果停笔后的第五天就去世了……

女儿的病逝，对杨绛的打击几乎是致命的。从书中可以看到，从女儿阿瑗病重住院开始，一直到阿瑗去世，杨绛始终用一种诗意的梦境来表达她的悲哀，文字虽然简练，哀伤却是层层递进、浸入骨髓的：

“我觉得我的心上给捅了一下，绽出一个血泡，像一只饱含着热泪的眼睛。”“我的心上又绽出几个血泡，添了几只饱含热泪的眼睛。”“我的心上连连地绽出一只又一只饱含热泪的眼睛。”“我心上盖满了一只一只饱含热泪的眼睛，这时一齐流下来……”

那时候，她不敢把这一噩耗告诉给同样病重的钱钟书，所有的压力都只能她一个人承受。可是，有一天，钱钟书突然对来医院看他的杨绛说：“阿瑗回家了！”杨绛问：“回家？回哪个家？回三里河吗？”钱钟书摇摇头。杨绛接着问：“回她丈夫家吗？”钱钟书说：“那也不是她永远的家。”杨绛说：“那她回哪去了？”钱钟书说：“回她自己家去了。”

杨绛说到这时禁不住落下泪来。她说这就是心灵感应，阿瑗和爸爸是父女连心啊！

在书里，杨绛把这一生离死别的“失散”过程写成了梦境。她说，她不愿意写得那么实，不愿意在别人面前揭自己的伤疤，更不愿意在别人面前掉眼泪，所以，她把泪水全都流进了书中的“万里长梦”中，这就是杨绛的性格。

走不出的悲痛，想象不出的坚韧，依然温馨的回忆

1998年岁末，当相依相守了六十多年的丈夫钱钟书也终于去世了之后，杨绛写道：“我们三人就此失散了，就这么轻易地失散了。‘世间好物不坚牢，彩云易散琉璃脆’。现在，只剩下我一个人。”

“但是，我只变成了一片黄叶，风一吹，就从乱石间飘落下去。我好累地爬上山头，却给风一下子扫落到古驿道上，一路上拍打着驿道往回扫去。我抚摸着一步步走过的驿道，一路上都是离情……”

那段时间，杨绛原本就瘦的身躯已经没了人形，她甚至要扶着墙才能行走。几年的时间里，两个亲人先后住院，又先后去世。杨绛就生活在家与两个医院的往返奔波之中。那时钱钟书已经不能进食，为了给丈夫加强营养，杨绛每天都要为他熬西洋参汤，打各种各样的果泥、菜泥和肉泥，甚至用针一根根把刺挑出来的鱼肉泥，然后再送到医院。天天这么打，天天这么送，风雨无阻……

她瘦小的身躯，仿佛随时都有可能倒下，但却总在那里坚持着。女儿和丈夫相继去世后，她整个人像被抽空了一样，可是她却没有躺倒。她说，我不能倒，我还有很多事要做，我要替钱先生整理他的文稿。大约一个星期之后，杨绛就把自己关在房间里开始翻译一部柏拉图最难译的著作《斐多》，用这种方法把自己的全部精力投入到工作中。稍后便开始整理钱钟书的文稿。钱钟书生前一直坚持不

让出版他的个人文集，亲友和出版部门做了不少工作，终于在他去世前同意了。

当杨绛从亲人去世的巨大打击中稍稍缓过来之后，便立即着手整理丈夫的文稿。有一天，《钱钟书手稿集》的责编到杨绛家取资料，看见临窗的桌前摆满了钱先生残破的手稿，旁边还摆放着剪刀和胶水。杨绛的眼睛异常的红肿，她说正在拼对钱先生的手稿呢。每天，她就这样仔细地辨认那些因年久而模糊的蝇头小楷，并把它们准确在粘贴起来。这只能是一个学者，一个真正爱书的人，一个了解并尊重钱钟书先生真正价值的人，一个深情挚爱的妻子才能做到的。

钱钟书手稿的文字密密麻麻，重重叠叠，整理起来十分辛苦。杨绛说："他摆得一摊一摊的，他的东西虽然乱，但他自己知道什么东西放在哪儿，一拿就有。等到我来弄，就不知道了。有的东西拼得对上了，有的对不上，这样接起来费了不少时间。"

2002年底，杨绛开始着手写《我们仨》这本书了。回忆是痛苦的，但她一个人对三个人的思念却是那样的强烈。她写得很快，10万字，没用几个月就写完了。因为这都是她的心里话。她不愿意诉苦，不愿意写成悲哀的东西，她用一种平静的口吻讲述她们一家三口的温馨故事，却让读到它的人禁不住泪流满面。

杨绛"我们仨" ▶

“我们家的三个人，就像万花筒中的三面镜子，是你中有我，我中有你的！”

说起杨绛的家，就是她在书里一再提到的三里河寓所，去过的人都告诉我，那简直是太普通、太简朴了！一百二十平方米左右的单元房，除了客厅以外，房间都是只有十平方米左右的小间。没有进行过任何装修，水泥地面，非常过时的柜子、桌子，老旧的样式，可是他们却始终安之若素。杨绛总是说，我这样已经很好了，这是我们自己的一种生存方式。

在这样的环境中却拥有那么丰富的精神生活，那么乐观，那么坚强，这是一个多么美好的家庭！一种多么美丽的情感！杨绛一家三口，每个人都是独立的，钱钟书先生自不必说，杨绛也是一个极优秀的学者，她的戏剧、翻译、小说都是非常优秀的；女儿钱瑗是一门学科（英文文体学）的创立者。他们每一个人都是一个独立的学者，在生活中又相互支撑，相守相助。

杨绛出名比较早，上海解放前夕，她写的话剧《弄假成真》在上海上演很轰动。有一天晚上看完话剧回家的路上，钱钟书突然说他想写一部长篇小说！杨绛非常高兴地表示赞成。虽然当时他们的生活还很困难，她却对丈夫说，那你就少教一些课时，把时间用来写小说吧。钱钟书不无担忧地说，那我们家的收入就减少了。杨绛说，没关系，我多做点事情就行了。为了节省开支，她辞退了保姆，自己承担了所有的家务，包括摊煤饼子这样的重活儿。钱钟书的这部小说便是著名的《围城》。

2003年春天，杨绛把《我们仨》的书稿交给了“三联”的编辑。因为“非典”耽搁了几个月，直六月才开始第一次印刷。到现在，短短的三个月里已经是第八次印刷，总计二十多万册了。出版社没有对该书进行任何炒作，却引起了如此巨大的反响，看来只要是好书，就会受到大家的欢迎。

编辑说，最初曾经想把《我们仨》做成那种当下非常流行的图文书，杨先生也为出版社提供了不少照片。可是看到杨先生的文字之后，编辑的想法变了，他真舍不得把杨先生一气呵成的文气割断。于是，他们把照片集中放在了书的前面，附录放在了后面。中间让杨先生的文字完整而不被打断地一气贯通。编辑说，这本书并不是通常意义上的畅销书，而是长销书。像《傅雷家书》一样，每年都会加印。

其实，杨绛还有许多美丽而温馨的故事没有写进去，她也很少写自己，更多的是写丈夫和女儿。

曾有朋友问她："你们家的主心骨是谁？"编辑在一旁搭腔说："一定是杨先生！"杨绛连忙说："不对，不对！我们家的三个人就像万花筒中的三面镜子，你中有我，我中有你。"

显然，她把自己淡化了，这便是杨绛。

叶嘉莹

穿越生命的诗行

叶嘉莹：号迦陵。1924年7月出生于北京的一个书香世家，南开大学中华古典文化研究所所长，博士生导师，加拿大籍中国古典文学专家。1990年被授予“加拿大皇家学会院士”称号，是加拿大皇家学会有史以来唯一的中国古典文学院士。曾任台湾大学教授、美国哈佛大学、密歇根大学及哥伦比亚大学客座教授、加拿大不列颠哥伦比亚大学终身教授，并受聘于国内多所大学客座教授及中国社会科学院文学所名誉研究员。

印象：寸心如水

有的人，你与他经常见面，却很难留下什么印象；

有的人，你与他只是偶然相遇，却让你从此挥之不去。

叶嘉莹，就是这样静静地向我走来，娓娓地与我交谈，整整3个小时，她竟然没有喝一口水。在南开大学她的寓所里，深秋的夜晚，灯光柔和地映着她恬静开朗的容颜。镜片后面那双深邃的眸子，在她清晰凝练的讲述中，闪烁着飞扬的神采。

我对她说："我们今天不谈诗词，只谈人生，好吗？"

她说："如果我要讲故事，80岁的人有太多的故事了！"

是的，生于1924年的叶嘉莹，是一位出身名门的大家闺秀，自幼便饱读诗书。然而她的一生又充满了悲欢离合、死生苦难，少年丧母，青年丈夫遭遇祸患，人到中年又痛失爱女……

当叶嘉莹真正开始讲述她的人生时，我才发现自己是多么的愚蠢！对于叶嘉莹来说，诗词就是她的人生，而她的人生中又怎么可以没有诗词！诗词如同她的血液，早已流遍全身，成为她生命的一部分了。

可是，千曲百折之后，为什么在她的脸上竟然找不到一丝沧桑的影子？为什么在经历了那么多常人难以承受的打击之后，她却依然初衷不改、爱诗如命？当有学生问她："在当前商品经济的大潮中，学习古典诗词还有什么用"时，她说："我以为，学习古典诗词最大的好处就是使你的心灵不死。"

心灵不死！这就是她一生遭遇不幸，却一生执著于诗词的最好答案。

"拚将眼泪双双落，换取心花瓣瓣开。"

"一世多艰，寸心如水……历尽冰霜偏未死。"

当我一一细读了叶先生在其著作《叶嘉莹作品集》中所写的数万字的前言和序言之后，她心灵的历史便超越了她人生的故事一点点在我的眼前展现——

父亲和伯父对叶嘉莹实施的教育理想是"新知识，旧道德"。这样，使她一方面汲取着诗词、歌赋、数理、英文的滋养，一方面又要严守着旧道德对于妇女在精神上的摧残与约束。加上她天性中那种喜欢梦想、注重内心感受、不愿在外人面前流泪的性格，在人生一个又一个灾难面前，她便只能独自"深宵忍泪吞"……

叶嘉莹，一个诗一样的女人，有着最清纯热烈的情感，最灵动敏捷的才思，却被无情地禁锢在旧道德观念的束缚中。能慰藉她心灵的，唯有诗词。诗词成了她精神悲苦时能够顽强撑下去的精神支柱！

她的人生，最最充分体现了中国女性生命中的韧性，任凭千摧百折，任凭万般磨难，依然不改其韧、其柔、其真。

她的生命，有如穿越古典文化通向现代文明的河流，无论是高山峻岭还是激流险滩，永远是诗意飞扬，潺潺流淌……

诗歌感发的生命

2002年9月的一天，叶嘉莹终于一偿多年夙愿，和台湾诗人席慕蓉一起回到了东北的叶赫镇旧址寻根。叶嘉莹出生于北平的一个书香世家，祖上是叶赫那拉族人，与清代著名词人纳兰性德同族。席慕蓉在叙述当时情景的文章《有一首诗》中写道："叶赫那拉部族的后人叶嘉莹教授千里迢迢终于寻到了原乡，站在承载着先祖昔日悲欢的东北城旧址之上，一切也几乎都消失了。放眼望去，秋日午后，四野只有无穷无尽的玉蜀黍田，远方的一条河流，天边的一轮红日，以及，心中的一首诗。"

辞别了原乡旧址，又要告别自己从出生到成年、生活过24年的北京老宅。今年年初一个冬日的傍晚，叶嘉莹最后一次回到了北京察院胡同一幢即将拆除的老宅。望着老宅里熟悉又陌生的门与窗、院与墙，仿佛又听到了七十多年前那个天真聪颖的小姑娘背诵唐诗的声音，这声音犹如饱蘸墨汁的笔尖，只需在宣纸上这么轻轻地一抹，往昔的岁月便立刻浸染开来……

叶嘉莹的父亲叶廷元毕业于北京大学英文系，当时在一家民航公司任职，母亲毕业于一所师范学校。叶嘉莹是家里的长女，小时候和两个弟弟一起，在家里接受了旧式教育的启蒙。童年时代的叶嘉莹不仅阅读了大量的古典文学名篇，还背诵了大量的古典诗词，从10岁开始她就学着自己做诗了。

"我小时候在家里启蒙时读四书，先是《论语》，父亲给我请了一个老师，就是我的姨母。我父亲和伯父不仅喜欢诗，而且喜欢吟，大声地吟。我伯母和母亲就拿本《唐诗三百首》轻轻地吟。”她就是在这样的诗风诗雨中沐浴长大的。

1937年，卢沟桥的炮声打碎了叶嘉莹多愁善感的少女梦。父亲随民航公司仓促南迁，她只能与母亲和两个弟弟相依为命。17岁那年，母亲患病去世，战乱中父亲又音讯全无。她一边写着《哭母诗》，一边带着弟弟们吃酸酸臭臭的混合面，穿着自己补上补丁的棉袍去上学。

叶嘉莹在她著作的一篇序言中说：“我是一个对于精神感情之痛苦感受较深，而对于现实生活的艰苦则并不十分在意的人。我在艰苦的物质生活中，所想到的乃是《论语》中孔子所说的‘士志于道而耻恶衣恶食者，未足与议也。’还有古人所说的‘欲成精金美玉的人品，须从烈火中锻来。’我之喜爱和研读古典诗词，本不出于追求学问知识的用心，而是出于古典诗词中所蕴含的一种感发生命对我的感动和召唤。”

没有爱情故事

常有记者问叶嘉莹，讲讲你的爱情故事吧！她总是笑着说她没有爱情故事。真的吗？你学了背了那么多的古典诗词，讲课时讲得那么精彩，而古典诗词中很大部分都是关于爱情的歌颂，难道对你就没有影响吗？是的，叶嘉莹讲爱情诗词讲得很美，可是她个人的情感生活却与诗歌无缘。

高中毕业后，18岁的叶嘉莹以优异的成绩考上了北京辅仁大学国文系，攻读古典文学专业。带着梦想、才情和骨子里的韧性，她走出了自家庭院封闭的空间，见识着外面的世界。这时，她认识了对她一生有着深刻影响的教授顾随先生。“顾先生讲课不是引经据典，而是诗歌感发的生命。这个太宝贵了！”于是，每每上顾先生的课她都拼命地记笔记。后来她在海外漂泊多年，很多东西都丢了，唯有这几大本笔记她一直珍藏着。几十年后，叶嘉莹将这些笔记交给顾先生的女儿、河北大学的顾之京教授整理编辑，为顾先生留下了一份宝贵的财富。

22岁时，叶嘉莹经人介绍认识了她后来的先生，那是她一位中学老师的弟弟。他们在上海结婚，先是生活在南京，后跟着在国民政府海军任职的丈夫辗转去了台湾。

1949年末，大女儿只有4个月的时候，一天破晓时分，叶嘉莹的丈夫因受到当时台湾白色恐怖的牵连，突然被人抓走。第二年6月的一个早晨，抱着怀里吃奶婴儿的叶嘉莹也和她当时教书的彰化女中的其他老师一起被抓了起来。

后虽因查无实据，叶嘉莹被释放出来，但从此却失了业。失业便失去了生活来源，丈夫又没有音讯，在举目无亲的台湾彰化她连住的地方都没有。她不得不到高雄暂住在丈夫的姐姐家。姐姐家只有两间小卧室，姐姐姐夫住一间，两个孩子和奶奶住另一间。25岁的叶嘉莹只好等人家都睡下之后抱着吃奶的女儿在走廊上打地铺。第二天一大早还要赶在别人起床之前起来，中午怕孩子吵到别人，她只能冒着亚热带40多摄氏度的高温，抱着孩子到很远的大树底下暂避。她在诗中写道：

转蓬辞故土，
离乱断乡根。
已叹身无托，
翻惊祸有门。
覆盆天莫问，
落井世谁援。
剩抚怀中女，
深宵忍泪吞。

为了生计叶嘉莹四处奔波，那时公立学校不敢聘她，最后总算在一所私立学校谋到了一个教职，便带着女儿搬到了学校。有时，她讲课的时候，不得不把年幼的女儿也带到课堂上，下课后再点个小煤油炉做饭。即使这样，叶嘉莹留给学生们的印象，除了不足一百磅瘦嶙嶙的身影外，没有过一丝悲伤。4年后，丈夫虽然放了出来，但久被囚禁而形成了动辄暴怒的性情，给叶嘉莹原本劳苦的生活又添上了一层精神上的阴影。

这层阴影一直伴随着叶嘉莹的生活，直到后来到了加拿大，白天她要给学生上课，晚上还要为第二天讲课查英文生词到深夜，她甚至没有时间理会丈夫的暴怒，上有年近八旬的老父，下有两个正在读书的女儿，她总是咬紧牙关承受一切折磨和痛苦。在梦中她觉得自己已经是遍体鳞伤处于弥留之际，她梦见母亲来接她了……在最最痛苦的时候，她被逼出了一个摆脱苦难的方法，就是“把自己的感情精神完全杀死”。

天生是教书的

“我这个人天生是教书的！”叶嘉莹的教书生涯始于1945年夏季大学毕业之后。她对古典文学的热爱也深深感染了学生，她的讲课受到了广泛的欢迎。一段时间里，她在北京竟然同时教了3所中学的5个班的国文课，一周有30个小时之多！到台湾以后，作为教授，她又同时在台湾大学、淡江大学和辅仁大学3所大学任教。从诗选、词选、曲选到杜甫诗、苏辛诗，她讲得神采飞扬，学生们听得如醉如痴。当教育电视台开播时，她成为教授古典诗词第一人。在台湾她成了无人不知的古典文学大家。

她讲起课来不仅可以3个小时不喝水，而且还很有站功，即使现在近八十岁了，仍然可以站着讲上3个小时。凡是听过叶先生讲课的人，无不为她专深的知识和心灵的境界而钦佩和吸引，更为她呈现出的那种从小受过的古典文学教养的优雅和沉着的气质而赞叹。

机遇加上才华的储备，1966年，作为教授中国古典文学的学者，叶嘉莹应聘走上了美国哈佛大学的讲坛，由此开始了她将中国古典文学和文化推介到世界的旅程。

在美国哈佛大学和密歇根大学教学两年后，叶嘉莹回到台湾，后又转赴加拿大，被不列颠哥伦比亚大学聘为终身教授。除了教研究生外，还要教中文一窍不通的本科生，为此，她不得不重拾已搁置多年的英文。每天她都要备课到深夜两点多，把第二天要讲的诗词翻译成英文，并用英文讲解。这不仅要看许多的英文材料，还要查找记忆大量的英文单词。那时她已45岁了，有的看不懂，有的记不住，一次不行就十次，她常常把自己一个人关在图书馆里。凭着不懈的努力和极高的天分，她终于可以用英文讲授古典文学中那些优美的诗词了，同时，英语也给她打开了另一扇门窗，使她可以用另一种眼光审视和提升中国古典文学的艺术品位。每当她讲到杜甫的《秋兴八首》中“每依北斗望京华”时就禁不住涌上心头的缕缕乡愁。她在哈佛时曾写过一首词，其中写道：“从去国，倍思家，归耕何地植桑麻。廿年我已飘零惯，如此生涯未有涯。”

一生漂泊，万里孤行

1974年，叶嘉莹终于盼到了重回祖国大陆的时刻，将近三十年的分别，她再次踏上了多少次只在梦中出现的故乡土地。她一口气写了2700字的长诗《祖国行》：“卅年离家几万里，思乡情在无时已，一朝天外赋归来，眼流涕泪心狂喜……”

没想到的是，正当叶嘉莹的著作逐渐问世，名声波及海外，她经常穿行于北美、港台各地，是多所大学的客座教授，事业如日中天，两个女儿也相继成家立业之后，人生中的第三次打击突然而至。1976年，叶嘉莹趁开会的机会刚刚去多伦多看望了结婚3年的大女儿和女婿，然后又飞至美国费城的小女儿处，只是数天之隔，她就接到了大女儿夫妇因车祸遇难的噩耗。

仿佛一个霹雳当头炸响，心里疼痛得肝脾五脏都在抽搐。她把自己关在家里，什么人也不敢见，只在夜深时分一个人用泪水写着一首又一首《哭女诗》：“噩耗惊心午夜闻，呼天肠断信难真。何期小别才三日，竟尔人天两地分。”“平生几度有颜开，风雨逼人一世来，迟暮天公仍罚我，不令欢笑但余哀。”

叶嘉莹说：“写诗时的感情，自然是悲痛的，但诗歌之为物确实奇妙，那就是诗歌的写作，也可以使悲痛的感情得到一种抒发和缓解。但整个心情仍然是悲苦而自哀的。”

1977年，叶嘉莹再次回国，她走遍了祖国从南到北的山山水水，当她听到导游也在一首首地背唐诗时，她心中的诗情再次掀起了波澜，她深深地感到祖国的诗根仍在，诗歌不死。

1978年她写信申请回到中国内地教书，先在北京大学，后应李霁野先生的邀请来到了天津南开大学。当时听过她讲课的南大学生回忆说：“叶先生不用讲诗，她站在那就是一首诗。”

1989年，叶嘉莹获得了加拿大皇家学会授予的院士头衔，成为皇家学会至今唯一的中国古典文学华裔院士。她还从自己的退休金中拿出10万美元，为南开大学古典文学专业建立了两个基金，创办了南开大学古典文化研究所。又从热爱中国传统文化的海外华人处筹资，建立了研究所的教研大楼。

“我是一生漂泊，万里孤行。多年来我就是这样，自己出钱出力，一个人提着行李飞来飞去，家还在温哥华，但我在世界和中国各地讲学。”问起她讲学过的高校，海外的不算，仅中国内地，叶嘉莹一口气就说出了北京大学、北京师范大学、南开大学、南京大学、复旦大学、华东大学、云南大学、兰州大学、新疆大学、武汉大学等几十所大学的名字。

采访将要结束时，叶嘉莹说：“我时常记起我的老师顾随先生说过的话：‘一个人要以无生之觉悟为有生之事业，以悲观之体验过乐观之生活。’我当时对此并无深刻的了解，但如今当我经历了一生的忧苦患难之后，我想我对这两句话确实有了一点体悟。一个人只有在看透了小我的狭隘与无常以后，才真正会把自己投向更广大更高远的一种人生境界。”这种境界，正如叶嘉莹写的一首诗：“构厦多才岂待闻，谁知散木有乡根。书生报国成何计，难忘诗骚李杜魂。”

访谈录

北京察院胡同23号，那是我记忆中永远的家

张　星　**您回来教书这30年，对国内的学习古典诗词起了很重要的作用。**

叶嘉莹　那个时候我回来，用我的这种讲法，朋友们觉得挺新鲜的。因为你们有你们的一种讲的方式，而我不懂你们的方式，就按照我的方式讲，你们没有接触过，会觉得比较新鲜。

张　星　**您可以从您是怎样准备回来到真正回来，这样一个过程来谈一谈。**

叶嘉莹　那你要想知道我回国的动机，这是一个很长远的历史了。我在第一次

讲座(2008年11月5日,南开大学)的时候曾经讲到过我回国的过程,我让他们准备了我的一些诗,一会儿可以拿给你看。

我是1924年在北京出生的。1948年结婚。因为我先生当时在国民政府的海军工作,我就随他到了南京。后来又跟着他们撤退去了台湾。我在北京出生成长,当然对北京有很深的感情了。不仅是我老家那古老的建筑,(现在已经被拆了) 那还是我的曾祖父在道光年间买的房子,在察院胡同23号,有前院、中院、后院,还有跨院几重院落。我那时候写的诗都是我小时候家庭之中的情景,在我的诗集里边都有。我大

▲ 张星在南开大学采访叶嘉莹

学读的是辅仁大学，是教会学校。解放以后与北师大合并了。我读书的时候是男女分校的，我们女生的宿舍就在恭王府，就是周汝昌先生说的“大观园”。我们家就是一个古老的庭院，念书又住在恭王府，我从小在家里给我开门读的第一本书就是《论语》，所以我对中华古老的文化就有特别深的感情。

我是1948年春天结的婚，1948年的冬天到的台湾，1949年的夏天生下我的大女儿。1949年的12月24日圣诞节平安夜的晚上，我的先生被国民政府抓去关起来了，说他“思想有问题”。我当时在一所中学教书，第二年，就是1950年，我教书的那所学校从校长到所有的老师都给抓起来了。因为我还带着吃奶的孩子，再加上我这个人实在是不懂政治，所以很快就把我放出来了。可是因为我们被国民政府认为思想有问题，说我们“左倾”，就不敢在公立的学校教书了，很多人害怕有这种嫌疑，也不敢请我去教书了。那时候我们从故乡到台湾，本来就人地两生，没有自己的房子，失去了工作就没有宿舍可以住。怎么办？只好去投奔了一个亲戚，就是我先生的姐姐家。但他们家也只有两间小小的房间，他姐姐和姐夫住一间，姐姐的婆婆和两个孩子住一间。所以我过去，没有卧室也没有床铺，就像这样一个过道，晚上就铺一个毯子，我和我的女儿暂时栖身。所以我是经过很艰苦的日子。后来有人介绍我去一个私立学校去教书，我就带着我的女儿住到那个私立学校的宿舍去了。我教书的时候，每当我讲中国的古典诗词，尤其是杜甫的《秋兴八首》的时候“夔府孤城落日斜，每依北斗望京华。”我每读到这句诗的时候，都是非常感动，常常是热泪盈眶，不知道自己什么时候才能回到我的故乡——北京。

张　星　**那时候您还有亲人在北京吗？**

叶嘉莹　有啊。那时候我们都不敢跟大陆联络，不敢给家里写信。后来我终于回到大陆来，我弟弟说，幸亏你那时候没写信来，否则我们在大陆也要倒霉了。

张　星　**是啊，那时候如果知道谁家有亲属在台湾，是一件多么可怕的事啊！**

从台湾到美国，为了到哈佛却留在了加拿大

叶嘉莹　4年之后我先生给放出来了，证明我们思想没有问题了，我就到台北去教书。先是在中学，不久就被台湾大学请去了，就到台湾大学去教书。后来有一位许世英先生，就是许寿裳的儿子，他新成立了一个淡江大学，他在那里做中文系主任，就邀请我去他那里兼课。他从前在北京是我们家的邻居。我说过我们家有几重院落，当时我们家没有那么多人，我伯父在前院有两间做书房，另外两间就出租给许世英了。他在那住的时候我才是一个中学生。但是我在家读的旧书，都是要大声朗读的，诗也是要吟唱出来的。他住在我们家院子里就经常听到我在家念书，知道我喜欢念书。我考上辅仁大学时他正好在辅仁教书，所以他对我比较了解。他也看我过当年的作品，我在大学的成绩他也清楚，我每年都是第一名，都是拿奖学金的。他也听说了我结婚以后因为"思想问题"被抓的事。他说，叶嘉莹念书念得这么好，没想到命运这么不幸，就把我邀到台大去教书。他那时也在台大。后淡江大学成立，他又邀我到淡江大学去兼课。之后不久，我的母校辅仁大学又在台湾复校(大陆这边关了)，中文系主任是戴先生，他曾经在辅仁大学教过我大一国文，了解我，就邀我到辅仁大学去教书。

张　星　**这样您就同时在三所大学任教？**

叶嘉莹　是的。台湾还有教育电台的大学国文广播，本来是请许先生的，但他眼睛不好，他也让我去教。然后教育电台又扩展成电视台，又请我去教古诗。这样我就在台湾教了三所大学和电台、电视台的国文。那时候海外有一些欧美的学者想学汉语，因为大陆这边是封锁的，不能来，就都到台湾去学。听来听去，白天的大学，晚上的广播，都是叶嘉

莹在讲,所以他们就请我到海外去教书。可我当时不太敢去,因为我是中文系毕业的,英文又不好。可是我先生想去,他因为被关了很久,特别想离开台湾,只是他走不了,就想让我先出去。那时候台大把我交换到美国的密歇根大学做访问学者,那时候台湾有一个规定:凡是美国邀请出去的,对方出奖学金的,都要有一个英文的口试。所以我要参加这个口试。当时来主持这个口试的是哈佛大学的一个教授海陶纬先生(HIDTOWER),他口试的当天晚上,邀请我们吃饭,之后在送我回家的路上,海先生就问我:我们哈佛大学请你,你愿不愿意来呢?我说,哈佛大学这么有名,我当然愿意来了。说完我就下车了。可是他没有下车,直接转到刘崇鋐教授那,第二天刘教授就打电话给我,说哈佛大学要请我去。他让我跟当时台大的钱校长说,能否改去哈佛?钱校长说不行,我是跟密歇根大学签的约,你就必须去密歇根大学。我只好告诉海先生,我不能去哈佛。海先生说,你可以这样,在你们9月份到密歇根之前先到哈佛大学讲两个月。所以,我当时到美国的第一所大学是哈佛,然后才去的密歇根。到了那以后,哈佛跟我讲,你到密歇根交换期是两年,你教一年之后不要延期,然后就到哈佛来教好不好,我后来就转到哈佛去了。

张　星　**那您怎么又去了加拿大的呢?**

叶嘉莹　我出去的时候我先生就让我带着两个女儿出去了,一年之后我又把我先生作为眷属带出去了,然后我就带着全家到哈佛去,教了一年后,哈佛大学要留下我,说你的先生和女儿都来了,你就不要再回去了。但我却一定要回去,一是我的老父亲还在台湾,不能不管。再说我在台湾教了三所大学,现在马上就要开学了,他们不一定能立刻找到合适的老师,所以我必须立刻回去,我不能做对不起老师和学生的事。于是我把先生和孩子留下来,一个人回到了台湾。我先生在美国找了一份教中文的临时工作,我回台湾教书。一年后哈佛又请我回去继续教书。当时用台币三四十元才能换一元美金,我没有办法在台湾挣钱养活家人(当时两个女儿一个在读大学,一个在读中学)在美国的生活,所以我就接受了哈佛的邀请。但是我要把我父亲接走,这也是我回来的目的。我本来有一个访问学者的签证,但因为要带我父亲就要重新再签证,没想到遇上了麻烦。美国驻台湾的领事管看到我拿的是哈佛的邀请,就说,你上次走的时候带走了先生和女儿,现在又要带父亲,全家都走了,你是要办移民吧?不行。于是就在我的护照上盖了拒签的章。这样我就出不去了。我只好告诉哈佛大学,我被拒签了。他们特别希望我能去,就出主意让我重新办一本护照先到加拿大,然后再从加拿大转道美国。我就这样办了,从台湾到加拿大最近的地方是温哥华,我就到了温哥华。下飞机的第二天,我就到加拿大的美国大使馆去办签证。他一看就说,你拿的是哈佛大学的聘书,你是从台湾来,你为什么不在台湾办,却跑到这里来办?如果办,你把护照留在这,我们送回台湾去办。但是我不能把护照留给他们,我知道台湾那边是不会给我办的。然后他们就让我办移民,可我不知道办移民需要多长时间,我的家人都要靠我挣钱,我等不起。如果我办一个旅游签证是可以到美国的,但持旅游签证就不能在哈佛大学教书,是不合法的。我就打电话说我来不了了。哈佛还是很热心的,就给加拿大的哥伦比亚大学(UBC)亚洲系打电话,说有这样一个老师,她现在就在温哥华,你们那里有没有教书的机会给她?我也是赶巧了,当时是1969年,正是美国的越南战争时期,有两个美国的加州大学学生,为了逃兵役,就从美国逃到加拿大的UBC来了,这两个学生都是学中国古典文学的,并且是学古典诗歌的,一个论文写的是孟浩然。他们的系主任很高兴,说我们正在发愁,有这么好的学生,却没有老师,你来得正好!就把我留下来了。

张　星　**命运的转机真不可测,不过您还算是幸运的!**

叶嘉莹　我当时是临时留下来的,作为一个访问教授。可后来学校又说,你作为一个专职教授,不能只带两个研究生,这样我们不能给你教授的待遇，你一定要教大班的课。但是那时候加拿大学中文的人不多，所以必须让我用英文讲，要讲中国文学史，要从《诗经》讲起。本来我的英文就很糟糕，勉强对话还可以，怎么能用来讲中国古典文学呢？可是没有办法，我那时没办法不答应，我上有80高龄的老父亲，下有上中学和大学的女儿，我先生又没有固定工作。我不工作，我们这一家人流落海外的生活就成问题了。我就硬着头皮答应下来了。

张　星　**那时候您已经45岁了，却要重新开始用外语教学，那些古典诗词，您背得烂熟平时脱口出的诗句，却突然需要用另外一种语言来讲，太不容易了！**

叶嘉莹　为了这个工作，我每天要查英文生词查到深夜两点，从那以后一直到现在我都睡得很晚，成了习惯。准备明天要讲的课，把我第二天要讲的诗都把它翻译成英文，要查大量的生词。所以现在保姆问我为什么睡得那么晚，我说早了睡不着嘛！但是加拿大这个学校对我也不错，我在那里教了不到一年，第二年三月，他们就给了我终身聘书。也怕我跑掉，哈佛还是在请我，我就答应短期地去。这样我就长期留在加拿大了。

做长诗《祖国行》，为联合国写追悼毛泽东、周恩来的挽联

张　星　**到加拿大定居，离北京就更远了。**

叶嘉莹　自从离开北京，我就再也没有家的感觉了，在台湾我们住的是学校的宿舍，然后到美国，到加拿大，都是客居，没有一点家的感觉。从1969年到1979年，国内正在闹文化大革命。虽然我在海外可以写信，但我也不敢写。直到七十年代初，中国和加拿大正式建立了外交关系，我才敢给家里（我在北京的弟弟）写信，但是我不知道这么多年家里发生了什么变化，还是写了我们家的老地址，察院胡同23号。我们家没有搬家，但我们大家都出去了，家就变成大杂院了。原来的南房，我伯

父的书房书也没了，都卖了。弟弟告诉我，“文革”时要办食堂，就拿我们这个院子做了公共食堂。

我从1970年中国和加拿大建立外交关系就开始申请回国，直到1974年，我才得到批准回国探亲。你不知道我们在海外的人，真是想回来啊！日日夜夜都盼着能回到故乡，回到我的北京家园啊！我这有一首长诗《祖国行》，写了2700字，在诗中回忆了我的一生，我1948年离开故乡，从北京到台湾，再到美国，到加拿大，将近30年的时间，行程几万里，把我的经历都写下来了，就写了这首长诗，“银翼穿云认旧京，遥看灯火动乡情(想象这里灯这么多，可能就是长安街了吧)……”

我1974年回来时，“文革”还没结束，当然不敢想还能教古典诗词。那一次国家安排我参观了许多地方，南泥湾、大寨，我也都写在诗里了。我也去旅游，到了桂林，沿途经过什么地方，我都写进了长诗。“……早经忧患久飘零，糊口天涯百愧生，雕虫文字真何用，聊赋长歌纪此行。”

张　星　**您的这首长诗我读过，情真意切，非常真挚。**

叶嘉莹　1976年遇上了唐山大地震，我就没有能够回来。周总理去世时我在加拿大，那时候中国已经加入了联合国，台湾退出去了。但留在联合国工作的许多人都是当年台大的比较“左”倾的学生，我在台大教过许多年书，他们都与我认识。我第一次读到关于中国比较“革命”的书，就是通过这些学生。我当年在哈佛大学教书时，他们就来问过我：你看过大陆关于共产党的书吗？我说没有啊！他们就介绍给我看，像斯诺的作品，关于长征的作品《红星照耀中国》等等，看了很多。1974年在我要回国申请签证，那时候温哥华没有中国领事馆，我就到渥太华的中国大使馆去申请签证，接待我的是大使章文晋的夫人张颖。她说，大使今天接待了一批从国内来的客人，现在没有时间。既然你是学文学的，现在要回国，新中国的一些作品你看过吗？我说没有。她说有一本小说很有名的，叫《艳阳天》你可以看看。我想，既然我要回国，我当然要对这个国家有一些了解了。于是我就拿了《艳阳天》来看，开始想只是翻翻就行了，一看觉得这小说真不错，结构很紧凑，人物也很生动，对话的语言非常真切，于是就把三大本就全看完了。

1976年，介绍我看"进步书"的这位台大学生，还在联合国工作呢。一天深更半夜，他们就从纽约给我打来了长途电话到温哥华我家，说周总理去逝了，明天我们要开追悼会，但我们这里没有人会写挽联，请你给我们写一副挽联。我就连夜写了一副挽联。过了几个月，毛主席去世了，又打电话给我，让我给毛主席再写一副挽联。所以，联合国追悼毛主席和周总理追悼会上的挽联都是我写的。在联合国的档案里可以找到。挽联的内容我记不大清楚了。我给毛主席的挽联写得特别长，因为可记载他生平的事情太多了。周总理的我当时还记得，后来天津成立周恩来邓颖超纪念馆，我又把那副挽联送给了天津周邓纪念馆。

张　星　**这些事还是第一次听说，您从来没向外面讲过吧？**

叶嘉莹　是啊，如果不是你问得这么细，我也想不起来讲这些。1974年我是一个人回来的。1977年我就带着全家回来了，但是我的大女儿没能跟我们一起回来，她和丈夫1976年结婚不久，就因车祸去世了。1974年我回来时，大女儿还跟我开玩笑，说你写这么长的诗(指《祖国行》)如果被选到课本里，就害苦了学生……

(她虽然没有多说，但对大女儿的怀念还是不可抑制地流露出来，为了不引起她的伤心，我没有接这个话茬)

1977年我和我先生带着小女儿一起回来了。这时候已经打倒了"四人帮"，我们在全国各地旅游的时候，在火车上都能看到许多人拿着《唐诗三百首》之类的诗词在读，这样我就动了念头了，我想，现在大家都可以读古诗词了，我也可以申请回国教书了。于是，1978年我就申请回国教书。暮春三月，一个温暖的傍晚，我到邮局去投寄回国教书的申请，回家的路上，看天边晚霞金色的余晖渐渐消褪，鸟儿叽叽

喳喳地飞向归巢。走在温哥华美丽的林荫道上,心潮起伏,写了两首绝句《向晚二首》:

"向晚幽林独自寻,枝头落日隐余金。渐看飞鸟归巢尽,谁与安排去住心。"

"花飞早识春难驻,梦破从无迹可寻。漫向天涯悲老大,余生何地惜余阴。"

张　星　**此情此景,归期有期。我在您的《迦陵诗词稿》中读过您的许多诗作,常常是读着读着就陷入沉思,沉浸在您当时的思绪当中……**

回国执教,应李霁野邀请来到南开大学

叶嘉莹　1979年我得到国家批准,安排我回国到北大教书,但南开大学的李霁野先生,我在台湾就认识了李霁野先生,他原来是辅仁大学的教授,回大陆后就在天津南开大学教书,任南大外文系的主任。他说,你既然回来了,为什么不到南开来呢?北大的老师很多,而南开原来有一些老教授,经过"文革"的冲击,现在都不在了。你到南开来吧。所以我就来南开了。那是1979年3月,再过几个月我回国就满30年了。

张　星　**那是您第一次来天津吧?还记得当时的情景吗?**

叶嘉莹　当然记得。那时的南开大学,操场上还都是临时搭的防震棚,也不可能有像现在这样的外国专家楼,没有。我就住在市里的一个饭店里边。那时中国人没有钱,又经历了大地震,那时南开大学的老师一个月只有几十块人民币。我没有让国家为我花一分钱,我完全是自费回来的。

张　星　**就是说,您回来根本没有想到要挣钱这个事情?**

叶嘉莹　从来没有。都是我自己出旅费,讲课也没有报酬。一直都是这样的。因

为我开头就是这样做的，后来我讲了很多学校，从一开始的北大、北师大，到后来的南京大学等，很多大学，都没有报酬。我还去过新疆、兰州，好多地方，都是义务讲学。我觉得咱们国家很穷，老师们才拿几十块钱，我回来是我心甘情愿回来的，我没有跟国家要钱。一直都没有要过钱。

张　星　**您第一次回来穿的“人民装”，是特意做的吗？**

叶嘉莹　是啊。那时候我还没有加入加拿大国籍，拿的是台湾护照，所以不能直飞北京，必须要经过香港。我到香港，机场就不让我出去，说你拿这个护照，24小时之内必须离开。香港有一个老教授他为我作担保，我说我得出去，要给我弟弟和亲人买一些东西，因为我知道那时候国内大家都很困难，我们家的第一台电视机就是我亲自搬回来的。我就到香港的裕华公司去给家人买东西，顺便买了两套“人民装”。

张　星　**从照片上看，穿着那件蓝色制服，您跟共产党的女干部差不多。**

叶嘉莹　我觉得还是要入乡随俗嘛。那一年我55岁。而且我一直都是义务教书，一直都是我自己付飞机票钱。一直到1989年我65岁退休，我如果从1969年算到1989年能算20年，如果这样算，我就能拿到一个整笔的退休金。可是我因为第一年是到哈佛去然后留下来的，所以他不算我那一年，也就差一年我不能拿整笔的退休金，只能拿半笔退休金。当时我差不多拿了约30万加币，相当于当时的20万多一点美金。那时候我就在南开大学成立了中国文学比较研究所，我就捐出了我的一半退休金，10万美金建立了我的奖学金。那时我仍然一切都是自费。我这个人没有行政管理的能力，我的侄子是南大中文系毕业的，他们就与我侄子商量，让我来办这个研究所，挂靠在外语学院。当时相当的艰苦，也没有教室和办公室，范曾先生就在他的东方艺术系给我腾出一间房子……

后来我把这件事告诉给我加拿大的朋友。蔡章阁老先生是广东人，到香港做生意很成功，他很愿意拿出钱来办教育。他本来是拿出一笔钱来给加拿大的UBC大学，捐了一个亚洲研究中心，目的是要推广中国文化。

谢先生的夫人叫施淑仪一直听我的课，她原来是香港中文大学的，谢先生也是我以前就认识的。这就是谢先生写的书法(指她客厅挂的一幅字，上录秦少游的词句“自在飞花轻似梦，无边丝雨细如愁”)。这是谢先生办的一个慈善书法展，他义卖，我义买下来的。我说我喜欢这首词。

为了帮我给南大中文系募捐，谢先生的太太很喜欢古典诗词，他们知道我很困难，让我到他们家讲诗词，就请这位热心有钱的蔡先生来听，希望他能捐款。他听了以后，认为我讲得果然不错，便决定给我们捐钱，给南大文学院盖了一幢楼。蔡老先生有一个原则，不论房子需要多少钱，他出一半，学校出一半。他给UBC捐钱也是这样。在这排楼前有一个碑，上面有碑记写了这件事。石碑也是蔡老先生捐的。我接受蔡老先生的建议，把研究所改名为中华古典文化研究所。

张　星　**您从1979年回来讲课，听过您讲课的人有多少？数得过来吗？**

叶嘉莹　如果不仅仅指研究生的话，那就太多了，不仅在南大，我去过中国好多的大学讲座，数不过来了。

你问我为什么要回来教书？这就是这样一个过程。我也非常感谢南开大学让我有机会能够成立了这个研究所，我的学生对我真是好。

回首30年前回国的情景，怀念那时候人们渴望学习的热情

张　星　**您是亲眼看到中国改革开放这30年是怎样走过来的，在您的眼里，哪些方面变化最大？**

叶嘉莹　我觉得北京的变化最大。我小时候的北京是一个古色古香的古城，可是现在我都不认识了。尤其是那几年变得太快了。我的老家的胡同和院

落已经没有了,盖了新楼房。北京楼盖得已经没有老北京的感觉了。

张　星　**您觉得中国人的变化大不大?**

叶嘉莹　人也是有变化的。我70年代第一次回来旅游的时候,我还很感动,你看我在《祖国行》中的满腔热情,我那时很感动。1977年我带我小女儿回来,我女儿都很感动,觉得中国和其他资本主义国家确实不一样。我们在外国生活这么多年,所以看到资本主义的很多毛病,看到那时的中国人,觉得很好。现在中国富了,也添了很多资本主义的毛病。我觉得最好的是我1979年第一次回来教书时,看那些经过了文化大革命的年轻人,终于有机会读书了,那种特别珍惜、特别宝贵、特别刻苦的读书热情和劲头……现在国家富强了,富强当然是一件好事,但是大家都去追求物质,物欲横流,包括媒体,也全是什么美女、金钱、消费啊,鼓励大家做这样的事情,学习的气氛反而不如当初那么浓了。

是诗词使我的心灵从苦难中解脱出来

张　星　**我觉得您一生都对物质生活没有要求。**

叶嘉莹　你这句话说得非常对。我对于物质的东西真的不注重,我对吃什么都不太在意,非常随便。但我不是把这个当成美德刻意要怎么样,而是我天生就不注重这些。我只要读到诗词,就会完全沉浸其中,就把诗词之外的东西都忘掉了。我不但以教诗词为生,在我人生许多的苦难面前,是诗词使我的心灵从苦难中解脱出来。

张　星　**有诗词陪伴,您就会觉得很愉快。**

叶嘉莹　对,你说得完全对。我就是这种感觉。

张　星　**我常常在想,您的一生经历了这么多苦难,但您还能这么乐观地看待**

生活，可能就是靠了诗词。诗词虽然不能当饭，但诗词真的是能救心，能让心灵摆脱苦难之海，对吗？

叶嘉莹 一点都不错。你想我读诗词，我读陶渊明、李白、杜甫、辛弃疾、苏东坡……那么丰富。我小时候家里对我的教育是"新知识，旧道德"，所以读书时什么都可以读，但行为却很保守，要遵守旧的道德规范。

少年时候，我一直都在念书。我家里没有女孩子，包括我伯父家、叔父家，只有我一个女孩子。所以那些女孩子都会的跳绳、踢毽子等我都不会，我只会读书。针线我会，完全是旧式的教育，我们女中的学生都要学绣花、织毛衣、做饭。而且我母亲也说，女孩子不能不会缝纫，让我做一件旗袍，母亲就教我怎样剪裁。旗袍最难的是大襟，裁不好，我母亲就教我裁的窍门。

张　星 **女孩子都喜欢穿漂亮衣服，您对穿的在意吗？**

叶嘉莹 我对穿什么并不太在乎。抗战最艰苦的时候，我们在沦陷区，女生都骑脚踏车（自行车）上学，我们那时都穿棉旗袍，长袍一骑车，后边就磨破了，我就找与旗袍颜色相近布自己补一块。因为我从小就念的是《论语》，孔子对子路说："士志于道而耻恶衣恶食者，未足与议也。"就是说，你穿着破衣服与穿好衣服的人站在一起，你不以为是耻辱。

从小读《论语》，于丹的讲解有误，女子也要自立

张　星 **您经历了那么多的磨难，却能处变不惊，太不容易了。**

叶嘉莹 古人说，泰山崩于前而色不变。

张　星 **说说容易，做不到啊！**

叶嘉莹 中国古人的许多话都不是白说的，仁者不忧，智者不惑，勇者不惧，这不是空口说的，你修养到了那个地步，你就会做到不忧，不惑，不惧。我从小开蒙读的第一本书就是《论语》，对我的影响太大了。

张　星　**现在有这么多人讲《论语》，包括现在的论语热，您怎么看？**

叶嘉莹　我觉得于丹还是讲得不错的。于丹到天津来签售时说要来看我。对中华书局说她是我的学生。为什么这么说呢，我回国后在北师大讲过课，她听过我的课。我当然不认识她，因为我讲课时有那么多学生。

张　星　**我记得您曾经说过一句话，说学古典诗词可以让人的心灵不死。现在好多人也许已经理解不了这个了。**

叶嘉莹　你读古诗，只要你读懂了，能够体会其中的内容和含意，你真正读懂了，你真的要有自己的心得，要受用才可以。你真的受用了，享受了，成为你生命里的一部分了。要不然你只是浮光掠影了，那就不成。我读的第一本书《论语》我就享受了，而且要背的。

张　星　**您怎么看《论语》中对女性的束缚？**

叶嘉莹　于丹关于"唯女子与小人难养也"的解释是错误的（她讲"小人"是指小孩子的意思）。不能强词夺理。要说于丹这个人还是有水平的，人很聪明，也是读了不少书的，讲的时候态度也很真诚，但是这句话我认为她理解的不对。中国古代所指的小人是和君子相对的。小人，有两个意思，一个是地位比较卑微的，一个是品性比较低下的。为什么说唯女子与小人难养也？我觉得这不是完全没有道理的，因为你要知道，古代的小人是地位卑微，女子也是地位卑微。而且，因为她的地位卑微，为求得自己的利益，她就要谄媚，如果得到了宠幸，她就觉得很骄傲，是这种地位使她如此的。所以，说"唯女子与小人难养也，近之则不驯，远之则怨。"你接近她，她就喜欢撒娇，喜欢使小性，喜欢发脾气，让人家将就一点觉得很得意，其实这正是人家看不起你的地方。我觉得，有些女子自己也不自尊。古代的女子也不独立，而且不管是朝廷的后宫佳丽三千人，还是一般家庭的三妻四妾，争宠啊，钩心斗角……孔子说的也是当时的实际情形。

张　星　**我觉得像您受孔孟之道的影响这么深，可是您却非常自立。**

叶嘉莹　是啊，孔子没有叫人不自立呀！孔子说的是那些不自立的女子。女子先要把自己看成是一个人，而人是平等的。孔子说，仁者不忧，勇者不惧，也没有说只有男子才能做到，女子也可以做到啊！你女子要把自己看成一个人啊，和男子一样，而不是老想着怎么要手段讨好男子，怎么笼络他啊，老想着怎么控制男子啊，女子老是计算这个，女子自己没有一个独立的大志。你看电视上演的那些女子，一点小事就哭哭啼啼，哭天抹泪的，女子没出息都在这里了。女子会撒娇啊，从男人那里得点小便宜啊，女子为什么要这样啊，要平等嘛！

张　星　**也有人说，经过了妇女解放、"文革"等运动之后，现在的女人都很强悍，女性应该学会示弱，会示弱的女性才美。**

叶嘉莹　（显然不同意这种说法，便有些激动，声音响亮，语速非常快的）我觉得一个人，一个真正有思想有教养的男人，他不会只欣赏那些跟他撒娇示弱的女人，他要欣赏一个独立的、与他平等的、可以在心灵上、知识上与他相互交流的人，而不是谁做谁的主人。

张　星　**您现在每年在这边讲课多长时间？**

叶嘉莹　这边半年，加拿大半年。

张　星　**我很奇怪，您这么大年纪，还这么有精神？**

叶嘉莹　好多人问我怎么保养，我说我不保养，我吃得很简单，每天半夜两点才睡，早上7点钟就起来，中午稍微休息一会儿。我一直吃维他命丸和钙片，因为我骨质疏松，曾经摔跤把锁骨摔断了。我运动，但不是打球、跑步这些，而是中国古老的（边说边在座椅上演示，类似瑜伽的一种全身运动）。我还有一种东西我从来不敢宣传。我觉得练身体，人的健康是让你的气血周到地运行。带呼吸运行。中国的东西是很奇妙的，是一种心领神会，你需要有灵性，有灵性你才能学医学，才能学文学。

出生在夏日，独爱荷花。心灵因去掉外在拖累而升华

张　星　**您的书叫《迦陵诗词稿》，为什么叫迦陵？**

（正说着，保姆可能是太困了，进来打一声招呼就去休息了，叶先生却仍然兴致勃勃）

叶嘉莹　我的保姆都去睡觉了，咱们还在这说。其实我小时候，我们家里不信任何宗教，只信孔子。我在大学读书的时候，我的别号是迦陵，迦陵是很偶然的。我小时候喜欢诗词，我伯父喜欢跟我聊天，很多故事都是他跟我说的。他说，你知道清朝有个词人，他的别号就是迦陵，还有一个人的别号叫平加，这两个人的别号凑在一起就是一种鸟的名字：加陵平加。我觉得这个故事很好玩，我就记住了这个故事。我到大学念书，我们中文系的学生都要写诗词，我就把我写的诗词交给我的老师顾随先生，他认为我写得不错，就要拿到报刊上去发表，问我有没有笔名？我说我从来也没有发表过东西，我也没有笔名。顾先生就说，你赶快想一个吧。在课堂上很短的时间，我也想不起来什么，就想起我伯父的话，有一个词人叫加陵，和我的嘉莹音似，那我就叫迦陵吧。

后来我到国外教书，我们亚洲系老师不仅有中国的，还有日本、韩国、印度的老师，我就问这位印度老师，有一种鸟叫"卡拉林卡"？他就用印度文给我写上，卡拉林卡是印度梵文的声音，中文就叫"迦陵平加"，是佛教上的鸟。（说着给我们展示她的老师顾随先生写的她的名字"迦陵"）因为我是夏天的生日，我们家里人说那是荷花的生日，所以我在家里的小名叫"荷"，荷子。所以我就对荷花、莲花特别有感情。所以我写了好几首关于南大马蹄湖荷花的诗。我在大学读书的时候看到一个消息，说北京的广济寺，有个和尚在讲《妙法莲花经》，我就跑去听讲。这个在我的诗词集子里都有。所以说，我第一次接受宗教是佛教，是妙法莲花经。几十年之后，1987年时，北京的中华诗词学会成

立，在成立的大会上我认识了赵朴初先生，当时人很多，他们是请我做演讲的，演讲完了之后没过两天，赵朴初就请他的秘书给我送了一个请柬，约我到广济寺去吃素斋，恰巧他订的那个日子正是我的生日。所以我就又写了一首词。赵朴初读了以后又以同一词牌和了我一首词。

张　星　**您在西方这么多年，有没有接触过基督教？**

叶嘉莹　我接触基督教是在我大学毕业以后，我已经教书了。我本家的一个姑母对我说，有一个传教士，而且是个女的，她讲的非常好，你来听一下吗？我这个人是很好奇的，我说好啊，我就跟她去听，在北京东城的一个教会，真是讲得非常好，我也很受感动。我读过孔子的《论语》我就知道一切外表都是不重要的，人要有一种自立的觉悟的精神。我听了她的传道，也是这个意思，就是人生的这一切都是外表，佛教也如此。《圣经》中讲，草必枯干，花必凋残，一切有生之物尽皆如此。也就是说，如果你内心有一种灵性，你就可以超越于外在的事物，而如果你的心灵太在意外在的事物，你的心灵就受了拘束。我那时候还很年轻，我刚刚大学毕业，我像其他少女一样还留着长长的头发，而且是烫过的，一卷一卷的。那时我还骑自行车，我就很注意我的头发。可是我听完她的布道回来后，我就想，一个人难道就只注意头发吗？信念应该比头发更重要啊，于是我就把头发给剪了。当时正是春节前后，天很冷，我就觉得我把世俗给抛开了，真的有一种心灵的光照。那晚我在寒冷的月光下面骑车，再也不用管头发有卷还是没卷，真是一种解脱的感觉，那种感觉特别好。

张　星　**您是不是觉得心灵一下子就升华了？**

叶嘉莹　对，对，就是一下子升华了的那种感觉……

小　记　**夜已经很深了，叶先生仍然谈兴很浓，意犹未尽，我却已经于心不忍，起身告辞。这是一个我生命中相当重要的夜晚。与一位80多岁的古典**

诗词大师的交谈让我受益匪浅，终生难忘……

2008年11月13日夜晚于南开大学叶嘉莹寓所

附：

拨响心灵的弦歌

为什么我们要走进剧场去聆听一场名为《宋人弦歌》的诗词音乐晚会？为什么我们会被那遥远岁月流传下来的诗词歌赋所深深打动？

那是一个怀旧却新鲜的夜晚，那是一种空灵却充实的感受。这场集古典诗词、朗诵、音乐等多种艺术门类于一堂的演出，让我们从浮躁纷扰的现实生活中暂时脱离开来，享受一次短暂的心灵洗礼，度过一段美妙的宁静时光。

古乐，古词，古诗，古画。

问春，邀月，相思，记梦……

当舞台上以视觉、听觉的强烈效果把你带回到一个仿佛陌生却又似乎熟悉的情境当中时，你是不是有一种"金风玉露一相逢，便胜却人间无数"的心灵悸动？

当伴着优美的丝竹与轻盈的歌吟，朗诵者激情勃发地吐出一串串千古绝句时，你的胸中是不是也奔涌着一种"大江东去，浪淘尽、千古风流人物"的思古之幽情？

当你走出剧场，望夜空秋月朦胧，感秋夜微风浸凉之时，你是不是也怀有一种"不思量，自难忘"的不尽回味……

其实，古典诗词对于我们每个人来说都不陌生，那是我们童年岁月中最为鲜灵的记忆。"白日依山尽，黄河入海流"；"举头望明月，低头思故乡"；"谁言寸草心，报得三春晖"……还有，还有许多。从小学到中学，古典诗词早已成为我们学业中的必修课，丝丝扣扣注入我们的心田，滋养我们的灵魂和心志，陶冶我们的情操。然而，对于很多人来说，告别了童年，便也告别了梦想，于滚滚红尘中早把诗词歌赋丢弃得无影无踪了。

在为了生存而拼搏厮杀的旅途上，在纸醉金迷充满诱惑的现实中，什么离愁别恨，什么伤春悲秋，什么咏史抒怀，通通丢入一江春水，让它们见鬼去吧。活得匆忙，来不及感受。在高科技越来越发达的时代，网络把世界变得很小，可为什么连地球都能是平的，却不能同时把我们的心拢得很近？在房价飞涨、股市狂炒的当下，消费水平越来越高，生活节奏越来越快，却为什么舍不得花一点时间给我们的心灵以应有的滋养和抚慰？

记得我在采访世界知名汉学家叶嘉莹教授时，她对“在当前商品经济的大潮中，学习古典诗词还有什么用”的回答是：“我以为，学习古典诗词最大的好处就是使你的心灵不死。”

心灵不死？

作为哈佛大学客座教授、加拿大皇家学会有史以来唯一的华裔院士叶嘉莹女士，八十多载的人生充满了悲欢离合、生死苦难，少年丧母，青年丈夫遭遇祸患入狱，人到中年又痛失爱女……可是，千曲百折之后，为什么在她的脸上竟然找不到一丝沧桑的影子？为什么在经历了那么多常人难以承受的打击之后，她却依然初衷不改，爱诗如命？正如她自己在一首诗中所写：“一世多艰，寸心如水……历尽冰霜偏未死。”是早已成为她生命中一部分的古典诗词支撑着她的心灵，抚慰她的伤口，坚强地渡过一个个人生的关口……

诗词、音乐、文学、艺术，这一切都是我们心灵需要的雨露阳光，是我们高于物质需求的精神食粮。也许，它没有物质享受来得那么实惠和具体，但它所给我们带来的心灵抚慰却是任何物质享受所无法达到的。

诗词本身有一种奇妙的魅力，你读它，就被它吸引，被它感动了。清代学者王国维在《人间词话》中用诗词表现了“成大事业大学问的三种境界”，第一种境界是“昨夜西风凋碧树，独上高楼，望尽天涯路”。第二种境界是“衣带渐宽终不悔，为伊消得人憔悴”。第三种境界是“众里寻他千百度，蓦然回首，那人却在、灯火阑珊处”。这三种由诗词概括的境界后来成为许多大企业家、大富豪事业成功的人生总结。可见，古典诗词并不像有些人所认为的仅仅局限于相思怀念、伤春怨别的小女子境界。

中国古典诗词，是蕴含着我们民族文化、我们历史上那些英雄俊杰美好情操的一座精神宝库。它之所以能穿越历史的长河，至今让诵者与听者仍心怀感触，一唱三叹，这种能穿越心灵的强大生命力正是它经久不衰的源泉所在。

今人不识古时月，今月曾经照古人。在心灵的旅途上，有古典诗词相伴，无论遇到什么样的艰难曲折，你都会一路上花香满径……

章含之

属于自己的生命才刚刚开始

章含之：1935年生于上海。1960年毕业于北京外国语学院英语系研究生班。1971年调入外交部，曾出席联合国大会任中国代表团副代表。著有《我与乔冠华》《那随风飘去的岁月》《风雨情———忆父亲、忆主席、忆冠华》《跨过厚厚的大红门》等著作。2008年1月26日在北京朝阳医院病逝，终年73岁。

印象：有一种美丽永远不会老

影片《无穷动》从第一个镜头开始到最后一个镜头结束，都是在这所著名的宅院里拍摄的——史家胡同51号。这原本是老北京一座普普通通的四合院，一本畅销书《跨过厚厚的大红门》让它同这门里的传奇人物一起为世人所瞩目；而电影《无穷动》再次把这座宅院投进众人的视线。书中叙述的是一代风云人物的传奇，一段激情燃烧又不无沉重悲凉的岁月；而电影却是一个虚构的发生在这座宅院里离经叛道、完全颠覆传统审美标准，甚至几尽荒谬的故事……

2006年4月初的一天，当我终于跨进这扇厚厚的大红门时，仿佛也跨进了一段历史，一段传奇，一个真实又梦幻的故事。

那门可真厚！差不多比我们平常门的两个还要厚，足有上百斤的重量，我用一只手无论怎样使劲都拉不动，启动它还真需费一番力气才行。大红门打开后有一个灰砖墙影壁，往左走是前院，从影壁后面绕过去是通往后院的长廊，后院比前院大多了，威严高大的正房和两侧的厢房围成一个天井似的院子。跨入院中，首先映入眼帘的是那棵"比洪晃年龄还大"的海棠树，阳光明媚的春日，枝繁叶嫩的树冠上挂满了粉红色的花蕾。左边的那棵梨树上，雪白的小花像满天的繁星，生机勃勃地宣布着小院的春天……

迈进正房后，足有4米多高的房屋被横着一分为二，后半部用白色雕花的木窗隔开，并搭成了上下两层。章含之就从那雕花的木格门里走出来，两件套的浅咖啡色薄毛衣，一条长裤，白多黑少的一头蓬松卷发下，依然是那张秀美的脸。71岁的年纪，身材依然挺拔，站在那儿，气质、风度、神态、举止，无论怎么看，也都还算是一个优雅的美人。岁月可以剥蚀她的青春，却无法遮掩她由才智和教养放射出来的光芒，她涂了淡淡的唇膏，微笑着招呼我们坐下。显然，她比在电影里饰演的那个保姆要年轻得多，也苗条得多。

与我们面对面的章含之很随意，很放开，也很真诚。在她的谈话中，有两次声音哽咽、眼圈红了。一次是谈到对毛主席在临终前还要整治乔冠华的难以理解和委屈，第二次是谈到她不能老在这院子里写过去的事情，因为她总是不由自主地陷进去而无力自拔，太投入，太动感情使她身心俱伤……

两个多小时的交谈，她与我们谈得最多的不是父亲章士钊，不是丈夫乔冠华，不是女儿洪晃，而是毛泽东——那个事实上掌握，或者说改变了她命运的伟大领袖！

如果不是做了毛主席的英文老师，她便不会对主席有一种父辈亲人般的温暖和依靠，从而在那场“史无前例”的运动中多次大胆上书主席批判“文革”；如果不是毛主席把她调到外交部，她一不可能做外交官，二也不可能嫁给乔冠华；如果不是毛主席对她有太多的期望与器重，也不会因她的不从命、不去加拿大做新中国第一位女大使，而从此命运坎坷……

如果不认识毛主席，她完全有可能和她的那些同学一样，安安心心地待在象牙塔里，走上一条父辈希望的学术之路，当教授，做学问，成为学界泰斗。

或者，如果不嫁给乔冠华，听从毛主席的安排，从女大使到女外长，她的命运都可能会是另外一种样子！然而，她的本性使她选择了做女人。在仕途和情感面前，她毫不犹豫地倾斜于感情。从小生长在这深深庭院中的女孩子不懂政治，没有野心，渴望温情，还在做着莎士比亚式浪漫多情的梦，尽管毛主席一再叮嘱她要“经风雨，见世面”，但生性单纯、书本知识多于社会阅历的她，永远都不会“吃一堑长一智”，天性注定了她不会去走仕途之路，她不是那种性格刚硬、深谋远虑、颇具心机的女人。否则的话，她就不会被儿女情长绊住脚，她一定会攀着毛主席这棵大树平步青云的……

一个女孩子，长得漂亮，太出众超群，聪明又伶俐，难免会成为“出头鸟”。当这个世界向美丽敞开一扇扇大门、露出一张张笑脸的时候，也同时展开了一个个难以分辨的十字路口，甚至布下了一个个陷阱。如何把握？又如何抉择？有时候真的是身不由己啊！

章含之无疑是一个感性的女人，她说她嫁给乔冠华根本不存在选择，并不像有些人以为的那样，她是在仕途与爱情中选择了后者，她从来没有选择过。她爱乔冠华，被他真挚的深情所感动，承诺了这份爱就从未动摇过。即使得知毛主席对她的安排，她也“天真”地以为那是可以抗拒的，却未曾想过她会为这份感情付出如此沉重的代价……

回首往事，你说后悔？不后悔？真的是很难说清楚。岁月像河流一样携走了那一切，包括生命。无论你醒着，还是睡着，河流都不会停止流淌。有花瓣飘落，有泥沙融入，有风拂过，有雨落下，而一江春水都会永不停歇地向东流去。

但反过来想想，处在那样一个“以阶级斗争为纲”的时代，像章含之这样的小资女性，从校园的象牙塔一下子进入滚滚红尘的社会，面对名利场中如此复杂的人际关系，她根本就不是对手。在政治的风风雨雨中，她显然是相当稚嫩的。在中国，爱情从来都不是单一的，尤其是到了章含之这个层面，再刻骨铭心的情感，也无法摆脱政治的影响，无法浪漫，更不可能纯粹，只会雕刻着沉重和“一弯冷月照诗魂”式的悲凉。与刻骨铭心的爱情相伴的，是提心吊胆的命运。在灭顶的政治冰山面前，人的命运尚且如小船一样不堪一击，更何况人的情感！精神的力量再强大，再永恒，也只能存在于人的生命中。当生命都消失了之后，那昔日的情感就只能像山一样压在另一个活着的人心头……

往事不堪回首，又何须回首，因为那往事也是自己生命的一部分啊！采访即将结束的时候，章含之说，她准备在上海办一家以她的名字命名的外语培训中心，如同女儿洪晃说的，71岁的老妈还在准备创业，并且为此而兴致勃勃。

她依然美丽的笑容使我感到，她的心魂终于从那扇厚厚的大红门中解脱出来，要活一个真正的自己了。年过七旬，属于她自己的生命才刚刚开始。纵观她的一生，为了“总长的女儿”，她放弃了少女时代的演员梦；为了党和时代的需要，她放弃了清华和北大最向往的专业；为了“主席的老师”她改行到了外交部；为了“外交部长的夫人”，她经受了如此沉重的磨难……

现在，她终于可以做一次她自己了，这一次，她只是章含之！

访 谈 录

张　星　**我最近刚看完您和洪晃拍的电影《无穷动》，是在这座院子里拍的吗？**

章含之　是。这部片子是2002年春节在我家拍的，十几个人在我这个院子折腾了二十多天。

张　星　**您拍《无穷动》是平生第一次拍电影，有点玩的意思吧？**

章含之　我跟你说，整个这部电影就是一个玩的过程。她们一开始就是在这儿聊天聊出来的。我说我拍这个电影是“上贼船容易下贼船难”。

张　星　**最早是洪晃的创意吧？我看您还是挺宠女儿的，对吗？**

章含之　是因为洪晃喜欢嘛，凑她的热闹。另外我们俩平常也见不着面，她忙得要死，我也不太闲，每年也就是春节才能在一起。也想借拍电影这个机会能有时间多待在一起。无非就是这么简单的一个想法。

张　星　**洪晃是怎么把您给拉进来的？**

章含之　那都是我自己自愿的。我对宁瀛说，宁导，你也给我个角色演演，我这辈子演过好多话剧，还没演过电影呢。

张　星　**您还演过话剧？**

章含之　是用英文演的，我在北京外国语学院的时候演过许多话剧。我在十二三岁的时候就特别想演戏。结果我父亲就给我当头一棒，他说：章家门里不出戏子！你要想演戏就别进这个门！我当时委屈极了。直到进了外国语学院，我才如愿以偿地成了英语系舞台上的一名演员。

张　星　**那您当年都演过什么角色呀？**

章含之　好多戏呀。先后演出过萧伯纳的短剧，王尔德的《认真的重要性》以及莎士比亚的《奥赛罗》，我演女主角黛丝塔蒙娜。那时候大家都说我很有演员天赋，当时在校园里特别轰动。因为直到现在，我想也还没有人能像我们那样把莎士比亚的剧本全部用英文演出来。

张　星　**我读您《跨过厚厚的大红门》和《风雨情——忆父亲、忆主席、忆冠华》等书时，觉得您写得都特别沉重，可能您那段情绪还没走出来，现在是不是好多了？**

章含之　现在我也想再写一本书，不再写得那么沉重了。但是要不沉重也难，因为要写你自己一生的话，沉重的东西太多了！

张　星　**去年您来《天津日报》社时说的一句话给我印象特别深。您说，一直以来，您都是谁的女儿、谁的老师、谁的夫人……从来都是别人的什么人，从来不是您自己。您是不是想写关于您自己的一本书？**

章含之　是。共和国成立时我才14岁。回想起来，从1949年到现在都快60年了，我们这一代人，就是在这60年里成长，在这60年里怀有激情，在这60年里追求一种梦想，而且是那样的全心全意，真的是全力以赴啊。我就不赞成一些在海外的人描写这段历史时的写法，全部是灰色的，其实我们曾有过非常金色的时期，有过很美好的追求和激情。

张　星　**当初您那一代青年人像拥抱阳光一样拥抱这个新世界。**

章含之　可以这样说。实际上，到上世纪70年代以前，我所走过的路，也就是我们这一代知识分子所共同走过的路。但是70年代以后我所走的路就比较复杂了，就与别人不同了。实际上我这一生，是两个人改变了我的命运，一个人是我父亲，一个人就是毛泽东。

张　星　**也许这就是命运，您抗拒不了。**

章含之　如果我父亲不认识毛主席，我也不可能认识毛主席，我父亲认识毛泽东，就把我也带到毛泽东那儿去了。

张　星　**但是也有人说了，优秀的外语老师有很多，为什么毛泽东偏偏选中您？**

章含之　开始是因为主席和我父亲的关系，他确实希望能帮助我。事实上也确实是，我在外语学院被整得一塌糊涂时，是主席救了我。“文革”一开始的时候，我就给毛泽东写信，告诉他外面在怎么怎么胡闹，那时候真是初生牛犊不怕虎啊，如果他不是把我当作一个小孩子来看的话，后果不堪设想！

张　星　**那您给他写了这封信之后，他有什么反应？**

章含之　我写完这封信之后，大概过了一个星期，他让秘书给我打了一个电话，秘书说主席收到了你的信，但现在这个时候主席不便见你。主席给你留了两句话。第一句话是你要"经风雨，见世面"，第二句话是"今日有酒今日醉，明日忧来明日愁"！后来我在外语学院挨整，说我是"修正主义苗子""黑帮爪牙"。那段时间整得我得了神经官能症，我的一个同事被整得跳河自杀。于是我忍无可忍了，又给毛主席写信，这回毛主席下了一个指示，让北京市委接管外语学院的事，他们让我为"九大"去做翻译，这在当时是政治上很高的荣誉。但一个月之后回到学校，看到我那些同事仍然被整，就又给毛主席写信。这回主席真下决心了，他把8341部队派进了外语学院，我就上台成了群众代表……

张　星　**当初您要是听毛主席的话，到加拿大去当大使，不跟乔冠华结婚，那么您就是另外一种命运了。我觉得，您作为一个女人，一生都受感情的影响比较大，您怎么看待一个女人在对待感情和事业之间的这种冲突？**

章含之　这是因人而异的，不能强求。我这一生就是特别重感情，我觉得人应该对自己的感情和你真正所爱的人持一种忠诚的态度。但人的价值观是不一样的，每个人都有权来决定他到底把哪个放在第一位。有时候我也在想，假如说我放弃了这段情感，那么我就会走一条很平坦的路，甚至于也可能会平步青云。但是我走了这条非常崎岖、坎坷的路，历尽了那么多的艰难。到了今天，你说是后悔，还是不后悔？这个问题连我自己都说不清楚。有时候看到我那些老同学，我们一块18岁进的学校，一块留下来当老师。他们现在还在学校，是博士生导师，一辈子有很多学术上的成就。我常常对他们说，假如我那时候不调到外交部去，我会和你们一样，一生就生活在校园里头。

张　星　**人家也许还羡慕您这种轰轰烈烈的人生呢！**

章含之　是啊，他们说，你别说这样的空话，你要是像我们一样留在校园里，有你后来的那些风光吗？我对他们说，可你们知道我为此付出了多少！

张　星　**这个好像没有办法选择。**

章含之　所以说，这是个永远也无法回答的问题。当你的生命走到最后、你回顾一生的时候，你最大的收获就是你所经历的这一切。你看到了你在这个生命的过程中别人所看不到的东西，别人所没经历到的东西。人到最后是同样的归宿。但在这生命的几十年里，有的人经历到了很多，有的人没有经历到很多；有的人很平静的一生，有的人很波澜壮阔的一生，有的人很坎坷的一生……那么你到了生命最后的时候，唯一能告慰的是，你看到的可能比别人多，你经历的比别人多。我所经历的这些事情，宿命一点的说法，都是命运的安排，是你自己所不能掌握的，你说我能自己掌握吗？

张　星　**中国有句俗话，叫红颜薄命，您怎么看？**

章含之　那是必然的。如果说，一个长得特别平凡的人，他可能不会引起那么多人注意，他可能是平平淡淡的一生，也会很幸福。

张　星　**我觉得像洪晃他们这一代人的思想观念与您已经完全不同，按说您是不能接受的，可是您也接受了。**

章含之　也有一段时间我挺难接受的。我曾经看过对她的一个电视访问，主持人问她，大意是你怎么看待你妈妈跟乔冠华的这种感情？我觉得她当时的回答特别有意思，她说，我很钦佩她的这种情感，但是我不会这样。因为人们可以喜欢恐龙，但是毕竟现在恐龙已经没有了。一个不存在的东西你何必老挂念他呢！对她来说，生活往前走了，过去的就过去了。现在我感到安慰的是，洪晃走出了她自己的一条路。我们家

▲ 张星在史家胡同厚厚的大红门里采访章含之

这三代人，后面的一代都是对上一代的背离。但是我们家出了三代不平凡的人。

张　星　**都是时代的弄潮儿。**

章含之　我父亲那一代是反清的弄潮儿，他走在19世纪末、20世纪初的最前列；我在我这个20世纪70年代，又成了那个时代的弄潮儿；洪晃又成了21世纪的弄潮儿。

张　星　**也许在当代年轻人的心目中，洪晃恐怕比您的知名度要高。**

章含之　那肯定啊。有一次我从上海机场一直到北京，一路上有三个人把我认出来，三个人都不约而同地问我：你是不是洪晃的妈妈？我受刺激吧！曾几何时，人家曾问洪晃：你是不是章含之的女儿？现在反过来了。所以我就觉得，我们这一代该退休了。

张　星　**哪里呀,我觉得真正属于您自己的人生才刚刚开始。**

章含之　也难说。我现在对这个生命看得挺穿的。人的生命就是一个过程,所以也不必去强求。而且我也不愿意那种活得已经没有意义了,还那样活着。我看到有些老人患很重的病,要完全靠别人照顾,活得好辛苦。我最近想搞一个英语培训中心,现在就需要一些口译的人才,我是想做一点真正提高英语水平的东西。同时我还想搞一些礼仪方面的培训……

孙穗芳

以祖父孙中山的名义

孙穗芳：孙穗芳博士系孙中山先生之子孙科的女儿，1936 年生于上海，1959 年到香港，1967 年移居美国夏威夷，曾就读于上海同济大学、香港大学和夏威夷太平洋大学，现任孙中山和平教育基金会主席、夏威夷中国妇女慈善会会长、美国夏威夷太平洋大学校董、中山大学香港校友会名誉会长和斯里兰卡锡兰国际大学荣誉博士。

印象：在祖父的精神世界里翱翔

你能想象得出吗？一个70岁的老太太不是坐在家里安享晚年，而是一年四季马不停蹄地在世界各地奔走游说，尽管她的家是在夏威夷——那个太平洋中最美丽的岛屿上，尽管她有足够的经济力量可以过着无忧无虑的富足日子，但是她却选择了对这一切的放弃。

孙穗芳的这种选择源于她的心灵，更源于她的血脉，因为她是一代伟人孙中山的孙女。在她的血液中，祖父的思想和精神无时无刻不在澎湃地奔涌着，激励着她向前、向前、再向前。这种遗传，并不仅仅表现在她与祖父颇有几分相似的形貌上：那神采独具的大眼睛、宽阔的前额和高挺的鼻梁，而是更深刻地植入到她的灵魂里。这使她全然忘却了年龄的因素，执著的信念犹如一只永不停歇的鸟儿，始终引导着她的生命在祖父的精神世界里翱翔。

这信念就是毕生致力于弘扬祖父孙中山先生的理想与追求，就如同孙中山先生一生致力于他自己的理想与追求一样，别无选择的使命感使孙穗芳的信念愈加强烈，也愈加迫切。她说："孙中山先生是民族尊严的象征，他的爱国主义和民族精神是中华民族的凝聚力，只有遵循孙中山先生'和平、奋斗、救中国'的精神才能解决两岸的分歧，早日完成中华民族和平统一的大业。"

2005年5月28日，孙穗芳博士再次来到天津，来到她祖父生前曾留下过足迹的地方，并且入住于孙中山先生曾两次下榻的天津利顺德饭店老楼的208号总统套房。

这天傍晚，我就是在这间于无形中弥漫着孙中山气息的套房里，采访了孙穗芳博士。

走进房间，满眼都是孙中山先生的身影，墙上的照片，瓷盘上的刻像，凝重的木桌木椅……1912年和1924年，孙中山先生曾先后两次来到天津，在这里发表演讲、会见各界群众。1990年8月，全国政协副主席屈武曾专程来到利顺德饭店，在这个房间里回忆往昔拜谒孙中山之事，他说："当年孙中山先生召集会议即坐于后排靠墙中间的座位上。"当饭店邀请屈武先生坐于此拍照时，他说："这是国父坐过的座位，我不能坐。"今天，身为孙女的孙穗芳再次置身于祖父身影的环绕中，与九十多年前祖父那深邃的目光相遇。她说，她能够感受到祖父对她的信任与疼爱，她坚信冥冥中祖父对她事业的赞赏与支持。躺在当年祖父的卧室里，一向失眠的她也能一觉睡上7个小时了。

“我没有亲耳聆听过祖父的教诲，我出生的时候祖父已去世多年，但我对祖父怀有无比敬佩的情感。我从9岁起就开始收集祖父的资料，至今已有半个多世纪了。面对祖父不同时期的照片和墨宝，我被他波澜壮阔的一生所深深感动。”

▲ 孙穗芳在天津利顺德饭店祖父的画像前

这种感动从此贯穿了孙穗芳的一生，她又用自己的行动深深感动了更多的人。

来到天津这天一早，孙穗芳就来到了河北区第五幼儿园。当天真烂漫的孩子们为她表演了音乐和舞蹈节目之后，她向幼儿园赠送了她编著的《孙中山先生纪念集》，并挥毫为小朋友们题写了“博爱”两个大字，笔笔生情，力透纸背，颇具其祖父遗墨的神采。

当天下午她来到天津广播电视大学，出席聘她为该校名誉教授的聘任仪式，毫无倦意的她再次提笔泼墨，题写了“和平和谐”、“博爱博学”两幅墨宝，赢得了师生们的一片掌声。然后她在该校礼堂进行了“孙中山思想与中国和平统一大业”的演讲。当有同学问她，为什么放弃了当年已经做得很有成就的地产生意而全身心地投入到宣扬孙中山思想的事业中时，她激动地说：“这与我祖父当年是一样的，孙中山是那么有名的医生，为了和平、奋斗、救中国的理想而放弃行医赚钱，投身到推翻帝制、创建共和的革命之中。我是孙中山思想的传人，我也理应放弃个人的一切……”

看得出，她对祖父的热爱与敬仰，已经融进了她全部的生命中，那种激情和动情全然超出了仅仅作为孙女的情感范畴，而是具有了一种情不自禁的炽热和无比神圣的使命感。

她在演讲时说过这样一句话：“做人能找回自己的真心，等于回老家。”说得非常触动人心！

那天傍晚，我与她相对坐在孙中山先生曾下榻的总统套房里，在老照片中孙中山目光的注视下，听孙穗芳谈祖父，谈她如何为祖父的理念而奔走游说、呕心沥血，乃至伤痕累累……在她抑扬顿挫的讲述中，我感到她的全部身心都被祖父的精神所涨满，像风中的帆一样。她已完全沉浸、生活在祖父的精神世界之中！尽管我面前的她依然喜欢穿红色的衣服，喜欢浓妆，涂红艳的唇膏和同样红艳的指甲油，戴硕大的珍珠项链和熠熠闪烁的大钻戒，并且在摄像机前娴熟地露出得体的微笑，摆出一副很女性的姿态。但是，她的心灵是生活在祖父丰富的精神世界之中的，孙中山先生的思想理念、其著作中的精髓，她张口闭口，像呼吸一样地自然诵出，倒背如流……

与我们交谈之后，已经忙碌了一整天的老人仍不肯停歇，又立刻驱车赶往中山公园。暮色中的中山公园游人稀少，孙穗芳独立在当年祖父发表演说的石碑旁拍照，石碑无语，百年沧桑穿过天边的晚霞给公园平添了几分凝重。令孙穗芳没有想到的是，当她问一个在公园玩耍的孩子“你知道孙中山是谁吗”？那孩子立刻回答：“知道，孙中山是中国革命的先驱，这座公园不就是以他的名字命名的吗……”

孙穗芳笑了，她相信这孩子的话祖父也能听到，一定能听到的！

访 谈 录

幼年做了“拖油瓶”，在宋庆龄的干预下才得以上大学

张　星　**我知道您小时候的生活虽然挺苦的，但在您的心里一直有一个精神支柱，就是您的祖父孙中山先生，对吗？**

孙穗芳　是的。你看我从9岁就开始收集祖父的资料，我对祖父有特别浓厚的感情。我从小没有和父亲在一起生活，直到30岁才第一次见到我的父亲（孙科）。9岁时，我在上海，因为我舅舅给了我一张祖父的照片，从此我就开始收集有关祖父的一切了。

张　星　**在此之前您知道您的祖父是这么伟大的人物吗？**

孙穗芳　知道，每次我在学校考第一名回来，我妈妈就说，你不考第一名谁考第一名！我如果考不到一百分，自己心里就会很难过。我小时候很苦，母亲再嫁，我做了“拖油瓶”，寄宿到别人的屋檐下，不是说有后父就有后母吗！到1948年12月我们就到台湾去了，当时我刚上初中。在台湾住了一年又到了香港，那时候我父亲在香港，我母亲去讨我的生活费和教育费。1951年我又回到上海，住在外婆家。

张　星　**您长得和您祖父很像啊！**

孙穗芳　是很像。我刚写了一篇怀念大哥孙治平（孙穗芳同父异母的兄长，孙中山的长嫡孙）的文章，你可以看一看。我大哥告诉我：1950年初，当我在香港到浅水湾71号去看望祖母（孙中山的原配）卢太夫人和父亲时，祖母提出要把我领回去认祖归宗，可惜大哥的妈妈没有接受。我只记得当时祖母紧紧地抱着我不放，眼眶里满含着泪水，因为我长得太像祖父了。

张　星　**您回到上海又接着上学吗？上了同济大学？**

▲ 张星采访孙穗芳

孙穗芳 那时候说我是反动官僚资产阶级出身，虽然高中毕业时成绩优秀，但我却不能被大学录取。还发配我到上海近郊农村做苦工，白天倒马桶，晚上睡泥地，老鼠爬头，还要遭受白眼，并且患了全身性的风湿性关节炎。现在看电视剧《还珠格格》，看到小燕子她们在牢房里看到老鼠在地上爬就浑身哆嗦，怕得不得了，我那时过的就是这样的生活，1956年，我写信给祖母宋庆龄，她给我回信之后我才得以上了同济大学。

张　星 **那你在同济大学读到毕业了吗？**

孙穗芳 我读的是建筑，没有读到毕业，一直想怎么能离开，1959年初，一让我走就走了。然后读了香港大学，读了商科。那年我22岁。

张　星 **你读建筑，你喜欢它吗？**

孙穗芳　喜欢啊！我从小的生活中没有父亲，我舅舅、舅母都是很有名的建筑师，我受他们的影响，也喜欢学建筑。我在香港住了8年，半工半读。1965年结婚，先生是上海人。1967年就去了夏威夷。

我看到了两岸和平统一的曙光

张　星　我看您在这本祖父的纪念集中还写道："两岸和平，绝不称霸。天下为公，世界大同……"您虽然住在国外，但一直非常关心两岸的和平统一？

孙穗芳　我当然关心了！尤其是最近连战和宋楚瑜访问大陆，他们来之前老早我就给他们写过信通过信息，提醒他们以我祖父的三民主义为宗旨，为民族之魂，振兴中华。连战不是在讲嘛，为民族立生命，为万世开太平。整个中华民族团结了，才能万世开太平。

张　星　连战和宋楚瑜他们来大陆访问的时候您也在大陆吗？

孙穗芳　连战来的时候我还没有回来，宋楚瑜来的时候我在银川。他们来的新闻我也看到了。宋楚瑜也讲一切为民，三民主义，情为民所系，权为民所用，利为民所谋。现在胡主席也讲。我祖父孙中山就是一切为民的。

张　星　当连战和宋楚瑜去拜谒中山陵的时候，您有什么感想？

孙穗芳　中山陵是当年国民党建的，大陆这么多年的保护、维修都很好。当前，海峡两岸如何和平统一是世人关注的焦点，我们要和平，不要战争，台湾要放弃台独主张，大陆要争取和平统一，孙中山的思想是两岸统一的基础。

张　星　您对两岸和平的前景怎么看？

孙穗芳　已经出现了曙光。连战和宋楚瑜来大陆访问，胡主席说："有朋自远方来，不亦乐乎！"这是孔夫子的话。我说要建国安民，以大事小，乐天保天，拥抱台胞嘛。你看连战的太太刚下飞机时很紧张，她不知道来大陆会受到什么样的接待。可你后来再看，她就很放松了。中国的两岸和平统一太重要了！不仅仅影响亚洲，对全世界都有影响。

平生没有见过祖父不觉得遗憾

张　星　**平生没有见过祖父是不是您最大的遗憾？**

孙穗芳　没有最大的遗憾，我和他心灵相通，我经常会在梦中见到他。我相信他一定了解我这么多年一直在做的这些事情。

张　星　**我看您题写的“博爱”和“天下为公”这几个字，与孙中山的字体很像，是有意模仿的吗？**

孙穗芳　是有一些模仿。我小时候练过字，但是我也好多年没写了，后来又练的。

张　星　**您从祖父身上学了这么多东西，对您自己的人生有什么影响？**

孙穗芳　就是做这件事一定要做成。自己从心灵上获益很多。现在开始觉得有点累了，每次回到家把头发染一染，衣服来不及洗就换一下，又去下一站了。一站一站走下去，马不停蹄的。五月上旬我在马来西亚，给4800多人讲。

张　星　**您是否觉得自己负有使命？**

孙穗芳　当然有！

张　星　**那这个使命是谁给您的？**

孙穗芳　天给我一半，我自己给我一半，所以受多大累我都不会觉得。这个人身体还是肉身，但精神上的力量很大的话，这个苦就减少了。

张　星　**你今天在演讲时说：“一个人能够找回真心就等于回到老家。”这句话**

说得特别好！

孙穗芳　就是找回每个人的精神家园啊！中国现在最要紧的是保存中国固有的文化，然后才是世界潮流浩浩荡荡，科学呀发展呀等等。如果软件都没有了，心都没有了，还谈什么发展！

张　星　**大陆在中华文化这方面，当然是丢失了一些，但还是有很厚的积淀和基础的。**

孙穗芳　所以我就做马前卒。我现在眼压高，眼睛都要瞎掉了，吐血吐了两次。我相信我已经完成了百分之八十。

张　星　**您能否谈谈生活方面，除了做这个事情之外，您还有什么爱好？**

孙穗芳　爱好，我没有时间。我管了国家的事，管了祖父的事，就管不了自己的事了。我会弹琴，从六七岁就开始学，弹得很好。我儿子3岁时学钢琴

▲ 张星在利顺德饭店孙中山曾下榻的房间采访孙穗芳

没有教师教,我自己教,4岁他就在美国的儿童钢琴比赛中获了奖。我现在只要是讲到孙中山了,你怎么问,我都可以答。他把中国从黑暗带到光明,从封建带到民主共和,他就是中华民族的国父。

张　星　**您像这样宣讲有多少年了?你是不是把祖父当年走过的地方都走了一遍?**

孙穗芳　二十多年了,讲了800多场了。祖父走过的地方我差不多都走过了。

张　星　**您在国外用英文讲这些中国古代的思想,像《礼运大同篇》等,外国人能听懂吗?**

孙穗芳　听得懂。老子的思想,孔夫子的思想,他们都会背!我们要恢复民族的伦理道德,讲忠孝,尚仁爱,重信义,爱和平。这是人性所趋,是中华民族文化的宝贵精髓。

对天津的感情很深

张　星　**这两天住在您祖父当年住过的房间里,有什么感觉?**

孙穗芳　所以我对天津的感情很深,他们让我免费住在这里,人家要5000块钱住一天的。在祖父的"身边"我睡得好一点,以前晚上我睡四五个小时就要醒,在这里我能一觉睡7个小时。祖父当年革命也是很辛苦的,有时有一餐饭有时没有一餐饭。我想我的生活比他好多了。

张　星　**您前年曾来过一次天津,能谈谈对天津的感受吗?**

孙穗芳　天津有很浓的人情味,我们上次来正是"非典"期间,有些乱。这次来了,发现天津发展得很快,变化很大。天津很有历史价值,尤其是近代史,孙中山是在天津的中山公园作的最后一次演讲,然后去北京就逝世了。天津还保留着张学良的故居,天津是一个很好的中国近代史的博物馆,我以后还会再来的。

靳羽西

爱是女人一生的梦

靳羽西：美籍华人，祖籍广东，1946年出生于桂林。靳羽西化妆品有限公司董事长，世界著名电视节目主持人、制作人、化妆品王国皇后、畅销书作家、慈善活动家。在美国主持的《看东方》电视节目，获得“杰出妇女奖”、“终生成就奖”。代表作品：《世界各地》、《亚洲妇女美容指南》、《魅力何来》，《中国淑女》、《中国绅士》等。

终于可以谈离婚了

2001年1月11日，我和电视台的同行专程赴上海去采访著名电视节目主持人靳羽西。听说她新近在上海安了一个家，并且同意我们做一期关于情感话题的节目。

作为一个事业成功的杰出女性，我们不仅能从遍布中国各地的化妆品柜台上看到靳羽西的名字，还能在每年的春节电视晚会上找到她的身影。全世界的媒体都对她做过大量的报道，《人物》杂志称靳羽西为“中国最有名的女人“。《纽约时报》称她为“中国化妆品王国的皇后”；《财富》杂志形容她是“当代的马可·波罗”；而美国《国会记录》则称她为“真正的平民大使”。据国家统计局统计，羽西化妆品连续4年荣获“全国商场销售第一”、“消费者心目中最佳品牌第一”、“全国市场占有率第一”。靳羽西于1978年制作的电视系列片《看东方》，成功地在东西方之间架起了一座桥梁，这个节目在中国和世界连续播放了12年，由此她被称为“全世界拥有最多观众的电视记者”。她获过太多的国际大奖和数不清的荣誉，她的岁月就是在这些轰轰烈烈的事业中走过，她的生命也与她的事业血肉相连。那么她的爱呢？她的婚姻、她的私人生活、她的情感世界又是一番什么样的风景？

我们都知道，靳羽西出生于中国桂林，父亲靳永年是一位岭南派画家。她3岁时到香港，16岁到美国留学，在夏威夷的杨伯翰大学获得了音乐和政治两个学位。之后她不论是从商还是做电视，或者做化妆品，总之她是一个长年“飘”在世界各地的人。虽然她在纽约有一个豪华美丽的家，但随着她在中国的事业不断发展，2000年的秋天，她终于如愿以偿地在上海安了一个新家。

走进羽西的家，便也走进了羽西的生活，钢琴、鲜花、娃娃、绘画和燃着的红烛……房间里到处都弥漫着一种温馨的女性味道和浪漫的艺术情调。红衣与浓浓的黑发，是羽西形象永恒不变的主题。那天，她依然穿着敞胸的红衣，在一束盛开的白色百合花旁向我们敞开心扉。对于我们的提问，羽西有问必答，不作丝毫的回避。不论是苦涩的回忆，还是有些难以启齿的个人观点，甚至她的卧室、衣橱……都一一向我们打开。

在近20年的记者生涯中，我采访过许许多多事业成功的女性，却没有谁能像羽西这样坦率真诚地和盘托出自己的情感世界,包括她不成功的婚姻,她选择男性的标准,对爱情与年龄的认识,对孤独与单独的看法,以及如何解除痛苦做一个快乐女人的“秘诀”。

看着依然充满朝气、依然美丽、活泼、快乐的羽西,我想起一位在羽西身边工作的朋友说过的话:“羽西最大的成功,并不仅仅是她在事业上的成功,而在于她是一个能把痛苦放下、永远生活快乐的女人。”1994年,她和羽西在北京准备参加一个大型文艺晚会,其中有一个节目要求羽西的上场方式是从轿子里走出来。就在临上台之前,羽西突然抓住朋友的手说:告诉你一个令人震惊的消息……此刻,朋友感到羽西的手冰凉,整个人都在颤抖。原来她刚刚得到消息,她的丈夫已经和另外一个女人住在一起了……即使这样,那晚,现场观众看到从轿子里与演员黄宗江一起走出来的羽西,依然是一脸阳光般的笑容。

这个故事引起我内心的震撼。

记得第一次结识羽西是在5年前,在天津凯悦饭店的乡味斋,面对落地窗外静静的海河水,我们放下关于事业的话题,谈起了女人共同关心的一些事:婚姻、爱情、孩子……然后羽西告诉我,她离婚了。

一时间,我无言以对。我知道她的结婚,因了她的知名度和她美国丈夫的富有程度,曾经使世界媒体狠炒了一阵子,成为许多人热衷关注的话题。然而,仅仅过了5年的时间,被当时媒体称为“如此完美的结合”、“最幸福的一对”竟然这么快就结束了。羽西说,不是我的原因,是老公又有了另外一个女人,我问她,那你怎么办?她只是说,哭了……

那天,我和她形影不离地相伴了一天。早晨她从市区到塘沽做关于美容知识的讲座,为读者签售她新出版的《亚洲妇女美容指南》一书,下午回到市区,在天津广播电台,为“张士柏英语网”的听众做如何学习英语的演讲,然后又到政协礼堂与中老年女政协委员见面,当晚她要乘机飞往武汉。她很诚恳地要求我:你是第一个知道我离婚的记者,请你千万不要把这件事写出去!我点头答应了。

我知道,对于记者来说,这是一个非常难得的独家新闻,以靳羽西的知名度,我完全可以利用这条新闻炒作一阵子。但从同样身为女人的角度,我更知道,羽西能把这么隐私的事情告诉我是一种多么难得的信任。于是我在那篇题为《羽西的爱对你说》的文章中并未提她的离婚，只是引用了一句泰戈尔的诗："你有星群在天上，你屋里的灯却没有点亮。"后来，我到北京大学采访她建立奖学基金时再次与她相见，她拥抱着我说："看了你的文章我都哭了，谢谢你没有把我离婚的事写出来。"

今天，羽西说："刚离婚时是很难谈的，我现在谈起来就很自如，因为最痛苦的时候过去了。那时候，你谈的越多，就是多次在重复自己的痛苦，你的脑子里的细胞、你的身体里的细胞都好像重新在经历这段痛苦。但是，我有一个最大的优点，就是我能把痛苦全部翻过去，再开始新的一页。你听不到我说痛苦，我记住的都是快乐的事，我就只看前面，不看后面。当然，要做到这一点需要我尽很大的努力，好多年的努力……"

把眼泪抛进大海

这是一段鲜为人知的故事。

一向快乐的羽西是很少向人谈到痛苦的事情，当她认为那一页已经翻过去了的时候，她宁愿那痛苦其实从来都没有发生过。但是，当我们提出这个话题的时候，她却没有回避。

"我记得我最痛苦的时候，是我老公突然就离开我的家，搬到他女朋友家去了，多可恨！……哎呀，真可恨，又谈到这个痛苦的事了！"

羽西的老公离开她的时候，正值美国一年中最开心快乐的节日——圣诞节的前夕，从圣诞节到新年，刚好有两个星期的假期。过去这是羽西最最快活和风光的日子，她开party，请很多的朋友到家里来，热热闹闹，红红火火的。可是现在，丈夫突然就搬走了，她一点思想准备也没有。她一回到家里，首先发现，哇，我的屋子好空呀！再仔细一看，老公的衣橱、鞋柜等等都空了。那个曾经那么爱她、宠她、发誓要永远与她相守的人竟这样不辞而别，投入另一个女人的怀抱中去了……

"我就想，我怎么活下去呢？我这两个星期怎么度过呢？"

我曾经问过羽西，是不是西方女性对这样的事情就比较看得开一些？

▲ 张星在北京采访靳羽西

羽西回答："全世界的女人都在乎的！"

"是他对不起你，你可以就不离嘛！"

"No，人生是很短暂的，我为什么要让自己生活在不快乐之中！"

问题是，生活中突然出现的这个空白用什么来填充？如何去面对这每一个漫长的白天和难眠的夜晚？婚姻中，虽然羽西与老公也并不是日日厮守，为了事业她仍然在世界各地"飘"，并且大部分时间是在中国，但是他们每天至少是要通一个电话的。即使人不在一起，心里也是相互慰藉，彼此牵挂的。可是现在，她必须独自面对，独自承受。她感到，她需要将她所有精力都转移到一个很有创造性的活动上面，并且这项活动要与她的工作没有关联，同她的生活更没有关联，还得是她很喜欢做的一件事。于是，羽西就给一家法文学院打电话，请他们派一位法文教师每天到家里来教她6个钟头的法文。

就这样，在窗外雪花飘舞、别人家的圣诞树下堆满了礼物、整个纽约都沉浸在圣诞老人的祝福之中时，羽西却与她的老师一起叽里呱啦地念着法文。羽西从很小的时候就开始学习弹钢琴，她整个的少女时代就是在肖邦、莫扎特等古典音乐大师的作品中度过的。她是一个十分用功的学生，一旦开始便全神贯注。现在，多年培养出来的这种学习习惯派上了用场。每天6个钟头的法文学习，是她多么专心的6个钟头啊！这种专心使那段难熬的日子很快就过去了。

谈到这里，羽西强调了一个很重要的问题，她说："一个人要在痛苦的时候保持好的心态，首先需要有一个好的身体，许多人都不重视这件事，其实这非常重要！好多女人离了婚就知道哭呀哭，躲到房间里什么事情都不做，光是伤心，这样很傻。我告诉你们，我离婚之后，马上就请了一个运动教练，在那之前，我一辈子都没有做过运动的，这时候我请教练每天来我家教我做一个钟头的运动。第一次做的时候，我的身体很不适应，还不到5分钟我就晕过去了。但是现在做一个钟头也没有问题，我做健美操和瑜伽功等，在夏威夷还练过打拳。现在我就非常喜欢并且也习惯做运动了，同时我还开始吃各种维生素，保护自己。"

冬天过去了。按照美国法律，羽西与老公正式签署离婚书是在转年的5月份，批文下来了，事情就全结束了。当时正好她要到法国去开会，于是，她决定在法国南部的海边租一个不大，但却非常漂亮的房子，她一个人在那房子里住了10天。好多人不相信，那么喜欢交朋友，并且有很多朋友的羽西会一个人住在那里，但她确实是独自住在那里的。那时羽西的化妆品公司正准备与驰名世界的法国科蒂公司洽谈合作，她觉得她的生命和事业都来了一个360度的转变。

羽西曾和我说过，她老公追她的那一年多，是她一生中最幸福的日子。在那段日子里她是不用走路的，老公不是用私人飞机载她在天上飞，就是用私家游艇带她在海上玩。她老公不仅是一个大富豪，还是一个彬彬有礼的美国绅士，每天出家门时，他总要把门口的废纸捡起来扔进垃圾箱，早上洗漱后他会把面盆和台子擦得像从没有人用过一样干净。"他是一个很有魅力的男人，我才会爱上他的。"

然而这一切，这么快就灰飞烟灭了。地中海的浪在涌，羽西的心在哭。不能不回忆，又不能不忘记。

她最记得在法国南部的每天晚上，地中海静静地沉睡在清澈的月光下，波光荡漾，晚风轻拂。羽西一个人在海边徘徊，让海水一点点浸湿她的脚面，也让泪水一点点流过她的心头。她说："我每天都要在海边走一次，哭一大顿，回家。第二天再来一次……10天之后我不再想这件事了。就好像是一种病一样，要排除它，海边的10天是我自己定的期限，我要把所有要哭的都哭走，所有伤心的都伤心完。然后我对自己说，OK！过去的都过去了，以后我就只看到前面了。”

爱情与婚姻的选择

我问羽西，你们离婚时其实感情还是有的，只是缘分没了。羽西沉吟了片刻说：“我现在非常高兴我离婚了。为什么呢，因为我更明白了我为什么不能和他再过下去，看清楚了一些当年看不到的东西。”

羽西说，爱情有时候是有一种很疯狂的感觉，通常都是盲目的，病态的，像发烧一样。“inlove”，在恋爱之中是不可能有理智的，而婚姻却需要理智。对待婚姻有一个很重要的问题，就是你爱的这个人，他的好与他的坏，永远都是一样的。不要以为因为你爱他，同他结了婚，他就会改变，变成一个你心目中百分之百的人，不可能的事。要明白，你如果想到要结婚，就先要弄清楚这个男人需要的是什么样的女人，如果他要的是一个守在家里的老婆，就不应该找一个干事业的女人，人的本性是很难改变的。

羽西的老公曾经结过婚，他的前妻是一个家庭主妇。而当他遇到了靳羽西之后便立刻被她身上的气质所吸引，感到这个女人非常的与众不同，和他以前的老婆完全不一样，认为这样的女人会使他的生活更丰富等等。但是走进婚姻之后才发现，其实这种女人并不是他真正需要的。羽西说过，她对做饭之类的事情一点兴趣都没有，而他老公需要的仍然是一个家庭主妇。尤其是随羽西来到中国之后才发现，他娶的女人不仅事业辉煌，并且还是中国的一个大名人，这些都不是他想要的。于是，和羽西离婚之后，他果然又娶了一个家庭妇女。

其实男人和女人都是一样的，在他们年轻的时候往往不知道自己需要什么样的伴侣，只有在他试过了，或者年长了之后才知道。当然，有的人非常幸运，一开始就知道了，选对了。

通过这次婚姻，羽西懂得了许多道理。她说，婚姻伴侣在每一个年龄段的要求都是不一样的。比如人在年轻的时候，夫妻间性生活的要求多一点。年轻时双方都要发展事业，考虑前途，很需要相互支持，彼此携手。做事业的男人往往想要他的老婆开朗能干，可以帮他应酬一些事。也有的男人，只需要他的老婆在家做饭养孩子，做好贤内助。如果两个人的想法是一致的，就没有问题了。而当年龄更大一点，到了该退休的时候，如果两个人的爱好不一样，问题就出现了。有许多退休男人的太太对我说，哎呀，羽西，我不知道怎样来对付我的老公，他现在整天都待在家里，我宁愿他不在家。这也是一个矛盾。如果你在这个年龄段找伴侣，就要有同样的爱好，比如说，你们两人都喜欢打网球，或者看电影……否则日日厮守，磨擦的机会越多，问题也就不可避免。

我有一个问题犹豫了很久才向羽西提出："虽然婚姻失败主要是你老公的错，但不知你是否想过，你自己这方面有没有错？"

不料羽西很坦率地回答："一定有我的责任，不能说都是他的责任，尽管他找了别的女人……那时候我刚刚开始做化妆品，绝对非常非常的忙。我想年龄也是一个问题，他比我大17岁，我们的时间表不一样，他那时想的是要我陪他去周游世界，而我的事业却不允许。其实做化妆品这个企业是我们两个人一起决定的，就如同是我们的孩子，可是他不知道，孩子生出来我是要花时间带他的呀！他非常反感的就是我带他。婚姻失败，我当然想要挽救过。每当我遇到一件难事的时候，如果我这样走过去不通，我会从旁边再走一次，从上边走一次，下边再走一次……如果用我所有的智慧和能力都解决不了的话，我会对自己说，这就是命运了，就是我必须承受的。"

一个人的生活也可以多姿多彩

羽西的家很大，有很多房间。客厅和餐厅都很大，摆满了大束的百合花，有白色的，黄色的。家具和座钟都是古色古香的，客厅的大门两侧挂着她父亲靳永年的两幅画轴，画的是中国画中的花草，颜色很淡却韵味悠长，显然是羽西的珍爱。餐厅里有两个硕大的红色烛台，上面插着巨大的红烛。进门的第一个客厅里摆着一架三角钢琴，琴盖打开着，乐谱正好翻开。羽西告诉我们，在这个新家，第一件家具就是这架钢琴。对她而言，屋子里有钢琴才是家，没有钢琴的只能是旅馆。在门厅处的一张台子上，端端正正地摆放着羽西出版的两本书《亚洲妇女美容指南》和《魅力何来》。

油画、国画、现代派抽象画……羽西家墙壁上的装饰百花齐放，而在这个家里无处不在的则是她多姿多彩的“羽西娃娃”，这些黑头发黑眼睛穿着各种服装、色彩鲜艳的中国娃娃，既是羽西在新世纪献给小朋友们的新产品，也是她自己“生”出来的“亲骨肉”。羽西抱起一个名叫“千金红”的娃娃说：“我没有小孩，就自己生了一个出来！你们看，我像不像一个很幸福的母亲？”

为了节目的需要，我走进了羽西的卧室，我发现在她床头柜的玻璃板下，摆着三张婴儿的大照片，那是她的小外甥，在卧室卫生间的梳妆台上也摆着这个小家伙的镜框，可见羽西是一个多么喜欢孩子的女人！卧室里除了一张大床之外，还有一个很大的书柜和字台。然后就是她的衣橱了，其实应该说是一个服装间，约有5平方米左右，两个挂杆上挂满了她的衣裙和各式晚礼服，差不多是红色家族的大汇合……羽西说，一个人的生活也同样可以多姿多彩，我特别高兴我独身，因为我有绝对的自由，绝对的选择余地，我要做什么，什么时候做，同谁一起

▲ 张星和靳羽西已经成为老朋友了

做，都是我自己的决定。有些人以为，一个人会很孤独。其实，单独和孤独是不同的，单独没有问题，孤独是不好的。

我明白她的意思，单独一人时并不等于孤独，只要她的内心是满的，是充实的，只不过在形式上是独处而已。而有些人即使处在人群中，也不过是在虚伪地说笑和敷衍，心里却是孤独的，外在形式越热闹，内心深处越孤独，这是两种截然不同的感觉。

羽西说："我的生活是很丰富的，我的每一天都是多姿多彩的，我有很多非常好的朋友，我愿意去什么地方随时都可以去。你说我能不快乐吗！现在我和我以前的老公有时也打个电话，他说他那里有什么音乐会的票问我要不要，我就说要！"

"那么，如果有一个男人很爱你，你也很爱他，你会不会再结婚？"忽然想到的一个问题顺嘴就说了出来。

"当然会的！我不是独身主义者，只是没有缘分而已。"羽西笑着回答。

"可是我听说有许多人都在追求你！"

"我只需要爱一个，不要有许多。一个，就够了。"

这使我想起，曾经有人对羽西的父亲说："有上亿中国人都认识你的女儿。"她父亲说："唉，有一个人爱她就够了！"

羽西很认真地告诉我："并不是每个喜欢我的人都能够给我一些我很需要的东西，爱一个人的外表很容易，但爱一个人的内心，真正从内心理解你是很难的。"

"假如你再选择，你会找一个什么样的男人做老公？能谈谈你的条件吗？"

羽西脱口而出："爱我，爱我，爱我呀！爱我是最主要的，当然我也爱他。还有一个特别重要的，就是这个男人是不是真诚？是不是仁慈？"

当我说，女人对爱情的感觉是分阶段的，也许一个时期特别想有人爱我，想嫁人。而另一个时期又只喜欢一个人独处时，羽西立刻打断我的话，说："不，女人什么时候都喜欢有人爱……"

看着她那么真诚渴望的目光，我想，即使是靳羽西，这么有知名度的成功女人，也仍然无法超然于爱之外。一点不错，爱是女人心中永远的结，爱是女人一生的梦！

附一：

如何做一个魅力女人

靳羽西完全变模样了

2004年元旦刚过，一本名为《魅力自造——做一个美丽健康成功的现代女性》的新书出现在读者面前。封面上的羽西完全摆脱了十几年来她给我们留下的固定印象，不见了童花头，换下了红色服装，削得短短的头发和一身雪白的亚麻裙，使她的笑容都透出一种崭新的气息。

谁都知道羽西已经不再年轻，可是她竟然敢在这样的年龄如此大胆地改变自己，改变那种经过十几年证明是非常适合她，并且也已经为大家所接受的外形，让自己以一种完全不同的新形象走进读者的视野，她是怎样想的？是在追新潮赶时髦吗？

2004年年1月7日，我专程到北京采访了刚从纽约抵京的靳羽西女士。她穿了一件紧身的黑色套头衫，一条黑色短裙，黑色的长筒丝袜，利索的短发下依然是那双漆黑的大眼睛，整个人看上去精明强干，并且显得年轻了不少，着实有点令人羡慕！说到她的新书，她说我是第一个来采访她的记者，非常高兴地向我讲述了她的写作初衷和写作过程。

羽西说，这本书是去年"非典"期间在美国写的。先用英文写出来，然后再翻译的。她认为，健康和美丽是分不开的。一个不健康的人不可能美丽。而一个不美丽的人又怎么会达到成功呢？这里指的美丽不仅仅是人的外表，更包括人的修养和智慧等许多内容。

我说，看了这本书让我非常感动的一点，就是你的真诚。你把自己所有的美丽秘诀和健身与成功的经验都毫无保留、非常细致、清楚明白地告诉给大家，其中有一些应该说完全是你个人生活的隐私，你自己健身保养的秘密。羽西一脸认真地看着我说，她就是要把她自己这么多年在美丽健康与成功方面的好的做法介绍给大家，她希望所有的人都能学会美丽的方法，坚持不懈地健身，有一个成功的人生。

我问她，书里有许多化妆和健身的照片，尤其是那些健身操的方法，你完全可以找模特去做，可是你全都自己做，为什么？羽西说，我就是要告诉大家，这是不难的，是你一定可以做到的。如果我请一个做运动的模特来做的话，就失去了此书的意义。谁都知道我不是一个很年轻漂亮的女人，可是我用自己的方式方法来告诉大家，女人是可以通过“自造”来增加魅力的，并且这都是真实的，我就是这样做的。关于发型的改变，前一年的夏天，因为我不停地游泳，所以在罗马的时候就剪了头发。我认为瑜伽、游泳和跳芭蕾舞是锻炼形体最好的方法。瑜伽给你柔软度，游泳使你全身运动，芭蕾舞可以使你的身材变得挺拔美丽……

羽西边说边在地毯上给我做示范，她跳的芭蕾看上去非常专业，非常有“范儿”。当我告诉她，许多人倒不是不锻炼，而是坚持不下来时，她笑着问我：“你愿意不愿意要一个健康的身体？当然要！但是你要知道，除了你自己以外，没有人能给你一个健康的身体。这是要靠你自己的！你想有一个很好的身材，没有人能帮你，也只有靠你自己。要想坚持，就要找一个自己非常喜欢的运动来做才能做下去。”

羽西说，当年她作为移民初到纽约时，口袋里只有150美元，她在那里没有亲人，只有一个高中同学，一切的一切都需要靠她努力工作才能得来。因此她最喜欢的一句话是“英雄不问出处”。

当我小心翼翼地提到女人的衰老这个话题的时候，羽西出乎意料地坦诚和直率。她说年龄不是问题，只要不轻易地放弃生活，或者就此改变得没有了激情，我们仍然可以继续让自己成为一位充满活力、气质高贵、智慧自信、富有魅力的女性。说到她形象的变化，羽西回答说：“我喜欢改变。随着年龄的增长我们也必须改变自己的妆容、发型和服装的选择。”

这时，羽西的助理小陈打开一张1月4日出版的《纽约邮报》给我看，上面刊登着羽西被评选为“纽约五十位集美貌、智慧和财富于一身的女钻石王老五”之一的消息，其中还包括美国著名歌星小甜甜布兰妮。羽西看过后不无得意地笑了起来。看着她那么兴奋的笑容，我似乎明白了她保持年轻的秘诀——“我只关心未来，只有未来才值得我付出所有的时间和精力。”

附二：

那晚，她唱着《羽西姑娘》

很久以后，我的心中还一直回响着由羽西自己作词作曲的一首歌《羽西姑娘》。那并不复杂的旋律，那非常单纯的几句歌词，透露的却是羽西鲜为人知的另一面。与公众视线里那个洒脱能干的女主持人、女企业家的靳羽西迥然不同，歌唱着的羽西是一个非常感性的女人，柔情的女人，她在歌声中倾诉心曲，在歌声中表露心迹……

更令我感动的是唱这首歌的场景：2002年10月13日夜晚的上海大剧院，那一夜成了地地道道的“羽西之夜”——当晚，先是在剧院八楼的望星空餐厅，一簇簇雪白的玫瑰花和茂盛的绿叶装点着主席台和所有的圆桌，主席台上金色的背景下，走出了依然是红衣的羽西。这是羽西公司成立十周年的庆典招待会，她微笑着看着大家开始讲话，她说：“……10年怎么过得这么快！那么多的事情发生，经历了多少酸甜苦辣，这么多的爱，这么多要谢谢的人，今天给我多少时间都不够……”羽西哽咽了，泪水不可遏止地涌出了眼眶，正如她所说：“10年前，我来到中国两手空空，什么都没有，只有一个梦……1996年，我与世界著名的跨国化妆品企业COTY公司合作，我哭了，因为我知道，我能同世界上最好的品牌来比较，这给我多大的希望！当我在浦东看到那么大的一块准备建厂的空地时，我知道从此我在中国有根了……”

讲到这儿，羽西再一次哽咽了。以她一个资深的节目主持人，风风雨雨遍及世界的足迹，灿烂辉煌的国际讲坛，她都没有如此动情过。不知不觉地，我的眼眶也湿润了。羽西，你在台上，在如此辉煌成就的背景下，你是一个名人，一个成功者。你名满天下，在国际上获得过数都数不

张星在上海靳羽西家中采访 ▶

清的奖项。可是我知道，你其实更是一个感情丰富的女性，一个经历过普通女人难以承受的伤痛的坚强的女人，那么渴望爱和被爱的情深似海的女人……

你的故事是一首长长的歌，一本厚厚的书，一部充满爱和坚强的戏剧！但是，在这样的时刻，你完全没有炫耀自己的光芒，用十年的努力创造了一个化妆品王国的奇迹。在这样激动人心的时刻，你只用了这样几个词：梦想、爱和感谢，你说因为有了大家的爱，你才实现了你的梦想，你满怀着感激的心情，不知怎样表达你的爱和你的谢意，于是，你创作了一首歌，叫它《羽西姑娘》。

这时，旋律响起，深沉的、优美的歌声唱出来这样的词句："吻你美丽的眼睛，亲你动人的双唇，摸你飘柔的黑发，我的羽西姑娘……你的微笑多么甜蜜，你的魅力迷人难忘，我要与你共度一生，你就是我的爱！"当那个装扮成"羽西娃娃"的少女唱着的时候，羽西也亮开了歌喉，那么柔情，那么专注，像一个恋爱中的女人。之后，就是上海大剧院大剧场的"羽西之夜"亚洲金奖歌手演唱会，由羽西和上海东方电视台年轻的林海共同主持。当最后一个金奖女歌手唱着这首《羽西姑娘》到反复部分的时候，另一个柔和的声音从后台飘过来，一袭红色长裙的羽西款款走上台来，与歌手同唱这首温婉的《羽西姑娘》，迷彩变幻的灯光在舞台上空闪烁，那情景恍若一个美丽的梦境！

演出结束后，在大剧院的一楼酒吧又举行了一个小型派对，直到深夜十一点才结束。告别了上海大剧院，我们又跟随羽西一起赶往她上海的家。就在将要走出剧院门口的时候，我看见羽西随手抓起桌上盘子里的几片炸虾片塞进嘴里。原来她紧张、忙碌、兴奋得根本就没吃东西。从下午邮局广场的纪念封首发式，到傍晚的庆典晚会，到演唱会，到刚才的派对，别人都在吃东西，精美的晚宴和小吃，可她却一直饿着，连每天必吃的维生素都忘了，直到这时才想起往嘴里塞点东西。

再一次走进羽西上海的家，很熟悉的感觉。羽西一进家，立刻脱掉了昂贵的法国长裙，换上一件印有蝴蝶图案的中国丝绸睡袍，甩掉了透明的高跟凉鞋，把光着的一双脚舒展地放到茶几上，开始一遍遍地教我们唱这首《羽西姑娘》。唱着唱着，羽西情不自禁地跑到琴厅弹起了钢琴，然后再跑回来与我们同唱。她说她在写这首歌的时候，想的是当一个男孩子爱上一个姑娘的时候，他最想做的是什么，是吻她的眼睛，亲她的双唇，抚摸她的长发……然后，羽西也谈到了她遇到的种种困难和克服这些困难的艰难历程。她说："一个人的成功并不是有多少钱，而是他是否快乐。重要的是一个人一生都要不断地学习新的东西，永远有一份美好的追求来激励自己。"夜已经很深了，羽西毫无倦意，仍然兴奋地和我们一遍遍地唱着这首《羽西姑娘》……

杨澜

事业和家庭一个都不能少

杨澜：1968年出生于北京，毕业于北京外国语大学。是国内著名资深电视节目主持人，曾在国内具有强大影响力的电视台担任电视栏目主持，以极具亲和力的主持风格备受广大电视观众的喜爱。曾主持《正大综艺》、《杨澜访谈录》等电视栏目；曾被评选为“亚洲20位社会与文化领袖”、“能推动中国前进、重塑中国形象的12位代表人物”、“《中国妇女》时代人物”等。

印象：波澜不惊，滴水不漏

杨澜来了，应《天津日报》报业集团之邀，她成为即将创刊的《城市快报》“名人专栏”的首位签约主笔。2004年2月10日上午，抓住她参加受聘仪式的间隙，我采访了这位通常是在电视镜头前访问别人的女电视人。

杨澜是属猴的，今年刚好36岁。当我问到她的时候，她说她的年龄不保密，而且她还听说，今年“女猴”特别好。

不得不承认，在我以往采访过的名女人当中，杨澜是一个挺难访问的对象。倒不是因为她的名气，或者不肯配合等等，与之相反，恰恰是她太懂得配合了，职业的修养和惯性，使她与采访者配合得几乎是天衣无缝。使得我无法像采访其他人那样，从对方不设防、不经意间流露的神情和言语中感悟其真实的情感和内心世界。杨澜具有一种新闻人特有的敏感和干练，她用一种多年主持人生涯培训出来的语气和声调接受采访，所有的问题回答得滴水不漏。即使是谈到非常女性的话题时，她也绝不肯流露出一丝一毫女人的柔媚，更多的是职业的、中性的姿态。或许是长期在镜头前的训练，她的举止始终是礼貌、教养和分寸的职业式组合，一种见过大世面的波澜不惊和对新闻同行内知的宽容。

显然，她是一个不太容易走进内心的女人。她的干脆利落一如她的服饰，永远是整齐得体，无懈可击，甚至没有一点花边的缀饰，或者色彩的变化让你有描写的余地。虽然已过三十岁，但青春依然眷顾着她，不肯从她的身上离去。虽然眼角眉梢有了些许沧桑的痕迹，但她的目光，她的语气，她的神态，依然是青春的，阳光的，活力四射的。

其实，无论是多么大名鼎鼎的人物，我都愿意在采访之后，用文字把他们还原成一个可感可知、可亲可近的真实的人。终于，我在几年前出版的《杨澜访谈录》一书杨澜自己撰写的序言中，看到了这样一段文字——

“有一天早晨，三岁的儿子问我：为什么你又要出差了？

我回答：因为妈妈的工作很有意思。

为什么有意思？

因为有很多人看妈妈做的节目。

为什么有很多人看就有意思?

……这么说吧,妈妈去发现好听的故事,再讲给其他人听。

噢。儿子还算满意这个答案,因为他自己就喜欢听妈妈讲故事。”

这时的杨澜显然是脱下了她的职业装束,还原为一个耐心又自信的母亲。这样的形象也许比她在镜头前与访问对象侃侃而谈时更容易被我们的读者所接受。多年的人物采访让我明白,其实有时候对名人的盲目追逐,来自于我们自己的想象。杨澜说:“其实许多的光环和厚爱是人们凭想象给我戴上去的,我还是我自己。我对新闻工作有着非常深的喜爱,我非常庆幸自己能够从事一份自己喜爱的工作。”

于是,我们的对话,就从她最喜爱的地方开始——

访 谈 录

用自己的眼睛去看世界

张 星 **你做访谈节目的标准是什么?**

杨 澜 在过去的两三年中,我在制作着《杨澜访谈》这个节目,这大概是目前唯一一个中国人在两岸三地同时可以看到的电视节目,在北美和东南亚也能通过当地的有线电视看到。我选择访谈人物的一个标准,不是看他一时是否有非常大的名气,而是看他做的事情,或者他提出的一种观念是否会在他的行业和社会上能够留下一个比较长久的印迹。这是我和我的同事们共同追求的一个目标。从2001年到现在,我们采访了世界各地的150多位人物,超过三分之一是国际化的人物。比如在去年的11月,我们在一个月内就采访了三位国家总理,包括俄罗斯总理、澳大利亚和新加坡的总理。那么应该说,也逐步赢得了国际上的一些知名度。

张 星 **你是一个使命感很强的新闻人,对吗?**

杨　澜　进入21世纪，不仅仅是中国人通过外国的媒体，间接地了解和认知在这个世界上正在发生的事和著名的人物，也应该直接通过我们自己的笔、自己的镜头，去采访、去报道的这样一个时代。让世界的主流媒体看到中国的记者和从业人员的一个基本的信仰和我们的职业精神。也把这个世界更直接地通过我们的笔和我们的镜头，介绍给我们的观众和读者。如果说这是一种使命感的话，那么我相信我们都有。

张　星　**如何看待社会新闻？**

杨　澜　我们过去一谈起文化，谈到社会责任感，就会有一种居高临下的感觉，一说起文化，就涉及一些很高深的专业知识，其实我们要问问自己的话，什么叫社会责任感？什么叫人文关怀？就是真心地去关心一个人的生存和命运。比如，你关心一个下岗工人，他住在哪？他买菜遇上什么不方便？他孩子上学出现了什么问题？社会问题是特别涉及民生的问题，你去真心地关心一个人的喜怒哀乐，并且这种喜怒哀乐有一种代表性，能唤起别人的共鸣，这就是非常成功的一个社会新闻。

在这样一个社会转型的时代，每个人的观念和价值观都在经历着一种挑战和变化，其实很多人都是困惑的，包括我自己。我觉得这世界变化太快了，很难抓住一样东西是永久不变的，那么在这个时候，去关注人们的困惑，关注每个人遇到的不同问题，反映我们这样大的社会的某一个层面，把一个故事做透了，我认为就是一个尽职的记者和编辑。

张　星　**从做综艺节目到做访谈节目，最大的不同是什么？**

杨　澜　做综艺节目，现场有观众的节目，特别讲究一气呵成，讲究节奏，讲究与观众的互动，幽默感等等的即兴的发挥；而做个人专访，吃前期的功夫比较大，因为它的主题不是变来变去的，它需要把一个主题挖透。在地面上把这个井挖深、挖出水来，而不能东一锹西一锹地乱挖，所以我觉得前期的准备非常重要。要有一种“做功课”的心态。我认为

▲ 张星采访杨澜

最笨的方法是最有用的方法。所以做名人访谈，加上凤凰卫视，已经做了三百多位人物了吧，我最大的体会就是要做好功课。再就是对一个人的访问，要有一种平等的心态。既不要仰视也不要自命不凡，以平等的心态进行真诚的沟通是很重要的。

我还是挺相信婚姻的

张　星　**你的孩子现在几岁了？谁帮你带？你多长时间能和他们在一起？**

杨　澜　我儿子今年7岁了，女儿3岁。我父母和公婆（在上海）住得很近，我出差时他们就帮我照顾孩子，所以我觉得现在老人是宝！多亏了我这4位老人，我才能安心地工作。

张　星　**你的孩子都是在上海出生的吗？出生后你自己带过没有？**

杨　澜　一个在美国，一个在上海。第一个孩子我自己带了一年，纯粹地带孩子，没有工作。第二个孩子带了3个月。后来就开始"申奥"了，就不得不断奶了。两个孩子我都是自己喂奶。

张　星　**这就是读者特别想知道的，在做妻子和母亲方面杨澜是不是一个平常的女人？**

杨　澜　我觉得做女人特别好，做妈妈特别好。会给你一种生命很完整的感觉。而且很多通过做妈妈得到的幸福感是男人所不能体会到的。

张　星　**那你孩子有没有怨过你、问过你，为什么总见不到你？总不在家呀？**

杨　澜　孩子肯定问过。你别说他们了，我自己都怨自己，不能有更多的时间去陪他们玩。但是实际上呢，我和他们在一起的时间也没有别人想象的那么少。比如说，我有三分之一时间出差吧，只要在上海，我下了班的时间都和他们在一起玩。讲故事呀，做游戏呀，弹钢琴呀……

张　星　**你的儿子已经上学了吧？**

杨　澜　是啊，我就痛切地感到我们学校的作业真的很多呀！他是我们家里最辛苦的人。

张　星　**你对孩子的未来有没有做过设想？会不会让他们也做你这一行？**

杨　澜　我对他们的职业毫无设计。父母最好是给他们很多的爱，让他们的性格能够自然发展。还有品德，我觉得品德的教育是父母给孩子最重要的教育。

张　星　**那你觉得你当年从你父母身上获得的最大收益是什么？**

杨　澜　是爱。因为他们两个人的感情很好，所以我一直对婚姻家庭很有信心。虽然现在社会上离婚率挺高的，我还是挺相信婚姻的。我觉得家庭还是需要很多付出的,然后共同维护一个温馨的家庭。没有比一个温馨的家庭对孩子情感的发展和性格的发展更好的了。

做访问时态度是最重要的

张 星 **那你觉得做主持人,尤其是专栏主持人,相貌、修饰等哪些方面是最重要的?**

杨 澜 态度是最重要的!这种态度首先表现出来你是敬业的,你是做了很好的准备来做这个访问,而不是敷衍了事的。第二,你得有一定的修饰表示你对被采访者的尊重,这也是对电视观众负责任。

张 星 **有人觉得你是一个挺骄傲的人,是不是呢?**

杨 澜 傲气可能会有那么一点。做电视主持,很容易产生讨好取悦别人的心态,像卖弄自己的容貌或聪明等等。但是如果心里真有一点傲气,就可能不屑去卖弄,久而久之,它就可能会成为一种另类风格。当然,这种傲气还得严格把握分寸。说到主持大场面的活动,我觉得最重要的还是保持一种心态的纯粹,越是在那种时候,越不能讨好别人和卖弄聪明,别像好不容易赶上一次舞台表演一样,浑身解数恨不得全使出来才过瘾。

张 星 **你在采访这么多重要人物时,有没有遇到过对方不愿意回答的尴尬局面?**

杨 澜 经常会出现。因为作为一个记者总是要提出问题的。比如采访俄罗斯总理的时候,当谈起俄罗斯政府和寡头之间的关系什么的,不管你怎么问,他就是不回答。经常会出现这种状况。一般从采访角度,不回答也是一种回答。不回答也表明了对方的一种态度,也是有价值的。

张 星 **你访问这些国际人物、商界精英时,是不是要做很多的案头工作,读**

很多的专业方面的书?

杨　澜　尽量地多看。但这个学习过程很有益处。我采访索罗斯的时候,对基金呀,资金怎么样在国际上流通呀,跟各国货币价值之间的关系呀,等等的,那是必须要看的。

反正我很喜欢读书的。市面上流行的书我都会拿来翻翻,我读书比较快。但遇到采访的时候就会读得比较细致。比如在采访基辛格之前,1996年我第一次采访他,那个时候我就没有做过很好的专业的准备,问的问题现在想起来都是很浅薄的,什么“对周恩来的印象、外交生涯中你认为最重要的事件啦”,就这些。我觉得任何一个人都会问同样的问题。到去年再采访他,我把他写的主要的外交著作全部通读一遍,包括别人写他的传记,我也通读一遍。我觉得这次就可以比较有的放矢地问。虽然同样是半个小时的节目,但是质量就大不一样了。比如最后我问到他关于世界和平的看法,他就说,我觉得你这个问题问得特别好,他的观点是:和平是短暂的,战争是永恒的,怎么样维护和平呢,就需要怎么样使世界上的势力均衡,力量的对抗等等。这是他主要的外交观点。你了解了他的学术观点,有的放矢地问,他就会滔滔不绝地说。

张　星　**采访中最让你感动的是什么?**

杨　澜　是真情。有一点我要纠正,我采访的不都是名人。而是在各个方面比较独特的人,也有普通人。比如我采访过上海一个普通的知青,他下乡时爱上了同村的一个女孩子,但是女孩的父亲就为了300块钱,强行把女孩子嫁给另外一个人,那女孩子就疯了。然后被娘家和婆家都给抛弃了。而这个知青,他明知道这个女孩疯了,和她没有任何婚约,他们之间也没有发生过任何事情,就是出于道义和爱,跟她结婚,给了她一个家。当他刚刚在东北有了一个稳定的职业和收入的时候,又传来上海的母亲生病和姐姐下岗的消息,他又为了家庭的责任回到上海,再从头做起。他在老三届中虽然混得并不好,但我觉得在他身上有一种人性的东西，良知的东西。现在大家一说成功，就是名和利的成功。我做他的节目，我对他的评价就说“这是一个男人的故事，一个真的男人。在危难的时候，每一次都承担起男人的责任。”这是我很追求的一种东西。他虽然是很小的人物，他至今还住在只有5平方米的屋子里，但他是很可爱可敬的。

王小慧

人生是一场行为艺术

王小惠：1957年出生于天津，旅德华人艺术家。1986年获上海同济大学建筑学硕士，后赴德国留学，自此旅居慕尼黑。从1991年起先后在世界多家著名出版社出版过20余种个人摄影集和书籍，其中影响最广泛的为2001年在英、美、德国出版的肖像摄影专集《从眼睛到眼睛》和中文版《我的视觉日记——旅德生活十五年》（此书获上海市优秀图书奖），以及观念摄影系列作品集《花之灵》、《本质之光》。2003年在同济大学创立“王小慧艺术中心”（WAW），2006年创立“同济新媒体艺术国际中心”（TIMAC）。主要生活在慕尼黑和上海。

印象:美的女儿

王小慧从德国回来了,回到她的故乡天津。

2001年11月7日晚,我和朋友一起来到王小慧家,见到了这个传奇式的女摄影家。这是一个艺术精灵一样的女人!一身黑色的衣服,高挑的个头,有如芭蕾舞演员般挺拔的身姿,尖尖的下颏,瀑布般的黑发,最吸引人的是她那双略略凹陷的大眼睛,漆黑的眸子,深潭似的眨着,长长的黑睫毛就那么静静地翘翘着,于无言中弥漫着秋水似的忧伤。即使她在笑,嘴角荡开微微的笑意,但还是让你感到了她的忧伤,以至于有一种让人心疼的爱在不觉间泛滥出来……

这是因为我知道她的故事,那种在一瞬间便永失我爱的创痛!

她说话的时候,语速悠悠,声调柔柔,很像一个乖顺的女孩。是的,她已七十多岁高龄的父亲就坐在她的身旁,仍像她小时候那样不厌其烦地打理着、关照着她的工作和生活。除了摄影之外,小慧生活习惯中最重要的一件事就是写日记,到今天她已经记了100多本。正是靠了这些日记,她才能在三个多月的时间里写出一部38万字的作品《我的视觉日记——旅德生活十五年》,并且创出一年出6本书的奇迹。她的作品主要是摄影,书稿大部分是英文或德文的。小慧的摄影作品,是一见之下便能摄你魂魄的那种,完全的不同,完全的别样感觉,她的生命已经全都融入其中,消耗其中。每一幅作品,都由她生命中的细胞组成,她是一个为艺术而生、而存、而不停地行走在世界的山山水水之中的人。

与小慧交谈,她说的最多的一句话就是“没时间”,影展、讲座、出书……许许多多的工作像一浪又一浪的波涛,层层叠叠地压在她身上。为了赶影展的时间,回国之前,她包装捆绑那些需要往回邮寄的摄影作品,把指甲都磨破了。我问她,这样拼命工作会不会觉得很辛苦?她说,摄影艺术于她,已经变成了一种爱,一种迷恋,一种情不自禁,甚至是一种本能,一种她生命的方式。而不是通常人们认为的“勤奋”。她说:“我是不能用勤奋这两个字来形容的,因为勤奋不是自发的,而是某种程度上的勉强自己,我喜欢做这件事,比如拍照、写作,从不会感到累,反而如果不让我做,我就会很难受。”这使我想起了一个帮她做事的女孩子的话:“小慧姐会对着在倒垃圾时捡来的两片树叶拍上一个胶卷。”还有,当她被人从惨烈的车祸中救起，在医院里她仍不忘用相机拍下自己伤残的手和缠满纱布的脸……

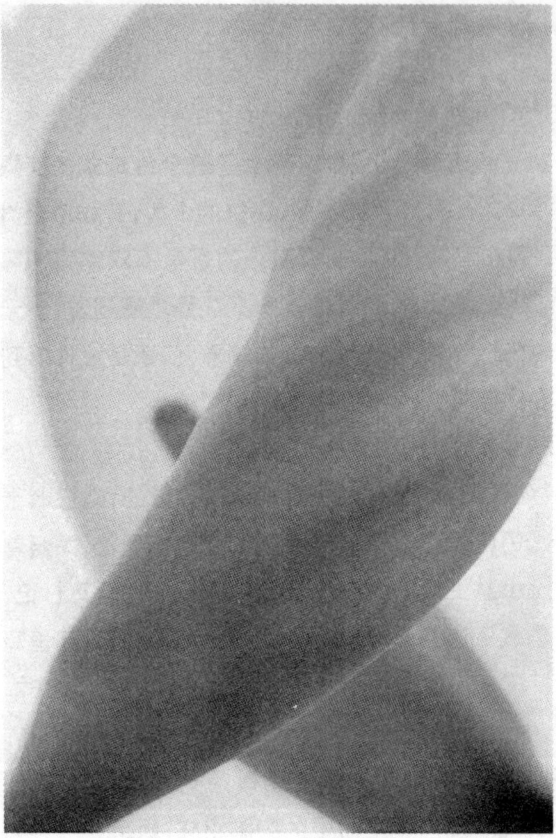

▲王小慧摄影作品

这些年，为了寻找新的拍摄灵感，小慧总是一个人全世界地跑，欧洲、亚洲、美洲、澳洲，她说就差非洲没去了。我问她："一个人不觉得孤独吗？"她说："也有过孤独的感觉，但艺术家都是孤独的。如果我和朋友们一起出游，那就是玩了，而拍照搞创作，就必须独自去！"回忆她经历的那次可怕的车祸，她亲爱的丈夫的死，她说："人要对自己的生命负责，要活得值。要知道生命如此脆弱，一眨眼就没了，所以我们就不能浪费任何一分钟，做自己想做的事。我这个人对物质生活不太要求，不吃不睡都可以，只要能做自己热爱的事业。"

采访那天还没来暖气，屋子里凉凉的。小慧的父亲王枫老人一直在忙着为我们翻找和复印有关女儿的资料，细心地叮嘱我们最好戴上手套再拿那些照片，他说他至今还保留着女儿所有从小学到大学的成绩单，他既是小慧的爸爸，也是妈妈，还是保姆，更是朋友。这时，在她家服务多年的小王拿来两个热水袋递给老人，他又转而递给了女儿。我打开小慧新出版的那本厚厚的摄影画册，看到了扉页上的一行字："送给亲爱的爸爸：这本《从眼睛到眼睛》，文字中我写了不少过去的'丑小鸭'的故事，没有爸爸的爱护与教诲，也不会有白天鹅，谢谢爸爸！您的小慧。"老人为我们复印出了一张纸条，是小慧从德国传真过来的，上面写着："刚刚做了个怪梦，惊吓了一场，醒来还好是梦，梦中爸爸为救我被大怪鱼吃了，那大怪鱼的肚子上长的嘴比鲨鱼还大。给家里打电话没人接，希望回家写几个字告我一切平安。”从老人的目光中，我看到了一个父亲的无限疼爱……

访谈录

张　星　**你的“视觉日记”非常感人，你说过，如果只允许你随身带两样东西，你一定会选择相机和日记本。也就是说，你是一个喜欢随时记录自己生命和心灵内容的人。为什么一定要这样做？是为了给将来留下更多的资料，还是为了日后自己的回忆？**

王小慧　我想，从某种意义上讲，我的一生是一个巨大的“行为艺术”。这个巨大的“行为艺术”几乎成了一个系统工程，因为我不是像有些艺术家那样做一个几分钟的、几小时的或者更多做一两年那样的行为艺术，那么这些行为艺术是他的作品，他的创作，还不能说是他生活的本身。相比之下，我生命本身就是一个大的行为艺术。我这么多年来一直用自己独特的方式来艺术地生活，或者我整个的生命方式就是一个艺术的方式。所以“艺术人生”的说法对我来说是比较贴切的。我曾经在我的书里写过，我喜欢周国平先生讲的，有的人有往事也珍惜往事，他们将往事一点一点收集起来，存放在心灵的谷仓里。我想我是一个特别珍爱往事的人，所以我会把生命中所有我觉得值得记录的一点一滴都记录下来，用文字的方式或者是摄像的方式。因为我不想让那些美好的、值得回忆的东西随着时间的消失付之东流。在我年老的时候我可以回想起那些往事，不是模模糊糊、隐隐约约地回想，而是还能找到一些细节，一些鲜活的细节，这将是非常生动有趣的事情。我母亲回忆过去的时候常常感叹，她觉得自己生活得太粗糙了，许多往事记不清楚了，不光是年代记不清楚，人物、场景都记不清楚了。但是当我翻开日记本的时候，常常有一些很细的描述，甚至我觉得有些日记像小说一样，几乎不用更改一个字都比一些虚构的小说情节精彩。当我重温日记时,我过去经历过的情景又会重现在眼前,照片又使这些更加形象化,甚至包括每一个场景的光线、色彩、空间感,那种触手可及的感觉。我喜欢这种鲜活的状态,而不是在雾中回忆。除了文字和摄影我还大量地拍录像,虽然我可能永远不会看那些录像,因为实在太多了。但是我有一种本能、一种欲望、一种不拍下来就觉得不满足的贪婪,这样我才觉得满足,也可以说是种欲求吧。

张　星　**你认为在女人的一生中什么东西最重要?**

王小慧　如果特指女人,而不是通常意义上的"人"的话,我想对女人来说,爱情是非常重要的。我们常说女人是情感动物,假如一个女人没有金钱,没有事业,没有社会地位,没有所谓的"自我实现",仍可能因爱情而感受到幸福,或者说因爱情而完成了另一种意义上的自我实现。换句话说,古今中外的女人无论她贫穷或者富有,有没有声望、名誉、事业,恐怕都在追求爱情。虽然这种爱情可能有很多不同的层次、不同的方式表现。如果一个女人没有得到爱情,她恐怕不会是一个幸福的女人,至少不是一个完整意义上的幸福女人。也许有的女人没有意识到这一点,但没有意识到自己不幸福并不证明她就是一个幸福的女人。人们常说一个女人永远听不腻"我爱你"三个字,我想这就从一个侧面表达了一个女人对情感永无止境的需求。

可能层次越高,文化越高的女人对情感的要求也越高,但无论要求的程度有多么不同,得到爱情都可以使女人感受到满足。

有些女人可能用其他的方式来满足她对爱情的需求,比如她从孩子的身上,或者她作为母亲对孩子表达母爱的方式得到了她的满足,但是她永远都是在用一种情感方式表现。这一点我想和男人不太一样。传统的女人有一种深深的依附感,她们可能觉得一种安定感、归属感非常重要。虽然她们没有现代独立女性这样有自我实现的机会,或者是独立地得到她真正想要的东西,但是她有了这种安定感及归属感的时候,她的情感也得到了满足。每个人都有她自己的追求。有的人

▲张星在天津采访王小慧

有了钱就可以得到满足，有的人有了名就觉得满足，有的人有了爱情会觉得满足。我想如果让许多女人在金钱、名誉和爱情三者中只能选择一样的话，恐怕大部分女人会选择爱情。

我刚到德国时，建筑学院的女生露茜娅的父亲是一位著名的大企业家，被称为德国东部的“首富”，家里拥有大型连锁百货商场、音乐厅、度假岛、工业用仓库，自己家乡还专门修了少有的私人高速公路，那个著名的造在巴伐利亚森林中的德国第一个中医院也是他家的。因为他身体不好，曾让英国最著名的医院为他安装了人工心脏起搏器，常常需要气功师发功并长期用中医药治疗。他对我说过一句真心话：他这辈子什么都可以用钱买到，包括地位，甚至健康。唯一不能用钱买到的是真正的爱情。他六十多岁时忽然悟出，其他东西全是身外之物，并不重要，他想要的是真正的爱情，但是他没有得到满足。

张　星　**作为女人,最大的幸福是什么?有人说,女人最大的幸福是被人爱,你认为呢?**

王小慧　我不认为女人最大的幸福是被人爱,因为我自己就是一个例子。我从小到大被许许多多的人爱,我认为你去爱一个人比仅仅被人爱更幸福。如果在这个世界上没有一个人可以让你全心全意地去爱的话,那是一种让人感到非常孤独、失落、痛苦甚至恐慌的事情。当然,最理想的是你去爱一个人同时又被这个人爱,那当然是最大的幸福,无论对男人还是女人。

张　星　**有这样两首诗中的句子,一句叫"金风玉露一相逢,便胜却人间无数"(宋代秦观《鹊桥仙》);另一句为"与其在崖上展览千年,不如在爱人肩头痛哭一晚"(当代舒婷诗《三峡神女峰》),反映的是两种不同的爱情观点,你更倾向哪种?为什么?**

王小慧　我想我更倾向于前一种。最真挚的相爱不必天天厮守,我追求的是一种更高层次的爱情,甚至不喜欢太过庸常和世俗化的生活,那种"柴米油盐酱醋茶"式的日常生活。因为我觉得这会使我的感觉麻木,而且我也没有那么多的时间和精力。我追求的是一种精神上的契合,一种心心相印、水乳交融的关系,甚至在相爱时见不到的那种思念之情,那种又苦又甜的美好情感。所以我非常喜欢在这种状态下看我所爱的人写来的信,字里行间溢出的情感和关爱之情比日常生活中的朝朝暮暮更让我珍视。在德国,很多人说我的生活太传奇,像小说、像电影、像诗歌。这也是我在很小的时候就希望过的。那时的我,希望将来的生命就像小说、电影那样精彩。德国的"诗"(Gedichte)这个词,实际上是由Dicht而来,意思是浓缩。当一篇文章浓缩到只有几个字的时候,它就变成了诗句。一句诗能表达的东西要比一整篇文章多得多。这也是为什么有很多千古传诵的诗句至今还被人们推崇和喜爱。假如一个人的生活像诗一样,那么就一定是很浓缩的,一定有许多精华,一定不会花很多时间浪费在平淡、庸常的生活琐事里,这样的生活一定是有意思的。当然这是我所向往的,并不是每一个女人都应该或者都适合这样的生活方式。我想每个人应该有自己最喜欢和最适合的生活方式,并且向这个方向努力。

张　星　**你怎样看待女性的独立和女人的魅力?**

王小慧　经常在我与欧洲人合作之初,一些人误以为我是听话的柔弱的亚洲女子,没什么主见。而一起工作时才发现我是个很有个人想法的“女强人”。他们常常会说“没想到……”我也会开玩笑说:“没想到在你们眼里的那条小金鱼其实是条挺吓人的大黄狗。”因为他们并没有认识真正的我。有个朋友对我说,狗也可以非常温柔,他们宁愿喜欢温柔的狗也不喜欢小白兔。因为小白兔太弱,没有个性,而狗常常很通人性,对主人“依恋而不依赖”,它完全可以独立,自己到处跑,为自己觅食甚至帮助主人,但它绝不会忘记主人,十分忠诚。

其实,我一直认为一个女人真正的魅力正是在独立与依赖之间:在人格上独立,在情感上依赖。太独立的女强人当然不可爱,且令人望而生畏;而过于依赖没有自我的女人,天长日久可能会使人觉得乏味,甚至生出一种累赘感。

张　星　**像你这么聪慧美丽的单身女人,一定遇到过不少男人的追求与爱慕,你已故丈夫俞林的故事和那个为了追求你而自杀的德国青年安斯佳的故事我们都已经知道,那么之后呢?能否谈谈你对爱情的看法?**

王小慧　在这些年中也碰到过形形色色的人。在这些人中,一旦我感觉他们对我外表比对我这个人本身、我的精神世界更感兴趣,我便敬而远之。我知道在西方许多男人喜欢所谓有“异国情调”的女人,对有些男人来说,妻子像是件漂亮的衣服可以供人欣赏赞美,他们对女人外在的东西看得很重,实际上我会使他们失望,因为我一定不会是他们想象中或他们所期待的那种亚洲女人。也有一些人则是动了真情,甚至几年都在苦苦等待,虽然我已经明确表示过我的态度。这里有政治家,也有银行家或保险公司的董事,有成功的企业家,也有著名的导演和作家。虽然他们真心实意地想与我共同生活,但我并没有感到爱情的火花。我想我一不图钱财,二不为“居留”,我并不需要有人养着我,我只追求一种爱情的理想,那种志同道合、心心相印,一个在感情上能够寄托和信赖的伴侣,当然我也喜欢有浪漫的情怀。

我对爱情是一个理想主义者,是个认为爱情可以至高无上的人。我会为爱情而牺牲一切,只是碰到可以牺牲一切的爱情还太少。“被爱”的感觉不如去爱一个人,那是两种完全不同的感觉。只有爱并同时被爱才是一个最完美的境界。

我的女作家朋友海拉总说,如果一个女人怕孤独就应当结婚。但很多人只想在异性那里寻找一种男女间轻松的、调情式的关系,他们也怕认认真真的爱情关系。在欧洲有许多男人,她也碰到过不少这样的男人。他们通常会请你共进晚餐,晚饭后总试图与你亲近,如果三次尝试而没有如愿的话,他就不会请你吃第4次晚饭了。我笑着说,我和太

▲张星与王小慧(中)相约在慕尼黑见面

多人常常一起共进晚餐，饭后他们总是开车送我回家，在大门外告别。她说这些人未必不想与你有肌肤之亲,但东方人对他们有种神秘感,他们不敢贸然而为,而且我大概根本没给他们尝试的机会。这话我想也许有道理,因为在德国朋友圈里,大家戏称我是“北京的紫禁城”,而有些德国女人相对而言则是“汉堡的自由港”。不过她很赞成我这种不轻易发展感情的态度。她说女人无论多强多自立,一旦与男人发生关系就会或多或少地有了对男人的依赖性，可惜女艺术家常常又太重感情,一旦爱了又太过投入。

我曾在中央电视台“半边天”节目给我做人物专访的时候,用两个圆来比喻男女两个人之间的关系。我说,两个圆各有它自己的圆心和半径,两个圆相切时会有一个共同的部分,这个部分越大,两个人的共同之处就越多。可惜许多女人把自己的圆心重叠在男人的圆心上,她就失去了自我。这时她作为个体也就不复存在了,至多只是男人的影子。如果一个人只是别人的影子,自己消失了,在光下都不会有自己的投影,该是一件多么可怕的事！当你身陷迷宫时,你并不知道该往哪走,甚至连萨特的终生女友,那个著名的女权主义者波伏娃都相信:“女人陷入情网时,必然忘掉自己的人格。”所以我要告诫女人们,无论你多么爱一个男人,都不要失去你的圆心和半径。这是我后来悟出的道理。

张　星　**你怎样看待女人的美貌?**

王小慧　记得在同济大学读书时，中国古典园林研究专家陈从周教授给我们讲过一堂与园林建筑无关的课,叫做“内美”。他把这两个字写在黑板上,大大的,至今印象很深。他说内在的美才是真正的美,不会消失的美。我也一直相信“相随心转”的说法,所以我很少将年轻的美女收入肖像集,因为这种漂亮往往空洞无物。但形形色色不同种族、不同身份、不同相貌但具有“内美”的脸被我记录下来。在展览会上许多人会站在某一张照片前久久不肯离去。我想他们不是因为拍摄技巧而是为这些人的“内美”所吸引。

在我描写拍摄过的老年奥黛丽·赫本时,曾这样形容过她:她像是玫瑰那样的女人,不仅仅美,而且有魅力。有些女人像寿命很短的昙花,它们只有短暂的美丽,很快便枯萎了。本来青春易逝,女人的外表美太经不起岁月。而玫瑰生命过程的每一阶段都有它的美,无论含苞待放或是盛开之际,甚至在干枯之后依然美丽。所以我总将干花插到瓶中,保留很久,当它被日光晒得褪去色泽后仍然能散发出淡淡幽香,我常常不忍将它们扔掉。智慧的女人能使她的美丽随着岁月而增加。就像那真正好的葡萄酒,不会变质发酸,只会越来越醇香浓郁,让人迷醉并回味无穷。我看到过这样的比喻,说美丽的女人"五十如醇酒,六十如骄阳,七十如晚霞,八十如明月。"我也希望自己能那样。

张　星　**女人,尤其是漂亮女人,选择艺术为职业是不是比男性有更大的优势?更容易引人注意?**

王小慧　我觉得作为一个漂亮女人,不论选择什么样的职业,都可能有一些优势,更容易引人注意,作为艺术家来说,漂亮的女人可能会引起人更多的关注和兴趣,比如说媒体。坦白地说我虽然不认为自己特别漂亮,但也不想说我的外表对我的艺术职业有过什么负作用,假如说有作用应当是正面的。但是我也很反感某种说法,就是说因为我的外表而使我得到了不应当得到的机遇,这类的说法在早年曾经使我愤愤不平,当有人说我在一些大美术馆举办个展或在一些著名出版社出书,是因为某某有权势的人对我有意,那时我会很生气,其实这些美术馆的馆长可能是在我展览开幕的那天才认识我的,他们是看了我的作品才邀请我办展览,而不是因为先看到我本人。那种说法我认为是出于某种不健康的心理。现在我可以比较平稳的心态对待这些。当然我的艺术和我这个人在常常是不可分的,是一个综合体,的确也可能会有一些不可否认的优势。

张　星　**你觉得忠贞是女人的美德吗?你在国外十几年,你觉得中、外女人在这方面的区别大吗?**

王小慧 我觉得忠贞不光是对女人也是对男人的美德，在性的态度方面赞成比较传统的态度，但是忠贞并不是从一而终，并不是说没有爱情而维持一种婚姻或性的关系，我以为这也是一种形式的欺骗，欺骗自己同时欺骗婚姻关系的另一方，这对人对己都不是一件好的事情。我的原则是在没有爱的前提下不应该维持两性关系，因为在没有爱的前提下一定是有其他的因素使这种关系维持，其中包括可能是道德方面的考虑，也可能是某种利益方面的考虑，比如物质的、经济的、职业的等等，这是很复杂的问题。在不伤害第三者的前提下，我认为女人应该选择她自己所爱的人，而且假使会伤害第三者的时候，也应该努力去解决这一现实问题，而争取性与爱的统一。

在我出国前的中国，当时的道德观念还很传统，人们常常把女人的忠贞看得非常重，比如不忠的女人会被看成道德败坏，会受到社会的谴责。在最近这几年我觉得中国很开放，开放到我觉得有点过头的地步，比如现在很多大城市的年轻女人把性看得很随便，特别是在某一类型的人群中，两性随便到令我吃惊的地步。这一点我不赞成的，因为太随便了的性一定和爱情也没有关系。

在欧洲的情况我也不能一概而论，也有不同的时代不同的态度，而且在同样的时代也有完全不同的身份、年龄、职业、教育背景的女人，她们对性也会有完全不同的观点。有的人可能很随便，有的也很保守，有的特别严格的基督徒或是小地方的人。我觉得德国总的来说可能比中国大城市里的人更保守，很多德国女人在结婚之后，基本上完成她贤妻良母的角色，很少社交活动，也不出去工作，几乎全部的精力都放在自己的小家庭里，努力尽好妻子的义务，并且抚养孩子成人，直到孩子长大成人，她们才有可能重新工作，他们中大部分人也不可能再重新工作了。所以这样的女人常常也没有很多的社交，没有很多的机会去接触异性，大部分这样的女人把忠贞看成理所当然的事情。我们都知道的小说《廊桥遗梦》就是典型的这一类的故事，虽然女主人公碰到一生一世都不会再见到的爱，但是她还是选择了从一而终，

◀张星在上海采访王小慧

虽然她和她的丈夫之间的关系在碰到她的情人之后，不再和以前一样，她的心已经属于了她的情人，一直到她死后的墓都要和情人葬在一起，但她依然没有勇气与传统抗争。

张　星　**你怎么样看男人？你认为什么样的男人最有魅力？**

王小慧　前两天刚刚有个电视台采访我的时候，也问过类似的问题。那是在节目结束时十分随机问的小问题，要用很短的话来回答，这个节目每个被采访者都要不假思索地回答这几个问题。主持人问我在我心目中什么样的男人是一个完美男人，我开玩笑地反问她这个世界上难道有完美的男人吗？我以为就像世界上没有一个完美的女人一样，这个世界本身就不是完美的。

他们说你只要说你理想中的男人是什么样就可以，我随口说我认为最有魅力的男人应该是智慧、幽默、语言有味,面目不可憎,有责任感、温柔、体贴、懂女人等等。

他们问到什么样外表的男人有魅力,我想除了言谈举止之外,还应该衣冠楚楚彬彬有礼,我想我不会喜欢那种农民式粗糙的男人,更会是一个文人而不是一个牛仔。

我很赞成张爱玲和苏青在对话录里面提到的她们的择偶标准,其中也包括学识和财产在女人之上,我想这样可能才更容易受到她们这样本来就有一定学识和财产的女人的青睐,至少是一种平等关系。我认为男女之间应该是平等的,假如一个男人各方面都比我差很多的时候,这样的男人不太会赢得我的兴趣。因为很可能我都没有兴趣跟他多聊天,如果他讲话既无学识修养,更无风度和幽默,仅此一点他就没有足够的魅力来吸引住我。

我不喜欢只被别人赞赏,被别人崇拜,被别人抬着头看。在两个人的世界里,要相互平视,或者都有相互抬着头看的时候。

张　星　**有人认为,女人成熟的标准就是"知道自己是谁",也就是能清醒地认识自己。你的看法呢?如果同意的话,那么你对自己的认识是什么?**

王小慧　成熟女人的标准应该不只这一条,但是能知道自己是谁,能很清楚的认识自己也是很重要的一件事。刘姥姥被大家取笑,戴了满头的花,因为她不知道自己是谁,当然也可以说她装傻。我想不管是男人还是女人都应该有自知之明,我在书里说到自知之明,不光对自己的缺点有所认识,同时对自己的优势也要有所认识,这样才能扬长避短。

我对自己的认识可能并不太全面,我想我应该是一个有很多优点又有很多缺点的女人,总体上来说是比较自信,也比较任性,可以很可爱、很温柔,但是也有很强的个性,对人对事要求很高,完美主义。我想我是有魅力的女人,而且这种魅力并不会因为年龄的增长而消失,这也是我自信的原因之一,甚至我想随着年龄而增加的魅力可能是年轻时不能比的。

我可能太过重于精神，而轻于物质，所以常常让我身边的人觉得我不食人间烟火。比如我没有数字的概念，我并不知道我挣了多少钱，花了多少钱，只有在每年我跟我的税务顾问来交接一年的税务情况的时候，才知道花了多少钱，挣了多少钱，因为我对这些根本不感兴趣。最近刚有美国朋友送来去年买我两幅摄影作品的钱，因为汇到中国太麻烦，我不知怎么取也不急用，但我早已忘记这件事。看到他拿了那么厚的现金来时，我一时不知怎么回事，惹得大家笑了一场。

我被一些熟识我的朋友看成不切实际的人，也绝对不是一个好的当家人。对有些别人看得很轻的事情看得很重，有些别人看得很重的事情又看得很轻。有些事情是不应该看得那么轻，但我看得太轻。好像没有办法，已经形成了一种本性，没办法改变。

张　星　**有一个问题可能有点残酷，那就是女人都怕老，你怕老吗？**

王小慧　这是每个人女人都要面对的问题。在欧洲，他们本来也不太会看中国女人的年龄，常常会觉得比我实际年龄要小，所以不会给我造成心理压力，当然我愿意更多的保持青春。这青春包括内在的和外在的，生理上的和心理上，我自信能够保持比较长的青春，我是指一种综合的青春的感觉。而且我认为一个女人老并不是可怕的事情，像前两天我对一个记者说的一句话："老并不可怕，关键是要优雅地老去"，我不希望变成那种让人厌烦的女人，或者是让人觉得无法和她年轻的时候联想到一起的老女人，她们把自己完全糟蹋了。我希望是像有种女人，她们每一个年龄段都焕发她那个年龄的芬芳，我认识一些这样有魅力的、年长的女人，她们是我的朋友，我很敬重她们，而且我确确实实和她们在一起感到她们那种魅力，所以皱纹本身并不可怕。

我在计划拍一组作品，拍一些年纪老了的女人，和她们最喜欢的年轻时的肖像，这两个肖像对比，你会看到时间的沧桑，你会看到时间的作用，时间把她们变成了什么，我们常常说一个人小的时候的外表是她父母给的，而她四十岁以后就是她自己的了，也就是说她四十岁以后要对自己的外表负责，很多人在年轻时是非常可爱的，到了四十岁以后变得不可爱，那么一定是她自己出了问题。

张 星 **人到中年之后怎么样使自己尽量保持年轻的心态？容貌和体形？**

王小慧 我想容貌和体形当然是要注意，比如说要注意营养结构，要注意吃的东西的成分和热量，其实我在这方面做的太少，我几乎不去美容院，甚至不去理发馆，因为我没有时间，很多妇女杂志会问我有关如何保养这一类的问题，我觉得可能是因为有自己喜欢做的事情，处在一种非常积极的“Stress”状态，这个词也表示一种紧张或者是忙碌的状态，这个紧张和忙碌可能是消极的，那么消极可能会把人身体搞坏，或者是精神搞挎，而积极的“stress”，像我这样，虽然很累但干得非常有劲，好像上瘾一样。

我有一个朋友对我影响非常大，她是个女摄影家，现在已经七十多岁了，我书中专门讲过的齐格丽特。她经常跟我说，我们这种积极的人生态度是最好的精神养料，好像是一种兴奋剂，它使我们保持一种心态，年轻而且永远充满活力，她说很多人包括大夫都奇怪说她身体怎么还那么好，又没大病，而且她这么多年，根本不注意饮食，经常吃一些面包呀什么的，经常工作没有休息时间，她也是像我这样很少参加什么休闲活动，甚至她们朋友要听歌剧都请不动她，因为她总是没有时间，因为她越是年纪大了，她越要珍惜每一天的时间。我受她的影响非常大，不光在艺术上还在生活态度上。不过她是一个坚定的独身主义者，所以她常常跟我说，你如果给一个男人的话，太可惜了，你应该是给艺术的。虽然我和她的观点不是特别像，因为我说她是从一个家庭里走出来的，她最早是结了婚，然后再离婚，她向往自由，而且她充分利用了她的自由，创造出非常大的成就。而我是一直没有家，一直想要一个家，虽然我并不是把家看成一个人生奋斗的目标，但还是有一种念家情节，所以我还是希望能有一个温暖的家，这点上我和她不太一样。我希望有一个安定的环境，实际上还是脱不开一个所谓俗女人的念家情节。

另外一个好朋友，可惜她已经去世，就是我在书里也写到过的生活在纽约的歌唱家玛莉，她在八十多岁的时候，别人都以为她六十多岁，她也从来不告诉人家她的真实年龄，她说她的年龄是别人以为的年龄和她自己心理年龄加起来再除二。她说自己的心理年龄很年轻，我想我的心理年龄是不断在变化的，在我心情不好的时候一下会感觉自己很老了，在我心情好的时候又会感觉非常年轻。到现在我没有老的感觉，同时我还很喜欢和年轻人在一起、和学生在一起、和年轻的助手一起，这样我会觉得更加新鲜更加充满活力。有了我喜欢做的事，有了我喜欢的人，我想我的心理年龄可以永远年轻。

附：

回家——"鲁豫有约"拍小慧

2002年11月7日一大早，香港凤凰卫视的著名女主持人鲁豫和她的节目制作伙伴们一起赶到天津，专程来拍摄旅德15年、享誉世界摄影界的女艺术家王小慧。

这一天，正好是立冬的日子，凛冽的寒风从凌晨刮起，卷起一地的落叶。上午9点多钟，鲁豫乘坐的白色北京吉普和另一辆装有设备的面包车停在本市河西区一处小区的公寓楼下，这里是王小慧的家。当穿着修长的棕色大衣、眨着一双大眼睛的鲁豫走进小慧家的时候，前一天刚从德国飞回来、因时差的关系几乎一夜未眠的小慧已经等在门口了。鲁豫对小慧说："你的视觉日记我看了3遍，每看一遍都要流泪……"

其实，自从去年王小慧在上海和台湾分别出版了她的自传《我的视觉日记——旅德生活十五年》之后，就在祖国大地上掀起了一股热潮，这本书几个月之内就一版再版，多次印刷。中央电视台的"东方之子"还专门为小慧拍了上下集的节目。但那次节目是在上海和演播室里拍的，

▲张星在上海与王小慧和作曲家陈钢及出版人萧关鸿合影

这次凤凰卫视却执意要到天津、到小慧的家里来拍。虽然小慧经常往返于中国和德国之间，但每一次她都是行色匆匆。今年里，无论是她身为团长率德国作家代表团访沪，还是应邀赴山西平遥参加国际摄影节，包括国庆节期间在北京中华世纪坛为纪念中德建交30周年举办的“花之灵”个人摄影展，人虽在国内，她却始终没有一个时间能回到故乡天津，回到有她亲人生活的这座城市。凤凰卫视一等再等，直等到小慧终于有时间踏上回家的路——

母亲的故事之一：眼泪

11月7日，小慧家里在她回来的前一天刚刚开始供暖，她穿一件雪白的V领毛衣，黑色棉质长裙，依然美丽也依然瘦削。与所有回家的女孩一样，卸下了在外面奔波时的盔甲，还原为母亲身边的女儿态，回家的小慧拥住八十高龄的母亲，叫一声“妈妈”，禁不住泪水潸然。有多久了，这样的相拥，这样的呼唤。女儿像一只鸟儿，随着羽翼的丰满越飞越高，越飞越远，家，便成了她梦中的依偎。

记得去年也是这个季节，第一次采访小慧是在她父亲的家中。就在我们与小慧交谈的同时，她年迈的父亲几乎一刻不停地在帮她接电话，为我们翻找和复印有关女儿的资料。就在这时，有一个电话需要小慧去接，我听见小慧拿着听筒叫了声“妈妈……”，然后顿了一下说：“妈妈，我知道你想我，我也想你，我一定抽时间去看你！”在她身旁的我，隐隐听到电话那端传来一个老人略带沙哑的声音：“你不用看我，我就是想你。我知道你忙，听听你的声音就可以了，你把用来看我的时间自己多睡会儿觉，比来看我，我还高兴……”

小慧告诉我，她妈妈前些日子不慎摔折了腿，现在刚出院，因家里没来暖气就暂时住在养老院里。

我知道在小慧5岁那年，父母因种种外界原因而离异，“文化大革命”中他们各自都曾遭受到常人难以忍受的非人待遇，父亲因为刚烈的性格不愿再受屈辱，母亲则因遭受了严重的精神折磨想一了百了。那时候，小慧跟着父亲，第一次触电未死成便第二次又跳墙子河的父亲忽然听到小慧在岸上哭，便咬着牙从河里爬上来抱住幼小的女儿，下决心为了女儿一定要活下去。母亲曾经无数次设计过自己的死亡，她想尽可能设计得不像自杀，而不过是一次意外事故，比如在阳台上晾衣服不慎摔下去的等等，但是都不成功。因为她明白，有妈的孩子总比没妈的好，没有妈妈的孩子也比有一个自杀妈妈的孩子要好，于是为了女儿，她活了下来。

几天后，小慧走了，我到养老院去看望她老人家。早上我先打过电话去，对方接了却一直不回答，然后就听见一阵复杂的整理东西的声音，再问，电话就断了。我知道她身边有保姆小齐在，便又打过去，通了，我问是徐伯母吗?(小慧的母亲名叫徐慧林)电话那端终于有了回音,她说:“我的耳朵不好,请你大声点。”我明白了。

十几分钟之后,我来到了这座设施一流的养老院。或许因为是周末,整栋楼都静悄悄的,我来到322室,敲门,没有声音,想她大概听不见敲门声,就推门进去了。原来这是一个里外套间,冬日明晃晃的阳光把室内照得暖洋洋的,桌子上、地上,鲜花、绢花瓶瓶束束,两张单人床一张空着,靠墙的那张床上躺着她,一个瘦瘦的老妇人,竟是一张生动的脸!一双意味深长的秀目似乎隐含着一生的故事。她穿着干净的内衣和毛衫,半靠着撑起身子,见我进来,正努力地往地上够着什么,我忙上前帮她捡起来,正是小慧临走时留给我的画册。她说,小齐有事刚好不在,她想把画册拿给我,却碰掉了地上,她的腿骨折之后在一中心做了一个多月的牵引,现在还不能动。

她完全不像是一个已经81岁的老人,头发大部分还是黑的,皮肤好得令人难以相信,竟然找不到一块老年斑。一口假牙非常洁白,眉眼仍不失女性特有的润泽。与我说话的时候,她摸出助听器戴上,我才明白,第一次在电话中听到的声音就是她在摸助听器。我发现在床脚的小桌上,有一本小慧的书《我的视觉日记》和一个打开的笔记本,上面写满了娟秀的小字:“……小慧走了,做母亲的心……”竟然是老人家写的!然后她告诉我,她一直在写,写得很慢,靠在床上写,写十几个字就腰疼得受不了。她要一点点地写她的女儿,写她对女儿的爱,这样她就会从对女儿的回忆中获得快乐而减少难熬的思念。小慧的母亲家是几代的书香门第,曾祖父起就是教书先生,她年轻时是音乐学院学作曲理论的。为了小慧,离异后她一直没有再婚。她说:“小慧的性格很像我。”

我拿起那本小慧的书,母亲已从头到尾地看了不知多少遍,许多页上都做了记号和笔记,密密的小字,在描述小慧遭遇车祸丧夫的那一章里,好多页码,质地很硬的纸页已经变了形,那是母亲的泪水浸过的痕迹,至少有两页显然曾完全浸湿过……

这时我想起小慧的父亲说过,他读这本书时流的泪,比他一辈子流的泪都多。

在她床头靠墙的一侧，摆着一幅放大的小慧的摄影作品，是那种冰冻过的花，晶莹剔透，很独特很奇妙的一种花影。我不知道老人是否能理解那花的含意，但至少看到这花，就如同见到了女儿，女儿的艺术和艺术的女儿。无论女儿身在海角天涯，这花却可以天天陪着她。

母亲的故事之二：等待

这次，为了给凤凰卫视的车引路，小慧的父亲在清晨凛冽的寒风中站了很久，而当他把我们送到小慧与母亲的住处后，便悄悄地离去了。他说一切只为了女儿，他不想妨碍女儿的任何事情，哪怕是一点点。而从我们和鲁豫及她的同事们进到小慧家起，她母亲就一直把自己关在房间里埋头写作，仍然在继续写女儿的往事，还生怕弄出一点点声响吵

▲张星在王小慧家采访鲁豫有约拍摄过程

了这边的谈话和录制。

小慧说，她昨天刚刚飞回来，累极了，晚上原想多睡一会儿，可是因为时差又睡不着，直到早上5点钟她起来上洗手间，发现母亲竟然也没睡。她问妈妈在做什么，妈妈说："我在给你写信。""写信？""你没时间和我说话，我想让你多睡一会儿，就把想说的话写给你，你可以在上厕所的时间看看。"小慧说："妈妈别写了，我也不睡了，我们俩说话吧！"

有时候夜里小慧会突然醒来，黑暗中看到有个黑影坐在床边，吓了一大跳，仔细一看原来是妈妈。妈妈那苍老瘦弱的身躯，那疼爱怜惜的目光，像有什么东西在温暖地流淌，小慧的心禁不住颤抖了。妈妈说，看女儿白天那么忙，实在不忍心打扰她，就在她睡熟之后这样静静地看着她。虽然不能和女儿说话，但能这样守着女儿，已经是她最大的幸福了。

小慧对鲁豫说，下面她要拍一个纯艺术的东西，主人公是妈妈。故事片与纪实相结合，现实部分是纪录片，部分回忆是故事片，用一些关键词连接。小慧的妈妈用了一个词"等待"。只是一个"等待"，就连缀出母亲一生的全部内容。小慧小时候跟着父亲，每周六的晚上去看妈妈。那时候没有电话，公共汽车又不准时，还怕遇上坏人，就这样，小慧的母亲总是提心吊胆地等着女儿的到来。

直到今日，尽管女儿已经长大，如果不是出了意外，她早已经是做外婆的年龄了，却仍在等待，仍在为整日里满世界飞来飞去的女儿提心吊胆……由此我想：母亲，就是那个女儿风景背后的风景，女儿微笑背后的眼泪，就是那个为了女儿甘愿一生寂寞的守望者啊！

女儿的故事：走遍万水千山之后

曾经有位德国出版商在看小慧照片时问她，你为什么拍了那么多在湖边、海边孤独的小舟？她说这大概像她远离家乡漂泊的生命。从15年前跨出国门，小慧就开始了她一生的漂泊。欧洲、亚洲、美洲、澳洲……直到成为今日享誉世界的著名摄影艺术家。她说，在德国时，因为离家乡遥远,周围的一切才会变得如此陌生,也因为离家乡遥远,才会有无尽的思乡之情。她拍的获奖电影《破碎的月亮》最初的构思完全是由李白《静夜思》的意境所引起的联想。

惨烈的车祸之后,丈夫俞林没了,茫茫天地间,只剩下一个浑身是伤、痛断肝肠的小慧。身在异域,家在天边,看不到故乡的月亮,唯有不尽的泪水,唯有如血的夕阳。一向自立要强的小慧再也撑不住一颗破碎的心,她无助地对身边的女友说:"我想我的爸爸妈妈……"

那一年的圣诞节,满心凄凉的小慧回到慕尼黑空荡荡冷冰冰的家,小心翼翼地推开门,打开灯,发现桌子上有一个打开的圣诞卡被一支红色的蜡烛压着,是朋友为她摆的。上面写着:"欢迎回到家里来",捧着这个小小的圣诞卡,小慧终于失声痛哭。家,这哪里是家?没有亲人的房子怎么能称得上是家!

后来,她为母亲在天津购买了现在这所大房子,并且亲自设计装修,这才是她真正意义上的家。只有回到这里,她才会感到一种心灵的放松,一种魂魄的归属。

如今,小慧的事业越来越红火,回国的次数也越来越多,但是回家的次数依然很少,即使回来了,也是匆匆地来,又匆匆地走。今年的10月1日,我到北京中华世纪坛去看她的"花之灵"摄影展览。那些天她感冒了,一直在忍着,扛着,用一把把药顶着,但仍在发烧。可是面对她的观众时,她微笑依旧,柔柔的声音依旧。在世纪坛的多媒体大厅,身后的超大屏幕上放映着她拍的"花",她站在讲台上,微笑着回答每一个人的提问。簇拥着她的,大多是年轻的学生和喜欢艺术、或从事艺术工作的人,他们从地下的多媒体厅一直跟小慧到二楼的展厅,纷纷购买她的书,小慧不厌其烦、一丝不苟地给每一个人签名,写赠言,瘦弱的身影在整个展厅里30多幅1米×1米5的巨大"花"丛中穿行……

站在小慧拍的这些"花"面前,看那花瓣一层层地剥开,心也被一层层地剥开。作品中袒露的是女人心瓣上那一层层的情感,一层层的伤痛。花瓣、花蕊、花冠……每一朵花局部的放大,都是一份份情感的放大,一份份伤痛的放大。小慧拍的花，分成粉红和纯蓝等几个系列，这些花，无论是含苞的、怒放的、烧焦的、冰冻的、枯萎的、飘落的……都是故事中的花，生命中的花。有观众惊问：这难道真的是摄影吗？其实，小慧的摄影，拍摄手法并不罕见，罕见的是灵魂，是那每一幅摄影花卉灵魂深处的情感。

一位观众带着她的女儿挤过来对小慧说，她最喜欢小慧的，是她柔弱外表下那种内心里的坚强。

凤凰卫视在拍摄过程中，鲁豫小心翼翼地问到了她的丈夫俞林，小慧说，昨天晚上睡不着，就起来看摆在柜子上俞林为她刻的一个盘子。那上面刻的是太阳下一个穿长裙的女孩在舞蹈，盘子雕刻得惟妙惟肖，一眼便能认出那是小慧。俞林还在盘子的背面刻着一行字：太阳的太阳。那时候俞林管小慧叫小太阳……

下午，凤凰卫视兵分两路，一组人带小慧出去拍外景，另一组为鲁豫拍解说词，编导说需要找几张小慧和俞林的合影，于是我们便在屋子里翻找起来。打开小慧房间的柜橱，在一排排书籍的后面，有一个小小的只有两个火柴盒般大的镜框，里面镶着两张照片，一张是穿红毛衣的小慧和俞林正开心地笑着，充满了幸福和顽皮，还有一种两小无猜的童真；另一张是俞林的单人照，一个微笑的阳光男孩模样……看着看着，鼻子不禁有些发酸，我轻轻地把小镜框放回了原处。

记得今年8月，在慕尼黑与小慧见面时，天上正下着倾盆大雨，撑着伞的小慧在慕尼黑傍晚的街头，宛若一幅凄美的风景。在她孤独的身影中，仿佛有另一个伟岸的身躯存在，不是在现实里，而是在她的灵魂中。是的，支撑她的正是那种经历了生与死的惨烈、走过万水千山之后内心的坚强啊！

鲁豫对着镜头说："我曾经在香港的一本介绍家居布置的杂志上看到过王小慧和她的妈妈，以及她在天津的家，是她一手布置的。杂志上的小慧很美，目光中有一丝忧郁。后来我终于在书店里看到了她写的自传《我的视觉日记》，很激动地买下了这本书，我一连看了3遍，看一遍流一次眼泪……"

林青霞

窗外侠骨柔情 窗里温馨如梦

林青霞： 台湾著名电影女演员，祖籍山东。1954年11月3日出生于台北三重。她是上世纪70年代后期最著名的文艺片巨星之一，是当时华语影坛的“玉女”掌门人。林青霞曾被誉为东南亚第一美女，从17岁拍《窗外》开始，拍过一百多部电影，并凭借《滚滚红尘》获得台湾电影金马奖最佳女主角奖。她是港台电影界唯一能横跨文艺、武侠两种不同风格且走红时间最长的女明星。2011年7月以“作家”身份“复出”，推出散文处女作《窗里窗外》。

印象:年过半百依然风华绝代

2011年9月18日,坐落在未名湖畔的北京大学百年讲堂迎来了一位从银幕上走下来的女子,她青春不在却魅力不减,她衣着朴素却风度翩翩。林青霞,这个在100部电影中塑造了从清纯玉女到英武侠客的大明星,走过人生的千山万水之后,做梦都没有想到,会以一个作家的身份来到北大,为她人生的第一本书《窗里窗外》召开在大陆的新闻发布会。她说:“今天能站在最高学府——北京大学的讲台上,看到这么多热情的观众朋友很感动,也很激动。来到这么有文化、有思想的圣地,我觉得我是不是胆子太大了? 后来想想,有徐克、姜文在帮我,那我就挥挥衣袖,拨开几片云彩,兴奋地走来了!”

今天出场,林青霞端的是作家范儿——大方而简洁。一件深墨绿色的长袖薄纱上衣,领口的扣一直系到最上面,没有如今一些女星都要大露胸前深沟的那种性感,尽管她完全有资格这样做。一条及膝的黑色一步裙,一头直直的短发,未施浓妆,未戴首饰,林青霞出现在大家面前的时候,朴素清纯得一如39年前第一次“触电”时那个《窗外》的女孩,依然是“两道清朗的眉毛,一对如梦如雾的眼睛”。只是,今天的林青霞已经相当的自信,她潇洒大方地登上台来,纤细的高跟鞋把原本就苗条的她衬托得比站在一旁的导演徐克还要高。她挥舞着双手,向满座的观众问好。不做秀,不装嫩,那种天然去雕饰的美丽,自然而优雅的风度,即使年过半百,依然风华绝代!

她坐在椅子上,一双修长的美腿传递着一种无声的风韵,她的每一个手势,挥舞、托腮、鼓掌,全都散发着她独有的优雅。当她拿起水果刀切芒果的时候,那神态、那拿刀的动作,全然一个贤淑的妇人,好温馨!

当天的活动由同样是电影界大腕的姜文做访问嘉宾,尽管他已经相当控制了,但仍然抢了不少镜头,他太能闹了,让一个半小时的现场气氛火爆异常,高潮迭起,整个北大百年讲堂如同由林青霞的人生故事串起的一条情绪之河,波浪起伏,一浪高过一浪。

显然,林青霞对写作这件事有着一种特别的神圣感,当她开始朗读自己的作品时,全情投入,声情并茂,恍若身临其境。她模仿山东大娘说山东话,与张国荣对话说广东话，读三个女儿为她写的序时发出清脆稚嫩的童声，吟唱自己写的歌“只要姥爷你笑一笑”时柔美深情。发布会几乎成了林青霞的作品朗读会，听她朗诵会让人觉得：这个世界真美好！

也许，在这本书里，人们更感兴趣的是有关林青霞17岁那年是如何被星探发现走入影坛而一夜成名，成为琼瑶剧中倾国倾城的纯情玉女的，又是如何一个华丽转身成为金庸武侠片中英姿神勇的打星和那个令人难忘的“东方不败”的。还有她是如何与有着“天使般笑容”的“哥哥”张国荣之间的亲密情感，与歌星邓丽君在法国南部海滩游裸泳、晒日光浴的私密往事……

可是我要说，错了！林青霞的这本散文集不是一个电影明星的自传，更不没有写影坛的秘闻八卦，而是一个人到中年的女子沉淀人生之后的内心独白。只不过这个女子曾经是红透海峡两岸的大明星罢了。在这本书里，她脱去了明星的光环，换上一身洁白柔软的家居服，左拥右抱地陪着三个女儿入眠，轻轻地抚摸她们娇嫩的身体，展现的是一个慈爱尽责的好妈妈。她给父亲写歌，让女儿唱着逗老父亲开心；她回到故乡青岛寻根，用山东方言和当地大娘聊天；她与旅途中偶然相遇的小男孩招手，把“一秒钟的交会”写得无比温馨动人……

也许是在半生的演艺生涯中体验了太多的人间仇苦，悲欢离合，她把对生命的热爱和关注也倾注到她的文章中来。林青霞在《生命的彩霞》中写道：“从泰姬陵回到德里要5个钟头的车程，车上的人都睡了。我望向车窗外，好美呀，月亮！弯弯的月牙，就像镶了四分之一金边的圆圈，圆圈里是透明的，像孩子们吹起的泡泡。月亮下方千层糕似的彩霞，描着银白、灰黄、金黄、紫红、鲜红、橘黄各种颜色，一层层落到印度人家的院落。”

从这段文字中，我们仿佛看到林青霞那张眨着一双水汪汪大眼睛的脸，镶嵌在夜色中的车窗上，对着天边那弯朦胧的月亮，像个小孩子一样地想着吹泡泡和好吃的千层糕。然后是五彩缤纷的云锦织就的彩霞……林青霞是个对色彩格外敏感的女子，在她的文章中，色彩和画面就是她梦的衣裳。

然而就在这绚丽多彩的风景背面，她也看到了“滚滚的黄沙和破烂的民居”，“车窗外一个又黑又瘦的妇人抱着骨瘦如柴的小孩，两个人各用五根手指碰触着嘴唇，示意他们需要吃的。路边草席覆盖着一个人，我想是个没有生命的人，周围没有谁去理会他。这是个什么样的世界?这里有美丽的彩霞,生命不该是这样的,为什么他们的生命就这样的暗淡?这样的悲哀?这样的没有光彩……”

在这样的文字里,一颗饱有爱、悲悯和不安的心跃然纸上,那是林青霞内心最柔软的流露。经历了电影中那么多的刀光剑影,那么多的血雨腥风,她依然还是那个温婉柔情的“窗外”女孩。

在电影的窗外,在人生的窗外,人们过多地把目光聚焦在她容貌的美丽上,而很少有机会关注她内心的美丽,这一次,林青霞躲到了文字的后面,让我们看到了在她生命的“窗里”,又是一番怎样的风景,如此单纯又如此真诚!

爬到树上做明星梦的小姑娘

林青霞和邓丽君一样,都是在眷村长大的女孩子。当年跟随国民党逃到台湾的大陆军人带着各自的家眷住进了眷村。在林青霞的记忆中,9岁从嘉义县林镇的社团新村搬到台北县三重埔,周围邻居都是讲着山东话的老乡。她说:“小时候在眷村的日子,经常爬上前院的大树干上做白日梦。我做的是老师梦、车掌小姐梦,在我小小的心灵里,她们就是权威的象征。”在林青霞所有的童年梦中,想做而不敢做的就是明星梦。走在乡间的小路上,她曾仰望着天上的白云,想象着如同那云中仙子一般的明星模样。她当然不会想到,当她长到17岁的时候竟然美梦成真,那个明星梦像一个大馅饼一样从天而降。

1972年,17岁的林青霞正在台北县私立金陵女中读高三,因为功课不尽如理想,正在为考大学而焦虑和迷惘。毕业前夕,她和好朋友一起到台北热闹的西门町去逛街,听到有人在说拍电影的事,她不经意间的一个回眸,引来了两名中年男子的跟踪。原来他们就是电影公司雇的“星探”,他们邀青霞和她的同学喝咖啡,要电话号码,当然遭到了拒绝。林青霞说,那时候,这样在街上被“星探”追的事至少发生过四五次,看来她天生就与电影有着不解之缘。直到高中毕业、高考落榜之后,无聊的时候她才和同学到公用电话亭给其中一个“星探”打电话,同意前去试镜,原以为不过演个同学甲的林青霞没想到一上来就演了女主角,琼瑶小说《窗外》中的那个女主角仿佛就专门是为她而写的。那时的她和小说中的女主角一样，“纤细瘦小，敏感，忧郁，看起来比实际年龄小三岁……”

《窗外》让林青霞一夜成名，生命从此与电影结缘，继而开始大红大紫，成了港台家喻户晓的天皇巨星。

如今，回首往事时，林青霞写道：“……使我忆起少女时期，每个周末和几位好同学一起到台北西门町压马路、看电影那种快乐时光，我们几位身穿迷你裙，脚踏凉鞋，神气活现地走在西门町的大街上，好像整个世界就在你的脚下，只有你才最大。当年我被星探发现，走入影圈而转变了我的一生，也就在这个时期。蓦然回首，已年过半百，这才发现要学习的事情实在太多，时代进步了，科技发达了，过去那些是回不来，也回不去了。我们被时间的巨轮推着向前走，眼睛往前看，偶尔回顾一下，别有一番滋味在心头。”

演了100部戏，最难演的是自己

1972年到1994年的22个年头里，林青霞从飘逸的纯情玉女，演到刀里来剑里去的男人，见证了人世间的浮浮沉沉和电影潮流的起起落落。拍过100部戏，演过100个角色。她说：“我是很喜欢演戏的，虽然很苦，但是我不觉得辛苦。我记得1992年在敦煌拍《新龙门客栈》，其中有大特写，许多竹箭向我脸上射来，开始我担心会刺到眼睛，但导演说没关系，这个箭是没有尖的，到时你会闭上眼睛。结果就有一根竹子正好打中我的眼睛，我虽然本能地闭上了眼睛，却痛得我一下子蹲在地上，泪水直流。去看医生，医生说不治的话，眼睛会瞎。我立刻回香港，在机场，见到徐克的太太施南生，两个女人抱着哭成一团。我后来在文章中写的就是‘两个女人三行泪’结果校对给我改成‘四行泪’，那怎么行呢？我说是不能改的，我就是要表现可可怜怜的，凄凄惨惨，又有点好笑，一路上，我哭着从敦煌、兰州到香港，哭了大半个中国……”

在《窗里窗外》中有一篇是写张国荣的，1993年，林青霞和张国荣一起拍《东邪西毒》和《射雕英雄传之东成西就》两部影片，那个时候他们俩都住在湾仔的会景阁公寓，总是一起搭公司的小巴去片场。有一次，在车程中张国荣问青霞过得好不好，还没说上两句，林青霞就大颗、大颗地泪珠往下滚，沉默了几秒钟，张国

林青霞与张国荣 ▶

荣搂着她的肩膀说："我会对你好的。"从那一刻起，林青霞和张国荣就成了朋友。

虽然林青霞没有写她为什么会落泪，但她内心深处孤独和酸楚的一面却无声流露，只不过以她的性格而言，她是内敛的，含蓄的，她不会再多言，一个在水银灯下讨生活的女子，日复一日年复一年地要竭尽全力演尽人世间的悲欢离合，在别人的爱恨离仇中哭哭笑笑甚至死去活来，常常要演到心力交瘁……进戏，出戏，再进戏，在正常与非正常的人生中不停穿越，难免会一时间迷失了自己，我是谁？我在哪？混淆了戏剧与人生的界限，入戏太深便难免不受伤害，那大颗的泪珠才是她心灵的真实写照啊！

后来，当她提笔想写张国荣的时候，一时间不知道从哪开始，突然一个灵感来了，回映在她脑海里的是张国荣那神秘又空灵的笑容，林青霞想到了一个词“天使的笑容”，那也是张国荣留给她最后的笑容。

在北大讲堂的新书发布会上，林青霞开始朗读她与张国荣的故事：在又一城商场戏院门口上方，他（张国荣）靠在墙边对我微笑，那笑容像天使，我脱口而出："你好靓啊！"最后一句是用粤语说的，她的声音充满了情感和魅力。

“演过一百部戏，一百个角色，最难演的角色却是自己，因为剧本得自己写，要写个好剧本谈何容易。在我演艺事业最忙的时候，同时轧6部戏演着6个不同的角色，我忘了演自己。有一天，站在镜子面前，看到的竟然是一张陌生的脸。我是谁？我问自己：我喜欢什么？我不喜欢什么？我为什么不快乐？我答不出来，这才发现，不知道何时开始我失去了自己。”

于是，在法国南部的海滩上，林青霞和好朋友邓丽君像法国女人一样放开自我，大胆地脱掉泳衣，游裸泳，晒日光浴。她说："那是个非常快乐的下午，我和邓丽君都是十七岁出道，在镜头下下长大，永远都有媒体在追踪，有人认出我们。只有到了这里，才能自由地做自己想做的事。在碧海蓝天下，我们爱怎么游就怎么游，大家笑得多开心！那个法国南部阳光海滩的下午，对我们来说是特别珍贵。那个时候，我就是我，她就是她，我们都演回了自己。"

“只要姥爷你笑一笑”

就在林青霞在表演艺术上渐入佳境的时候，1994年拍完《东邪西毒》，她突然彻底告别水银灯下的生活，嫁人了。1994年6月29日，林青霞同港商邢李源结婚。在导演徐克看来，这是林青霞一生中为数不多的“天马行空”的手笔。他们在旧金山的婚礼对外非常低调，对内却相当感人。在铺满鲜花的别墅里，邢李源拉着林青霞的手，向岳父岳母道："从今以后我会照顾她。"许多嘉宾当场落泪。

那之后的林青霞，先是做了一个6岁小女孩的继母，又先后生育了两个女儿，当年的大明星回归家庭，成了三个女儿的妈妈。父亲去世前的那段日子，她经常带着女儿回台湾看望生病的父亲。她还特意做了一首歌《只要姥爷你笑一笑》让女儿唱给父亲听。有一次林青霞带女儿爱林去看父亲，她对女儿说，姥爷年纪大了,有很多病痛,经常不开心,妈妈不能逗他开心,你是他最爱的外孙女,你要逗他开心。结果懂事的女儿去了以后,给姥爷又锤腿又按摩肩膀,当姥爷喂她吃东西时,她嘴巴张得老大,姥爷开心地笑啊,笑得眼泪都出来了。在一旁的林青霞看得又温暖,又感动。

在北大的发布会上,在观众一致的强烈要求下,林青霞满怀深情地唱了起来:“只要姥爷你笑一笑,姥爷,姥爷,你好!”立刻赢得了全场热烈的掌声。

林青霞说,父亲老年的时候很想回老家青岛去一趟,但是没有成行。那年她有机会参加一个文化旅行团到山东去,原想借机会到故乡替父亲寻根的,没想到如今的故乡已经是高楼大厦林立,百货公司的橱窗里全是名牌衣服,许多人都不再讲山东方言。正在失落之际,有一天,她走到一个小巷,忽然看到了童年时见到过的煤球炉子和压水井,好亲切啊!她兴奋极了,这时她看见一间房子里,隔着纱窗有一个80多岁的老太太,就问她可不可以到屋子里去看看?老太太很热情地邀请她进去。说到这,林青霞开始端起书朗读起来:“老太太坐在床沿上,我握着她的手说起山东话:大娘!您好!我也是山东人,我从香港来,我是林青霞。(用山东话说,现场立刻沸腾起来)大娘以为我骗她,直说:林青霞她很老,很胖。你怎么会是她?经我一再的解释,老太太拄着拐杖到书桌上找老花眼镜,我把脸凑上去让她看仔细,她像鉴定珠宝一样,哎哟嘞,真的是青霞!这时,我的眼泪就在眼眶里打转,老乡见老乡,两眼泪汪汪。想起小时候,每次外婆见到我,总是握着我的手,亲切地望着我说同样的话:哎哟嘞,青霞来咧!……”

林青霞惟妙惟肖地把文字读成了电影。

或许是多年拍戏对人生有了更深的体验,林青霞对人物的观察非常敏感,她给大家讲了这样一个小故事:那是一次跟着文化旅游团沿着大运河旅行,刚看过殷墟遗址,心里有点沉甸甸的,天上还下着小雨。刚好车子停在一户人家的前面,她在车窗里,就看见那户人家里有一个小男孩,大概四五岁的样子,穿着一件大红的上衣,好像在那发愣,林青霞冲他招手,呶起嘴唇一张一合扮小鸟嘴,拿出逗小孩的看家本领逗她玩。就看着那小男孩的情绪转变非常有意思,一会儿关窗门,一会儿开窗门,终于,他笑了,很天真、很开心、很灿烂地向这个漂亮阿姨招手,林青霞高兴极了,她明白那小男孩表示接纳她了,这时,车开了,她与小男孩只有这一秒钟的交会，她把它记录下来，让文字把这一秒钟变成永恒。

我以为这是整部书里最感人的一篇，也是最有灵气的一篇！把林青霞那游丝般敏捷、纤细的情感描述得那么生动，温情，像电影镜头一样美好而动人，她用文字写出的电影，极强的镜头感，细腻的笔触，真实得仿佛看得见那小男孩的眼睛，感受得到作者的呼吸……

在北大的发布会现场，林青霞说："我现在想，我和你们，在北大，我们今天相遇在这里，不也是生命中的一种交会吗？我们把这种记忆变成一种永恒的印记，多好啊！"

"情感和灵魂宣泄的出口"

对于林青霞来说，写书与拍电影一样，都是她没有预计，做梦都不敢梦到的事。

那是2004年，林青霞和徐克夫妇一起吃饭，结识了作家马家辉，邀请她在香港的报纸上写专栏，对此，林青霞不敢答应。于是又有了第二次、第三次的邀约。当林青霞问他，你怎么敢肯定我会写文章时，马家辉说，听你聊天，当你谈到父亲生病期间，每次回台湾看望都心情沉重，每当从台北返港，车子走在大屿山笔直的公路上，你望着天空与城市的灯火时那种内心细微的感触，听着你绘声绘色地描述，我就断定，你能写！

于是，林青霞的第一篇散文《沧海一声笑》就这样出炉了。这是一篇纪念黄霑的文章，林青霞说："我非常喜欢写人物，脑海里经常会出现一个朋友的声音、画面，就特别想把它捕捉下来。写黄霑，脑海里都是他爽朗、豪迈的笑声，"沧海一声笑"是电影《东方不败》的主题歌，就是黄霑唱的。那天从黄霑的追思会回来，我满脑子都萦绕着他的笑声，我一坐下来，一口气就写出了两三千字，就好像是他在引领着我写一样……"

从此，写作成了林青霞至高无上的追求，与被水银灯照耀、被鲜花和掌声簇拥不同，写作是一个漫长而孤独的旅程，夜深人静时分，自称"夜猫子"的林青霞趴在梳妆台上，一笔一画地痴迷地写着，她说："现在的人都喜欢用电脑写字，我喜欢一个字、一个字地写在稿纸上，写不好就把稿纸搓成一团往地上丢，丢得满地一球一球的，感觉就像以前电影里的穷作家，很有趣。”

有一天夜晚，林青霞从外面吃了饭回到家，经过梳妆台时，忽然涌起一阵写作的冲动，怕一会儿忘记，马上伏在桌上写起来，竟然不知不觉就几个小时过去了，直到窗外传来小鸟的叫声，她才发现天已经亮了。看看镜中的自己，不觉失笑。原来她脸上的妆还没卸，耳朵上的钻石耳环正摇晃着，低头一看，一条蓝色丝质褶子裙，脚上竟然还穿着高筒靴，时钟指着6点半，正是女儿起身吃早点的时候，于是，她赶忙下楼陪女儿，两个女儿见她如此样子，一点也不惊讶，只说，妈，你又在写文章啊！林青霞说，写作让她找到了情感和灵魂宣泄的出口。

有一段时间林青霞迷写毛笔字很厉害，通常一写就是好几个小时，有一次写着写着就睡着了，一身雪白的睡衣沾满了墨汁，手指甲里也是墨汁，可她我心里却很高兴，她叹道：“啊，我终于有墨水了！”

在这本书中有三篇序文分别是林青霞的三个女儿写的，在北京的发布会上，林青霞以女儿的口吻朗读了女儿写给她的话，其中作为继女的大女儿这样写道：“妈妈的文章就和她的人一样，那么真。从她的文章里，相信读者也会跟我一样地了解她，接近她……”

杨丽萍

舞动生命的原生态

杨丽萍：云南西双版纳白族人。1971年进入西双版纳州歌舞团，开始了她的职业舞蹈生涯。1980年调入中央民族歌舞团，1986年她创作并表演了独舞《雀之灵》，并一举成名。2004年，由她任艺术总监、总导演并领衔主演的大型原生态歌舞集《云南映象》获得中国舞蹈"荷花奖"5项大奖。2005年获得文化部"文化产业示范基地"大奖。

印象：起舞弄清影，何似在人间

看杨丽萍舞蹈，如沐一场天浴，情感宣泄得淋漓尽致，心灵浸透得至真至纯，虽然高高在舞台上的她离我们很远，但那种由肢体所传递出的真挚情愫，那种无言的精神交流却把我们拉得很近。而与她面对面的交谈，人与人相对时，心反而倒远了。与用肢体交流相比，用语言进行交流，显然不是杨丽萍的长项。

2006年6月15日傍晚，当杨丽萍终于出现在梅江南国际俱乐部的新闻发布会上时，首先映入我眼帘的是她戴的帽子，在这样炎热的季节里，她竟然戴着一顶紫色缀花的棉线编织帽子，像小盆一样扣在头上，使她原本就小的脑袋被遮住了一半，帽子下边又戴了一副浅茶色眼镜，能露出的几乎就剩下嘴和下巴了。她很瘦，一头长及腰部的黑发从帽子下面飘洒出来，一对缀着彩色流苏的民族耳饰与她手腕上硕大的手镯交相辉映，当我们一同迈上梅江南游艇的时候，我看到她脚上穿着一双独一无二的松绿色绣花鞋。

坐在她身旁，我注意到她的手，那是一双十指都留着长长指甲，并涂了乳白色透明指甲油的纤纤细手。都说眼睛是一个人心灵的窗户，对于杨丽萍来说，手指比眼睛更能代表她的心灵。当她双手交叉着放在胸前边说边比画的时候，我仿佛看到一只孔雀在灵动地眨着眼睛，这种感觉非常奇妙，她的手有灵魂，她的手会说话！

杨丽萍显然非常疲倦，她说她昨天夜里3点才睡，今天又要赶飞机，下了飞机就来与我们见面，连头都没时间梳，所以才戴了帽子……看得出，在媒体面前，为了她的舞蹈，一向性格内向、不喜欢张扬的她也不得不强打精神，耐心地回答着各种提问，尽量满足大家的要求。

为了能感受到一个更真实的杨丽萍，第二天上午，我悄悄来到剧场看她彩排，主要是调试灯光，“因为舞台不一样嘛！”她站在观众席中间过道的正中位置，通过无线话筒边导演边指挥，沙哑的嗓音，时而夹杂着云南方言的普通话，传递着她的执著和精益求精。“红光，要打红光！”“追光开始！”“后边的演员唱的时候要张嘴，别以为你在后边就可以不唱，我在台下看得清清楚楚！”……台上是混沌初开时一轮火红太阳的巨大灯光剪影，云南小伙子在激情地敲击着太阳鼓，杨丽

▲ 杨丽萍舞蹈

萍站在台下的黑暗中，在这空旷的千人大剧场里，她的身影显得那么纤弱，而她的声音却是那么的饱满。我看到，此时的她卸去了帽子、眼镜和围巾，挥舞着细细的胳膊，全神贯注地指挥着演员、道具和灯光师，一遍又一遍，一切都要求尽善尽美，仅一场舞就折腾了一个多小时。谁都知道，《云南映象》自公演以来，不算在国外的演出，仅在国内就已经走遍三十多个大中城市，演出六百余场，相当成熟了。可杨丽萍依然像第一次演出一样一丝不苟，直到中午12点半过了，剧场工作人员都准备吃饭了，她仍不肯停歇下来……

身为一个舞蹈家，人们只看见她在舞台上那美轮美奂的舞姿，高贵灵动的孔雀，却不知，她在台下所付出的汗水。对于一个心中装满舞蹈的舞者，也许她并不觉得累。《云南映象》是她自己孕育的"骨肉"，在她的心中，就像捧着舞台上用灯光打出来的那一轮太阳，捧着她的这个"孩子"！

所谓原生态，就是追求生活的原味，生命的本真，萝卜就是萝卜味，茄子就是茄子味，去掉所有的作料，不要煎炒烹炸，真实的生命，没有被行为艺术装饰过的大地山河，漫山遍野自然生长的花花草草……

我从一本画册上看到一些杨丽萍在乡间采风的照片，没戴帽子，也没戴眼镜，不包装，无戒备，完全自然亲昵地和少数民族的姑娘、小伙子们簇拥在一起。而面对媒体、面对都市、面对各种最先进的传媒手段，她反而要把真实的自己掩藏起来，用帽子和眼镜给自己的心灵设下一道戒备的"防火墙"。

那晚，我看了杨丽萍在津的首场演出，她上场跳了"月光"、"女儿国"和"雀之灵"。三段舞中，"雀之灵"最美，出神入化，精美绝伦，仿佛仙女下凡，如闻鸟语花香。"月光"最灵动，有如与神的低语，充满魅人的梦幻，月轮清晖中杨丽萍婀娜的舞蹈剪影，精灵一样轻盈动人。相比之下，唯有"女儿国"中的杨丽萍才是最原生态、最人间烟火的，仿佛那个从月亮上走下来的女神一旦跌落到人间，就成了那个"拿脊背为老人挡风、拿心肝为娃娃垫脚、为男人吃苦嚼苦永远歇不得"的高原女人……

无论是人生，还是舞蹈，杨丽萍都到了最成熟、完美的境界，在她看似瘦弱纤细的腰身中，蕴藏着高原女人太阳般的炽热、月亮般的真纯和永远追求完美的不竭动力！

有一段描写舞蹈家邓肯的话，我觉得用在杨丽萍的身上也十分贴切：看她的舞蹈，你的思绪和精神会回到那混沌初开的远古时代，回到这个世界的黎明时刻。那时人类伟大的灵魂在美丽的身体上找到了自己自由的表达；那时动作的韵和声音的律和谐一体；那时人体的动作与海合而为一；那时女子的胳膊美妙一摆是玫瑰花瓣的开放，而她落在芳草地上的脚则是落叶在地球上轻盈的飘浮。当所有的宗教热情、火热的爱和爱国情怀、所有的牺牲和激情，和着西萨罗竖琴或铃鼓一泻而出的时候，或者当他们因为生活的欢乐在林中、在海边情不自禁地舞之蹈之的时候，那一定是人类心灵美好而有力有激情传达到了身体，然后与整个自然融为一体而与之同脉……

面对舞台上下不同面孔的杨丽萍。我以为，舞蹈中展现的是她的灵魂世界，媒体前端着的是她的理性表达，只有在真实的生活中，才是她的自然状态——原生态。杨丽萍的妹妹曾经说过："姐姐经常是舞台上舞台下判若两人，有时候会让人产生一种错觉——到底是不是同一个人呢？然后有时候接受不了，觉得哎呀，还是台上的她比较可爱吧。"

我觉得，面对媒体时的杨丽萍是离原生态最远的，因为此时她必须遮掩本真，谨防失误，扮演那个符合人们审美取向的角色，那个美丽、典雅又质朴的民族舞蹈家。而在舞蹈中，她反而不需要任何掩饰，畅快淋漓地宣泄自己。此时她是谁已不重要，她就是舞蹈着的精灵，她的灵魂在起舞，她的生命在旋转，正如她自己所说："每当我在心里的场地伸开双臂起舞时，我感觉到臂膀无限延伸、延伸，这时神会握住我的手，我能感觉到我的灵魂从我的身体里飘荡开来，这种美妙的感觉使我的灵魂得到了最清静的安抚。"

正是"起舞弄清影，何似在人间！"

访 谈 录

张　星　**最近一段时间，原生态成为人们感兴趣的话题，而您以原生态冠名的舞蹈再次引起了人们的关注，您怎么看？**

杨丽萍　原生态就是希望人与自然能够和谐融洽，少数民族喜欢唱歌跳舞，是因为要感谢太阳、月亮、赞美大自然。也是男女择偶的需求，跳孔雀舞就是为了向对方示爱，表现大自然的美。再就是为了驱除病魔，少数民族生活在边远地区，他们认为生病了是遭魔了，所以就要戴着面具跳面具舞，恫吓病魔。我们插秧就要跳插秧舞，择偶、分娩生孩子等都要有一种舞蹈的仪式，都是和生命、生活有密切关联的。我们的舞蹈不是想象的、虚拟的或者编造的，而是情感所致，生命所致，表达我们对生命的一种态度，在歌舞中寄托自己的灵魂，会跳舞的人都是有福气的。

▲ 张星采访杨丽萍

张　星　**您从小生长在云南，两三岁就会跳舞，那种各民族多姿多彩的舞蹈给了您怎样的灵感?**

杨丽萍　我和许多云南人一样，庆幸自己出生在云南这块土地上，这里有太多的民族、太多的歌舞，可以说是歌舞的海洋。大山里的人深信天地可以交合、阴阳可以协调。他们为了施爱而跳孔雀舞，为了庆丰收而打歌，为了交媾而击鼓，这些充满人性光辉的舞蹈使我三十多年来心灵一直不能得到安宁，于是有了我长达一年多走村串寨的采风行动。我几乎走遍了云南。有时候我可以15天不洗澡。有一次我们的车深陷在德钦白马雪山的深雪中，如果我们在傍晚前不离开的话，深夜那将是零下20摄氏度的寒冷，同行的人吓唬我说，那时我将变成“冰冻孔雀”。就是这样也没有动摇过我的决心。因为对我来说，这是我的精神之旅，就是这次精神之旅让我看到许多我终生难忘的情景。

张　星　**能举一个例子吗?**

杨丽萍　有一天傍晚,夕阳西下,我看见一座巨大的山坡上一个像蚂蚁一样小的人影,仔细一看是一个女人,身上还背着孩子,太阳在她的身后,使她披了一身的金光,她在挖地,应该说是在挖一座山,我当时哭了。因为我知道她只是为了多收一点粮食,只是为了让背上的孩子吃饱。还有一个布朗族的小女孩叫阿秀,她说要跟我一起跳舞,但我眼见她实在太矮小而不能要她,但得知他们寨子年均人收入才150元时,她跟我跳舞只是为了实现她最大的愿望,为家里买头牛,而一头牛才400元钱。面对这样的情景我又哭了,我留下了她。

张　星　**就像阿秀成了您演员中的一员一样,我知道《云南映象》里有70%是来自民间的非职业演员,您是怎么考虑的?**

杨丽萍　这些来自民间的姑娘小伙子都是全才,又能跳又能唱,又能敲打。他们在村子里都是歌舞和各种打击乐的高手,都是"舞王"或"鼓王"。他们那种跳两步唱三拍的技巧就是舞蹈大师也做不下来,还有那种离调及多声部的唱法,连音乐大师也赞叹。他们的歌词包含了深入浅出的人生哲理。他们唱得比我好,他们在家里非常擅长跳自己的舞蹈。这些都不是我编的。只不过以前他们在村子里跳,现在我给他们换了一个地方跳,舞蹈还是他们自己的。如果换一些专业演员来演就绕弯子了。谁的歌谁唱,谁的舞谁跳,服装和乐器都是他们自己的,你们看到的就是原汁原味。

张　星　**您说,小时候您奶奶告诉您,跳舞是一种与神的对话,您舞蹈的时候,跳起来的时候,您整个的生命是不是感觉在与神沟通?**

杨丽萍　什么是神?我们去查一下字典,就是一种理想,一种美好的情感。美好的感觉,触摸,空气,精神的一种抒发。你抒发了自己,达到了自己的一种理想的境界的话,就已经与神沟通了。一种很高的境界。

张　星　**您的舞蹈和人生是分不开的，从人生的感触，对舞蹈的认识，谈谈您内心的一些想法好吗？**

杨丽萍　跳舞，就是一种特殊的语言，与说话不同，舞蹈这种语言是很抽象的，很难传递得让所有人都明白，像我就喜欢用这种方式来表达内心，讲话对我不是最好的方式，跳舞比较容易表达我。跳舞对我来说，人存在，舞就存在。录像就是另外一种东西了，我说的就是这种舞台上下最直接的传递。

张　星　**那您从什么时候开始就觉得舞蹈跟您的生命是分不开的？**

杨丽萍　很小的时候就知道了。舞蹈就是我生命的一种体现，生活的一种方式。如果我不是一种职业的舞蹈家的话，我在村子里就会种地，种地我丰收了，我依然要跳舞来庆祝，这就是原本的一种生存状态。

张　星　**都说舞蹈是离不开音乐的，那您在乡村跳舞的时候有音乐吗？**

杨丽萍　有啊，有打击乐。有唱歌，有乐器，有喊有叫，有鼓。做饭的锅，甚至烟盒都可以做打击乐。敲起来挺生动的。

张　星　**您是否终生都会跳下去呢？**

杨丽萍　天天都在跳，高兴也跳，不高兴也跳，跳舞是不存在累的，两分钟以后就恢复了。跳舞本身就是一种方式，不仅在舞台上，生活中也在跳，民族舞蹈就是这么一种功能，只是我们现在把它搬到了舞台上，你觉得它是一种舞台上的东西，不在舞台也还可以跳。插秧节时就要跳，为什么叫原生态呢？我们的舞蹈都是从生活中来的。

张　星　**据说您到云南民间去采风收集素材受到震撼之后，便决定从中央民族歌舞团退休，然后离开北京到云南开始您的原生态歌舞集编创活动？**

杨丽萍　其实这种想法早就有了。一直以来我都在想这个民族歌舞，这种原生态的歌舞，我有这种痴迷的情结，要把它搬到舞台上，舞蹈是艺术之母，所有艺术门类之母，人类在没有语言的时候，是靠形体动作来对话的，所以我觉得舞蹈是一个最好的表达方式，而且舞蹈也是一种信仰。我这个舞蹈传承者，不去把它整理出来，挖掘出来，我会觉得很遗憾的。

张　星　**从2000年到2001年，您到云南各地采风，行程一万多公里，有的村寨先后去了3次，每次走进村寨都有新的发现和感动吗？**

杨丽萍　我看过我们民间打歌的场景，他们打完歌以后，那种汗流浃背、尽情欢舞的人性本能的舞蹈；那种只见黄灰不见脚的歌词唱完之后，曲终人散之后，你会看到地上有很多鞋，就是跳舞掉的鞋，你就会觉得有一种感叹和一种感动。因为原生态的歌舞，并不仅仅是一些土风的舞蹈，它还有很多精神的因素在里面。

张　星　**能介绍一下您的家庭吗？**

杨丽萍　我是白族，出生在云南一个不富裕的农村家庭，在兄妹4人中排行老大，两个妹妹一个弟弟。我11岁就到歌舞团，我没有机会上大学。我认为，对于舞蹈家来说，生活就是最好的学校。

张　星　**我最感动的是《云南映象》中那段"女儿国"的歌舞，这个片段曾经上过春晚，尤其是您领唱的那段歌词："太阳歇歇么？歇得呢。月亮歇歇么？歇得呢。女人歇歇么？歇不得。女人不去吃苦么，日子过不甜呢……"非常震撼人心。您为了《云南映象》的排练，曾经不仅拿出了自己的积蓄，还卖掉了自己的房子，当时是不是觉得挺苦的？**

杨丽萍　不苦。我做《云南映象》从没叫过一声苦，也没有动摇过。我讲过我采风时见到的那个挖地的女人，看到她的身影我哭了。在我搞艺术人的眼里，她是在挖一座山，这个女人太伟大了。可过后仔细想想，她其实只是挖地，只是想多收成一点粮食喂饱自己的孩子，是一种极其日常的生活，她并没有想很多，也没有觉得她是一个女人在对抗一座山。就像旁观者看我，有人觉得我在做《云南映象》也像那个妇女一样，在挖一座山，好苦，好了不起。其实我觉得我跟那个妇女是一样的。这是我要做的事情，我愿意做的事情，这就是我的日常生活，怎么会苦呢！

张　星　**您觉得在您的舞蹈中，最重要的是什么？**

杨丽萍　我觉得最重要是有一颗安静的心，安宁的心。如果你有很多雾蒙着眼睛的话，你心灵不干净、不真诚的话，你就寻找不到舞蹈的真谛。我很少有机会向观众解释说，我为什么要跳孔雀舞？而且我为什么能把孔雀舞跳得这么好？有的人认为只不过是模仿孔雀嘛，错了。我跟其他那些跳孔雀舞的人在本质上的不同，就是因为那是我的一种信仰。我想要用肢体来传递一种对天、对地的感悟，一种感情，这种东西是全人类都向往的。

张　星　**像您这样把舞蹈当作生命的人，会不会恐惧衰老，会不会怕自己哪一天就跳不了了？**

杨丽萍　不会，其实在民间，我曾看到哈尼寨有一个八十多岁的老太太让我特别吃惊，就是我们表演团里面一个打鼓的小孩的外祖母，腰都直不起来了，她还在那里跳，拿个树叶在地上划着跳。我会一直跳下去的，但不一定是在舞台上。我觉得舞蹈可能会伴随我很久，所以我丝毫也不觉得恐惧。

张丽丽

迎着大海的呼唤

张丽丽：天津港集团副总裁、总工程师。从1986年进入天津港工作至今，主持大项目100余项，总投资逾300亿元，尤其是“十一五”期间，她担任天津东疆保税港区的总指挥，仅用20个月就完成了原计划3年的工程，2007年东疆保税港区顺利实现首期4平方公里封关运作，创造了我国港口建设的一大奇迹。

印象:美丽是一道心灵的风景

张丽丽给我的第一印象,完全像一部影片的慢镜头。那天下午,比预定的时间提前了15分钟,她应邀来到《天津日报》,那时我和天津港宣传科的小刘正站在报社大厦门口的玻璃厅前等她。

虽然此前我从未见过她,却对这个名字并不陌生。早在去年初春时节,我和同事曾到天津港东疆港区那个在一片苍茫大海上靠吹填造陆形成的人工半岛式港区(东疆港)采访过,寒风中面对波涛滚滚的大海,看着仍然在吹泥作业的填海工程,我听到了张丽丽这个名字,在众多的介绍中,这是一个相当了不起的女性——天津港(集团)有限公司总工程师、东疆港区建设指挥部总指挥、筑港女专家。她专业技术精,协调能力强,并且讲原则、敢承担,在建设东疆港区的战斗中,是一位雷厉风行的女将领。然而,那时她却不愿意接受采访,给我们的东疆港之行留下了一个不无遗憾的悬念。2009年"三八"前夕,她荣获第七届中国十大女杰提名,天津市十大女杰、天津市道德模范,采访便水到渠成了。

"她来了!"小刘的话音未落,就见一个穿着黑色长大衣的女人大步流星地朝门口走来,高挑的身材,直直的短发,随着她快速的脚步,大衣的下摆和腰上的飘带被风微微掀起,潇洒和飘逸像一群春天的小鸟从她的衣袖中呼啦啦地飞了出来……

我迎上去与她握手,她显然比报纸上公布的"十大女杰"照片要年轻漂亮好多。黑色的大衣,黑色的西服,内穿一件黑地白点的纱质衬衣,全身的暗调子,唯一的装饰是交叠成花形的衬衣领子,一簇簇黑白交织的小花映着她白皙的面庞,为了见记者,她还特意涂了口红,这使她在暗色衣服衬托下的脸有了一丝亮色,整个人生动了起来。

她很爽快,也很健谈,我们聊工作,也聊孩子,聊女人在工作中的中性状态,也聊女人在家庭中应有的责任。长谈之后,我发现她实在是一个有着多重性格、内心色彩很丰富的人。她的成功,既来自于女性的坚韧与细致,更来自于她的执著与严谨。这个毕业于大连理工大学、21岁就来到天津港的张家口女孩,经过二十多年的风吹雨打,朴实未改,执著依旧,她说她热爱她的专业,更热爱这份工作，她与天津港有一份化不开的浓浓的缘分。

2007年是张丽丽生命中意义非凡的一段岁月。一方面，我国规划面积最大的保税港区——天津东疆港保税港区必须在年底前实现首期4万平方公里的封关运作，而作为这场战役的总指挥，她所面临的是一场严峻的“生死决战”。另一方面，她唯一的儿子要参加高考，这也是儿子人生中的一场“生死决战”。在“总指挥”和“妈妈”之间，她别无选择地选择了前者。只是在高考的第一天，实在忍不住那份母爱，她和丈夫一起送儿子到考场，看着儿子一步步走进校门，然后回过头冲父母摆摆手，说：“别送了，再见！”一瞬间，张丽丽忽然感到内心一热，又不无伤感。那是一种孩子真的大了，翅膀硬了，要放单飞的感觉……说到这，她动了情，眼眶有些湿润。儿子的身影还没消失，单位的电话就响了，她立刻赶回工程指挥部，把母亲的角色封存起来，依然是上万名建设者眼中的那个雷厉风行的女指挥。

东疆港区实现首期4万平方公里的封关运作，仅用了20个月就完成了原计划3年完成的工程，创造了我国港口建设的一大奇迹。在这20个月里，他们要建筑3.2万平方米的联检服务中心大楼、全长11公里的主干道、6个10万吨级集装箱码头、总占地40万平方米的物流仓库、集装箱堆站以及卡口围网等配套设施，并且达到路通、水通、电通等等。而这一切的基础是在一片几年前还是汪洋大海、经过吹填造陆之后形成泥沼、之前还是荒芜之地的人造半岛上。

这一年的6月，海关总署领导到东疆港保税区视察，当时由于港区条件太差，只能让这些领导站在船上远眺东疆，听天津港人颇有“画饼充饥”嫌疑地介绍说：这儿，将是一片现代化的码头。那儿，将是3万平方米的联检大楼。还有那儿，将是40万平方米的现代化物流仓库……望着分明还是一片空旷的滩涂，这样的“美丽图画”听起来更像是一个梦。然而，就在几个月之后，2007年12月11日，梦想真的变成了现实，踏上东疆港实实在在的土地，望着达到验收标准的所有设施和建筑，来自北京、天津由国家九部门组成的国务院联合验收小组的领导们不由得动情了，海关总署的领导说：“我参加保税港区验收这么多年，东疆保税港区是建设条件最恶劣、建设速度最快、建设标准最高的，你们能用这么短的时间，在这样的条件下，建设出如此高标准的设施，不能不说是一个奇迹！”

在这个欢庆胜利的时刻，作为工程总指挥的张丽丽脱下了人们在现场熟悉的军大衣和厚厚的帽子，举起酒杯，和她的战友们以及上万名建设大军的代表们一饮而尽。许多在风雨中摸爬滚打一起扛过来的男子汉们眼圈都红了，张丽丽的泪水禁不住也夺眶而出……

"你儿子后来考得怎么样？"

"还不错，考上了一所本市不错的大学，现在读大二了。"

从总指挥到母亲，我把她的思绪拽了回来。这时，午后的阳光正透过玻璃窗照在她的脸上，我从她镜片后面的目光中读出了她内心的自信。是谁说过，只有自信的女人才是美的。对于张丽丽来说，虽然她在事业上取得了令人瞩目的成就，其实她是一个内心很单纯的人。她好胜心强，不怕吃苦，渴望成功，追求完美，有很强的责任感。但她却绝不是我们过去印象中的那种老黄牛式的劳模形象，更不是一些影视作品中把男人呼来喝去的女强人。第一，她是现代女性，有知识，懂技术，业务能力强，并且走南闯北见过世面。第二，她非常清楚自己在工作和家庭中的不同角色。除了面对工作，她都是相当女性的，对儿子，对丈夫，对父母……她都尽量做得好一些，就算是分身无术，至少在她的愿望中她是一个好母亲和好妻子、好女儿。

访谈录

张　星　**读大学时，你喜欢港口工程这个专业吗？**

张丽丽　我特别喜欢学理工科，高考时我对这个专业倒不是特别清楚。一般会认为医生和老师是比较适合女孩子学的专业，但是我清楚不适合我。我选的是理工科。我的家乡张家口没有海，学这个专业，是老师推荐的，将来就有可能到一个看得见大海的地方工作。

张　星　**你喜欢大海？那你就应该是一个性情比较浪漫的人。**

张丽丽　我浪漫吗？我不知道。上大学时我是早上到的大连，报到完了之后，放下书包和行李，我就和与我一起报到的同学说：我们去看海吧！我们俩当天就到海边去看海了。看到梦中的大海,还是挺震撼的,那种壮阔,还有那种……挺壮美的。

张　星　**那年你多大?**

张丽丽　我17岁。

张　星　**才17岁。对你的影响一定相当大。但是你没有想到,学这个专业之后,你会遇到这么艰苦的一个工程?**

张丽丽　怎么说呢,工程都是艰苦的。从我参加工作开始,我都很认真地对待任何一项工作,都是一点一滴这样走过来的。至于东疆港区这个工程,我觉得它很具有挑战性,虽然压力特别大,但很适合我。

张　星　**你大学毕业时才21岁,你刚来的时候有什么感觉?**

张丽丽　实事求是地讲,当时的天津港不是大家都热衷的一个地方,因为它的自然条件不是很好。条件比较艰苦,塘沽离市区比较远,也不现代化。但我分来之后感觉到,天津港这个氛围特别好,人文环境特别好,大都是来自不同的地方,是一个小的移民企业。领导也特别民主,只要你肯努力工作。他就会给你机会施展。我觉得我和天津港挺有缘的,真的!

张　星　**你在家行几?**

张丽丽　我在家是老小。上面有两个姐姐。我记得小时候,我们家的墙上都贴满了我母亲的奖状,她当过各种各样的劳模。母亲给我很强烈的一个感觉就是:工作很重要!我从小学习一直不错,尤其是到了初二以后,这时我突然就有了一种责任感,开始主动地学习起来。那时候我放了学不回家,打扫完教室就和几个女同学留在教室继续学习。回家吃完饭我再开始自学,当时有一套上海出的自学丛书,父亲托人给我买了一套。我记得那是很冷的一天,父亲回来说把书给我买到了。于是我把那套书上的数理化全都从头到尾做了一遍，真的是发自内心地喜欢学习。重点高中很难考，但我顺利地考上了，因为离家比较远我就住校了，那年我才15岁。15岁的女孩子，第一次离开家独自生活，心灵上还是有许多的不适应，那种情感的转变是挺难的一件事。但后来上大学我就比较适应了。大学4年里的春夏秋冬，我就一个人拎着包这么倒车回家、再回学校，独立能力就是这么练出来的。

张　星　**看得出，你是一个处处要强的人。**

张丽丽　也许是吧。1993至1994年我曾被公派到挪威进修了一年港口和海岸工程。当时有一个BFT公派留学的英语考试。我们当年学的英语都是那种只重读和写的“哑巴英语”，所以口语和听力都不行。出国前去读英语强化班，有一次考试我自以为听懂了，还编了个故事，并按着我编的故事往填空里填。后来和一个英语特棒的同学一对，我填的全是错的，一个都不对。这件事对我打击特别大，哎哟，真的特痛苦，于是就开始痛下功夫，晚上不熄灯都不回宿舍。等到进修结束的时候，我的口语考试几乎是满分，而笔答成了那一拨学员中最高分……当时面临的问题是我要出国一年，而我的儿子那时候还很小，才4岁。但我母亲对我说：你走吧。我给你带孩子。其实母亲的身体很不好。有一件事，我回来后听了心中也是酸溜溜的，我走后，我儿子经常是从这个亲戚家接到那个亲戚家，有一天正好路过我们家，他坐在亲戚的自行车上央求道：让我回我们家看一眼，就看一眼行吗？

张　星　**弄得孩子无家可归，但那一年的学习你的收获一定很大？**

张丽丽　那一年对我来说，是一个质的飞跃。

张　星　**那么上边是怎么把东疆港区建设总指挥这么重的担子交给你呢？**

张丽丽　这也是好多人想知道的。1996年我到了中层岗位，也是比较年轻的女中层，在我这个系统里是唯一的女性。但在工作中我并没有感觉到性别的不同，只是要达到工作的要求。我们都是从事技术管理工作的，要论体力我肯定不如男的，也没必要逞强。但做技术工作，我全身心地用心去做，大家都说我协调能力强，有什么事都愿意来找我。这既是对我工作能力的培养，也是对我性格和作风的培养。从1998年起，我们干了许多工程，从来没有拖期的，这让我自信心大增。

张　星　**选一个女性来做这么艰巨工程的总指挥，也是一个大胆的决定。你知道它的分量吗？**

张丽丽　在这之前我已经干过那么多工程了，在我的记录里没有失败这个词。东疆港区这个工程是一个最具挑战性的工程，开始，我要做到心里有谱，就是搞清楚什么叫封关运作？我先跟领导谈，我如果干完了这样几件事，是不是就叫封关运作了？路通、水通、电通、燃气通、网络通、楼起来，仓库起来，围网起来……好。我就开始排网络计划，因为有若干个公司在干，你这个公司排这个，你那家公司排那个，然后再总体地排，这时候就发现，各家是有矛盾的，各家还有空白地。我们就要综合地看一下，谁必须先干，谁只能最后再干。

张　星　**我觉得你好像在组织一个队伍共同创作一幅巨大的图画，谁在什么地方画山，画树，画河流，画云彩，画飞鸟……然后哪里还有空白点，最后一笔由谁来完成……**

张丽丽　其中还有交叉的地方，经过来来回回地排，网络比较合理了。敲定了，那么就监督执行了。我们的网络精细到你要在具体哪一天完成，没有什么弹性的时间。从理论上虽然比较合理，但执行起来还会遇到许多困难，所以每天的进度都要及时地掌控。以往我们做工程，过去你基层上来的问题，我24小时、48小时之内给你解决了，就是一个很好的服务了。现在不行，我们不能坐在那等你有问题再解决，而是主动地去看哪儿会有问题，提前发出预告和措施。

张　星　我从资料上看，盖仓库要封盖的时候，转天要刮大风，你们逼他们连夜抢工。一个公司的头跟你们急了，说他家里有宝马有别墅，他不为钱，再这么逼他就不干了。是吗？

张丽丽　他们是一家外地的公司，像这种工作强度，是他们过去没干过的，开始不太理解，后来他们认识到这个工程必须这么干，我们的干法也感动了他们。事实证明我们的决策是对的，他们还感谢了我们。也就是在最后这一个月，每天的工程量开始大幅度锐减，完成一个少一个，开始看出模样来了。

张　星　听说刚开始的时候现场条件极差，连厕所都没有，你为了上现场，连水都不喝？

张丽丽　那算不了什么，只是暂时的。其实我们干的时候并没有意识到这个工程是多么的艰难，而真正干完了之后，回过头来再看，我还真有点后怕。就像红军走雪山草地，走的时候只知道很难很苦，但具体难到什么程度谁也不知道，只有走下来了才知道。

张　星　完工的时候大家都很激动吧？

张丽丽　我们开总结会的时候，许多大小伙子都哽咽着说不下去，最后都泣不成声了。大楼的验收会我参加了，我也讲了一段话，提前准备的时候我还提醒自己，千万别没出息。可是我讲着、讲着也讲不下去了，真的讲不下去了。大家都经历了很不容易的一段日子。大家是一起扛过来的！

（采访时说到这时，她的眼圈红了，一种晶莹在眼眶内闪烁着，以她的性格当然要控制着。虽然面对着我，但我能感觉到她的思绪又回到了一年多前的那个激情澎湃的时刻，仿佛那一切又历历在目。）

张　星　作为女指挥，你觉得优势多还是劣势多？

张丽丽　选女同志干这个工程有两个优势：一是，如果我干了，人家就会说，女同志都干了，你好意思完不成吗。二是，我做协调，我说的那些话，如果是男同志说了，两个人可能就打起来了，而我说了，他就是不愿意但也得忍着。后来我听说有些人开始对我也很有意见，嫌我老是这样压他们。有一天下大雾，岛上(东疆港工地)三面环海，一片苍茫，什么也看不见。严格来说，那样的能见度都不可以行车了，但他们没想到那天我去现场了。那位男同志说，那一刻他终于理解我了。从不打不相识，到打出交情来，打出感情来了。

张　星　**听说验收那天你太激动了，是不是喝多了，真想象不出，威严的女指挥喝多了是什么表现?**

张丽丽　不能说。还是保留一点神秘吧。

英格丽·张

你的形象价值百万

英格丽·张：商务形象设计与人格心理咨询师。1983 年毕业于天津大学自动化系，获工程学士学位。1989 年获天津大学人文系历史学硕士。1991 年获美国辛辛那提大学城市规划硕士，之后在加拿大获环境工程硕士学位。2003 年 9 月进入英国伦敦大学心理学系。目前就读于世界著名的英国星象学研究院，是该院唯一的华裔专家。著有《你的形象价值百万》、《星相与成功》等。

印象：会“巫术”的百变女郎

英格丽•张有着一张极其独特的面孔，并且是一张会“变”的面孔。她印在其著作《你的形象价值百万》封面上的是一张充满威严、老练、深刻，甚至有几分男性化的面孔。在全黑的底色上，身着白衬衣的她有如法官般的正襟威严，不苟言笑，目光深邃而冷静，抿紧的双唇显示着她的理性人生。而出现在她的另一本书《星相与成功》的封面上时，这个有着古怪姓名的女人又变幻成另一副模样：幽深、遥远、柔和又朦胧的目光，紧闭却微含笑意的唇形，胸前巨大而怪异的项链，使她浑身上下弥漫着一种无言的深奥与神秘气息……

2005年6月9日中午，当她携着夏季突如其来的狂风暴雨与我相见时，我看到的却是一副与那些印在封面上皆然不同的面孔，这是一张充满感性、令人觉得亲切的女人的面孔，和善、超然而充满自信。唯一不变的是她那永远高挺的鼻梁和瀑布般垂下、染成金色的一头长长的卷发。

我对这样的女人充满好奇，更对这次采访充满了渴望。

英格丽•张的奇特并不仅仅是她有着这样一张善变的面孔和这样一个中西合璧的名字，而是她横跨欧、美、亚三大洲的学历和从自然科学到人文科学的闪电式转变，这样的人物实在是太少见了。一个从少女时代走进天津大学的女孩，经过二十几年的历练，从中国到美国、到加拿大，再到英国，竟然一个人不仅获得了自动化工程学士、历史学硕士、城市建筑与规划硕士、环境工程硕士等诸多学位，还系统地接受了商业形象设计与管理、沟通心理学、人格分类、心理星相学甚至化妆、歌剧演唱等多方面的专业训练，不仅在西方的跨国公司工作过，还是伦敦星相学研究院里唯一的华裔专家……

那么，是什么原因使这样一个学习理工科的理性思维者一下子就跳入了心理学、商业形象甚至星象学这种全然不同的感性思维领域之中呢？

也许，这一切的转变皆与那次事故有关，她的车祸和丈夫的病危，人世间的不幸毫无预感地就这样降临了，那是一段极其黑暗和绝望的日子，刚刚从昏迷中苏醒的英格丽•张，带着严重的脑伤，又要照顾已经生命垂危的丈夫……那段可怕的岁月她究竟是怎样挺过来的，她不太愿意多讲。对这件她生命中至关重要的重头戏，她却尽量说得轻描淡写，如果不是我主动问起，她甚至不会提及。

她是我以往所接触过的女性中最独特的一个，自然科学的滋养，使她头脑理智而心性清明，对文学与艺术的热爱又使她有极高的灵性和悟性，多学科、多领域知识的积累，又使她能够目光深远、透过世俗的尘雾看到人生的真谛，加上她在辽阔的西北大地上少年时代经历的风雨，铺就了她品质中的勤奋和不怕吃苦的底色。看得出，她的身上具有一种一般女人，甚至一些男人都不具备的品质，那种坚韧不拔的精神、敢打敢拼的勇气和勤奋不息的耐力。在她辉煌成功的人生背后，我隐约看到了一条崎岖而险峻的山路，以及路上那浸着汗水、泪水甚至鲜血的足迹……

那天午后，雨越下越大，在风雨雷电的伴奏下，她低沉而带有金属般质地的嗓音一直没有停止，她说，在这样的天气里接受你们的采访很浪漫也很有诗意。通透的玻璃窗外，雨水织成巨大的雨帘，隔开了那个滚滚红尘的世界……而雨帘内，英格丽·张正为摄影而细心地描画自己，并换上了一件绣花的美丽纱衣。这使我不由得想起她在《你的形象价值百万》这本书中所写的话——

"这是一个两分钟的世界，你只有一分钟展示给人们你是谁，另一分钟让他们喜欢你。只有留给人们好的第一印象，你才能开始第二步。"

"形象并不是一个简单的穿衣、长相、发型、化妆的组合概念，而是一个综合的全面素质，一个外表与内在结合的、在流动中留下的印象。"

"无论你愿意与否，你都在留给别人一个关于你的形象的印象，这个印象在工作中影响着你的升迁，在商业上影响着你的交易，在生活中影响着你的人际关系和爱情关系，它无时无刻不在影响着你的自尊和自信，最终影响着你的幸福感……"

"优秀的形象比你的文凭更重要。"

那么，就让我们来听听英格丽·张是怎样谈自己，怎样谈人生，怎样谈一个人的形象与成功之间的奥秘吧——

访 谈 录

从高考尖子到天大的优秀生

张　星　**一个人如果选了一个不喜欢的事情他会很痛苦，对吗？**

英格丽·张　而且能一辈子痛苦！人生就是一环套一环的，第一步认为这是社会的要求，不能改了，套上了；第二步是扔不掉已经有的基础了，再套上；第三步……套得越来越深，很多人几乎被套了一辈子，活得特别遗憾。在遗憾中生活。你到最后一定会改变，我自己就是这样，我原本是学理工科的，天津大学的。

张　星　**你是什么时候开始觉得你不属于理工科的？**

英格丽·张　说真的，我是强行从理工科出来的，是因为我自己出了一次很大的事故(车祸)。对身体有很大的损伤，尤其是对大脑。现在我的头这个部位还是瘪进去的，这对我的理性思维是一种巨大的摧残。记忆力受损，原来我数学很好，事故之后记忆力糟得不得了。

张　星　**可你小时候学数理化的时候你喜欢它吗？**

英格丽·张　我喜欢。我数理化是最好的，但我也喜欢文学，我从8岁就开始读小说，读《青春之歌》等名著。我的高考成绩在我们青海省里非常高，我是天津大学那一届新生中在我们省里分数最高的。

张　星　**那你上了大学以后是不是也很喜欢这个专业？**

英格丽·张　那时候我们很多人在自己的人生选择上其实是非常混沌的，因为你没有机会去发现自己。没有选择的余地，你也不知道什么叫选择，大家都这样，社会并不强调一个人的个性有多重要。所以你就走下去，稀里糊涂地跟着大流走。然后就毕业了。在大学里，我的文体都特别好，小的时候我拉过二胡，又唱歌，同时我的体育又特别好，中学时只要是800米以上的比赛，我就没出过前三名。到了天大，我立即就被学校田径队招去了，我长跑，耐力特别好，也能吃苦。所以就造就了我性格中的勤奋，我觉得我是个特别勤奋的人。我自己就觉得，灵性的东西确实是我受了伤之后给“撞”开的。

张　星　**这也挺奇怪的啊！**

英格丽·张　一点也不奇怪。许多人都是由于一次重大的死亡事件活过来了以后改变了人生。你就肯定会重新认识人生，认识世界，胸怀一下子就博大了！什么东西就都放弃掉了，你过去迟迟不肯放弃掉的、紧紧抓住的、被绑在一条常规的道路上使你不能卓越的一切，当你无可奈何地放弃掉的时候，你前面的道路就一下子宽阔了，你可以重

▲ 张星采访英格丽·张(右二)

新选择了。

张　星　**如果你不出这事，你今天就可能是一个理工科的专家了。**

英格丽·张　我不出这事，我可以做我们公司在中国内地的CEO了。我的道路特别复杂，一个完全充满了背叛、困惑、瞎找，然后慢慢才寻找到属于自己的道路。又经历了一场死亡，终于发现，原来我适合干的是这个。可是那些东西，过去看不见，因为有太多东西阻挡我了，总是用世俗灌输给我们的观念去看，不能太出类拔萃，不能太出格，而我的性格中又是非常出格的人。

走出死亡的阴影，人生从此改变

张　星　**你的理工科这么优秀，就因为出了车祸就转为人文科学了，这个扭转的过程是怎样的？**

英格丽·张　这个过程是特别顺其自然的。我在一年之内不仅经历了我自己的生命危机，还有更惊心动魄的是老公的生命危机。从生命最黑暗、最脆弱的隧道穿过，走到生命的最底端。那时，我刚刚从死亡的边缘闯过来，又看着我老公在病床上3个月也差点就死掉，全身肌肉萎缩得只剩下皮包骨了。他是创造了医学奇迹的人。他患的是破伤风，医生当时也说没有救了，因为拖得时间太长了。这也特别巧，所有生命中的偶然事件都凑到一起了。

张　星　**你是怎么把这个心情调节过来的？**

英格丽·张　我就得去做事啊，看心理医生啊。因为受伤，你不能再像过去那样在大公司里做你曾经非常骄傲的工作，那种国际化的商业女人，过去建立起来的东西一下子全塌了。就得去咨询，去重新学习。我最大的特色就是喜欢学习，现在也是。我每年都要参加各种大师班的学习，所以我觉得，真的是学习改变一生。

张　星　**那你是怎样搞起形象设计的呢?**

英格丽·张　形象设计真是一个非常需要功底的学科,既需要理性,又需要心理学,还需要你的实践,还需要你的大公司的文化。这不是简单的剪剪发、化化妆就可以完成的。它是有价值的,社会价值和商业价值,这一系列的铺垫就是社会心理学。

张　星　**你还学过唱歌剧?**

英格丽·张　我还考过英国歌剧院,没考上。但是我敢考,人家能让我参加面试,就已经不容易了,我自己也觉得挺骄傲的。是因为我的歌剧老师是一个澳大利亚的女高音,说我这种音质太难得了,让我一定要去考,让我唱《图兰朵》,就把我的简历、试唱的录音寄去了,人家就通知我去面试,那年我都37岁了。

一个人形象与成功的关系

张　星　**你怎样看待一个人的成功?**

英格丽·张　一个人要是事业不成功的话,很难说他实现了其人生的价值,而事业特别成功的人,如果他没有发现自我内心的真正需要是什么,他的这些成功就都是悬浮在表面上的,迟早有一天会塌的。就像我自己的人生,其实原来就是悬浮在表面,没有自我,所有的成就都建立在社会和他人的认可上,一旦你这些成就没有了的时候,你再没有社会位置的时候,你就塌了。所以,我深深地体会到,一个人建立一个"我是谁?"的架构,建立得特别好,然后让我这个价值和社会融合在一起,这时候你特别坦然,你就和谐了。你内在和谐了,才能与社会和谐。有许多成功的人,他不一定能找到自我,只是用他创造的成就给自己戴了一个光环。

张　星　**可是这些人一旦离开这个光环,他就什么都不是了,甚至不知道该**

怎么生活了。

英格丽·张　是的，就像一场舞台演出结束后，一个人孤零零地站在那，当台下没有观众的时候，他就会陷入那种空荡的茫然中。人生重要的是，要知道自己是谁？你在社会上是个什么位置？在自己人生的长河中又是什么位置？我们又和宇宙是什么位置？才会对自己的价值有一个清醒的认识。

张　星　**一般人理解形象设计，认为只是一个人的外在形象，你的设计是怎样的？**

英格丽·张　外在的是表面形象，内在的是人格形象，而成功是一个人的系统工程，只有内外沟通，把这些知识运用到一个人的身上，符合一个人全方位的发展，他才能走向成功。其实形象设计是一个人一生的设计，天天都在设计，形象也随着你的位置在变。完全不是一个表面现象，是一个人自身对自己的性命的关怀。

张　星　**你是在帮助别人寻找心灵家园，是吗？**

英格丽·张　我做了这么多形象设计的工作，看起来好像是关于外表的工作，其实是帮助别人的心灵寻找到一个舒适的家园。找到以后，你就特别平稳，你就没有这么多躁动，忧郁和亢奋，都是情绪的两种极端。但是这些东西在每个人的身上都是存在的，如何把这些情绪协调好，建立一个和谐的人生，得从内在的改造开始。

张　星　**你怎么看待一个人的事业成功与其人生成功的关系？**

英格丽·张　我觉得，成功的人生与成功的事业不是一回事，成功的人生包括成功的事业，可成功的事业并不包括成功的人生。而有些人却把成功的事业当成了成功的人生，其实不是的。如果你处理不好人际关系、家庭关系，你就没有自我。成功的人生不应该是单一的，而是一种综合的结果。你说我要是没有受过理工科的这么严峻的训练，没有文学的积淀，没有我唱歌剧这样几乎专业化的训练，没有健康的体魄的话，只是单独的一盘小菜；可你要是什么都有的话，你这个人的知识就比较饱满。从我在天津大学本科毕业到现在22年了，这种雄厚的训练我感到特别的骄傲，特别的厚。

张　星　**除此之外还需要一种悟性。**

英格丽·张　对。很多生活的知识是靠感悟。我们很多人把精力放在处理事物上，而缺少感悟，所以我们总在生活中感悟一个事件，而不是只考虑这个事件对你的直接作用。其实好多恶性的事件都是特别好的一个学习的机会，它会让你学会对生活的感恩。

张　星　**只有懂得感恩的人才能悟出人生的真谛。**

英格丽·张　年轻的时候我不懂得感恩，总觉得我很坚强，遇到事情总觉得会过去的，也确实都过去了。到了一定程度的时候是要感悟世界，不要就事论事了，跳出来看一看，把它当成一个人生长河中的一个过程时，你就会发现其实人生很圆满。没有这种悲苦，没有挫折，你就不可能走向高峰。但是高峰也不是永久的，有了高峰立刻就要有低谷，这样的生活就很从容，你就会快乐地看待人生。这就是心理学给了我很多很多的知识，让我认识这些。都能认清楚了，对于死亡的认识也就清楚了，死亡每分钟都在发生，但是我们谁也逃避不掉，肉体的死亡、心灵的死亡、人际关系的死亡、事业的死亡等等，无时无刻不在发生。我觉得如果你能穿透了死亡，你就能特别从容地看待一切，你才突然发现还有一个宏伟的蓝图在前面，就不再会为一点点的利益而斤斤计较了。

张　星　**对天津感觉亲切吗？**

英格丽·张　回天津也是回家，上次他们介绍我，说我是英国的什么什么。实际上我一生中待的最长的地方就是天津。10年天津啊！我上的4年本科，又在天大上的研究生，读的历史。我老公也是天大的，他是数学系的。我毕业以后先留在天大团委工作，然后才出国的。我是西北8年，天津10年，伦敦8年，伦敦呢，看样子还会更长一些。

张　星　**你学这、学那，这么来回折腾，你的先生支持你吗？**

英格丽·张　支持！我先生是个很宽松的人，我这一生，如果没有我先生，我也不能走到今天。他是一个挺平和的人，非常西方化，只要你高兴，就去干你爱干的事。不管我去做什么他都开车送我，我那时候身体很糟糕，在加拿大的时候，我去上化妆课，上形象设计课，我老公都开车送我去。特别好！他是个东北人，我学化妆的时候，花钱买了很多化妆品，他从来不阻止我。

舒婷

永远是那株诗意的木棉

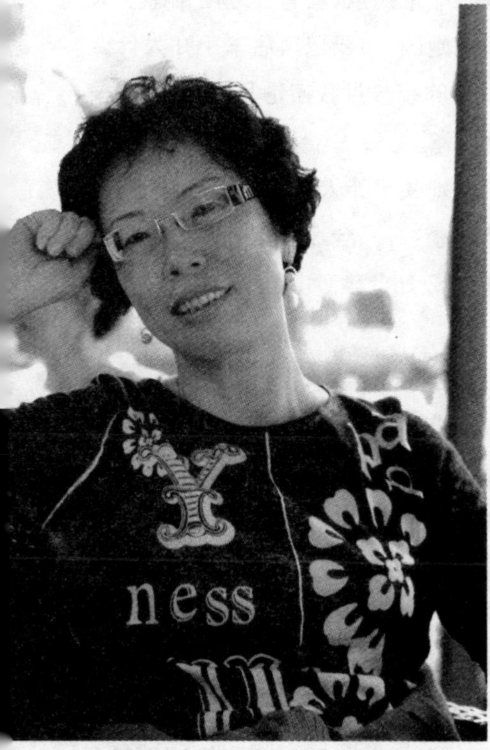

舒婷：1952年出生于福建龙海市石码镇，原名龚佩瑜，祖籍福建泉州。1969年下乡插队，1972年返城当工人，1979年开始发表诗歌作品，1980年至福建省文联工作，从事专业写作。主要著作有诗集《双桅船》、《会唱歌的鸢尾花》、《始祖鸟》等。散文集《心烟》、《真水无香》等。诗歌《双桅船》获全国首届新诗优秀诗集奖、1993年获庄重文文学奖；散文集《真水无香》获第六届华语文学传媒盛典“年度散文家”大奖。

印象：仍是那个“任性的小林妖”

2010年的金秋时节，一个偶然的机会，与舒婷不期而遇。

“如果我爱你——/绝不像攀援的凌霄花……我必须是你近旁的一株木棉/作为树的形象和你站在一起/根，紧握在地下/叶，相触在云里……”几乎是条件反射，见到她，诗句便脱口而出，舒婷的名字是和这首《致橡树》连在一起的，与舒婷相遇就等于与诗歌相遇，尽管她已经多年不再写诗了，但诗在诗人就在，优秀的诗人是永远不会“退役”的，真正的好诗将永远会拥有她的读者。

因为是在熟悉的朋友圈子里，我见到的舒婷非常随意，没有丝毫陌生感。只是她不接受采访，刚开始还答应可以任由我写对她的“印象记”，后来不知为什么又变卦了。临别前的那天早上，她甚至对我说，她昨夜梦见我还是写她了，劝我一定要放弃这个计划。见她一脸诚恳的样子，我投降了。

在当天与文学爱好者的座谈会上，当有人问她关于诗人自杀这个话题时，她开口就说：“我很抱歉，因为我到现在都还没有自杀……”全场立刻一片笑声。原以为，舒婷是安静的，矜持的，诗意的。没想到，她还如此幽默。与朋友在一起时，她活泼、直率，甚至调皮。

从来没有想到，女人的可爱，并不因为青春的丧失、年华的老去而顿消。相反，很少有女人如舒婷，和她在一起会让人忘掉年龄，忘掉相貌，感受的只有诗情，即使活到80岁，舒婷仍然是那株诗意盎然的木棉！

她是一位心思纤巧，敏感异常的女子。在餐桌上的言来语往中，她不用察言观色，即能洞察别人内心，放言大胆，调侃与直觉脱口而出，笑声中不得不叹服她过人的才思！

“自己是一个漩涡，还制造无数漩涡，谁也不明白她的魔法……聆听时不知是真是假，回味里莫辨是甜是辣……”这是舒婷1977年所写的《自画像》里的诗句，也是我当年非常喜欢的段落，如今得到了验证，30多年后的舒婷仍然是那个“任性的小林妖”。

回望我们的少女时代，舒婷的诗是我们那时爱情的标尺。如今见到这位诗中的女子，感觉在她瘦削的身体里，真的“藏有一个重洋”，30年前是情感，30年后是人生。

“我情感的三角梅啊/你宁可生生灭灭/回到你风风雨雨的山坡/不要在花瓶上摇曳……然而，我的名字和我的信念/已经同时进入跑道/代表民族的某个单项纪录/我没有权利休息/生命的冲刺/没有终点，只有速度……”——舒婷《会唱歌的鸢尾花》

既然你已经代表民族的某个单项纪录，你便没有权利拒绝采访，拒绝写你！

那是一个时代的心灵共鸣

舒婷平生遇到最尴尬的事，就是几乎每一个见到她的人，都说是读着她的诗长大的，甚至一些年长于她很多岁的老者也这样说。还有一些官员，也会张嘴背上几句《致橡树》中的诗句。舒婷的诗成了一个时代的地颜色、地标和旋律，几乎所有的人，都曾经从它的身旁走过。但是谁会想到，在那样一个时代，一个以诗歌为生命的女子，诗歌给她带来的并非诗情画意，而是异常的沉重和压抑。从1981年发表《会唱歌的鸢尾花》之后，三年，舒婷完全沉默。

是的，为一句话而沉默，为“不背叛而沉默”，都需要“汲取一生的全部勇气”，有时候需要的是冒着生命危险追求真理、追求艺术、追求正常生活权利（也包括爱情）的勇气；有时候则是需要纯洁自己、蔑视权威，荣辱毁誉之下为忠诚而“自甘寂寞”的勇气——这是1984年，舒婷再次拿起笔写出《以忧伤的明亮透彻沉默》中的句子。

也许，在许多人的概念中，写诗是一种奢侈的优雅，是寂寞的人为了打发无聊的时光而消磨出的句子，是女士们顾影自怜时低吟的心曲……

在舒婷那个时代，上世纪70年代末与80年代初，中国大地正处在黑白胶着的“灰色”时期，正处在“文革”疯狂之后，一部分人惊魂未定，或在黑暗中摸索企盼，一部分人已经掀开了改革开放大幕的一角，抢占制高点，争睹朦胧中的第一缕曙光。

冬天的坚冰虽已松动却还未融化，春天的脚步越来越近却依然寒冷。风，撕扯着干裸的树枝，嫩嫩的绿芽就在午夜时分，在风的撕扯中一点点露头了。

看着今日舒婷娇弱的身影，不时优雅地摇着纸扇，却不知她那柔软的双手也曾在农村抡过锄头，在建筑工地干过泥水匠和炉前工。听老师傅述说生计的艰难，和粗鲁的青工开玩笑，在汗水溅下滋滋响的水泥预制场上操过铁锹，撑过震动器……

她深知，任何最微小的成功，都包含着最大的努力和积累。所以她才能在《祖国啊，我亲爱的祖国》中写出这样的句子："我是你河边上破旧的老水车/数百年来纺着疲惫的歌/我是你额头上熏黑的矿灯/照你在历史的隧洞里蜗行摸索/我是干瘪的稻穗，是失修的路基/是淤滩上的驳船/把纤绳深深/勒进你的肩膀/——祖国啊……"

现在的年轻人真的很难明白，为什么那时候，个人的情感不能由个人说了算？个人的命运更不能由个人掌握。那时的诗人，所经历的不是浪漫，是磨难；所承担的不仅是责任，也是使命；深入人心的不仅仅是诗句，而是一个时代的心灵共鸣……

还记得，在那个没有电脑、没有网络、出版业极不发达的年代，我们接触舒婷的诗几乎都是来自于民间，甚至来自于"地下"。那些诗句拨动着我们每一个人的心弦，只要有机会读到，便一定会一笔一画地抄到自己的本上。这样的手抄本诗集，当年有许多人都曾珍藏过。在物质极其匮乏的情况下，我们拥有的唯有真诚，唯有信念。而舒婷的诗，恰恰代表了这样的心声——"也许泪水流尽/土地更加肥沃/也许我们歌唱太阳/也被太阳歌唱着/也许肩上越是沉重/信念越是巍峨/也许为一切苦难疾呼/对个人的不幸只好沉默……"（舒婷《也许》）。不需要炒作，更不用谁忽悠，只要有舒婷的诗，便立刻洛阳纸贵。那是一个写诗与读诗都与金钱无关的年代，衡量的标准只有一个：真诚！

诗歌飘扬思想，散文敞开心扉

而今，物质极大地丰富，心灵却莫明地空虚，传媒疯狂地无孔不入，当谎言比真诚更风骚诱惑时，诗歌还在吗？诗人又去了哪里？

很多年里，舒婷似乎沉默着，作为诗人的舒婷渐渐淡出了人们的视线，她开

▲ 张星采访舒婷

始写散文了,《回答》、《秋天的情绪》、《陷于文学》、《心烟》……她最初的散文其实是从把有节奏的文字连接起来、不再分行开始的,读起来却仍然像诗一样朗朗上口,很有点泰戈尔《新月集》和《飞鸟集》中的句式。下乡插队之前,舒婷只读到初中二年级,为了强化自己的语文训练,她在农村劳动的缝隙里坚持每天学习5个生字。1984年,她在《以忧伤的明亮透彻沉默》中写道:"人人都知道的是,历史走到今天这个开阔地,并非唱着进行曲沿着大道笔直地走来的。那挥舞着花束挤在两旁如痴如醉的人群和披着花雨走在中间的人,都有自己痛苦的经验和久经锻炼的目光。他们能理解,沉默有时候是一种有效的发言。"

短暂的沉默之后,舒婷的散文越写越多,也起来越生活化。如果说,写诗的舒婷像旗帜,只飘扬思想,不暴露生活。那么,写散文的舒婷便是一个本完全打开的书,她敞开心扉,两小无猜般地讲述着自己的故事。把人们印象中那件诗神的外衣一件件脱去,还原为一个可亲可近的居家女人。这样做,多半是因为她做了妻子和母亲，有了停靠的港湾便有了心灵的安全感，她放松了，她落地了，她甩掉了曾让她亭亭玉立却需小心翼翼的高跟鞋，换上一双能和儿子撒欢快跑、能为老公煎炒烹炸的平底布履。

这种转变，应该说很自然，谁也不能因为曾经飘扬，就永远都得挂在旗杆上。舒婷是诗人，舒婷也是女人。有人不能容忍诗人的舒婷变成女人，变成在散文中婆婆妈妈、从猫狗鱼鸟的喜怒哀乐到花花草草的绿肥红瘦全都不厌其烦地细细道来，不能忍受诗人也食人间烟火，于是便痛心疾首地为之惋惜、感慨，一唱三叹。

那么，舒婷又怎么说呢？她在《以忧伤的明亮透彻沉默》中写道："我生长在一个破碎的家庭，虽然父母对我们的爱比他人有增无减，而且，外婆的手是多么温暖啊。妈妈从不当我们的面哭泣，这就是为什么，我童年的枕边，常有一条呜咽的小溪；直到小学五年级，我才知道胡同口捧着一手帕鸡蛋等我的人是我亲生爸爸……我是绝不愿意让我的儿子幼小心灵上有这么沉重的记忆。如果可能，我确实想做个贤妻良母……无论在感情上，生活中我都是一个普通女人，我从未想到要当什么作家、诗人，任何最轻量级的桂冠对我简单而又简单的思想都过于沉重。我不愿做盆花，做标本，做珍禽异兽，不愿在'悬崖上展览千年'……"

于是我们明白了，生长在鼓浪屿上的舒婷，原本就是一个天真烂漫的邻家女孩，如果不是在动荡的岁月里遭遇家庭变故和命运逼迫，她也许根本就不会走上诗人这条路。当她不得不下乡干农活，到建筑工地做临时工，好不容易返城之后，又一时找不到工作，正值青春年华的她不得不整天在海岸边徘徊——"从海岸到巉岩，多么寂寞我的影；从黄昏到夜阑，多么骄傲我的心！"不被社会接受，不被人们理解，处于冷窖之中，她感到了"沉沦的痛苦"……就这样，诗情开始在她的心底筑巢，苦闷、绝望、不平、愤怒……诗人舒婷就这样"诞生"了！她实在是想给自己的心灵寻找一个出口，实在是被残酷的命运逼成了一个诗人！尽管不得不做炉前工、讲解员和泥水匠，她却用诗句维护着自尊，用诗情滋润着敏感脆弱的心田。诗歌，是她用来在绝望中抗争的武器，也是她在痛楚时疗伤的解药，更是她在渴望爱情时的声声呼唤……

然而，当苦难过去，当幸福降临，她不再需要武器，也不再需要疗伤，本性中的小女儿态便立刻灵魂附体，舒婷，原本就是贤妻良母，骨子里最渴望的还是过一个女人正常的家庭生活。与其说她变了，不如说是她回归了。为了诗歌，真应该感谢那场不公的命运，否则作为诗人的舒婷也许从来就不曾存在过。

有品位会生活的性情中人

命运使她成为诗人，诗歌让她改变了命运。1980年，舒婷调到福建省文联从事专业创作，诗人的桂冠从此让她风光了之后的整个人生。从写诗到写散文，舒婷认为："通往心灵的道路是多种多样的，不仅仅是诗；一个具有正义感又富于同情心的人，总能找到他通往世界的出发点，不仅仅是诗；一切希望和绝望，一切辛酸和微笑，一切，都可以是诗，又不仅仅是诗。"

上世纪90年代末，应邀在德国生活写作一年之后的舒婷出版了散文集《柏林——一根不发光的羽毛》，字里行间依然可以找到诗歌的节奏和味道："一生中从未有这么多时间用来独自沉思默想。摒弃一切外界嘈杂，面对内心。轻轻摇晃自己，才发觉不知不觉中，你已经是一只贮存了许多零星往事的扑满，只待死亡来把它一下子摔破。"(《不发光的羽毛》)

2008年，舒婷以散文集《真水无香》获第六届华语文学"年度散文家"大奖。在回答人们关于散文的提问时她说："我的第一本散文集是《心烟》，1988年由上海文艺出版社出版，其中收进了1970年至1987年的散文随笔。可见我写散文也算老本行了。迄今为止，我的散文集有十来本了，版本与字数远远超过我的诗歌总量。可走来走去，人们还当我是诗人。今年全国政协会，我在北京逛商场，忽然听到两个售货员小姑娘交头接耳：十一届是什么会？舒婷？不就是《致橡树》吗？哎呀，这才发现我忘记取下会议卡了。所以我常开玩笑说，由于诗，我被当成一种专门分泌糖浆的植物。在那棵老橡树的阴影下，好多年来我都觉得呼吸困难……"

舒婷说得不错，她是一个性情中人，不会作秀也不愿意作秀。由于不肯接受采访，不肯上电视屏幕，更很少参加圈子里的活动，除了她的诗文之外，人们对她的了解便十分有限。许多做舒婷文章的人事实上根本没有见过她，而在我与她相处的几天里，我发现她是一个极有女人味的女子，穿衣配饰都有相当的品位，并且喜欢打趣别人，喜欢直来直去，从不拐弯抹角，哪里有了她，哪里就格外热闹，笑声不断。

在她即将离开的那个上午，座谈会结束之后，我们到她的房间里聊天，她为我们泡好了自己从家乡带来的“大红袍”，并颇有心得地讲喝茶的艺术，望着眼前的这个谈笑风生的女子，我忽然想起了她曾经写过的一件小事：一只金色的甲虫在窗玻璃上嗡嗡地呼救，她打开窗门，目送那虫儿冉冉飞往沸沸腾腾的桂花树。她说——愿所有对自由的向往，都有人关注。

这就是舒婷，无论她奉献给读者的文字是诗还是散文，是飘扬的思想还是真实的生活，都发自她的心灵，都是她从心灵流淌出来的真挚情感。在时代的丛林中，她永远都是那株令人难忘的美丽木棉！

赵玫

女性心灵的穿越

赵玫：1954年生于天津。满族。毕业于南开大学中文系，全国人大代表。天津市人大代表。天津市文学创作高级职称评审委员会评委，一级作家。享受国务院特殊津贴。1986年开始发表作品，迄今已出版《我们家族的女人》、《朗园》、《武则天》等小说、散文、剧本共计六百余万字。1993年获中国作家协会"庄重文文学奖"。1994年应美国政府邀请赴美参加"国际访问者计划"。1998年获全国首届鲁迅文学奖。2002年获天津市首届青年作家创作奖。

印象:女性心灵的穿越

赵玫是一个“场”,一种温柔的包裹。读她的文字时,你常常会被一种看不见的能量吸引着走进去,一种心灵的穿越。无论是她的散文还是小说,长文还是短句,赵玫就站在她的文字中,或沉静或忧伤,或激越或安宁,那是她独有的气息,长长的句式,有如诗歌般的一唱三叹。文字是平面的,可那文字中透出的情感和人物却是立体的,散发着诱人的魅惑力,使你仿佛置身于一间无形的3D电影厅,看她笔下的人物是在怎样地在那里长歌当哭!

从《以爱心以沉静》《我们家族的女人》《朗园》到《武则天》《高阳公主》《上官婉儿》再到《蝴蝶》《阮玲玉》《秋天死于冬季》《漫随流水》……从当代到古代,再从古代到现代,又从现代到当代,赵玫以情感、以智慧、以想象为方舟,穿越历史,穿越时空,穿越一个又一个女人的心灵,并放逐自己的灵魂与她们共舞,让那些如歌的过往,无尽无休的情感纠葛,荡气回肠的人生故事从她的笔端一部部流淌出来,汇成一条带有赵玫独特气息的文字之河。

我们这时代本来不是罗曼蒂克的。这是张爱玲的话,写于上世纪二三十年代,放到今天依然适用。金融危机,诚信危机,欲望无限度地膨胀,假话和假货一样地肆意横行,罗曼蒂克早已变成了无家可归的孤魂野鬼,找不到栖身的地方。

或许是从小到大读了太多西方文学的缘故,赵玫从骨子里具有一种与罗曼蒂克相通的气质,她用她的文字给罗曼蒂克找到了一个安静的家,鸟巢一样地高悬在树杈之间,借以编织那些女人故事,女人的梦想。密而绿的树叶在鸟巢周围低声吟唱,如同交响,那是流淌在许多女人心底一生不悔的爱之旋律。

读作家的作品,通常都会透过文字想象那个写字的人,赵玫文字中那种独有的优雅与忧伤便成为许多女性读者为之深深迷恋的地方。其实在现实生活中,赵玫是一个随意且随性的女子,爱便是爱,不爱也绝不勉强。她喜欢穿棉质而舒服的衣服,而不太在意是否名牌,她也喜欢逛街,喜欢有档次的化妆品,喜欢在优雅的环境里听一曲古典音乐。然而与物质的拥有相比,她更注重精神上的满足与情感上的丰富。到巴黎的左岸咖啡馆小坐,喝的不是咖啡,而是情调,是穿越时空与雨果、乔治·桑、纪德和萨特等法国文化精英们的精神约会,也许仅仅是女儿为她买来的一束玫瑰，便足以支撑她独自一人在波士顿的红房子里度过那最初的时光……

在女儿眼里，赵玫是一个很温暖也很坚强的母亲。在父母眼里，赵玫是一个性格倔强却相当孝顺的女儿。在朋友们的眼里，赵玫几乎成了一个平日里难得见面的“隐身人”。虽然她多次获得过包括鲁迅文学奖在内的各种文学奖项，并且肩负着全国人大代表等诸多社会职务与职责，但她还是把主要的精力全都投入到她的文学创作之中，整日里安心写作，很少在各种喧闹的聚会上露面，甚至圈子里的一些活动也很少能看到她的身影，出了新书也不见刻意炒作，她把自己完全隐藏在作品的幕后，像农人一样，安静本分地在文学的田野里辛勤耕作。难怪熟悉她的朋友说她是“劳动模范”。一点不错，如果把写作视为一种劳作的话，那么，赵玫是当仁不让的劳动模范。

赵玫是安静的，却也有不安静的时候，2008年汶川大地震发生后，她第一时间站出来捐款捐物，之后又冒着余震随中国作协慰问团赶赴灾区，回来后写出了《青山犹在》等一系列反映灾区现状和灾区人民不屈精神的散文随笔，字里行间充满了作家炽热的情感。

在与赵玫相识的十几年中，我曾多次采访过她。从1986年赵玫发表她的第一篇小说开始，20多年里，赵玫共出版了小说、散文、随笔等近60本书，七百多万字。字里行间不仅仅灌注了她炽热的激情、她青春的岁月，更记录了她生命走过的漫漫里程。到如今，写作之于赵玫，已经不再是一种工作或者谋生的手段，而是成为她生命的方式，也是生存的方式了。

记得那是2006年的春节期间，赵玫的长篇小说《秋天死于冬季》和随笔集《爱一次，或者，很多次》刚刚问世，再次引起了读者的浓厚兴趣。伴着节日里的鞭炮声，我和赵玫进行了一次深入的长谈，关于她的新书，她的写作，也关于女人，关于情感。

走进赵玫的家，便走进了赵玫的世界。她的书房充满了优雅的女性色彩，不仅仅有一整面墙的书柜，还有一幅巨大的侧身肖像油画，温暖柔和的色调，画中穿着白色吊带衣裙的赵玫宁静地坐在一把古旧的藤椅上，光洁的额头与挺拔的鼻梁间，她的目光是那样的沉静，仿佛在期待着什么……显然，这是赵玫当年的

▲ 赵玫(右)和舒婷、陈忠实在津南

身姿。仿佛是一种无言的交换，当作家的女人，只有交出你的青春与心血，才能换回你的作品。时光对于每一个女人都是如此的残酷，但已迈过知天命之年门槛的赵玫却没有遗憾，虽然她的书房里没有摆放她自己的书，但当她为我打出那长长的书单时，我仿佛看到了一个农人收获庄稼时的喜悦。

居家的赵玫是一身休闲的打扮，她端来亲手煮好的咖啡，我们的交谈便在弥漫的咖啡香气中展开。

我很想知道，在她用一百多万字讲述了唐朝女人的故事——出版了长篇小说《武则天》、《高阳公主》、《上官婉儿》，又马不停蹄地写出了电视连续剧《阮玲玉》之后，是什么样的诱惑吸引她又写出了《秋天死于冬季》等这样一些当代题材的长篇小说?

是的，诱惑。赵玫是一个时时被创作冲动诱惑着的女作家。她之所以曾经成为媒体的热炒对象，是因为她曾与电影导演张艺谋签约写作武则天。无疑那是一种强烈的诱惑，并不是因为那著名的导演，而是因为那著名的女人。在此之前，赵玫从未想到过自己的写作会与那个唐朝宫殿中惊心动魄的女皇有什么关联。她说，这对我是一个特别大的挑战，我这个人就是喜欢尝试新的东西。挑战当然也是一种诱惑，没想到的是，她不仅被武则天诱惑，更被高阳公主诱惑，然后是那个智慧多于美貌的上官婉儿……

有评论家撰文指出在赵玫的作品中，总是能感受到一种女性独特的优雅。她认为，一个女人有了知识才能优雅和高贵起来，比如上官婉儿，她诗书琴画，美丽聪慧，所以她尽管身为武则天的奴婢，依然是雍容华贵、仪态万千的。再比如英国作家伍尔芙和法国作家波伏瓦，在她们高贵的仪态背后是什么? 是她们杰出的思想和不懈的追求。

是的，写作一定是要有思想在里边的。这是赵玫的信念，也是她多年来在作品中孜孜以求的。她说，一个作家在市场面前，如何保持你的人文精神? 保持你的文学品质? 这是当今每一位作家都要面对的问题。作家不是演员，不应考虑镜头在哪，怎样作秀，而是要在作品里体现出有深度的思想。文学应该是对人生的一种诗意的探索。而写作本身就是一次寂寞之旅。《秋天死于冬季》对她来说是一部非常重要的长篇小说。描写了知识分子的命运，他们的历史和今天，“文革”和改革开放。有曲折的爱情，起伏的命运，更有形式上的尝试与创新。

2009年新出版的长篇小说《漫随流水》，以长达50万字的篇幅，进一步加大了这种思考的力度，以四十年的尘埃岁月为苍茫而悠长的生活背景，上演了女主人公“不得不经历”的种种人生悲喜剧，也由此获得了反思人性、拷问灵魂的人文深度。往事无法遗忘，而随着流年似水越发的刻骨铭心。

“这也是一次温故知新的历程。”赵玫如是说。

为了写作，赵玫的阅读量相当惊人。在当今浮躁的文坛中，她是难得能够沉下心来踏踏实实写作的人。她不仅写出了大量的文学作品，还安静地、心无旁骛地读了大量的书籍，写出了大量充满思辨色彩的书评。无论外界是如何的嘈杂，物欲横流，她永远是一个远离喧哗，能坐下来安心读书与写作的女人。

赵玫执著于自己的信念而不去迎合别人，同时她又是一个时刻被激情鼓动着的作家。她的写作，经常是处在一种激情饱满、长歌当哭的状态中。

通常赵玫是被文学界认为具有“先锋姿态”的作家，而事实上，作为女人的赵玫，她独特的生存体验给了她太多的情感和执著于这种情感的思考，在世俗眼里甚至是有些叛逆、偏执和疯狂的，她任凭激情把自己淹没而义无反顾。于是，她从女性的角度进入写作，又受了那么多西方现代文学流派和作家的影响，伍尔芙、杜拉、波伏瓦……这些未曾谋面的西方女作家们早已深入骨髓地浸入到她的灵魂中。她与她们神交已久，心魂相印，甚至语言的节奏都与众不同。于是就形成了她作品中独特的“赵玫式思维”和“赵玫式短句”。

对作家而言，面对面的交谈远不如读她的作品对她了解得更深更细，无论是小说还是散文。正如她自己所说“散文之于我，是有着切肤感觉的一种文体，散文需要一种特殊的浓郁色调，像血”；“我喜欢我小说中所创作的所有女性，无论是历史的还是当代的。在书写着她们每一个人的时候我都满怀深情，力透纸背。我会在她们身上打上我自己的深深烙印。她们是因我而存在的，或者我因她们而存在。总之是我塑造了她们，所以我和她们中的任何一位都会心心相印，灵肉相依……”

访谈录

张 星 **人都说，作家的第一篇小说写的都是自己，可你好像不是？**

赵 玫 我的第一篇小说是发表在1986年《上海文学》上的中篇《河东寨》，写了一个海边渔村的故事。对于大海我总是满怀激情。因为原来在秦皇岛工作的父母就是从海边来到天津的。大学期间在北戴河我第一次见到了海，也看到了那种北方的渔村。大海就激发了我的许多灵感。我后来的许多作品都与大海有关。我就觉得那种大海的意象，在城市的生活中是找不到的。

张 星 **难道城市不能激发你的灵感吗?**

赵 玫 我这个人天生有一种乡村情结。父亲在参加革命之前曾在农村生活,“文革”中我又被送回老家很长时间。我虽然没有上山下乡,但对农村的生活却一点也不陌生。尤其是乡下的奶奶对我的影响,她讲的那些奇妙的乡村故事给我留下的印象太深了。那时候我经常下地干农活,真是日出而作,日落而归,所以至今看到那种清晨的薄雾、庄户的炊烟都会让我特别激动。所以我是一个特别有农村情结的人,甚至出国的时候都不会改变。记得1994年我去美国,当翻译看到我选择的访问路线时禁不住说,你这个人真是有乡村情结。那些繁华的城市、热闹的地方,比如拉斯维加斯什么的,我都不去。最后我为自己选定的路线是沿着密西西比河一直向南,直到新奥尔良,途中所看到的尽是农庄,棉花地,黑人的劳作,无尽的田园风光。

张 星 **你刚才说了,从小受到你奶奶的很深的影响,这在你的长篇小说《我们家族的女人》中已经很生动地刻画出来,还有别的影响吗?**

赵 玫 还有剧院。我父母工作的地方。我从小在舞台、布景和后台边长大,看过剧院排演的各种戏剧,尤其是父亲导演的《红色工会》、《钗头凤》、《唐明皇》等等,在这样的环境中长大是不能不受影响的。

张 星 **你从事写作二十多年,你觉得对你最重要的作品是什么?**

赵 玫 我至今依然喜欢《我们家族的女人》,后来的《朗园》也很重要。因为加入了“布老虎丛书”,《朗园》的发行量达到了四五十万册,很多读者就是通过这本书认识我的。唐朝三部曲的《武则天》是命题之作。当初如果没有张艺谋要拍《武则天》,我也不会想到要写历史小说。这是一个很大的挑战,因为此前我从未涉及过历史小说。不过我这个人喜欢尝试新的东西。《女皇武则天》的写作前后历时四年,总计40万字,写得十分艰苦。但那也是一次激情澎湃的写作,因为我是在用我的方式诠释这位中国历史中最伟大的女人。《高阳公主》的写作是出于激情。我是在研究武则天资料的时候，认识这位敢爱敢恨的大唐公主的。但这个令我激动不已的故事一直搁置心中，不曾动笔。其间我完成了与“布老虎”签约的《朗园》，不久又去美国访问，回来后写了获得全国首届鲁迅文学奖的访美散文集《从这里到永恒》，然后才是《高阳公主》。那些让我激动的题材不一定马上去写。我希望在我写作的过程中，始终有一个新的、我自己想写的，并且令我激动的题材在前面等着我。这样你就会有了一种期待，一个目标，就高高地悬在那里，充满诱惑地等待着你。

张　星　**你是怎样用不同的心态来讲述这三个同朝代女人的命运的？**

赵　玫　你永远不可能以同样的姿态趟过同一条河。任何写作状态对我来说都是一次性的。你写这部小说的时候是这种状态，写另一部的时候又是另一种状态，这跟你当时的心情，甚至生存的状态密切相关。所以，这三部小说虽然都是历史小说，也都是我一个人写的，但风格上却不会完全一样。所以有一些人认为《上官婉儿》最为深刻。包括一些官居高位的女人，都想找到这本书来看。她们希望在这个历史故事中，看到女人在权力争斗中是怎样生存的。这三部历史小说前后写作了整整十年，十年来我的年龄在变，心情也自然不一样。

张　星　**历时十年钻进历史的故纸堆中，这样的写作是不是很累？**

赵　玫　相对来说，《上官婉儿》写得最为疲劳。那时候完全是手写，就记得每天趴在桌前，不停地写啊写啊。我现在总说我的手腕在疼痛，也许就是写字累的。

张　星　**所以说写作这件事，为什么许多人写不成功，先不说才华怎么样，至少这是一件很辛苦的事。**

赵　玫　是一个累活，尤其长篇写作简直就是工程。一般人认为写作是用脑子，当然，肯定得用脑子，但同时也要消耗体力。就像乐队的指挥一样，在协调各个声部的时候，他的身体也在运动。有时候我写着写着，就会觉得颌骨咬得很紧，特别僵硬，其实那是在写作的过程中不由自主地在使劲。想象一下，一部40万字的小说，写一遍，改一遍，加起来就是80万字。这是多大的体力劳动，每次写完都是厚厚的一摞纸。一千多页，密密麻麻的汉字……直到今天，我所有作品的第一遍稿都是手写的，包括这本《秋天死于冬季》。对我来说，第一遍一定要手写，才会思维顺畅，文字感性。已经习惯手写，很难改变了。一些评论家认为我的作品有思想，甚至有一些哲学的味道，但同时我的语言又是很感性、很美的那种，优雅而又诗意的。其实这就是我这么多年所追求的，在写作中将理性和感性完美地融合在一起。能形成今天这样的写作风格，我其实还是很满意的，不想让冷冰冰的电脑程序破坏它。

张　星　**你写第一遍的时候你不去雕琢它？**

▲ 张星和赵玫(右)及女儿在阿姆斯特丹

赵 玫 只是自然地写下来，不用字斟句酌，只要把你想说的用文字表述出来就行了。现在第二遍用电脑打，中间会有很多改动。这样又增加了第三道工序，那就是要从头到尾再斟酌一遍。这时候就会掂量字、词、句用得是不是恰当，是否可以换一个更贴切的？其实这种推敲的过程，也就是让语言不断优雅完美起来的过程。

张 星 **我觉得，你最新的这两部书《秋天死于冬季》和《爱一次，或者，很多次》与现实生活有距离，没有那种世俗的锅碗瓢盆和家长里短，通篇都是从情感到情感，而事实上，任何一个人都不可能只有情感生活，一定还有其他的生活层面？**

赵 玫 我的小说更多地停留在精神层面。我觉得只有在这个层面上，才能更深刻地探讨人性。人性一直是我的主题。但是我也有其他类型的作品啊，譬如《分享女儿分享爱》，完全是母亲与女儿之间的一种很单纯的感情。还有专门为中学生写的散文集《门口的鲜花》和专门为小学生写的长篇小说《超低空飞翔》。在我的作品中，这种类型化是十分严格的。为孩子们写书就是为孩子们写书，而在探讨成人情感生活的作品中，如果一味“单纯”，就会妨碍你向深处探讨。

张 星 **你是人大代表，还有很多行政上的工作，你怎么转换这种身份呢？**

赵 玫 我会更多地站在文化的角度去考虑履行人大代表的职责。比如目前的这种泛文化，比如传媒、网络等等，这些当然是老百姓所需要的，但当社会前进的时候，如果缺少了人文精神，精英文化，我觉得这个社会也还是不平衡的。一个社会的进步一定要有思想在里边，要有高层次的精神产品来引导整个社会的文明和进步。古今中外历朝历代都有这样的思想家和文化精英。譬如我们的老祖宗孔子。譬如五四时期新文化运动的旗手鲁迅。他们都以他们的思想推动了整个文明的进程。总之这种泛文化很可怕，并且很媚俗。

张　星　**你觉得现在中国的文学界处于一种什么状态？**

赵　玫　处于一种极度多元的状态。现在全世界都在说，多元才是真正的主流。我觉得这样固然很好，但就整个文学的发展来说，多元可以是主流，但却绝不是进步。中国文学曾不断进步，比如新文化运动对白话文的推广，就改变整个民族语言的格局。但是现在的这种多元没有进步。多元和进步应该是两个概念。为什么我总是想用新的方式写小说呢，就是想寻找一种原创性的进步。包括前一段纪念斯特林堡时那些诺贝尔文学奖的评委到中国来，他们所强调的诺贝尔奖的一个重要的概念，就是要有原创性的东西，而不是模仿。比如我喜欢的那个法国新小说派作家克罗多·西蒙，他对文学的重要贡献就是，他用文字重新解释了时间与空间的关系。他会在叙述中把一个瞬间发生的事情无限地延长，或者把一种无限的东西变成瞬间。所以有时候文学也会改变哲学，也就是改变了人的那个形而上的世界。总之必须要有很新的东西。所以这位克罗多·西蒙才会成为诺贝尔文学奖的得主。

张　星　**在当前的市场经济面前，出版界几乎是被动地跟着电视跑，你怎么看？**

赵　玫　一个作家在市场面前，如何保持你的人文精神？如果你往下就合，也行，一定还会很畅销。但是你作为社会的知识分子，你的那一份人文的良心又在哪里呢？所以在飞速发展的物质社会中，思想的进步就显得尤为重要。一个社会，如果没有了思想的动力是非常可怕的。

张　星　**你过得这么安静，在一个相对单纯的世界，那么你写作的那些激情是从哪来的？**

赵　玫　激情来自知识，来自思想。只要一个人没有丧失思考的能力，激情就应该永远存在。

附：

让欲望的羽毛在空中舞蹈

你曾经爱过，或者恨过，撕心裂肺，刻骨铭心。你知道那是缘于一种欲望，埋藏在你的心灵深处。也许你从不敢去随意触碰，因为你知道那深藏的欲望是野火烧不尽的生命之草，是长在你身上，与生命相关的片片羽毛。有时它更像毒品，无止无休地纠缠在你的灵魂里。男人和女人，爱或者性，这是人类永恒的主题，也是人类欲望最原始的动力。那么，还有哪一位作家能够像赵玫这样，优雅却又是残忍地从你的身上一根根地拔下那欲望的羽毛，然后将它们抛向空中。于是你看到了那些舞着的欲望之羽，羽根上还带着丝丝血色，那是你心底的眼泪。但是你没有想到，这欲望之羽在赵玫的笔下开始疯长，并且狂舞，变幻着花样，竟然不可思议地长成了一棵欲望之树——这就是女作家赵玫新出版的一本有些奇异的书：《欲望旅程》。

这是一本区别于作者以往任何一部作品的全新的写作尝试，是一本写给成年人的书。作者对于男人与女人、爱情与欲望的诠释，与我们所见到过的其他作品不同，既充满了炽热的激情，又沉淀着痛苦的思考。是体验之后、思考之后用心灵的汁液酿成的文字。爱或者不爱，充满了男女之间的和谐与隔离，相互的忠诚与背叛，一切都缘于爱的或者性的欲望。赵玫说："爱除了变得诗化变得带上了崇高的色彩，爱还会转化为疯狂的性爱。性爱才是吸引着诱惑着男人女人的那个最本质的行为，因它不单单是证明着爱，同时也会给予相爱的人们真正的欢乐。"

"女人要的是什么样的男人？""疯狂的欲望起于最初的爱"；"明处的和暗处的女人，还有，说谎的男人"；"性别的新时代"；"不安分的日子"等等，这些都是赵玫书中谈论的话题。也许有人会由此联想到某些"另类"新手们的"另类"小说，那些对个人性经历肆无忌惮地渲染和描写，对社会道德所有禁忌的猖狂反叛，以为赵玫也不过是她们其中之一罢了。但是，当你真正地走进《欲望旅程》的字里行间便会发现，你的阅读获得了另一种满足，另一种愉悦，甚至是另一种升华。这是一个成熟女性走过了不惑人生，对两性间的关系有了深层次的体验与感悟之后，从生命中提炼出来的故事。不仅仅是一种生活方式，感情方式，也是一种新的思维方式。既成熟着，又“另类”着，是一种站在成年人的立场上，对男人与女人之间的忠诚与背叛、亲爱与仇恨种种微妙关系的哲学思考。她给予了美丽的文字，真实的故事和大胆的剖白。她在《疯狂的欲望起于最初的爱》中写道：“……女人为沉睡在她身上的那个男人骄傲。他至少携了她一道去赴了那个巅峰。那是个惊心动魄将体力心力耗尽的过程。他们以为他们在那一刻真的就要死去。紧接着到来的是空白。茫茫的一片。是生死不明的宁静。女人想，那真是一种欲望的境界。超越了一切的。”

应《大家》杂志社之约，赵玫开始为其新开辟的一种跨文体写作“凹凸文本”进行一种新的创作尝试，以个体的经验和他们的故事，多角度、多层面地诉说爱恨情仇的话题，探讨了男人和女人在性别关系中所遭逢的种种文化的精神的制约。完全不同的人物和事件，完全不同的时代和地域，构成一篇篇完全不同的文字。视角是新的，语调是新的，结构是新的。而最终贡献给读者的思想资源也是新的。正如赵玫所说：“爱或者不爱，还有性，一切皆因欲望而生而灭。”这欲望深藏于每一个人的心里，如果你还不敢亮出自己，正视自己，那么就去读读赵玫吧，看她是如何让欲望的羽毛在空中舞蹈。

高岚

主持人的幕后故事

高岚：天津电视台播音主持人协会副会长兼秘书长，播音指导。1982年开始从事播音主持工作。曾担任过新闻、专题、综艺等各种类型节目的主持，形成端庄大气、真挚流畅、亲和温婉的主持风格。主持的作品及撰写的论文多次获天津市和全国一等奖。曾获首届天津电视台和天津市"十佳"主持人称号，首届天津市优秀新闻工作者称号。天津市第十届、十一届、十二届政协委员，享受国务院专家特殊津贴。

非常巧合的是,2001年春节前夕,我和高岚同机前往上海采访。

天津人几乎没有不认识高岚的,因为他在天津电视台做主持人已经20年了。可是没想到,在上海的南京路上,她竟然还是被人认了出来。

那天的采访活动安排的十分紧张,直到傍晚才稍稍有了一点时间,因为转天的采访也已经排得满满的,而后天我们就要返回天津了。于是,我和高岚便急匆匆地来到繁华的南京路商业街,想看看上海的年味与北方有什么不同。与天寒地冻的天津比较,上海依然是暖和的,姑娘们大都穿着时髦的长筒靴和漂亮的超短裙。由于从一大早便乘飞机,坐汽车,忙忙碌碌的,我们两人都有点上火,高岚便买了两桶冰激凌,一开始我还不明白她为什么非要一本正经地站在那吃完了再进商店,多浪费时间呀!可当她被我硬拉进商店,正在那边吃边看一款羊绒大衣的时候,有一对中年男女走了过来,那女的不时地扭头看着高岚,那男的拽着他小声说:“肯定不是,高岚怎么会在上海?”偏偏那女的又走了回来,笑着问了一句:“是高岚吗?”高岚连忙点点头。那男的也转了回来,两个人高兴地告诉我们,他们是天津人,一年前调到上海工作了,在这儿看见家乡的主持人,特别高兴!

等那两人走了之后,高岚懊悔地对我说:“我在天津从来不在街上吃任何东西,这是我做主持人多年来养成的习惯。可是今天……”

我说:“主持人也是人呀,在街上吃东西很正常嘛!不过你今天这个样子可是天津观众在屏幕上看不到的哟!”

一瞬间,我冒出了一个主意:就把生活中高岚的另一面端出来,也让欢喜他的天津观众了解一下主持人的幕后故事。

好在高岚并没有察觉到我的“阴谋”,当我问她关于在电视台录制节目的一些细节时,她还以为我们只是在聊天呢。她说,她已经录制过数不清的各种电视晚会了,并且和许多大腕男明星都同台合作过,像李默然、赵忠祥、黄阿原、陈铎、林达信等。最考验一个主持人心理素质的时刻莫过于现场直播了。就拿今年天津的跨世纪新年晚会直播来说,本来在先前的彩排中都没安排高岚主持,而是启用了年轻的主持人主持。高岚原以为这回总算是可以在家踏踏实实地过一次新年,好好完整地看一回电视节目了。却不料就在直播的前一天,领导又通知还是由她来主持。于是她又临时背稿子,凭着多年的临场经验和过硬的基本功,高岚硬是圆满地主持了这场直播晚会。她说，在台上，最重要的就是忘了自己，不能想着服装怎么样，化妆怎么样，自己的形象会怎么样，全都不想。就是全神贯注地主持节目。

我说，女演员是没有谁不在意自己的形象的！

高岚说，无论怎样在意，到了直播现场就必须忘掉自己。

当晚，我被安排和高岚同一个房间休息。晚饭后，与制片人策划完第二天的采访拍摄计划，都已经是夜里12点了。可是高岚仍然倚在床头一边又一遍地熟悉刚拿到的稿子。我知道她因为晕车一直都在头痛，可她坚持一定要背熟了稿子再休息。

原来，高岚这么多年以来就养成了一个习惯，无论是日常的电视栏目主持，还是大型晚会的主持，她都一定要把稿子熟悉到无懈可击的地步才罢休。每天清晨都是她背稿子的最佳时间，她常常认真得就像个小学生。其实，在电视台录节目是可以借用提词器的，这也是许多主持人都采用的一种方法。高岚却从来不用，她说，专栏节目与新闻不同，新闻需要用提词器，而专栏节目既然没有新闻那么强的时间性，就应该是背稿主持，这样可以加入自己的理解。主持人的话是从自己心里说出来的与照提词器念出来的给观众的感觉是不一样的。

第二天吃过早饭，高岚开始化妆。也许是睡眠不足的缘故，我发现她的眼睛不仅有些红肿，而且右眼皮上方还出现了一个像蚊子叮了似的小红包，一来手头没有药，二来车马上要出发。高岚灵机一动，用手沾了一点唾沫轻轻地在眼皮上抹了抹，说是朋友教给她的偏方。也不知是不是这偏方在显灵，反正过了一会儿，那小红包真的消失了。

高岚向我透露，虽然主持这行干了近20年，但每遇上大型晚会的主持，她都要当作一件很神圣的事情对待。她都要在当天上午出去做头发，中午边吃饭边熟悉一下稿子，兼顾着看中央电视台的午间新闻，然后躺下休息一小会儿。起床后再顺顺稿子。到5点左右开始吃一点食物，既不能吃得太饱，也不能不吃，是因为怕整个晚上的活动顶不下来。她通常只吃一点主食，喝一杯牛奶。然后就开始刷牙，洗浴，换上套裙和长筒丝袜。比规定的时间提前一点来到演出现场。她们的行话叫候场。常常这一候就是好几个小时，都是让从外地请来的演员先录，然后才

▲ 张星采访高岚

是自己的演员，还要不断地反复、重来……往往终于等到要上台时，妆也乱了，人也乏了，肚子也开始咕咕叫了。可是，无论几点，只要现场一声令下，高岚便立刻来了精神。这是多年主持人生涯使她养成的一种素质。

比如录制2001年的春节晚会，高岚也是7点半候场，等从北京赶来的赵本山、韩红等演员录完节目离去，终于轮到高岚上场时已经是夜里12点了，录完节目再回到家就是午夜两点了。可是这时候高岚像一列还没脱离惯性的火车，正沉浸在兴奋之中，便滔滔不绝地向老公叙述当晚主持的所有细节。老公也习惯了爱妻的这种生活时序，一边分享她的快乐，一边陪着她吃夜宵。

高岚说，她不能饿，饿着睡不好觉。可是也不敢多吃，怕胖。虽然高岚从未刻意地进行过形体训练，可是从小在戏曲学校翻跟头打把式练就的童子功仍然让她保持着不错的形体。她的儿子已经是高中二年级的学生了，可是她除了养花养鱼之外，就是喜欢娃娃。在上海逛南京路时，高岚什么也没买，却抱着一个与真婴儿一样大的娃娃爱不释手，亲了又亲。那一刻，他在屏幕前所展示的那种属于主持人庄重的职业形象消失了，她只是一个热爱生活、喜欢孩子、充满情趣的普通女人。

附：

热爱使我的内心很充实

在天津电视台众多的女主持人中，高岚并不是最漂亮的，并且也不算年轻，可她却有一种独特的气质。你看她主持节目，既不热情如火，激动煽情，也不故作深沉，装"范儿"。她目光亲切，温和自然。无论是多么盛大的场面，多么重要的活动，也无论有多大的腕出场，什么级别的领导在座，她都能做到在主持时精神饱满、亲切自然，举止文雅，落落大方。

1997年6月30日晚，在这样一个激动人心的历史时刻，在天津火车站前的广场上，高岚满腔热情地和其他主持人一起主持"海河儿女欢庆香港回归大联欢"的大型文艺晚会现场直播，节目一直持续到7月1日凌晨。

7月1日上午，当观众打开电视，又在万人体育馆举行的"天津市人民庆祝香港回归大会暨文艺演出"的现场直播中看到了高岚的笑容、高岚的身姿和高岚的一片真诚。就这样，她在仅仅休息了两三个小时的情况下，依然以饱满的热情完成了第二天的直播任务。

高岚热爱主持人这个岗位，像这样夜以继日地连续工作，在她几十年的主持人生涯中并不是第一次。因为热爱，她不知疲倦，因为热爱，她干得津津有味。

热爱工作，热爱生活，热爱一切美好的事物，怀着一颗感恩的心去面对生活，回报家人，这就是高岚的性格。

谈到性格，高岚曾说："在我人生路上最早的启迪老师是我的母亲，虽然她只是一名普通的家庭妇女，但是她哺育了我们兄弟姐妹一共6个孩子，那时候无论生活多么艰难，母亲从来都没有抱怨过。”

上世纪50年代末出生的高岚，15岁就上戏校过起了集体生活。从天津戏曲学校毕业后她被留校任教，同时担任学校团支部书记和文化局的团委委员。1979年她进入天津广播电视艺术团，1981年她主演了电视剧《单凤眼》和舞台剧《打新娘》，主播了广播剧《报春花》。在艺术团工作期间，还曾赴日本与日本著名的笑星小泽昭一合作拍摄了一部广告片。1982年，高岚正式调入天津电视台从事播音工作，开始了她无比热爱的主持人生涯。

高岚对我说：“在广播艺术团时，因为自己个子长得高，没有办法与男演员配戏，后来到电视台主持节目，从每天的天气预报和节目预报开始，无论节目大小长短，我都认真准备，不允许自己有丝毫的马虎。正是从那时起，我就深深地爱上了电视节目主持人这个岗位，并且越干越喜欢，越干越有劲。”

正是从电视剧《单凤眼》开始，天津观众认识了高岚，认识了这个长着一双美丽单凤眼的朴实姑娘。随着我国电视事业的迅速发展和电视观众群的日益扩大，高岚的主持领域也在日益扩大，从直播间到大型晚会的舞台，再到锣鼓喧天的庆祝会场……

年长一些的观众也许还记得，那些年，高岚除了常年主持天津电视台的《中华戏曲》和《今日生活》栏目之外，还主持了许许多多的新闻、专题、文艺等各类节目。不仅在新闻节目中进行直播，还参加主持了中环线、外环线、天津火车站等天津城市建设中一系列重点工程竣工剪彩的现场直播。

比如，她曾经主持过多届天津市政府的新年音乐会和天津市政府的春节联欢晚会。承担过全国及天津市举办的各种大型文艺晚会的现场直播近百场……很多年里，只要有重大活动直播和大型文艺晚会的演出，人们便都能看到高岚的身影，她的面带春风的微笑和亲切的话语已经深深地留在天津观众的记忆里。

那些年，高岚还与著名电影演员林达信共同主持过天津市“纪念毛泽东诞辰一百周年”的现场直播晚会；与著名表演艺术家李默然合作主持了“天津市庆祝建国45周年”的现场直播晚会；与电影演员程之合作主持了“全国戏迷知识大赛”；与中央电视台著名主持人赵忠祥合作主持了“首届中国京剧艺术节”向全国电视观众现场直播的开幕式演出……

高岚还与许多著名的节目主持人如黄阿原、陈铎、李扬、凌风、叶惠贤等合作主持过各种各样的纪念活动和文艺演出。

1994年，高岚赴日本探亲的签证刚刚下来，台里就通知她准备接受市里国庆45周年晚会的主持工作。面对工作需要和到日本与丈夫团聚的矛盾，在个人利益与集体利益发生冲突的时候，她没有犹豫，毅然选择了工作。她压抑着自己对丈夫的思念，把精力与热爱全部投入到主持人的工作中去。由于准备充分，她与李默然合作主持的这台晚会非常成功，受到了多方的一致好评。可是，当晚会结束的时候，她的赴日签证也只剩下最后一天了。

高岚在天津拥有众多热爱她的粉丝，她也十分珍惜与观众的这一分感情。她在给观众的题词中曾写道：“祝您健康，愿快乐永远与您同在！”

所以，那两年，当高岚突然从电视屏幕上消失了的时候，立刻在观众中引起了纷纷的猜测：高岚一家三口都出国了，她还会回来吗？

但高岚最终还是选择了回来。她为什么没有留在异国？为什么宁愿与亲人分离也仍然要选择回来？

在日本与家人团聚的日子是那样温馨，迷人的富士山，欢乐的迪斯尼乐园，烂漫美丽的樱花……高岚看着丈夫和儿子开心的笑脸，体验着一个妻子与母亲的快乐与柔情。然而，就在这份团圆的家庭快乐里，总有一种说不出的失落感在她内心深处煎熬着，总有一份遥远的牵挂在轻轻叩着她的心门。是什么?是海那边她的祖国,她的观众,她全心全意热爱着的主持人岗位。

于是,她选择了回来,回到熟悉她、喜爱她的电视观众之中。后来,为了妻子对事业的一片痴情,高岚的丈夫放弃了自己在日本的工作,也把事业做回到国内。

近三十年的时间,除了固定的电视栏目主持之外,高岚几乎承担了天津电视台所有的知识竞赛活动的主持工作。应该说,知识竞赛是主持工作中最吃功夫、最耗精力体力也最需要认真准备的一项工作。因为竞赛的内容五花八门,所涉及的知识方方面面。这就要求主持人对所接受的每一次任务都必须要全力以赴,不能有半点马虎和懈怠。为此,高岚不耻下问,虚心好学,查字典,请教专家,把每一场竞赛的内容都弄得清楚明白,从而保证了她主持的每一场比赛都生动有趣。人们看到高岚每每在赛场上得心应手、潇洒自如的主持,却不知她在背后下过多少苦功夫!

热爱生活,热爱生命,高岚是一个拥抱阳光的女人。在台里,人们都说她随和,人缘好;在朋友中,大家都深知她直爽热情。在五彩缤纷的衣饰里,她偏爱蓝色和黑白色的衣服,几十年的主持人生涯中,人们很少看到她穿着过于鲜艳的颜色或者打扮得珠光宝气。她说:“我特别适合这种蓝,还有黑和白,这样的颜色给人以明快和干净之感。”

相对于一茬茬的电视新人来说,高岚当然不再年轻。但是每个人都有自己生命的黄金季节,有的人在春季,有的人在夏季,而高岚的季节在秋天,秋高气爽,一碧千里,成熟干练,安然宁静。她说:“我之所以感觉到生活的幸福,是因为我热爱我的事业。热爱,使我的内心很充实。”

丁建华

每一次微笑都是新感觉

丁建华：1953年出生。1971年参加中国人民解放军东海舰队文工团任演员。1976年进入上海电影译制片厂，任配音演员兼译制导演。国家一级演员。曾参加上千部(集)电影、电视片的译制创作。其中在700部(集)以上的译制片中任主配或译制导演。

主要作品有《追捕》、《魂断蓝桥》、《真实的谎言》、《廊桥遗梦》、《诺丁山》等。

印象:明媚女儿心

丁建华这个名字,是伴随着一连串的外国经典影片进入我视线的,我喜欢她配音的《魂断蓝桥》和《廊桥遗梦》等译制片,那种女性内心的独特感觉,纤细的情感变化,难以言表的默默情怀,都被她准确地用我们听得懂的语言表达出来。

女人的心,像夏日里那薄薄的蝉翼,空气中些许轻微的震颤,都会引起强烈的共鸣;又如含苞的花蕊,吸吮滴滴雨露。点点滋润,便会敞开心扉,泪盈盈地向着太阳绽放。女人的心,脆弱时如暗夜中的小星,一朵小小的乌云都能将它遮蔽;坚韧时又如万年苍松,风霜雨雪也不能将它摧毁。女人的心是最最敏感的琴弦,哪怕是情感的微风悄然掠过,都会引起心灵的风暴,心海的涨潮……

而那些世界经典影片中的女人,如《追捕》中执著的真由美、《茜茜公主》中可爱的茜茜、《魂断蓝桥》中"唯有泪千行"的玛拉、《廊桥遗梦》中"才下眉头、却上心头"的弗朗西斯卡……无一不是这种用情感拨动心弦、用灵魂承接雨露的女人。那样的心境,那样的故事,那样的对白,全是从丁建华的口中道出。战栗着,激情着,她与角色已融为一体,使我们在观影时几乎忘记了配音的存在,还以为那流畅的中文就是那些角色的原声呢!

那么,作为一名配音演员,丁建华是怎样做到这一切的?这个躲在声音背后的女人又有着怎样的一番人生经历呢?

2007年"七一"前夕,丁建华来到天津,在那样两场感天动地的演出中,她褪去了华丽柔美的音色,从幕后走到了台前。蓝布衫,红围巾,大义凛然,气壮山河!此刻,她是革命烈士杨开慧,是女英雄赵一曼,是写下《铁窗摇篮曲》的烈士赵云霄……

那晚,当她用颤抖的声音道出"亲爱的一弟,以前我是一个弱者,现在仍然是一个弱者!……说到死,本来我并不惧怕,只有我的母亲和我的小孩啊,我有点可怜他们……"时,泪水和着声音一起流淌,台上,台下。杨开慧牺牲前写给一弟的这封信穿越时空的阻隔,回响在我们的耳畔,荡涤着我们的心魂。丁建华用她那千变万化的嗓音,更用她一颗赤诚的心,与乔榛等表演艺术家一道,为我们带来了一个荡气回肠的《红色箴言》之夜!

第二天，迎着雨过天晴的朝霞，我去宾馆采访她。她说昨夜睡得很晚，一连两天的激情朗诵，嗓子有些疼。当我说出在我印象中“你是一个特别感性的人”之后，她一下子就兴奋了起来，她人生的故事便如滔滔江水奔涌而出。开始还略带嘶哑的嗓音竟然随着她的讲述越来越明亮了起来，音色是那么柔美，音调是那么富于变化。我第一次感受到声音有如此强大的感染力和穿透力，那声音完全是一种心灵的直播，心灵的律动啊！不仅仅是声音，她边讲还边“情景再现”，眼角眉梢都是戏，且语言相当生动形象，每一个细节，每一种情绪，声情并茂，抑扬顿挫。我很快就被裹挟了进去，完全沉浸到她所讲述的历史氛围中。

生活中的她没有化妆，完全的素面朝天。但她的本真很美、很纯，有一种近乎孩童的热忱。一双大眼睛亮晶晶的，闪烁着飞扬的神采。母亲传奇又刚强的一生，父亲在女儿心中沉甸甸的分量，那个时代像她这种家世背景下坎坷的命运……

她人生的故事在她的讲述中犹如一部电影在我眼前栩栩如生，风风雨雨，悲欢离合，不仅有画面，甚至声音效果都活灵活现。那画面不停地在眼前依次迭出：毕业于圣约翰大学的外公是如何跪在外婆这个清秀乡下少女面前求婚，当时只有14岁的母亲又是如何被年轻的解放军团长父亲藏在马肚子底下躲避敌人枪炮，母亲怀她时做的那个把天上星星吸到口中的美丽胎梦，残酷岁月中宁愿玉碎不肯瓦全的母亲是如何卧轨自杀又被救下，崇明岛农场上漏雨破屋中依然带着弟弟妹妹歌唱的夜晚，因为政审不合格考上大学又被刷下来后以泪洗面的绝望时光……

丁建华是一个天生具有表演素质的人，聪明，敏感，悟性高，反应快，喜怒哀乐全形于色。激情满怀，有爆发力，如同最出色的运动员，发令枪一响，便如箭离弦般奔上跑道。她的人生就是这样在不断地爆发、激荡、奔跑中越过一个个障碍，走到今天的。对于她来说，每一次微笑，都是真感觉，每一次流泪，也都是真动情。

访谈结束时，我们都有点儿意犹未尽，她用很亮的音色歌唱般地说：“我太热爱生活了！我太热爱这个世界了！”

访谈录

张　星　**一个演员的声音是不是有饱满的生命力，一听就能听出来。**

丁建华　作为配音演员，仅有一个好听的、有特点的嗓子并不能就把这项工作做好。我觉得作为专业配音演员，不能只驾驭一两个角色，还要能够掌握各种各样的能力，要有对艺术的一种先天的敏感和悟性。因为你没有一种激情的爆发，没有一种与生俱来的感悟能力，还有对角色的分析、对角色的理解，直到最后身体力行地深入到这个角色中去，是不可能把配音工作做好的。

张　星　**我想知道您的家庭，您是生长在一个怎样的家庭环境？**

丁建华　我的家庭是很有传奇色彩的，我父亲是军人，从山东打仗跟着陈毅的部队入驻上海的。当时他24岁，已经是一个团长了，解放上海时他接管了上海的一个区，是区委书记。我母亲出生于上海的一个知识分子家庭，外公是圣约翰大学毕业的，在国民党政府里当秘书。我的外婆长得很漂亮，从乡下到上海来谋生，摆小摊卖大饼、油条。那时候，我外公经常到我外婆的小摊上去吃早点。见我外婆长得漂亮又文气，他就对她说，嫁给我吧！把我外婆吓了一跳，不敢在上海再干了，就回到了乡下。我外公就追到了乡下。我外婆是家里的独生女，家里不准她再去上海。我外公就跪在地上求婚，说我会好好保护她的。终于感动了外婆的家人，结果把我外婆接到了上海，结了婚，然后就生下了我妈妈。刚解放那会儿，因为我妈妈小时候跟外婆住在乡下，对上海郊区的地形很熟，又从小上过私塾有文化，就带着我爸爸他们的部队在郊区剿匪。

张　星　**你妈妈胆儿够大的。**

丁建华　解放军解放了上海之后，许多国民党的残余还有土匪就跑到乡下躲藏起来，剿匪的时候，我爸爸带着一个团，在我妈妈的带领下，到土地庙、奶奶庙之类的地方去剿匪。等听到了枪炮声时，我爸爸就把我妈妈塞到马肚子底下，马会保护人。妈妈就感觉到，解放军真好！

张　星　**那时候你妈妈多大？**

丁建华　妈妈当时只有14岁，爸爸是24岁。妈妈当时就觉得解放军勇敢，爸爸在她心目中特别神勇！爸爸当时确实很厉害，在山东一带，国民党用多少银子换他一个人头。我妈妈就特别崇拜这样的男人，她觉得能跟他们在一起做事情特别光荣。我妈妈14岁就穿上军装当兵了，哪都敢闯，特别冲。

张　星　**那是一段激情燃烧的岁月。**

丁建华　当时，部队里好多进城干部都喜欢我妈妈，我爸爸当时也特别喜欢她。但那时候他们都只能向组织上汇报。当组织上找我妈妈谈话时，她说她喜欢我爸爸。之后，妈妈的军被和爸爸的军被放到一张床上，举行了一个小小的婚礼，他们结婚了。

张　星　**很浪漫，也很有戏剧性，那个时代的女孩子多单纯啊！**

丁建华　那年我妈妈是17岁，第二年18岁时生下了我。我妈妈告诉我，她怀每一个孩子的时候都做过一个梦。她说，我这个梦是这样的：我爸爸出差了，她天天等啊盼啊，我爸爸怎么还不回来？有一天夜晚她就走出了房门，她就望着夜空深呼吸，在满天的繁星中寻找哪一颗是我爸爸？特别渴望能找到一颗最亮的，她就把嘴巴张开深呼吸"啊"——那颗星星竟然像流星一样哗地掉下来了，她就用嘴去接，然后就把这颗星星吃到肚子里去了。后来到医院去一检查，才知道是怀孕了。后来人家就跟她说，以后你这个孩子肯定是个明星哩！

张　星　**美得像一部电影。**

丁建华　1957年反右运动一开始，妈妈的厄运就开始了。因为外公曾经在国民党做过事，就怀疑他是特务。外公被抓起来了。妈妈被打成了漏网右派、极右分子。当时有一个比我爸爸级别更高的干部早就看上了我妈妈，遭到拒绝后一直怀恨在心，非要把我妈妈打成右派，并逼迫我爸爸与妈妈离婚，说不离婚的话，你的孩子就全完了。为了我和弟弟妹妹们，爸爸决定与妈妈分手。对我妈妈来说，这无异于晴天霹雳，她崩溃了，她决定以死抗争。但两次自杀都没死成，一次是上吊，一次是卧轨，都被我爸爸救了，也让我给救了。那时候我弟弟妹妹都上全托幼儿园，只有我上小学一年级在家，我太知道家里的这种动荡了。我就特别注意我妈妈的一举一动，两次都是我把爸爸叫醒，去救我妈妈……后来我妈妈说，为了孩子，为了这个家，我再也不做这种傻事了。但是她对我爸爸提出了一个要求，就是离婚后，你让我在这个家当保姆，我不要你工钱，我要看着这4个孩子长大，等这4个孩子长大成人了，我再离开这个家。你可以结婚，你可以干你所有想干的事情。

▲ 张星采访丁建华

张　星　**她真坚强啊!**

丁建华　她也感动了我爸爸。我爸爸跟组织表示:我不离婚!我的妻子是好人,是个好母亲!你们爱怎么样就怎么样,我豁出去了!于是,就把我们家迁出上海,迁到崇明岛的一个农场里。那时候农场非常荒凉,冬天北风呼啸,住在像延安窑洞一样的房子里,借着微弱的烛光读书,外边下大雨屋里下小雨,经常发生火灾,我妈妈就像一只老鹰一样张开翅膀护着我们这些小鸟一样的孩子。三年自然灾害时,妈妈把仅有的粮食给我们和爸爸吃,她自己在门前种了一些南瓜之类的充饥,最后人已经浮肿得很厉害,送到上海的医院才算捡了一条命。她就是在那样的情况下支撑着一个家。

张　星　**你是什么时候开始发现自己的声音特别好听的呢?**

丁建华　我从小就特别喜欢看电影,《英雄儿女》、《上甘岭》,歌剧《江姐》,以前还在上海看过一些话剧。我对艺术的热爱也是这么一点一滴积累起来的。小时候我非常喜欢唱歌,在农场干活休息时,只要大家让我唱,我把镰刀一丢,站在那儿就唱,从来不知道害羞。当时几乎所有的歌,还有京剧选段,我是一曲接一曲,不重复地唱。还代替当地沪剧团生病的小演员演过《智取威虎山》,当地人都叫我小夜莺。14岁那年,沪剧团就要吸收我当演员。我爸爸说不行,这个年龄应该是读书的年龄,不能去唱戏!

我到17岁的时候,我爸爸很懂我,他知道我太想当演员了。正好赶上部队到农场来招文艺兵,我就去考了,真是大浪淘沙啊,整个农场就考上了我一个。入伍就要政审,但我的政审就是通不过。当地的贫下中农联名写信到文工团替我说情,我妈妈也写了一封给上海市委组织部的申诉信。政审了整整一年,我终于当上兵,到了东海舰队文工团。可我还是被警告:你的出身不好,你是一个不能入党,也不能提干的军人。我穿上了军装,心想,不管你怎么说,我现在总算是当兵了,依然很开心。

张　星　**那你是怎样考的上影译制厂？**

丁建华　产生报考译制厂的念头也是很苦涩的。入伍5年后，我接到我妈妈寄来的三封信，说关于你入党的问题部队已经来农场调查了，但因为妈妈的问题，我相信是不会让你入党的，你还是要有这样的思想准备。第一封信我看了还没什么，第二封又重复这个内容，第三封还是。那时候我已经开始长大了，有点思想了，我就会想，凭什么呀！

张　星　**有一种不公平的感觉。**

丁建华　太不公平了！对我一向的信念开始有点动摇了。我曾经对我的动摇还进行过自我批评呢。但是有一件事，一下子就把我以前所有的向往、希望和决心打碎了，我对于公平的幻想彻底破灭了！1975年，上海复旦大学到东海舰队招工农兵学员，我一直文科特别好，在农场小学读书时，就有好几篇作文被上海的《小学生作文》选登出来，我的童声独唱还被上海的唱片厂录制过。我要去考，我要读书！我就去考了。结果东海舰队的工农兵大学生就录取了我一个。通知来了，文工团还为我举办了庆祝宴会，还让我买糖给大家分了吃了，都整装待发了，突然就来了一纸命令，说我这样的人不能上大学，不能培养右派子女。正好这时，有一个高干子弟顶替了我。我就躺在床上痛哭，甚至绝食……无奈之中，我只好准备离开部队了。一位好心的老战友告诉我上影译制片厂正在招人，我找团长去开证明。团长说，小丁啊，你的情况和别人不一样，你最好先别脱军装，听团长一个劝。我相信你嘴里讲的父母都是好人，好人总有一天会有好报的，这是真理！

张　星　**团长真是个好人，应该说你还是很幸运的。**

丁建华　我总是能得到贵人帮助。我就拿着文工团给我开的一个证明来到了上海译制片厂。那时候我留了一个娃娃头，他们管我叫当兵的。我就是胆子大，觉得自己胸有成竹。当时考了一批又一批，一批就是一二十个。让你站在话筒前朗诵,台下坐着两排老师。开始让我念一段阿尔巴尼亚电影里的台词,告诉我,你要慷慨激昂,侃侃而谈。我准备了一下,就侃侃而谈了。他们认为我身临其境、激情满怀,很符合那一段文字的情境,很好。接着,让我再朗诵一段我自己准备的内容。我朗诵的是一段对鲁迅的纪念文字,当时的朗诵,我是按照我在话剧舞台上的感觉,那种念白似的,声音很大很激昂。刚念了几句,就听到一个男中音说"停!"他说,配音演员说话要自然,不能像那种舞台上朗诵的腔调,我们应当像生活中自然的说话。你要保持住你的激情,又要生活化自然的表达。说实话,作为一名话剧演员,这对我是有点难度的。我静了一下,看着面前的话筒,我把它想象成了妈妈的脸。在农场困难的时候,妈妈总是讲鲁迅的故事给我听,现妈妈还在农场,女儿如今已经长大成人。我心里很难过。我就想,妈妈,今天女儿来讲一个鲁迅的故事给你听。我就是怀着这样的心态开始朗诵,声音一下子就沉了下来,而不是像刚才所有的血都涌到脑袋顶上,就用一种平稳的、亲切的声调开始倾吐心声……我只朗诵了四五句的时候,还是那个男中音说:"好了!很好,可以了!"我就有点不明白地看着他,他很肯定地说:"真的,很好!"

张　星　**他就是乔榛老师吧?**

丁建华　是的。3天以后得到通知,我被录取了。就这样,我成为了上影译制片厂的一名配音演员。

张　星　**能讲讲你的恋爱故事吗?**

丁建华　我的恋爱故事太简单了,在部队文工团时不准谈恋爱,当然还是没有遇到我喜欢的人。我到译制厂时才23岁,我老公就是我们厂里搞技术的,他是用什么方式追的我呢?他的字写得特别漂亮,那时候我经常到电台去做节目,每次都送给我一个印有"上海人民广播电台"字样的本,他就跟我要了一个本,然后把毛主席发表过的三十几首诗词全部用小楷抄录在本上送给我。我就说,他的字怎么写得那么好,再说他又是浓眉大眼的,他年轻的时候很帅气的。比我大5岁,也是复员军人,感觉他特别能保护我。当他要和我正式确定关系的时候,我说我父母要到上海来了,你让我父母看一看,如果父母同意,我就同意。结果我父母看过之后很满意,按当时的标准,他是工人,又是党员,还是复员军人。然后妈妈就和他长谈了一个晚上,跟他讲了我们家的所有情况,以后就确定了这个关系。之后没多久,我妈妈就得到了平反,全家人都回到了上海。我妈妈说我就是她的福星。后来我女儿以优异的成绩考上了复旦大学,她一心一意要圆妈妈当年未圆的梦。女儿也喜欢戏剧,电影《钢琴课》里面那个小姑娘就是她配的音,但她只是客串一下,她在复旦大学读的是世界经济系。

张　星　**每当你配一部电影,等工作结束了,你是不是还要沉浸在其中一段时间?**

丁建华　会的,里边的许多情节还会让你像过电一样。有时候配完了一部戏我就会发高烧,什么病也查不出来。太投入了,也太痛苦了。

张　星　**是情感的高烧。是一种神魂分离的状态。**

丁建华　就是这样,我觉得当配音演员也不容易,不是我穿一双靴子,我拿一把扇子,我就是这个人了。我什么也不拿,往那一站,就音乐好听,能代表那个人物味道的,就永远是那段音乐。我觉得配音其实并不难,难的是你要找到一个准确的内核。一旦找到了,你就能驾驭它了。

王利芬

离开央视，自己创业

王利芬：1995年至1999年在中央电视台《东方时空》《焦点访谈》《新闻调查》三个栏目中任记者和编导，2000年任《对话》栏目制片人兼主持人。2003年恢复创办中央电视台《经济信息联播》《全球资讯榜》《第一时间》栏目，并担任上述栏目的总制片人。

2009年9月，辞去中央电视台公职，开始自主创业，创办了“优米网——服务国家和知识群体”的网络电视。

印象：心中永远的银杏树

中央电视台《我们》栏目的女主持人王利芬从央视辞职了！

当我第一时间看到这个消息时非常吃惊，因为第一，王利芬是一个相当出色能干的主持人，近年来她在央视所创办的节目都有很高的收视率，无论是《赢在中国》还是《我们》栏目，都办得既充满激情又很有品位，并且与众不同。怎么会突然就辞职了呢？第二，以她的年龄来看，女主持人过了40岁应该没有多大优势了，扔掉央视这样的金饭碗不要，她想要什么呢？

从她在新浪的博客中看到，她辞职的原因是因为她要创业。她说："自从我做《赢在中国》栏目以来，'创业'这两个字几乎跟我如影随形。当许多选手因创业的激情、因路上的心酸融进眼睛而泪流满面时，我作为当时的见证人内心的波澜只有我自己才知道。自此之后，创业的愿望在我心头一次次萌生……"

于是，她毅然辞去了央视的公职，办完了所有的手续，在一些朋友眼里，不再有央视背景的王利芬成了一个"孤儿"。而她自己呢，当她再次出现在我们视线中的时候是在网络上，在她创办的优米网络电视上，依然是自信满满，雄心勃勃。她是怎么想到要自己创业的呢？这样的创业能成功吗？她会为自己的这一做法后悔吗？这一切构成了我想要采访她的强烈愿望。

2010年4月4日晚7：30分，当我如约来到北京SOHO现代城的最高一层，终于与王利芬面对面地交谈之后，所有的疑问都有了答案。

也许，做电视的女人永远给人以两种截然不同的印象。屏幕上的王利芬是那种洒脱、干练、成熟且相当自信的强势女人，而坐在我对面的王利芬却显得随和、真诚、有点大大咧咧的率性。然而，她与其他女主持人最不同的一点，是她优越的教育背景，王利芬是毕业于北京大学的文学博士。于是，就有了她在屏幕和现实之外的第三张面孔——文字。在她的文字中，一个才华横溢，浪漫多情的女性形象跃然纸上，一篇散文，竟然把燕园的银杏树描绘得如诗如画，恍如她痴恋的情人。

最让我感到震撼的是她的公司，1900平方米的空间完全是绿植的世界，绿色从天上（吊兰）、墙上（架子）、地上蔓延开来，层层叠叠，瀑布般流淌着，交织着。浓浓的绿色使这略显空旷的地方更像是一家植物园，清一色的绿叶植物，使插在每张办公桌上的那束金黄色的银杏叶冠格外醒目。我知道，那是王利芬心中的银杏树。

王利芬人生的梦想正是从这美丽的银杏树开始的。出生在武汉的王利芬上有两个哥哥，她是家中唯一的女孩儿。她非但没有一点女孩儿的娇气，反而比男孩子还要有一股闯劲。她从小就发誓要读完中国最高的学历——博士，要上中国最好的大学——北京大学。虽然本科没有考上北大，但一次大学生夏令营的北大之行，让她面对燕园里在阳光下熠熠生辉的银杏树时泪流满面……8年后，当她研究生毕业并且已在武汉大学捧上了老师的铁饭碗时，银杏树之梦依然不时地叩击着她的心门。于是，她放弃了令多少人羡慕的工作，拼全力考取了北京大学的博士研究生。从此，燕园的银杏树伴她走过了人生中最难忘的读书岁月。

王利芬是一个时时需要点燃、渴望燃烧的人，她像一座活火山，时刻都在积蓄着力量准备喷发；她又是一条离开波涛汹涌大海便无法存活的鱼，永远冲浪在新鲜的活水中。她说，她最怕那种停滞的生活。“你要让我重复，不如让我去死。”执著于这样一种理想，王利芬写过小说，在新华社实习时做过文字记者，当电视这种形式刺激了她，她就开始做电视。当新鲜感渐渐消失的时候，她选择了出国。一年的访问学者时光，她一口气访问了美国所有的电视媒体，回来后又雄心勃勃地整装上路，创办了颇有影响的《赢在中国》栏目。正因为做了与创业有关的节目，接触了大量成功的创业者，为他们的故事所深深触动，王利芬的心又开始被新的梦想点燃了……

辞职，创业，开始仅仅半年，王利芬便充分体验到了什么是创业者辛酸的泪水。她说：“……我也真正懂了我为什么看到许多企业家在讲述他们的创业故事时流出眼泪，我想，其实还有许多眼泪是在他们的心里流淌。13年前，当张宏伟在一个饭店告诉我他当年进哈尔滨城遭遇的不公时我听得热泪盈眶；我仍然记得5年前马云说他在互联网冬天的煎熬时他脸上那种让人难以忘记的表情；十多年前的夏天，俞敏洪教课的教室太热而教室人多又没有空调时，他非常害怕学生中暑，有一天下了一场暴雨，他冲进院子在雨中号啕大哭感谢老天爷帮他救了他的学生，当我听说这个故事后我竟然也放声大哭起来……因为我的内心被深深掀动过。这个被掀动的内心也是我今天走进创业队伍的最大驱动力。”

这是一个依然有些寒意的春天的夜晚，坐在我对面的王利芬没有化妆，一身优雅的黑色。上身是一件针织套头时装，下穿一条时尚的阔腿裤，一组黑色水晶串成的项链更衬出她皮肤的白皙。助手给她热过的餐盒凌乱地堆在一旁。这天从中午开始，她一口气接待了预约好的多家媒体采访，因为平时每晚都有网络直播，便把所有的来访接待放在了周末和假日。而我是她今天接待的最后一位。已经是晚上8点多了，而她还没有吃晚饭，显然，她已经相当疲惫了！但她仍然打起精神，与我谈笑风生。当我说她在电视上给人的感觉似乎是一个特别强势的女人时，她笑着问："我现在就坐在你的对面，你觉得我还强势吗？"那神情，就像是一个小姑娘，完全颠覆了往日她在电视中留在我脑海里的"牛人"印象。随着她的讲述，我脑海中幻化出一幕幕场景：每天早晨边看CNN边在跑步机上"狂奔"的她，每个星期带着女儿去游泳的她，燕园秋天的银杏树下用双手捧起一片片落叶的她，亮开歌喉唱着"在希望的田野上"的她……

"现在，我们优米网每天晚上有关年轻人就业、创业、职场、婚恋等所做的直播节目非常受欢迎……"王利芬边说边不时地移动一下手中的鼠标，看网上实时互动的情况。我感觉，网络已经成了她的魂之所系，在那方寸的屏幕上，有着她孜孜以求的事业。那是一片她用心灵耕耘、用智慧播种的土地，她像一个辛勤的农夫，日日夜夜不停地为之浇水施肥，期盼着绿荫遮天的盛夏和硕果累累的金秋……

访 谈 录

创业是不可逆行的跋涉

张　星　**我觉得，与你有这样一个机会见面聊一聊，就会对你的性格有一个感觉，会更准确一点。因为在网上也好，在电视上也好，你总给人一种好像是硬邦邦的女人，我想还原你一个真实的女人状态。**

王利芬　好。那你问吧。

张　星　**像我们在体制内干了半辈子的人，突然扔掉这个铁饭碗几乎是不可想象的。应该说下这样一个决心是不容易的，对吧？**

王利芬　怎么说呢，不论我愿不愿意，我已人到中年。时间的紧迫感让我不能再思前想后，优柔寡断。否则我在丧失了热情、体力、创造力和梦想的时候无法对我内心一次次掀动的波澜有个交代，而我又是一个最最不能原谅自己的人。我相信没有一个人会认为我做出这个决定是容易的，但创业的激情和要尝试新的生活的愿望太强烈，所以我义无反顾地这样做了。

张　星　**你离开央视是在你特别火的时候，并不是做不下去了才离开的，有许多人在猜测你究竟是为了什么？一些人是不太相信你纯粹就是为了创业的激情，会怀疑是不是央视不能让你更好地发挥你的才能？**

王利芬　不是。央视是一个很大的平台，也是一个很好的平台，我在那工作了15年，但是，随着互联网的冲击，我发现我熟悉的观众在一点点地远离电视，15岁—45岁的人基本上不再打开电视，全都上网。当我发现这一点，我感觉挺可怕的。并且电视的手段主要是宣教，是“我告诉你”，我认为这样的方式已经不再适应这个时代了，而网络是前置的，像我们在网络上，让大家来选方案，你需要看什么样的内容，由你来选，选完了你还可以点播，中间还可以互动。这些电视都做不到。网络手段都可以实现，下一步我们还可以在手机上网，随时随地都可以看到。我们还会在电视台播放。我们是一个全方位的平台，全是优米出品的自制节目。各个广告系统、机场、各个移动终端全方位地输出。

张　星　**其实你们做的那些关于怎样求职、怎样创业、怎样理财、80后海归怎样找工作、职场女性怎样步入婚姻殿堂等节目，不仅仅年轻人要看，他们的家长也都想看，但是这部分人可能是不上网的。**

王利芬　所以我们要做全方位地输出。

张　星　**优米的名字怎么解释？**

王利芬　就是YOU，ME，WE，即你，我，我们的意思，是服务国家和知识群体的网络电视。

张　星　**也有人问过，王利芬会失败吗？**

王利芬　好多人都在这么说。其实不必要担心。因为我做的这个事永远不能说是失败或者成功，它是一个什么状态呢？就是在路上，永远都在通向成功的路上。可能说，我的影响力没有想象的那么大，但它仍然在发挥着影响。失败会失败在哪里呢？

张　星　**我估计他们指的是经济方面吧，怕你支撑不下去。**

王利芬　现在想要投资的人很多，没有什么问题。只要有年轻人、主流群体在这个平台上，就不会有问题。一个创业开始了，就像一棵树的种子种下了，但种子是否会发芽生长并成为参天大树，种子内核中求生的力量虽然是主导因素，但是土壤气候和周围的人的爱护程度对于这棵树的成长太重要了，也就是说，这棵树在生长时需要各种理解、帮助和支持。

张　星　**你每天要做节目，还要在微博上与网民交流，忙得过来吗？**

王利芬　我说到就要做到，我是一个自律性非常强的人，我每天要花大量时间与大家互动，当然我也可以找助手，但我做的是互联网，与做传统传媒不一样，我希望通过这样一种方式来知道网民的所思所想，我要原汁原味地来感受他们对我的评价感受。

嫁得不错，爱女儿，也爱音乐

张　星　**你是生在武汉吗？**

王利芬　我是湖北黄陂的。我有两个哥哥，是家里唯一的女孩。

张　星　**那你应该比较娇惯才对，可是我觉得你身上有一种男孩子气。你自己没意识到吗？**

王利芬　我可能男人气比较重。我不太在意别人怎么看我，是不是不太有女人味？

张　星　**我觉得在职场上中性一点是对的。但是我想说的是性格中的坚韧，有许多挺硬的骨头，你都敢去啃，在这点上，你甚至比好多男性都硬。你女儿有10岁了吧？听说她小时候你没怎么管过她？**

王利芬　女儿小时候我管得比较少，都是她的爷爷奶奶在管。我女儿可清楚我的事儿啦！（笑）特别好玩，还会给我提很多意见和建议呢！

张　星　**你哪有时间与她交流啊？**

王利芬　有啊，我给她洗澡的时候，星期天我带她去游泳的时候，我们俩都可以交流。

张　星　**你做的节目你女儿看吗？她怎么评价妈妈的作品？**

王利芬　有的看，有的不看。她只是根据她的爱好来说好或者不好。（你希望女儿将来做什么呢？）我不希望她做什么，她爱做什么做什么。中国最不应该的就是父母总希望孩子做什么。我女儿本来学钢琴学得好好的，突然就不喜欢了。我说不学就不学了。保持她的天性和创造力比什么都重要。

张　星　**我看你在优米网的"芬享时刻"栏目里还请大家欣赏音乐，你很喜欢音乐吗？**

王利芬　（做陶醉状）我是超级喜欢！所以就做了一档音乐节目。我也喜欢唱歌，我能唱《在希望的田野上》那样的歌。上大学时，我是学校文工团的副团长。在音乐上有一些天赋，小天赋。像"抒情歌曲300首"上的每一首歌我几乎都会唱。

张　星　**有人以为像你在事业上这么强势的女人，个人生活会不会是一片空白？可我看你生活得还是很丰富的。**

王利芬　(笑)我在央视期间不大接受别人采访，有一本关于我的书《知性主持人王利芬》，那个写书的人从来没见过我，就是用公共信息写成的。我翻了翻，反正也没什么意思。

张　星　**你读了博士，不是有那么一种说法吗，女生读博士就变成"灭绝师太"了，就是说有好多女博士都嫁不出去，可你正好与她们相反，家庭和事业都兼顾了。**

王利芬　(笑)我嫁得还可以，我先生是我北大的同年级的博士，是同学。我觉得学中文对我做节目的帮助是很大的。你看我做节目的那些文案，包括主题歌的歌词都是我自己写的。如果再找别人写的话，那感觉就不对了，出来也不是我要说的话。

我付出，我快乐

张　星　**我看你的网络电视，节目很不错，但感觉你个人的形象没有在央视时那么光彩，好像你把自己放在一个很次要的地位。**

王利芬　好多人也有类似这样的看法，我们的节目主要是要教大家怎么去做，不能弄得像央视那么大的架子，那样的话网民是不会接受的，就会有距离感，不为网民所欢迎。

张　星　**你和这些年轻的网民接触了以后，最深的感受是什么？**

王利芬　我觉得他们特别需要有经验的人、过来人、在某一领域相对成功的人有机会与他们进行交流，他们自己找不到这样的机会。我们就给他们搭建一个这样的平台,这也是优米网要做的一个很重要的原因。我跟他们交流越多越觉得他们需要这样一个平台。这既是他们喜欢的方式,一个高度互动的方式,又是一个特别平等的方式。你不要凌驾于他们之上,你不要教育他们,不要试图想说服他们,要帮助他们。

张　星　**你在屏幕上的形象正好符合你的年龄,不装嫩,你怎么看女人的年龄?**

王利芬　我觉得,每个年龄段都有自己的风采。要让自己显得年轻的方法,是你永远保持对这个世界的渴望,期待,并且不断更新你的思维方式,不断更新你所拥有的知识面,这才是保持年轻的秘诀,而不是你的服装、发式,那只是一小部分。真正能够让你年轻的是你永远和时代保持同步的这种状态,才能让你年轻。通常人们说,女人到了40岁就基本上歇菜了,一辈子就这样了。我从来就忘了我自己的年龄,我觉得我才刚刚开始。

张　星　**这可能跟你在美国的经历有关系。**

王利芬　有非常大的关系。理解了世界的多元,理解了人生每一种生命状态的不一样,有一种能够包容的心。你不要去试图教育他们,但你可以把你的经验作为一个教材让他们做一个参考,谁会拒绝呢?

张　星　**你看,我要是不和你面对面地谈,仅从网上看,就会心存疑惑:你是不是有作秀的成分,但是谈过之后我感觉,你的的确确是在做事。**

王利芬　(笑)谢谢。也有人问,离开了央视,你的影响和名气就没以前大了,也没有以前有地位了。我说,地位是我自己创造的,当我给一帮年轻人创造了他们所需要的东西的时候,那个时候我真切地感受到我被别人需要,这是最大的地位。地位不是谁给你一个官位子,你就有地位,不是这样。你应该创造自己的价值所在,没有这样一个创造的过程,就是得到了那个东西,也不属于你。

张　星　**但是你创造的过程也是你付出的过程。**

王利芬　对，我付出我快乐。我一个朋友就说我，还没有看到一个人在取得了阶段性成功之后，还能像我这样弯下腰来每天“种地”。我说我就是每天种地啊！我每天起早贪黑，从早忙到晚，做着最实际的工作，选题、嘉宾、演播室，然后内部组织结构的管理，人员、财务、协调等等，全得来一遍，这样我才能知道是哪个环节有问题。

张　星　**你在这个过程中享受快乐？**

王利芬　对。我觉得蛮舒服。你做一件事就会从中得到许多提高，每天都有心得，每天都在成长。我们周围都是年轻人，我们的团队平均年龄25岁，我要做的事情就是为年轻人服务，我离他们非常近。

张　星　**所以你心情会很愉快，很开朗，很阳光？**

王利芬　很愉快。你做的事情是有意义、有价值的，然后又能按照你的意愿去做，又是在社会的主流之中。这事我觉得很好啊！很少有人能做自己喜欢做的事。

王海鸰

我的成长与《成长》

王海鸰：著名作家，著名编剧。有“中国婚姻第一写手”之称。1952年12月出生于山东，1967年毕业于山东省实验中学。16岁入伍，在济南军区某海岛部队当兵。1980年开始发表作品，1983年调至总政话剧团任编剧至今。作品有小说：《牵手》、《大校的女儿》、《不嫁则已》、《中国式离婚》、《新结婚时代》等。作品曾获飞天、金鹰奖，曹禺戏剧文学奖等。

印象:50多岁的女人,有一种美丽叫从容

秋深冬浅,西子湖畔,在"2010中国影视编剧塘西雅集"活动的间隙,王海鸰接受了我们的独家专访,在大腕云集的中国编剧界,王海鸰应该算得上是前辈,由她创作的《牵手》、《中国式离婚》、《新结婚时代》、《大校的女儿》等热播电视剧把这位原本在幕后默默写字的女性推到了台前。

2010年11月12日,湖光山色、宛若画屏的杭州塘西古镇,湿润的空气中不时传来鸟的吟唱。刚刚从北京赶来的王海鸰温婉热情,一件红色的毛外衣映着她略显瘦削的面孔。初次见面我对她说,我最喜欢你的《大校的女儿》,我觉得这部作品给人的感觉就是两个字:真诚。

她笑了,50多岁的女人有一种美丽叫从容。

王海鸰说:"现在是我人生中最从容的一段时间了,经济压力没有了,孩子也大了,对名利之事也全明白了,这个年龄,该经历的也都经历了,还没有到七老八十行动困难,身体上还力可从心,这个时候是我人生最好的时候。不焦虑,也没有那么多的病痛……"

于是,从容的王海鸰便舒展开自己的内心,从写别人到写自己,从结婚、离婚这种婚姻的外部形式到写女性从女儿到母亲的内心体验,再到今天她终于写出了第一部以年轻男性为主角的小说和剧本《成长》,而其中的男主人公便是以她的儿子为原型创作的。

王海鸰真诚地说:"我还从来没和别人讲过,因为我不大愿意讲,碰到你们这么喜欢《大校的女儿》我就忍不住说了,读者的眼睛是很尖的,他们就会问,《成长》中的母亲是不是你?你们也知道,写儿子的故事,如果没有当过母亲是写不出来的,细节是编不出来的。显然,就算书中的母亲不是我,这个儿子就是我儿子。这个孩子是我一手带大的,在生完他之后,我有3年没有写东西。我自己带着孩子,但收获非常大。你看着孩子一天天成长,这种生活的积累,是任何体验生活都体验不到的。现在回想起来,其实也只是写了冰山一角。写我儿子的成长,是写不完的……"

按当今的说法,王海鸰算是"闪婚"一族了,并且是"闪结"加"闪离",短暂的

婚姻带给她心灵上难以抚平的伤痛，又因儿子的出生而不得不暂停了写作，那是一段年轻母亲痛苦、纠结却也充满新鲜与快乐的日子。当一切过去之后，她说，我养儿子，从来没想过把他当成生活源泉，那样太功利了。那时候常常累得脸都顾不上洗啊，真是狼狈到活不下去的感觉。但是真正过来了以后，也觉得乐在其中。我欣慰的是，当年我没有为了我的工作或者别的什么原因而错过孩子的成长，孩子的成长是一天一个样儿，一去不复返的，我没有错过。我几乎是和他一块"长大"的。如果说，我现在依然能在心态上保持一个年轻状态的话，与我儿子是分不开的。

《成长》是王海鸰第一次写绝对男人主义的书，直到写作此书时她才发现，20多年养育儿子的过程，也是洞悉一个男性生命成长的过程，已然让她从一个女性作者，成长为、抵达到一个作者的最佳境界——雌雄共体。她说，自父母去世后，儿子就成了她人生中最重要的主角——男一号。令她没有想到的是，一个孩子的成长会如此迷人，从无知到有知，从幼弱到强大，给她的生命带来了无与伦比的充实和欢乐。都说母爱无私，她并不认同，因为她觉得，母亲在付出的同时已然得到了超值的回报。

采访时王海鸰告诉我们，如今20多岁的儿子已经有了谈婚论嫁的女友。她手机上贴的是儿子的照片，而儿子手机上贴的是那个女孩儿的笑脸。一年前，当王海鸰送儿子去美国读书的时候，她说："当高高大大的他背着双肩包消失在机场海关的人群深处时我就明白，从此后他就算永远地离开了我，踏上了属于他自己的人生旅程。当然他还会再回来，但那时的回来就是'常回家看看'的回来了。那时我只企盼，他的回来不是迫于'亚洲价值'的孝，而是因为他喜欢家中的那个老太太。"

我问她，你写儿子的作品儿子看吗？他怎样评价？

王海鸰说，看。我写的每一章都发给儿子看，他的评价是：还不错。

那一瞬，著名作家、金牌编剧的光环通通消失了，坐在我对面的王海鸰只是一个母亲，一个含辛茹苦拉扯儿子长大，又在他羽翼丰满时放他自由单飞的母亲……

有一句名言："母亲是民族的摇篮"，是真理。当好一个母亲不容易。

访谈录

少女时代的寂寞与饥渴

张　星　**看过你少女时代穿军装的照片，很清纯的样子，女兵生活与你在《大校的女儿》中所写的一样吗？**

王海鸰　很多地方是一样的。我16岁当兵，在海岛生活了14年。部队生活紧张、单纯，早出操、晚点名，几乎每一分钟时间都得由组织安排。海岛环境安静、闭塞，在赋予你沉静、专注的特质的同时，也局限着你的视野。尤其当时还处于"文革"的特殊时期，那是一个精神或说大脑饥饿的时期。没有书看，没有新鲜东西可学，除了军报外，全连只有一份《参考消息》大家轮着看。就想学东西，如同人饿了要吃饭，却无饭可吃。那种饥饿之苦为今天的年轻人难以理解，正如我们难以理解他们那种被要求填鸭式读书学习的痛苦。所以，我从不跟儿子忆苦思甜，说一些"你看你们现在多幸福啊，有那么多书看，有那么好的条件"之类的话，因为，"子非鱼"。饿着和撑着都痛苦，只有类别不同，没有程度的高下。

张　星　**那么你是怎样开始文学写作的呢？**

王海鸰　最后我都有点饥渴得疯狂了，像我这样一向服从命令听指挥的人，居然疯狂到去找领导，直接说，要上大学！那时上大学由组织推荐，工农兵大学生。这是很冒险的一件事情，会让人觉得是你资产阶级思想，最后果然被领导批评了，没上成学，影响还特别不好。由于是电话兵，会有机会接触到物理、数学这方面的书，我就学微积分、高等数学、物理，但你毕竟一个小学生，这种知识一环扣一环，况且，没有能自主安排的时间，客观上想学下去完全不现实。于是，又开始写诗，或叫顺口溜，发现这是一个很好的宣泄口，也许，这就是我文学创作的开始。

▲ 张星采访王海鸰

张 星 **文学点亮了你的青春，也改变了你的命运，是吗？**

王海鸰 可以这么说吧。领导发现我文字上有一定基础，就让我给宣传队编节目，替领导写年终总结，写黑板报等。几年以后，从连队到部队医院，条件相对宽松了一点，我开始偷着写小说，写了寄出去投稿，被退回来，再写，再寄。只能夜里写，冬天海风大，宿舍冷，需"全副武装"。放两瓶水果罐头做诱饵，写完了，才可以吃。终于在1980年，快到28岁时，《解放军文艺》杂志发表了我的第一个短篇小说《爸爸的工作问题》。第二年，《解放军文艺》三月女兵专号又一下子发了我两篇小说，在军内造成小小轰动，那时是文学的黄金时代。当年我就被邀到北京来参加学习班了，同时，八一电影厂也找上门来，要把我的小说改电影，接下来参加全国性会议，上了《新闻联播》，这对一个在小岛上生活这么多年的人来说，一切都如梦似幻。1983年，总政各文艺团体要补充年轻的创作力量，解放军文艺出版社向他们推荐了我，我从小岛调到了北京总政话剧团做编剧。

剩女，闪婚，单亲妈妈

张　星　**那时候你为了事业前程顾不上谈恋爱，按今天的话说，已然成了资深剩女。**

王海鸰　工作上站住了脚之后，下面自然要考虑的是个人问题。寻寻觅觅到35岁，方遇到一个自认为可以结婚的对象，可惜结婚一两个月后，双方同时发现了彼此并不适合，世界观上有着巨大差距。于是，和平分手。当时还没离婚，只是分居两地，各过各的，那时我已怀孕。

张　星　**听说是你拖着不肯离婚，是为了孩子吗？**

王海鸰　到儿子两岁多时，他爸爸正式提出离婚，我没同意。我是军人，如果我不同意，这婚肯定是离不了。知道这事的人都认为是我不对，既然早晚得离，干吗拖呢？我的理由是：一个人照顾小孩儿肯定比两个人困难，但是大部分困难能想办法克服，但是有一个困难没办法克服：有一天，孩子开口要爸爸。

儿子1岁8个月，刚学会说双音节，就对我说："叫……爸爸……奈(来)！"尽管我有思想准备，但没想到会这么早，有些慌乱，说："好的，妈妈今天晚上就给爸爸写信。"儿子用小手拍打着电话说："叫，爸爸，奈(来)！"我吓得心嗵嗵跳，他居然懂得打电话比写信快！那个时候离婚的少，会被歧视。大人好办，再说那是他们犯下的错误，受到惩罚也该，孩子没有错。可偏偏总有些人，闲得无聊时竟能想到拿这样的小孩子消遣："你爸呢？你爸怎么不要你了？"每每看到小孩子在成人的调笑面前张皇失措，我心惊肉跳。想拖到儿子再大些的时候。儿子3岁时，正式与爸爸见面。一点儿也不陌生，亲切地跟他爸爸打招呼，他爸爸一下子就喜欢上他了！其实，在儿子心里，他爸爸不仅一点儿都不陌生，相反还熟悉亲切得很。每当他爸爸让人给捎玩具来，我会大肆渲染。生日、"六一"儿童节寄钱来,用儿子的名字开了账户,告诉他是爸爸给的,跟他说爸爸一直惦着他、爱他,只因工作太忙才不能回家,很多小朋友的爸爸都是这样……

张　星　**这样拖着也不是办法啊!**

王海鸰　儿子6岁时我和他父亲离了婚。他父亲拖了3年才获得自由,跟人家说:"我喜欢我儿子!不喜欢他妈!"

张　星　**以后的日子就是你们母子俩相依为命了,所以你比别的母亲对孩子的爱更深一层。**

王海鸰　现在我儿子已经是1米8高的大小伙子了。为小说《成长》的创作做准备时,我找出厚厚的几大本日记,看里头所记关于儿子的点滴。《成长》是一个男孩儿成长为男人的故事,儿子是我重要的创作窗口和来源。我所有小说、电视剧中的孩子都是男孩儿,所有男孩儿都有儿子的影子,他们大部分的对话台词都是儿子的原创,我做的工作只是在儿子的成长过程中,跟在他后面把他撒落的珠子一颗一颗细心拾起,然后用文字再现。

张　星　**孩子成长中所有的事情你都会记录吗?**

王海鸰　我有记日记的习惯,连我带他,每天的事,经常会记一记,甚至他今天喜欢吃的饭我也会记一记。很随意,这种随意,却是很珍贵。翻看日记,那个浑身奶香的小男孩儿仿佛就在昨天——急急忙忙奔了来,小脸跑得通红,上气不接下气地问我:妈妈,你说,红螃蟹跑得快还是白螃蟹跑得快?不等你说他就又说:白螃蟹跑得快,因为红的已经死了。那段日子他常会趸来这么些愚蠢的幽默,不辞辛苦,献宝似的。我忍着笑不动声色:那你说,红脸娃娃跑得快还是白脸娃娃跑得快?儿子盯住我的眼睛:红脸的快!我说:错。白脸的快。你想啊,红脸娃娃脸都跑红了,都快累死了,哪还有劲儿再跑?儿子觉着我顺口胡诌出来的这个东西好笑极了，笑得喘不上气，一张小脸越发可爱。

张　星　**儿子长大后不再以妈妈为中心，交了女朋友，你有没有失落感？**

王海鸰　不会。儿子高一时开始交女朋友，先后交了3个，暗恋一个，我都没见过面。出国前，他领他谈婚论嫁的这个女孩儿来家里，见后我很喜欢。常言道：没有比较就没有鉴别。心理学家认为，青春期没有过几次恋爱，很容易走进把异性间的吸引当作爱情的误区。家长不能忘记自己也有青春的时候，不能用现成的大道理去"教育"孩子，孩子能一眼看出家长的虚伪。

张　星　**你在《成长》中写出了这种父母与子女的关系？**

王海鸰　这是我第一次用男性做作品的主人公，是因为我养了一个儿子，洞悉了一个男孩儿如何长成一个男人。一般来说，写到孩子时我不敢编，会失真。

张　星　**其实每一个做妈妈的都有过类似的经历。**

王海鸰　这就是职业敏感和一种特殊记忆。别的妈妈，这些事情过去就过去了，不是她的财富，我就可以拿出来分享。这是一种职业界定。

张　星　**台湾女作家龙应台的《亲爱的安德烈》也是写一种母子关系的，你怎么看？**

王海鸰　龙应台的书，我是认真看的。比如龙应台和安德烈。前面我之所以说龙应台"基本坦诚"是因为她没有说，当她决定离开才14岁的孩子去台湾就职时奉行的是什么价值，欧洲的还是亚洲的？智慧如她般的母亲不会想不到，她这一去对未成年的孩子意味着什么，对今后的母子关系意味着什么，亲子关系的形成哪里是仅靠精神沟通就能够的？但她还是选择了离去。在安德烈《藏在心中的小镇》里，他概念中的"家"里，没有母亲。固然母亲可以说"我失去了小男孩安安没有关系，我可以认识成熟的安德烈”，亡羊补牢，补比不补肯定要好，但失去的就是失去了。孩子的每一天都是他生命中的唯一，生命不可复制。

关于写作

张　星　**你的写作状态是怎么样的？每天要写多长时间？**

王海鸰　我每天上午写作，一般从8点多开始，特别正规，和上班一样，从8点多一直写到中午1点多。我完全是自己在电脑上写。晚上也睡得比较早，我锻炼的方式就是游泳和散步。

张　星　**那么你现在又在写新作品吗？**

王海鸰　等于说是三部曲吧，与《大校的女儿》《成长》一个系列，是《成长》延伸的一个东西。现在不是在写戏，是先写小说。

张　星　**那你在剧本和小说之间的这种交叉转换是怎样进行的？**

王海鸰　这个是特别难的。这完全是两种思维。我刚调进话剧团写话剧的时候，就觉得话剧怎么这么落后呢？老得设计巧合、冲突。其实写小说是要避免这些的，因为它不真实。而事实上对戏剧而言，这是必须的。每次转换也是挺难的，所以每次写完剧本之后就开始大量看书，进入到这种特别好的文学的意境里。然后要开始写剧本了，有时就不知道该怎么写了，再把剧本找出来看，进进出出不是那么容易。

张　星　**虽然都是自己的作品，但你要从一种状态到另一种状态，你在哪种状态里最舒服呢？**

王海鸰　当然是写小说。它是一种最自我的过程，写剧本是要妥协的，包括政策方面、演员方面、投资方等等，你都要考虑，是有许多禁忌的，但也有快乐。曾有人预言，未来20年，中国有两种产业是最厉害的，一个是房地产，一个就是影视。

张　星　**现在这个时代，很难让人耐下心来写点东西了，尤其是网络，很容易让人浮躁。**

王海鸰　我还是想好好写点东西，现在是我人生中最从容的一段时间了。年轻的时候，看到我这么大岁数的人就会怜悯，想都那么大岁数了，活着还有什么劲啊！现在我看到年轻人也还会怜悯，因为青春是一个大礼包，当你千辛万苦一层一层地剥开来时才发现，其实里面什么都没有。我觉得人重要的是有自信，哪怕是盲目地自信，都会规避掉很多不快。有些小网友问我说：王老师，你是不是觉得自己永远是生活的主角？我说是。如果你这个人永远羡慕别人，永远不自信，你就会一辈子都不愉快。

张　星　**你觉得女人一生中哪个时代是最美好的？**

王海鸰　这要看怎么说，比如说我们写字这个职业吧，什么时候都挺好的。年轻的时候有希望，年老的时候可以把希望付诸现实。我觉得一生当中，让我最欣慰的是我的工作和我的兴趣是一致的，而这个工作恰恰和我的生活又完全一致，无论我看电影，包括和你们在这儿聊天，或者我经历任何苦难，都可以转化成一种财富，都不会浪费。虽然我接受离婚很痛苦，但是这种痛苦过后，只要你是积极的生活态度，就可以转化为财富，因为我创作。

王丽萍
编织媳妇的美好时代

王丽萍：出生浙江杭州，毕业于南京政治学院新闻系，现供职上海电影集团公司。国家一级编剧，中国作家协会会员，中国电影家协会会员。主要代表作：电视剧《保姆》、《错爱一生》、《婆婆媳妇小姑》、《谁懂我的心》、《媳妇的美好时代》、《我的美丽人生》、《双城生活》等。《媳妇的美好时代》获上海白玉兰奖最佳编剧奖、第25届金鹰奖优秀电视剧奖、东京国际电视节获最佳海外电视剧奖、第四届华鼎奖最佳编剧奖、2010年度获得中国影视编剧致敬榜、2010年第25届金鹰奖优秀电视剧奖、2010年韩国第五届亚洲编剧会议获得亚洲文化贡献奖等。

印象：她像一束阳光，好温暖，好灿烂

2010年岁末，杭州，中国编剧界盛大的“塘西雅集”上，前一天的研讨会和“向名编剧致敬”晚宴上，独独缺了这位正火的大编剧王丽萍。原来同一时间，第四届华鼎奖在山西颁奖，王丽萍凭借《媳妇的美好时代》获得最佳编剧奖，她到山西去领奖了。正遗憾着呢，没想到在聚会的最后一天下午，她像是从天上掉下来的似的，突然就出现在大运河边、我们正准备乘船游运河的路上。匆匆飞过来，她笑称只为了赶上当晚的大餐——“塘栖水北百家雅宴”，好馋的媳妇啊！

当晚，原本应该摆在街上的百米流水大席，因为下雨，最后只好摆回到屋子里，茶、酒、饭、点，一道又一道菜上过之后，刚开始还吃得津津有味的王丽萍有点扛不住了，大叫：太饱啦！这位孝顺的杭州女儿于是开始打包，准备第二天回家时让老妈也尝尝这独具特色的运河美食。正当她左手一兜，右手一袋的时候，另一位编剧大姐举起相机“咔嚓”就是一通猛拍，望着镜头里开心大笑的王丽萍，真是“媳妇的美好时代”啊！

王丽萍性格开朗，为人热情，举手投足还真有点海清在剧里的范儿，简直就是毛豆豆的现实版。

那天晚上回到酒店，已经是深夜了，她毫无倦意地与我们聊了起来。沉浸在她的叙述里，仿佛沐日光浴，一直被暖暖地照耀着，在这原本有些忧郁的阴雨之夜，心情一点点地晴朗、明亮起来。采访过那么多的名人、非名人，那么多人的情感与故事，却从来没有谁像她这样，有如此强大的气场与感染力。这是一个目光柔美、笑声爽朗的灵秀女子，一个在纸上演绎家长里短、儿女情长故事的创造者，一个混在红尘中却能迅速转身，一边风风火火地帮人拉架、一边优雅地坐在咖啡馆里品着咖啡的女人，一个能把青菜豆腐做成上等营养美食的精神厨子……

她得到过太多的爱，父母、公婆、丈夫、女儿、师长、朋友……她也有过伤心的痛，失去疼爱她的人——父亲和公公。“爸爸46岁才生的我，我4岁，他50，把我背在身上，有人见了笑问：‘你孙女啊？’爸爸也不恼，呵呵地应着，觉得欢喜……工作离家后，偶尔回家看他，爸爸欢喜得像个孩子，常常我一转身，他已经不见人影，妈妈说，还不是去给你买新鲜的裱花奶油蛋糕了！爸爸很节俭，只给我买一

个，怕小袋子挤了蛋糕上的奶油，就一路将蛋糕托在手心走回家……看着我吃完，还问：好吃吧？明天再给你买……"

说到已经去世的父亲，王丽萍的眼圈红了，声音有些颤抖。停了片刻，她从衣服口袋里掏出一个钱夹，从中取出几张叠起来的纸片拿给我，说"别看内容啊！"原来那是她父母写给她的信，她像护身符一样地随时带在身边，无论走到天涯海角，父母的信件永远温暖着她。钱夹里还有一组照片，"这都是我的亲人，我永远都带在身边的。这是我闺女，她上大学了。在国外做交换生时拍的。这是我丈夫……"

女儿很漂亮，和她站在一起像姐妹。丈夫很伟岸，站在她身后衬得她更加娇小玲珑，难怪她总是一脸阳光，在她的心中，亲情和爱情已经让她"幸福得像花儿一样"了！

王丽萍的人生经历也颇具戏剧性，作文获过奖，又是学生干部的她在高中毕业那年高考意外落榜，不肯复读的她宁愿当兵入伍，在皖南山区的军营里，她第一年立功，第二年入党，第三年以全军战士学员第一名的成绩考入南京政治学院新闻系。读书期间便开始在北京的军报实习，并很有可能毕业之后留在军报。然而，出乎大家意料的是，一毕业她就把自己嫁掉了，并且一嫁就嫁到了远离家乡的安徽。为此她转业到《安徽日报》当了5年记者，期间在公公——著名作家鲁彦周的鼓励和教导下尝试写剧本，开始在剧坛崭露头角。后来，因为接连写出了几部影响较大的表现上海生活的电视剧，她和丈夫以特殊人才的身份调入上海，成为上影集团的专业编剧。

王丽萍说，她上学遇到了好老师，当兵遇到了好战友，工作遇到了好同事，恋爱遇到了好丈夫，嫁人遇到了好公婆……在她嘴里，我听到的都是别人对她多么多么的好，难怪她把一向最难相处的婆媳关系也变成了"美好"的关系，正如她写的第一部中篇小说《我爱阳光》，以阳光的心态对待生活和朋友，收获的也一定是阳光一般的灿烂和美好。

王丽萍写戏从来不是坐在屋子里硬编，她一方面要深入生活采访，用最"笨"的方法获取每一个生活细节。她还有一大帮不同阶层的女朋友，经常和她们在一起聊天，听她们讲生活中的喜怒哀乐，电视剧中的许多情节都是这样得来的。她还在上海两档电视节目中客串嘉宾和主持人，倾听不同的人生际遇和情感故事。她为什么能把戏里的人写得活灵活现？因为她从来没离开过生活。同时她又是最勤奋的编剧，定时要读完丈夫为她挑选出来的大量古今中外的书籍，比如她写《双城生活》就又读了一遍狄更斯的《双城记》——“那是最美好的时代，那是最糟糕的时代；那是智慧的年头，那是愚昧的年头；那是信仰的时期，那是怀疑的时期；那是光明的季节，那是黑暗的季节；那是希望的春天，那是失望的冬天 ……”虽然与她写的故事毫无关联，但狄更斯的作品让王丽萍很受启发。

前两天我与她通电话时她告诉我，《双城生活》已经关机，不久就会播出，又是一部非常好看的生活大戏。

不为人知的是，看似大大咧咧的王丽萍还是一个颇具小资情调的浪漫女人，她喜欢拎着电脑在咖啡馆里写作。不仅在上海，也在英国。去年圣诞节期间，她一家三口到英国旅游，差不多有十天的时间，丈夫陪着女儿去参观游览，她独自一人跑到咖啡馆里灵感大发，品着咖啡写完了一部电影剧本，还招来英国绅士搭讪和主动付账……

我调侃说，咖啡再喝下去，你的“英国情人”就出现了。她听完哈哈大笑起来。

“2011年，我将继续推出《媳妇的美好时代》第二部。将会写得更有意思，也更有意义。可以告诉大家的是：一、仍然是喜剧。二、仍然是媳妇那点事儿。三、仍然很美好……”

王丽萍信心满满，我们期待着。

访谈录

张　星　**先从你的个人经历介绍一下自己好吗？你当过多少年兵？**

王丽萍　我17岁入伍，当了14年兵。我也是军人家庭。我父亲46岁时才生的我。我妈妈是教师，我是挺幸运的，从我读小学开始，我妈妈就给我订了《人民文学》《世界文学》《戏剧文学》《人民戏剧》《儿童时代》等。我记得有一个月因为扣掉了所有杂志全年的费用，妈妈当月的工资只剩下了两块钱。

张　星　**你为什么17岁就去当兵呢?**

王丽萍　我高中毕业考大学,因为偏科没考上。(很不好意思地笑)我上学早。我当兵到南京军区后勤部,在皖南山区的山沟里。

张　星　**那你当时是什么心情? 很高兴还是很无奈?**

王丽萍　我当时是很高兴。因为没考上大学,当时摆在我面前的路只有复读,但是复读的感觉很不好, 主要是让我父亲很失望。当时我在杭州二中,是杭州最好的中学,我是学生会的宣传部长,是应该能考上大学的,结果……只能说是上天安排的。我爸太爱我了,他认为我一定能考得上,有时家里来人了,我其实是在看小说,他就跟人说,看他女儿多努力! 太多的希望,给我很大的压力。高考落榜后,父亲非常失望。所以那时候我特别想离开家,当兵就能给我一个解脱。我是1981年当兵的,就是野战部队,就想做出一番事业来,我个性上比较要强,像我父亲一样,做什么事,要做就做好。当兵后我第一年就立了三等功,第二年就入了党,第三年就考上了大学——南京政治学院,那一年我考出了全军战士学员第一名的成绩。

张　星　**你父亲知道你考上了军校后什么反应?**

王丽萍　我以全军第一名的成绩考上了军校的第一届新闻大专班, 要去上学之前回家看爸爸。爸爸没有说什么,就出去给我买蛋糕,他知道我从小就爱吃那种上面有奶油的裱花蛋糕,怕把上面的奶油弄坏了,他就用手托着蛋糕走回来,看着我吃。我离家后爸爸一直给我写信,我搬过那么多次家,但父亲的信我一直留着,一个完整的大纸箱。我父亲去世后,我很久很久都缓不过来……(眼圈红了)

张　星　**你从小的性格就是那种特别活泼的?**

王丽萍　是,小学跳跳舞啊,中学又是学生会的宣传部长。我考上军校时我父亲已经老了，变得很乖了，会跟我诉诉苦。我会给他洗衣头，他要我到阳台上去洗，为的是让邻居看到，干洗，用手揉。一定要等到邻居说：老王，有女儿好啊！他就特别高兴。晚上给他铺床，我说，爸爸我给你暖被窝吧？我躺下，摸到爸爸的脚，很凉很凉，我说爸爸你的脚怎么这样冷？他说，老了呀……我把他的脚搂在怀里，焐得热热的，然后，听见了爸爸的鼾声。在爸爸最后的日子里，已经不大能说话，在他的病床边，我把他的手贴着自己的脸，我看见眼泪从他的眼角滚落……其实，我一直很害怕、很恐惧、很脆弱、很担心爸爸的离开，在我生命里，他一直是我的鼓励，我的勇气，我的力量，我的做任何事情的源泉……

▲ 张星在杭州采访编剧王丽萍

张　星　**那你是什么时候从部队转业的呢?**

王丽萍　转业是因为我一大学毕业就嫁人了,我丈夫在安徽,我就跟随他到了安徽,开始在解放军电子工程学院工作,是总参的。可是我家住的地方离我上班的地方很远,我上班每天要倒三次公交车,骑自行车要一个小时,太累了!我要写东西就没有办法去工作,后来又有了孩子,就考虑转业了。

张　星　**你怎么会嫁到安徽那么远的地方?放弃在军报当记者不可惜吗?**

王丽萍　我以后会写到这些的。当时在我心里真的是爱情第一。我和我先生认识时,他是在安徽出版社当编辑,他到南京来采访我,追我,哈哈……他不断地来南京找我,每星期都来,很执著。交往之后,我觉得他就是我要嫁的人。最后他就问我,毕业后会到哪里去?他希望我能到他那边去。我觉得,要结婚两个人就应该在一起。其实我当时已经在军报实习了,已经在北京的军报待了两年半了,努力一下应该会有非常好的前途。

张　星　**但是你为了爱情把这一切都放弃了?**

王丽萍　我真没觉得我是为了爱情。我觉得我就是跟他在一起。因为他是不可能调到北京的。我就跟我爸妈说,我要去安徽。我父母还是尊重我的选择。我现在回过来想,才明白我父母的内心有过怎样的不舍和挣扎,是我太自私了。

张　星　**你写东西是大学毕业以后才开始的?**

王丽萍　对。在安徽,我最早写的是中篇小说《我爱阳光》。我小说写了不少,还获了一些奖。在写作上,我很感激我公公的,少走了好多弯路。因为那时候不像现在,没有网络,只有传统的媒介,文学的道路还是很窄的,我挺幸运的,得到了最好的指导。我公公是鲁彦周——电影《天云山传奇》的编剧。我们结婚后和婆婆一起过。我不会做家务,但我公公婆婆都对我非常好。好多人说我,是从一个好的娘家进入一个好的婆家。

张　星　**我觉得这也是你的性格使然,阳光女孩走到哪就把快乐带到哪。可否讲讲老公追你的浪漫故事?**

王丽萍　那个年代就有那个年代的感觉。他会自己做一些东西,比如枫叶,他想什么办法能让枫叶保持新鲜?就用一整瓶胶水涂在枫叶上,把两枚枫叶粘在一起,这样一对枫叶就双双定型,然后用相夹固定住,寄给我。他还喜欢篆刻,刻我名字,还给我画画……到现在也依然如此,我们彼此也能够接受这种方式。现在,每隔一段时间他就会给我找出一些书让我读,告诉我,你现在要读这些书了。我对家庭看得挺重的。我婆家就我一个媳妇。老公是独生子。我现在打电话,明明是老公接的,婆婆却要抢过去和我说半天话,她很单纯,性格很开朗。(第一次听媳妇说婆婆用单纯这个词)

张　星　**你真是幸运啊!**

王丽萍　记得很清楚,有一年夏天,我房间的空调坏了,婆婆就说,"到我房间睡吧。"于是,我第一次跟我婆婆睡一张床,那个晚上,我一夜都没有睡着,回想自己在母亲的身边,是倒头就睡的,没想到在婆婆的身边,却是一个翻身都不敢……第二天,婆婆眼圈也黑黑的,看得出也没睡踏实。因为不住在一起,我们婆媳间就特别客气,在一张饭桌上,婆婆给我夹个鸡腿,我一定会说句谢谢。而我在自己娘家,妈妈要是给我搛个菜什么的,我会对妈妈叫:我不喜欢给我搛菜的!所以说,一个女人跟自己妈妈和跟自己婆婆,还是有区别的,但这个区别会在漫长的婚姻里,在共同的日子里,渐渐褪去,然后变成扎扎实实的生活,平淡且真实,再慢慢汇成了温暖的亲情,此时此刻,婆婆和妈妈真的合二为一了……

张　星　**你是一个有心人，都把它们留心下来了，就变成了你的积累。**

王丽萍　其实戏里的许多情节都是真事。比如山东小黑的情节，就是真事，是我一个战友的故事，他讲给我听，是他10岁的时候想去游泳，邻居小孩叫他，可他被妈妈反锁了，没去成。邻居小孩去了就再也没回来。后来他老家的奶奶想看孙子的照片，他们觉得10岁的小孩长得都差不多，就让他拍了一张寄回去……这个故事讲给我听时我特别激动，我就摇着他说，太好了！这样的故事太感人了！后来这个情节多抬人啊！我那个战友看了电视剧以后发短信对我说，这么美好的事情会让大家觉着美好，我自己都感到骄傲。

张　星　**你转业到合肥以后就辞职了吗？**

王丽萍　没有辞职。我转业到《安徽日报》当了5年多记者。后来我调到上海以后，我同办公室的三个同事都写过关于我的文章，其中一篇叫《对面的风景》，发表在《安徽日报》副刊上。我的主任写了一篇《我的同事王丽萍》。我走后他们都舍不得把我的办公桌让别人用，一直到办公室搬家，才让我的家人把我的东西取走。我特别感动。

张　星　**我觉得你就像一束阳光，走到哪把阳光照到哪。**

王丽萍　我还在合肥广播电台做过5年的夜间节目主持人，1994年到1999年，每个周末，打进电话来的人都很真诚，我听到了很多素材。后来又在上海电视台做两档节目，也做了5年了，一是“相亲”节目——“相约星期六”，一是法律节目，上海观众很喜欢我。在街上还经常被认出来……我现在正在写一部戏，应该是年初可以开机，剧名还没最后定，从1978年写到现在，立意是一部情感大片，非常棒，会超越我所有的作品。

张　星　**为什么叫情感大片？**

王丽萍 我觉得整部戏里充满了高尚感和对人的尊重,是我们社会缺失的、我们生活中一种崇高的东西。是从老百姓角度讲的主旋律,特别让人心动。能那么认认真真生活的小人物,他们是那么的让人尊重,就是这种感觉。我为什么设计剧本大纲时要磨那么久?就是不想作品里有硬伤,不想让人感觉有不真实的编撰。我反反复复找人采访,包括不同年龄经历的人,其中找一个人采访了好多次,我一直找他,在他办公楼下等,问得非常细,甚至还要画出图来。其实这不是我的功课,但是我要这种情节和画面,让他画给我看。最后他说:我知道你为什么能成功了,你那么执著!

这个戏完了之后,我会写《媳妇的美好时代》第二部,故事都想好了,会很快,绝不输给第一部,我觉得是更快乐,更朴实,更美好的故事。

宋安娜

让世界知道天津的善良

宋安娜：1982年毕业于天津师范大学中文系，《天津日报》社高级编辑。中国作家协会会员，天津作协签约作家。著有长篇小说《桅顶瞭望》《圣光》、散文集《海之吻》《别让我成为富人》等。

近年潜心研究天津犹太人历史，赴美进行学术交流，在国际学术会议上宣读论文，并主编大型画册《犹太人在天津》，出版专著《神圣的渡口》。

印象:女人独自远行

一本研究二战时期犹太人在天津那段历史的专著《神圣的渡口——犹太人在天津》竟然出自一位女作家、女记者之手。而这位女作者,无论所学专业、人生经历,还是所属族群,都远离那个时代、那个民族,更与犹太血统毫无瓜葛,却以一种令人难以置信的热情和坚忍不拔的韧性用了6年的漫长时间来完成这项堪称艰巨的工程。她的研究从零开始,6年中,她有过耐着寂寞枯坐档案馆的无奈时光,也曾不辞辛苦地远赴日本和美国去寻找资料、探访当年在天津居住过的犹太人……

她,就是宋安娜,《天津日报》高级编辑,天津作协签约作家。

虽然是很熟的朋友加同事,但我没想到,宋安娜这回给我的感觉却显得有些沉重!当她与我商量可否用她曾经的散文题"女人独自远行"来做这篇专访的标题时,我忽然感到了一种心灵的微颤。也许,表面上一直都是忙忙碌碌的她,内心世界却是相当孤独的。当她说到在查资料时遭到拒绝、不得不用手抄的方式用了两个半天获取那些她想要的东西时,她目光中自然流露出的无奈和挫败感一下子就拉近了我们之间的距离……

不错,一直以来,宋安娜给人的印象都是自信的、果断的,甚至是骄傲的。恰恰是这瞬间流露的脆弱,让我看到了她很真实、很女人的一面。也许,天性中的悲悯情怀才是她与犹太人"结缘"的契机。她在这本书的扉页上写着"谨以此书献给全世界热爱和平的人们"。

应该说,宋安娜扎扎实实地做了一件填补历史研究空白的伟大工作。本书第一读者、原天津市出版局局长李树人在审读意见中写道:"这是一项了不起的工作,对天津历史的研究提出了新的角度和领域,是一项重要贡献,具有学术价值。作者这种锲而不舍的精神也是令人敬佩的。"

与宋安娜同事二十多年,从来没见她掉过眼泪,但是就在那天,当她讲到她把这本沉甸甸的书递到93岁高龄的父亲手中,一向疼爱女儿的父亲只对她说了两个字——"伟大"时,她的声音颤抖了,眼眶湿润了,泪花就在眼睛里转,就那么晶莹着,她尽量控制着,但那泪水还是不听话地悄然落下……许久,她都没有再说什么。我在这沉默的泪水中，体味着一位老父亲对女儿的称赞，更体味着女儿在父亲面前的那份无需掩饰的真挚情感。多少辛酸与劳累，多么坚韧的女儿心，都在父亲的这一句“伟大”声中轰然释放，心灵的闸门瞬间开启，任凭自己情感的潮水放纵奔流……

谈到这本书，谈到她自己，她用了两个词：激情，坚韧。

或许是长年担任中层领导职务的缘故，工作中的宋安娜是严谨的，理性的，有时甚至是严厉的。但散文中的宋安娜却是感性的，多情的，甚至是浪漫的，仿佛有一座活火山在酝酿着，那正是她胸中的激情啊！

瞧，她在散文《五大道之晨》中用那么亲切而充满感情的笔触去描写鸟儿：“天空中，一只鸟儿掠过，扑棱棱，扑打翅膀的声音在静逸中让人心动……叫得最动听的要属红靛颏，躲到灌木丛里，身影儿不见，却用歌声与人交流，唱起来清脆婉转，分外悦耳。运气好的时候，还能看见八哥儿，蹦蹦跳跳，在便道上觅食，不知它会不会说话，只顾偏着小脑袋看人……”却在散文《观钱江潮》中用那么沧桑的顿悟阐述人生：“天下万物，上下左右，长短大小，轻重缓急，美丑善恶，皆有极致。而最美的感觉，往往存在于瞬间，如灵光一闪，灵感一动。时辰一过，再难捕捉。比如一个人，奋斗一生，终成正果，满足感在瞬间达到极致，此后再谈满足，都不过是那个瞬间的复制了……”

由此可见，只有沉浸在写作中的宋安娜才能找回她的灵魂，才能畅快淋漓地释放内心！

坚韧是宋安娜成就事业的保证，当别人都放弃的时候，她不放弃，当路已中断，没有路可走的时候，她也不能停止脚步，就是造船渡水、插翅飞翔，她也要达到终点。

女人独自远行，的确是她这些年在写作之路上的真实写照。这一次，她以新闻人敏锐的视角和强烈的社会责任感，以作家澎湃的激情和优美的文笔，以学者严谨的态度和扎实的作风，更以女人独有的坚韧，终于成就了这本独树一帜的专著。

一边是当代中国的女作家，一边是遥远地域的犹太民族，只因历史上的某种契合，就把他们紧紧地拧在了一起。在宋安娜的生命里，激情一旦燃起，便会以无比的坚韧来承接这激情所携来的一切，包括辛苦与折磨。借用“行为艺术”的句式，她把这叫做“行为文学”。她说：这本书断断续续写了4年，常常被新的采访目标打断，成书过程便是研究与发现的过程，从行为艺术的角度理解，它的写作或许也可以称为一种行为文学。犹太人在天津的百年历史，越来越引起国内外的广泛关注。因为它不仅仅是一段历史，还是一曲国际人道主义的颂歌。在民族沟通、民族互助、民族文化相生相长的丰富含义上，向世界提供着“天津经验”……

访谈录

张　星　**对于一位女作家来说，做这种关于犹太人的研究，既不浪漫也不热门，离名利场很远，离女性生活也很远，你为何选择了这条路呢？**

宋安娜　就是坚韧，还得有激情。以坚韧、以激情。

张　星　**那一般人就会想，对犹太人在天津的历史怎么会有激情呢？**

宋安娜　这就是每个女人感兴趣的点不同，可能就因为我是从事新闻工作的，对社会信息非常敏感。我在后记里也写了，我就是对这件事非常激动，激动万分。可能也有一个社会责任感和正义感的因素。我太爱这座城市了，对自己生长的这座城市，在受外强屈辱方面，全世界没有一座城市比天津更屈辱的了！因为没有一座城市被9国列强瓜分过，有9国租界。我这口气都出不来。在这种情况下，突然了解到有这段历史，在一百多年的过程中，特别是在二战中，天津庇护了这么多犹太人！使犹太人幸免于难。我听说后就特别激动，我就觉得这座城市的生命中有光明的东西等着我去发现。

张　星　**那就是冥冥中你的某一根筋与他们的联系。**

宋安娜　所以后来有犹太人问我，是不是有犹太血统？因为我的名字是洋名。我告诉他们我是纯种中国人(笑)。但确实特别激动。就觉得这些人，从城市的深处，从城市的里巷走出来，但他走出来，并不是他们的

▲ 张星采访宋安娜

……就如同有专家说,咱们研究天津的西方文化,研究他们给了我们什么,你这本书写的是我们中国人给了他们什么。我就在这个方面激动,我们这个城市庇护了他们,给了他们生命,同时给了这个民族发展。实际我们自己许多东西我们不懂得珍惜,我们也不知道我们做了多么伟大的事情。比如说二战吧,那时候天津人都很苦,犹太人也和天津人一起受苦,正是在最大的苦难面前,天津人表现出了善良的极致，这是最激动人心的。

张　星　**你说这种善良的极致，有没有具体的例子？**

宋安娜　我觉得这种善良不是个别人的，比如谁谁救了谁的命，而是整个这片土地给了他们生存的空间。犹太人与天津市民的联系很普遍，比如说逢年过节，他们到天津人家里过中国节，天津人也到他们家里祝贺犹太节日，这种情况在西方是没有的，在基督教国家是绝对不可能的。

张　星　**你一开始可能是激动，但你绝对没有想到会为这件事情历经这么长时间。**

宋安娜　绝对没有想到。完全没有历史资料，从无到有。而且阻力特别多。我到一个地方去查资料，他们告诉我，你不能看。我拿着市委宣传部给我开的信去，他们只允许我抄，不允许我复印。我就只好抄啊，一句一句地抄……

张　星　**那你有没有想过放弃呢？**

宋安娜　从来也没有想过，也根本不可能放弃。这可能与我的性格有关系。我要是想做的事，就奔着成功去做，因为我觉得它有意义。这本书写了4年，其实一开始这个框架就已经有了，写一年就可以完成。为什么写了4年呢？就因为不断地出现新的采访对象，我就把书放下，采访完再把新的内容放在里边，使这本书越来越丰富。你能从中感到它有一定的文学含量，对于人的描述，对于生命的关注，这就是文学的力量。同时它有历史的含量，这本书对天津犹太人一百多年的生存史，应该说历史研究的架构比较完整，比如它的社区，它的经济方式，它在二战中的特点，还有它现在的状态，方方面面都涉及了，搭建了一个比较完整的学术框架。

张　星　**在天津有没有这方面的专门研究机构？**

宋安娜　没有。实际上这就是一个历史空白。填补空白,其实就是咱们做记者的天性,记者总是想去寻找别人不知道的事情,总是想告诉别人不知道的事情。别人都知道了就没有新闻价值了。这是记者的天性而不是作家的天性。

张　星　如果不是新闻人的话,这种采访的功夫就很难达到,像这种东奔西跑地采访,与各类人去打交道,只有记者才能做到。

宋安娜　为此我调动了几乎所有的作为记者的社会力量。是《天津日报》给了我强大的后盾支撑,我采访的所有资源都首先在《天津日报》上发表,一边发表就一边有反响了。还有比如说,上到外交部的部长,都给我帮过忙。我为什么能与在海外的犹太人联系上?就是李肇星先生的夫人秦小梅女士给我介绍了卸任的驻以色列大使王昌义,王大使又给我介绍了以中友协的会长,这个会长就是哈尔滨的犹太人(这个过程书上都有)他们就把我的信发在他们的会刊上,于是许多犹太人都给我回信(E-mail)。

张　星　你好像有一种没有人赋予的使命感。

宋安娜　我都不知道该说什么好了。一把辛酸泪吧!

张　星　能举个辛酸的例子吗?

宋安娜　辛苦写作的状态大家都知道,你也知道。写作的人是都经历过那种艰辛。但我是业余写作,我除了本职工作之外,还有许多社会工作,比如孙犁研究会、梁斌研究会,还有人大的工作。我是天津市第十三届、第十四届人大代表,要开会,要视察,还要提出议案。比如庆祝天津建城600周年我就提过建议,然后我们河西区12位人大代表附议,这条建议列入当年人大常委会的第一号重要建议。我还做过天津湿地的考查,最后也做成一个议案,现在已进入立法程序,天津还要出一个湿地保护条例。

张　星　**你做这些事的动力是什么？谁让你去做的呢？**

宋安娜　就是社会责任感，没有人让我去做。经济发展与自然保护之间一定要有一个法律的东西去制约。咱们这代人就是有社会责任感的一代人。

张　星　**我觉得坚韧，对女人来说太难了。**

宋安娜　好记者都是坚韧的，你不坚韧吗？特别是女记者，那种坚韧……这6年当中，我没有一个周六是不敲稿的。周日去看看两边的老人。也没有节假日。春节，初一不工作，初二回娘家不工作，每年初三开始敲稿。

张　星　**在你拿到这本书的最初一刹那，你是什么样的心情？**

宋安娜　我拿到这本书时，因为书样我已校过多次，所以等我拿到了书，一点也不兴奋。拿到书的第二天正好是国庆节，我就上我父亲那儿去了。老爷子93岁了，他已经看不清书上的小字了，只能看看照片，看看封面。看完以后他告诉我：伟大！哎呀，我听了特欣慰！

张　星　**你这6年的过程老爷子肯定都知道。**

宋安娜　都知道。我怎么采访，去日本，去美国，他都知道。其实我以前出过许多本书，他都没说过什么，只有这本书，他知道这太不容易了……

张　星　**我觉得，从你父亲的这种感觉来写，就非常人性了。这也是一种悲悯情怀。也许你在做这件事的时候并没有意识到这点，但你在做的时候，这种情怀就已经在其中了。**

宋安娜　对。确实天津人帮助犹太人这件事，站在世界和平、人类和平的角度看是非常有意义的。我和这么多外国人打交道，跟犹太人要照片，就是发一封邮件要照片，人家就立刻回应，一分钱也没要过。无偿地给我。现在很多照片的背面还有粘贴的痕迹，是从人家私人相册上取下来的。有一个天津犹太人住在华盛顿，八十多岁了，他是在天津长大的，他说，我有一个儿子一个女儿，都已经长大，他们各有事业，都对我在天津的生活不感兴趣，只有你感兴趣，我把照片送给你吧。就像安排后事一样，特别感人。为什么我总在激动当中呢？就是他们总在感动着我。文学最重要的是感情。犹太人对天津有感情，是因为天津的善良给了他们像母爱一样的包容，成为他们的第二故乡。然后他们又把这种感情传达给我。如果不是有这种关联，我跟他要照片，他们肯定不会给。但因为我做的这件事情，他们是回报天津的，并不是回报我。

张　星　**你这既不是一种商业的行为，也不是上级指派给你的任务，如果没有一份激情和热爱在里边，你根本不会去做的。**

宋安娜　是的，但做过这件事以后，自己就丰富了。我收获的是一种精神上的丰富。人在这个世界上总是要有一种经历和过程的，谁都有这个过程，你是非常简单地过来，还是非常丰富地走过来？做这件事的感觉是充实的，它总是不断地打开你，因为采访你不断地跟各种不同的人打交道，好多好多意想不到的接触，使你不断丰富，你又看到了另外一种生活。回想这整个6年的过程，虽然挺辛苦，但真是每走一步都是在丰富自己。因为丰富，所以特别踏实。也不需要去追，也不需要去逐。

张　星　**一个人，当你自身厚重的时候，你就沉静了。**

丛珊
我是一个相信感情的人

丛珊：1962年5月19日出生于北京，父母都是昆曲演员。1980年，18岁的丛珊考入中央戏剧学院表演系学习舞台表演。1982年，著名导演谢晋拍摄影片《牧马人》，丛珊以她质朴的外表形象被选中饰演女主角李秀芝。该片获得了文化部1982年优秀故事片奖和1983年百花奖最佳故事片奖。

印象:你心灵中的那个位置是空的吗

无论这个名叫丛珊的女演员后来演过多少影视作品，在人们的印象中，她永远都是那个羞涩、土气、善良、清纯的四川妹子李秀芝，那个为了能吃上饭而背井离乡，来到"天苍苍野茫茫"的内蒙古草原，嫁给三十多岁"老右"(朱时茂饰)的乡村少女。26年前，由谢晋导演的这部电影《牧马人》把刚在中央戏剧学院上大一的女生丛珊推到了全国观众面前，让她一下子就成了当年"全国人心目中10位最佳女性"的首选。虽然后来她又在电影《秋瑾》、《良家妇女》和电视剧《徐悲鸿》中饰演了不同的女性形象，但李秀芝已经成为一种象征，一种经典，与丛珊融为一体，成了她的别名，鲜活地留在了那个时代的记忆中。

后来，听说她出国了，然后就在观众的视线里消失了。

二十多年的光阴是如此漫长却又如此短暂。当丛珊再次隆重地出现在观众面前的时候，无论是当年的她，还是当年与她同龄的观众，都已经迈过青春的门槛，进入到中年的行列，就如同丛珊在回答记者提问时自嘲地说:"我不是明星，我是老同志"一样，银幕上的李秀芝变成了今天人到中年的林教练，一部由朱时茂和丛珊二十多年后再饰演夫妻的影片《两个人的房间》终于在2008年情人节这一天与观众见面了。

影片讲述了一个非常生活化的温馨故事，一种没有什么情节和戏剧冲突的心灵表达，像一段随着情绪流淌交织而成的乐曲，表面上波澜不惊，却在内心深处波涛汹涌。寻常的日子，琐碎的细节，却于平淡中揭示了许多中年夫妻都面临的困境:在物质生活基本满足、不再为衣食而忧、为孩子而操劳的情况下，中年夫妻如何在平淡的婚姻生活中继续走下去?面对忙碌的丈夫，内心寂寞的妻子如何调整自己内心的平衡，用什么来填补内心情感的空白?

影片中丛珊饰演人到中年的瑜伽教练，丈夫(朱时茂饰)是忙碌得无暇与之交流的心理医生，女儿在国外留学，她的生活内容除了练瑜伽就是一个人守着电视度过漫长无聊的时光，寂寞犹如蛀虫一点点侵蚀着她的内心，使之渐渐变成空洞……

丛珊说:"当代女性通常都是经济上很独立，精神上也独立，但她们的感情是不独立的，因为这个年龄段的人还是很依恋家庭的，还是有传统观念传承下来的东西。所以在这样一个高速发展的社会里，她们就面临着很多的困境。在男女关系当中，可能女人比男人更敏感。表面看起来，我们都是衣食无忧，都是过着很好的日子，但是心里边却有一个位置是空的，那个位置没有被占领，那就是感情……虽然我的感情经历了很多磨难，但是我还是一个相信感情的人。我一直觉得每一个人在社会上，不管你在什么位置，情感的支撑都是最重要的，一旦你没有了这个东西，你会发现你不堪一击，你脆弱的不得了，反过来，如果你有了情感的支撑，你会觉得你很有力量。"

2008年2月17日，在天津万达影城的会客厅里，当我和丛珊面对面地坐下来交谈时，我发现生活中的她比银幕上更爽朗也更清秀。虽然她对自己的个人情感经历三缄其口，但她却自豪又满足地讲了她10岁半儿子的种种趣事，这时，做母亲的幸福感从她的每一个毛孔中释放出来……

丛珊与其他演员最大的不同就是她的沉静，她不"秀"，一点也不。在与观众见面的台上，她和朱时茂站在一起，但大部分时间都是朱时茂一个人在大侃特侃，还不时地与丛珊"调一下情"，渲染影片中的激情戏。但无论朱时茂说什么，丛珊从不抢话，微笑着安静地听，即使主持人请她讲话，她也是尽量简短，只答所问，把自己放在一个怎么样都无所谓的被动位置。

然而，当我和她谈起关于女性、情感、读书、孩子等话题时，丛珊便打开了心门，思绪如涓涓细流，伴随着她的思考缓缓流出。我几次试图引导她谈谈自己的情感经历，但她都敏感地避开了。虽然她的面容保养得很好，人显得很年轻，但她的谨慎和敏感，还是透出她内心的不安，不愿轻易去触碰的一些东西。她虽然没有说，但她目光中却流露着许多无字的章节，那是她写满心底的故事……

在电影《两个人的房间》中，丛珊的表演可谓炉火纯青，大气而充满张力。影片中最温馨的部分，是当这对已经无法维持下去的中年夫妻双双去办离婚手续时，面对那些排队等待办结婚登记的甜蜜情侣时，两个人的脑海里不由得浮现出他们当年的结婚情景，这时，银幕上闪回了旧片《牧马人》中的经典片断——当年儒雅忧郁的朱时茂和花蕾初绽、羞涩纯真的丛珊……

访 谈 录

中年女性面临的困境

张 星 **就我所知，有许多中年女性都处在影片中女主人公那种特别真实的生活状态里，对这些问题你自己肯定也特别有体会，你是怎么想的？**

丛 珊 我1987年去了法国，在那儿待了十几年。回国之后，我就在观察整个中国社会和我们这个圈子里边的生活。在目前这个社会背景下，女性过了35岁，你的社会价值就变得越来越低，这可以从我们的广告、手机短信上的一些段子，还有一些招聘员工的标准上体现出来，都要求35岁以下，诸如此类。我就在想，是不是女性一过了35岁就变得人老珠黄没有价值了呢？可是看看我们的周围，有这么多的中年女性，她们在赡养父母，照顾孩子，担负家庭的责任，在工作岗位上一点都不敢放松，我觉得这是一种挣扎，非常不容易。我一直想我要塑造一批这样的女性形象才对。正好有拍《两个人的房间》这个机会，我是把我看到的和我想到的东西都集中在林教练这个角色上了。

张 星 **你怎么理解这个角色的情感？**

丛 珊 这不是一个第三者插足的感情故事，就是说，没有第三者，她心中的波澜已经一直在那了，只不过有一个小的导火索。在感情上，通常女性比男性更敏感，她经常会扪心自问：我为什么？并不是说我缺吃的、缺穿的，并不是因为物质的东西，而是因为精神上，因为她心灵中的那个位置是空的。

张 星 **现代社会，女性一过了45岁就特别有危机感，下岗就不用说了，老公也不喜欢了，哪儿哪儿都不待见，就好像你是一盘黄花菜都凉了。**

丛 珊 对，在我们中国文化里面就会有这种非常突出的问题。比如说在香港，我在香港也工作过，你看餐馆里那些推着车子的，擦桌子的，都是老太太。我每次去香港,每次都有这样的感觉。可如果我今天是一个老太太,我去餐馆应聘工人,你说人家会要我吗?

张 星 **肯定不要。**

从 珊 这就是社会的问题,不是你个人的问题。

张 星 **而且演艺界对女人尤其残酷,年轻的一拨儿又一拨儿,所以有人就说你们这一代演员过气了。**

从 珊 我不在意。在他们后面还会有更新的人出来。你把生活的本质看清楚了之后,你就不会为这样的事情去苦恼了。

在"玩"的放松状态中演戏

张 星 **你在国外学过表演,你觉得东西方在表演上最大的区别是什么?**

从 珊 我在法国学习的时候就发现,他们的观念跟我们差得太远了,他们把表演当成一件比较放松的事情,戏剧在英文里就叫"PLAY",就是玩的意思,如果你自己都玩不起来的话,你就没办法演。而对于我来说,那时候学习和表演都特别紧张,把自己紧得不得了,当然就"PLAY"不起来,还要假装放松,于是就变成了你在表演一个"你在PLAY"。其实放松是特别重要的,因为只有在放松的状态下,你的创造性和你的身体适应这种创造性的能力才会特别强。

张 星 **你在拍这部片子时是不是很放松呢?**

从 珊 我是这部片子的策划。至少我知道我要传达的东西是什么。如果按照我内心和我知道的东西来说,这部电影是远远不够的。我知道我在替女性观众传达什么,而不是说,人家给你一个剧本,不管你喜不喜欢,或者为了钱什么的去演,这是截然不同的。我现在觉得演戏就是我的一个职业,只是我的职业生涯。

▲ 张星采访丛珊、朱时茂

张　星　**与你二十多岁时的认识完全不同?**

丛　珊　那时候演戏对我来说特神圣,是比生命还重要的东西。

张　星　**现在你觉得不能让演戏来干扰你的生活,你是不是已经把演戏和生活分开了?**

丛　珊　对。我觉得这就跟我去法国有关系。我觉得法国人并不是浪漫,而是他们把生命和生活看得特别重要,他们把生活当成艺术。比如你去一个人家,他们家并不是特别有钱,但是他们会把餐桌弄得很有艺术性,他们会考虑弄一种什么样的餐巾,什么样的餐巾纸,什么样的盘子……这些都是带有一种艺术的眼光去布置,他们是把生活当成艺术。而不是说,你只有到了艺术创作的时候才进入一种艺术的状态。他们会享受生活中很多我们并不重视的一些细节。

感情是心灵中不可缺失的部分

张　星　**我也做过一些现代女性的访问，觉得你表演得非常到位，尤其是你在片中做瑜伽时的那种状态。那么你怎么看待中年女性的内心寂寞？**

从　珊　我觉得这就是一个社会大环境使然的，因为现在的人都太追逐金钱和物质，都太拜金。包括一些小青年，刚刚大学毕业，他一张口，跟你说的全是买房子买车的事。他有一大堆的烦恼，全是来自于物质。所以很多中年女性，丈夫都在外边忙于赚钱，没有时间跟她们说话，她们的孩子也是一样。她们无处倾诉，她们只能得到一种补偿——就是丈夫拿钱给你。但钱是不能代替感情的。每个人的心灵中都有一个位置，这个位置是要用感情去填满的，感情填不满，你这个心灵的位置就是空的。

张　星　**金钱根本就填补不了这种空虚。**

从　珊　当然不能，那就是一个坑洞。你看很多人就是在不停地买东西，用物质的东西来填满自己，她们以为这样就能够满足，实际上满足不了，而那个坑会越来越深。这是整个社会环境造成的。因为我们看到的广告全都是在忽悠你花钱，什么东西是最好的、最贵的，久而久之会使你丧失判断标准，你就会被忽悠得非常苦恼，因为很多东西是你的能力可能根本就达不到的。有些二十来岁的女孩子，她们所追求的物质目标是一个四十多岁的人、比如她的父母才能达到的，要知道人家是经过了二十多年的辛苦打拼才达到的，你大学一毕业就要坐享其成，或者甚至你大学还没毕业你就这样，这可能吗？在我们的主流声音中很少听到对这些孩子正确的引导。我觉得，在判断人的价值标准上很多人都有一些迷失。在金钱上、在物质上、在自己的追求上，都是很迷失的。

张　星　**我觉得你刚才说的一句话特别好，你说感情是这个时代最大的奢侈品。**

从　珊　对。我就是这么认为的。因为我觉得现在人都不太讲这个了，都特别现实。我到现在还是一个特别相信感情的人！会被我的一些朋友嘲笑，说我特别幼稚，特别可笑。我觉得感情是每个人都需要的，不管你多成功，也不管你多失败，一旦发现在你的生活中，你所有的情感支撑，比如说你的家人，你的亲戚，你的朋友都不理你的时候，你会变得不堪一击。

朋友就是生活中的智者

张　星　在一般人的想象中，你应该是一个生活在花花世界中的人。至少是很热闹的世界当中的，但是你还相信感情，这应该怎样来理解？

从　珊　我觉得就是你自己的价值观。我可以说我见过花花世界，在法国，我有很多聊天的朋友，这个人可能是60岁，可能是做不同职业的朋友，可能是教授，也可能是在餐馆打工的，但是我们可以聊生活中很深的东西。我觉得，交朋友让我受益匪浅。

张　星　能不能说得具体一点？

从　珊　比如我刚去法国的时候，我有一个法国朋友对我说，我告诉你，法国是一个大的物质世界，如果你整天迷恋这个物质世界，你可以一辈子都不离开商店。我开始以为他是不是嘲笑我呀，但后来我就知道，其实这是一个生活中的智慧，你要在生活中学会取舍。如果你每天都想看商店里有这样那样的东西，那你一辈子的时间就这样过去了。

张　星　但是逛商店对女人来说，会使心情很好。

从　珊　是，但我觉得跟朋友聊天心情会更好，真的，因为那里面有智慧。

张　星　但你觉得真的能聊到内心深处吗？

从　珊　我可以。我很好的朋友在香港有，在法国有，我跟他们是不设防的，我是很敞开的，我们就可以真正深入到内心深处去探讨，深入进去。

张　星　**这样的朋友都是同龄人吗？**

从　珊　有同龄的，有比我大的，也有比我小的，有女的，也有男的，而且不只是我跟他探讨，他也会跟我探讨。他们也会把生活中的苦恼、问题、隐私告诉我，这其中最重要的是一种彼此的信任。当他对你信任到一定程度的时候，就会对你“敞开自己”，就会说那些一般不会对别人说的东西。我觉得，朋友的作用，就是智者。我们每个人的生活中需要智者，智者是可以点拨你的生活的，这种点拨可能会让你一辈子受益的。

我和儿子“荣辱与共”

张　星　**说说你的孩子好吗？**

从　珊　我儿子10岁半了，我自己带他，在北京上学，从幼儿园起一直是读寄宿学校。

张　星　**你自己带孩子觉得辛苦吗？**

从　珊　我觉得非常幸福！这是我一生最幸福的事，而且我跟孩子学了很多东西。有一天，我儿子跟我说，妈妈，我真觉得你是一个挺了解小孩儿的人。我说，嗯，你看我书架上我看了多少关于孩子的书，是因为我想明白你。其实很多父母并不明白孩子，就是想当然地去对待孩子。我一定要想办法弄明白。比如说有一次，老师跟我说他拿球踢了别人的脸，我真是特别生气，当时我就火冒三丈，跑到学校就说他，他哭了，那天我也哭了。后来回到家冷静一点儿的时候我就想，不对，我从来没有问儿子这件事情到底是怎么回事，我没有给孩子发言权。过了两天我又去学校了，我说，妈妈那天可能有点激动，我没有问你到底是怎么回事？然后他就跟我说了那件事的前因后果。我说，噢，那我就明白了。我儿子两岁时从动画片中学会一句成语叫荣辱与共。那天我对他说，妈妈和你，咱们俩就是荣辱与共。

张 星 **你让你儿子看这部电影了吗？**

从 珊 看了，我让他参加的首映式。他对我说，妈妈我觉得人小的时候就像一个盲点一样，我问他为什么呀？他说，很多事情都是模模糊糊的。我问那你通过什么事情能明白呀？他说不知道。我说你想想看看，是不是要通过学习加上经验就能明白？他说对。我说你比妈妈强多了，妈妈现在还有盲点……我和儿子会交流很多事情。

张 星 **所以你觉得作为女人，当妈妈是很幸福的一件事？**

从 珊 我觉得很幸福，并且这种幸福感是其他任何事情所代替不了的。你会看着这个小孩一点儿一点儿地在成长，很多东西长在他身上，那就是你长在了他的身上，或者长在了他的记忆里……

郎平

永远的『中国姑娘』

郎平：1960 年 12 月出生于北京，祖籍天津，著名女子排球运动员、教练员。身高 1 米 84，凭借强劲而精确的扣杀而赢得“铁榔头”绰号。1984 年获全国“三八红旗手”1985 年当选世界十佳运动员，第 23 届奥运会女子排球金牌得主。

印象：走过岁月，走过自己

赢了！赢了！
击掌，跳跃，欢呼！
泪，从你的眼中、我的、他的
所有中国人的眼中涌流……
这夺冠的一刻，
这令人魂牵梦萦的瞬间，
千百万中国人的心凝成了一颗……
热血的颜色融进国旗，
国歌高奏着心跳的旋律；
看看吧，中国姑娘的风采，
从洛杉矶一直到北京城，
书写着伟大祖国强盛的步履……

——1984年8月8日中国女排奥运会夺冠时写于电视机旁

今日再见郎平，竟然让我翻出了二十多年前的记忆。如果不是看到她大谈特谈她已经读高中并且个子和她一样高的女儿，在我的印象中，郎平永远都是那个在球场上跳起来挥动着“铁榔头”英姿勃发的“中国姑娘”。

2008年3月，终于见到走下荧屏的她，与我面对面时，我看到她的运动衣上印着“USA”（美国）的字样。不错，如今的郎平已经是美国女排的主教练，带领着一队美国姑娘在这个乍暖还寒的春天回到她的故乡——天津。

郎平的父辈是从天津武清的郎家庄走出去的，在北京出生长大的她则比父辈们走得更远，她跨过了江河湖海、大洲大洋，追随着她的排球梦到达过世界的各个角落。走过了岁月，走过了自己，也走过了她大半的人生。

风云岁月的冠军金牌，海外孤旅的故乡情怀，初披嫁衣的女儿心曲，重掌帅印的一腔豪迈……取得了中国女排“五连冠”的辉煌之后，二十多年的岁月里，昔日的队友大多都告别了排球，告别了运动场，唯有郎平仍然与排球为伴，以运动场为家。无论身体有多少伤痛，无论内心有多少酸楚，只要拿起排球，只要身临赛场，哪怕只是站在一边看着年轻的姑娘们在场上奔跑，在网前厮杀，她的心就会觉得安稳、踏实。排球，早已经成为她生命的一部分，成为她情感世界最珍贵的寄托，今生今世，地老天荒了。

我与郎平可算得上是同龄人，对于我们这一代人来说，郎平的意义绝不仅仅是一名运动员和世界冠军，她是我们那个时代精神的一种标志。上世纪八十年代初，正是郎平、孙晋芳、张蓉芳、梁艳、杨希她们这一代"女排精神"的缔造者们在世界赛场上频频夺冠的风云岁月，由此而兴起的口号"振兴中华"、"人生能有几回搏"就是我们青春的旗帜。那时在大学的教室里，我们数十名同学围着一台小小的黑白电视机看女排比赛，当看到郎平她们走上最高的领奖台，全场高奏中国国歌、升五星红旗的时候，她们在台上哭了，我们在电视机前也哭了。于是，热血沸腾的青春学子们开始热力四射的庆祝活动，大家自发地组成队伍，在校园里喊着口号、敲着脸盆激动地狂奔，甚至有一些同学还点燃了扫帚、床单当火把，整个校园的夜晚一片沸腾……女排的意义早已超出了体育的范畴，成了中国改革开放初期人们拼搏奋进的精神偶像，"女排精神" 便是我们那个时代的精神之魂！

郎平说："当时感觉压力很大，祖国和人民都在看着我们，吃饭睡觉都想着奥运。我当时身体不好，阑尾炎疼的时候死去活来，现在想起来很后怕。但那时候参加奥运会是国家荣誉，所以不想这些，我们的口号是一不怕苦，二不怕死。连死都不怕，当然不怕疼了。因为我的头被球砸过，三天没起床，记忆力消退了，所以具体细节记不清了。但是我们挂在嘴边的话就是'人生能有几回搏'！"

二十多年的光阴流逝，改革开放使中国发生了沧海桑田的巨大变化，体育比赛回归到它原本的位置，不再被精神层面的光环过分笼罩。即将在中国举办的奥运会也以"同一个世界、同一个梦想"的平和心态伸开双臂，准备迎接来自世界各国的运动健儿们。正是在这样一个背景下，昔日的中国"铁榔头"郎平才有可能以美国队主教练的身份率领一支由美国姑娘组成的球队回国进行奥运前的热身赛。

看郎平的美国队与天津队比赛，听她操一口流利的美式英语与她的球员切磋，记忆中的冠军风采被如今国际化、职业化的主帅风度所取代。郎平属鼠，今年正好是本命年，当电视主持人问她"是36吗"？她笑答"28"。看来"铁榔头"也有不直接扣杀的时候。

采访中，郎平对她手下的美国姑娘们赞不绝口，她说："你看我现在带的这些美国孩子全是大学生，还有几个是斯坦福大学的高材生呢。这些美国孩子特爱学习，有时候训练前还有十分钟、二十分钟，她们就拿本书在那学。她们都特别出色，在学校她们的成绩不能得B，必须得A，否则就拿不到奖学金了。可是她们球也打得不错。其中有好几个是学建筑的，还有一个黑人是学医的。别看她们在这打球，都非常有思想。经常不是我找她们谈话，而是她们找我谈话。她们敢说，有自己的主见，思辨能力很强……"言语中充满了慈母般的疼爱。当问到她的女儿时，她更是眼睛发亮地说："她已经跟我一般高了，今年夏天会回北京看奥运，给妈妈加油！"

也许，像郎平这类的体育明星给人们留下的印象通常是与相貌无关的，更多的是精神层面的鼓舞。其实，当你与郎平面对面时就会发现，生活中的她，比电视屏幕上的她要漂亮和显年轻得多。那天，她把红色T恤的衣领翻出来与蓝色运动衣相叠，映着她精神焕发的面孔，内心的丰富和视野的宽广使她整个人变得非常平和、从容。我问她，网上的博客都是你自己写的吗？她说，当然是啊。从她博客里的内容你就会发现，走出赛场的郎平是一个多么渴望生活并热爱生活的女性，无论身在何处，无论年龄增长，她的中国心依旧，她永远都是那个内心炽热的"中国姑娘"。

摘掉世界冠军的光环，一切从"零"开始

1981年，21岁的郎平在日本大阪为中国女排扣下了第三届女排世界杯大赛冠军的最关键一球。据统计，那次的7场比赛中，中国队共扣球1116次，其中郎平一人扣球407次，得到79分，扣球命中率接近百分之五十，于是，这个身高1.84米的北京姑娘一下子吸引了国人的目光，"铁榔头"的风采传遍大街小巷。这之后，郎平和中国女排的姑娘们越战越勇，在1982年的世锦赛、1984年的奥运会和

1985年的世界杯赛上连连夺冠，直到1986年第10届世锦赛，张蓉芳出任女排主教练，郎平作为助理教练，中国女排在极其艰难的情况下再度夺冠，成就中国体育史上不可复制的“五连冠”奇迹。

然而，就在郎平的事业如日中天的时候，她选择了进修和出国。先是到北京师范大学外语系攻读英语专业，不久便赴美国留学，从国人的视线中消失了。她是1987年4月离开北京的，她想开始另一种生活，像许多同龄女孩子一样没有任何负担地去追逐自己心中的梦。但是，对于她的这一选择，有些人却在感情上难以接受，在他们心目中，“女排”是“中国精神”的象征，而郎平，即使从女排的队伍中撤下来，也不应该从中国老百姓的视线里消失，因为你是大家心目中的“民族英雄”啊！郎平怎么想？她在自传《激情岁月》一书中这样写道：“我不能够再躺在冠军的奖状、奖杯上吃一辈子老本，我不能天天坐在荣誉上。人是活生生的，我还得去干。想干，就得抛开过去，世界冠军只说明我的过去，而一旦从女排的队伍中退下来，我什么都不是，我得重新学习本领，我得重新开始生活，必须把自己看成一无所有，一切从头开始，一步一步地再开辟一条新路。我希望自己能学点实在的、科学的、真正有用的东西。所以，到美国，我选学了体育管理。”

郎平义无反顾地踏上那个遥远的、从“零”开始的道路，她把“世界冠军”的奖状、奖杯通通锁在了北京的小屋里，怀揣着她的梦想启程。初到美国的那段日子，她发现自己真的是“一无所知”，甚至是“一无所有”。这是一个相当痛苦的适应过程，以前都是高高在上的，什么国家队、世界冠军，都是最高的地位，而今，一下子落到最底层，还得靠人家借她汽车、给她买衣服，在国内时所有的优势一下子全都没有了，心理很难平衡。但郎平不愧是受过“一不怕苦、二不怕死”精神磨炼过的，她慢慢地说服自己，调整好心态，决定离开华人比较集中的洛杉矶，去美国西南部的新墨西哥州。

郎平第一次回国是和女排的老队员一起去哈尔滨市打一场表演赛，那时候她的那些老队友，大多已经是处长、主任级的干部，唯有她还是个穷学生，她笑称自己是“国际农民”，最后，这个“国际农民”以560分的托福成绩通过了语言关，并经过严格的考试成为新墨西哥大学体育管理专业的研究生。

扣击排球如同叩击命运，人生从此丰富多彩

1989年，郎平为了在经济上独立，不再依赖别人，她受聘加盟意大利甲A排球俱乐部摩德纳队，成为登陆意大利排坛的第一个中国人，第一次尝到了“为钱打球”的滋味。中国人信奉“吃人一餐粥，做到头都烂”，郎平一上来便成了球场上的灵魂人物，由于打球太玩命，她原本就有过旧伤的腿再次受伤。她说：“赛季打到一半，我的右膝关节严重受伤，同时又扭了脚，不得不动手术，医生关照，必须休息一个月，我心里又着急又难过……我没等伤好利索，就咬牙上场，让朋友从美国给我寄来止疼片，先吞下4片再上场。有一阵，软骨碎了，小碎片就在关节里跑，又卡在了骨缝里，疼啊，刺激骨膜出水，四周都是积液，膝盖肿得厉害，腿根本弯不了，比赛前，先让医生把积液抽出来，打完比赛再抽，没办法，多痛苦、多麻烦，

▲ 张星采访郎平

我也得坚持。你拿人家的钱，你又需要钱，干不了也得干，我真是卖命地在打。这是一种全新的感受，是我生平第一次为钱打球……”

终于，1989—1990赛季的意大利杯决赛，郎平加盟的摩德纳队拿到了意大利杯赛的冠军，这是摩德纳队有史以来第一次坐上冠军的宝座，郎平被评为最佳运动员。当地报纸称她为“中国的马拉多纳”。

1995年郎平应邀回国执教，再次成为国人目光的焦点。经历了8年的海外漂泊，郎平已不是当年那个除了打球、对人生毫无经验的“女排姑娘”，她早已把当年的辉煌抛到脑后。她清楚地知道自己是谁，将要面对一个什么样的局面。再次出现在国人视线中的“郎指导”已经是一个颇具大将风度的资深教练了。

那是一段异常艰辛的日子，在朋友和家人眼中，担任中国女排主帅的郎平是“24小时都在上班”，她自己也承认自己“心事太重”！她说：“队员的技术问题过不了关，我半夜里会坐起来想问题。一天到晚就是这些解决不完的问题，就是躺着也很少睡着，睡眠质量差，每天都处在蒙眬的状态中。尽管，袁伟民指导对我说，他当教练时也累，但一关灯必须睡觉，命令自己不再想问题，抓紧休息。他能做到，我怎么命令都不行，做梦还在想，梦里都是球……”

1998年郎平率中国女排夺得了世界锦标赛亚军和亚运会冠军之后，郎平因身体原因不得不告别中国队。此前由于疲劳过度，她曾经两次晕倒在运动队的餐厅里……

雅典奥运会后，郎平应美国排协之邀出任美国女排主教练。美国排协为她开出4年60万美元的薪金，尽管这还赶不上她在意大利执教所得的报酬，但是因为可以更便利地照顾正值青春期的女儿，郎平觉得心安。

人的感情是一部历史，让心灵像大海一样宽广

郎平是“铁榔头”，但她也是女人。知道她从不愿意谈个人生活，采访中我和同行也全都尊重她，只问她关于女儿的问题。但是在一个明星的人生中，情感永远是一道绕不过去的门槛，更何况她在自己的传记中曾经毫不掩饰地表露过那段痛苦的过去——

……但谁会想到，这个“多情、感性、温柔”的“铁榔头”，从回国的那天起，便是孤军奋战，她身后的那个家，像经历了地震摇晃后的房子垮塌了。对于生活中发生的这一场“地震”，郎平精炼地概括了她的想法：“我也不愿意走这一步，对生活的这种结局，我自己已经很痛苦，对方也痛苦，我不能因为我是名人而让女儿的父亲也跟着被传媒说东道西，这会伤害我，也会伤害他，伤害他的家人。所以，这些年，有关我的生活问题，我没有接受任何一个记者的采访，我不想谈离婚的事，这会让我分心，我回来是带女排打球，不是来制造新闻。这纯属于我自己的个人问题，让我自己来面对，所以，我的原则是，不和国内的朋友谈我离婚的事，我在家里都很少说我自己的事，我母亲很心疼我，我不想再给她增加压力和痛苦……”

郎平有一些相交很深的美国朋友，在他们眼里，郎平从不是“铁人”，也不是“女强人”。实在太痛苦的时候，郎平会关起门来给她的美国朋友打电话、写信，哭诉自己内心的忧伤。她的一个名叫卡特的朋友在信中对她说，自己心情不好的时候，会一个人跑到小岛上，彻夜地坐在阳台上看海，宽阔的大海能让他的内心恢复平静。他告诉郎平，世界上不仅仅只有爱情，还有很多美好的东西会使你陶醉，还有很多美好的事情值得你欣赏。从此，郎平也很喜欢看海，她很喜欢夏威夷，印象最深的是，在海滩看日落，什么烦恼都不存在了，世俗的东西通通忘记了，仿佛在仙境里，你在一片纯净的海水里，那种感觉真是好极了……

郎平毕竟是郎平，水里火里都历练过了，一个人撑起一片蓝天，给女儿，也给自己。如今，她带着平静的微笑出现在故乡，这是那种经历过心灵的狂风暴雨之后的平静。谈到她将要率领美国女排来中国参加奥运会时，她说：“体育目前已经非常国际化了，我们要很职业地看待它。俄罗斯队就是意大利人执教，这说明了国际社会对于你的一种认可。同一个世界，同一个梦想，我们的对手不仅仅是中国，所有参加奥运会的球队都是我们的对手，中国队是最强大的几支球队之一，是最有希望获得冠军的。我理解的奥运精神就是参与，参与了，你就成功了……”

蒋 敏

金色盾牌下最美丽的芙蓉花

蒋敏：女，羌族，1980年9月出生，四川省彭州市公安局政工监督室民警，三级警司。在2008年汶川地震的抗震救灾斗争中，在惊悉母亲、女儿等10名亲人不幸遇难的噩耗后，她强忍失去亲人的巨大悲痛，毅然坚守工作岗位，日夜奋战在抗震救灾第一线，多次昏倒在抢险救援现场，被公安部长称为“全国最坚强的女警察”。

印象：你的眼神写满伤痛，你的内心却呼唤坚强

谁也没有想到，山崩地裂竟然在瞬间发生；谁也无法承受，10位亲人就此永远地离去。蒋敏，以你28岁的人生如何来面对？以你一颗柔弱的女儿心如何来支撑？她喊你妈妈——世界上你最心爱的女儿走了，你喊她妈妈——世界上最疼爱你的母亲也走了，还有父亲、外婆、爷爷、奶奶……这突如其来的灾难残暴地把你的心灵撕成碎片，这一切怎么可能是真的？就在几个小时前，他们的声音还在电话里响起，两岁的女儿已经会背唐诗了，她在电话里对你说的最后一句话是"妈妈，我想你！"

不敢相信啊，女儿可爱的小脸就在眼前晃着，母亲慈爱的目光正对着自己。可你是一名人民警察，这种时刻你怎么能离开自己的岗位？于是，你把自己像钉子一样钉到了抗震救灾的"战场"上，发放救灾物资，安抚受灾群众，像一架机器一样不停地运转，你试图用疯狂的工作占满自己所有的时间，不给悲伤留一丝缝隙。就这样，整整5天5夜你没有休息，直到5月17日凌晨3点，你在帮新来的灾民搭帐篷时，看到一位老太太抱着一个胖乎乎的小男孩，于是，你接过那孩子，母爱便在瞬间复苏了，你感觉这孩子和自己女儿睿睿的体重差不多，你轻轻地把他放在帐篷里的垫子上，慢慢摆正他的小身体，帮他掖好被子。再细看这可爱的小男孩，那嘴角，那脸蛋，多么像你的女儿睿睿啊！恍惚中，似乎这睡熟了的孩子正是自己的女儿。走出帐篷的时候，你问旁边的同事："这个娃娃有没有两岁？"她说："大概就两岁。"突然，你的眼前一黑，整个人就倒了下去……

这一幕，被央视的记者摄入镜头，于是，你的故事感动了全国上下许许多多的母亲和女儿，从此，"蒋敏"这两个字便成了坚强的别名。5月18日晚，在中央电视台2008抗震救灾大型募捐晚会《爱的奉献》上，当白岩松把你请上台前的时候，长达半分钟的掌声蒙眬了观众的泪眼。你说："感谢大家对灾区的关心，我们一定好好地、坚强地活下去，重建我们的家园……"

在电视上看到你苍白的面容和晕倒的身影，我的心始终在为你揪着，疼着。当2008年6月16日，你随抗震救灾英雄事迹报告团来到天津的时候，我为终于能采访到你而激动着，却又忧心忡忡！

你站在天津大礼堂的讲台上，一身威武的警服却难掩你瘦弱的身躯，依然柔弱的声音却传递出一种内在的坚强。你说："我是不幸的，而我又是幸运的。是全社会给我的爱，温暖着我、支撑着我熬过了最痛苦的时刻。有爱，就有希望；有爱，我们就会更加坚强。当我们的泪流在一起的时候，当我们的心连在一起的时候，当我们的力量凝聚在一起的时候，就没有什么可以压垮我们！"

不错，爱是一切的源泉。在这世间，唯一能让我们在失望的时候不觉得悲苦，在受尽磨难之后仍然能重新再来，在极简陋的环境里能看到最大幸福的，就是那深沉宽广的爱……

在从天津市区开往开发区的途中，你坐在靠窗的位子上接受我的采访，我尽量不去触碰令你难言的伤痛，我们从你的童年聊起——从北川到绵阳读初中时那个爱哭的少女，刚穿上警服欣喜地给妈妈寄照片的那个孝顺女儿，警营训练时双膝磕得青紫的那个不服输的警花，生宝宝因怕疼而做剖腹手术的年轻妈妈……往事一幕幕，作为80后的你，人生其实才刚刚开了个头，却经历了我们许多人一生都不会遇到的灾难，命运对你是如此的残酷，而你却选择以坚强面对人生，你是金色盾牌下那朵最美丽的芙蓉花！

在和你接触的短短时间里，我发现，别人聊天时，你很少插言，别人谈笑时，你只是微微地抿一下嘴角，你不时地转过头去望着车窗外。你苍白的脸上写满了悲伤，偶尔露出的笑容也如夜空中的流星，不经意地一闪，一闪，便消失了……但是，蒋敏，虽然你的眼神里，有一种超越了你这个年龄的悲凉与沉重，但你柔弱的外表下那种内心的坚韧，却具有一种无言的力量。

采访中，你反复说，只是几秒钟，几秒钟之后人生就完全不同，生命在瞬间消失。女儿是否还在呼喊着妈妈？妈妈是否还在惦记着女儿？亲人们啊，你们都在哪里？天上人间，阴阳永隔。你说，宝宝的牙齿还没长好，她的胃口还很弱……

参加完央视的救灾晚会，从北京回来的第二天你就回到了自己的工作岗位上，到灾民安置点搭帐篷、照顾灾区小孩、去银厂沟送救灾物品、在单位做物资发配……电视荧屏上重复播出你帮灾民搭帐篷的镜头，身体虚弱的你费力地扶着铁杆，突然体力不支，晕了过去。就在你倒下去之前，你朴实的一席话让全国观众禁不住流泪。你说，其实他们都是我的家人，帮助他们，就像是在帮助我自己的家人一样,所有的孩子都像是我自己的孩子一样。你还说,中年丧子的人比你更痛苦,你愿意当他们的女儿……

访谈录

张 星 **你小时候的理想是当警察吗?**

蒋 敏 我上初中的时候,看过一个美国大片,后来我才知道那个女主角当的是军官,不是警官。但我特别羡慕她。从初中时起我就渴望当警察。

张 星 **你是读的警察学校吗?**

蒋 敏 高中毕业以后我上的警校,是四川省人民警察学校的公安专业,两年。

张 星 **上警校是不是也要学习擒拿格斗,有没有被打得浑身都是伤,被摔哭过?**

蒋 敏 有啊,主要是练半倒功的时候,应该说前倒是最容易的,当你学会了后倒和侧倒之后,你才会发现前倒是最简单的。第一次上课的时候,先要跪下去,我们每个女同学都很害怕,到洗澡的时候才发现两个膝盖全都是乌(青紫)的。与之相比,后倒更可怕。每次训练的时候,我们最大的愿望就是不要练倒功……

张 星 **都说80后的孩子特别娇气,其实也不一定,对吗?**

蒋 敏 对。和我挺好的一个女朋友,她每次练倒功的时候我都特别佩服她,我说我的膝盖练得坏掉了,她的腹部(边说边用手在自己腹部比划着)全都是青紫的,是练侧倒摔下去时摔的,可是她一点也不怕疼。

张 星 **你第一次穿上警服的情景还记得吗?**

蒋 敏 刚上警校的时候穿的是迷彩服,看到别的同学穿警服特别羡慕,盼着自己也能快一点穿上警服。军训完了的当天晚上,在大礼堂里举行一千多人参加的授衔仪式,发警服,教我们唱《警察之歌》,开始我们都不会唱，唱得不准，但是我们都挺卖力的，卖力地唱歌。

授衔仪式的第二天，同学们都挺兴奋，大家照了好多照片，纷纷寄给家里人和朋友。当时打电话还不太方便，再说那时候还是喜欢写信，觉得写信也是一件挺快乐的事，把自己的感受写下来，再附上一张照片，那种感觉特别享受。

张　星　**你先写给谁呢？**

蒋　敏　写给我妈妈，把照片寄回家，我那时候是短发。当时在警校的时候要剪短发，很多同学剪头发的时候都哭了，舍不得的。

▲ 张星在天津钢管公司采访蒋敏

张　星　**那一年你多大?**

蒋　敏　18岁。

张星思绪——说到唱《警察之歌》,从蒋敏的神情上看,仿佛那歌声还在回绕,歌词就在口中,18岁的花样年华,青春与梦想,剪去的长发与英武的警服,曾经的蒋敏是一个多么单纯活泼、英姿勃发、对未来充满憧憬的少女啊!

张　星　**你的小家安在了彭州吗? 你当警察有时间休息吗?**

蒋　敏　在彭州。生宝宝时我歇了5个月的产假。我们宝宝吃奶吃到6个月。我上班以后,当时太忙了,我是4月生的宝宝,产假还没满就上班了,当时是我外婆帮我带宝宝,我们宝宝挺怪,她吃我的奶,就是不吃奶粉,我外婆给我打电话,我在电话里就听见宝宝在哭,我就心疼啊,我说你就喂她奶粉吧,外婆说她不吃,不往肚里咽,怎么办? 我妈妈就劝我说,实在不行就给孩子断奶吧。这样,我上班之后就给宝宝断了奶。

张　星　**你生宝宝是顺产吗?**

蒋　敏　不是,是剖官产。

张　星　**为什么? 是难产吗?**

蒋　敏　不是难产,我告诉你啊,我怕疼。

张　星　**是吗? 你这么坚强还怕疼?**

蒋　敏　我不是那么坚强,挺怕疼的。

张　星　**你挺喜欢女孩的?**

蒋　敏　我就喜欢女孩,我们宝宝生下来是7斤重,她出生以后个子长得特别快,就是体重偏轻……

张星思绪——说到生孩子的情形，这是每一位母亲想忘都忘不了的，那种记忆是深入骨髓的，那种小生命诞生时刻的秒秒分分，母与子从相连到相离的神圣过程，随着婴儿落地的第一声啼哭，母爱便已是一生一世，地老天荒了……

张　星　**我感觉，你是那种柔柔的、弱弱的，但心里挺有主意的四川女孩，与英雄模范这种形象一点也联不上？**

蒋　敏　我觉得我的独立性比较强，我的家在北川吧，可是我从初中就独自到绵阳读书了。我爷爷特别重视我们读书，他说家里再穷也不能不让孩子们读书。我从初中就开始住校，从初中、高中，一直到警校毕业，一直都在住校。上初中刚离开家的第一个晚上，我一直在哭，也不知道是为什么，也不是悲伤，就是想哭，每个同学都在哭。连续三个晚上，每天我都在床上哭。直到第4个晚上才不哭了。

张　星　**可能就是小女孩的那种说不出来的东西吧。**

蒋　敏　我爷爷和我爸爸一直很鼓励我们读书，告诉我们一切都要靠自己……这次在地震中他们在一块都……

张　星　**这样突如其来的灾难，会不会有很不真实的感觉，一切都像做梦一样，在这么短的时间，悲剧就发生了。**

蒋　敏　你知道吗，12日地震发生的时候，我在办公室里，当你意识到这是地震的时候，其实就是很短的时间（她用双手比划着地震时摇动的情形），余震的时间比较长。彭州离北川只有一百多公里。就是短短的几分钟，瞬间吧，一切就都改变了……

张　星　**之前你对地震有了解吗？**

蒋　敏　知道，唐山大地震等，对这件事情的了解，只是看电影，看电视，那种灾难片中的场面。

张　星　**亲人的遗体找到了吗？（她无语，目光中盈着泪，她控制着，没有流下来）你在连续抢救别人的时候，是已经有了不好的预感呢，还是仍怀着一丝希望呢？**

蒋　敏　我……当时是想着，可能他们还在，只是找不着，我们家住的是楼房，3楼。当时有很多找人的广播，朋友们都帮我听，帮我找，可是……后来我才得知，亲人们全都被埋在十几米深的泥土下，不可能找到了，不可能了……

张　星　**正像你说的一样，就想通过拼命做事来忘掉自己的悲痛，是吗？**

蒋　敏　你也当过妈妈，你知道，如果你身后有十几个小宝宝放在一起，他们都在哭，没有几个妈妈能听得出哪个是自己的宝宝，因为他们的声音都太像了。

张　星　**可是你一下子就能听得出哪个声音是自己的宝宝对吗？**

蒋　敏　对！

张　星　**地震很长时间以后，你终于回到了北川，这时候，你看到了什么？**

蒋　敏　回去那里时已经是一片废墟了，只能在山坡上对着家的方向眺望一下。不光是我，很多人，都只能在那儿眺望一下……

张星思绪——地震过去15天之后，5月26日中午时分，蒋敏终于回到了北川老家，站在北川县曲山镇的景家山上，山下的北川县城已是一片废墟。身穿警服，怀抱一簇鲜花、泪流满面的蒋敏，只能无言地跪在山坡上，朝着曾经是那么温暖的家园，如今却成了亲人遇难的地方长跪不起。山河虽在，面目全非，北川曾巍然耸立的大山，如今已整面垮塌，蒋敏在心底呼唤着：妈妈，女儿看你来了！女儿，妈妈接你来了……山风呜咽，只有28岁的蒋敏，却以如此残忍的方式品尝了什么叫撕心裂肺，什么叫肝肠寸断！

在天津钢管集团公司钢花四溅的石油套管生产线前，感受着灼人的热浪，面对着红彤彤的钢管，我问蒋敏：看过《钢铁是怎样炼成的》这本书吗？她说，在中学课本里读过，很喜欢保尔关于“生命的意义”的那段话。我想，她的人生又何尝不是经历了一次残酷的锤炼，她性格中的坚强就是这样炼成的啊！

在天津港现代化集装箱码头巨大的货轮与吊车旁，她说她是第一次见到大海，与家乡秀美的山川相比，辽阔的大海让她感到了一种振奋，她掏出随身携带的相机对着大海拍摄……望着她的身影与大海相叠，我在心底默默地祈盼，愿她的心情也能由此而开朗明亮起来，愿她今后的人生也能像大海一样宽广而辽阔……

张泉灵

告诉世界中国的坚韧与大爱

张泉灵：有“北大才女”之称的张泉灵，是中央电视台《东方时空》的主持人。祖籍浙江宁波，1973年出生于上海，1996年毕业于北京大学西语系德语专业，1997年考入中央电视台国际部。在校期间主持了北大与央视共同制作的《中华文明之光》。进入央视后，先后担任《中国报道》记者、编导、主持人，《东方时空》总主持人，《人物周刊》《新闻会客厅》等节目的主持人。

印象：新闻丛林中美丽的百灵鸟

并不是所有的电视节目主持人都像她这样：新闻第一，个人形象永远只占第二位。更多的时候她只是一名记者，她的利落、爽快超出意料，有点男孩子性格，反应之机敏，回答问题之干脆，肯定或否定，永远是一语中的，从没有过丝毫的含糊、犹疑或模棱两可。要么利利索索地回答你，要么简洁干脆地拒绝你，她使自己始终处于主动的地位，甚至还常常进行设问和反问，不自觉地就进入反采访状态，整个人充满了挑战性——这就是我采访张泉灵时，她给我的第一印象。

2008年5月12日，当汶川大地震的灾难瞬间从天而降的时候，中央电视台就在第一时间开始了对抗震救灾现场24小时的滚动直播，全国乃至全世界的观众便在第一时间看到了她——略显憔悴却思路敏捷的现场主持人张泉灵。她刚从海拔5150米的珠峰大本营做完奥运火炬传递的直播报道，立刻就从拉萨直接飞到了成都，又经历千难万险来到灾区现场，以最快的速度向我们报道了地震灾区的真实状态。这个身材小巧、口齿伶俐、思维敏捷的上海姑娘成了最令观众感动的央视主持人之一。

6月16日，张泉灵随抗震救灾英雄报告团来天津进行演讲，当她用饱含情感的声音讲道："……几个小时后，受困者终于被抬出来了，她活着！现场一片欢呼声，我在现场用最大的力气喊着：这欢呼是对生命的礼赞！外面的人不抛弃，里面的人不放弃！救人的是英雄，被救的同样是英雄！这，就是我们一线记者要传递的精神——以人为本。"全场响起了热烈的掌声，为她，更为她所传递的这种精神。

虽然已经做了母亲，但张泉灵依然不失一份纯真，更多的是热情和活力。这个拉过小提琴、热爱运动、从小就喜欢读《基督山伯爵恩仇记》的"北大才女"，对新闻有着一种近乎痴迷的热爱。她在请求去罗布泊采访的日记中曾经写道：终于启程了。"终于"是因为期盼了太久，并且在尽全力去争取的时候，心里始终是惴惴的……那片神秘之地对我的诱惑实在是太大了。漂移消失的湖泊，沿着基因记忆中的道路飞来的鸟儿们，终因力竭而坠落干涸的湖盆。它们的羽毛在几十年后依然鲜艳如新。在一个月前，当我看到这张照片的时候，几乎就已经注定了我的行程……我无力抗拒这种诱惑。我是记者，经历是我们最大的财富……

所以，从珠峰到汶川，她一次又一次地被新闻“诱惑”着，全身心地投入其中，在报道英雄的同时成为英雄，她具有新闻人最优秀的品质，最坚韧的毅力和难能可贵的清醒。

对痴迷于新闻报道的张泉灵来说：现场，现场，永远是现场！在新闻现场做报道，在第一时间把所见所闻传达给观众，这种职业的魔力给了张泉灵最大的激情，她像一个极具爆发力的运动员，新闻现场就是她人生的赛场，攻克难关，竭尽全力奔跑，无论有多少困难，无论有多么危险，她都激情澎湃，文思泉涌，并且思维清晰，条理分明。

她是我接触到的十分“不同”的一个采访对象。对于张泉灵来说，我就是我，我就是这样，无需伪装或怀疑，采访过程中，她的手机响了，她用上海话和父亲聊天，用童声和儿子交谈，仿佛忽然变了一个人，进入女儿和母亲的状态的张泉灵，那分孝顺与周到，那种童真与慈爱，让人看到了她与屏幕上全然不同的另一面。

谈到在地震灾区的经历，每每说到那些感人的故事，张泉灵常常需要停顿片刻，调整一下自己的情绪，然后再以清晰的思路接着讲述。她在讲述中既不夸张更不煽情，只是用看似冷静的语调报道事实，然而正是她的这种平和与亲切，让她拥有了大量的观众，让我们听听网友们的声音吧——

“一次又一次，泉灵姐姐的声音哽咽了，一次又一次，泉灵姐姐的声音沙哑了。然而泉灵姐姐从来都没有放弃对灾区的报道。她心系灾区人民，为我们带来了最新的报道，最准确的消息！”

“看到刚下珠峰就来到地震现场采访的你，没有修饰的外表，没有斟酌的文稿，没有了刻板的台词，有的是女性的纯朴、泼辣和坚强。在那一刻，你是真实的，更是柔美的！也许，这才是我们最需要的东西，真实才更美。真谢谢你带给我们的真实，你辛苦了！”

“你刚从雪山上下来，也许身上的尘土还来不及拍去，就随着总理的脚步第一时间开赴灾区！你是我见过的最敬业的记者，也是70后我认为最出色的央视记者。感谢你，泉灵！虽然你穿的不是橄榄绿，也不是白大褂，但你有军人的毅力，白衣天使的爱心……”

访谈录

在灾区曾有过精神崩溃，失声痛哭

张　星　**作为一个记者，但也是一个普通人，在那样特殊的环境下，有没有感情控制不住的时候？**

张泉灵　有，但是极少。

张　星　**我知道，在灾区，你有一次精神崩溃，完全失控地痛哭了一场，能讲讲这件事吗？**

张泉灵　那是我在灾区现场唯一的一次失声痛哭，这也是我排解心中压力的一种方式。那是5月20日，我在都江堰市的一个遗体清理现场，那天要找的是一对母子的遗体。首先我没有想到，救援人员寻找遗体的过程，居然也要冒着生命危险。那是一座4层的楼房，虽然没有塌，但楼的结构已经被震坏了。那对母子就在4楼，要用吊车把救援人员吊进去，在这个过程中又连续发生了两次余震，但救援人员都没有停止他们的工作。这个救援过程持续了整整10个小时，在这个过程中，我心里本来已经积累了许多伤痛，这时又有人给我讲了这对母子的故事：地震发生时，那个只有25岁的年轻妈妈正陪着她的儿子睡午觉，房子刚开始摇晃的时候，妈妈立刻跑到了楼下，想看看究竟发生了什么。她从4层下到了2层，在快要接近大门口的时候，她突然意识到这是地震了，于是她又回去救她的孩子……当救援人员把她找出来的时候，她的遗体仍然是这样一个姿势：她跪在那，孩子在她的腹部躺着……我听到这时，想到我自己的儿子还不到两岁，刹那间我就完全失控，完全不能接受这样一个现实，我就躲进帐篷里放纵我的泪水，失声痛哭了5分钟。然后擦干眼泪走出来，继续工作。

张　星　**你在央视的直播观众都在屏幕上看到了，你昨天还在珠峰上报道奥**

运圣火的传递，今天就出现在抗震救灾第一线的现场，这是怎样的一个过程？

张泉灵 是这样的，12日刚听说地震的时候，我还在西藏，就回饭店去看直播，当时对地震整个的情况还不太明朗，所以我们每个人都特别着急，我们的心里都挂满了问号，不知道现场的情况怎么样，我就给台里打电话说，你们现在是后方缺主持人，还是前方缺记者，我说我都可以。后来领导告诉我，如果你的身体可以的话，我们当然更希望你补充前方的力量。所以我第二天就飞往成都了。

张　星 **如果没有地震的话，你完成了珠峰的报道，是不是就可以回北京了？**

张泉灵 没有地震的话，我13日应该在青成山休养，我们整个珠峰报道队应该在青成山调整3天。

张　星 **你的生活场景从珠峰一下子就转换到了地震灾区，你看到了什么？**

张泉灵 我们在这之前有一个思想准备，因为当时看到这次地震波及之广，东到日本，南到泰国，就知道这次地震一定很严重。我之前是到过汶川的，因为开车去九寨沟，映秀、汶川是必经之地。我虽然对那个地方没什么地理概念，但那条路我是知道的，因为那条路平常在夏天的时候就经常发生山体滑坡，可想而知，这么大的地震之后，交通一定非常困难。通讯的困难我们已经领教过了，因为我们也有朋友在四川，从地震发生就开始打电话，但电话永远都打不通。所以，我们做了思想准备，但是你到了现场，现场的一切都超出了你的想象……

张　星 **看到那么多遇难者的遗体，你内心的反应是什么？**

张泉灵 你一定想听这个吗？

张　星 **是的。**

张泉灵 (沉默片刻，然后反问)你知道什么叫做人间地狱？你想象一下，头两天，每天下着大雨，没有电，没有照明，一片废墟，一片黑暗，大雨滂沱，你在废墟里只能听到求救的声音，呻吟的声音，哭泣的声音……最痛苦的事情不是这样的场面所带来的巨大悲伤，最大的内心挣扎在于你站在那个地方，但是你帮不上忙，救不了他们……

张　星　**你就眼看着这些生命一点一点地消失，每天都能听到这样的声音吗？**

张泉灵　至少是前5天，你站在废墟上，你跟随着救援者，你就能听到这样的声音。你大概能知道这声音在什么位置，但是到处都是巨大的水泥板，你帮不了他们。但是只要有人在救，你心里就不会觉得特别恐惧。只要有人被救出来，现场就是一片欢呼。我说最让人伤心的是，已经救了十几个小时了，就在快接近这个生命的时候，他的生命迹象却消失了……

▲ 张星在天津港采访张泉灵

张　星　**当时在电视上看到你，不能说是蓬头垢面吧，但是已经特别憔悴了。那时候你是不是已经忘记了作为一个主持人的个人形象？**

张泉灵　顾不上了。你想不到这些事情，完全想不到。我在前三天里只在最后的一天晚上刷了一次牙，之前连牙都顾不上刷了。

张　星　**那就更顾不上洗脸了？也不可能正常地睡上一觉吧？**

张泉灵　想不到，你完全想不到这些。因为在前方有实际的困难和你心情的因素。实际的困难是没有水，按照我们的经验，在进灾区前一定会购买大量的瓶装水，你可以不吃饭，但不能不喝水。但是在灾区你根本不舍得用瓶装水做任何洗漱的事情，浪费一滴水都认为是在犯罪。前三天在没有自来水的情况下，你不可能刷牙。再说你也想不到，如果有一点时间，你可能会倒在那眯一会儿，你想不到还会有刷牙这个程序。

张　星　**再比如说当时没有厕所，你是怎样解决的？**

张泉灵　在灾区是没有性别的，尤其是在前几天，你只有一个最基本的概念就是：活着。至于上厕所，当地妇女怎么解决，我也一样。就是尽量少喝水，我有一次一整天都没有上过厕所……

儿子说，妈妈真棒

张　星　**像这样艰苦条件下的直播你以前做过吗？**

张泉灵　做过。我去过阿富汗，去过罗布泊，像这样艰苦的条件我都经历过。我已经36岁了，当过11年记者了。

张　星　**那你是学这个专业的吗？**

张泉灵　我是北大德语系毕业的，我当时在北大的时候，作为学生主持与央视做过一个联合的节目，我就爱上了这个职业。我毕业的时候正好赶上央视向社会招聘主持人，我就去应聘了。

张　星　**你怎么想到要上北大学德语的呢?**

张泉灵　这又是说来话长,我没想考北大,也没想学德语。我家在上海,我当时的第一志愿是华东政法学院的国际经济法,我想当律师。我高考那年,北大属于提前招生类,当时上海的规定是,在每一栏里必须填一个外地的学校,所以我在提前志愿栏里就填了北大在上海只招一个人的德语专业。

张　星　**你就是想,我不去。结果还是被北大提前录取了,说明你的成绩是相当不错的。**

张泉灵　还可以吧。北大让我觉得获益终生。

张　星　**你是不是从小就口齿特别伶俐,像小精灵一样?**

张泉灵　还可以。我学过跳舞,学过拉小提琴。是上中学开始学的,我不敢说会小提琴,因为我妈始终管我拉琴叫"杀猪"。

张　星　**在平常的工作状态下,你有时间顾及到自己的家庭吗?**

张泉灵　我会尽量安排好的。我也是独生子女。

张　星　**挑选你上珠峰报道,除了其他因素,是不是与你的身体素质也有关系?你平时喜欢运动吗?**

张泉灵　有关系,之前要做很多次体检。我喜欢去健身房,冬天滑雪,夏天爬山。

张　星　**你的家人知道你在灾区的情况吗?**

张泉灵　我儿子还不到两岁,他搞不清楚妈妈去做什么,但是在小区里,有很多大人都看了我的报道,见了他就会说:你妈妈真棒!他就学会了,见了谁都会说:你妈妈真棒!

心中放不下的牵挂

张　星　**你觉得直播中最难的是什么？**

张泉灵　每一场直播的难点都不一样，这次在灾区主要是通讯和交通的困难。第一天晚上在北川的那场直播，登上我们的卫星车，但是我们没有办法联络上家里，告诉我们有信号传回去。我们通知不到他们。我们在雨中打我们的卫星电话，我们带了卫星电话，当时所有的移动电话和固定电话都打不通。但是卫星电话特别怕潮湿，又是在山里，信号就特别不好。这次对我们来说，第一难的是通讯和交通，第二难的是时间太短。我们很少碰上这样的情况，每走一步都有新闻，每个人都有故事。

张　星　**这时候选择什么样的内容来做报道就十分重要了，那你怎么来选择呢？**

张泉灵　第一还是交通的限制，你到了什么地方，首先要把现场的情况说清楚，第二就是在现场什么是最打动你的。

张　星　**在这样的直播报道中，有没有考虑过个人的风格？**

张泉灵　在这样的报道当中，我不可能展现我的个人魅力，很多时候我都是让摄像把更多的镜头对准现场。关于主持人的个人风格，我觉得是这样，新闻主持应该是非常本色的，你生活当中是什么样的，你在环境现场就是什么样的，如果你在表演的话，观众就会识破你，所以你就一定是本色的。

张　星　**除了报道之外，你还做了其他事情吗？参加救援活动了吗？**

张泉灵　救援活动我们不能随便做，我们不能给别人添乱。报道之外我们帮着做了很多探听消息的工作，递条子，帮人递条子。到耿达乡，我们进去的时候，那里还是孤岛，里边活着的人特别想让外面的亲人知道他们的消息。我们在5分钟的时间里就收到了一百多张纸条,我们的同事出来拿着这些纸条整整打了两天的电话,每一个打通了的电话,对方的那种兴奋和感激,对我们的心情来说是非常美妙的。

张　星　**因为你们传达的是生命的信息。现在回想你在灾区的日子,还有没有什么放不下的牵挂?**

张泉灵　我第一天13日的晚上到绵阳，在绵阳体育馆安置了一万多名从北川过来的灾民,有一个小女孩,坐在屋檐下,不敢进体育馆,她是从她们学校的4楼上跳下来的,那楼已经半塌了。她见到我时,用那样的眼神看着我问:我已经在这个体育馆里找了5圈了,没有看到我的爸爸妈妈,你说他们还活着吗?我对她说,北川还有大量的车会下来,你爸爸妈妈可能很快就会找到的,解放军叔叔会来救他们的(说到这声音有些哽咽)。一直到后来,我总在想着那个小女孩的眼神,她找到她的爸爸妈妈了吗?在北川县城的死亡率大概是55%，两个人都活着很难……我还会想那些灾区的山里人,他们今后的家会安在哪?

许戈辉

生命年轮里的绿肥红瘦

许戈辉：出生于北京。1991 年在北京外国语大学读书期间参加了中央电视台青年业余主持人大赛，获第一名。毕业后进入中央电视台，主持过《十二演播室》、《正大综艺》等栏目和春节联欢晚会等。1994 年被评为全国最受欢迎十佳主持人之一。1995 年被评为华语电视节金奖十佳电视节目主人。1996 年 3 月加盟香港凤凰卫视中文台，2000 年起主持访谈节目《名人面对面》至今。

印象:澄明清澈的女儿心

印象中的许戈辉是电视屏幕上那个有着一双水汪汪大眼睛的女孩，采访之前曾在许多次的节目现场见过她的主持，总觉得她过于漂亮，而容易让人忽视了她的内涵。

也巧，约好了的采访时间是2011年的3月8日，那天的阳光格外明媚，当我来到北京东三环外的一家咖啡厅时，许戈辉已经提前到了。我推门进去的时候，她正和一位女同事聊天，素面朝天，一件中袖黑色连衣裙，腰间系一条有银色扣花的宽腰带，披一条潜灰色有深蓝印花的大披肩，既优雅又随意。我们不像是在采访，倒像是老朋友在“三八”节里的一次聚会。第一眼看上去，感觉她好瘦，因为没有化妆，脸色有些苍白，与镜头前那个光彩照人、双目放光的凤凰台女主播判若两人。然而，聊着聊着，她外表的东西渐渐褪去了，她的内心、她本质的东西开始显露，聪颖、睿智、诚恳、用功，很有头脑的知性美女。大量的阅读和丰富的阅历让她才思敏捷。当然，口齿伶俐是她的职业素养，但不得不承认的是，做了10年《名人面对面》节目，与五百多位有特色的成功人士进行过深入的交流，让她的眼界、心胸和思路都更开阔，更豁达。她见过世面，也见过人面，许戈辉的人生大大超越了她自己的年龄，于日复一日的访谈节目中无形地延长了，拓宽了……

见到来自天津的记者她很高兴，她说她孤独的童年是在北京度过的，而她快乐的童年是在天津度过的。噢，那是怎样的一段时光？因为父母工作太忙，4岁左右的小戈辉被一把大锁反锁在家中，用小手托着两颊，望着窗外冬天的北京——天空是灰灰的，秃秃的树枝上没有一片叶子，偶尔停着一两只小鸟。当小鸟飞走了，她就回过头去画画。家里有饼干桶，算是奢侈的零食。那时她还不太认字，妈妈就给她画一个钟表的图案，画上几个不同的钟点，告诉她，什么时间你可以吃午饭，什么时间你可以吃一个苹果，什么时间妈妈就回来了……后来看到戈辉实在太孤独，父母就把她送到了天津的姑妈家，在这里她断断续续地住了两年时间。姑妈家的楼房是在一个大院里，戈辉便有了许多小朋友一起玩。天津的日子她快乐得像只小鸟，所以她说一听到天津方言就觉得特别亲切……

这就是我们的开场白，也许是职业的习惯，我们都不自觉地把对方当成了采访对象，她用这样一种亲切的回忆迅速拉近了与我的距离，我用对她心灵的理解一下子获得了她的认同。我说："你在采访了这么多名人之后，是不是觉得你的心会一下子变大了？也许在与他们接触之前还有一些小烦恼，接触之后就觉得自己的那点小烦恼不算什么了？"闻此，她的眼睛一亮，说："你说得特别好！我以前没想到这个词，真的是这样，心变得特别大了！为什么现在很多人会有那么多的烦恼和不满足，当那个烦恼充斥了他的心时，烦恼就被无限放大了。而与这些一路奋斗过来的名人接触之后，就会发现这个世界有多大，生活有多少可能性，心中的世界一下子就扩大了……"

也曾经采访过一些电视台著名的女主播，许戈辉的不同之处就在于她很大气，很阳光，也很真诚，应该说她已经不算年轻了，但在她身上却一直散发着一种近乎于小女儿般地热情和真诚，澄明清澈，在她叙述的过程中，仿佛有一道光在照耀着她，那是她的梦想。她说："凤凰（卫视）既教我怎样目光高远地去梦想，也教我怎样实实在在地去做事。既教我展翅高飞，又教我脚踏实地。"投入"凤凰"的这15年，是许戈辉人生最辉煌的岁月，也是"凤凰"最辉煌的岁月。作为这样一家华人世界有相当影响力的电视媒体的第一批主持人，她有资格骄傲，如今，无论是她还是"凤凰"，都以脚踏实地的辛勤工作实现了当初那美好的梦想。

都说只有投入到自己喜爱的工作中的女人才是最美丽的，那一刻，沉浸在梦想中的许戈辉真的是特别美丽。她说："我不假设生活中充满陷阱，我更多地选择相信人性的善，我不太设防。"有朋友笑言，做了母亲之后的许戈辉浑身上下都充满了一种"母仪天下"的光辉。不错，近年来她做慈善大使，四处奔波，亲力亲为，为灾区百姓募捐了数百万元的善款，还把女儿的一份小小心意——一个水晶的小手链捐给灾区的小朋友……

说到感情，许戈辉说："我总觉得人生有许多不期然的美丽，不期而遇是件特别美好的事情。不要怕受伤，不要怕走弯路，这些都是人生必须要经历的……"

瞧，这就是成熟之后的许戈辉，依然是一颗澄明清澈的女儿心。

访谈录

离开央视到香港，有人建议我去麦当劳兼职

张　星　**到今年的3月底，就是凤凰的15周年生日了，这15年是凤凰的黄金岁月，也是你的黄金岁月，对吧？**

许戈辉　是。真是一晃而过，回想起来真是就像是昨天的事情。那之前，我基本上都没有离开过北京，但我相对比较独立，从9岁读北外附小就开始住校，一直住到大学毕业。大学毕业工作后也是自己在外租房子住。可是一旦离开了自己熟悉的城市，还是需要一个适应过程的。并且那时候的凤凰还是一张白纸，一切美好的前景还都在我们老板的描述里。

张　星　**那你当时怎么舍得放弃央视那么好的平台？**

许戈辉　必须说那时我是幸运的，一上来就有央视那么高的起点。如果我再大几岁或者阅历再多一点，我可能会舍不得离开。但一个幸运的孩子往往意识不到自己的幸运，做选择也往往比较率性而不会瞻前顾后。就像当年我参加央视的主持人大赛得了冠军，有记者要来采访我，我说不行，我还没毕业，我还得把重点放在学业上。从来不懂这是一个机会，可以成名，可以瞬间获得也许默默干上10年都不一定能获得的东西。所以现在我就很感慨，如今屏幕上大量的选秀节目，还有充斥市场上的许多书籍，都在告诉年轻人：成名要趁早！什么样子才叫成功等等。在我们那个时候不是这样受教育的，在我们脑子里，对于所谓的功、名、舍、得的选择都不是那么功利的。许多事情是凭着一种冲动和向往在做。

张　星　**离开央视去凤凰，最吸引你的是什么？是香港那边比央视要高许多的薪水吗？**

许戈辉　不是。其实我在央视时已经在做一家小规模的电视制作公司，做得很

有起色,但是特别疲惫,一个人硬撑着打拼,摸着石头过河,摔过跤,弄得满身湿……这时有凤凰这样一个机会,我很想到香港看看人家的电视工业是怎样运作的,这对我是一个致命的吸引。

张　星　**凤凰给你最大的启示是什么?**

许戈辉　凤凰有一个核心的精神,应该叫做——独立而自由的思考。这是我们作为主持人体会非常深的。凤凰非常鼓励你独立思考,并且不给你设什么禁忌。有时候你自己都会觉得,哟,我这样就说出去了?我们的节目也有人审,主要是根据香港的一些法律。我们也有撰稿人,但是这里面可以加入许多自己的思想。凤凰很鼓励我们用自己的视角去观察,去分析,去表达。并不是这样自由,我们就无法无天了,我们反而会更小心,更谨慎了,因为你知道你要为这个东西负全部的责任,而这个东西的影响力是非同小可的。凤凰特别懂得:信任是一种动力,信任本身也是一种监督,一种严格的监督。

张　星　**工作之外你们在香港有业余生活吗?**

许戈辉　刚到那的时候,香港人就问我们,你们业余时间为什么不再打一份工呢?我们说,我们还能做什么呢?人家说:你们可以到麦当劳里去端盘子啊!我们都笑了,以为人家在开玩笑。但后来我们才知,香港人的生活态度是很实在的。比如我们有一个服装师,是帮我们专门去搭配服装的,她个子高高的,瘦瘦的,每天背一个巨大的包,里面装的全是衣服。后来我们才知道,实际上她是香港的一个相当有名的模特。她来凤凰就是再出来打一份工,而当她走在T台上的时候,她就是那个耀眼的名模。通过她我们就明白香港人是一种怎样的生活态度了。

其实我是一个挺皮实的女孩

张　星　**到香港凤凰你做的第一次大活动就是97香港回归吧?**

▲ 张星采访许戈辉

许戈辉　是的。那时候对我们是一个崭新的挑战。之前，我的电视主持经验里，没有这么大规模的、这么长时间的新闻直播节目，比如我做过综艺节目，专题节目，包括央视的春晚，基本上都是提前设定好的。而香港回归的报道对我们是一个挑战，第一，不知道会发生什么问题；第二，要有那么多的时间用什么来填充？要准备大量的背景资料，有很大的压力。我们是60个小时播不停，几个人轮流播。我还要在会展中心和总演播室之间两头跑，记得当时还下着雨，但是人却很兴奋。

张　星　**那么，你主持凤凰的"千禧之旅"最艰苦的是什么？**

许戈辉　我接的是第一棒，就是埃及和希腊。还要进入以色列。我挺迷恋和向往这种非常神秘的古老文明。埃及是东方的古老文明，希腊是西方的古老文明。当时我们的吉普车队真的是日行千里。我其实是一个挺皮实的女孩，虽然我以前坐车坐飞机都会晕。我在央视第一次外出拍片坐飞机时，一起飞，我就吐了，一降落，我又吐了。不过后来我真的练出来了。也许我的身体构造天生就是为了电视主持这个职业而造就的。我们的摄影师等一些工作人员都说，你们看，小许真神了哈，上车吧，你就觉得她特别疲惫，在那东倒西歪地睡，可是一下车，你把机器往那一架，机器上的灯一亮，哗！她就换了一个人，她就神采奕奕，口若悬河，才思非常敏捷！

张　星　**你做《名人面对面》已经10年了吧？**

许戈辉　名人面对面已经做到第11年了，已经面对了500多位名人了。我们也确实邀请过一些人第二次，甚至第三次上我们的节目。

张　星　**有没有特别困难的时候，或者嘉宾不配合的例子？**

许戈辉　有，但是不多。正因为不多，印象才特别深。有一次，是我伤了人家。是一位女导演，她刚拍完了一部备受争议的片子，我就把网络上找到的一些评论念了两条，这时她的脸色就开始变了。后来回想，是我说的一些话太刺激了。她沉默了很长时间，然后站起身走进她的办公室，不理我了，我当时很尴尬……后来那期节目没有播出，并不是不可以做，只是我不想给人家造成伤害。

还有一次，乒乓球冠军瓦尔德内尔，曾经是中国队的克星。他是北欧人，一点也不幽默。我用英语采访，问一句说一句。我想用激将法逗起他的谈兴来，没料到他突然开始叽里咕嘟说开瑞典语了，然后就站起来走了，把我晾那了。他的翻译说，他身体不舒服。我就知道他不高兴了，但是为什么？我没有冒犯他呀。我请翻译把他叫回来，他说他今天肚子有点疼，不能再说了。我对他说，你今天休息，明天再来访。明天你得好好回答问题。（有点哄着他）第二天，他又换了身衣服，精神抖擞地来了，聊得特别好。

有时候涉猎的领域我完全外行，会比较难，这种情况就得想办法化不利为有利。比如采访篮球明星王治郅时,本来不懂篮球是我的劣势,但我扬长避短居然收到了意外的好效果，因为我让他感觉是一个可以放松的谈话对象，还有一个重要的共同之处，都是初为人父母。于是我们不多谈战术打法，而是谈他怎样每周在美国东西岸飞来飞去、奔波于俱乐部和家庭之间,谈他怎么喜欢读明清小说,甚至怎样给孩子买奶粉……这种话题,在体育类的节目是不会涉及的,我就是想尽可能地去触碰他内心的东西，让观众了解一个不一样的篮球明星。

张　星　**你也是一个总在探索、尝试创新的人。**

许戈辉　有的时候也会焦虑,还能怎样再变变花样。难道就这么简单的一个模式这么做下去吗？然后我告诉自己,就在这么简单的方式下,在内容上翻新。哪怕就给观众一点点地感悟,就为一句话而感动,可能就会影响到一个人,甚至会改变一个人。

淡泊名利是一种风骨,做慈善让我内心更安然

张　星　**你这么多年采访了这么多的人物，他们的人生和人生观对你有影响吗?**

许戈辉　有。太多了。我感觉现在是特别让人内心浮躁的一个时代,台湾有一个雕塑家叫朱铭,他的太极系列在国际上享有特别高的声誉。他的雕塑作品《拱门》由连战作为礼物送给胡锦涛,代表两岸之间的友好关系。但是当我采访他提到这件事时,他只是淡淡地说,是吗,我听说有这么一回事,但我也不知道是哪件作品,可能是他们买的吧。他的态度让我很意外,因为在绝大多数人眼里,这是一个值得大书特书的荣誉。他说,做艺术要专心,要往里钻才能做成。他让我明白:淡泊名利不是口头随便说说的,他一定包含了你对人生的深刻认识,你才能做到心静如水。像这些人影响我的是一种人生态度,是一种风骨。

张　星　**每一个人物都有他特定的场，这个场会辐射到你。**

许戈辉　对。比如这次“两会”中关于幸福的话题，我觉得，中国人的幸福点越来越高，越来越难达到。其实我们的生活是越来越好了呀，为什么你还是觉得自己不幸福？是因为你把标准定的越来越高。接触了这些嘉宾之后就会觉得，幸福的方式多种多样，不是说只有一种人生才是幸福的。对此，我们的媒体也有责任，当前无论是电视还是纸媒，或者图书，在很大程度上在误导年轻人，似乎成功就是做到多高的职务，挣了多少钱，名气有多大，住在什么样的房子……于是千万的人都在奔着这些硬指标往金字塔尖上挤，幸福感就真的太难获得了！但实际上，真的不是这么回事！我采访的这些不同的嘉宾都在用他们的故事告诉我，生活的意义绝不是成功之后那些名利带来的幸福感。他们都在告诉我说，他们是在做自己喜欢做的事，名利只是他们做这些事所带来的附加值……

张　星　**你这些年一直在做慈善事业，怎么想的？**

许戈辉　我在母校北外和北大都设立了助学金，每年都会资助一些贫困学生。这些年我做的慈善更多的是针对母亲和儿童，我是中国扶贫基金会“母婴平安120”项目的形象大使，我下去之后才知道，在偏远地区生孩子仍然是妇女的一个生命难关。汶川地震我募捐了一百万，去年重庆地区水灾我募捐了一百万，主要用于贫困母婴及贫困学生的援助。自己做了母亲之后就更牵挂那些需要帮助的母亲们，做慈善会让我觉得内心安然。

柯 兰

与孔府血脉相连的国学传人

柯兰：孔子第77代嫡孙女孔德懋的女儿。1936年在北京出生，1950年参加中国人民志愿军赴朝参战。转业后当过小学教师，《天津文学》杂志编辑。天津市河西区副区长、区政协副主席。退休后创办明德国学馆。主要作品有电影剧本《孔府秘事》，长篇纪实文学《千年孔府的最后一代》。

印象:母亲的目光永远在她身后

走进柯兰的明德国学馆,迎面一尊孔子半身塑像安静地与你相对,恍然间就有一种穿越千年风云的感觉。而这所国学馆的主人——柯兰女士正是孔子第77代嫡孙女孔德懋的女儿。

2010年3月末,津城一个乍暖还寒的下午,我跑到柯兰所在的明德国学馆,和来自河西区各中小学的二十多位老师一起,老老实实地听了一堂国学吟诵课,从文天祥的《过零丁洋》、辛弃疾的《破阵子》到范仲淹的《岳阳楼记》以及《弟子入则孝》,跟着老师一句一句地学着,吟着,这时,我在教室的最后一排座位上见到了正在认真听讲的柯兰。

应该说,她是这间教室里最年长的“学生”了,但她却听得格外认真。当讲课结束的时候,她走上前,先给那位比她年轻好多的男老师深鞠一躬,又给在座的所有老师们深鞠一躬,既表示她的感谢,更表示她对先贤与传统文化的尊重。一个七十多岁的老太太,曾经当过河西区副区长和区政协副主席,竟然如此的谦卑与虔诚,不由得令人肃然起敬。

这之后的一天下午,我再次来到了柯兰的明德国学馆,与她握手时,感到她的手冰凉,格外寒冷的春天,在这间停了暖气之后的阴面房子里,我们一聊就聊了两个多小时,孔子的塑像伴在身旁,孔子的思想穿越时空,我们忘却了寒冷,完全沉浸到对往事的回忆之中……

原以为,如此正宗的圣人后裔,出自名门的金枝玉叶,应该是一个温婉诗情的女子,不管她多大岁数,从小读着四书五经、吟诵着先祖圣人的古训,内心一定是柔软而儒雅的吧!

然而我错了,就算她是听着《论语》出生的,经过了新旧中国70多载如此动荡不安的岁月,她也不可能是我们想象中的那种女子了。

真实的柯兰,从小到大就是一个男孩子性格,而她的母亲——那位孔子第77代嫡孙女孔德懋,也从来没有用三从四德的道德枷锁束缚过她。母亲甚至没裹过小脚,并且在抗美援朝战争爆发、需要年轻人保家卫国的时刻,以深明大义的胸怀,把只有14岁的女儿柯兰送到鸭绿江边,走上了战火纷飞的战场……

在朝鲜战场上，少女柯兰目睹了阵地上无数战士的鲜血与战友的牺牲，那种坚强与勇敢便铺就了她生命中最初的底色。

然而，当她怀着满腔的热情和伟大的理想从朝鲜战场归来，当别的战友都进入到国家一些重要的工作岗位时，她却只被允许到小学去当教师。在此后的数十年人生中，在中国大地上一次比一次更风高浪急的政治运动中，孔家与柯家，“封建主义”加“海外关系”，家族的历史像沉重的大山一样，成了她背不动也得背的“政治包袱”，她永远都是“另册”中的一员。而天性强硬的她又几乎一生都在为此而拼命抗争！“文革”中，当孔府院中的石狮子都被砸烂了的时候，她却一个人苦苦地与命运抗争，一次次奔波在到北京上访告状的路途上……

那是一段不堪回首、欲哭无泪的日子，挤在乱哄哄的上访人群中，她不服，她绝不屈服！面对残酷的现实，她没有一点孔子之道的温良恭俭让，命运把她锤炼成了一个执著而坚韧的女人！

上世纪70年代末，当冬雪终于开始融化，东方露出第一抹鱼肚白的时候，她又踏上了寻根问祖的征程。夜雾沉沉，车轮滚滚，她坐一夜火车终于回到了梦中故园——山东曲阜。孔府、孔庙、孔林……那是她生命中无法割断的血脉。就在那尚未整理，还处在浩劫后一片狼藉的孔府老宅中，面对母亲早年曾经睡过的木床，爬上孔府东学临街高墙的土坡，千年风云默默地在心中穿过。到了夜晚，在连灯都没有的深深庭院中，她独自一人，徘徊在幽暗的石径上，伫立在古老的墙壁前，冥冥中仿佛有一束光在头顶照耀着，她知道，那是先祖们的灵魂在与她对话……

于是，她写出了一段又一段孔家的故事，在海内外的报刊上陆续发表，最终出版了《千年孔府的最后一代》一书，还创作了电影剧本《孔府秘事》并搬上了银幕。

动荡岁月中，她没有时间和精力去考虑个人的生活，婚姻失败后她独自扶养孩子长大。谁也没有料到，一场国学热于不知不觉间开始在中国内地悄然蔓延开来，曾经的“焚书坑儒”、“批林批孔”都没有让这位孔圣人灭绝于世，相反，无论是央视的《百家讲坛》，还是前不久刚刚大热的电影《孔子》，以及如今遍及全世界各地的孔子学院……国学成了中华文化的本源，而孔子则是一位无可替代的“代言人”。

虽年逾古稀，但总算熬到了这一天了！2006年，已经从工作岗位退下来的柯兰以一种势不可当的热情一鼓作气地创办了明德国学馆，圆了她生命中最执著的一个梦想。然而，办这样一所完全是公益性质的教育机构，在当今这样一个什么都按价论值的商品社会，它所面临的困境可想而知！虽然得到了市、区领导的支持和热心人士的帮助，聚集了一批有志于国学、不计报酬的热心“义工”，但困境仍然需要她去面对，难题仍然需要她去一点点解决。好在孔家的家传中从来就没有享受这个字眼，更不要说什么奢华。在柯兰和她母亲的记忆中，朴素与谦恭才是孔家的家风。于是她自掏腰包、百折不挠，撞了南墙也不回头地将国学馆支撑至今……走到今天，甘苦寸心知！

如今仍然健在、已95岁高龄的母亲孔德懋在女儿书的序言中写道：“人活于世，有两个不可改变，一是先天的出身、性情不可改变，一是后天滋养的水土不可改变。因此，山东人，孔府后，这两点便成了我和女儿柯兰的终生命定。我们辛于斯、苦于斯、甘于斯、乐于斯……”

访谈录

张　星　**您小的时候您母亲给您讲过孔家的事情吗？**

柯　兰　我们家是这样，我母亲嫁到了北京的柯家，在西单商场后面的太仆寺街，那条街有两所大宅院，一所是我祖父的，另一所是我外祖父的。祖父柯家也是名门望族，祖父柯绍忞在清朝时是光绪的老师，后来也教过溥仪。辛亥革命时让他参政，他谢绝了，属于前清遗老。后来他做清史馆馆长，也做过国子监的总监，他用了30多年的时间编修了《新元史》，被北洋政府定为第二十五史，应该说是一个很著名的史学家。

张　星　**您的小学是在哪读的？**

柯　兰　在北京读的。还说我们家的两所大宅子，几乎占了多半条街。除了祖父柯家的之外，另外一所就是我外祖父——也就是孔家在北京的住所，算是别墅吧，是皇帝赐的。外祖父这边，因为平时他不去，就住了许多孔家的亲戚。我虽然出生在北京，但我们平时是不随便出门的，要出门就是从这所宅子到那所宅子去。所以我的生活圈子基本上就是山东人的圈子，我听到的山东话比北京话还多。

张　星　**那您读的书是孔子的书吗？**

柯　兰　不是，在学校就是读一般的课文。但是回家要学一点古诗词，有时候要学一些《论语》、经书之类的，不多。

张　星　**新中国成立时您在哪？**

柯　兰　在南京。1948年年底，正如电视剧《北平的战与和》中演的一样，时局很动荡，蒋介石就让我舅父去台湾，并让他把厨师、用人都带走。当时我们和舅父一起生活，按理说也应该一起走。可是我母亲总是热土难离，不愿意走。她以为舅父他们走了，很快就会回来，没想到这一分别，海峡相隔竟是那么久！直到40多年后姐弟俩才在日本再相见。新中国成立以后，我接受新思想很快，读了很多像《大众哲学》《新民主主义论》这样的书。14岁我就入团了，还选我当了团支部委员和学生会的负责人。1950年，朝鲜战争爆发。我也是热血青年啊，我就带着同学们去报名，要求参加志愿军抗美援朝。

张　星　**您当的是什么兵种？文艺兵吗？**

柯　兰　不是，是特种兵。训练完我被分到了炮七师司令部，就是后来打上甘岭的那个部队。师部就在前沿。后来我们很多人又都被补充到野战医疗队里去了。我发表过一篇散文《战火中的小屋》，就写的这段故事。

张　星　**您小时候家族给您印象最深的是什么？**

柯　兰　在我很小的时候，大概4岁吧，我母亲抱着我到旁边外公的府里（孔家）认老祖宗。那院子是一进又一进的，最后挂着的就是吴道子画的孔子像。母亲指着像告诉我:这是咱家的老祖宗……

张　星　**您第一次回山东孔府是什么时候?**

柯　兰　我太小不记得了,我被抱着回去过。两千五百多年来,世代的子孙都守在故乡不走。到我母亲这一代,77代,一共只有3代离开故乡了,第一代就是秦始皇"焚书坑儒"时,孔府当时的后代连夜把《论语》《尚书》等经典给藏起来后离开了故乡,现在孔府里不是还有"鲁壁藏书"那面墙吗。第二代是宋朝南迁时,当时是第48代子孙孔端友,陪着皇上一起南迁,这是朝廷的命令,不能不听。第三代就是我舅父孔德成,日本人想把他带走,日本人先把溥仪争取过去了,然后就想弄我舅父,因为他在老百姓眼里是一个精神领袖,是小圣人啊,日本人邀请他到日本去,他不去。"七七事变"前夜,为了不被日本人利用,不当亡国奴,舅父虽然很不愿意,但也不得不抛弃祖业,到重庆去了。

张　星　**母亲对您有过什么样的教育?**

柯　兰　孔家的教育很特别的,我母亲都不裹脚,是大脚。当我舅父离开孔府老家时,我母亲告诉我她是深明大义,这一切对我来说都是潜移默化的。比如我要参加志愿军时,我母亲不但没有反对,支持我参军,而且还在会上讲了话,说"我支持我女儿",还给我戴上"保家卫国"的大红花。这种家族世代的影响,尤其是在大事上,祖先留下的那种正道、正义的影响,常常就表现出来了。

张　星　**以您的家庭背景,"文革"中肯定在劫难逃吧?**

柯　兰　我被打入"另册",舅父在台湾,一些亲戚在国外。无论是"横扫牛鬼蛇神",还是"批林批孔",我都首当其冲……那种大灾大难不是几句话能说清楚的,太悲惨了!但是无论多么痛苦,我都不服,不认罪!一天夜里,我趁黑上了火车,跑到北京国务院上访站去告状……

张　星　**改革开放以后,您的噩梦就结束了吧?然后您就到《天津文学》当编辑了?**

柯　兰　对。其实我对学校还是挺有感情的,要不我现在怎么办这个国学馆,弄一批小孩来教。记得我小时候看过一部前苏联电影《乡村女教师》,很向往当老师,觉得老师是很神圣的一个职业。后来因为政治上对我不信任、不可靠才让我去学校的,所以我不能接受。

张　星　**我觉得您的性格是很坚持且坚强的那种,并不是过去人们印象中大小姐的那种弱女子形象。是男孩子性格,且遇事能顶得起来,不害怕。**

柯　兰　是。亲戚中也有人对我母亲说:你这个女儿生错了,应该是男孩!我上告时我就说,有事我自己承担,不牵连我的母亲,我的哥哥弟弟,我的孩子,不就是坐监狱吗,我去坐就是了。那时候我在外面过得也不好,所以我也不在乎坐监狱。我不像旧式妇女,我们家里也不是像《红楼梦》里那样的生活,那种家风。比如,我们家里也有许多用人。如果老妈妈(用人)喊我:"小姐,吃饭了。"我母亲就会说:别喊小姐,叫小名。你是长辈,一个小孩子家,别叫小姐!不光我母亲这样说,孔家的家风就是这样。孔府里有几百个当差的,这些人在孔府里都叫"家人",要尊重。

张　星　**您系统地研究孔家的历史是从什么时候开始的?**

柯　兰　我小时候零零碎碎地就听说过一些。然后到了"文革"结束之后,我那时候还在小学里,还挺穷的,穿着一件破衣服,买了几个面包什么的,就回到了孔府收集材料。后来中央告诉我们可以回孔府祭祖以后,我一个人在孔府里住了将近半年。当时孔府里还很荒凉,院子里没有灯,晚上一片黑暗。我像老鼠似的,在孔府里上下游走,收集资料,不论是布满尘埃的老屋、角楼、库房,还是人迹罕至的角角落落,甚至找出了一些母亲和舅父小时候玩过的小玩意儿,也看到了当年箱子里我外祖母的那些衣服……

张　星　**您是否有一种与先人对话的感觉?**

柯　兰　我觉得我在和死者对话。我走到一个地方,就想,我的外祖父曾在这里走过多少趟,他走的时候想过什么?这些祖先们,这些列祖列宗们,他们的灵在这里,我觉得我是和这些先人们在进行对话,心灵的对话。

张　星　**您有一种没有人逼迫的使命感?**

柯　兰　对。五十而知天命,这句话我特别欣赏。我就是五十多岁才开始走上寻根之路的。

张　星　**如今,您又把全部精力都投入到办国学馆上来了?**

柯　兰　我这个国学馆是我自己创办的,不管别人怎么评价,我自己觉得内心是一种安慰。虽然办得非常艰难,我却一直坚持着。我并不觉得苦,更多的时候在我心里会升起一种希望,因为有许多志同道合的朋友在与我一起奋斗。

张　星　**我看,从2006年到2009年,您的国学馆做了那么多的事!**

柯　兰　我做了那么多事,只有微乎其微的资金。这些事我做得问心无愧。我做的这些事,如果说在天津是走在前头的,我愿意承认。去年七月,中央文明委的领导来检查,听我们的学生背《论语》,给予了很高的评价,后来还亲自帮我们请教吟诵的老师,河西区政府也很重视。

张　星　**您办这个国学馆,不论多苦多难,但在您心里是很欣慰的一件事。**

柯　兰　心里很踏实。我感觉中华文化大发展,确实是遇到一个千载难逢的好的机遇,好的环境。但这又是一个非常艰苦的过程,很艰难。文化的繁荣发展,绝不是像盖一座楼那样,它最大的一个工程是人心,我们要把这种文化渗透到国民素质,渗透到我们孩子们的思想感情里,需要做很多很多的工作。仅靠官方是不够的，要靠民间的力量。这期间我接触了很多退休老师和一些自由职业者，他们都想做，但他们都很贫困，民间具有很大的潜能，但要发掘出来是很难的。

张　星　**这是不亲身经历所想象不到的。**

柯　兰　我认为，从某种意义上说，弘扬中华文化是一种慈善事业，我就觉得我是在做一项慈善事业。现在教育扶贫、生活扶贫，最缺的就是文化扶贫。如果有了文化扶贫的话，那么我们民间的力量一旦起来是不得了的。我深深感觉，我有很多的想法不能实现。现在有许多家长来找我，他们都想把孩子交给我，让我教给他们国学，现在还有许多孩子不能凑成一个班，大的小的，几岁的都有，而且东南西北都有，有的从哈尔滨找来，有的从山东找来，我没办法，我不可能一个孩子、一个孩子地教啊！我得请老师。虽然现在许多老师愿意无偿做这件事，但是也不能一点钱不给呀，他有许多实际的困难！如果我有钱，我能请许多老师，我可以开很多的班。可是现在不行啊！这30多个孩子一个班，一期一年，到现在已经办了三期了。一分钱不收，是世界红万字会台湾总主会天津办事处的主任、政协委员娄壮志大姐一直在资助我，我每年给孩子们上140个课时，还要办一些活动，还给孩子买一些文具等，为了能让国学经典走进当代社会，把中华传统美德融入百姓生活，我乐此不疲。

茹丝

放歌春晚的肯尼亚女孩

茹丝：天津师范大学留学生，来中国之前，茹丝是肯尼亚内罗毕孔子学院的学生，这所孔子学院是天津师范大学和内罗毕大学合作承办的，是中国在非洲大陆开办的第一家孔子学院。2006年她在第五届“汉语桥”世界大学生中文比赛肯尼亚赛区预选赛中脱颖而出，成为优胜者，有机会参加了在北京举行的决赛，经过层层选拔，最终获得了“汉语桥大赛”的优秀奖，并获奖学金资助，来到她渴望已久的中国，开始了在天津师范大学的留学生活。

印象：还是那朵非洲“茉莉花”

2011年的除夕之夜，拥有亿万电视观众的春晚舞台上，天津师范大学的留学生——来自肯尼亚的女孩儿茹丝，与其他4位分别来自美国、澳大利亚、俄罗斯、匈牙利的“老外”演员在大山的带领下表演了精彩的相声节目，茹丝用她优美激昂的歌声演唱了一曲改编版的《月亮之上》：“我在仰望，仰望远方，我的家就在那非洲大地上，学习汉语啊，学会了不忘，孔子学院架起一座友谊的桥梁。我要好好学习，天天向上，‘举头望明月，低头思故乡’……”

茹丝真的上春晚了！之前我在联络采访时，她还不敢肯定他们的节目最后一定能上，所以让我等到春晚之后再采访。

第二天，大年初一的下午，我们来到天津师范大学国际教育培训中心，第一时间采访了刚刚从北京赶回来的这位非洲女孩儿。

茹丝瘦了，更精神了，一件深紫色双排扣外套，一双时下最流行的高跟长筒靴子，一头黑发整齐地梳在脑后，往你眼前一站，特有舞台范儿，也特有明星范儿。

与5年前我第一次采访她时相比，虽然还是那双清澈明亮的大眼睛，还是那么爱笑爱唱歌，但在她的思维方式、情感意识里，已经渗入了相当多的中国元素。她的表情，她的笑声，真的已经发生了很多改变。尤其是她的汉语水平，5年前我们交流时她还要夹杂着英语才能表达清楚，如今，她用汉语听说自如，完全没有障碍。聊到她喜欢的诗朗诵时，脱口而出就背起了舒婷诗中的句子，聊到孔子，她也是滔滔不绝，如数家珍。陪同我们采访的天津师大国际教育交流学院的钟院长告诉我们，这些年来，学校专门为茹丝请了书法、国画和声乐老师给她上课，每个星期有一两次的专业练习，老师们对她的评价都很高。

我问她：“你最初知道让你上春晚的消息时激动吗？”

茹丝笑了，一脸灿烂地说：“我特别激动，觉得特别不可思议！我不敢相信，问自己，是真的吗？不是在做梦吧？直到昨天（除夕）晚上，真的站在中国春晚的舞台上了，我还是有一种像在梦中的感觉。我对自己说，要好好表现，让天津师范大学的老师和同学们为我感到骄傲。”

▲ 兔年茹丝给大家拜年

我问她："你知道昨天晚上有多少人看你的表演吗？不仅有数亿的中国人，全球都在直播呢！"

茹丝说："我知道春晚在中国特别重要，非常重要！所以我一直觉得像在做梦一样。我已经在中国学了5年汉语了，所以我知道，上这个晚会演出是很大的荣誉，这个机会是很难得的。有人说我是明星，我觉得我还是一个普通的留学生，还需要提高汉语水平，我要接着努力，更努力，让我的汉语水平有更大提高，更进步，更……怎么说？怎么说？更……更上一层楼！

她一着急，眼睛睁得大大的，目光纯净，像个无助的孩子一样在搜索脑海中的汉语词汇。她说，写书法、画国画她都喜欢，但她最喜欢的还是唱歌，唱歌会让她感到快乐。不仅快乐，还非常放松，唱歌时没有什么压力，她非常喜欢舞台，舞台让她感觉很自由，如同找到了心灵家园。唱歌时，她觉得可以把自己的幸福感染给所有听她唱歌的人。她喜欢快乐，希望自己的每一天都快乐。

采访即将结束的时候，我们请她再为我们唱首歌，她爽快地答应了。

一站在"舞台"上，一拿"范儿"，茹丝顿时像换了一个人似的，立刻激情迸发，魅力四射。她唱了一首《多情的土地》，如果转过身去，只用耳朵听，你根本听不出这是一个外国人在唱歌，若论她的汉语水平，那才是“唱的比说的更好”！

当我问她：“如果将来有两条路让你选择，一个是当专业演员去唱歌，一个是做外交工作，你一定会选择当演员吧？”没想到她的回答是：“不！我想我会选择外交工作的。虽然当演员也很好，但是我觉得做外交更重要，你做好了，这两个国家或者这两个人的关系会越来越好。一步走不好，路就会乱。我是个特别关注走路要走好的人，不想马马虎虎地选择我的人生之路，所以我觉得做外交工作会更适合我。”

如此激情，又如此冷静，25岁的茹丝姑娘不由得令人刮目相看。与5年前刚来中国时相比，这朵非洲“茉莉花”真的是成熟了，长大了。愿她的人生像她歌声中所唱的那样，架一座中非友谊的桥梁，把友谊传播四方……

访谈录

上春晚，像做梦一样

张　星　**节目排了多长时间？**

茹　丝　一个多月吧，但不是一直排练，有时候自由活动，有时候还上课，国家汉办给我们安排的语言课，专门给我们请的老师。

张　星　**那时候你知道你要唱这首歌吗？**

茹　丝　不知道。到北京的第二天，我们就到中央电视台和大山、马东等几位老师见面，先让我们做了一些才艺表演，看看我们能演什么。当时没有给台词，到第5天给我们台词，歌词也是他们给我的，然后就开始排练，背词，表演。一个星期后，我就已经可以完全背词表演了。演出前一共彩排了5次，基本上是彩排一天，学习一天，没有感到太大的压力。老师和导演一直就让我们放松，让我们就像平时说话一样，鼓励我们不要紧张。汉办的老师每一次彩排都陪着我们，我们想吃什么就给我们吃什么，想到哪里他们都陪我们去。有什么事情，或者病了，他们都安排照顾我们,还有两个学生志愿者,专门照顾我们的生活。

张　星　**听说你排练时病了一次,还发烧了?**

茹　丝　是,就在排练快结束要上直播时,就是录备播的那天我发烧了,那是很重要的一次彩排,我不想告诉他们,但汉办老师知道以后很关心我,中央电视台那边也有大夫,他们给我吃了药,我觉得好一点,上台唱歌也没有受影响。但是彩排第二天我就受不了,烧到38(摄氏)度,全身都疼,特别难受。一个志愿者帮我买了药。吃了以后感觉好像恢复了,所以昨晚(除夕)上台现场直播时我觉得浑身有力,像没病一样。我也特别高兴。这个排练过程,我们都有过感冒、发烧、肚子疼等问题出现,但是我们都坚持着。我觉得天气太冷了,也太干燥了。

老师照顾我们非常好,年龄最小的那个演员,来自美国11岁的艾迪,汉办的老师就把他接到自己的家里,像对自己的孩子一样照顾。我们也觉得,我们都是老师的孩子,就觉得特别放松,也特别温暖。

张　星　**你知道春晚在中国的分量吗?许多大明星都没机会上呢!**

茹　丝　我知道,特别重要,非常重要!所以我一直觉得像在做梦一样,他们几个选手学习汉语的时间不长,也许不大知道。我已经在中国学了5年汉语了,所以我知道,春晚在中国人来说,是非常非常重要,这个机会是很难得的。有国家汉办的老师推荐我,是天津师范大学对我的培养,我才有这个机会上春晚。

张　星　**你刚知道让你上春晚的消息时,相信吗?**

茹　丝　我特别激动,特别不可思议,我不敢相信,以为是在做梦吧?直到昨天(除夕)晚上,真的站在中国春晚的舞台上了,我还是有一种像在做梦的感觉。我对自己说,要好好表现,让天津师范大学的老师和同学们为我感到骄傲。

张 星 **你知道昨天晚上有多少人看你的表演吗？不仅有数亿的中国人，全球都在直播呢！**

茹 丝 是吗？(笑，灿烂而单纯)我觉得我还是一个普通的留学生，还需要提高汉语水平，我要接着努力，让我的汉语水平有更大提高，更进步，更……怎么说？怎么说？更……更上一层楼！

张 星 **昨晚紧张吗？**

茹 丝 我们昨天(除夕)下午4点就到中央电视台，吃盒饭，化妆，在那等了近7个小时，时间过得非常快。本来以为会太无聊，但那里面很热闹，都

张星采访茹丝时，她换上了肯尼亚民族服装 ▶

是明星啊！我也想请这些明星给签个字，特别激动。董卿给我签了字，周杰伦的签字没得到，他的保镖特别凶。给我签的名明星很多，有说相声的，还有上奥运会的那个小女孩儿林妙可。我还想和韩红拍照，但是不让带相机，没办法，我就想对她说，我特别喜欢你唱的歌，但想说的没机会说出来。

张　星　**在春晚的排练过程中有什么小插曲、小故事讲给我们吗？**

茹　丝　噢，有。排练过程中，那个名字叫梅友的澳大利亚男生，他请我们几个到他家去玩，他在北京有女朋友，是新租的房子，就请我们一起去了，还有大山，特别热闹。

张　星　**你们在一起是说汉语还是说英语？**

茹　丝　说汉语，还有我们汉办的老师，还有志愿者，我们在一起都说汉语。可我不是会说笑话的人，我会笑，不会说笑话。我们在一起时我一直在唱歌，我唱《乘着歌声的翅膀》，还有《天路》、《青藏高原》等，我很喜欢。

来中国留学5年，最喜欢唱歌和书法

张　星　**按照中国的属相，你是属什么的？**

茹　丝　属牛，我是小牛。我来中国的时候才20岁。

张　星　**在你们肯尼来家乡，能看到中国的春晚吗？**

茹　丝　不能。他们也不过春节。

张　星　**你学汉语这么长时间，学习了许多的中国文化，你最感兴趣的有哪些？**

茹　丝　最喜欢的是朗诵，唐诗宋词，中国书法，写毛笔字，画中国画，都特别喜欢,最喜欢的是唱歌!

张　星　**唱歌会让你感到快乐?**

茹　丝　非常快乐,非常放松,唱歌时没有什么压力。我非常喜欢舞台,舞台让我感觉很自由。唱歌时,我觉得我可以把我的幸福感染给听我唱歌的人,就非常满意,有幸福感。我喜欢快乐,希望自己的每一天都快乐。因为学习压力很大,因为我年轻,我常常幻想自己的未来,思念远在非洲的亲人,想家,我时常会感到孤独、寂寞和一点点的惆怅,但是通过音乐我就能释放自己的情绪,还有天津师大的老师们会培养我,钟院长他们照顾我很好,让我像在家里一样。在中国的5年我已经长大了许多,现在的想法与我5年前刚来时已经改变了很多。

张　星　**你觉得最大的改变是什么?**

茹　丝　考虑的事情比以前多了,我离家很远,我的生活都要我自己来把握,我要走什么样的路,也要靠我自己来考虑。这里虽然有老师帮我,但我自己走什么样的路,就全在我自己把握了。哪条路更适合我,能让我更幸福,也会让周围的人对我好,让他们充满笑容,为我骄傲,我就会走哪条路。

张　星　**有没有想过将来在中国成个家?**

茹　丝　这个很难说(笑),每次都有不一样的想法。也想过要不就留下下在中国发展,要不就回国或到其他国家发展。现在还没想好。我觉得这是另一种压力。

喜欢《致橡树》,渴望爱情,但不懂爱情

张　星　**你怎么就想起来要减肥,让自己瘦了呢?**

茹　丝　从去年夏天开始吧,就是想瘦。本来我来中国之前也是不那么胖啊!

就是来中国以后吃得好、运动少才胖的。我减肥主要是上健身房做运动，跑步，跳舞，还有骑自行车，吃得不要那么多，不要太油腻。

张　星　**我看你很喜欢中国的诗词，还背了很多。有没有特别喜欢的？**

茹　丝　在中华经典诗文诵读大赛上，我朗诵过一首诗《致橡树》，是舒婷的。（她竟然很自然地就说出了诗人的名字）是我的老师帮我选的。通过很多很多的排练，那次比赛我获了冠军。

张　星　**诗中的意思你能理解吗？**

茹　丝　能理解。

张　星　**我也采访过舒婷，（啊？她顿时瞪大了眼睛，很惊讶，也很惊奇地看着我。足见她对这首诗和这位诗人的崇拜）她诗中那种对纯洁爱情的向往，（爱——不仅爱你伟岸的身躯，也爱你坚持的位置，足下的土地。）那种爱情观你同意吗？**

茹　丝　说实话的，对爱情，我不大懂，啊，我不懂爱情。我读了这首诗，就把爱情想得像诗人写得一样，像一些雾霭呀，虹霓呀……（她竟然背了出来）一些我们能看到的东西，让我们觉得非常美好的东西，我就把爱情当作了这些东西，然后就去幻想。可能我也是幻梦的女孩儿，哈哈。

张　星　**就是爱做梦的女孩儿。**

茹　丝　可是说爱情我真的不是太懂的。

《论语》很实在，理想是当外交官

张　星　**你是孔子学院的代表，那你对孔子的了解有多少？**

茹　丝　到现在了解了一些，也不能算太多。我觉得很多中国人特别喜欢孔子，而且我也读过他的《论语》，读过一部分，我特别喜欢“有朋自远方来，不亦乐乎”这句，非常实在，就是有朋友从远的地方来，就会很高兴。就像我是从肯尼亚来，也是很远的地方，我到中国，中国朋友对待我特别好，就像孔子说得这样。所以我就觉得非常实在。

张　星　**接下来你有什么打算?**

茹　丝　这几天先休息一下，接下来我要准备写毕业论文。有机会的话我还想读硕士。想留在天津，也有可能回国到内罗毕大学当老师，但都是不确定的。我可能会读国际教育，也想读国际关系。

张　星　**就照着外交官的路子发展?**

茹　丝　对，就是想做外交方面的事。我妈妈也很尊重我的想法，我想教书就教书，想做外交官就做外交官。妈妈说，做什么工作不重要，重要的是要做好人。

张　星　**听说你假期还在打工?**

茹　丝　有两个暑假我是到肯尼亚驻中国大使馆去打工，帮他们办签证，挺喜欢做的，是我的理想工作之一吧。打工挣些钱，能让我的生活舒服一点。我们外国人在中国也有许多需要，像买衣服呀，买生活用品，也不知道什么地方会更便宜一些。

张　星　**你在天津也打工吗?**

茹　丝　也打。教英语，最近在一家英文杂志社做，写些文章什么的。

张　星　**频繁地演出累吗?**

茹　丝　演出一点也不累，主要是我喜欢。自己喜欢的东西，能让你提高得很快，我最喜欢的就是上舞台表演，比赛，参加活动，还有上选修课，这会让我的汉语很快提高。

◀ 张星在天津师大留学生宿舍采访茹丝

张　星　**设想如果有两个地方让你选,一个是外交方面的,一个是当演员,你一定会选择当演员吧?**

茹　丝　不,我想我会选择外交方面的。虽然当演员也很好,但是我觉得做外交更重要。做这个事是国家和国家的关系掌握在你手里,你做好了,这两个国家或者这两个人的关系会越来越好。一步走不好,路就会乱。我是个特别关注走路要走好路的人,所以我觉得做外交工作会更适合我。

张　星　**我觉得你是一个头脑特别清楚、心里特别有主意的女孩儿，你曾经说过，想做中肯文化交流的使者，还记得吗？**

茹　丝　我现在还是有这个梦想，有机会我一定会做的。我也可以说，上春晚，我做了孔子学院的代表，也是做了一件与外交有关的事情啊！

史依弘

一朵清雅的梅花

史依弘：1972年生，原名史敏。上海京剧院一级演员。1990年正式进入上海京剧院。1991年，以《火凤凰》一剧，参加全国中青年京剧演员电视大赛荣获“优秀表演奖”。1994年，以《扈三娘与王英》荣获第十一届中国戏剧“梅花奖”和第五届上海“白玉兰”戏剧表演艺术（主角）奖，被推选为首届“中国京剧之星”。

史依弘就是这样走进我的视线的，2007年5月的一个夜晚，天津中国大戏院旁的一家小小旅店，她素面朝天、轻轻盈盈地挑帘迈进门来，纤细的身材，休闲的衣着，一双清亮的大眼睛，浑身上下没有一丝名角的影子，清纯得像是一个上晚自习归来的大学生。

通常我们认识一位艺术家总是从舞台开始的，看其戏，迷其角，继而寻觅台下那个真实的人。然而遗憾的是，22岁就获得了中国戏曲最高奖——梅花奖的京剧名伶史依弘，却是在她成为影视演员李成儒的妻子并被媒体热炒了好一阵子之后才被圈外人认识的。于是，那个在京剧舞台上要扮相有扮相、要嗓子有嗓子、要身段有身段的刀马旦，上海名伶史敏一个鹞子翻身成了北京演员李成儒的太太并从此改名史依弘，让喜爱她的戏迷深得安慰又不无一丝遗憾，毕竟她是舞台上那个大家迷恋的穆桂英、王昭君、白娘子啊！

当我问她“在你演过的这些角色中，你最喜欢哪个”时，她想了一下说：“我很喜欢白蛇这个角色，对于演员来说，她在游湖时是青衣，盗仙草时是刀马旦，断桥时又有大段的唱，是对艺术要求非常全面的一出戏。李成儒对我印象最深的就是这出戏。有时候他会突然问：你会不会真的是白蛇变的呀？”

她说：“白娘子代表的是中国女性中最美、最善良的部分，她憧憬着人间最美好的爱情和最美好的生活，对爱情又忠贞如一，不惜用自己的生命去救自己心爱的男人。还有《昭君出塞》，也是我比较好的代表作，载歌载舞的，很适合我。尤其是出塞的那一段戏，一个古典美人，有点幽怨的，有点哀婉的，还有她与马的那种感情，连马都不愿意走。很综合地体现了京剧的唱念做打，舞蹈啊，艺术手段很全面，唱起来很过瘾。我会全身心投入其中，忘了自己……”

望着她如水的明眸，我仿佛听到了胡琴的旋律与锣鼓的节奏，眼前的女子幻化成舞台上那个情深义重、舍身救夫的白娘子；那个走马边塞、依依惜别的王昭君……舞台的魔力是无论银幕或屏幕都无法比拟的，人在剧场中，此情此景，此人此音，戏剧把你带入一个与现实世界全然无关的故事中，演员就是那勾魂摄魄的人！难怪中国京剧虽历经一百多年的起起落落，却总有一群痴迷的票友围绕左右，戏迷，戏痴，迷的是角儿，痴的是情。史依弘从9岁踏入梨园界，二十多年的岁月在戏曲中度过，在角色中穿行。脱下戏服她是演员，穿上戏服她就是灵魂附体

▲ 史依弘生活照

的白娘子、王昭君、穆桂英……如此漫长的戏剧人生，舞台已经成了她生命的一部分，演戏已经成了她的生存状态和生活方式，又如何叫她分得清戏里与戏外呢！

正如一本书中所说："伶人身怀绝技，头顶星辰，去践履粉墨一生的意义和使命。"

戏剧界对史依弘的评价是：唱做俱佳，文武兼善。扮相俊美清丽，嗓音宽亮动听，做工细腻沉稳，台风端庄大方，颇有大家风范；武功扎实稳健，出手快捷从容，有"彩色旋风"之誉，堪称当今青年京剧表演人才中的佼佼者。她的鼎鼎大名不仅在中国戏剧界无人不知，在国外也有许多她的戏迷，尤其是在日本。她从17岁起就跟随中国青少年京剧团去日本演出，每次一两个月的巡回演出，从最北走到最南。许多人从很远的地方追着看她的戏。2002年她去日本，仅《白蛇传》就演了20场，天天爆满。

由于自幼练过武术和体操，史依弘学起武旦戏便很快就得心应手。武旦戏很简单，只是完成一些很饱满的技巧，就会比较从容地在台上杀杀打打，没有太多的故事情节，没有太多的人物内心。为了弥补她从小"没嗓子"、不能唱文戏的先天不足，她在戏校上三年级的时候，恩师张美娟把她带到了戏曲声乐教授卢文勤老师面前，要她跟卢老师学习声乐，学唱梅派。从此，她凭着极高的悟性和顽强的韧性勤学苦练，一唱而不可收，进入了文戏的殿堂，使她的艺术领域一下子变得开阔起来！老师告诉她，你看梅兰芳，他只要往台上一站，即使不唱，也有戏，他的气场就是那么大。可有的演员在台上使劲搔首弄姿也没戏。从此她明白了作为艺人，表面的浮华与深层内涵之间的巨大差别。她对艺术的领悟开始走向心灵深处，走向文化的层次。

这是一个微风轻拂的初夏之夜，面前的史依弘全然没有舞台上那飞扬的神采，她小女生一般娓娓地谈着女人、爱情和她今生今世永远也无法分离的京剧艺术，还有她试图改革创新的雄心壮志。让人感到，这是一个相当爽气的可爱女子。

我常想，做艺人既是一种享受，也是一种折磨。台上的绚烂之极，台下的归于平淡；台上的悲欢离合，台下的平凡琐碎……人生常常要处于一种大起大落的对比之中。难能可贵的是，脱掉行头、洗尽脂粉的史依弘，在我这样一个基本上算是“戏盲”的人面前，没有丝毫的炫耀，也不急于撺掇我去看她的戏，聊起天来自然而质朴，于无形中透出一种优雅和自信，宛若一朵安然静放的梅花……

附：

唱京剧的“艾丝美拉达”

2010年3月6日，应老朋友的邀请，我们专程飞到上海，当晚在上海大剧院看史依弘主演的新编京剧《圣母院》。

很喜欢史依弘的表演，上次在天津看她演的京剧《百花公主》，就已经喜欢之极，这次打着“飞的”来看她演新戏，心中充满了期待。

这出戏是根据法国作家雨果的小说《巴黎圣母院》改编的，因为该剧的基础是文学，又牵涉到太多的宗教禁忌，改编成京剧很不容易。所以，为了更适合京剧的表演形式，不得不把角色通通“中国化”，神父改成寺庙的住持，一种中西合璧的混搭。

那晚，一走进上海大剧院，就见舞台已经布置成由灰色的砖搭成的城堡布景，先出场的是丐帮，然后，史依弘饰演的女主角艾丽娅（即小说中艾斯美拉达）上场，一身红色波西米亚风格裙装，一双冒着灵气的大眼睛，一个勾魂摄魄的微笑，然后是一段优美的京剧唱腔“我的名字叫流浪……”随着剧情的展开，史依弘演这个戏很过瘾，一改在传统京剧中的行头装扮，头戴一朵硕大的花朵，身穿民间舞女的飘飘彩裙，戏中角色是异族的流浪女，载歌载舞，跳得放荡火辣，甚至光着脚丫子……

到底是文学大师的作品，一个女人与三个男人，神父的虚伪：爱与毁灭；将军的无情：欲与玩弄；丑奴（即原小说中的钟楼怪人卡西莫多）的真情：爱与舍己。面对这样一个美丽动人的少女，展开了一场追求与戏弄、占有与毁灭、拯救与被拯救的大戏。故事是人们熟悉的，用中国京剧的器皿来装这杯西方文学的水，老戏迷们也许会感觉别扭，但真正入戏之后，就会被角色和故事吸引。史依弘扮相俊美，唱腔透亮，舞得妖娆（据说为了练舞还参加了上海卫视的“舞林大会”并拿了奖）。功夫身手更是了得，从头唱到尾，一气呵成，太过瘾了！全剧由交响乐队伴奏，比传统的锣鼓京胡多了一分西式的韵味与情怀。当丑奴说出：“你死了，我也死”时，我的眼眶湿润了……

第二天，朋友约我们和史依弘在上海陆家嘴柏悦大厦91层上的餐

▲ 张星在上海看完史依弘主演的新编京剧《圣母院》后采访

厅吃饭，走下舞台的史依弘剪了很短的“运动头”，发丝挑染了几绺紫红色，酷酷的，个子又高，一条黑蓝交织的波西米亚风格的长围巾层层环绕在她身上，一件纯白色中式短款棉服。下穿一条深绿色的宽松休闲裤，脚蹬一双黑色旅游鞋，她说她是自己开车过来的。高鼻梁，水灵灵的大眼睛，会笑的嘴，一笑翘成一弯向上的月牙儿，露出一排洁白的牙齿……我告诉她我很喜欢这出戏，尤其是她演的流浪女，与传统京剧相比，更有一种自由与浪漫。她听完笑了，她说她还会演出更多更好的戏……

李瑛

人生如歌，歌如江河水

李瑛：天津歌舞剧院国家一级演员。天津市政协委员。天津音乐家协会副主席。天津市高级专业技术职称评审委员会委员。德艺双馨文艺工作者。曾获全国“刘三姐杯”电视歌手大赛金奖。全国“同乐杯”电视歌手大赛金奖。天津“希望杯”电视歌手大赛第一名。2001 年在人民大会堂为中国第一场申办奥运主题大型晚会演唱主题曲《北京欢迎你》。2009 年 7 月在意大利罗马举行的第 18 届国际音乐大奖赛上，获得比赛最高奖——最杰出女高音歌唱奖。

印象：江河水，悠悠江水向东流

唱《江河水》，唱《茉莉花》，唱《白毛女》，唱《探情郎》……李瑛是以她激情澎湃的歌声走进我的视线的，与之前采访过的许许多多人物不同，李瑛边谈边唱，她人生的沧桑全都揉进了歌声，如泣如诉，那是一首女人心中最深沉的歌。

一个女孩子如果迷上了唱歌，并且执拗地把它作为自己毕生的追求，那么注定她将要在情感的波涛巨浪中饱经磨难。因为音乐是骗不了人的，所有的歌都是歌者心中真情的再现，那真情来自于生活，来自于爱。而生活怎么可能全都尽如人意？而爱，对于情感过于丰富的女人来说，更是一个枕着残酷现实才能达到的绚丽梦境。那么李瑛呢，这个从会哭就开始与音乐结缘的女子，在她踏着歌声走过的人生中，有过朝霞灿烂的黎明，也有过泪水浸湿的黄昏。2009年暑期，当她以东方人极富魅力的嗓音唱着我们民族自己的歌，在意大利罗马的第18届国际音乐大奖赛上一举夺得声乐组最高奖——最杰出女高音歌唱奖，成为第一位用民族唱法获此殊荣的中国歌唱家时，她禁不住流泪了。虽然这辉煌的成就对于已经走过几十年人生的她，来得有些迟了，但这恰恰是她对艺术追求无止境、永不满足、刻苦努力的最完美回报。

李瑛出生于天津汉沽的一个干部家庭，漂亮的母亲是位老师，在法院工作的父亲是一位超级音乐爱好者，不仅喜欢唱歌，还喜欢自己写歌。在李瑛的记忆中，她和小弟弟李勇（一位很棒的男歌手）都随父亲，天生一副好嗓子。他们家每年的大年三十过得很有些与众不同，别人家都是聚餐吃饭，他们家不一样，吃饭前要先开家庭音乐会，不论老小，每个人都得唱歌。一般是妈妈先带头唱，然后孩子们唱，最后是父亲唱。并且每年唱的歌还不能重复，由此就使得一家人每年都要为准备唱一首什么样的新歌而充满期待，也使幼小的李瑛对唱歌越来越感兴趣。她是家中唯一的女孩，自然成为家庭音乐会中最受宠爱的角色。大概是在上小学一年级的时候，她的歌唱才华开始被老师发现，小小的她一上台唱歌就格外兴奋，她最喜欢唱那首“远飞的大雁……”然后小手就这样做动作，采访时她边说边唱，还做着小鸟飞翔状，儿时的情景仍清晰如昨。

李瑛唱歌，最初完全是“原生态”的自然歌唱，无拘无束，想唱什么就唱什么，直到她考入了天津音乐学院附中，遇到了启蒙老师周贵珠，在周老师的指导下，她的歌唱生涯才真正开始。多年后，她又得到了著名歌唱家金铁霖老师和傅友琴老师的细心指导，去罗马参加国际比赛之前，她还拜著名声乐教育家李晋玮为师，潜心钻研歌唱艺术，最终取得了本届比赛的金奖。比赛中，她首先演唱的是带有中国符号的民歌《茉莉花》，优美的歌声一开口，让评委们的眼睛为之一亮。接下来她演唱了中国艺术歌曲《江河水》、中国原创歌剧《原野》和《白毛女》中的唱段，按国际比赛规定，演员是不允许用麦克风的，李瑛亮开歌喉，声音穿透整个比赛大厅，她用一腔真情把中国歌曲唱得如泣如诉，荡气回肠。当她唱完最后一首意大利普契尼歌剧中《我亲爱的爸爸》之后，在场的所有评委不约而同地鼓起了掌。包括世界评委会主席、著名指挥家、意大利米兰音乐学院前院长阿巴多，以及来自意大利、美国、西班牙、俄罗斯、波兰等国的评委一致表示："我们非常喜欢您演唱的中国作品，从演唱中我们听懂了您科学的发声方法和对曲子的独到处理以及完美的肢体表演。"世界三大男高音的声乐指导诺兰多·尼克洛斯说：李瑛是来自东方文明古国的戏剧性大号女高音，她的音色很美，是中国音乐界不可多得的女高音。

采访时，李瑛随口唱了几句《江河水》中的片断，那种由人声所携带的情感信息一下子就感染了我，"江河水，悠悠江水向东流……"在现实生活中，李瑛曾遭遇过一段刻骨铭心的情感磨难，那一年，孩子尚小，婚姻突然亮起了红灯，一个原本坐在海边迎着朝霞正做甜梦的单纯女子，被突如其来的狂风巨浪打蒙了，吓傻了，顿觉天昏地暗，心中最美好的圣殿被摧毁了，曾以为会地老天荒的情感破灭了……那段日子里，她长哭当歌，独自一个人长时间地发呆。每到傍晚，倦鸟也归巢的黄昏，便是她最孤独无助、几乎被痛苦完全吞噬掉的时刻，"秋月寒光，照孤舟，往事常回首……"那歌声，正是在这样的人生困境中被演绎得越来越有味道、越来越饱含深情了。

或许这就是人生，失去与得到总是相辅相成。如今又获得新的爱情、生活幸福的李瑛仍然不肯放弃她的艺术追求。从艺20多年来，她获得过全国声乐比赛金奖等各种奖项，首唱的民歌也入选了国家音乐资料库，她还是国务院特殊津贴享受者、天津音协副主席，但她从来没有想过自己可以停下来歇歇了。3年前，市委宣传部和市文化局联合启动青年艺术人才工程，李瑛作为重点培养对象，成功举办了《永远的真诚》独唱音乐会。她还多次参加各种社会公益活动，如为SOS儿童村举办募捐义演、为希望工程和国际助残日举办义演，以及不久前为“幸福工程”救助困难母亲而举办的募捐义演等等，她一边慷慨解囊，一边用歌声激励处在困境中的人们勇敢地面对生活。在庆祝新中国成立60周年的节日里，她深入社区，为普通市民深情演唱《我和我的祖国》……

访谈录

张　星　**父母知道你在国际上获了大奖一定会高兴？**

李　瑛　如果他们还在的话，那肯定高兴死了。现在我父母都已去世了。1981年，我在音院附中毕业前夕(19岁)在天津市第一届青年歌手大奖赛中获奖时，我父亲就给我写了一段话，意思是不要凭着老天给你的好嗓子，自傲地停留在安乐窝，要戒骄戒躁，要继续前进……对我来说太珍贵了，写在我学生时代的一个手抄歌本上，我一直保留着。多年后，当我开第一场个人独唱音乐会的时候，我又把这段话印到了我的节目单上。

1976年我初中毕业，正好音乐学院附中到汉沽来招生，我就偷偷地去考了。在这之前，我并没有专门拜过声乐老师，就靠一本《怎样练习歌唱》和学校的音乐老师，还有文化馆老师教，我主要是太爱唱歌了！太喜欢了！音院附中毕业前夕，我因为比赛获奖到北京去演出，记得是在首都体育馆，那时候就有许多中央和北京的文艺团体到后台来要人，他们都知道天津是出音乐家的摇篮，看完演出之后，都想要我去，但我最后还是选择留在了天津，进了天津歌舞剧院。

张　星　**为什么那么喜欢唱《江河水》？**

李　瑛　1984年我参加了CCTV第一届青歌赛，我和关牧村一起参加的，当时比赛不分是什么唱法，全在一起唱。我进了决赛，分数仅次于彭丽媛零点几。那次我唱的就是《江河水》,这是非常大的一个作品,最早是中国的民乐管子演奏的,后来改成二胡,然后再改成的声乐作品,难度大,从声乐技巧上对演员的要求非常高,要唱7分钟左右。从那以后,人们就知道"天津有个唱《江河水》的女孩"。

张　星　**你那时候还很年轻,你是怎样体会《江河水》这么悲情、这么深刻的作品呢?**

李　瑛　我一直就特别喜欢二胡曲,因为我的琴房最早就是和一个拉二胡的一起用的。每天听他拉二胡的那种慢弓,那种如泣如诉的音色,那种深沉,那种声断气不断的感觉,那种内心情感的纠结,特别能打动我。

张　星　**《江河水》中最感动人的部分是哪里?**

李　瑛　最感动的是第一句"江河水……",再就是气息的把握,用人声去模仿二胡就很难了。歌词中写的是,一对小夫妻新婚离别,丈夫外出做工时掉到山崖下摔死了。新婚妻子闻此噩耗,在江边哭诉她的亡夫。最打动人的是第一句,我们民族声乐叫喷口,第一句就得出来,江河水的江字,有点闭口音,不容易打出来,就得上百次上千次地练这个江字,"江……河……水……哎"由弱变强,气息控制,心碎的感觉。一下子就把听众打动了,音乐是无国界的,外国人一听就听懂了。所以说,唱歌的人一定要先打动自己。

张　星　**既有呼唤,又有哭诉,还有哀伤,种种的悲苦全都呈现在这声声断肠的歌声中。**

李　瑛　接下来是唱段的转换,我怎么体会这种感情呢?我从小在生活中也见过这种悲伤的情景,当哭到一定程度的时候会没劲了,回忆丈夫活着的时候,怎么样的两小无猜,怎么娶的我,回忆当初结婚的美好时刻,从声音上要有变化。这样唱:(轻轻地进入回忆,慢慢地进入,而不是一下子的转折)"我想起当年,江上戏水,两小无疑猜;我想起当年,春花江岸开,你托媒人登门来;我想起当年,彩轿迎亲,共朝天地拜(这又哭了)……"并不是一唱就进入一种美好的回忆,我体验生活是,人间的悲欢离合,那种悲痛欲绝时的撕心裂肺,"哎……怎料想江边诀别,等你整三载……这山在水在偏你不在,今世永分开……"

张　星　**如同一首命运交响曲。国际比赛你是第一次参加吗?你紧张吗?**

李　瑛　是第一次参加。我太紧张了!在那一刹那,我想了很多很多。我参加的这个比赛是意大利政府为纪念哥伦布诞辰500周年而举办的,参赛的不完全是声乐,还有钢琴和小提琴。不能用麦克风,一切电声的东西都不能用,就看实力。我上场之前是一个非常棒的钢琴选手,他要弹30分钟。这30分钟对我来说是那样漫长,我紧张得心咚咚咚地跳,几乎要窒息。我想了很多很多,我想我都这个年龄了,职称、头衔、获奖……该有的早已经都有了,为什么还要把自己逼进这样一场紧张的比赛之中?思绪飘得很远很远,但是我既然已经来了,那我就代表中国,就要唱好。我必须要镇定下来。这时,我忽然想起了我们练声乐的一个招数,俗称"狗喘气",其实就是一种气息的呼吸方法,于是我就这样"狗喘气"地平静自己,慢慢地竟然真的平静了下来。当报幕员报出"China,Liying"时,我感到就像有一股力量在推着我似的走上了舞台,这时竟然异常平静,一点也不紧张了。开始想《茉莉花》所应该有的氛围,那种音乐的表达,进入到歌唱的境界。钢琴伴奏一响起来时,我"好一朵美丽的茉莉花"一出口,就看到那些外国评委的眼神中立刻闪烁出光芒,仿佛在说,他们听懂了……

张　星　**你刚才说,你看完了我写的美籍华人靳羽西的报道后泪流不止,为什么?**

李　瑛　你写靳羽西离婚以后,一个人在法国南部的海边默默哭泣的那段,我一边看一边哭。我儿子开始不知道我为什么哭,便抢过去看,当他看完了报纸之后说,妈妈,这文章写到你心里深处了……

张　星　**这其中一定很有故事吧？**

李　瑛　怎么说呢，我前夫是拉二胡的，我上附中时他上大学，我们相恋于校园，又都进入歌舞剧院，那是一段美好的岁月。孩子两岁时，他“下海”了，到南方去闯世界，曾经很火过，我还经常带着孩子坐飞机去看他。但是万万没想到，事情悄悄发生了变化，他要和我离婚，那是一段不堪回首的日子，我的天塌了！正是在这个时候，我看到了你写的关于靳羽西的那篇报告文学，看到你写她离婚的那段，我捧着报纸号啕大哭。我们歌舞剧院的领导为了让我换换环境，就派我到印尼去演出，我们住的房子在雅加达的一处山坡上，鲜花满山，住了40天。我每天早上4点就起来坐在山坡上看日出。其实不是我起得早，而是我一夜都没睡，经常是坐在那脑子里一片空白……

张　星　**所以你后来再唱《江河水》，感觉就不一样了，对那种爱恨情仇的理解，已经是发自灵魂深处了。**

李　瑛　包括后来唱《原野》，那种情感压抑，恨不能迸发出去，代表旧时代女性的灵魂挣扎。比如那段“天又黑了”，我感觉就好像在唱我自己，在唱心灵。歌剧《原野》中，金子的婆婆打她，骂她，金子走到野外，这时一阵凉风吹来，她感到自己是这么的无助，逃也逃不出去的悲凉。导演说我一下子就抓住了人物的灵魂，包括那种转身，形体语言，后背都带着那种无奈与凄凉（边说边演边唱）。“天又黑了……”完全是用弱声唱。这种心情我有亲身体会。

张　星　**你整个的人生都充满了戏剧性。**

李　瑛　其实我是应该感恩的，这段时间我听到的赞美已经很多了，我想喧嚣过后要归于平静，静下来我想了很多，也进行了一些总结和思考。通过这次赛事，我的切身体会就是抓住机遇，永不放弃。

马爱农

用汉字讲述哈利·波特的故事

马爱农：中国翻译家，与其妹马爱新因合作翻译《哈利·波特》系列小说而出名。

1964 年 9 月出生于江苏南京，1982—1986 年在南京大学外文系英文专业学习，获文学学士学位；1986—1990 年在南京医学院基础部担任英语教师；1990—1993 年在北京外国语学院英语系攻读硕士研究生，专业为翻译理论与实践；1993 年至目前，在人民文学出版社外文编辑室任编辑。主要翻译的作品有：《到灯塔去》、《欧文传》、《岁月留痕》、《爱伦·坡短篇小说选》等世界名著。

印象:安静地沉浸在文字的“魔法”中

英国女作家J.K.罗琳的《哈利·波特》系列小说上市以来,不断改写着世界图书出版业的纪录,被誉为“出版业的奇迹”。已在全世界二百余个国家和地区,以55种语言售出了两亿多册,成为有史以来最畅销的图书。这套图书一经在中国问世,也立即受到了中国读者的热烈欢迎。如今,该书的前4部在中国已累计销售六百多万册,而第5部《哈利·波特与凤凰社》首印数已超过80万册,并且很快发行到全国各地。2003年9月在北京图书大厦首发的当天,早上不到8点,“哈迷”们就开始排起了长长的队伍,虽然这本书的定价高达59元,但当天便销出一万多册,创下了该大厦图书单日销售的新纪录。2003年11月的一天,我专程采访了这本书的中文译者之一——马爱农女士。

今冬的第一场大雪之后,北京街头的树梢上依然有残雪存留,在阳光的反射下闪烁着耀眼的银光。穿过车水马龙喧闹的街道,当我走进人民文学出版社马爱农的办公室时,扑面而来的全是书,窗外的世界便一下子飘远了。

与她在电话中的声音一样,马爱农是一位外表安静、内心也安静的女性,她微笑着,一双清澈的大眼睛沉静如水,轻言细语地讲述着她与那位从未谋面的英国“妈妈”共同的“孩子”——哈利·波特。她说她非常喜欢翻译工作,喜欢这种状态,就是沉浸在一本书里边,跟随着书中的人物、情节和作者的思路去展开故事,然后再用自己的语言把它表达出来。这时候整个人啊,你的心思、你的思维、你的感情都陷在书里头。那是一种很美好的状态,你可以忘记现实生活中其他的一些不愉快和烦恼。另外,你还可以得到一种很充实的感觉,觉得你在扎扎实实地做事情。

如果不是面对面的交谈,很难想象,在如今到处都充斥着欲望与浮躁的空气中,竟然还有像马爱农这样肯安下心来,静静地读书、译书的年轻女性。别看她只有三十多岁,却已经翻译出版了二十多部译著,还责编出版了包括《廊桥遗梦》在内的许多外国文学作品。这位出生于书香之家的江南女孩,从小就喜欢沉浸在小说虚构的故事中静静地幻想。从南京大学外文系毕业后,她又考上了北京外国语大学翻译专业的硕士研究生。毕业后来到人民文学出版社外国文学编辑室工作。马爱农说,当初她是在商务印书馆做资深翻译的爷爷手把手的指导下走上翻译之路的，她的父母也都是做文字和教育工作的。《哈利·波特》的另一位译者马爱新是她的妹妹，现在美国留学，姐妹俩虽然相差9岁，却都对翻译工作情有独钟。马爱农不仅翻译别人的文字，还喜欢自己撰写文章，曾在《三联生活周刊》上写了一年多的书评专栏，思路清晰，文字细腻。她说她没有更多的想法，只是喜欢。在翻译《哈利·波特》的时候，她首先在自己的脑子里也构筑了一个与原作者同样的魔幻世界，像十月怀胎一样，再把这个“孩子”用中文降生出来……

访谈录

翻译时，自己首先要走进作者构筑的魔幻世界

张　星　**听说《哈利·波特与凤凰社》这本68万字的书只译了三个月，是不是特别紧张？你们有3个译者，是如何分工、怎么衔接的？**

马爱农　现在对于译者来说，有一点被动，主要是市场冲击太厉害了。出版社买了版权之后对时间上卡得比较紧，买的版权时间是5年，给译者的时间压得就更紧了，“哈5”一共有3个译者，我和我妹妹，还有一个男译者叫蔡文，我们3个人对前面4本书都比较熟，我和我妹妹翻过，蔡文把前4本都通读了，英汉对照着读，而且做笔记。在第5本里，只要是前4本都出现过的内容就不成问题，如果遇到新的内容，我们就及时交流，看谁有更好的译法。

张　星　**能说一下这部书翻译的过程吗？**

马爱农　当时是2000年吧，我们社就买了这本书的版权，前3本一起买的。然后就找译者。开始找的是年纪比较大的译者，因为种种原因没接受。后来又开始找年轻的译者，社里就找到了我。我和我妹妹马爱新翻译了第一部和第二部。我妹妹现在美国，出国前在对外出版翻译公司，也是搞翻译的。她是一个很安静的女孩子，文笔很好的，她翻译的面比较广，还在联合国当过半年译员。

张　星　**按过去的习惯，这么厚的书要翻译多长时间？**

马爱农　这么厚的书，如果是一个人翻译的话，慢慢翻，弄得细一点，要半年左右。这本书还是比较好翻的，因为罗琳的文字比较规范。没有太多需要查的资料和典故，就是作者虚构的一个故事。没有什么特殊的背景。翻了前两本，对她的语法、风格、用词、语气、人物性格、场景都比较熟悉了，很顺地就译下来了。

张　星　**你是不是觉得你与这个作者特别接近？**

马爱农　如果碰到自己喜欢的作品，我就觉得自己在替作者说话一样，把作者的意思吃透了，再用我们的语言把她的意思说出来。

张　星　**比如同样一个英文词，也许可以用不同的中文词来翻译，但你只能选择一个，你怎么确定你选择的这个词就是最恰当的？**

马爱农　这就要把作者吃透。因为文学作品中有人物，有情节，你要设想当时是个什么情况，是个什么样人在说话，他用什么语气，他要描述的是个什么东西，虽然字典上有好多解释，但最适合上下文的只有一个，有时候得凭感觉。

张　星　**像"哈"这本书里的许多魔呀、怪呀，在中文里并没有相对应的，我们中国没有这些东西，那怎么翻呢？**

马爱农　她们国家也没有，她也是自己虚构出来的，我们就是根据她的思路，一方面根据她的音，一方面也根据她的意思，把它创造出来，比如说"伏地魔"这类的。

张　星　**能说说翻译的具体操作过程吗？**

马爱农　具体操作就是，先把书复印下来看，看到不懂的地方就拿字典解决所有的问题。就是在上电脑操作之前，我已经把阅读原文中所有的问题都解决了，都读懂了，都知道该怎么表达，然后再上机把它敲进去。

张　星　**翻译这部书最困难的是什么？**

马爱农　最困难的地方？就是你刚才说的，中文里没有的我也要给它弄出来。无中生有的东西，这个比较难。其他的，用心去努力就没有问题。在翻译的过程中，一个词反复推敲、不断地推翻自己，这样的事是常有的。当我全翻译完了之后，我会再对着原文看一遍，不断地再改一些词，就又想出一些更好的中文词来表达它的意思。

张　星　**那么也就是说，在你翻译这部书的过程中，书中的内容就一直纠缠着你，吃饭、睡觉都在想着它？**

马爱农　是的，是这样。有时候一句话，虽然理解它了，但用什么样的中文表达出来最好，就老是想着它。有时关了电脑脑子还在想着它，怎么样再斟酌才会更好？我翻译的乐趣就在翻译的过程中。

张　星　**"哈5"的具体翻译时间是怎样的？**

马爱农　6月21日拿到英文版的书，到9月21日中文版上市，正好3个月的时间。这在翻译类图书出版中是少见的。当然这主要是迫于盗版的压力，所以不论是翻译还是编辑，大家的工作都非常辛苦。不过我们也习惯了，只要一转动起来了，就进入了一种循环。反正这样也不是第一次，翻译前两本的时候，时间的紧迫程度也与这次差不多。

做一个高质量的翻译，中文功底一定要好

张　星　**那你有没有想过自己也写一点小说之类的文学作品？**

马爱农　现在还不行，我没有那么丰富的生活经历。我的生活相对来说比较简单，除了出版社就是家庭和孩子。我的女儿才5岁，上幼儿园，丈夫在机关工作。孩子我们自己带。我比较喜欢做自己喜欢的事情，比较喜

欢看文学作品,小说啊什么的。

张　星　**你的女儿喜欢"哈"吗?**

马爱农　还没有给她读,但她看过电影,很喜欢。她知道"哈"的故事。所以我忙的时候就告诉她,妈妈在做什么,你要是不捣乱我就可以早点翻译出来。让她听话。她理解。那段时间很紧张,我每天要翻译将近一万字。我比较适合做这个工作。有时我也想过,自己应该写点什么,但好像还没有特别强烈的创作激情。

张　星　**你都翻译了多少作品了?(马爱农把她翻译的作品找出来,摆满了办公桌。)这么多!像《欧文传》这种书很难翻译吧?**

马爱农　其实我当时的功力还不够翻《欧文传》这样的作品。这是商务印书馆出的。我为什么现在能搞翻译,实际上是与我爷爷有关系的。我爷爷原来是商务印书馆资格很老的一名译审。我学外语以后,人家就给我找一些小东西翻译。我翻译的任何一个东西我爷爷都帮我改,认真地改。每一句话都改。使我觉得翻译真是一门学问啊!

(马爱农取出一些手写的稿样给我看)

马爱农　这是我翻《欧文传》时爷爷给我改的样子。我爷爷去世已经9年了。这是我翻的第一本书《绿山墙的安妮》,后来再版了。这本书非常好,我觉得女孩子都应该看一看。它说在困境中的女孩子怎样保持自己的心境一直向上,丰富的想象,而且影响周围的人都跟着她一块快乐,一块生活。挺适合女孩子读的。这是我翻译的第一本书,大学毕业的那年暑假,我在南京,我爷爷和我奶奶专门赶到南京,我们3个人像一个作坊一样,我在一个房间里翻译,我爷爷在另一个房间里改。持续了两个月。这个书就是我自己喜欢,没有人约我翻译,还没有找到出版社,是别人从国外带回来给我看的,我看后特别喜欢,心想多好的一本书,我一定要翻译出来,给更多的女孩子看。我的一个老师看我这么喜欢这本书，就帮我联系出版社出版。一定要让它出版。是1987年出版的。当时我大学刚毕业，要翻译这样一本20多万字的正式的书，没有我爷爷的帮助，是没有那么大的信心的。

张　星　**在我的印象中，过去翻译家是很了不起的，并且都能成为某个领域的权威。比如译巴尔扎克的傅雷、译莎士比亚的朱生豪、译普希金的查良铮等。**

马爱农　现在一方面，出版的书也杂，译者良莠不齐，现在给人的感觉似乎是谁都能翻，会外语的人都能当翻译，译者在人们心目中没有那么崇高了。另外，评论界对翻译作品的评论、赏析也不够。哪些译文好、水平高，哪些不够好，没有人评判。其实，做一名高质量的翻译不是那么容易的，不是学了外语就能翻译的。一定要中文功底非常好，要有文学修养，要有文学的感觉，那种对语言、意境的感觉一定要好。

张　星　**在翻译这部书之前，你脑子里首先要有一个魔幻世界？**

马爱农　对，看到原作者的东西你脑子里要有画面。你看到她的人物，这个人物首先要浮现在你的脑子里，他们在对话，你的耳朵里能听到他们的对话，知道他们会用哪些词，什么样的语气，活灵活现。比如小孩子说话，就不能用成年人的语言来表达。翻译者也要有丰富的想象力，能从文字想象出原作者所要表达的东西。当然，如果要译一些社会科学、历史作品，就不需要想象力，而是需要逻辑性。总之翻译不是光会外语就能做到的。实际上需要你具备许多方面的知识。

其实翻译的学问是很大的，我现在并没有达到一个多高的水平，还在往上走，还在提高。我从1986年开始翻译到现在，17年了，我好像经历了几个阶段，第一个阶段还不是很会翻，愣愣地。后来呢，好像比较会翻了，自认为比较会翻了，这时候就喜欢用一些大词，用那种四六句、成语，只要挨得上边就用，显得挺华丽的。后来我就不那样翻了，那样有点偏离原文了，不自然。最自然的翻译并不一定要用很多很多词。还是应该自然朴实。其实没有必要在翻译中卖弄那些词。其实在译著中译者不应该存在,让原文的东西存在,不应该加一些什么东西。中文的读者并不想接受你那些词,他想接受的是原文所要表达的东西。那些关联词呀,离读者比较远的那些大词,越少越好。

最近我翻译的这套书也很好,是罗琳小时候爱看的书,这一本原名叫《小白马》,很有诗意的,很美。是写了一个小姑娘,很勇敢,很有冒险精神,然后挽救了一个村庄,那个村庄被恶势力统治,也是一本幻想小说。

张　星　**当你看到这些译成的书时是什么感觉?**

马爱农　我就开始挑错。

张　星　**是不是觉得它们也像你的孩子?**

马爱农　是,反正挺有成就感的,挺满足的。每本书都能挑出不满意的句子。就想当时要是那么写就会更好一些。

张　星　**像这种诗是不是很难翻译?**

马爱农　是。一方面要照顾它的内容,一方面还要照顾韵脚,还要像音乐一样有节奏。

张　星　**是不是你先把别人写的故事读熟了,然后再用另一种语言重新写一遍,等于是再创作。**

马爱农　一方面可以说是一种创作,但还不能走样。难就难在还要符合原作者的心思。

张　星　**你外语这么好,如果有一个外企挣钱特多让你去,你会去吗?**

马爱农　不会吧。我去了就没有自由了。我自己喜欢做的事就没有时间做了。可能我也做不好外企。人应该给自己定个位,知道自己适合做什么,能做好什么。

靳凯华

情深祖国的钢琴事业

靳凯华：天津歌舞剧院国家一级演员，著名钢琴教授。天津钢琴专业委员会副会长兼秘书长，中国音乐家协会会员。首届中国国际钢琴比赛的发起人之一。

访谈录

张　星　**靳老师您好，听说今年(2007年)将在厦门举办第四届中国国际钢琴比赛，时间过得真快啊！距离您当初发起、策划首届中国国际钢琴比赛一转眼已经过去十几年了。**

靳凯华　是啊。在这十几年中我们中国又出现了许多非常杰出的钢琴人才，像青年钢琴家郎朗、李云迪、陈萨等，并且中国学习钢琴的人数还在不断地增加，水平也在大幅度地提高。周广仁先生曾4次应邀担任英国"利兹"国际钢琴比赛的评委，她有一组数据很能说明问题。她说："记得1996年中国人第一次参加利兹比赛时，只有陈萨一个人，而2006年却有10名中国选手入选，其中5名进入二轮，一名进入决赛；韩国有8名选手，其中两名进入决赛；俄国12名选手中只有一名进入决赛；美国9人中两人进入决赛，其中一名还是华裔。从这组数字中可以看到现在世界范围内亚洲钢琴家的水平越来越高……"

张　星　**我记得2006年10月份周广仁先生到天津来，在庆祝天津钢琴专业委员会成立10周年的大会上有这样一段话，她说："……感触最深的是，看到我们中国的钢琴家登上国际舞台，我们的表现非常出色。比如我参加的英国利兹国际钢琴比赛，是1961年创办的，发起人就是英国一位钢琴老师。这有点儿像我们天津的靳凯华老师，她1994年找到我说，我们中国也要办国际钢琴比赛，我说，办国际比赛？这谈何容易！我当时就给靳老师泼了一盆冷水，可是靳老师非常坚持，说我们一定能把它办成！我说，你那么有决心，那我就帮忙吧！后来我们真的办成了中国第一届国际钢琴比赛。这首先是天津的钢琴老师对中国钢琴事业的贡献！到目前，中国国际钢琴比赛已经办了三届了，还算是很成功，在国际上有影响。2007年我们还要办第4届……"**

靳凯华　周广仁先生是一位非常了不起的人，她从不隐瞒她曾经在最初对这件事泼过冷水，在任何场合下她都不隐瞒。但对我来说这件似是小事，却直击我心，她为人的大气、通透和坦荡，震撼着我。我真是很敬佩她！她的另一句话："你那么有决心，那我就帮忙吧！"却价值千金，而且在创办的全过程中，她身体力行举足轻重。我还记得她给我写过一封鼓励的信，她说，靳凯华，你为我们钢琴界办了一件大好事！事实上，虽然这件事是我挑的头，可是最终能办成功，还是靠我们中国文化界全体同仁的共同努力才得以实现。比如，中央音乐学院的高浩民老师，他承担着整个赛事专业性极强的大量烦琐且又具体的工作。还有文化部的那些同志、日海公司的朋友们以及许多艺术家和为此做出默默奉献的人们……他们夜以继日辛苦工作的情景，至今我仍历历在目。

张　星　**我这里还保存着我当时写的一篇长篇报告文学，不妨让我们回顾一下。我当时的报道是这样开头的——**

1994年9月19日，由中国举办的首届国际钢琴比赛就要在北京拉开帷幕了。8月22日，中共中央总书记江泽民欣然为比赛题词："祝中国国际钢琴比赛圆满成功！"

消息传来，震动了当时的中国乐坛，引起了普遍的兴趣和关注。那么，如此重大的国际性钢琴比赛是如何搞起来的？以1994年的状况，我国真的具备举办这种高雅音乐国际赛事的条件和能力吗？

让我们先看一组资料：据统计，截止到1994年，全国有8所高等艺术院校设有钢琴系，全国参加专业训练的约有三千多人，参加钢琴水平考级的达二十多万人。全国钢琴的年产量约二十万台。不算历史上在国际上获过钢琴大奖的傅聪、刘诗昆、殷承宗等人，仅以近十年计（1984—1994），中国人在各类国际钢琴大赛中获得的奖项就达24个。中国的钢琴艺术已经发展到了不可忽视的地位。世界上国际性的钢琴比赛已举办过三百多次了，但截至1994年，在亚洲，国际性的钢琴比赛只有日本举办过三次。

中国人能不能举办国际性的钢琴大赛？中国人有没有勇气像举办亚

运会、申办奥运会那样搞一次高水平、高层次的世界艺术大赛?这不仅仅是几代中国的艺术家之梦，也是古老的东方文化同西方文化接轨,纳入世界音乐海洋的必然。

国家文化部外联局吴春德局长对记者说:“这个问题也是我们一直在思考酝酿着的。国际上有一个‘音乐比赛联合会’的机构,成员国需要具备连续举办三次国际公认的音乐比赛才可，中国还不具备这种资格。这当然与我国的国际地位不符。从某种意义上说,钢琴的发展与普及程度，标志着这个国家经济的发展和人民群众文化教育素质的提高,也反映出这个国家生活水平的提高。与我们的精神文明和物质文明都有很大的关系。所以,一听到天津的钢琴教授靳凯华提出要搞国际钢琴大赛的创意,我们立即表示支持。”靳老师,您还能回忆起一些当时的情景吗?

靳凯华 你是《天津日报》社的高级记者,当年全程跟踪采访报道了这件赛事,也多次到北京采访了周广仁、资华筠、刘诗昆、吴春德、黄枫等许多音乐家和相关领导及企业家。我还记得当时你那篇发表了一个整版的报告文学的题目叫《钢琴梦寻》,对吧?

张　星 对,您记得真清楚。后来我到北京音乐厅观看这届大赛的获奖选手演奏会,当悠扬的琴声响起来的时候,我看到坐在台下的您终于露出了欣慰的笑容，就想起了您曾经为此而付出过那么多不为人知的艰苦奋斗。

靳凯华 确实挺难的！那时候最难的就是寻找经费。最初,我找过天津的一家企业,曾答应可以出10万元。后经过咨询,估计起码也需要40万元,我只好硬着头皮再去那家企业。那天我在董事长屋外的椅子上从上午9点一直等到11点半,秘书告诉我,董事长正在接见客商,而我眼见一批又一批的客人从那扇门里进进出出，只好几次请秘书提醒董事长我在外边等着,但仍然是千呼万唤不出来。我终于忍无可忍地对秘书讲,我不是来要小钱的,也不是要饭的。你们有困难,没有钱支持这项事业并不丢面子，国家办亚运会还号召大家捐款呢！但是见我一面，告诉我一声又有什么不可以呢！说完我转身就走。这时那位秘书和办公室主任过意不去来劝我："您别生气，再想办法求求董事长。"我一听"求求"这个字眼，泪水立即冲出了眼眶……

张　星　**我觉得您这真是自找苦吃！那时候，您已经是天津歌舞剧院的一级演员，颇具知名度的钢琴教授，天津音乐舞蹈学校的校长。您的钢琴及电子琴学生在以往的各种比赛中，获得过全国一等奖和天津市的一、二、三等奖多名，并分别考入了国内的音乐学院。您的名字被收入了"中国当代文化名人录"和"全国音乐家名人录"，即使不搞国际钢琴大赛，您的人生也已经够得上辉煌了，为什么还要低三下四地去乞求别人？坐冷板凳、看人家的脸色？**

靳凯华　怎么说呢，我就是不信我们这么大的一个国家，这么多杰出的艺术家，为什么就不能搞国际钢琴比赛呢！1991年5月，经人介绍，我听说深圳的一家公司对此项目很感兴趣，希望能与我见面，于是我动身去了深圳。那时候全是自费，我先住在一家30块钱一天的招待所里，后听说还可以找到20块钱一天的住处，我连忙办理了退房手续，服务小姐还以为我要回天津呢，我说是你们这儿太贵了。等到我转过身去时，就听那女孩说，还是国家一级演员呢，30块钱还嫌贵！我没敢回头，赶紧离开那里搬到20块钱一天的旅馆去了。好家伙，那地方阴暗潮湿，又正赶上雨季，枕头、被子全是湿漉漉潮乎乎的，地上尽是水蛾子。我原本就患有关节炎这时浑身的关节都痛了起来。几天之后，我的恩师黄雅女士(篠原多雅子，日籍)从香港来深圳帮助策划大赛事宜，看到我不断地揉搓浑身的关节，问我是怎么回事？她一听就急了，命令我立即搬进她住的大酒店里，拿起电热吹风机浑身上下冲着我的每一个关节这一通猛吹。

张　星　**我知道，黄雅老师曾在天津音乐学院钢琴系任过主任，教过您钢琴。**

后任日本东京国际音乐学院钢琴系教授，全日本钢琴指导者协会国际委员及全日本钢琴比赛的常任决赛评委。当初，您最早萌发要搞中国国际钢琴大赛的念头时，第一个与之商量请教的人就是她，对吗？

靳凯华 是的，为了这件事，我们之间的传真加起来都有一尺多厚。这里边还有一件事令我难忘。与黄雅老师同赴深圳的还有一位日本的福田靖子女士，她是全日本钢琴指导者协会的理事长。她从小在中国东北长大，直到1948年才离开沈阳回到日本，对中国有一种特殊的感情。她就是在日本举办过三次国际钢琴大赛的发起者，这次一听说中国要搞国际钢琴大赛，连忙和丈夫一道赶赴深圳与我见面。她不顾年迈体胖行动不便，硬是背来了一箱子有关国际钢琴赛事的资料。她和黄雅老师一道，对比赛的评委、赛程、曲目等与我进行了初步的讨论，还亲自跑到深圳大剧院查看场地、比赛所需的斯坦威钢琴和剧场的坐椅，试验唱歌、鼓掌的音响效果，高兴地称赞中国有这么好的剧院。一连7天的紧张准备，我们仨靠咖啡加香烟连轴转地忙碌，有时竟连续一两夜都没合过眼，福田女士有时吃着饭还在看资料。 在深圳，我与那家对钢琴大赛感兴趣的公司搞了一个投资预算，大概需要人民币400万元，没想到对方欣然答应了。

张　星 **那次您回到天津之后，累得患了心肌炎，只好暂停工作躺倒床上。**

靳凯华 回来一周后，我就接到了一个令我震惊的长途电话：福田靖子的丈夫从深圳回国后的第二天突然去世了！那天，福田女士正在自己房间里写一篇题为《音乐为媒深圳行》的文章，抒发自己对中国改革开放新气象的欣喜之情，忽听丈夫房间里有响动，还以为是什么东西掉了未予理会。 写完文章过去一看，人已经去世了。医生说是疲劳过度导致心脏病复发，这突如其来的不幸让我非常难过。后来，福田女士是抱着她丈夫的骨灰盒来到北京听比赛的，她说：要让她丈夫听听中国的钢琴比赛真的办成了……

当我赶到北京与周广仁先生谈大赛的筹备情况时，深圳方面也频频传来捷报，说400万元集资已到，上报深圳市有关方面后得到批示：这是艺术界的奥林匹克，只能成功，不能失败。为稳妥起见，建议转年再搞。可是万万没有想到，讲究效率的集资人一听说当年不搞，就立刻把这笔资金投入到别的项目中周转去了。完了，连启动费都“飞”了，一切努力均付之东流！

张　星　**记得您当时和许多钢琴界人士谈到这件事时，听到的回答都是太难了！太难了！可您却仍然不顾一切又重新开始四处奔波游说。**

靳凯华　我找过经济实力雄厚又乐于支持文化事业的某房地产公司，也找过颇具财力的某进出口公司，可是当时大多数企业家对严肃音乐还缺少像今天这么明确的认识，在需要投入如此巨额的投资面前都一一地望之却步了……

张　星　**您又奔到上海，向那个曾有意在北方办钢琴学校的厂长倾诉衷肠，得到的回答同样是太难了！太难了！我觉得，让一个生平只埋头于音乐的艺术家去筹集几十万乃至上百万的资金，的确是太难了。您曾经说过：我要豁出命来，不办好我们中国人首届的国际钢琴比赛，我死不瞑目！**

靳凯华　有件事我现在可以告诉你了，以前我一直不愿意说，我觉得这事太私人了。就是在我去深圳期间，我丈夫因胃病在北京动手术，当时怀疑是癌症，疼得很厉害。做的是胃切除手术，非常需要我去照顾。可我正在深圳，他身边没有人，只有他们单位去了一个人，还有我女儿和女婿轮流去陪护。那天，我在深圳守在电话机旁，当得知检查结果不是癌时，我总算放下心来。可是现在想一想，就真是癌，我又能怎么办呢！那时候深圳说能筹到资金，让我去一趟，黄雅教授和日本朋友都去了，我怎么能不去呢！

张　星　**说您是“钢琴狂人”一点都不过分，您对办中国国际钢琴比赛用情太**

深了！

靳凯华　你知道资华筠吧，按你的说法，她也算是“音乐狂人”了。

张　星　**知道啊，她那时候是全国政协委员、中国艺术研究院舞蹈研究所所长，中国著名的舞蹈艺术家和理论家。幼年时曾学习过6年钢琴，如果不是中途迷上了舞蹈，或许今天她的辉煌也会在音乐上。当时她对我说过：“靳凯华为了搞国际钢琴大赛付出了极大的热情，也受到了极大的刺激和伤害，我真怕她把命搭上。我们是从小的好朋友，所以我一听说便立即进入情况，一定要帮助她，可以说，我参与这件事主要是为了友谊。”**

▲ 张星采访靳凯华

靳凯华　自从她参与这件事之后，便开始和我热线联系，有时半夜想起一个点子，我们俩都要爬起来互通长途电话。这一段时间里，我是隔三差五地就要往北京跑。1992年年底，那天狂风呼啸，寒气逼人，北京城的气温已经降至摄氏零下10度，本来我们俩约好就在两人住所的中间地带——前门大碗茶馆见面的，没想到茶馆这天修理内部。上哪去啊？那么冷，冻得我们直打哆嗦。那时候也没有咖啡厅什么的，只好就近到相对暖和一些的地铁站里，在圆柱旁铺张报纸坐地上。我告诉资华筠，这回总算找到了知音，也找到了资金来源！

张　星　**您遇到了何整风——日海真空技术设备（北京）有限公司的总经理，**

对吧?

靳凯华　何总经理是天津人,我和他聊起了钢琴大赛。他告诉我说他们公司的董事长黄枫先生很喜欢音乐，拉过大提琴，在日本雅马哈公司工作过，还帮助过一些中国画家在日本成功地举办过画展……我听到这不禁眼前一亮,这可真是山重水复疑无路,柳岸花明又一村啊!

张　星　**在何整风先生的引荐下,您很快就与董事长黄枫见面了。我记得黄枫是北京师大毕业的,当时是三十多岁,留日8年的海归。虽然他肯为艺术投资,但他对您办这么大赛事的能力又不无怀疑。**

靳凯华　至今我还清楚地记得黄枫董事长当时的那句话，他说:“我很担心地同意提供您经费……”,这句话给我的印象实在太深刻了。当然更明白他担心的是什么。虽然钱是大赛的关键,但并不等于说,有了钱就有了成功。 想要取得成功,还需要有严密的计划、极强的组织能力以及许许多多严谨的工作。我告诉黄枫:我们要请示国务院、文化部,这么大的事不可能是我个人搞。民间发起，但最终的组织者是国家。 这位企业家挺了不起的。开始时初步预算是400万,后来又增至600万。他们并不是大款,公司的底子也不厚。这笔钱中,有一部分本来是用来为职工解决住房问题的,为此全体职工推迟了买房。就拿何总经理来说,那时候他们家只有一间16平方米的住房。年初他们家有两位亲属相继去世,他来天津奔丧后返回到北京,还让会计从他的工资中扣掉100元钱。相反地,他却对我说:“让艺术家为钱的事这么犯愁,我很难过。这个大赛您什么都得操心,就一件事您不用再操心了,这就是钱!”

张　星　**真的很感人。资金问题解决之后,那么,这么大的活动能得到文化部的支持吗?**

靳凯华　多年来，文化部和一些音乐界的专家们也曾多次考虑过能否在我国举办一次国际性的钢琴比赛？当资华筠把我发起搞国际钢琴比赛的设想同文化部外联局的领导汇报后，立即受到他们的关注。尤其令人鼓舞的是，这项计划也得到了文化部领导以及北京市委的肯定。特别是得到了当时在国务院分管联系科教文卫工作的副秘书长徐志坚同志的有力支持，他不仅召集我们到国务院去开会，听我们汇报大赛的筹备情况，还几次亲自到北京民族饭店我们的办公室帮助解决了许多具体的困难。之后，由当时的文化部外联局吴春德局长牵头，经与我国有影响的音乐专家周广仁、吴祖强等商讨之后，中国音乐史上的一个大举措出台了！1992年12月26日，以我所在单位——天津歌舞剧院为申报单位正式申报立项，1993年3月15日，中华人民共和国文化部正式予以批准。

文化部的批文为比赛确定了大政方针，经过一系列紧张的筹备，1993年6月26日，中国国际钢琴比赛组委会在北京国际饭店举行了第一次新闻发布会。中国对外文化交流协会会长朱穆之担任大赛组委会主任，吴春德任秘书长。艺术总监由吴祖强担任。中国向世界宣布：将于1994年9月19日—28日在北京举办首届中国国际钢琴比赛。

张　星　**在新闻发布会上，吴局长着重介绍了您和资华筠等人发起本次比赛的艰难过程，当人们向您们投以钦佩的目光时，您禁不住流下了激动的泪水……**

靳凯华　1994年的春天，我们在北京昌平的教职工招待所住下来，当时有周广仁、李其芳、吴乐懿、黄雅和我，每天听来自美国、德国、法国、俄罗斯、日本等5个国家和地区的160名选手的演奏录音，选拔参赛者。最感动的还是周广仁先生，大赛开新闻发布会时，她不巧把腿摔断了，即使躺在床上她也继续工作。周广仁曾参加过美国、法国、挪威等国举办的国际钢琴比赛，这次终于由我们自己的国家来举办了，她承担着很重要的工作——邀请外国评委。为此，她还专门学了电脑。她告诉我，邀请工作很顺利，没有一个说不来的，回信都很快。外国评委们都表示：你们中国的第一次国际钢琴比赛，我来！一定来！还有些外国朋友主动地帮助我们工作，尤其是一位美国钢琴教授，当他得知国外的选手报名方面还有问题，就主动替我们发出了一万九千封信，通过当地的一些组织为中国宣传，并且把比赛的日程安排到他们的旅游日程里。澳大利亚悉尼国际钢琴比赛艺术指导受组委会主席的委托，主动跑到中国来，把他们的一些评选的经验毫无保留地提供给我们……

张　星　**还有钢琴家刘诗昆，他在香港成功地举办了中国国际钢琴比赛香港赛区的选拔赛。**

靳凯华　这次国际钢琴大赛组委会委托刘诗昆、叶惠康、杨国雄先生主持组办由港、澳、台选手参赛的香港赛区选拔赛，选出三地代表参加北京的大赛。在香港搞这么大的活动同样需要筹措资金，刘诗昆先生和妻子从筹资、策划比赛到租礼堂、请各界名流等大事小事，全都由他们自己去张罗奔波。最后在香港最大的文化中心——尖沙咀香港文化中心的音乐厅还举行了隆重的选拔赛颁奖音乐会……

张　星　**那一年，您整个人都投入到这件事里面去了，几乎忘了自己的家人。**

靳凯华　到了1994年，北京的比赛都快开始了，有一天，何整风总经理对我身边的人说，你们用什么方法告诉靳凯华，天津来电话了，她的弟弟病逝了，是不是让她回去一趟，见她弟弟一面。后来得知我弟弟得的是脑溢血，突然去世了，就在钢琴比赛开幕(9月)的时候。我记得那个工作人员好像是在电梯里告诉我的，我脑袋"嗡"地一下子，因为太突然了，我没有任何思想准备啊！当时旁边还有黄雅老师和一个日本客人。我一点也没有动声色，因为不愿意影响大家的情绪，只记得我给家里打了一个长途电话安排后事。

张　星　**虽然您付出了很多，但您终于实现了这个心愿，这也是中国钢琴家共**

同的心愿。

靳凯华 太不容易了！更难能可贵的是我们坚持下来了。中国搞的国际音乐比赛目前只有钢琴坚持下来了，确实很不容易！

举办第三届中国国际钢琴比赛时，我见到吴祖强先生，他对我说：你办了件大好事。能为这么伟大的一项国际赛事尽我个人的一点点努力，回首往事，我感到很欣慰！

张春静

事业是浪漫与苦难的结晶

张春静：天津新华投资集团有限公司总裁。大学生创业典范。不到10年时间，她将一个名不见经传的五金建材小公司打造成为资产近20亿元、上缴税收过1.5亿元的跨区域、多领域综合发展的投资集团。热心公益，累计捐款捐物达1600余万元。曾荣获全国文化创新奖、全国优秀创业女性"突出成就奖"、"天津市十大女杰"等荣誉称号。

印象：有激情，有梦想，还有眼泪……

张春静是那种不能一眼定性的女人，因为第一眼看见她时，与你后来真正听过她的讲述，她丰富多彩，又不无混乱的人生故事，她激情勃发，却又能很快冷静下来的理性思维，与她表面的柔弱有着太大的反差。她年轻美丽，知性又韧性，她能取得今天的成功一点都不奇怪，因为很少有从高校走出来的研究生能像她那样"蹦极"般地把自己摔到"泥坑"中从头做起，更何况，那时候她还只是一个二十多岁的年轻姑娘呢！

三月暖春，黄灿灿的迎春花和粉嫩嫩的桃花已经提前在枝头绽放了。

那天下午，在张春静公司的办公室里。比约定的时间稍晚，我们听到了楼道里高跟鞋轻盈的脚步声和女人之间的说话声，门一开，一个娇小的身影迅速地闪了进来，一身深蓝色系着宽腰带的长袖连衣裙相当抢眼，浅肉色的长筒袜裹着一双纤细的腿，脚蹬一双高跟鞋。虽然那天的气温异乎寻常的热，但她带进来的是一种比春天更炽热的夏的气息。

没想到，我们想象中的女企业家竟然是如此纤弱，又如此时尚，似乎还带着学生时代的气息。她眼睛大大的，黑黑的，一看就是故事中的人。她说，这一段时间她接受了太多的采访，已经不想再重复地"痛说革命家史"了。望着她那么瘦弱的身躯，我表示理解地把话题转到她的个人爱好、她的家庭、她的情感、她可爱的儿子等轻松的话题上来。然而，记忆的闸门一旦打开，汹涌而来的一定是她人生中最刻骨铭心的那段岁月……

十几年前，还是河北工业大学计算机专业在读研究生的张春静就开始了她的创业历程。零资金，零起步，左手举着热情，右手抱着梦想，这个从小学、中学、大学一直到研究生都成绩优秀的小女子在完全不知道商海深浅、江湖险恶的情况下，大胆地迈开了她冲锋的脚步。由于还在读书，除了假期她没有完整的时间，只能插空做一些帮人跑推销的小生意。她主要做的是经销沙石料，拉料的车白天不能进市，所以无论是从蓟县还是唐山拉来的沙石料，她都要骑着自行车在漆黑的夜晚或天不亮的清晨赶往外环线接货，然后带着货主到建筑工地去送货。那时候没有电话，她常常一等就是好几个小时，有时甚至是通宵。就这样干到年底非但没有赚到钱，反而欠了80多万元的债，外地的包工头收了货不给钱玩人间蒸发，要债的就对这个讲究诚信的傻小丫实行围追堵截。

那之后，一年多的要债生涯成了她生命中的一出苦情戏。承包商层层转包，她只能一层层地寻找她债主的债主。她讲道，最刻骨铭心的是找当时建设开发的一位老总，听说这人特别不好对付，劝我不如找找关系，可我没有任何关系，又不能放弃。他欠的那30万对我来讲太重要了，我必须得要回来。可我到了那连楼也进不去，当时这位老总还负责着当地的拆迁工作，每天有许多拆迁户也来找。所以门卫特别严，想见到他根本就没有可能。我就只好天天在办公楼门口等着，每天不管刮风下雨，不管有没有希望，都要骑一个多小时的车赶到那儿在门口死等，就这样足足等了三个月。后来连传达室的大爷都于心不忍了，就问我：小姑娘，你天天来，到底想找谁呀？他还以为我是拆迁户呢。我说我是来要债的。大爷一听就摇头，说你看每天那些夹着包来的，都是来要债的。说你这就不好要了，太难了。他问我认识老板吗？我说不认识。他说，你这姑娘胆子也太大了。有一天都快中午12点了，我以为又等不来了，就想走，刚起身，大爷就招呼我说，别走，来了。我就看到两辆车开进院来，从上面下来七八个人。大爷告诉我，从其中一辆皇冠车上下来的那个个子不高的人就是老板。我就跟着这拨儿人混进了办公楼，可人家到了办公室就把门“砰”地关上了。这门我是敲还是不敲？我只能硬着头皮把门敲开，里边一屋子人正在商量事情，他们问我：你找谁呀？找他干吗呀？这时我一句话也说不出来了，浑身都在发抖，“哇”的一声就哭了起来……

讲到这，春静的眼圈红了。她说现在好多了，以前她都不能提，一提就哭得说不下去。想象一下，一个二十多岁的女学生，每天要骑着自行车去讨债，每天起床时，无论她看到窗外的太阳是不是新的，她所面对的困难都是一样的。那真是一段不得不硬着头皮、厚着脸皮，备受煎熬的岁月。一切都历历在目，一切都刻骨铭心！所有的痛楚，所有的难堪，所有的悲愤，如同记忆的笔锋触碰了伤痛的宣纸，墨迹瞬间浸染，黑暗的日子立刻在眼前清晰地呈现……我忽然理解了她一开始对我采访这件事情的拒绝。

张春静的姐姐告诉我们，那还是前几年，在一次公司的年会上，春静唱了一首歌《掌声响起》：“……孤独站在这舞台，听到掌声响起来，我的眼泪忍不住掉下来。经过多少失败,经过多少等待,告诉自己要忍耐……"歌声颤抖着,此时的春静已经是泪流满面了。

失败,等待,忍耐……这也正是张春静从一个高校研究生到如今的商海女杰创业经历的真实写照。

访谈录

张　星　**你当初出来准备自己创业的时候,跟你父母商量了吗?**

张春静　没有。其实我读研的时候就开始在外面干活了,毕业留校后当老师,我父母特别欣慰,觉得女孩当老师多好,又有寒暑假,还受尊重。所以我也没告诉他们。直到我做得有成绩了,才告诉父母。

张　星　**你创业的时候已经有男朋友了,他支持你吗?**

张春静　我是1998年正式出来干的。我和老公是大学同学,我们谈了"马拉松"一样长的恋爱,这中间故事可多了,为了我创业的事也争吵过,但最后还是缘分比较深吧,他很理解我的激情与梦想。

张　星　**你出来创业的决心是怎样下的呢?**

张春静　我上研究生时就开始在外边干了,我从上大学起就没让家里给过我钱。我有奖学金,女孩子又省,再兼几个家教,我的生活算比较富裕的,我从来没跟家里要过钱。上学时我干过好多种工作。比如报关,我英语好,在外企当过翻译。但人家要全职的,而我还在上学,又不能让人家知道,否则人家就不要我了。只能在暑假的时候去做几个月。后来这样零碎地干感到不行。那么究竟干什么能不用整块的时间,又能挣点钱?就是贸易,也有人问我,你刚开始做,为什么不倒化妆品这样的东西,而去倒什么沙石料。我没有本钱,倒不了化妆品。开始的时候,我是在建材公司给人家跑业务,后来自己也跑。我帮老板推销公司经营的沙石料。

张　星　**那你就必须要与许多陌生人打交道，对女孩子来说，这是一关啊！**

张春静　沙石料最难做了，因为运沙石料的大车白天不许进市，而那时候还没有手机，我只有一个数字传呼机，有人呼了，我跑到公用电话回电话，然后告诉你，我几点发车，然后你到哪去接我。因为他们不认识工地。我就带他们跑工地。通常他们是从蓟县、唐山、秦皇岛那边过来，路上需要好几个小时，不知道会发生什么事，说几点到，通常到不了。还有的半截有人要货他们就半路卖掉了。不管什么情况，我就只能死等。有时候我就拿军大衣一裹，一等就是好几个小时甚至更长。

张　星　**你那时候感觉自己还是个学生吗？**

张春静　我一开始时，还傻傻地告诉人家，我是在读的研究生，我是在勤工俭学。所有的人都不相信，老板不信，包工头更不信，都认为我是在给自己贴金。每次见到我就找乐似的喊：噢，研究生来了！后来我就再也不说了。再遇到新客户我就不那么傻天真了，我就再也不提自己是研究生了，我就说我是初中毕业，高中没考上，家里经济条件不好，才出来干这个。这下他们都信了。后来再到工地上，就越穿得中性越好，大大咧咧的，和民工一起吃他们用筷子穿成串的大馒头，一串穿6个，就大白菜。

张　星　**那你开始干的时候赚到钱了吗？**

张春静　开始曾赚过一点钱，但到后来就全成了债了。

张　星　**为什么？**

张春静　那时候我刚下海，不懂。他要货我就给他供，他不给钱，越欠越多。我是1998年出来做的，到了年底就欠了人家累计80多万元。那时候就是傻，不清楚社会有多复杂。

张　星　**你不害怕吗？不怕有什么严重的后果吗？**

张春静 现在有好多人问我，很痛苦，回想起那个过程。每回忆一次那个过程都是很痛苦的一件事。

张　星 **你是不是就有意识地把那些难过的事都屏蔽掉了？我感觉你在讲的时候在有意识地屏蔽掉一些东西。**

张春静 是，就讲一些大致的结果。你看我给你讲的时候，我还尽量保持平静。就在前两三年的时候，提起这些事，我还在哭，几乎不能回忆。想想那些，真是很难受很难受。你想想，我要账整整要了一年多，就是每天去耗这个事情。包工头找不着了，就开始找他的上边，一层一层地找，最后找到开发商那，所有找到的人都说，欠债我们知道，但是没有钱给你。这每一层的环节，不泡你两个月，直到绝望了，是不会再往上一层去找的。谁要是能给我希望，我就不往上再找。直到最后也不接我电话，也不见人了。一开始我也没有电话，就只好天天坐在公司门口等人家。因为除了包工头之外，我不认识那些上边的人，办公地点不知道，电话不知道。天天就在那傻等。到处打听谁在哪办公，地址在哪……

张　星 **一年多后你讨债成功，一些债主还和你成了朋友？**

张春静 也可能是我的傻真诚感动了他们，他们知道我的学生身份后，也都尽量帮我。后来，也是在他们的建议下，我从帮人卖房子开始，转而做起了房地产生意。这时我已经自己注册了一家公司。

张　星 **我觉得你与别人不一样，你从一开始就没有想过要到别人的公司打工，一开始就是要自己做老板？其实以你的学识，你的外语，如果你到外企做，说不定就能做到该企业中国市场的CEO呢！那样你就可以省却从头开始的创业过程了。**

张春静 你问我这问题，还是第一次有人问过。在我干房地产的过程中，也有不少老板劝我到他们那里去，给我一个副总的位置，给我什么样的车和待遇，等等。我连想都没想就拒绝了，我大脑里就从来没有过这个问题。我如果是为了钱,或者为了安逸,那我待在大学里是最好的。

张　星　**那你到底是为了什么呢?**

张春静　也许是在我的潜意识里,我就是为了证实自己是最优秀的。我一直是这样激励自己的,追求卓越,永无止境。我当时想的就是,我按我自己的想法,我要拼尽我全部的气力去试一试,我能做到什么程度……这也是我现在身体一直感觉不太好的原因。也许是我过度透支了自己的气力,在我能承受的范围之内,尽我全部的努力去把很多事情做得最棒、最稳妥、最好。

张　星　**当你彻底与工大分开的时候,这个决心你觉得下得难吗?**

张春静　其实在我上研究生时就在外边跑,直到留校当老师也没停过。后来导师就对我说,我给你两年时间,你出去试试,如果不行再回来,那时你就彻底死心了,老老实实回来教学。当时出去的时候还觉得有退路,但其实真正干起来了,才发现其实是没有退路的。你干好了不回来,你干不好就更不会回来了。回来就证明自己的失败,我是不可能这样做的。

张　星　**就如同有些出国的人回来后说,出国是一种不可逆的化学反应,再回来的我已不是当初的我了,已经从甲物质变成乙物质了。**

张春静　可能没有化学反应这样明显,但无论从心灵上还是身体上都发生了很多变化,刻骨铭心的,再回不到原来了,回不去的。

张　星　**很大一部分的成功女性在成就事业的同时,个人生活都不太成功,而你却能够做到两不误,家庭、孩子都照顾得挺不错的。你怎么做到的?**

张春静　我和我爱人感情特别好。其实像我们这样的,一个董事长,一个总裁,夫妻关系并不好处,观点不一样,听谁的呀?这也有一个过程,因为我们在共同成长,为了一个共同的目标,都在互相自我修复的过程中达成一个和谐的状态。我们俩的关系太丰富了，是同学、朋友、同事，也是夫妻，孩子的父母，亲人。这种关系已经掺杂了很多的内容，有千丝万缕的联系，就非常牢固了。

张 星 **你觉得大学生创业最不容易的地方是什么？**

张春静 我觉得，一个大学生创业，首先要有激情，有梦想。最不容易的就是要战胜自己。对刚创业的大学生，我觉得他无法克服的是不能放下身段。就像我刚出来的时候，我要忘记很多东西，忘记自己的身份、年龄和性别。不管你原来是多么优秀、多么好。但在创业的跑道上大家是在一个起跑线上，把心情放下来，但梦想不能忘掉。把原来许多在学校想象中的东西放下来，那时候可能总觉得别人要来配合你，你就应该对我怎么样，就应该给我什么样的环境、什么样的平台……其实好的环境、好的平台、好的心情，都是要靠你自己争取来的。第二个最难的是选择。人生创业的过程，做事业的过程也是一个选择的过程。未来充满了不确定性，你走哪条道都是要有成本的。那么在选择过程中首先应该知道自己想要什么。第三，选择了就不后悔，不管你选择了什么。都要坚持下去。

张 星 **当你坚持不下去的时候怎么办？**

张春静 我跟你说实话，人只要想干，你干的这个事只要不违反政府政策，你只要想干的事，就没有干不成的事！人必须要有这个信念。你只有怀着这样的信念，就算结果打了一半折你还能接受。不管你选哪条路，想要一帆风顺根本是不可能的。就算你打工，你是做得有声有色，还是碌碌无为，都是在你的选择。如果你说，你不想出色，就想碌碌无为，那我们就不谈了。我们今天谈的是想要创业，我希望过得更好一点，我希望能够实现自我价值，我希望自己的人生丰富多彩，那么你选择这条路的时候，未来就充满了挑战，因为你要做别人没做过的事，那么就充满了不确定性，就充满了风险……

钱向民

一个哈佛女孩在中国

钱向民： 在她身上有很多耀眼的光环：伯祖父是中国著名科学家钱学森；父亲是美国斯坦福大学的院士和博士生导师，著名的医学教授；她本人于2002年毕业于哈佛大学，获得经济学和人类学学士学位；现任沛丰中国的首席代表。在光环之外，她其实只是一个普通女孩，在现实中为了完成自己儿时的梦想，为了对社会尽一份责任而努力。

印象：这个女孩有点传奇

她是在美国出生并长大的女孩子。她的爷爷是中国著名科学家钱学森的弟弟，父亲是美国斯坦佛大学的院士和博士生导师、著名的医学教授。她是美国哈佛大学经济系三年级的学生，她的中文名字叫钱向民。2000年9月，她向“哈佛”申请到了一个名为“中国小额信贷扶贫研究”的项目奖学金，来到了对于她来说完全陌生的地方——中国。

这个21岁的女孩子一踏上中国的土地，便一头扎进了云南最贫困的山区，住在贫苦的农民家里，和老乡一起砍草、喂猪、做农活。没有自来水，经常停电，不能洗澡，上厕所要先轰跑猪……

她还去过印度和泰国，为了省钱，她曾蜷缩一团睡在火车上货物的缝隙中，也曾睡在机场的厕所里，她遇到过坏人，但更多的是贫苦的好人，让她感动和终身难忘的中国乡亲。

她说：“我最大的愿望是学好中文，毕业以后回到中国！”

我们的年轻人，如果是你，你肯一个人到那么偏远、陌生、贫穷，并且语言不通的地方去吗？

如果你是做父母的，你又敢让你的孩子这么做吗？

美国故事：非洲保姆引起她对非洲的兴趣，中国面孔又吸引她到中国寻根

与钱向民相识，完全是一个“偶然”。2001年初夏的一天，我去参加靳凯华老师的钢琴学生演奏会，整整一上午，这个面色黑黑、眼睛大大的女孩子都默默地坐在靳老师旁边。她穿一件黑色镶着红领子、胸前补着红色圆图饰的中式布衣，质地和做工都很粗糙，一条黑色的棉线长裙，直直的黑发在脑后很随便地扎成一束，素面朝天。右手中指上戴了一枚很土气的老式银戒指。可以说，那天参加演奏会的一百多人，谁都比她打扮得光鲜。只是随意地一瞥，我感到有些异样，因为我发现她小本上写得竟然都是英文。于是和她打招呼，她竟然说着一口非常生硬的

汉语，交谈十分困难。靳老师介绍说，这个女孩子是美国哈佛大学的学生，来中国之前还不太会说中文，由于一来中国就去了云南，所以她学的是云南口音的普通话。

她不好意思地笑了，很自然地耸了一下肩，她的美国“底牌”便在不经意间暴露出来。我跟踪追击立刻就采访了她。也许是因为语言表达上的不尽兴，她几乎是边“表演”边谈，不断地站起来做着各种动作，非常投入。望着她那双清澈如水的大眼睛，我很自然地就走进了她的故事。

她出生于学识渊博且十分富有的美国华裔家庭，住在美国著名的科学城硅谷。她是第三代在美国长大的华人。她小时候，父母工作都非常忙，根本顾不上管她和弟弟妹妹们。家里请过很多保姆，有非洲的、欧洲的、南美洲的，也有亚洲的。这样的家庭环境使她从小就对世界问题发生了浓厚的兴趣。曾经照看过她的是一个贫穷的非洲保姆，对她特别好。正是从保姆的讲述中，小钱才知道，原来这个世界上还生活着许多贫穷的人，于是她开始对贫穷感兴趣。为了亲自看看贫穷究竟是什么样子，17岁那年，还在上高中的她便一个人去了趟非洲。然而就是这次非洲之行，让她萌发了要来中国的念头。因为在非洲时，总有人问她是哪国人，她很自然地回答是美国人。可是人家又问，怎么看你长得像中国人呢？她说是的，我是华裔。人家就说，那你为什么不对中国感兴趣，中国也有许多贫穷的人呀……每到这时，她都不知应该如何回答，因为她对中国的事一无所知。

回到家里，她开始缠着爸爸妈妈给她讲中国，她说她必须要知道自己的根！

高中毕业之后，小钱面临考大学，那时她感到压力特别大，心里特别紧张。每天复习完功课她都要悄悄地双手合十为自己祈祷。终于，她以优异的成绩考上了著名的哈佛大学，在她念的那所“重点”中学里，只有4个人考上了哈佛。

在哈佛，小钱遇到了一个从中国成都来的女生，她告诉小钱，中国是一个发展中的国家，还有很多生活比较困难的人。从此，小钱便下决心一定要来中国。她一边向这个女生学习一点汉语，一边向学校申请奖学金。她说，这个奖学金很不容易拿到，从一年前就开始申请，没拿到，失败了。但是她不放弃，继续申请。苍天不负有心人，去年，她的申请终于得到了批准，她获得了数千美元的奖学金。她的父亲认为，中国人并不那么考虑穷人的问题，如果你对穷人的问题感兴趣，就应该去非洲。小钱对父亲说，我应该有我自己的看法，我要用自己的眼睛和感受去了解中国，而不是从别人那里听来的经验。一位来自中国的老师告诉她，你如果要去中国，就去云南。

云南故事：和背草的孩子一起回家

就这样，21岁的哈佛大学女生钱向民来到了中国云南。

小插曲是，因为她要来中国，全家人都跟着一起来了。她们登上长城，浑身的血液都被这古老的文明激动得沸腾起来。然后，家人回美国去了，小钱留下来。她与一个对中国问题感兴趣的美国学生团体一行25人一起到达昆明，先在云南师大学了3个月的中文，然后那些美国学生也回美国了，只有小钱留了下来。她独自一人来到了边远的麻栗坡县。

小钱告诉我，她申请的这个项目，是与中国社会科学院共同搞的一项研究，在她的名片上印着如下内容：全球网络金融服务机构中国代表、中国社会科学院、哈佛大学、中国小额信贷扶贫研究者。经哈佛大学的教师介绍，她还成为中国社科院农村发展研究所副所长杜晓山导师带的第一个实习生。难以想象，这个外表清秀单纯的女大学生竟然肩负着如此沉重的担子。

小钱解释说，小额信贷从20年前就已经在世界上好多国家开始进行，并且非常成功。在这些国家，大部分穷人贷不来款。而他们又非常需要银行的扶持，有时就是几百元或者上千元。可银行一来怕他们还不起钱，二来又嫌小额信贷比较麻烦，这样就需要一种保证和信誉。于是，乡村银行的信贷业务不对个人，而是对小组。通常是若干户组成一个小组，彼此都是邻居，相互信任，如果一个人还不起，另外几家就都有责任。乡村信贷员还到那些还不起钱的农民家里去，和他们一起打工，帮助他们还钱。中国也从数年前就开始推行这一做法，各地的扶贫组织都有这个项目。小钱就是对这个项目进行考察。她到达中国以后了解到，中国政府非常重视扶贫工作，投入了大量的人力物力，与父亲说的不一样。她打电话告诉了父亲，父亲佩服女儿的闯劲，并向女儿认输。

一开始，云南当地的项目办公室安排小钱住在乡招待所里。可她一到那儿，就在菜园子里和一群当地孩子玩起来。她看到那些男孩子每个人都背着一个比他们身体大得多的玉米秆的柴垛，很重，就跑过去帮他们背，竟然一直背到了人家的家里。

这家有两个男孩子，姓李，哥哥15岁，弟弟11岁。除了父亲母亲外，还有一个老奶奶。一家4口人都非常欢迎小钱的到来。于是，小钱当即决定，就住在他们家了。她叫男孩的父亲叔叔，叫母亲阿姨。

李叔叔家在村子里也算是穷的。他家的房子是用草和泥巴盖的，虽然家里养着猪，但是吃的都是包谷饭，没有肉，菜是从菜园里摘的。叔叔天天出去打工，阿姨一天学都没上过，她做小生意也不识字，就是从这个集市上买点大米，再到另一个集市上去卖，从早到晚在集市上，有时赚不到钱，最多也就赚上5元钱。奶奶已经老得没有牙了，驼着背，挪着一双小脚，却承担着喂猪的重担，她每天都在不停地切着猪草。这里是山区，交通不便，有一次小钱晚上从项目办公室回来，黑漆漆的，她摸着石头走了一个多小时，差点迷了路。这里也没有自来水，还经常停电。厕所连着猪圈，每次上厕所不仅要先轰猪，还要再撵狗。小钱蹲在我面前边比划边“呼呼呼”地“再现”她轰猪撵狗时的状态。

▲ 张星在北京采访钱向民

上厕所如此，就更谈不上洗澡了。“我就端一个脸盆倒点水，然后把头放进去洗……”小钱生怕我不明白，又是一通连说带比划。虽然她的动作依然是美国式的，但她的神情倒很像一个刚从山里出来的乡村女孩。

这个哈佛女孩显然把自己变成了这个贫穷家中的一员了。她每天帮着阿姨和奶奶做家务，和阿姨一起去赶集。她还学会了如何省钱。她穿的那件镶红领子的黑色布衣就是花30块钱在昆明买的，她说："30块钱，好贵呀！"显然，她是以李叔叔家的经济状况来谈价钱了。小钱是个懂得感激的女孩，她深深感受到李叔叔一家人对她真挚的感情，家里那么困难，还特意给她买了一床新被子。一个月后，为了工作小钱又去了另外一个村子。临走的时候，她悄悄去了趟乡里的学校，把叔叔家两个孩子的学费交上了。她记得叔叔对她说过，他不想让他的孩子打工，而是想让他们有个正式的工作，他家里一直很穷，孩子交不起学费。过去他要照顾4位老人，负担很重，现在3个已经去世……他最大的心愿就是让孩子们能读上书！

那天，小钱从别的村子回来，她发现李叔叔正站在家门口等她，一双满含着感激的目光就那么定睛地盯着她看，小钱明白是替他孩子交学费的事让他知道了，顿时感到非常难为情。小钱说："他没有说谢谢，可他的眼神让我特别不好意思，我……不能用语言表达，哇！我抱着头、红着脸就躲到厕所去了。后来，他们就给我买了这个！"小钱伸出右手，露出了中指上的那个老式的戒指。"是银的还是铁的？"我问。她说："我不管它是什么做的，但我知道这不是一个平常的物件。因为开始有许多邻居都对我说不应该住李叔叔家，因为他们家太穷了。可是当他们看到我手上的这个戒指时都非常惊讶。

在另一个村子里，小钱度过了2001年中国的春节，吃了很多杀猪饭，参加了当地的很多"礼"，婚礼，葬礼，送礼，还有吃酒……

"太有意思了，我太激动了！当地打不了国际长途，我也不想美国的家。我一点都不觉得有什么苦，有时候我已经忘记了我是来扶贫的，只是这里的一个朋友。根本不去想这个地方是穷还是不穷，大家都是人，都是平等的，邻居们都一样，你穷我也穷，就无所谓穷不穷了。穷人家不用锁门，我的房子也是你的房子，许多人一辈子都没有出去过，不知道外面是什么样子，但是大家关系都非常好，谁的家都可以随便进，生活得非常简单，人还特别热情，我在那里碰到了许多好人，对我特别好，我现在还很想念他们呢！"

印度故事:没钱了,我不想靠别人,我要试着自己救自己

今年初,要在印度召开一个世界小额贷款方面的会议,小钱又只身来到了印度。恰巧在印度她碰到了一个从欧洲来的国际组织,需要一个中文翻译,于是小钱就成了这个组织的一名雇员。没想到的是,她到达印度之后才发现自己没钱了。她来的时候,奖学金只发了一半,2月份才发另一半,在印度没法收到,她必须回到中国。可是她没钱买飞回中国的机票了。怎么办?她说:“我要试一下,我不靠别人,不要说请你们救我,我要自己救自己!”于是,她给自己制订了一个省钱回中国的路线:先飞曼谷,从曼谷坐火车通过老挝,最后再坐小公共汽车在云南边境回到中国。

她在印度的加尔各达买好了第二天飞曼谷的机票,没钱住饭店,就想在机场大厅凑合一夜,无奈嘈杂的大厅根本无法入睡。上厕所时,她看到一个清洁工就在地上铺了一块布睡着了。她看旁边还有地方,就挨着清洁工也在厕所睡下了。“我用了她一点铺着的布,真的睡着了。通过出来考察我才知道,世界上有三分之二的人每天的生活费都在两美元之下,而在有钱人看来,两美元连一杯茶都买不了。”“你一个女孩子到处乱跑,有没有遇到过坏人?你难道不害怕吗?”我忍不住问道。

“我不是一个爱哭的女孩。我遇到过坏人,有一个人要抢我的包,我就大喊一声,挥拳就打;火车上有人想摸我,我就骂他,我就大叫一声:嘿!我会中国功夫!”她边说边比划,跟真事儿似的。我以为她练过,她笑着说,哪会呀,瞎比划,吓唬人的。

在湄公河,小钱想坐船会快一点,结果她遇到一个越南男人,上岸后那男人用摩托车载她来到一个房子跟前,告诉她只有一间房子,要和她一起住。那地方非常偏僻,小钱知道硬碰打不过,机灵地说,我要去喝点水,然后就拼命跑掉了……

为了省钱,小钱坐过卡车,甚至拉货的拖拉机。在拖拉机上,一边是猪和鸡的尖叫,一边是“突突突”地一路狂颠。“颠得肠子都要掉下来了”。在印度的火车上,人多得像粥锅一样,双层卧铺上被放满了大米等乱七八糟的东西,上去的人随便

乱挤，你买了票也白买，根本没人理你。小钱只好自己照顾自己，她发现在乱七八糟的货物中还有一个小小的空儿，就钻进去，把自己缩成一团，在那儿睡起觉来。

北京故事：乘地铁，骑自行车，到中国社科院去上班

小钱的研究项目基本结束，她要回哈佛继续上学去了。6月1日，我正好有一个采访要去北京，便和在社会科学院工作的小钱联络，谁知一连几天都联络不上。直到5月31日才打通了她住处的电话。她说，因为她的手机没有交费，人家给停机了。而她这一阵子一直在不停地下乡，河北省、河南省都去过了。明天晚上还要下乡，早上可以在社科院门口与我见面。然后她就开始非常详细地给我讲坐哪趟地铁、哪趟公交车、从哪过地下通道可以找到她。

原来，这个美国来的名牌大学生，每天在北京的街上不是乘地铁就是骑自行车，还骑得飞快。

6月1日早上8点多，当我到达社科院时，小钱已经在工作了。她领着一位刚从美国飞过来的美国同行，正在用笔记本电脑查着资料。看到我非常抱歉地说，她实在没有时间和我多谈，因为她马上还要下乡，让我在楼里农村发展研究所的牌子前给她拍张照片就好了。我曾在电话中说，让她穿得漂亮一点。其实我的潜台词是让她穿得“美国式”一点，因为她E-mail给我的照片显得有些老土。可是这天再见到她时，她确实穿得挺漂亮，但一看便知这仍是云南的服装，脚穿一双平底布鞋，手上依旧戴着那只老式的银戒指。可见云南在她的生命中占有了多么重要的分量。

她发自内心地说：“在中国的这10个月对我影响很大。我懂了，中国人和美国人的思想很不一样，各方面都不一样。我自己的思想也变了很多。有很多美国人根本不了解中国人，就随便地讲这讲那。其实美国也有许多不好的地方。我觉得，中国人的思想比美国人好得多！我以前从来没有碰到过那么多好人，只有在中国我才碰到。我最大的心愿就是学好中文，5年以后能够比较流畅地说中文、读中文，毕业以后再回到中国来！”

据报载，哈佛学生都很有旅行的经验，根据最近校方的统计，在大学4年里，

足有百分之七十的哈佛人会出国旅行或游学。哈佛也常鼓励学生们出国，越偏僻越好，甚至有奖学金“赞助”最特殊的旅行。

钱向民的英文名字叫Sarah Tsien。

身为一个美国富有家庭的女孩子，她去过的地方，她做到的事情，不要说我们国内大都市里的孩子们，就是我们自己也从不曾去过和做过。但愿这个哈佛女孩的中国故事，能给我们的孩子、家长和学校带来一些有益的启示。

臧秀云
『格格府』里的『小燕子』

臧秀云：企业家、收藏家、影视投资人兼演员。天津云鼎置业发展有限公司董事长。天津格格府典藏博物馆馆长。投资拍摄了《津门烟云》、《孔雀东南飞》、《牡丹亭》等多部电视剧并在剧中饰演角色。

印象:开“悍马”的当代“格格”

臧秀云是一个带有太多传奇色彩的女人。她骑马、唱歌、拍戏、盖庄园,买庭院,在生意场上斗智斗勇,在演艺圈中如鱼得水,在收藏界里气势如虹……

关于她的故事实在是太多了,2008年10月,一个秋风送爽的清晨,我来到位于鼓楼南街30号的“格格府”,在“府”里采访了这位出生于天津五大道,却已然取得了香港身份的潇洒丽人。

从外表看,她身材修长,腰身苗条且凹凸有致,一头长到腰际的黑发瀑布般披在脑后。上穿一件紧身套头无领衫,下穿一条缀有许多口袋的阔腿迷彩裤,脚蹬一双旅游鞋。脖子上系一条长长的奶白色丝巾,与长发相呼应,一副很酷的中性装扮。有点野性,却又透着几分娇柔。她有一张精致的脸,皮肤也保养得光泽细腻,只是眼部的妆化得稍微重了一些,睫毛膏过浓,忽闪间难以看清她的目光。

这是一个看不出年龄的女人,其实相貌年轻也只是一个方面,最重要的是她的精气神。她嗓音清脆,性格豪爽,采访中不论谈喜还是道忧她全都以爽朗的笑声相伴。和她一起出门,只见她走起路来脚下生风,健步如飞,恍如青春岁月不曾离去……

给她拍照时我们来到了“格格府”的正房,摄影记者让她坐到钢琴前,她便显得很不自在,她说她根本不会弹,钢琴是她的收藏品。看到案头有一套相当专业的文房四宝,又请她做写字状,她说她正准备学习书法,不过现在还不行。她说她最喜欢的是骑马,只可惜这里不是马场,没有办法展示她骄人的骑术。于是我提出来拍她和她的爱车,她立刻奔到院门口那辆醒目的橙色“悍马”跟前,举手投足充满自信,才算是找到了感觉。

于是我说,这个“格格”不是紫薇,而是小燕子!

她笑了。

一点不假,在做生意的“武场”上,她可谓“武功”高强,且智勇双全。否则,她怎么会干得如鱼得水,财富滚滚而来呢!

让我们来听听她的故事吧——

她从小的梦想就是买很多漂亮的小洋楼，布置成公主的花园，让自己成为那里的女主人。而今，她的梦想已经变成了现实，她不仅在天津的五大道拥有了多处小洋楼，还在北京、香港买了房子，并且买下了这座历史悠久的格格府，过上了比童话故事中的公主更丰富多彩的生活，她成了一名收藏家。

通常在人们的印象中，搞收藏的人怎么着也得是胡子一大把的老先生吧，要不然就是像马未都那样知识渊博的人。你臧秀云一个长发飘飘的时尚女郎，怎么也在收藏界混得如此风光，不能不说是一个谜。

踏进一重门，跨进这古老的院落，一重院之后穿过灰砖墙的小巷进入又一重院，6米高的大房子有一种庙宇般的气势，这里是天津鼓楼著名的老建筑——格格府。据说它是天津老城厢唯一一座保存完好的四合院。两进两出，雕梁画栋。据考证，在清朝末年，确有一位格格曾在此住过，但究竟是哪位格格就无从知晓了。整座院落正在进行第二次装修，准备烫金的"格格府"匾额就立在正房门口，房内从案台到书架，从屏风到瓷瓶，全是古董，还有三架大钢琴，竟然全是外国的洋古董，这些全都是臧秀云的收藏，其实这"格格府"也是她的收藏，是她最大的一件藏品。

臧秀云告诉我们："这座格格府占地是两亩地，建筑面积是600多平方米。是我2004年从龙城房地产开发公司手里买下来的，花了不到1000万元吧。原来是老城里的老百姓住着，后来他们开发老城厢时买下来的，他们也在卖，但一直没有卖出去。后来张国立到这所院子里来拍戏，就是《五月槐花香》，还有好多戏都是在这院子里拍的。因为我一直喜欢收藏，有空就到古玩城等地四处转转。有一天我无意中到这儿来，一看怎么门上还挂着大链子锁？挺破的，进来以后才发现，原来这院子这么深啊，我一下子就喜欢上这儿了。然后转天我就跟他们公司谈，马上我就决定把它买下来。当时我车里有10万元钱，我立刻就交了定金。他们说：买房有这么快的吗？我说，我这人做事就这样！买完以后，我才发现我真是买了一件宝。在我收藏的房产中，最喜欢这个院子。"

最令臧秀云高兴的是，买了"格格府"，就迎来了小"格格"。一个被父母遗弃的漂亮女婴被她抱回了家。

“我认识医院里的一个医生，她问我：臧总，你老说你喜欢女孩，这儿有一个刚出生3天的，长得都跟你有点儿像，因为是女孩父母就不要了。我说做父母的怎么能这样狠心啊！我自己有一个男孩，22岁了，一直在国外读书。我做梦都想要一个女孩。我说给我抱来看看我们有缘分没有，结果我一看这个喜欢啊，我说，这就是我的女儿了！她太有福气了，一来就迈进了这深宅大院，我给她起名就叫格格。”

说着，她爽朗地笑了。她说那个抱养的女孩幸运，她自己又何尝不幸运呢。上世纪六十年代初，臧秀云出生于五大道一个富有的家庭，她母亲是资本家出身。身为独生女的她自然被父母视为掌上明珠。有人以为像这样长大的女孩子一定是娇生惯养的，可她却一点都不娇气。她的朋友们都知道，臧秀云从小就是男孩子性格，爱打抱不平，爱帮助别人。说话算话，说到做到。从小父亲给她的教育是：做人就要有一个原则，要诚实，不能骗人，不能做对别人不利的事。吃饭、走路、站着、坐着都要有规矩。

臧秀云说：“其实我小时候的梦想是到文工团做演员。我从小唱歌就特别好听，也特别喜欢。老师认为我有搞文艺的天分，希望我能干这行，我上小学4年级时，首先戏校就把我选中了，但是我父亲不允许，说咱们家的孩子不能唱戏。我在学校经常演出，唱歌跳舞。初中毕业时，部队文工团来考试，我考了一轮之后让填表，人家一看我是独生女就不要了。于是又凉了，但是我觉得我还是实现了理想。记得小时候在五大道玩耍，经常看着那些漂亮的小洋楼，心里盘算着，这座楼漂亮，那座楼漂亮，长大以后我要住这样的楼，我要盖这样的房子，我要有很多的楼。没想到我真的就干了房地产了……（哈哈）”

臧秀云上世纪90年代初就移居香港了，因为她家的许多亲戚都在香港。她舅舅就是做地产生意的，她就跟着他们也做地产，同时拜大师学习古董和艺术品收藏。“我也是受家里的熏陶，从小看到家里的那些古瓶呀、字画呀、首饰呀就感兴趣。我还记得我们家有一对古瓶，是乾隆年间的，是家里祖上传下来的。我那时候虽然不懂，但一看就非常喜欢，就觉得我和这些东西有缘。还有一些玉呀，字画什么的。”

今年10月8日，臧秀云作为香港代表，参加了在上海国际会议中心举行的

"2008华人收藏家大会",在来自中国北京、上海、香港、台湾等地及美国、新加坡等国家的著名收藏家中间,她的一身时尚装扮和一头长发格外醒目。虽然她已经涉足这一行20多年了,但她仍然谦称自己是来学习的。

一些同行没有想到,在接下来的10月25日,"臧秀云个人藏品"专场拍卖会由天津鼎晟拍卖公司在天津举办。在这场拍卖会上,一件重量级珍贵的艺术品《王守仁致毛纪信札》让人们大开眼界。据多位专家鉴定,这件藏品除具有艺术、收藏价值外,还是一件极其珍贵的历史文献。这是臧秀云于多年前机缘巧合收藏的珍品。这一次她不仅想让同行同道有机会亲睹精品,还想以此为契机,将拍卖所得的一部分用于公益慈善事业。

她是天津开发区注册的第一个年轻漂亮的女董事长。从开时装店到把数万只中国的相思鸟"放飞"到美国,再到办养狗场,她没有失败过……移居香港后,她终于经历了让她睡不着觉的金融危机,在澳洲的一栋栋欧式建筑面前,她忽然获得了做地产的灵感。于是她回到了故乡,在天津市郊开发出一大片别墅庄园,精明过人的头脑让她的生意财源滚滚。

"我其实从24岁就开始做生意了。上世纪80年代,家里能拿出10万、20万来的很少。那时候我在曲阜道与大沽路交口处开了一间卖毛衣的蓝宝石时装店。虽然家里比较富裕,但我从小就特别要强,绝对要拔尖。我在学校里考试绝对是前3名,如果考了第5名,那我就连饭都不吃了。我是在天津女4中高中毕业的,毕业后分配到工厂当工人,但我干了两年就不想干了,又去读电大,重新开始学习。之后又学时装设计,我的时装店在上世纪80年代就特别火,一年的收入就达几十万。可以说,我很早的时候就尝到了改革开放的甜头!我卖羊毛衫,那时候我每周自己带着人到上海去进货,我用我的眼光选货,特别准,销路好极了。那时候不像现在物流这么发达,没有快递之类的行业,我就靠自己进货,一个人两个包坐着火车往回拎。每个星期去一次,从列车长到列车员没有不认识我的。所以,现在我教育年轻的孩子们就说,没有赚不来的钱,是你们不开动脑筋,不付出辛苦,不想赚这个钱。要说我从小家里有钱,有房子,我条件最优越,我什么都不缺。可是我不满足于现状，我想要去实现我的人生价值，我应该干我喜欢干的事。”

1988年，在香港舅舅的介绍下，臧秀云与港商合资开了一家园艺装饰公司。在天津开发区注册时，管委会的人看着这个年轻秀气的女孩说，你是在我们开发区注册的最年轻的女董事长。那时候虽然生意做得红红火火，但并不是臧秀云从心底里热爱的事业，仅仅赚钱还不够，她还有许多梦想没有实现呢。

让臧秀云特别难忘，也是创了国家纪录的一件事，就是向美国洛杉矶出口了一批中国的相思鸟。1989年的圣诞节前夕，当她去给相思鸟办出口卫生检疫的时候，人家说，在此之前中国还从来没有出口过活物的记载，你把这项纪录给破了。

“相思鸟也叫红嘴玉，小小的，黄黄的，雄雌形影不离，还不时地亲嘴。美国人是想在圣诞节时卖给情侣们的，我们还给鸟配做了许多专门的小笼子。开始，我们得到美国需要相思鸟的信息后，就主动与他们联系，他们就专门过来，其中有一个美籍老华人，是中美混血，当时他已经60多岁了，会说中国话。定好合同后，我们就到花鸟市场里去收购，你知道我们收了多少只吗？整整满满的一个货柜！足有好几万只呢！在出口前还要放在一起饲养一个月，用面包渣搓蛋黄喂鸟，喂了一个月之后鸟都壮了，他们就从中挑最好的出口。当时这么多鸟在哪儿养呢？我们在外环线附近有一个像公园里的鸟舍那样的地方，有大玻璃窗的，把鸟都放里边。这批鸟走的时候，我亲自到北京机场去送，亲眼看着它们乘飞机飞上蓝天，飞向大洋彼岸……这件事我觉得是非常有意义的，但也很冒风险，俗话说，家财万贯，带毛的不算嘛！”

有意思的是，养了鸟之后，臧秀云又一发不可收拾地养起了宠物狗。

“那时候还很少有人养狗，也是机缘巧合，那时候我们去广西做园林盆景，当地部队的一个参谋带我去黄婉芬（刘三姐饰演者）家，她家有一只小京巴儿，我就给买回来了，我爱得不得了，那只小狗成了我的“大胜宝儿”了。我特别喜欢活物。这之后我就开始办了养狗场，养了一二百只狗，大多是宠物狗，也有军犬。”

“我干这些事都是在上世纪80年代末，90年代初，正是我初生牛犊不怕虎的时候。什么赔呀赚的，好玩就行。比如盖狗舍，那是20亩地，一个好大的院子，我们就一排一排地，盖了大概有十几排的狗舍，还专门盖了配膳房、产房、交配的夫妻房。当时东北的人都到我们这来买狗，拿钱等着配出的小狗。有一位东北人买完狗说：我们都听说了，华北地区做的最大的养狗厂是一个女孩，姓臧，我们都给她起好了绰号，叫‘藏红花’。我说完了，一下成中药了！”

那之后，臧秀云来到了香港。

“我最忘不了的一件事是在香港做地产，1998年，香港闹金融危机，我一赔就赔了好几百万，当时香港很多人都受不了了，自杀的，破产的都有，开始我也傻了，都是血汗钱呀，多不容易啊！说不着急？那是瞎话。也是睡不着觉啊，天天睡不着觉，天天得喝半杯洋酒，迷迷糊糊才能睡。怎么办呢？我就调剂自己，我去了澳大利亚。”

“在澳洲，我看到那些典雅别致的欧式建筑，哎呀，太漂亮了，我边看边把它们拍下来。这时，我突然来了灵感，我要打起精神回大陆，就盖这样的别墅！于是我回到天津，在北辰盖起了一片别墅庄园，都是欧式建筑，每栋别墅都占一亩多地，为此，我买了好几百亩地，我做生意就是敢冒险。”

冒险是要付出代价的，曾有一度，她的地产生意并不顺利，那是她人生中为数不多的一次掉泪，是采访时硬让我问出来的。

“就是有一次喝多了酒，就借着酒劲对他们说，你们真有点挤对我了，我多难，你们知道吗？我容易吗？突然，我就哭了……”

她说，在这么多年经商的过程中她只哭过这么一次。后来，在场的人都被她感动了。

其实，在她的骨子里，一直有一个深埋的种子在沉睡着，那是从她少女时代就心心念念的舞台梦。当她生意红火，财富积累到一定程度之后，天生一副好嗓子好身材的她开始涉足演艺圈了。她的起点很高，上来就投资近百万元于一部后来定名为《津门烟云》的电视剧，并在剧中饰演一位夫人，从此一发而不可收，影视剧一部接一部，聪明的她，便也摸出了其中的门路，既能过足戏瘾又赚了钱。

在“格格府”里有一间臧秀云的“卧房”，完全古代式样，雕花木床，绣帐低垂，仿佛戏里情景，她说，她曾在这里睡过，感觉挺不错的。

谈起有关女性的话题，臧秀云笑了，她很诚实地说：“事业要是好，个人生活肯定不会好。我不是那种贤妻良母式的女人，但我也喜欢做家务，比如做饭，收拾屋子，但是平时不做，我也没有时间。对自己的保养我会很注意，我会锻炼，我喜欢唱民歌，我拿手的歌是韩红的《天路》，就用她的原调唱，我读MBA博士班时就在内蒙古，非常喜欢那种辽阔的草原景象。我是一个闲不住的性格，但很少管家。我儿子从15岁就把他送到国外去了，他在新西兰读书。我的爱好可多了，唱歌、骑马、开车。我骑马骑得好极了，我自己有两匹马在马场养着。我的马高1.73米，我一抬腿就上去了。"

"骑马的时候你穿骑马装吗？"我问。

"穿呀！我们家北京有房子，我有马靴、马鞍、马鞭、骑马装（一件上衣两万多呢），整个行头都放在书房，北京文艺圈的朋友上我家推开书房的门一看：行啊，你太有品了！我属于胆大的，我刚学骑马的时候也挨过摔。我的那匹"胭脂瘦"特别不听话，它跑圈的时候还挺好，可一到有口该出去的时候，它突然就停下来，有一次一下就把我甩下来了，旁边的人都吓坏了。可是我'咕噜'一下爬起来，拍拍身上的土，'噌'我就又跨上马，一夹马肚子又跑了一圈……"

最近天津电视台播出的30集电视剧《警中英雄》是臧秀云投资拍的，她在剧中饰演一个大毒枭。上个星期刚演完。她在上海参加"华人收藏家"大会的时候，接到电视台的电话，告诉她，今天她饰演的角色已经被打"死"了。

"我已经投资拍了六七部影视剧了，并且在剧中客串一些角色，拍戏是因为我喜欢。我从2004年开始'触电'，当时对方告诉我有一个根据民国时期天津七大奇案之一的李宝午箱尸案改编的剧本。因为我从小就对这个案子有印象，听我父亲讲过，我姑妈跟这个案子里李宝午的情人施美丽还认识，这个案子一出，施美丽也给抓起来了。李宝午他们家为了赎他，花的金条码起来比他的个儿还高呢，就为买他不死，但新中国一成立，还是把他给枪毙了。后来把施美丽给放了……我当时一看这个剧本就喜欢上了，于是就投资拍摄，好多镜头都是在我'格格府'里拍的。"

说着，臧秀云取来了这部戏的宣传册，边给我看她在剧中的定妆剧照，边讲她拍戏中的花絮，与那些演员的剧中关系，指着韩影等演员说："这是我婆婆，这是我老公，这是小叔子，他们俩是共产党人……"边哈哈大笑，那种发自内心的喜欢和得意在她的笑声中荡漾。

“从此我就进入了影视界，还投拍了《孔雀东南飞》，在剧中演一个老鸨，去年我和陈宝国拍了一部《穷爸爸富爸爸》，我说我拍戏不能演穿那些破衣啰唆的角色，要演穿得漂亮的角色。你问我拍戏的感受？我做过生意，大风大浪都经历过了，与做生意相比，拍戏只是温室里的一种工作。拍戏时也有人问过我：你是中戏的，还是上戏的？我说我什么戏的也不是……”

她说起拍戏的事，特别兴奋，一串串的行话脱口而出，与那些明星大腕更是熟得不行，俨然一个圈里人了。

“与生意圈的人相比，我觉得演艺圈的人都比较简单，但我觉得那些大腕演员，像陈宝国、陈道明，他们有他们的特点，对戏特别认真，并且专业好。我佩服他们，一直在跟他们学习。陈道明一旦接了剧本就在楼上琢磨、修改，连吃饭都不下楼来。”

最近她又投拍了一部电影，是和八一厂合拍的。

我说：“我多年前采访过一个特别漂亮单纯的女孩，她开始经商时对我说，她特别害怕经商以后她就会变得不可爱了，很怕自己会变成一个心狠手辣的女老板。你已经经商二十多年了，你是一个什么样的女老板？”

臧秀云说：“我一点也不心狠手辣，我的朋友对我的评价是：天真，活泼，可爱。我这人性格还是比较开朗的，不论遇到多难的事，都尽量用一种正确的心态去对待，总想着怎么才能把这件事化解开……”

我说：“你最开心的时候肯定不是做生意，而是演戏的时候吧？”

臧秀云再次笑了，虽然没有做出正面回答，但她脸上像花儿一样绽放的笑容告诉我，我猜对了。

于承艳

名流茶馆里的梦想与现实

于承艳:天津名流茶馆老板。12年前,作为下乡知青、下岗女工的她,离异后,毅然卖掉仅有的房子,买下了当时经营惨淡的名流茶馆,在12年的经营中,她风里雨里辛勤耕耘,把这一天津品牌经营得风生水起,誉满京津乃至国内外,成了外地人眼中一张津味十足的天津"名片"。

印象：知青·下岗女工·茶馆老板

天津名流茶馆女老板于承艳，天津人都习惯叫她于姐。于姐今年57岁，下乡知青，下岗女工。离异后一个人卖了房，背水一战地买断了位于新华路177号“名流茶馆”的经营权，成为前5任干不下去、再次拍卖之后的第6任老板。在她接手后的12年，风里，雨里，魂里，梦里，她几起几落，总算是撑了下来，并且把这一天津品牌经营得风生水起，誉满京津乃至国内外，成了外地人眼中一张津味十足的天津“名片”。

然而，就在前不久，她被通知，名流茶馆和它所在的和平文化宫将要面临搬迁，这突如其来的消息让一向坚强的于姐顿时哭成了泪人。

离开这块“宝地”，这对于把名流茶馆像哺育婴儿一样呕心沥血扶植起来的于承艳来说，真像是掏心挖肝似的难以接受，对她来说，这茶馆不仅仅是一处建筑，一间100多平方米的场地，那是她的命，她人生的全部希望啊！为了它，她卖房、借债、整宿地不睡觉、大把地掉头发，最难的时候甚至连儿子的压岁钱都拿过来还账……

2009年5月中旬的一天，记者来到名流茶馆采访，这一带正在进行大规模的城市改造，新华路正在施工，街道全翻成了泥土堆，深一脚浅一脚地步行过来，名流茶馆所在的和平文化宫大楼也在改造施工中，旧窗子全都砸掉了。与之形成鲜明对照的是，茶馆里的演出照常进行，台上相声说得挺热闹，园子里观众听得也来神，仿佛那施工的噪音全不存在一般。在与茶馆相邻的一间小屋里，记者开始采访。于承艳话未出口，泪已成行……

“人都有梦想，请允许我也有。虽然我只不过是一个下岗女工，我的梦想就是，要把天津名流茶馆继续做大做强，成为天津这座历史文化名城的一个标志。”

要说这于姐并不是曲艺行里的人，那么她是怎么与茶馆结的缘？又是如何把相声引进了她的茶馆？想当年郭德刚在北京天桥赔得底儿掉的时候，于姐就已经把天津的名流茶馆经营得红红火火了，直引得北京的客人成群成伙地往这儿奔，并惊动了中央电视台等北京30多家媒体联合前来采访，一时间，让茶馆相声成了津城里一道独特的风景线。

这故事还得从头说起——

当上一任老板经营不下去的时候，这个不起眼的下岗女工站了出来

说起这名流茶馆，那可真是响当当的由名流创办的。1991年，在当时的天津市委宣传部、文化咨询中心倡议下，一些天津曲艺界人士策划，在和平区新华路177号创建了名流茶馆，作为天津曲艺界名流切磋交流的场所，在老舍夫人胡絜青、吴同宾等老先生的指导下开业，马三立先生亲笔题写了“名流茶馆”的牌匾，胡絜青题写了“茶馆”二字条幅。骆玉笙、马三立、尚长荣、苏文茂、王毓宝、关学曾等曲艺界名流曾在此登台献艺。

可不知什么原因，名流茶馆自打成立，经营就一直存在问题，先后易手转卖过5次，直到最后一位老板实在赔不起了，就在报纸上拍卖名流茶馆。那时候于承艳刚好就在茶馆打工，每天扫地的时候，她常常站在走廊里听园子里唱的戏曲听入了迷。拍卖时，老板让她也帮着找买主，最后没有人肯买。于承艳站了出来，她说，要不然我干吧。

你?

没错，就是我!

这是1998年初，于承艳的现状是下了岗，离了婚，母亲又病故。她说：“那时我正好刚离完婚，把唯一的独单给卖了，卖了9万元钱，花了5.6万元买断了茶馆的经营权。剩下的钱赔了就往里垫，再赔就再往里垫，就这么滚着走。我刚接过来的时候演曲艺，5块钱一张票，还包括茶水，而且是每场4个小时的演出。每月一开门，就要交房租、水费、电费、暖气费、厕所费、管理费等一大堆税费，还有员工工资，我刚接过来那会儿什么也不懂。连住的地方都没有，就住在茶馆对面的仓库里，就睡在你坐的这张床上……”

于姐指了一下我坐的地方，我一低头，才发现这是一个硬木沙发，包着扶手等许多地方的布面已经磨破了，露出了里面的木头。

谈起自己的人生经历，于姐说：“我下乡在黑龙江生产建设兵团，本来我不该

下乡的，我在20中上学时是校宣传队的，能唱能跳，但看到姐姐下乡心就活了，就写血书坚决要求下乡，走时我才16岁。10年后病退回来，顶替我母亲进的毛纺厂，从挡车工开始干，一直干到厂级工会。那时候人特别单纯，一心就想着怎样进步。人家开17个锭子，我开25个，人家上10点，我8点就到厂了，人家上8点，我6点就去了。我觉得能进工厂，特抬举，天天在那豁命干。先进生产者、先进工会干部，各种荣誉没少得。后来我们厂破产了，大部分人都得回家……"

于姐下岗了，那一年她不到45岁。下岗以后她就在名流茶馆打工，那时候茶馆里主要是唱戏曲，她接过来之后才把相声引进来，并且一直干到现在，转眼就是12年。

"我刚开始干那会儿，茶馆冷清得没人气，我就想，必须得把人气给找回来！我一个外行，愣敢干曲艺，演员跟我报高价我也不知道，结果两场演出下来，我赔得特别惨。但即使这样，我仍然坚持赔下去。我告诉我自己，只要茶馆开一天，就不能回戏。"

有一天，下大雨，名流茶馆所在那栋楼的地势低，门前的路上雨水积得深过膝盖，于姐揪着心想，这日子还能有人来听相声吗？结果竟然来了42名观众，感动得于姐直要掉眼泪。因为路不好走，那天的演员只来了几个。于姐灵机一动，对大家说，谁想上台练练都可以。在座的多是常年听相声的超级"粉丝"，能有机会亲自上台练一回都特别卖力气。结果，那天的演出效果出奇的好，人们淋着雨进来，带着笑声出去。从那以后，凡是刮风下雨、天气恶劣的日子，于姐都会对观众特别招待。雨天备雨伞，暑天备扇子，送甜萝卜，送瓜子，过年的时候还送过糖葫芦。一年365天，天天有戏看，就是只有6名观众也照样开场。

茶馆里说相声，把"名流"打造成茶馆相声的原生地

"那阵儿我就开始借钱，凡是亲戚朋友差不多都借过钱……干这行，最难的一关是你经不经得住赔？你经不住赔，就只能再倒手。更不用说还有人故意捣乱，砸场子，碰瓷，我都经历过，所以干茶馆真的是特别不容易！"

说着说着，于姐哽咽了，眼泪像断线珠子一般滚落下来。

谁都知道，别人干“黄”了的园子不好接手。为了能让名流茶馆火起来，于姐曾到全国各地去考察，走了好多地方，只要是有剧团的地方她都去过，想看看到底在茶馆演什么能被观众接受。那时候，天津市的京、评、梆、曲，无论专业的、业余的，所有的团队，于姐全都合作过。可是究竟怎样才能把观众引进来？难啊！那时候急得她掉头发，一把一把地掉，头发都快掉光了。

引进相声的时候，是和魏文亮、马志明他们合作。观众喜欢马志明，都愿意听，效果特别好。于姐意识到，无论男女老少，你只要能听懂汉语，包括外国人，就都能听懂相声，比曲艺的受众面更广，可以发展出更多的观众来。这时，天津陆续成立了众友、哈哈笑等民间的相声团队，加上市曲艺团，于姐就把他们请进名流茶馆，观众越来越多，到2004年最火的时候，竟然到了一票难求的地步。

凡是听过茶馆相声的观众都觉得特别过瘾，为什么呢？这里“自由”啊！与大剧场演出最不相同的是，茶馆的舞台很矮，演员在台上的每个眼神、动作，观众都能看个“真真”。在茶馆里听相声，你也不用正襟危坐，尽可以放肆地开怀大笑，或者叫好，甚至起哄，边和朋友聊天边听也无妨，开心就在自由自在之中。名流茶馆坐满了也不过就148个座位，火的时候你根本就找不着地儿，一盘瓜子，一壶茶，外带一盘天津特产的爽口青萝卜，花上二三十元的门票钱，乐呵一个晚上。

中国说唱文艺学会副秘书长王永良就把这种气氛称为“原生态”。相声表演艺术家苏文茂说，名流茶馆是天津茶馆文化的原生地。

顺应市场需要，于姐把每周末的演出加到了4场。早上10点就开，中午1点一场，下午4点半一场，晚上8点一场。为什么这样安排呢？在经营中于姐发现，一到周末，北京来的客人特别多，而且每次北京观众来好多人都没地方坐，又不愿意走。包括中央电视台主持人马斌来，也没地儿，他找到于姐说，你就给我找一个小的角落，我就感受一下这儿的氛围。于姐一琢磨，北京客人大多是一日游，当天就走，好多自己开着车来的，干脆给他们中午安排一场，他们听完回北京不耽误。

于姐说，最早来听相声的大都是中老年观众，有一些老天津卫。还有一些孤身的老年人没地方消遣，就上这儿来，都是纯粹的老百姓，有一个大爷80多岁，每天早起来吃一口包子，然后上这儿来等着，就等这一场相声，便宜呀，还能喝壶茶。后来，就有白领光顾，塘沽的、汉沽的、大港的、开发区的年轻人，他们辛辛苦苦一天了，总是西服革履很拘束，晚上需要放松，就来听相声，乐呵乐呵。还有谈恋爱的年轻人，以前都是上歌舞厅，蹦迪呀，现在他们也来听相声。但没想到北京人越来越多，占观众的三分之一还多。

于姐就留了心，凡从外地来的她都做个记录，有著名的经济学家，香港的国际旅游专家，上海市的领导，深圳、浙江等地来津投资的客商等等。有一次，于姐看见一位上岁数的外国老爷子听相声时笑得前仰后合，就通过翻译问他，您不懂中国语言，您为什么还能笑得这么开心？那老爷子说，中国的这种艺术我通过演员的动作就知道很可笑，所以我就很开心。

“大腕”云集，媒体聚集，北京有“老舍”天津有“名流”

没有做广告，也没有大造声势，天津名流茶馆竟然在坊间火了起来。与都市里越来越多的现代化大厦不同，这里古香古色，抬头可见马三立先生书写的大字牌匾，屋顶的宫灯和原汁原味的木廊壁画都保护得完好如初。八仙桌、木椅子，全都透着股子怀旧的气氛，踏进名流茶馆就如同走进了一段历史和与这段历史相关联的故事之中。

曲艺名家骆玉笙生前和于承艳有很深的交往，她不止一次地对于姐说：“你一个外行，竟然把名流茶馆做起来了，连我的徒弟都在你这演出，你真是为咱天津曲艺争了光。”

马三立去世后，中央电视台要拍一部关于马三立的纪录片，马志明说，我哪也不去，就到名流茶馆。第一，这个园子的招牌是老爷子写的；第二，在名流茶馆的舞台，我们演员不掉价儿。央视《艺术人生》节目组拍曲艺专题的时候也选中了名流茶馆。2006年，姜昆带着全国各大媒体记者到天津考察曲艺市场，站在名流茶馆的舞台上说：相声就应该这样低票价高水准，为全国人民服务。央视的专题片《走遍中国》中天津部分的第一站就是在名流茶馆拍的，开始说只拍一刻钟就走，但走了一会儿却又折回来接着拍，导演说，这么火爆的同期声太难得了，专门做都做不出来。不仅中央电视台，深圳电视台、浙江电视台、黑龙江电视台、旅游卫视、北京电视台……全都报道过名流茶馆。

一些准备参加全国相声大赛的演员，参赛之前都要到名流茶馆来“压活”，试试行不行？火不火？说你们这儿的相声观众特别专业，你们的观众认可，才能去参赛。郭德刚在北京火起来之前到名流茶馆来说过三次相声，那时候他演出一分钱不要，观众反应特别热烈，每次都要返场再说几小段才行。可那时他在北京还处在无人喝彩的低谷，他夫人王惠也在这唱过大鼓，名流茶馆确实名不虚传。

目前，名流茶馆已经成为天津市旅游局唯一一家涉外文化旅游接待单位，仅初步统计，名流茶馆每月接待外地游客和外国朋友就达数千人。

熟悉于姐的人都知道，于姐有一个浓浓的“老舍茶馆情结”。她说她常去北京的老舍茶馆坐坐，感受一下人家那种京味文化的氛围。人家也是老知青干的，是由街道干部带领知青卖大碗茶起的家，比咱天津茶馆早十几年，但发展得特别快，现在已经做到了把茶馆里边每一个单间全装修成四合院，让客人一进去就特别有氛围。人家的员工都是清一色的大学生，会外语。去老舍茶馆的许多客人都要来天津，上名流茶馆，人家来了都要给演员上花篮。人家说，在老舍茶馆消费的零头拿到你们名流就顶天了，足见天津与北京还有很大的悬殊……但于姐也不止听一位外地客人说过：“不听名流茶馆原汁原味的相声，就等于没到天津。”“北京有‘老舍’，天津有‘名流’”，这也是观众说的。

梦想很大，道路依然坎坷，于姐说她无怨无悔

“我也有梦想”，是于姐爱说的一句话。成立一支“名流”自己的演出团队是于承艳的梦想之一，如今总算实现了。一支由老、中、青三代演员组成的能够满足不同年龄、不同层次观众需求的相声团队建立了起来。将来把这个团队做大做强，就是于姐的梦想。去年春节，于姐有一个同学从加拿大回来告诉她，加拿大的华人是多么喜欢中国的相声，她有意在那边给于姐包一个园子，让他们过去演出。还有香港、台湾等地的朋友都看好了天津茶馆相声这种形式，要求合作异地开园子的不少。这些梦想若真的能实现，于姐肯定会“睡着了也要笑醒了”。

然而，现实所面临的困难让于姐禁不住泪水涟涟。一个人的时候，她回想自己“豁命”苦干的大半生，真是百感交集。“那时候我一个人在茶馆对面的一个仓库里住，晚上尽是耗子，有时刮西北风，临街还有嘈杂的噪音，每夜都睡不了几个小时，我刚接过来的时候是一种吗感觉？就想，我的全部财产、我的命都撂在这儿了，我的神经天天紧绷着，就怕它着火或者发生什么意外，就跟得了强迫症似的。整整8个月没敢离开过这儿，仿佛一错眼珠就要出事……”我问她：“你难过痛苦的时候也没有地方去倾诉、发泄一下？”

于姐的眼圈红了，她说：“我12年来没和一个观众红过脸，这种内心的压力，我有时只能跟我儿子发火，只能冲他发泄。”

“你受这么多累，为这么多难，图什么呢？”我问。

“从我个人来说，说白了，谁不想挣钱，生存需要。我从小什么都没有得到，我不想让我的孩子也像我一样奔波劳累，为了孩子，我就这么一个独生子。从另外一个角度来讲，我这个岁数，做一件事，只能成功不能失败。没有总结的机会，没有时间了。我只能去拼搏去成功。再者我也要争一口气……”

于姐的坦诚让我看到了她那颗虽沧桑却真诚透明的心。

干不下去的时候于姐也曾想过要把园子卖出去，她当初买的时候是五六万元，后来有人出30多万要买，于姐也不是没动过心。但她儿子不同意卖。儿子说：“妈，你不卖，你还有梦想，若卖了，你就只剩这点钱了。你这十几年的心血是拿什么都换不来的啊！”

“其实名流茶馆的设施各方面不是特别好，也不好停车，为什么观众就是这么热爱它？不能不承认这里边就有一个魔力，这个魔力就是——坚持！做一件事情如果没有一种持之以恒的执著精神，你根本就做不了。”于姐感叹道。

这是一次奇妙的采访，边采访边能听到茶馆里说相声的声音，演员那边唱京戏的声浪不断传来，给于姐的讲述增添了注脚，又像是伴奏，让于姐的故事更加声情并茂。正聊着，不知什么原因突然停电了，小办公室里连能采光的窗户都没有，黑暗中只有我的录音机一闪一闪地亮着小红灯。过了一会儿，一位员工点燃了一支红蜡烛，当烛光跳动的时候，我看到于姐脸上的皱纹里还留有泪痕，忽然想到了闻一多《红烛》诗中的句子：

……红烛啊！

你流一滴泪，灰一分心。

灰心流泪你的果，创造光明你的因。

红烛啊！

莫问收获，但问耕耘。

后　记

写人物这么久了，结集出版可以说是由来已久的心愿，之所以一拖再拖，缘于总是有新的人物让我投入新的激情去采访和写作，以至于人物的名单越拉越长，而新采访的人物还在不断积累着，便没有时间坐下来整理和编辑，总是想把这个人物写完了再说，于是今天一个新的人物，明天又一个新的人物，接力赛一般没有终点。终于有一天，我给自己写过的人物排了一下目录，发现竟然已经写了几百个人了！于是，我说服自己暂时停一下，给自己多年的劳动作一个总结。没想到，在正常的采访写作中插入这件事实在是太困难了，时间总是让给新的工作，断断续续，一做就是半年多，今天，总算是告一段落了！从我上一本书《女人的廊桥》出版到现在，已经过去了五年，这五年是我采访人物最多、写作也最疯狂的五年。这套书中所收录的不过是这些年我写作海洋中的一朵浪花而已。当然，也有一些篇幅是我更早时候的作品，收录进来，是因为当时采访的不容易。

我写的名人印象和访谈，与我们通常见到的一些电视节目主持人出版的名人访谈书籍最大的不同，在于它不是先有电视录像，然后再整理成文字，而是以文字为第一媒介,文字的优势明显高于电视类访谈书籍。在这套书中,每一个人物都由简介、印象和访谈录三部分组成,基本上都是这个格式。个别也有不一样的,也有的是没有公开发表过的,比如我与叶嘉莹教授的访谈录等,有的人物我不是采写过一次,而是多次,但我也是基本上以采写比较深刻的那一次为准。我与王小慧的对话,也曾被编入她的著作《双子座》中。感谢我所就职的报社领导多年来对我的信任和扶持,感谢每一位受访者的真诚合作,感谢百花文艺出版社和对本书给予过帮助和大力支持的朋友们。还要特别感谢为我的这些文字拍摄精彩图片的摄影师们,他们有的是我报社多年的同事,比如刘耀辉、祁小龙等。有的是我多年来的好朋友,比如张越、田丕津,还有为我拍摄封面肖像的"百年印象"的尹春华先生,在此一并表示我深深的谢意!

因为篇幅的原因,还有一些也相当不错的文稿未能收录进来,特把目录附于文后。

《关牧村:一支难忘的歌》

《赵大民:芳草尽处云海深》(合写)

《绳岚:夺冠的"天津风采小姐"》

《徐翠萍:立功奖台上的外来妹》

《孟京辉:让话剧留下一个温婉的记忆》

《朱军:永远的西北汉子》(合写)

《许振超:开吊车的当代英雄》

《曾欣:捐献爱心的天使》

《杜献洲:用生命写新闻》

《韩少功:到乡间寻找一片月光》(合写)

《张大千:在墨西哥建一座中国龙城》

《王石:男人五十正辉煌》

《冯仑:伟大是熬出来的》

《侯小强:博客是私人史的博物馆》

《张旺:让古典与玄幻活灵活现》

《王淑云:母亲就是春天的阳光》

《孙玉龙:喝海河水长大的敦煌市长》(合写)

《李云迪：高举圣火的钢琴诗人》

《吴泽洲：为中国民乐敲开金色大厅之门》

《高满堂：金牌编剧的平民情华》

《蔡笑晚：我的事业是父亲》

《张世伦：多彩人生永无结局》

《马骅：追寻那片心灵的净土》

《荣恩成：此生献大漠的天津人》

《李伟：渤海之滨的“当代精卫”》

《陆川：用生命拥抱电影》

《李夫：我参加了开国大典》

《林兆华：渴望像鸟儿一样自由飞翔》(合写)

《石惟正：走过如歌岁月的“脱衣舞者”》

《黄殿祺：情系曹禺故居纪念馆》

《周有光：汉语拼音之父》

《王金森：见证中国电信业的腾飞》

《吴为山：塑孔子像，立文化丰碑》(合写)

《闾丘露薇：盛开在新闻第一现场的玫瑰》(合写)

《布林别克：我替阿依努尔道一声谢》

《罗荣岳：“阿瘦”胸襟中的皮鞋王国》

《张立琴：一个人的希望小学》

《陈荣秀：“南丁格尔”是这样炼成的》

《陈燕妮：我在美国当记者》

《章臣桂：书香药香装点的人生》

《陆蓉之：做女人的艺术》

《张聂尔：将军的女儿在死神面前来来往往》

张星

2011年初夏

男人篇

张星 名人访谈录

——心灵的独家披露

张星/著

百花文艺出版社
BAIHUA LITERATURE AND
ART PUBLISHING HOUSE

图书在版编目（C I P）数据

心灵的独家披露 / 张星著. -- 天津 ：百花文艺出版社，2012.5
（张星名人访谈录）
ISBN 978-7-5306-6118-5

Ⅰ. ①心… Ⅱ. ①张… Ⅲ. ①男性－文化－名人－访问记－中国－现代 Ⅳ. ①K825.4

中国版本图书馆CIP数据核字(2012)第091492号

百花文艺出版社出版发行
地址:天津市和平区西康路35号
邮编:300051
e－mail:bhpubl@public.tpt.tj.cn
http://www.bhpubl.com.cn
发行部电话:(022)23332651 邮购部电话:(022)23332478
全国新华书店经销
淄博方正印务有限公司 印刷
*
开本 787×1092毫米 1/16 印张 48.5 插页 4
2012年6月第1版 2012年6月第1次印刷
印数：1 - 5000套 全两册 定价:89.00元

我与笔下人物的故事(代序)

每采访一个人,便进入一个世界,读他的书,看他的资料,与他面对面地交谈,观察他的举止神态、言语形貌。从印象到思考,从立体的人物到平面的文字,再以平面的文字还原出活灵活现的人物,让更多的人跟随我的文字走进他的世界……这是一个相当有趣又不无艰辛的过程。

在我近30年的记者生涯中,大部分时间都在做人物专访,从靳羽西、章含之、杨澜、王小慧、白先勇、曾宪梓、韩美林、范曾、傅聪、郎朗、爱泼斯坦、叶嘉莹、郎平、张泉灵、黄宗江、朱德庸等名人大家,到贫困母亲、老红军战士、外来打工妹、哈佛女孩、创业大学生、茶馆老板、希望小学教师、派出所民警等普通百姓,还有美国作家库恩、日本指挥家小泽征尔、德国市长吾德、俄罗斯音乐学院院长阿利卡诺夫、非洲姑娘茹丝……已经采写过大大小小五六百个人物、发表数百万字了。无论是名人大腕,还是平凡小人物,我都对采访对象倾注了深厚的感情,对于将要面对的每一个人物,几乎都是从准备采访开始,就全身心地投入进去,做足功课,真诚地与之交谈,倾听与理解,观察与感觉,以心灵去理解心灵,让人物来见证历史——

我曾在北京史家胡同和章含之一起谈她的人生际遇和心灵故事，她边谈边流泪；

我曾在郎朗14岁第一次到天津演出时和他们父子俩谈他们艰难的“北漂”岁月；

我曾和《江泽民传》的美国作者探讨他对中国古典诗词以及中国文化的认识；

我曾和汶川抗震英模蒋敏在钢花四溅的炼钢车间讨论“钢铁是怎样炼成的？”；

我曾和周令钊夫妇一起回忆他们在天安门城楼上画开国大典那幅毛泽东画像时的情景；

我曾在剧院的后台看傅聪练琴，与傅敏谈《傅雷家书》；

我曾和慕尼黑市长夫妇谈他们曲折感人的爱情传奇；

我曾和孙中山的孙女孙穗芳在利顺德饭店她祖父住过的房间里谈人生与命运……

采访犹如攀登，一个个人物的访谈与写作，如同翻越了一座座人生的高峰。

这么多年采访人物的经历，让我从许许多多的人物身上感受到不同的人生况味，汲取了许多精神上的营养。深入到每一个人的人生之中，细细品味那些岁月和故事，那些心情和眼泪，我真的很庆幸自己选择了记者这个职业，每天的太阳都是新的，一种动荡的生活，一种变化的日子，一种永远鲜活的思绪……我迷恋、着迷于各种人物的内心独白，因为这是最直接能够走进人物内心的途径，那种面对面时的脱口而出，那么真实坦诚，那么地鲜活灵动……

虽然已经采写了这么多的人物，但每当又联系到了新的采访对象时，尤其是那些有性格、有故事、带有传奇色彩的人物，我还是一如当初地那么跃跃欲试、充满期待。无论之前是多么疲惫、多么倦怠，一见到采访对象，进入采访状态，我便立刻灵魂附体一般地精神振奋、文思泉涌……我真的是很喜欢采写人物，那种交流的快感，那种别样人生的刺激，犹如打开了一扇扇生命的窗，常常让我内心激情澎湃。我请曾宪梓讲人生与财富，请巴金的侄子讲真话与真情，请英格丽·张讲星象与形象，请范曾讲他是怎样画出《陈省身与杨振宁》这幅巨画的……

如此迥异的传奇人物，如此落差的际遇人生，穿上记者的红舞鞋，我必须要在很短的时间里转换思绪,更新背景。感觉自己如同一个旋转着的万花筒,在忙碌中拼接着截然不同的人生片断。大脑高度兴奋,用一生去穿越几度人生,真的是很神奇!

与名人面对面,通常我要预先做大量的功课,访谈时才能挥洒自如。写作时,我需要先把几个小时的采访录音整理成文字,每个人物都要整理出上万字甚至更多,边听录音边打字的过程仿佛是又进行了一次采访,经过了冷静的思考之后,对人物的感悟和理解更深了一层。这时,人物就在我打字的键盘下开始"活"了,采访时的情景再现,许多当时没留心的细节这时全都蹦了出来,灵感潮涌,我不得不一次次停止打字,把这种印象记录下来,这便是我关于人物最鲜活的印象记。之后是我与人物的对话录。我觉得,这种即时的采访对话,最大的好处就是鲜活,有一种情境和氛围,使读者也能沉浸其中,仿佛参与了访谈,如见其人一般。而不是那种被作者嚼过了又吐出来的东西,早已经没有了味道,甚至完全走味。而我的印象记,又恰恰是在这鲜活之上的理性思考与必要的背景交待,吸引人的还是作者的感觉。

在采访各式各样人物的过程中,我有机会能更深入地走进新闻事件的背后,走进历史见证者的内心世界,而在与这些名人大家的接触过程中,也有一些很有趣的故事和片断,让我感动,让我难忘。

为靳羽西离婚的消息保密了五年

记得第一次结识羽西是在1996年,在天津凯悦饭店的乡味斋,面对落地窗外静静流淌的海河水,我们放下关于事业的话题,谈起了女人共同关心的一些事:婚姻、爱情、孩子……然后羽西告诉我,她离婚了。

一时间,我无言以对。我知道她的结婚,因了她的知名度和她美国丈夫的富有程度,曾经使世界媒体很炒了一阵子,成为许多人热衷关注的话题。然而,仅仅过了5年的时间,被当时媒体称为"如此完美的结合"、"最幸福的一对"竟然这么快就结束了。羽西说,不是我的原因,是老公又有了另外一个女人,我问她,那你怎么办呢?她只是说,我哭了……

那天，我和她形影不离地相伴了一天．早晨她从市区到塘沽做关于美容知识的讲座，为读者签售她新出版的《亚洲妇女美容指南》一书，下午回到市区，在天津广播电台，为“张士柏英语网”的听众做如何学习英语的演讲，然后又到政协礼堂与中老年女政协委员见面，当晚她要乘机飞往武汉。她很诚恳地要求我：“你是第一个知道我离婚的记者，请你千万不要把这件事写出去！”我点头答应了。

我知道，对于记者来说，这是一条非常难得的独家新闻，以靳羽西的知名度，我完全可以利用这条新闻炒作一阵子。但从同样身为女人的角度，我更知道，羽西能把这么隐私的事情告诉我是一种多么难得的信任。于是我在那篇题为《羽西的爱对你说》的长篇专访中并未提她的离婚，只是引用了一句泰戈尔的诗：“你有星群在天上，你屋里的灯却没有点亮。”不久后，我到北京大学采访她建立奖学基金时再次与她相见，她拥抱着我说：“看了你的文章我都哭了，谢谢你没有把我离婚的事写出来。”

5年过去了，羽西离婚的事已经不再是新闻，当我再次到上海她的家中采访时，她不仅同意我写出来，还详细讲述了那个痛苦的过程。她对我说：“刚离婚时是很难谈的，我现在谈起来就很自如，因为最痛苦的时候过去了。那时候，你谈的越多，就是多次在重复自己的痛苦，你的脑子里的细胞、你的身体里的细胞都好像重新在经历这段痛苦。但是，我有一个最大的优点，就是我能把痛苦全部翻过去，再开始新的一页。你听不到我说痛苦，我记住的都是快乐的事，我就只看前面，不看后面。当然，要做到这一点需要我尽很大的努力，好多年的努力……”

“假如让你再选择，你会找一个什么样的男人做老公？能谈谈你的条件吗？”我问。

羽西脱口而出：“爱我，爱我，爱我呀！爱我是最主要的，当然我也爱他。还有一个特别重要的，就是这个男人是不是真诚？是不是仁慈？”

当我说，女人对爱情的感觉是分阶段的，也许一个时期特别想有人爱我，想嫁人。而另一个时期又只喜欢一个人独处时，羽西立刻打断我的话，说：“不，女人什么时候都喜欢有人爱……”

和郎朗父子在天津吃“狗不理”包子

1996年，当郎朗第一次踏上天津的土地时，他还是一个“小荷刚露尖尖角”的14岁少年，那时我曾为他写了一个整版的报告文学，题目只用了“中国男孩”这个称谓。而十几年之后的今天，29岁的郎朗已经是享誉世界的著名钢琴大师！

十几年中，他的足迹遍及全世界，他的琴声也感动了全世界。亚洲、美洲、欧洲甚至非洲……他与世界最顶尖的交响乐团签约，在世界最著名的音乐厅和音乐节上举办个人独奏音乐会。他不再是那个靠比赛中获奖而赢得掌声的“中国钢琴男孩”，而是名副其实的世界级钢琴演奏艺术家。

再次采访，望着面前熟悉又陌生的郎朗，我的思绪一下子就回到了当年初见郎朗的那个日子——

1996年11月2日，我在郎朗父子下榻的天津黑牛城道上一家旅馆采访他们，因为前一天刚演奏了一晚的“肖邦作品专场”，对于一个14岁的少年来说，一口气演奏下来肖邦的24首练习曲，在世界钢琴演奏家中也是极为罕见的。中午时分，郎朗正在午睡，第二天晚上他还要再弹一场“老柴”。我还记得那场音乐会的节目单上写着：少年钢琴家郎朗“辞别故土、远涉重洋”前夕钢琴独奏音乐会，并且是首次与天津交响乐团合作，下午他除了排练还要到天津音乐学院有一个交流活动。我和郎爸郎国任就在那家旅馆里一间连沙发都没有的房间谈了一中午。然后郎朗睡醒了，初冬的津城已有了些许寒意，郎国任脱下自己的皮外套披在儿子胖乎乎的身上，我们就一同坐车赶往音乐学院。这时，我发现郎朗的10个手指头全都缠着橡皮膏，他说，昨晚弹肖邦时手弹裂了，特别疼！我担心地问他，第二晚的“老柴”会受影响吗？他说不会，他已经习惯了，不在乎了。第二天中午我们在天津著名的“狗不理”包子店吃包子的时候，郎朗就坐在我的身旁，他一边吃着包子，一边还顽皮地与老演员谢添比手掌。他告诉我，父亲为了不让他看电视，把家里的电视天线都给撅折了……

那时候郎朗给我最强烈的印象就是：餐桌上的他虎头虎脑，活泼可爱，而舞台上的他大气磅礴，却透着一种与年龄不符的早熟和忧郁。

果然，第二晚他弹的“柴可夫斯基作品专场”正如1995年他在日本参加柴可夫斯基钢琴比赛时外国评委所说:“这是一个懂得柴可夫斯基的孩子!”我用望远镜把台上的郎朗拉到眼前,我看到他额头上布满了细小的汗珠,他时而微闭着双眼,全然陶醉状;时而睁大了眼睛,右边的眉毛跟着音乐的节奏向上一挑一挑地动着,他的身体也随着音乐自然地起伏……当我不经意地转过头扫视观众时,我发现一个熟悉的身影站在第二十几排的走道上,镜片后面的目光死死地盯在台上的郎朗身上,仿佛屏住了呼吸,他就是郎朗的父亲。他曾告诉过我,儿子弹的每一个曲子,他几乎都同样能一个乐章、一个乐章地背下来,儿子在弹琴时,他也在弹,只不过儿子弹出的琴声人们听得见,而他用心弹奏的心声只有他自心知……

黄宗江请我吃“鸡素烧”

那是2004年7月的一天,我们专程到北京八一电影制片厂黄宗江的家中采访,黄老见到我们非常高兴,从一见面他就开始改说天津话,边说边笑,亲切随意。刚一落座,他就把早已准备好的录像放给我们看,是电视台为他录制的一部纪录片《回家》。他说,当电视台要为他拍这部片子时,出生于北京、13岁父亲去世后便漂泊一生的他竟然不知何处是“我家”,电视台的人提议,要不就拍回南开吧,他欣然应允。于是,黄宗江的“回家”就是“回”到天津拍的。见到来自天津的记者,老爷子像见到了亲人,聊着聊着,就到了中午时分,我提议请他到外面吃一顿,他却执意让我们尝尝他很喜欢吃的一种日本料理,叫“鸡素烧”。

原来,在我们来之前,黄宗江就已经让在他家服务多年的曾嫂采购好了原料:羊肉片、香菜、生菜等。开吃时,把电磁炉放在餐桌上,放上平锅,倒上油,用一层洋葱铺底,然后依次往上边放羊肉和菜,再浇上日本酱油,撒上盐和胡椒粉等作料。烧好一层再铺一层,绿的菜,红的肉,白的葱,绝对是美“色”;随着平锅上冒起的烟雾,一股诱人的香味在房间里弥漫开来,顿时使人胃口大开。黄宗江边吃边问我:“怎么样?不比馆子里的差吧!”说着,他还从冰箱里拿出自制的酸梅汤给我们喝,酸酸甜甜,冰凉爽口,那叫一个美!

围着香气四溢的电磁炉,黄宗江又聊起了他追求一生的戏剧艺术和他一生难忘的老伴儿。他风趣地说他写过一篇散文,就叫《我爱女演员》,曾引得同行大笑,他又补充说,我也爱男演员,众人更笑。他又坦白地说,我更爱女演员。众人都被他的坦白和热情所感染。他说,我所仰慕的女演员,像秦怡、白杨、张瑞芳、斯琴高娃、卢燕、奚美娟等,多是在生活里不像演员的演员,不做秀而内秀,甘于寂寞地做着不寂寞的事,其中最优秀的代表就是他的老伴儿阮若珊……

推开章含之家那厚厚的大红门

2006年4月我到北京采访章含之,来到著名的史家胡同51号,我还特意推了一下那“厚厚的大红门”——那门可真厚!差不多比我们平常门的两个还要厚,足有上百斤的重量,我用一只手无论怎样使劲都推不动,启动它还真需费一番力气才行。大红门打开后有一个灰砖墙影壁,往左走是前院,从影壁后面绕过去是通往后院的长廊,后院比前院大多了,威严高大的正房和两侧的厢房围成一个天井似的院子。跨入院中,首先映入眼帘的是那棵“比洪晃年龄还大”的海棠树,阳光明媚的春日,枝繁叶嫩的树冠上挂满了粉红色的花蕾。左边的那棵梨树上,雪白的小花像满天的繁星,生机勃勃地宣布着小院的春天……

迈进正房后,足有4米多高的房屋被横着一分为二,后半部用白色雕花的木窗隔开,并搭成了上下两层。章含之就从那雕花的木格门里走出来,两件套的浅咖啡色薄毛衣,一条长裤,白多黑少的一头蓬松卷发下,依然是那张秀美的脸。71岁的年纪,身材依然挺拔,站在那儿,气质、风度、神态、举止,无论怎么看,也都还算是一个优雅的美人。岁月可以剥蚀她的青春,却无法遮掩她由才智和教养放射出来的光芒,她涂了淡淡的唇膏,微笑着招呼我们坐下。

两个多小时的交谈,她与我们谈得最多的不是父亲章士钊,不是丈夫乔冠华,不是女儿洪晃,而是毛泽东——那个事实上掌握、或者说改变了她命运的伟大领袖!

记得当时她曾这样说过:“当你的生命走到最后、你回顾一生的时候,你最大的收获就是你所经历的这一切。你看到了你在这个生命的过程中别人所看不到的东西,别人所没经历到的东西。人到最后是同样的归宿。但在这生命的几十年里,有的人经历到了很多,有的人没有经历到很多;有的人很平静的一生,有的人很波澜壮阔的一生，有的人很坎坷的一生……那么你到了生命最后的时候，唯一能告慰的是，你看到的可能比别人多，你经历的比别人多。我所经历的这些事情，宿命一点的说法，都是命运的安排。是你自己所不能掌握的，你说我能自己掌握吗？”

记得那天我们谈得很深，好几次她的眼圈都红了，泪水就那么盈着，但她却都控制住了。记得那天在采访将要结束的时候她对我说，我这一辈子都在做别人的什么人，都不是我自己，现在我想从过去的生活中迈出来，只做我自己……

章含之依然美丽的笑容让我感到，她的心魂终于从那扇厚厚的大红门中解脱出来，要活一个真正的自己了。年过七旬，属于她自己的生命才刚刚开始。纵观她的一生，为了“总长的女儿”，她放弃了少女时代的演员梦；为了党和时代的需要，她放弃了清华和北大最向往的专业；为了“主席的老师”她改行到了外交部；为了“外交部长的夫人”，她经受了如此沉重的磨难……现在，她终于可以做一次她自己了，可是，她却走了……

与爱泼斯坦掰手腕

当我的手终于和这位九旬老人的手相握的瞬间，心中充满了感动！

这一刻，我所触摸的不仅仅是一位老人的手，而是几乎整整一个世纪的风云变幻。他掌上的每一条纹路、手背上的点点老年斑不仅浓缩了他九十载漫长的人生，更是百年中国的历史见证。这一握，仿佛为我打开了一扇百年中国历史的大门，我被牵引着走进老人的记忆，走进一段依然鲜活的峥嵘岁月……

2005年4月20日下午，我们来到北京爱泼斯坦的住所——美林公寓，首先见到了他的夫人黄浣碧。送上我特意从天津带去的一个插满金百合与红玫瑰的大花篮。爱老夫人说她有点弄错了，因为近日来访的人比较多，爱老刚刚睡下。于是，我们就先和爱老夫人聊了起来。正聊着，保姆说爱老起来了，夫人说，是因为你们来才起来的，一种心疼含在她的语调中。

爱泼斯坦来了，他坐在轮椅上，被从里屋推出来，推到我们面前，他笑着，雪一样纯白的眉毛下，一双深凹的眼睛含着慈祥的笑意，头上不多的头发也完全是雪样纯白，这是我第一次采访一个完全老外模样的中国人。

不得不承认，这是很累的一次采访，因为一来他年龄太大，又因结肠癌在一周之内做过两次手术，身体相当虚弱，二来他的中文能力限制了他的表达。所以，采访的过程大多时间是我在说，他的回答通常只是“对”，“是”，或几个简单的句子。即使这样，我们竟然也谈了一个多小时，大大超过了电话中约定的20分钟。

爱泼斯坦是个幽默的老人，看到摄影记者用数码相机不停地冲他拍照，他便模仿快门的声音说“啪，啪，啪，枪毙啦！”采访结束时，当我和他再一次握手时，老人竟用力攥紧了我的手按下去，有些得意地问我他是不是很有力量？我说，这回不算，再掰一回。于是，在试探着老人确实没有问题之后，我当真使出了浑身的力气，却当真没有掰过他，他笑着就把我的手使劲翻到了下面……

虽然加入了中国籍和中国共产党，又娶了中国太太，但他的中文说得并不地道，仍旧有明显的“洋味”。可是他的表情——当我们聊到抗战、“文革”以及如今的改革开放，他目光中的那种意会，就与中国人无二了，因为他和我们一起经历了这一切。

面对曾宪梓，仿佛面对一部人间神话

2006年我到北京采访正在北京开会的曾宪梓先生，72岁的曾先生身患严重的肾病，曾因换肾失败险些离去。11年来全靠透析维持生命。与他面对面地坐到沙发上时，我看到他虽然顶着一个硕大的头颅，但身体很瘦，脸色也不太好，但他确实是一个善良的老人，非常耐心地听我提问，尽量用普通话讲述大概已经对无数媒体讲过的人生，竟然一讲就讲了一个多小时。中午，他执意要我们同他一起在人大会议中心吃自助餐，还专门安排秘书为我们买好了餐券。吃饭时我就坐在他的身旁，我看到他只选了很少的几样菜，让服务员给他煮了五六个素馅饺子，把盘子吃得干干净净，最后吃了一小碗冰激凌。看着他安详地吃着饭，想到他穷苦的童年和艰辛的少年，想到他靠“勤、俭、诚、信”的人生信条创造出的“金利来”神话，一种感慨油然而生。

因为穷，曾宪梓17岁才读初中，35岁才开始创业。别人是先立业后成家，他却是先成家后立业，养家糊口成了他打拼创业的最大动力。回首他的一生，实在是太挣扎的一生了！虽然现在他是亿万富翁，可他35岁之前的人生全都是挣扎，并且充满委屈、坚忍甚至屈辱！他是一个韧性太强的人了！像那种最具柔韧度的竹竿，压到三百六十度也不会断。他所忍受的决不仅仅是吃了上顿没下顿的饥饿、光脚板的寒冷和居无定所的流浪，还有寄人篱下时强咽的泪水，遭人白眼时咬紧的牙关……1963年他初到香港的日子，一个在新中国刚刚大学毕业的科研人员，一下子成了资本主义世界别人屋檐下的男保姆。之后带全家来到泰国，拼命工作也无法给妻儿一个温饱和安定的窝。后来在香港街头推销自己做的领带，好多次被人像轰乞丐一样骂着赶出来……

可是，他却从不为金钱折腰，即使在最艰难的日子，他也毅然放弃了对父亲遗产的继承权，横下一条心，硬是靠自己的一双手打拼挣扎，一分钱、一毛钱、一元钱地积累，终于不仅养活了一家老小，挣出了数十亿家产，还创出了“金利来”这个享誉世界的中国名牌。

面对着他，我有一种不真实感，仿佛面对着一部人间神话！四十多年前，本来是为了继承父亲遗产而来到泰国的他，面对亲戚们争斗得不可开交、人情冷漠时，他平静地选择了放弃。他说：“上一代人的事与我无关。人不能太贪心，我相信用自己的劳动和智慧一定能创造出财富来！”甚至后来叔叔在他最困难的时期送给他几万港币的买原料费用也被他用从嘴里抠出来的钱全部还清了。正如他叔叔的感叹：“世界上怎么会有像你这样不爱钱的人”一样，我也在问：世界上真的有这样不被世俗红尘所诱惑的人吗？

并且，他还是一个特别心细的老人，我看到他已经完全吃好了以后，就劝他先上楼休息，没想到他说：“这里一点钟关闭，我走了，服务员会赶你们。我在这，他们不会。”果然，此时已经快一点了。于是我告诉他放心去休息，我们已经吃好了。他仍然不放心，叫来了服务员，叮嘱不要赶我们，一定要让我们吃好。看到服务员点头，他才起身离去。看着他在曾护士的搀扶下一步一颤地走出餐厅，一种感动漫上心头。我不禁扪心自问：什么是人生的意义？财富的意义？贫困的意义？怎样看待贫困与财富？又怎样把握人生与诱惑呢？

台前幕后，与《傅雷家书》中两兄弟一起沉浸

采访傅聪的过程是一次独特的体验，2005年的元旦之夜，他要来天津举办他的个人钢琴独奏音乐会。没想到，因为上海的大雪阻碍，傅先生一行乘坐的飞机直到2004年12月31日深夜才到，几乎就是踩着新年的钟声踏上了天津的土地。原来设想当晚采访的计划顿时落了空，而第二天，从中午一点钟开始，傅聪便来到演出场地练琴，他要不停歇地一直练到下午5点钟，这其间是绝对不允许有人打搅他的。无奈我只好悄悄地来到剧场后台，混在工作人员中偷偷地看他练琴。

对艺术家而言，看他练习其实比看他演出更精彩。一个艺术家一生练习的时间往往是他演出时间的数倍，而这时的他没有包装、没有聚光灯，才更接近于“原生态”。

台上的傅聪留给我的是一个背影，应该说，是一个老人的背影，毕竟70岁的傅聪早已不是很多人印象中《傅雷家书》里的那个在父亲笔下被谆谆教导的少年了。远远望去，空旷的剧场里，不太明亮的灯光下，坐在有靠背的琴椅上的他显得有些孤独和孱弱，然而，当他的双手触动琴键的瞬间，当那一串串音符在剧场上空飞扬的时候，我感到有什么东西在轻叩着我的心扉，像雨滴、像清泉，又像是阴郁的苍穹下那一抹淡淡的晚霞……那背影也随着琴声而变幻出一种诗意，一种激情，一种至纯至雅的音乐精灵，就这样渐渐地充满了剧场的每一寸空间。

傍晚，就在后台等待演出开始的时候，我见到了专程从北京赶来的傅聪的弟弟傅敏夫妇。他说他还没有见到哥哥，因为他深知傅聪在演出前是不能打扰的，所以他们来也没有告诉哥哥。当演出开始的时候，我就和傅敏一起坐在舞台的侧幕观看演出。投入到音乐中的傅聪完全沉醉了，他的嘴一直在下意识地动着，仿佛在歌唱。那神情有如天使般圣洁，又如孩童般率真，坐在我旁边的傅敏也是一副沉醉的模样。这时我想起了二十多年前第一次捧读《傅雷家书》时所受到的震撼，傅雷夫妇在那场浩劫中所遭遇的悲剧更使这本“家书”成为绝唱。而今，竟然能与这书中的两兄弟坐在一起，台前台后，人生与命运就是这样奇妙地由音乐相衔接，不由得百感交集，有泪盈眶……

演出结束后，在为傅聪举行的祝贺晚宴上，我终于得以与他面对面地交谈。面对提问，他说得很少。他的一位同龄老朋友、原中央乐团的大提琴手马育弟专程从北京赶来，饶有兴致地加入我们的谈话，并不断地"爆料"——有一年傅聪从国外回来，那是一个夏天，我对他说，你虽然入了英国籍，但你是一个中国人，你就是烧成灰也还是一个中国人。北京的公共汽车那么挤，许多人都光着膀子，你也要挤一下公共汽车，让光膀子的人也蹭一蹭挤一挤。他说好，于是我们就坐车去和平里，谁知才走了两站地，汽车抛锚了，售票员说，下车，推车！我说咱哥俩推去吧，就一起"一、二、三！"推车。我说，怎么样，这辈子没推过车吧？没想到他却非常得意地说："经常推。"原来他老婆开车经常忘了关灯，车子就没电了，他就经常帮他老婆推车……

在老朋友"爆料"的时候，傅聪一直拿着他的大烟斗宽厚地笑着，不知是宽容他话语中的夸张成分，还是宽容他在这样的场合说他的私事。

当我请他谈谈《傅雷家书》对他的影响时，他告诉我："《傅雷家书》我很少看，为什么？我不忍卒读啊！翻翻家书，我就会泪如雨下，就整天不能自持，就整天若有所思，很难再工作下去……家书里的话已经刻在我心里很深很深。特别是父亲的遗书，我现在一想起，眼泪就忍不住了！那里边真是一个大写的'人'字！父亲那么纯真，简朴，平凡，可他有真正的人的尊严……"

目录

傅聪

别是一番滋味在心头

傅聪：1934年3月10日生于上海。8岁半开始学习钢琴，9岁师从意大利钢琴家梅·百器。1954年赴波兰留学。1955年3月获“第5届肖邦国际钢琴比赛”第3名和“玛祖卡”最优奖。1958年以优异成绩于华沙国立音乐学院提前毕业。同年年底，移居英国伦敦。

印象:后台,背影,诗意与悲情

2005年的元旦之夜,对于津城的音乐爱好者来说,是一个充满诗意的浪漫之夜,以"钢琴诗人"之誉而蜚声国际乐坛的傅聪先生第一次在天津举办他的个人钢琴独奏音乐会,为《每日新报》创刊5周年的系列庆祝活动增添了最具情调的一笔。

采访傅聪的过程是一次奇妙的体验。因为上海的大雪阻碍,傅先生一行乘坐的飞机直到2004年12月31日深夜才到,几乎就是踩着新年的钟声踏上了天津的土地,当晚采访的计划顿时落了空。而第二天,从中午一点钟开始,傅聪便来到演出场地练琴,竟然不停歇地一直练到下午5点钟。无奈我只好悄悄地来到剧场后台,混在工作人员中偷偷地看他练琴。

台上的傅聪留给我的是一个背影,应该说,是一个老人的背影,毕竟70岁的傅聪早已不是很多人印象中《傅雷家书》里的那个在父亲笔下被谆谆教导的少年了。远远望去,空旷的剧场里,不太明亮的灯光下,坐在有靠背的琴椅上的他显得有些孤独和孱弱,然而,当他的双手触动琴键的瞬间,当那一串串音符在剧场上空飞扬的时候,我感到有什么东西在轻叩着我的心扉,像雨滴、像清泉、又像是阴郁的苍穹下那一抹淡淡的晚霞……那背影也随着琴声而变幻出一种诗意,一种激情,一种至纯至雅的音乐精灵,就这样渐渐地充满了剧场的每一寸空间。

他弹的是肖邦,是傅聪的肖邦,更是肖邦的肖邦!诺贝尔文学奖得主赫尔曼·黑塞在一次偶然中听到傅聪这位陌生的中国人演奏的肖邦后,曾激动地写过一篇文章,他写道:"……但是我所听到的不仅是完美的演奏,而是真正的肖邦。那是当年华沙及巴黎的肖邦,海涅及年轻的李斯特所处的巴黎。我可以感受到紫罗兰的清香,马略卡岛的甘霖,以及艺术沙龙的气息。乐声悠扬,高雅脱俗,音乐中韵律的微妙及活力的充盈,全都表现无疑。这是一个奇迹。"

终于,5点之后,傅聪停止了练琴。调琴师开始精心地调音,这台超大型的雅马哈三角钢琴是经过了二十多个小时的颠簸专程从上海运来的,调了一会儿,傅聪试弹一下,再调,再试。晚餐时傅聪与工作人员一样,就在剧场里匆匆吃了几个狗不理包子,然后再一次试琴,直到离演出还剩半个小时,一些观众都已经入场了，他才回到休息室，就用几个垫子铺在地上，然后躺下，对身边的人说他要“睡”10分钟。果然，10分钟后他起来用热水泡手。长年不间断地刻苦练琴，他双手的腱鞘炎一直困扰着他，他不得不戴着黑色的半截毛线手套上台演出。

就在后台等待演出开始的时候，我见到了专程从北京赶来的傅聪的弟弟傅敏夫妇。他说他还没有见到哥哥，他深知傅聪在演出前是不能打扰的。当演出开始的时候，我就和傅敏一起坐在舞台的侧幕观看演出。虽然已经被告知演奏时不许拍照，但摄影记者们还是忍不住举起了各自的“大炮”，隐藏在侧幕的一堆衣物中间，像狙击手似的瞄准了台上的傅聪。

投入到音乐中的傅聪完全沉醉了，他的嘴一直在下意识地动着，仿佛在歌唱。那神情有如天使般圣洁，又如孩童般率真，坐在我旁边的傅敏也是一副沉醉的模样。这时我想起了二十多年前第一次捧读《傅雷家书》时所受到的震撼，傅雷夫妇在那场浩劫中所遭遇的悲剧更使这本“家书”成为绝唱。而今，竟然能与这书中的两兄弟坐在一起，台前台后，人生与命运就是这样奇妙地由音乐相衔接，不由得百感交集，有泪盈眶。

敏感的傅聪对举“大炮”的方向皱起了眉头，一曲终了，他走到侧幕对“炮手”们说“不要拍照！”傅敏递过茶杯，他喝了一口，然后接过傅敏递过来的梳子，向后梳了几下头发，再次走上台去。摄影记者们不再坚持了，傅敏对我说：“傅聪这样做是对音乐大师的作品负责，对观众负责，因为音乐就是他的上帝。”的确如此，看他的演出，从舞台、灯光到服装，一切都简单得不能再简单了，去掉了所有与音乐无关的包装，奉献给大家的唯有音乐。

当琴声再次响起的时候，我又来到了舞台的另一侧，仍然对着傅聪的背影，从他的音乐里，我第一次听出了一种诉说的情怀，那是一种心声，正从他的指尖缓缓流淌出来。

演出结束后，在为傅聪举行的祝贺晚宴上，我终于得以与他面对面地交谈。当我问道，在那段最艰难的岁月里，父母双亡，国家又处在那样的动荡之中，你一个人漂泊在异国他乡，是怎样熬过来的时，他沉默片刻，轻轻叹了口气说：“就是这三句话吧：威武不能屈，贫贱不能移，富贵不能淫。就是要执著一个理想嘛，有一个理想，执著就行了。那个时候是很痛苦，但那个时候的中国人，无论在国内国

▲ 接受采访时的傅聪

外都痛苦。"说完他又轻轻叹了口气。

后来在整理采访录音时我发现，从始至终都能听到傅聪在轻轻地叹气，是那种不经意的、习惯性的叹气，这使我想起了傅聪曾说过："我想熟读李煜的词，就基本上是肖邦精神，肖邦音乐最主要的就是'故国之情'……那种深情深入在他的音乐里，到处都是一个'情'字啊！"

70岁的人生，五十多年的光景在琴键上悄然滑过，五十多年的岁月在漂泊中无情流逝。正是"无言独上西楼，月如钩。寂寞梧桐深院、锁清秋。剪不断，理还乱，是离愁。别是一番滋味在心头。"

访谈录

张　星　**我能看看您的手吗？**

傅　聪　没有什么好看的。(于是，他伸出了他那双音乐大师的手，仍然戴着半截毛线手套，10个手指从露出的第二关节开始全是细细的纹路，指尖上还有凝结黑色的硬点，说实话，这双手并不太像是一个钢琴大师的手，更像是一个体力劳动者的双手。我曾经看过刘师昆的手，那是一双修长挺直的手。也曾看过郎朗的手，那是一双厚实有力的手。可是呈现在我们面前的傅聪的这双手,却显得那么普通,不能算修长,也不能说有力,真的是很普通,却不知为什么,从这双手上所传递出的信息竟然像音符一样具有一种说不出的穿透力……这使我想起了他曾经说过,他手的条件甚至还不如弟弟傅敏。就是这样一个先天条件并不能算优越的人,却用他心中的爱给音乐赋予了不朽的灵魂。)

张　星　**您是不是觉得弹琴的人需要与现实社会保持一定的距离?**

傅　聪　你说我是跟现实社会离得远?

张　星　**不是说您,是您怎么看这个问题?**

傅　聪　哎呀,这怎么说呀,什么叫离得近,什么叫离得远?总是要关心的吧。没有同情心,不关心人民疾苦的人,也不会是艺术家!

马育弟　(与傅聪同岁的老朋友,原中央乐团的首席大提琴手。当晚专程从北京赶来看傅聪演出,很自然地介入到我们的交谈中):你们看到的傅聪是一个“装模作样”的人,我认为傅聪是一个很可怜的人。

张　星　**为什么这么说?**

马育弟　他没有时间呀。他和我聊天不是坐在饭桌上,而是坐在马桶上。等他上完厕所就聊不成了,他要练琴了。一点时间都没有了。他就是一个普通人。你们不了解,傅聪是很食人间烟火的,他是非常重感情的!我们曾经合作过演出,他常到我家吃饭,为什么?他住在北京饭店,去的晚了一会,饭就是凉的。我们俩一块吃花生米,他爱吃花生米,掉到地上了他还会捡起来吃。

张　星　**在您漫长的艺术生涯中,谁对您影响最大?**

傅　聪　我以前的岳父,著名的小提琴家梅纽因先生。还有我的好朋友巴伦博依姆。我们经常在一起讨论音乐。

张 星 **您觉得梅纽因先生对您影响最大的是音乐思想还是音乐技巧?**

傅 聪 音乐思想,是精神世界。

马育弟 他的岳父和我谈过傅聪,对他欣赏得不得了,觉得他的莫扎特简直是弹得太好了!但是做他女儿的丈夫就觉得不太好了,我问过傅聪,他说他不能是属于梅纽因女儿的,因为他是属于音乐的。

张 星 **一般人所知道的傅聪都是舞台上或书本里的,与生活中真实的傅聪有很大的距离,对吗?**

马育弟 我给你讲个故事,上世纪80年代,有一年夏天我对他说,你虽然入了英国籍,但你是一个中国人,你就是烧成灰也还是一个中国人。我说公共汽车那么挤,许多人都光着膀子,你也要挤一下公共汽车,让光膀子的人也蹭一蹭挤一挤。他说好,我们就坐车去和平里,谁知才走了两站地,汽车抛锚了,售票员说,下车,下车,推车!推车!我说咱哥俩推去吧,就一起“一、二、三!”推车。我说,怎么样,这辈子没推过车吧?没想到他却非常得意地说:“经常推。”原来他老婆开车经常忘了关灯,车子就没电了,他就经常帮他老婆推车。所以说,对于朋友来说,他是个普通人,他是个音乐家跟我没什么关系。

张 星 **从书中我看到您曾经讲过自己的故事,13岁时您离开家,一个人到云南,因为参加学潮,很多学校都开除您,那您的少年时代是一个很叛逆的性格,是一个不好好读书的孩子,对吗?**

傅 聪 其实,我小时候的钢琴底子很差,真正弹琴只有很短的一个时期。后来有一段时间我开始跟父亲反抗,在家里已经是闹得不可开交,琴简直就没法弹了,所以我弹琴的基础很差很差!我真正花工夫弹琴是17岁回到上海后,不到两年我就登台公演,然后又在布加勒斯特的世界青年联欢节的钢琴比赛中得了奖。说起来这真是“天方夜谭”!

张　星　**您小时候练琴时，您父亲使用了很多专制强迫的手段，那您觉得今天的小孩子学琴要不要也这样呢？**

傅　聪　没有，没有，我父亲没有那样啦，都是夸张的。我小时候很顽皮，顽皮嘛。我爱音乐，可弹琴是苦事。我挨揍大都不是因为弹琴没弹好，是因为看闲书。

张　星　**一边看书一边弹琴？把书放到琴架上，看着《水浒》弹莫扎特？**

傅　聪　对。(笑)

张　星　**您可以谈谈《傅雷家书》对您的影响吗？**

傅　聪　凭良心说，《傅雷家书》我很少看。为什么？我不忍卒读啊！翻翻家书，我就会泪如雨下，就整天不能自持，就整天若有所思，很难再工作下去。可是家书里说的话，我从小也听爸爸经常说，我自己说出来的话，就像爸爸在家书里说的话，我写给他的信，就好像是他自己写的似的。所以家书里的话已经刻在我心里很深很深。特别是父亲的遗书，我现在一想起，眼泪就忍不住了！那里边真是一个大写的"人"字！父亲那么纯真，简朴，平凡，可他有真正的人的尊严。

张　星　**我看您说过一句话，说每一次演出都是一次从容就义，为什么这么说呢？**

傅　聪　演出是一件很危险的事情，随时可能出错，我们要对作曲家负责嘛，对我来说，每一个细节，都要经过千百次的琢磨，我对自己的要求就是要做到很准确才行，假如说在台上有时一紧张，或者出了什么差错，对我来说是一件很痛苦的事情。

张　星　**有过这样的经历吗？**

傅　聪　没有一场是没有遗憾的。今天这种情况，我已经尽了我最大的努力了。

张　星　**我觉得一个人在五十年的生命中，对音乐不停歇地执著追求，是太不容易了！很多人都坚持不了这么多年，有的人一时的辉煌就可以吃一辈子。**

马育弟　我觉得像傅聪这样的人在中国绝无仅有，在世界钢琴家中也是极少有的。五十多年来，在世界钢琴的最高水平上坚持了五十多年啊，到现在还能在这个位置上。尤其是在那样的年代，他从没停止过。

张　星　**您除了弹琴有没有其他的健身活动？**

傅　聪　每天早晨练10分钟气功。

张　星　**您对书画方面有爱好吗？**

马育弟　他根本没有时间，每天早晨起来以后，吃点东西就上楼弹琴了，一直到晚上才下楼。

张　星　**中午都不吃东西？**

马育弟　不吃，他说吃了东西容易打瞌睡。为了保持清醒他根本不吃东西，一直到晚上8点才下楼来。

傅　聪　没有，是晚上10点。

马育弟　你看我还少说了两个小时。我在美国的时候，他太太给我打电话，说你能不能劝劝傅聪，让他少弹一点，弹得这么多怎么能行？那我就劝一劝吧，说你就少弹一点吧。可他觉得手好了以后就应该弹得更好，总是对自己不满意。他说我不是天才，我没有童子功，不像刘诗昆他们有那么好的童子功，他们练一个钟头，我要练两到三个钟头才行。我就这么练，如果我演出时出一点错，第二天人家就会骂我，没有人会因为你是大音乐家、你是傅聪就原谅你。有的人不了解他，以为他骄傲……有一次李德伦在加拿大听了傅聪的音乐会，回来后跟我说，太感动了，他写了两句话："此曲只应天上有，人间能有几回闻。傅聪，你回来吧！”

（在马育弟不断插话的时候，傅聪一直拿着他的大烟斗宽厚地笑着，不知是宽容他话语中的夸张成分，还是宽容他在这样的场合说他的私事。）

张　星　**我看您好像很喜欢唐朝李煜的词，那种“雕栏玉砌应犹在，只是朱颜改”的感觉是不是与肖邦的作品有异曲同工之妙……**

傅　聪　不错，肖邦的音乐跟诗歌那么接近，他的音乐好像在跟你说话。有一首《E大调夜曲》（作品第62号），我第一次接触时，就觉得最后那一段是“泪眼问花花不语，乱红飞过秋千去！”“乱红”颜色的感觉真实极了！每次我弹这个曲子就是那个感觉。肖邦真的是跟诗最接近！我一说起来就好像每一个作曲家都跟中国诗词有关，比如陶渊明就好像舒伯特，贝多芬和巴赫就少一些，但是贝多芬在“苦”这个程度上跟杜甫有点像。肖邦音乐真是跟我们中国文化很接近……肖邦那种诗一般的语言和那种深情，在这个世界上已经越来越少了，那种置生死于度外的执著真是很少很少！

张　星　**现在喜欢读诗的人也越来越少了。**

傅　聪　为什么我个人对肖邦的感受特别深呢？可能因为我也是离乡背井这么多年，对我来讲，我的根是在中国文化里头，我对中国文化的渴望超过任何其他东西，而这个文化在其他国家是找不到的。肖邦离开了波兰，去了法国，基本上还是一个欧洲的文化，可是对我来讲，我对故国的思念，比那个还要深，还要刻骨铭心。

陈钢

在琴弦上飞舞的蝴蝶

陈钢：1935年生于上海。中国当代著名作曲家，上海音乐学院教授。早年师从父亲陈歌辛及匈牙利钢琴家瓦拉学习作曲和钢琴。1949年参军。1955年考入上海音乐学院。1959年，与何占豪合作完成小提琴协奏曲《梁祝》，从此蜚声乐坛。这首流传最广的中国交响乐作品曾先后5次荣获金唱片与白金唱片奖。主要作品有《苗岭的早晨》、《金色的炉台》、《阳光照耀着塔什库尔干》和小提琴协奏曲《王昭君》等。

印象：由纷飞的蝶翼所携来的浪漫情怀

当记者这么久，第一次遇到了难题：如何用文字来记录和描述一位音乐家？如何用无声的语言来表现一位音乐家激荡在旋律和音符中的人生？

当我站在上海音乐学院的校门口，等着来接我的陈钢教授时，我还对这次采访充满了信心和激情，就凭我对《梁祝》的熟悉和深爱，就凭我采写过上百个人物的经验，我没有理由不对自己充满自信。

表面上看，陈钢是一位非常平易近人的教授，丝毫也没有某些名人那种自我的包装和作秀。我们就从最普通的聊天开始，他操着上海味道的普通话，认真而又不无风趣地谈着他心目中的上海和上海文化。但随着话题的深入，谈到了音乐的层面，他骨子里那种文化的、深邃的精神世界便一层层展露出来，那是一种超越了地域、国界、身份、年龄等一切外在因素的修养和积淀。他骨子里的浪漫，那种不着痕迹的情调、品位，在没有音乐的空间像乐曲一样在听者的感觉中弥漫开来。

他说："音乐的力量，在于一下子可以把人击倒"；"凡是语言止步的地方，音乐就开始了"；"电影可以定格，音乐不可以，音乐的结构是空旷的"；"音乐的灵魂是情……"此时的陈钢，已经不是坐在我对面侃侃而谈的那个音乐学院教授、著名的作曲家了，而是一曲浪漫深情的旋律，裹着音乐的灵魂在自由的音符中起舞，是那双飞舞的彩蝶，在音乐的蓝天中飞翔……

24岁时的一曲《梁祝》，使他一生都无法摆脱那曲由纷飞的蝶翼所携来的浪漫情怀……

陈钢是属于音乐的，他的生命是由现实中的人和梦幻中的音乐两个部分组合而成的。当他沉浸到自由的音乐世界中，他便插上了蝶翼，他的心灵便开始飞翔。

采访即将结束时，我提出要给他拍几张弹琴的照片，他爽快地打开琴盖，开始弹琴。瞬间，《梁祝》的旋律像一只只美丽的蝴蝶，立刻从他的手指间飞了出来，穿越吴楚昔时的小桥流水，飞过我的心，我的笔，飞向窗外湛蓝的天空……

然而，当我真正要开始撰写这篇文稿时，回想着陈钢教授讲起《梁祝》和那个纯情的年代，讲起他新出版的音乐散文集，讲起他的“歌仙”父亲和美丽的母亲，讲起他几起几落的音乐生涯时，忽然感到，其实我已经很难用文字来表现他。与音乐相比，文字是相对宁静的，阅读更是需要时间的，根本无法像音乐那样瞬间就能感动和震撼听众的心灵。于是，我的思维停住了，不知道该用怎样的方式来打量他？

我只好打开音响，一遍遍地倾听《梁祝》：从“草桥结拜”、“同窗共读”、“长亭相送”到“英台抗婚”、“楼台会”、“哭坟”、“化蝶”……如此熟悉的乐曲，再次听来心中依然充满了感动。这时，我看到了陈钢书中的一句话：情是艺术的命根子，无情不成曲，无情不成文。1981年访美时，他特地送给小提琴大师斯特恩一幅摘自《乐记》经典名言的条幅：“情动于中故形于声”。

是啊，一个情字，便是陈钢音乐人生的最好诠释。那么，写他，就从情开始吧——

在那个纯情的年代，两个纯情的学生，写了一部纯情的作品

1981年的夏夜，陈钢在美国南部新奥尔良的一位音乐家家里做客，女主人在请他进屋前，带着神秘的笑容对他说：“你听，这是什么声音？”陈钢走进客厅，屏风后面传出的正是小提琴协奏曲《梁祝》的乐声。

在异国他乡听到如此亲切的琴声，仿佛时光回转。女主人递过来唱片，封面上的英文曲名印的是“蝴蝶情侣”，是日本小提琴家西崎崇子演奏的。后来，陈钢又在西崎崇子的家里，看到从墙上挂的画到地毯上的图案以及其他装饰，几乎全是飞舞的蝴蝶。从那时起，他才知道，《梁祝》在国外的名字就是蝴蝶，蝴蝶的爱情，蝴蝶情侣，蝴蝶梦……音乐中的蝴蝶已成为一种诗意的象征，象征着爱情与自由，那种人类最美好的情感与追求。

这是一对美丽忠贞的蝴蝶，这是一个凄婉动人的爱情悲剧。如何用音乐的形式来述说这个古老的爱情故事？成为1959年夏天萦绕在上海音乐学院学生何占豪和陈钢心中的情结。创作一部中国人喜爱的小提琴协奏曲，作为献给新中国成

▲ 张星在上海音乐学院采访陈钢

立10周年的一份精美的礼物，两个年轻人的心中涌动着沸腾的热情。当时，在音乐学院进修的何占豪与丁芷诺、俞丽拿等组成了一个“小提琴民族化实验小组”，尝试着小提琴演奏上的民族风格，乐曲选用了越剧《梁祝》中的部分唱腔为基调。陈钢身为作曲系的学生，与何占豪同样充满了青春的热情与执著。

他们从乐曲的情韵、色彩到结构，合作得非常默契。初稿完成后，他们在校办公大楼下的半圆厅里试奏，当时乐曲只写到祝英台投坟殉情，乐音停止，举座无语，大家被这样的结局弄得悲痛难过，无法释放。于是，一位领导当场指出：要写

"化蝶"！于是又开始了新的创作，经过反复修改和试奏，一部完整的小提琴协奏曲终于诞生了！

1959年5月，上海的兰心剧院，18岁的俞丽拿首次演奏了《梁祝》，站在舞台上的交响乐队面前，她用琴声如泣如诉地诠释音乐的主题，仿佛她就是那个情深似海的祝英台！

与此同时，陈钢揣着一颗紧张又激动的心，悄悄地躲在舞台一侧。当乐队指挥手里的指挥棒停留在最后一个音符时，全场顿时陷入无声的沉寂中。突然，雷鸣般的掌声响起来，这时的陈钢，泪水忍不住夺眶而出。

回首当年的情景，陈钢不无感慨地说："那是在一个纯情的年代，两个纯情的青年，写出的一部纯情的作品。"

《梁祝》的成功，激荡着陈钢的心，正与他热恋中的姑娘从广播中听到这个消息后，也激动地从北京跑到上海来向他祝贺，一对恋人紧紧地拥抱在一起。可是，因为陈钢的父亲被打成了右派，姑娘的家人坚决反对他们的爱情，一对有情人就这样被生生地分开了。失恋的痛楚刺伤着陈钢的心。一年后，他怀着最后一线希望来到北京与姑娘相会。那是一个没有月光的夜晚，两个人默默地走在他们最喜欢去的北海公园，面对命运的裁判，他们相对无言，只有姑娘的泪珠成串地流淌。这时，公园的广播喇叭里响起一段熟悉的音乐——正是《梁祝》中最凄惨悲凉的"楼台会"。陈钢怎么也不会想到，一曲《梁祝》竟成了他初恋的墓志铭。

后来，他听说在梁山伯坟上盘旋飞舞的并不是彩蝶，而是黑蝴蝶。他便把自己的初恋称之为一支"黑色的浪漫曲"。

音乐是音乐家心灵最真实的再现。
陈钢说："我就是祝英台，我就是王昭君"

常言说，乐为心声。这正是音乐最神奇的魅力。写文章的时候或许还可以说假话，可是音乐不能，音乐中的每一个音符都是从作曲家心中流淌出来的最真实的情感。

有一次，中央电视台要给陈钢拍一个专题片，在北京的外景地，编导让他沿着湖边一遍遍地走，一遍遍地拍。陈钢急了：我不是演员，我不要演戏。你们为什么不拍我弹我的音乐呢？于是，他们来到了一个有钢琴的大厅，当陈钢一曲《梁祝》弹完之后，编导仍然坐在那不动，良久，那位编导说："你的音乐把我击倒了。"

这就是音乐的力量，不需要什么解释，便能一下子就抓住听者的心魂。因为那首先注入了作者的真情。

《梁祝》之后，陈钢又创作了《阳光照耀着塔什库尔干》、《金色的炉台》、《苗岭的早晨》等多首颇为流行的小提琴独奏曲。最让他难忘的还是被视为"梁祝"姐妹篇的小提琴协奏曲《王昭君》。

经历了"文革"中的种种磨难，陈钢不再是当年那个纯情的小伙子，他在《王昭君》中更多地倾注了感情的多重起伏，性格的纷繁复杂，以更加成熟的音乐表现了王昭君性格与情感中的中心命题——爱。

创作《王昭君》的时候，写着写着，他忽然扪心自问："王昭君是谁？她不是那个古代的汉家少女吗？不是那个深明大义、甘于牺牲的女子吗？是的，当然是。但是，她也是我，她就是我！因为，作品是作家的镜子，作品中的形象，从某种意义上说，都是作家某一角度和某一侧面的映象。"写《梁祝》时，作为那个"纯情年代"的"纯情青年"，他与何占豪写了梁山伯与祝英台那么坚贞至纯的爱情。而经历了几十年的风风雨雨之后，陈钢对王昭君那种历尽艰辛却依然爱心不改的情怀又多了几分理解和相通。

1986年，西崎崇子在上海音乐厅首演了《王昭君》，获得了极大的成功。当乐曲演奏到高潮的时候，回旋在人们心中的正是陈钢为乐曲所做的注释："长相思啊长相思，扑向她的是铺天盖地的朔风冰雪，而她洒向人间的却全是爱！"

一位马来西亚华人说过："凡是有太阳的地方就有华人，有华人的地方就有《梁祝》"

采访之初，当我提起《梁祝》的时候，陈钢摆了下手说："不要谈《梁祝》了吧，已经谈了几十年了。"可是谈着谈着，《梁祝》竟不请自来地又变成了我们交谈的主旋律。

没有办法不谈。四十多年来，这部小提琴协奏曲像一对自由飞舞的蝴蝶，从中国飞向世界，到处都留下了她美丽的身影，山川河流都回荡着她动人的旋律。从俞丽拿到西崎崇子，再到吕思清，数不清的小提琴家演奏过《梁祝》。1960年，中国指挥家曹鹏在苏联成功地演出了这部作品，演出轰动了莫斯科。1972年，尼克松访华的第二天，波士顿的一家电台，就向当时对中国文化知之甚少的美国听众播送和介绍了这部表达"蝴蝶爱情"的中国乐曲。

80年代初，陈钢访美时，有两位素不相识的台湾朋友对他说，正是在听了"梁祝"之后，他们才改变了对中国大陆的看法。一位美国的律师朋友，听了《梁祝》后，深深地为东方艺术之魅力所感动和吸引，于是毅然改变自己的初衷，从此改学东方文化。近年来，《梁祝》的音带发行超过百万，连续4年获得香港的金唱片与白金唱片奖。继小提琴家俞丽拿首演之后，西崎崇子的演奏，使乐曲更趋国际化……一位马来西亚华人说过："凡是有太阳的地方就有华人，凡是有华人的地方就有《梁祝》。"

1997年7月2日，香港回归的第二天，在美国好莱坞的碗形露天剧场，中央电视台和上海东方电视台在这里举办了"为中国喝彩"的盛大音乐烟火庆祝晚会，陈钢在嘉宾席上回头望去，那黑压压的一片攒动的人头中升腾着一片热气。70年来，没有一个华人登上过这个音乐舞台。今天，中国人指挥着好莱坞交响乐团，奏响了自己的最强音。当小提琴家吕思清拉出《梁祝》的第一个音符时，全场立刻响起了雷鸣般的掌声，乐声和着掌声传遍了整个山谷，回声像潮水般久久激荡，一浪涌过一浪，非常激动人心。晚会结束时，璀璨的烟火和着"为中国喝彩"的喊声一起升上夜空。陈钢感到，"梁祝"已超越了音乐的界线，作为一种中国经典的象征在全世界奏响。

说起与音乐的情缘和自己的人生，陈钢说，父亲和母亲在他心里占据了太多的分量。1935年陈钢出生的时候，他的父亲陈歌辛已经是上海非常有名的作曲家了，他曾为周旋等许多电影明星写过歌。上海30年代脍炙人口的《玫瑰玫瑰我爱你》、《夜上海》、《苏州河边》等歌曲都出自陈歌辛之手。其中《玫瑰玫瑰我爱你》是被译成英语后在全世界流行的第一首中国歌曲。美国歌坛宿将弗兰克·莱恩就是唱着这首歌而荣登美国音乐排行榜榜首的。

童年的陈钢虽然也学弹钢琴，但他最喜欢的并非音乐，而是文学。他痴迷于高尔基、海涅、巴金等人的作品中不能自拔，13岁那年就写出了他的第一部小说。父亲对陈钢的教育就是"不教"，给他充分自由发展的空间。恰恰是这种自由，使得他能够始终以浓厚的兴趣自由地驰骋于音乐与文学之间。陈钢说："我庆幸我能用两只翅膀飞翔，一个是音乐，一个就是文学。我写散文，是用音乐家的感觉来写的，我用音乐家的激情、韵律、节奏和色彩来写。我发现，作文与作曲一样，关键还是一个情字！"

去年，陈钢又荣获了美国斯卡莫好莱坞大奖。他还编辑了《上海老歌名典》和《玫瑰玫瑰我爱你》两本书，并且成功地举办了一场"父亲与我"的音乐会。

2003年夏天，陈钢的音乐散文集《蝴蝶是自由的》由上海文汇出版社出版。在首发式上，作家白桦朗诵了他为该书写的序言诗：

苍天无语、芳草无言，
琴声将再现往日那刻骨铭心的热恋……
愿世界永远像此刻这样美好，
乐声缭绕，蝴蝶……翩翩……

刘诗昆

命运、热情、暴风雨

刘诗昆：1939年出生，是享誉中外的著名钢琴家，他三岁开始学钢琴，五岁登台演奏，十岁在全中国少年儿童钢琴比赛荣获冠军。十七岁在匈牙利举行的“李斯特国际钢琴比赛”荣获特别奖。1958年十九岁又在前苏联莫斯科举行的国际钢琴大赛——“第一届柴可夫斯基国际钢琴比赛”中荣获亚军，当时的苏联领导人赫鲁晓夫亲自拍电报给毛泽东主席和周恩来总理表示祝贺。从而蜚声世界乐坛。

印象:他在同自己的灵魂对话

对于今天的音乐发烧友和追星族来说，刘诗昆这个名字，似乎有些陌生了。然而对于40岁以上的人来说，刘诗昆的钢琴演奏几乎撼动了一代人。《战台风》、《青年钢琴协奏曲》等都是他们十分熟悉的乐曲。刘诗昆以他刚柔并济，集气势磅礴与诗情画意于一身的演奏，被国外报刊赞誉为“具有罕见魔力的音乐家”、“世界一流的演奏家”、“非凡的音乐天才”、“真正的艺术大师”。

刘的出名或许不仅仅是由于音乐，还由于“文革”那个特殊的年代，由于他曾经是叶剑英元帅的女婿，等等，他在一夜之间成了那个时代的“风流人物”。之后，五花八门的传言又开始伴随他：倒卖黄金，走私武器，甚至调戏妇女……就是在这种情况下，他突然又消失了。许久以后传来消息：刘诗昆发了，他成了一个香港人，并且是很有钱的香港人。那么，离开北京之后的刘诗昆究竟是个什么人呢?

第一次采访刘诗昆是在1994年春天，那时他刚刚从香港归来，还带着他年轻漂亮的妻子盖燕，我专程到北京去采访他。

1995年年底他又回到北京，筹备他正在北京搞的刘诗昆钢琴艺术中心。据他的朋友透露：北京的钢琴艺术中心搞起来之后，他还要在天津搞。同时还有一个小秘密，就是他的妻子盖燕已经怀孕。

记得我在第一次采访刘诗昆之后写过一篇报道，从人生的角度介绍了他的艺术追求。后来在北京音乐厅中国首次举办的国际钢琴大赛音乐会上，我从评委席上找到了他，他对我说：“报道写得非常有激情。”

一晃这么多年过去了，后来又有许多次机会见到他，但再也没有像当年那样做那么深入的访谈，现在回忆那时的采访，他给我留下的强烈感觉仍然清晰如昨。

在几个小时的采访过程中，刘诗昆始终处于一种深沉的回忆之中。历史的岁月像一曲缓缓的乐章在他的脑海里奏响，他声调沉缓，时而细细道出，时而沉默不语。似乎并不在意我的提问，仿佛是在同他自己的灵魂对话。讲出那一切，一个音乐灵魂在动荡岁月之中的沉浮。他的一双大手随意地垂在沙发的两侧，透出一种独特的优雅。这是一双男人的、音乐家的大手，一双神奇的、创造过无数辉煌也震撼过无数心灵的手……

“我不是一个大人物，也不是一个了不起的人物，我就是一个弹钢琴的人。可我又是一个敏感的，引人议论的，曾经引起整个社会兴趣的人”

1994年，刘诗昆从香港回来了，5年多的光景，他已不是那个出境时身上仅带有300元港币的穷艺术家了。那时他在香港创办的“刘诗昆钢琴艺术中心”已经开到第三所，并且准备开第4所和第5所，拥有教师近百，弟子数千，成为全香港规模最大的钢琴学校。他还在风景优美的高级住宅区购置了宽敞的私人住宅。正当大陆上的“追星族”们把港台歌星炒得登峰造极的时候，香港人却把热情投向了这位弹奏“阳春白雪”的钢琴大师。当刘诗昆举办的“首届中国国际钢琴比赛香港赛区选拔赛”以及“香港少年儿童钢琴比赛”在港开幕之后，一时间刘诗昆的名字传遍全港。在隆重的闭幕式上，新华社香港分社、香港特区政府等机构许多头面人物都作为主礼嘉宾出席，香港各界的知名人士，香港各高等学府的校长们全都出席，并特邀电影明星汪明荃小姐担任主持人。颁奖的嘉宾中云集了香港最著名的经济学家、医学专家、电影导演、影星、作曲家及音乐评论家、作家和美容专家等。我国文化部外联局的负责人也专程抵港出席。一百多名记者汇聚于此，成为香港历史上有关钢琴的最大的一次盛会。在九龙尖沙咀香港文化中心音乐厅这座现代化的辉煌大厅里，人们再一次欣赏了刘诗昆那充满激情富有浪漫诗意的演奏。

从三岁半触摸琴键开始，刘诗昆的生命就再也离不开钢琴离不开音乐了。随着一串串跳动的音符，命运一次次地叩击着他的心门。他本不是一个传奇式的人物，可几十年的风风雨雨，他始终被笼罩在一个无形的、流言飞语织就的网里，莫明其妙地在各种传言与猜疑中被扭曲着形象。他拼搏、抗争、愤怒又无奈。正如他自己所说：“我不是一个大人物，也不是一个了不起的人物，我就是一个弹钢琴的人。可我又是一个敏感的，引人议论的，引起整个社会兴趣的人。我的知名度，我让人关注的程度，比我实际的地位要大得多。”

刘诗昆把他高大挺拔的身躯安放进沙发里，与我们相对而坐。他神情严肃，目光深邃，始终不笑。剪得很短的“寸头”和一副变色眼镜使他整个的人罩在一种近乎神秘的氛围里。他年轻的妻子盖燕穿一身素雅的黑色衣裙，显得干练而洒脱。见刘诗昆陷入沉思之中，她对我们说：“在香港也有许多记者要采访我们，可刘先生都不愿讲。你们是专门从天津来的，他是要讲的。”

良久，刘诗昆终于开口了：“我是天津人，在天津学的音乐，在天津上的音乐学院。我对天津很熟，有很深的感情……”

书香门第。音乐天才。
辉煌的第一届柴科夫斯基国际钢琴比赛

刘诗昆，这个很有品位的名字是他的祖父起的。祖父身为进士，曾祖父是翰林，父亲在当时的上海国立音专学习过音乐。1939年3月8日，刘诗昆出生于地道的书香门第。不过到他出生的时候，父亲已经开始经商，买下了一栋当时津城里最好的住宅楼之一，即位于马场道上的“香港大楼”。“我小时候环境很好，一是父亲学过音乐，喜欢音乐；二是他又经商了，家里的经济条件比较好。这二者的结合，就构成了我学习音乐的良好条件。我三岁半开始学钢琴，每周到老师那上两次课，平常就由父亲辅导我学。我坐在父亲的腿上，他弹一句我弹一句，那时候我还不会认谱。这种强教强记，培养了我音乐的记忆力。当时我家有许多音乐唱片，父亲喜欢收藏唱片，我就是在这种浓郁的音乐熏陶下长大的。”刘诗昆显然沉浸在对童年往事的追忆之中，沉浸在对天津故园的回味之中。

刘诗昆6岁开始登台演奏，9岁获全中国最高水准的少年儿童钢琴比赛冠军，被称为“神童”。1951年，他进入当时在天津的中央音乐学院附中学习。1956年，年仅17岁的刘诗昆在匈牙利举行的李斯特国际钢琴比赛中荣获第三名及《匈牙利狂想曲》演奏特别奖，并获匈牙利政府破例奖授的李斯特头发一束。获奖归来，他继续在附中学习，直到1959年初，他随中央音乐学院迁至北京时才离开天津。从1939年到1959年，除了在上海生活的4年外，他在天津整整住了16年。虽然他祖籍是北京，以后的大部分岁月是在北京度过的，可天津在他心里永远是一部童

▲ 张星采访刘诗昆

话诗般的乐章，也是他音乐生命的摇篮。

1958年，19岁的刘诗昆在号称“乐坛奥林匹克”的世界最高级别的钢琴大赛——第一届柴可夫斯基国际钢琴比赛中荣获第二名，从而蜚声世界乐坛。

音乐不仅使音乐家的生命爆发出了明亮的火花，也震动了当时的国际政坛。时值美苏两国对峙，文化竞赛亦风起云涌。有人把这届国际钢琴大赛喻为赫鲁晓夫与艾森豪威尔棋盘上的一枚棋子。在莫斯科，赫鲁晓夫主持了大赛。开幕式，闭幕式，招待会，他全都到场，引起了西方世界的极大关注。结果是美国选手范·克莱本夺得了冠军，中国选手刘诗昆获亚军，苏联选手屈居第三。当天，美国几乎所有的报纸都在头版的显著位置发了消息。范·克莱本赛后回到美国，艾森豪威尔总统派纽约州长到机场迎接。之后两人坐进敞篷汽车进入市区，几十万美国人在路边夹道欢迎，成为轰动世界的大新闻。

由此，刘诗昆的名字也因这届大赛而广为人知。就在上世纪90年代美国出版的《范·克莱本传》一书中，还两次提到了刘诗昆。

每天要练琴8—12小时。秦城监狱6年。扑不灭的艺术火焰

1960年，刘诗昆被国家派往莫斯科音乐学院留学，在这所当时世界最高的音乐学府里师从著名的钢琴教授裴因堡。回国之后他留在中央音乐学院任教。

练琴，是他每天必做的功课。为了参加比赛，他经常要练琴8—12小时，他的青春，他的生命，他的爱与梦全都融进他的手指，手指下的琴键。留给别人的，是一个永恒的背影，永远不绝于耳的琴音。他说："从事艺术工作，对于欣赏者来说是一种享受，而对艺术家来说从来不是享受。有人以为我们可以自得其乐，自我陶醉，那不是职业的，那是学着玩的。终生以艺术作为一种职业，是一种非常艰苦、非常单调的事情。我这个人从来不认为弹琴对于自己是一种娱乐。"

刘诗昆在琴声中成长，在琴声中成名，岁月就在他的琴声里一寸寸老去。然而谁也没有想到，"文革"开始了，他被扣上"苏联特务"嫌疑犯的罪名关进了秦城监狱。

琴声终于停止了，整整6年，他在铁窗下度过，手也被打伤了。出狱后手尽管治好了，但6年的荒疏，手指开始发僵了。幸好他练过深厚的童子功，恢复弹琴之后很快又灵活如初了。

"文革"后他调到中央乐团，重新开始他的演奏艺术生涯。

多年来，刘诗昆先后到过匈牙利、德国、法国、美国、日本等几十个国家和地区演奏，被国外报刊誉为"具有罕见魔力的钢琴家"、"真正的艺术大师"等。他还曾与美欧及东南亚十几个国家的数十个交响乐团演奏过钢琴协奏曲。世界上许多国家都出版过他的唱片和录音带。1979年，他与世界著名指挥家小泽征尔指挥的美国波士顿交响乐团在美国共同演奏并录制了李斯特的《第一钢琴协奏曲》。他曾在克里姆林宫受到过前苏联领导人赫鲁晓夫的接见，也曾在白宫玫瑰园受到过卡特总统的接见。艺术上的大成就使他不仅仅是一名艺术家，也成为一位友好的使者。1990年定居香港之后，他先后同香港的几家乐团共同演奏他自己创作的《青年钢琴协奏曲》和《战台风》。1991年1月，他首次以"大陆杰出人士"这个身

份赴台湾演奏。同年6月，他担任第十一届葡萄牙里斯本国际钢琴比赛评委，并在当地演奏。8月，他又担任了全日本钢琴比赛评委，并应邀在东京演奏。1994年3月底他还到加拿大演奏，表演活动十分频繁。值得一提的是，同年6月，他再一次应邀去莫斯科，担任第十届柴科夫斯基钢琴比赛的评委，并同时进行演奏。

首次披露：他曾经历过国际反动势力的三次“大策反”，而他爱国的赤心不变

或许因为他少年太得志，或许因为他做人太认真，或许就因为他曾是叶剑英的女婿，或许根本就没有什么实实在在的原因，各种传言开始追随着他。刘诗昆说：“那时候关于我的传言太多了，传到了一种耸人听闻的地步。说什么我倒卖黄金，走私武器，贩卖白粉……总之是十恶不赦。同时还说我里通外国。那时候搞得我简直没有办法。谎言说上一千遍也会成为真理的。实际上，我若要里通外国，是有很多机会出去的，我都没走。1990年去香港，是我堂堂正正的经过了国家一级又一级的正式批准才走的。”

说到这，刘诗昆激动起来，他向我们披露了它曾经历过的三次“大策反”。

1962年，刘诗昆获柴可夫斯基大奖后，随中国青年乐团去香港演出，一名国民党特务找到他，以种种好处引诱他“跑出来”“投奔自由”，遭到了刘诗昆的坚决拒绝。

1978年，刘诗昆去美国演出，同样是台湾的势力对他进行策反。当时的美国报纸上刊登了一整版的文章，标题是《被围困的“蛟龙”》，文章中写道：“刘诗昆先生应该利用这次机会投奔自由了。”几乎每天都有陌生的电话打来，教他如何“出走”，那时候也确实有个别中国大陆的文体明星在境外“出逃”的，然而刘诗昆坚决不会这样做。以他的人格，以他对祖国深至骨髓的爱，他的选择只有一个：回来！

第三次是1985年，来势尤其凶猛。刘诗昆去加拿大演出，然后就近到美国洛杉矶看望在那里读书的儿子。在美停留了10天，这也是事先在北京经过国家批准的。刘诗昆到美之后，立即引起了当地的关注，他教过的一个台湾学生通过美国

的首席大法官(总统就职宣誓时面对的法官),又找来了一个共和党的重要参议员力劝刘诗昆留下来。这位七十多岁的老参议员还联络了加州的另外6个参议员,并且还找了洛杉矶最大的负责移民的律师,要他在已经拟好的"政治庇护"书上签名。同时美国移民局的总局长从华盛顿打来电话,要亲自办理刘诗昆的事。天天有律师找他谈话,那个老参议员说:"如果刘先生留在美国,将是中国出来(投奔自由)的最大的一个!"为了引诱他,美国方面连交响乐团都联系好了,一旦刘诗昆同意留下来,他们不仅要通过传媒发表文章,还要为他举办隆重的音乐会,他们要在全世界做个大文章。刘诗昆说:"我不是不想出来,可是我不愿意用这种非法的手段出来。我爱我的祖国,我希望经过中国政府的批准,用合法的方式出来。"直到他即将回国的头天晚上,那个老参议员还打电话挽留他,然而刘诗昆仍不动摇。这,不仅仅源于一个艺术家的良知,而更深刻的是祖国在他心底的分量。他的音乐,他的生命,都只能属于一个母亲,那就是中国!

刘诗昆按期归来,却被怀疑有里通外国之嫌。盖燕女士对我们说:"刘先生不是没有思想斗争,当时他的许多好朋友都劝他留下。在香港的父亲听闻他在国内的风风雨雨,也劝他三思而行,可是他很清楚他应该怎么做。如果他真像有些人传言的那么坏,他完全可以一走了之。如果为了钱,在国内即使他真的倒卖什么,也不可能与留在那边的利益相比。关键是他有一种爱。这种对祖国的爱是最可贵的。有些人在金钱和利益面前什么都可以做,而刘先生却选择了祖国。"

盖燕说,她是刘诗昆正处于流言飞语之时与之相恋的。这位毕业于北京电影学院导演专业的漂亮姑娘,不仅聪明能干,而且能够吃苦耐劳,勇于牺牲自我,成为当时刘诗昆生命中不可或缺的一部分。

"我觉得我在香港的成绩,当然是音乐上的成绩,但还有经济上的成功。音乐上是一个新的开始,经济上却是白手起家"

表面上,人们看到的和喜欢谈论的,都是刘诗昆在香港赚了多少钱,却很少有人知道，这成就的背后他付出多少辛苦。

刘诗昆说："我不避讳，我在香港，是从中国大陆出去的从事文化事业的人当中，发展的比较快的，这是事实。我觉得我在香港的成绩，当然是音乐上的成绩，但还有经济上的成功。音乐上是一个新的开始，经济上却是白手起家。"

盖燕说："1990年过罗湖桥时，刘先生身上只有300元港币，一切都要从头开始。那几年，我们两个在香港根本就没有休息过星期天，从早到晚就这么忙，付出的代价有多大！而且他那时已经是50多岁的人了。是的，不管你过去在艺术界有多大的名气，一过罗湖桥，你就是另外一种人生了。一切如何，只能靠你自己了。那是一段什么样的日子，好漫长啊！最初为了赚到办学校的第一笔款，在大陆从来没有按钟点坐过班的刘先生，每天早晨9点就开始教学生，中午吃饭只有半个小时休息，一直教到晚上10点半，连口水都喝不上。我在外边跑很多事情，只好由学生家长到厨房去给他烧杯水。刘先生累得都吐，我们请不起保姆，拼命地去赚第一笔投资……"

当时为了在香港开钢琴演奏会，刘诗昆夫妇请不起代理商，一切都靠自己去做。刘诗昆自己写宣传稿，盖燕借朋友的复印机复印，还要自己出去张贴海报。烈日当头的酷暑伏天，两个人不会说广东话，又不熟悉路线，怕人认出还戴了墨镜，连几毛钱电车费也舍不得花。硬是靠两条腿走了整整一个下午，把海报贴满了太古城的60幢楼。口渴了，连一瓶矿泉水也左思右忖，最后还是放弃。就这样，他们从零做起，拼命地干，终于一点一滴地走向成功。

盖燕说："这之后香港人一提起刘诗昆都非常佩服。他们不是佩服别的，而是佩服他这样大的一个钢琴家也能到香港从头做起。"

刘诗昆不仅创办了香港规模最大的钢琴学校，培养了大量的艺术人才，同时也品尝到了经济上翻身的滋味。如果单纯是为钱的话，那么他们夫妇俩大可以吃喝玩乐享清福了。当初那么拼命地赚钱完全是为了办学，现在学校办起来了，就全心全意地投入进去。刘诗昆在全世界各地的演出活动十分频繁，艺术中心的行政事务大多落在盖燕身上。她无暇打扮自己，为了办事效率，她甚至平日从不穿高跟鞋。无论多忙，刘诗昆也要不断地给艺术中心的老师们讲课。上千名学生他也要每年给每个孩子教一遍，对艺术和教学一丝不苟。盖燕说："不管现在别人怎样传我们是千万富翁，还是亿万富翁，我们都很冷静。我们还会脚踏实地地一步步往前走。我们的事业也是很有前途的，学校创办至今，三年多时间已拥有2000多名学生。我们还准备在加拿大和新加坡开办学校，一定要把这项事业做到Number One(第一)！”

一个终生致力于音乐艺术的人，一个以音乐为第一生命的人，无论经历了怎样的风风雨雨，坎坎坷坷，他的人生目标都不会改变。正如一部宏大的交响乐，大幕已经拉开，序曲已经奏响，艺术家的双手啊，任凭什么力量也休想把他从琴键上拉开。高山流水也罢，狂风暴雨也罢，从艺术家心底流出的音乐的喷泉永远不会止歇。

郎朗

用心灵感动世界

郎朗：1982 年出生于沈阳。3 岁由父亲启蒙开始学习钢琴，11 岁获德国第四届青少年国际钢琴比赛第一名，并获杰出艺术成就奖。13 岁获第二届柴可夫斯基国际青年音乐家比赛第一名。14 岁考入美国费城著名的科蒂斯音乐学院。他是世界上第一位与柏林、维也纳、美国五大交响乐团（纽约爱乐乐团、芝加哥交响乐团、波士顿交响乐团、费城交响乐团、克里福兰交响乐团）签约的中国钢琴家，被誉为“世纪的钢琴奇才”，成为美国《人物》杂志评选出的“将改变世界的 20 名青年”之一。

印象：10年后，他学会了感恩

2006年8月26日，当郎朗以一头“爆炸”的发型，西服内一件雪白的“中华小立领”衬衫，满脸阳光地出现在天津梅江南国际俱乐部时，谁也没有想到，他开口说的第一句话竟然是：“我很激动地又回到了天津，天津是我艺术生涯最开始的一个城市。我记得那时候《天津日报》用一个整版报道了我，感谢《天津日报》10年前对我的支持，对于最开始的支持，我有一种特别的感动……”

10年前，当郎朗第一次踏上天津的土地时，他还是一个“小荷刚露尖尖角”的14岁少年。而10年后的今天，24岁的郎朗已经是享誉世界的著名钢琴大师！

10年中，他的足迹遍及全世界，他的琴声也感动了全世界。亚洲、美洲、欧洲甚至非洲……他与世界最顶尖的交响乐团签约，在世界最著名的音乐厅和音乐节上举办个人独奏音乐会。他不再是那个靠比赛中获奖而赢得掌声的“中国钢琴男孩”，而是名副其实的世界级钢琴演奏艺术家。

望着面前郎朗真诚的目光，我一下子就回到了10年前的那个日子——

1996年11月2日，我在郎朗父子下榻的黑牛城道上一家旅馆采访他们，因为前一天刚演奏了一晚的“肖邦作品专场”，对于一个14岁的少年来说，一口气演奏下来肖邦的24首练习曲，在世界钢琴演奏家中也是极为罕见的。中午时分，郎朗正在午睡，第二天晚上他还要再弹一场“老柴”。我还记得那场音乐会的节目单上写着：少年钢琴家郎朗“辞别故土、远涉重洋”前夕钢琴独奏音乐会，并且是与天津交响乐团合作，下午他除了排练还要到天津音乐学院有一个交流活动。我和郎国任就在那家旅馆里一间连沙发都没有的房间谈了一中午。然后郎朗睡醒了，初冬的津城已有了些许寒意，郎国任脱下自己的皮外套披在儿子胖乎乎的身上，然后我们一同坐车去音乐学院。这时，我发现郎朗的10个手指头全都缠着橡皮膏，他说，昨晚弹肖邦时手弹裂缝了，特别疼！我担心地问他，第二晚的“老柴”会受影响吗？他说不会，他已经习惯了，不在乎了。第二天中午我们在“狗不理”吃包子的时候，郎朗就坐在我的身旁，他还顽皮地与老演员谢添比手掌……

那时候郎朗给我最强烈的印象就是：餐桌上的他虎头虎脑，活泼可爱，而舞台上的他大气磅礴，却透着一种与年龄不符的早熟和忧郁。

果然，第二晚他弹的"柴可夫斯基作品专场"正如1995年他在日本参加柴可夫斯基钢琴比赛时外国评委所说："这是一个懂得柴可夫斯基的孩子！"我用望远镜把台上的郎朗拉到眼前，我看到他额头上布满了细小的汗珠，他时而微闭着双眼，全然陶醉状；时而睁大了眼睛，右边的眉毛跟着音乐的节奏向上一挑一挑地动着，他的身体也随着音乐自然地起伏……当我不经意地转过头扫视观众时，我发现一个熟悉的身影站在第二十几排的走道上，镜片后面的目光死死地盯在台上的郎朗身上，仿佛屏住了呼吸，他就是郎朗的父亲。他曾告诉过我，儿子弹的每一支曲子，他几乎都同样能一个乐章、一个乐章地背下来，儿子在弹琴时，他也在弹，只不过儿子弹出的琴声人们听得见，而他用心弹奏的心声只有他自心知……

今天，当我再次面对郎朗父子的时候，郎朗笑着提醒我说，我们在北京还见过一次面。是啊，那是2001年6月，是他出国数年后第一次回到祖国的演出，在北京王府饭店第二届"相约北京联欢活动闭幕式暨美国费城交响乐团百年庆典音乐会"的新闻发布会上，在会场上的巨幅会标上，郎朗年轻的肖像与费城交响乐团八十多岁的指挥家沃尔夫冈·萨瓦利施的肖像并列微笑着。那晚他在人民大会堂的演奏激情澎湃，当他返场以一曲《浏阳河》"献给我的祖国以及我的老师"时，使很多人流下了激动的泪水……

郎朗这次的来津演出时间安排得非常紧凑，已经身为国际级钢琴大师的他每年要弹一百五十多场演奏，几乎是马不停蹄地在世界各地飞来飞去。他是这天凌晨两点多刚刚抵津，当晚演出后就准备离去，所以他在津的这场音乐会便弥足珍贵。7:30开演的音乐会，直到8:30了，仍然有许多没有买到票的乐迷滞留在天津大礼堂的门外久久不肯离去。

当晚的演出，在潮水般的掌声中，郎朗一再返场加演，并向全场观众讲述了他10年前在天津吃"狗不理"包子的情景和对天津观众的再次感谢，他先把一束观众送上的鲜花献给了他的钢琴，然后把另一束鲜花潇洒地抛向了观众，以表达他的真诚谢意……

与其他音乐家不同的是，郎朗不仅仅有天才的琴技和超强的音乐感悟能力，更难能可贵的是，他有一颗懂得感恩的心。虽然他从小弹奏了大量的西方音乐经典，但当他演奏《我的祖国》时，我们还是能听到那种来自内心深处的深情呼唤！

1995年，当13岁的郎朗获得了这一年的柴可夫斯基青年音乐家国际钢琴比赛的第一名时，大赛组委会主席、俄罗斯的谢尔巴克曾说："像他这样有钢琴才能的孩子，世界上大概只有三到五个，而有他这样的家庭，他这样的老师，他这样的环境的孩子，世界上只有一个……"

如今，这只有一个的中国孩子，真正成了全世界最耀眼的钢琴明星！

天生就是一个故事中的孩子

8月26日晚，郎朗在天津大礼堂演奏了莫扎特、拉赫马尼诺夫、肖邦、舒曼和李斯特的著名乐曲之后，还演奏了中国乐曲《翻身的日子》、《平湖秋月》、《对花》，之后又加演了《我的祖国》、《彩云追月》以及与父亲合奏的二胡曲《赛马》，钢琴在他的十指下刮起了强劲的"郎朗旋风"！

我看到，演奏中的郎朗表情太丰富了，随着十个手指在琴键上忽而激越、忽

▲ 张星在天津"狗不理"采访郎朗和谢添

而婉转的舞蹈，他的目光也忽而梦幻迷离、忽而又炯炯放光，闪烁着飞扬的神采，仿佛他的灵魂在他的琴声中飞舞！

郎朗的表情之丰富，之沧桑，之悠远，之沉醉，大眼睛瞪圆时的调皮、可爱和幽默……他生动的表情使他的演奏充满了戏剧性，犹如一部人生的长剧，又如电影中的画面，他用琴声营造了一个辉煌的生命故事，他用表情给这故事填满了生动、鲜活的情节。微风、小草、宇宙、雷电……在他24年的人生里，经历了一些人也许终生都不会经历的颠沛流离和大喜大悲。

在弹奏舒曼的《童年情景》时，郎朗的节奏变得舒缓而有些凝重。郎朗认为，这首曲子并非只是为儿童创作的乐曲，它需要成熟和智慧。他说："它就像一位老人，或一个祖母，在回想他们的童年……"于是，音乐中的郎朗仿佛变成了一个老人，在回首自己的童年岁月。

一般青年人在二十多岁的年龄里，对父一辈晚年的心情还无法理解，或多少有些迷蒙。而郎朗不同，童年太多的辛酸与磨难让他更早地体味到了父辈的艰难。9岁那年，为了进入中国最好的音乐学府，父亲破釜沉舟地辞了职，告别妻子，带着他背井离乡来到北京，开始了北京屋檐下的漂泊日子。没有玩耍与游戏的琴童生涯，简陋寒冷的小屋，与母亲分别的苦苦思念，坐在父亲自行车后衣架去上学的记忆，老师突然不教了之后，走投无路的父亲一怒之下逼他喝毒药的瞬间……

童年的郎朗，从沈阳到北京，从北京的民房到音乐学院的课堂。父亲的自行车，汽车，火车……他的童年是在琴声中度过，在动荡中体味着每一寸人生。颠沛、流浪，看别人的脸色，他小小年纪全都经历了。还有父亲靠借钱自费带他到德国参加第一次世界级比赛，最终他以第一名的成绩让父亲背过脸去泪流满面……他懂得父母的心，他体谅父亲对他的严厉，他把这一切全都埋在心底，最终融进音乐中，成了他音乐中最为动人的底蕴。

母亲眼中最孝顺的儿子

在郎朗的琴声中，有沈阳郊外湛蓝天空中自由飞翔的风筝和父亲那高大的身影，也有依依惜别时母亲那含泪的目光。

正因为有如此难忘的童年记忆，郎朗比其他孩子更早地体会到了父母内心的感受。所以，他回报的方式也很特别。那晚返场到第三支曲目的时候，他请出了父亲郎国任。手持二胡、一身白色中式服装的郎国任坐在三角钢琴前，与儿子默契地对视之后，开始了钢琴与二胡的“对话”。父子俩把一曲中国民乐《赛马》演绎得天衣无缝，炉火纯青。演奏中，郎朗不时地用眼神与父亲交流，调皮而可爱。在沈阳空政文工团当过专业二胡演奏员的郎国任曾经为了儿子放弃了一个中年男人原本拥有的一切：体面的工作、夫妻的团聚、安定的家庭生活以及个人的全部爱好……而今又是因为儿子，他不仅重新拉起了二胡，并且把与儿子合作演奏的《赛马》演到了美国、演到了欧洲、演到了世界的许多舞台，成为郎朗返场的保留节目。

采访时我问：“曾经有外国朋友问我们的留学生，郎朗的父亲是中国拉二胡最好的吗？”郎国任笑了，他回答说：“也可以说是最好的，因为我和郎朗的这种合作肯定是最好的！”

那天的媒体见面会上，当主持人刚刚介绍完到场的嘉宾，郎朗立刻提出：“还有我妈呢！”这时大家才发现，郎朗的母亲一个人悄悄地坐在会场后排的一角，她只是站起来对大家笑了笑，谢绝了主持人邀她上台的好意，默默地坐在台下看着儿子。她穿着一件红色的上衣，人显得很年轻。她的沉默让我想起，当年郎朗父子在北京漂泊和后来初到美国的岁月里，她就是这样一个人留在老家，默默地为儿子撑起一个温暖坚实的后方，那么多孤独牵挂的日日夜夜，她是怎样熬过来的？她究竟付出了多少？她从未说过。当我与她交谈时，她只说：“自己家的孩子，说啥呀！现在我可以天天和孩子在一起了，郎朗很孝顺，非常孝顺！”

走遍世界，最重《黄河》情结

我问郎朗：“这10年中你经历了很多，你觉得对你最重要的经历是什么？”他想了一下说：“这10年是我从一个钢琴学生到职业演奏家的转变过程，是我人生最具有挑战性的阶段。最重要的转折就是我17岁那年作为替补在芝加哥的那场

▲ 张星在北京采访郎朗

演出，可以说那是我钢琴演奏生涯的一个起飞点……”

1999年8月，郎朗的机遇在与芝加哥交响乐团合作的一次音乐会上降临。钢琴家安德烈·瓦茨因发烧在最后一刻取消演出，17岁的郎朗替补登台，演奏柴可夫斯基《第一钢琴协奏曲》，一举成名。那是一场极为精彩的演出，一万两千多名观众起立为他长时间地鼓掌欢呼，消息在世界音乐界不胫而走，演出合同纷纷向郎朗涌来，一口气排满了那之后数年演季的日程。

这就是郎朗所说的“起飞点”。谈到当时的心情，郎朗说：“我想我的时代来了，我那时特别高兴。我从不感觉压力，我等待这么多年，终于来到，我不会错过每一个机会……”

在诸多国外媒体的报道和一些音乐评论家的眼中，郎朗是“一位富有音乐天才的演奏家，技术纯熟但绝非炫耀”，他的演奏“感情深刻，透着令人惊讶的深奥”。“他是我们多年来在钢琴独奏会上听到的最伟大、最令人激动的年轻键盘天才，给人深刻印象的不仅是他异乎寻常的技巧，更是他深沉而本能的乐感……”

2006年6月，当全世界的足球迷都在等待世界杯开幕式的时候，郎朗也成了中国观众最大的期待。北京时间6月7日凌晨，在慕尼黑奥林匹克体育场举行的有史以来第一次世界杯赛开幕式音乐会上，郎朗与多明戈以及三位指挥大师联袂演出。以他最拿手、也最让观众疯狂的李斯特《匈牙利狂想曲第二首》为世界杯赛预热，引起了极大的轰动。

通常我们爱说琴声如诉，但郎朗的琴声却不是倾诉或者述说，而是一种生命的爆发。他的琴声仿佛不是一个人在弹，而是不同的人在弹。莫扎特、肖邦、拉赫马尼诺夫、李斯特、舒曼……弹一首曲子是一个郎朗，有如神灵附体，仿佛有一个百变郎朗，在不同年代、不同国度、不同音乐家的精神世界里自由穿越。正如一位指挥家形容的那样："他像一座活火山，霎时间点亮了整个舞台。"

采访时郎朗说，虽然对东西方的音乐他同样喜欢，但从心里来讲，他还是比较喜欢中国的旋律，他觉得旋律代表一个民族的灵魂。他在自己的博客中写道："钢琴协奏曲《黄河》是我从小到大一直充满敬仰和崇拜的作品，因为它是我们中华民族的象征，是中国人精神气质的揭示，是一部具有写实性、史诗性、交响性的伟大作品。每当我触摸这部伟大的作品时，心中都会油然而生一种自豪感、庄严感和神圣感。而这种来自心灵的感觉使我在每一次的诠释中都有新的灵感被激发出来，尤其是在面对不同国家、不同历史和不同文化背景的听众时，这种灵感所赋予我的思考空间就会变得越来越广阔了。"

前不久，郎朗首次在全球推出了他的第一张中国音乐专辑《黄河之子》。他说："我希望我们的中国音乐能给世界乐坛增添亮丽的色彩，我们都是黄河之子啊！"

于是，我们在郎朗的演奏中，越来越多地听到了亲切熟悉的中国乐曲。那晚，当他习惯地把《我的祖国》叫做"一条大河"并开始弹奏时，我仿佛听到他的心灵在低声地歌唱……

蔡国强

玩『火』艺术家

蔡国强：1957 年出生于福建泉州。1981 至 1985 年就读于上海戏剧学院舞台美术系。1986 年年底赴日本留学，就读于国立筑波大学综合艺术研究室。1995 年移居美国纽约至今。1999 年获第 48 届威尼斯双年展国际金狮奖。2001 年获美国欧柏特艺术奖。2005 年获国际美术评论家联盟最佳作品奖。2007 年获第 7 届广岛奖。2008 年担任北京奥运会开闭幕式创意小组核心成员及视觉特效艺术总设计师。

印象:从北京奥运会的“大脚印”开始

2008年8月8日夜晚,当全世界的目光都投向北京的时候,谁也没有想到,第29届奥运会开幕式的序幕竟然是从北京的天空开始的,璀璨神奇的焰火在夜空中喷射出29个大脚印,仿佛一位无形的巨人正跨越历史的时空,从古老的北京上空穿过,一步一个脚印地踏入国家体育中心——鸟巢。

如梦似幻,妙不可言!这是奥运会开幕式历史上从来没有出现过的画面。这一幕幕绚烂奇景的创造者就是以火药艺术而闻名世界的艺术家蔡国强。

蔡国强是国际当代艺术领域中最受瞩目和最具开拓性的艺术家之一,他的艺术表现领域如装置艺术、行为艺术、观念艺术、多媒体艺术属当代最为前卫的艺术范围。他是中国文化界在国际上第一个获得威尼斯双年展金狮奖的人,他作为艺术家被写进日本的中学教材,他的作品在香港拍卖行以超越徐悲鸿的天价成交。世界各大艺术展以邀请到他为荣,各大博物馆都竞相收藏他的作品……

8月19日,他的个人视觉艺术展《蔡国强:我想要相信》在中国美术馆隆重亮相。这个头顶竖着花白“板寸”的酷酷的中年男人开始出现在人们的视线中。“他一出场就如同一位成熟的艺术家,他是魔法师和数学家的化身。”致力于现代艺术的古根海姆基金会主席托马斯·克伦斯认为,蔡国强是一位有着不同寻常的震撼力和原创性的艺术家。

从舞台美术到火药制作,他的创作无拘无束。他的作品形式之广、手段之多,很少有艺术家能与之相比……

横空出世,天上掉下一个蔡国强

对于中国观众来说,蔡国强这个名字是与北京奥运会开幕式上那横空绽放的29个大脚印一起登场的,但在海外的现代艺术界,“蔡国强旋风”已经席卷多年。他曾在日本的富士山火山口,扎起帐篷靠热气吹起了一座“金字塔”;在伦敦泰晤士河上,让一条火龙穿越千年之桥,爬上著名的塔特现代艺术博物馆顶端;在美国华盛顿的托马克河畔,他用2000多个芯片焰火弹爆炸出持续7分钟的“龙卷风”；在柏林的默肯大街，他实施了名为《幻觉》的爆破计划……

如今，当你来到中国美术馆，走进《蔡国强：我想要相信》的展厅时，你会看到，奥运会开幕式上的29个焰火脚印已被制作成名为《历史的足迹：为北京奥运所作的计划》的火药草图。你简直无法相信，这幅长33米、宽4米的巨幅图画竟然是用火药爆破出来的，远远地看真还以为是泼墨山水画呢，只有走近它才能发现，那一切都是火药的残骸留下的痕迹，看上去颇为壮观，从右到左依次可辨认出北京城中轴线上的天坛、人民大会堂、“鸟巢”、“水立方”等标志性建筑物……

令你震撼的还不止这些，还有悬挂于美术馆入口大厅的装置艺术《草船借箭》，一艘来自蔡国强家乡泉州的真实的渔船，船身插有3000多支箭。没有任何解说，但你却仿佛置身于三国时代的古战场，冷兵器的厮杀声不绝于耳，想象中的三国人物依次登场……

再比如作品《不合时宜：舞台一》，在整个展厅中翻滚着8辆真实的汽车，以电影镜头般的方式，模仿一辆汽车在爆炸发生之后所呈现的不同状态，车身插着许多频频闪光的灯管，虽然没有爆炸的声音，却给人此时无声胜有声的强烈刺激。

视觉效果更加强烈是装置作品《撞墙》，展厅内99只与实物一样大小的狼拼足全力向一面透明的玻璃墙猛冲，在空中跳跃成一条弧线，结果撞上坚固的障碍物，立刻狼仰狼翻，叠加而倒，后面的狼仍然随狼群狂奔，你可以走到狼群中，看到每一只狼大睁的眼睛、外露的牙齿，相当震撼！这个装置首展于2006年在柏林德意志古根海姆博物馆举行的蔡国强个展装置中。在蔡国强的图像志中，狼凶猛，勇敢，具有团队精神和英雄气概。在此，蔡国强通过一个英雄式的悲剧，暗喻人类容易过于盲从于一种集体观念以及人类社会不断重复错误的命运……

除此之外，展览中更多的是蔡国强最独树一帜的艺术——爆炸。当然，真实的爆炸不可能在美术馆现场发生，我们看到的是蔡国强在世界各地实施爆炸艺术的现场录像。

火药绘画，爆炸艺术，是蔡国强从上世纪80年代就一直在做的一门艺术。他的爆破计划曾经在日本、德国、美国、中国等世界不同的地点火光冲天，随着一声声爆炸的巨响，一条条火焰的巨龙飞腾，各种神奇的景象就在这爆炸声中出现了：彩虹、大树、山川、河流，甚至人的头像……他以天空为画布，炸药为颜料，声势浩大地制作出他的作品。火药这种原本离艺术很远的材料到了蔡国强的手中，竟然成了由他任意玩耍的如意金箍棒，在他的意念下，幻化成天空中无比绚丽的景观，梦想成真般地旖旎诱人。

古根海姆博物馆的资深策展人亚历山德拉·孟璐说："蔡国强在创作上的叛逆性和对文化的挑战实际上已经突破了我们当今时代既定的艺术创作界限。他对画面的审美独树一帜，创作题材涉及古代神话、军事历史、道教哲学、宇宙科学、现代中国革命的战略战术、火药技术等各个领域。他以火药为基本原料，创造了一种新的艺术形式，并得到了世界的认可，即通过在纤维纸上点燃火药和导火线来创作大型火药草图，以及在特定的场地进行被称之为'爆破计划'的活动。这些创作的寓意是：生活的根本就是毁灭和变化的过程，并由此得到新的创造。"

1993年在甘肃嘉峪关的戈壁沙漠，蔡国强进行了那次具有里程碑意义的爆破计划《万里长城延长一万里·为外星人作的计划第10号》，这次计划得到了东京P3艺术和环境研究院的全面支持，蔡国强充分施展领导才能，克服了许多手续和经济上的困难。比如为了节省开支，他和日本一家旅游公司合作，组织了日本旅游团付费参加他的计划，并且动员这些游客和当地的志愿者为计划的实施铺设导火线。当炸药被点燃之后，茫茫戈壁一条火龙腾然而起，穿越时空，带着今人的问候叩响历史的心门……

2001年，作为APEC景观焰火表演的总设计，蔡国强设计了在这之前最大的爆破计划，一场在上海市中心黄浦江畔搭配音乐长达20分钟的焰火盛宴。也许我们还记得，当伞状的焰火从东方明珠电视塔上一层层喷射而出的时候，黄浦江的激情也被点燃了……

蔡国强说："我之所以坚持使用火药这种材料，其实是来自于一个基本的动机，我想探求解构的力量和创造的力量两者之间的关系，艺术家对不可预测性、偶然性、不可控制性一直都怀有迷恋和敬畏之情。有时这些概念、特性可以是社会性的，可以是观念性的，但有时也是物质性、生理性和情绪性的。从事火药绘画，是与我从事了二十多年的平面绘画有关，也与我童年时代当画家的梦想有关……"

火柴盒上的童年记忆，这孩子的玩法与众不同

泰戈尔写过这样的诗句："只要孩子愿意，他此刻便可以飞上天去。""在孩子纤小的新月的世界里，是一切束缚都没有的。"

只有童心未泯的人才能成为艺术家。蔡国强就是这样的一个永远也长不大的"孩子"。童年岁月，最令他难忘的是坐在父亲的膝盖上，看父亲在火柴盒上画山水。对他来说，喜欢画画的父亲在小小火柴盒上画出的那些山山水水，远比大人眼中的正经书画更有魅力，那是一种"方寸之间，天涯万里，随意我心"的作品。

蔡国强的家乡在福建泉州，与台湾隔海相望，台湾海峡两岸最近的距离为130公里。时值上世纪60年代，他能感受到两岸之间紧张的军事对峙。值得庆幸的是，"文革"结束他有机会踏入大学之门。到上海戏剧学院读舞台美术专业，从此给他打下了时空艺术的坚实基础。他说："在上戏读书，对我影响很大，受到了很好的戏剧舞台美术的训练。戏剧是在一定的时间里来演绎空间的故事。这对我后来做的时间装置、流动装置、现代艺术、爆破艺术有很大的关系。"

大学时代的蔡国强，留着很长的头发，装作很"愤青"的样子。他在毕业以前就有了出国的念头，同时他还四处去旅行，以追寻自身文化的根源。他在暑期自费到了西藏和新疆及一些佛教石窟，如洛阳龙门石窟、敦煌莫高窟。他希望在离开祖国之前，好好感受一下中国传统文化的辉煌和自然风光的秀丽。很多与他同时代的前卫艺术家都热衷于抛开传统和整个文化系统，但他却没有这样做，而是坚持以传统文化为艺术创作的基础。

1984年蔡国强开始用火药直接在画布上作画，以此试验一种新的艺术创作方式，有一次他的作品烧着了，祖母用一块布来扑灭画布上的火焰，这对蔡国强来说是一次意外的发现，他很受启发，将这一方法借鉴过来。蔡家有做爆竹的邻居，所以蔡国强能一直源源不断地获得现成的火药。起初，蔡国强对火药的化学成分以及怎么样掌握爆炸都不太熟悉，但是他依然锲而不舍地进行爆炸试验，经常烧得一塌糊涂。

蔡国强无论画画、做火药或者舞台美术，都怀着一颗童心，都带着几分"玩"的成分。他说："在国内时期，我是两边不讨好的，一方面我不热衷主流美术，另一

方面也不积极参与前卫艺术运动。当你看到我从泉州到上海再到日本，你就会看到一种共同点，这些地方相对比较讲究形式手段，并且给我产生一种个人主义的空间，让我做使自己快乐的东西，让我可以放纵在我自己这个个体中。”

快乐是这个大孩子永恒不变的追求，想想看，没有孩子是不喜欢烟花爆竹的，过年时家家户户燃放鞭炮，其实多是为了让孩子高兴。蔡国强的天才之处是，他让这种孩童时代的快乐变成了艺术。

辉煌的成就与寂寞的内心，没有回得去的家乡

蔡国强在1986年12月移居日本，初到东京时也并不是一帆风顺的，他想到了少年时代受过的红色熏陶，于是，他开始运用毛泽东的军事战略思想，农村包围城市，发动群众，制造舆论。他说："在困境中保持乐观态度也很重要。在日本租房子、种菊花、发动群众。在这片土地上创造作品，从这里和宇宙对话，和这里的人们一起创造时代的故事。"

1989年蔡国强携早期创作的一些火药草图，再次参加在东京美术馆举办的展览——第16届国际现代艺术展，在日本媒体上成功亮相之后，蔡国强进入国立筑波大学，在河口龙夫的指导下，当了两年非学历教育的研究生。河口龙夫是一位观念雕塑家，他于当年在法国巴黎的蓬皮杜艺术中心参加了颇具争议的大地魔术师展览。蔡国强成为这位资深艺术家的制作助理，并深受河口热衷创作过程的影响。尽管蔡国强已开始受到日本观众的青睐，他还是为自己留有余地，腾出了许多个人空间，他花了相当多的时间，独自阅读和看电视，并且还对西方的天体物理学发生了兴趣，科学家史蒂芬·霍金出版的关于宇宙哲学、量子力学、黑洞方面的著作在当时风靡一时，1990年蔡国强与霍金相见并留影，对他产生了很大的影响。

蔡国强开始着手代表性的"为外星人作的计划"系列，作品的目的在于连接可见与不可见的世界，在人类、自然和宇宙之间搭起沟通的桥梁，在东京郊外举办的一次野外艺术展上，蔡国强实施了他的第一次大型爆破计划——《人类的家：为外星人作的计划第1号》。他说："当你引爆时，能量会积累。在爆炸之前，有

那么一刹那的暂停，那是个非常空白和安静的时刻，导火线点燃后，你会看到火焰顺着它燃烧进火药包内，但在爆炸产生强大的冲击力之前，都会有一个宁静的瞬间，所以从这点来看，火药草图和户外爆炸有相似的特点。大型的户外爆炸将宇宙、自然、社会、荣耀和英雄式的感动相连接，而这种寓言式的兴奋是无与伦比的。室内作品则提供了我们一种生理上的互动，一种亲密性以及在一种安静的氛围下感受细微情绪的复杂性，和户外作品是非常不同的。”

蔡国强喜欢强调艺术家创作时无拘无束的“乱搞”，但他也做过重大题材。1995年威尼斯双年展的时候，他把一艘从泉州运去的帆船开进了威尼斯水城，在满河的外国船中格外醒目；“9•11”之后他在纽约大都会博物馆开个展的半年中，每天中午他都把一朵黑云炸到天空中去，让在阳光灿烂中生活的人们从中感到某种危机和不安……

如今，在美国的艺术家名册和教科书里，只有两位华人艺术家，一位是贝聿铭，另一位就是蔡国强。但他从没想过要改变自己的国籍。蔡国强说：“对于艺术家来说，不管他被说成是多么了不起，或者不同时代他在做什么风格的作品，无论是塞尚、毕加索或者别的人，创作的手法和形式都不一样，被承认或者不被承认，命运遭遇都不一样，但是有一样，我体会都是差不多的，即他们的内心都是寂寞的，也是容易摇摆的，会有很强烈的不安感，摇摆和不安会一直牵引着他们。我也一样，总是不知道该做什么……”

对蔡国强来说，破坏与创造，就如同“破”与“立”，是辩证的关系，唯一不变的则是变化本身。在他的印象中，家乡山清水秀，他很热爱那里的自然，梦想还能回去画那里的山水，但他也清醒地认识到，没有能回得去的家乡，因为它不可能不变的。

联系采访时，蔡国强正在为即将开幕的残奥会开幕式紧张忙碌着，他在电话里的声音平缓而诚恳，他说：“我这个艺术家，就是一个喜欢自由自在、在不同状态下玩一玩的孩子……”

韩美林

笑对人生的山东汉子

韩美林：1936年出生于山东省济南市。13岁时曾入伍当过兵。

1960年毕业于中央工艺美术学院。现为中国美术家协会理事。

他的绘画和雕塑作品，以动物和人物为主，把写实、夸张、抽象、写意、工笔、印象等诸手法的东方与西方艺术巧妙地融为一体。他最著名的作品包括中国国际航空公司凤凰标志、1983年猪生肖邮票、1985年的《熊猫票》、2008年北京奥运会吉祥物“福娃”等。

印象：铮铮铁骨与似水柔情

2005年，新年伊始的一个晴朗天气，我们驱车到北京通州韩美林家中进行采访。

没想到，与韩美林这样世界知名的大艺术家第一次见面，竟熟悉得如同相识多年的老朋友！提起一些无法改变的社会现象和艺术现状，韩美林异常愤怒，先是对某些不平的人和事的痛斥，乃至痛骂。说着说着，又变得无奈甚至伤感，处于一种情绪的大起大落之中，完全是一种山东汉子的真情流露，甚至是裸露。不作丝毫的掩饰，艺术家情怀的赤诚呈现。

当我试图打断他的话头，提出我的采访要求时，他笑呵呵地说："张星啊，你写我不好写，但咱们可以交朋友！"然后就像老朋友似的"命令"我们和他一起吃饼干，然后一张张地为我们在他设计的鸡年贺卡上签名，这时，我注意到他那只拿笔的右手上的疤痕，那只在"文革"中曾被残忍地挑断手筋的艺术家的手……

韩美林人生的故事，是我后来从他的自传中读到的，那是我所知晓的艺术家苦难史中最最让人不忍卒读的，以至于抱着那本书，有好几个晚上我都无法平静，无法想象他是怎样从那样一种惨绝人寰的折磨中硬挺过来的，有多少人还没被折磨到那个份上就已经自杀了啊！"文革"中，他被批斗、被毒打、被投入监狱。他曾经被人一脚从二楼踢落到一楼，他曾经被无数鄙夷的目光咒骂着，被吐满了一身的粘痰，他曾经饿得像狗一样不顾一切地把别人扔在地上的包子皮儿捡起来狼吞虎咽。他也曾觉得活不下去，在监狱的厕所里吃下大把的石灰，但是他没有死。他说："你知道当一个男子汉是个什么形象吗？就是那只压在床下垫着床腿铮铮有神而不死的癞蛤蟆！""我被押在看守所里，我用半截筷子在破了又补、补了又破的裤子上作画，'杠子队'一次次踩我的手，竟至用刀挑断了我的手筋……可那时候我多么热爱生活啊！什么东西都没有，头顶上只有几个蜘蛛，看着它们织网，看着它逮小虫子，看着它冬眠，看着它长大……"

鼻子酸酸的，眼眶湿湿的，我感到自己的心在颤抖！经历了这样的炼狱之后，他还能笑得那么灿烂，那么真纯，还能以火山爆发般的激情创造出此后一系列堪称伟大的艺术作品！这种来源于生命深处对艺术的热爱和渴求，我想，韩美林是唯一的。如今，他虽然年过花甲，又身患多种疾病，还做过心脏手术，但他却精神抖擞得像个刚开始迎接满天朝霞的少年！他说过：“六十一甲子，现在我到了发疯的时候，见纸就画，见本就写，见书就看。我正处在一个什么都需要重新开始的阶段……”

真的，和韩美林聊天是一种享受，他说话时的那种执拗有一种单纯得近乎顽皮的可爱，使人不由得想起他笔下的那些可爱的小动物们。不论是谈艺术，还是调侃人生，甚至是发怒或者伤感，他都会让你感到一种无穷的趣味，他那太过直率真诚的艺术家性格，使他即使走过了那么多洒满血泪的人生之旅，仍然无法让他不再真诚，不再直率。

走进人称“卢浮宫”的韩美林工作室，从一层到五层，不由得被扑面而来的绘画、雕塑、壁挂、陶瓷、木雕、铜雕、紫砂等韵味独具的艺术品惊得目瞪口呆！他的一位助手为我们逐一进行了介绍：“这是在广州白云机场的铜雕《飞翔》，已经落成了，有78米长；这是国航标志，韩老师设计的这只红色凤凰已经在国航的飞机

▲ 韩美林设计的贺年卡

上飞遍了世界各地；这是美国首次给中国艺术家颁的艺术大师奖，只有韩美林一人，是陈香梅女士专程来给他颁的；这是去年美国总统小布什颁给他的总统教育奖；这是圣地亚哥1980年的时候授给他的金钥匙；这是那座奥运会艺术钟塔的图片，现在在美国的亚特兰大永久陈列；这是深圳的城标造型，这是大连老虎滩的老虎造型……太多啦！现在全国30多个城市差不多都有他的雕塑作品……”

这是一座不折不扣的艺术宫殿，只是在二楼开辟出来一间大客厅，摆着一架白色的三角钢琴，助手说那是周建萍老师（韩美林妻子）的嫁妆，这里是韩老师夫妇与朋友们聚会的地方，韩老师的朋友特别多，仅圣诞节那天晚上就来了一百多人，大家一起在这儿吃自助餐。我发现整架钢琴上面都签满了名字，以至于都签到了琴键上，其中有杜滋龄、何家英、刘炳森、乔羽、叶文玲、朱军等等。

不仅仅是这些大腕名流，这里还招待过一批最特殊的客人——延安韩美林希望小学的孩子们。自从1997年韩美林在延安一里坡建立了这所希望小学之后，那儿的孩子再也不用到窑洞里去上课了。他们从此有了和城里孩子一样亮堂的教室、整齐的课桌、宽阔的操场和一座小图书馆。去年，韩美林夫妇把希望小学的30个孩子接到了北京，这里就成了孩子们温馨的家，在与孩子们共度的那段时间里，韩美林夫妇好多次都禁不住流下了眼泪……

当年韩美林被人挑断手筋砸碎脚骨的时候不但没哭，还一直在怒骂，山东汉子的硬劲支撑他宁肯死不肯低头。可面对母亲和孩子，他却充满了柔情。

在韩美林工作室，最打动我的还是那些表现母与子造型的雕塑，无一不是身材修长的美丽母亲与胖嘟嘟的婴孩亲昵的场景，凝聚着一种圣洁的爱与美，那种无限的柔情与极尽缠绵仿佛是另一个韩美林！同样震撼我的另一件作品却是与之截然不同的一幅占满整面墙壁的壁挂：纯白的底色上一群愤怒的黑豹在狂奔，一股火山般喷发的力量和情感在壁挂上奔涌，题记是纪念“九一八”向日本讨还血债。对面展壁上还有一条书法横幅：“抽刀难入鞘”！

这就是真实的韩美林，因为有爱，所以才有恨，因为爱得深，所以才恨得切！

那天中午，韩美林一定要留我们在他家吃饭，不仅一个劲地为我们搛菜，还为我们递过来餐巾纸和牙签。此时的韩美林，仿佛不再是展厅里那些非凡艺术品的作者，而不过是一个好客的老朋友罢了。临别，他送给我几本关于他的书，其中就有他著的那本已经多次印刷的《闲言碎语》，里面最吸引我的话是："一个成功的男人后面一定有一个伟大的女人。但是一个成功的男人后面，说不定有几个最坏最坏的女人和最坏最坏的朋友，而且后者是主要的。"

这话的后面当然是有故事的，可是一次采访又如何写得完呢！

访谈录

张　星　**您最近在搞什么创作？**

韩美林　与体育有关，但暂时还不能报道。(后来才知，他当时设计的正是北京奥运会的吉祥物——福娃系列)你看我设计的篮球世界杯标志，人家10届世界杯让我设计，他们说，我们就认准了你，永久性标志的都让我设计。

张　星　**经历了那么多一般人难以想象的磨难，您为什么还能如此乐观地看待人生？**

韩美林　我这一生老在受罪，挨坑挨骗家常便饭；使绊子、穿小鞋，小菜一碟。为什么？很简单，总比咱们给人家使绊子、穿小鞋、坑骗人家好得多吧？朋友们都说我像个快活的大苍蝇，什么时候都乐呵呵的，那些阴影早甩在脑后。我经常逗得朋友、家人笑得躺在地上，眼泪一把鼻涕一把的，就连我们家小狗听到我们说笑话，也跟着起哄……其实，很简单，这叫换个活法。那年出狱后，我觉得什么都可爱，连卖冰棍的都是可爱的。小动物当然也可爱了，我说过，小狐狸不狡猾，小老虎不咬人，虎头虎脑不虎心。

张　星　**也许是因为您的性格，您好像总在被人整，好像这一辈子都在被人整。**

韩美林　我这个人，天灾人祸，一辈子受罪。不过，失败、嘲弄、羞辱绝对是一种动力。世界美好也在于有丑的东西，人家折磨你，你再想不开，这不是和别人一起折磨自己吗？我看不如奋发前进的好，前面有鲜花，不全是荆棘。

生活中确有一些人想用苦难毁掉你，但结果往往是苦难塑造了你。

张 星 **说说您在延安建的这所希望小学吧！孩子们来北京后和您还有您夫人都很亲吧？**

韩美林 这些孩子没见过什么是西红柿，不知道可乐怎么打开，划得手都破了。到北京来，国旗班让他们到跟前来看升国旗，部队真枪真炮地让他们看演习。让孩子们见国旗仪仗队，最后在政协宴会厅宴请这些孩子。这些孩子没见过螃蟹，没见过虾，连什么是点心都不懂啊！

张 星 **您当时是怎样建的这所学校？**

韩美林 我们“艺术大篷车”去西部采风，我对司机说，见弯就拐，见路就走，拐到没路的地方时，肯定是最穷的村庄。一里坡这个村子就是连公路都没有的地方。我们进去6部汽车，那儿的人都出来了，狗也不叫了，鸡也不叫了，人都站在房上，他们没见过汽车，都在那“傻”着。那儿的小学在一间光线昏暗的破窑洞里，只有黄土堆的土台子和孩子们自带的小板凳，我说一定要给你们建所希望小学。

张 星 **您为什么要自己亲自建希望小学呢？**

韩美林 我们以前曾资助过一所希望小学，看到报纸上登的有6个孩子需要帮助，我们就寄过钱去，也托人捎过钱去。一个孩子480元，寄的时候我们就写上叔叔、阿姨。结果我们收到了孩子们的回信，说好心的叔叔阿姨，不知名的爷爷奶奶，我们收到了你们的捐款，我们全家人感动得不得了，我们冲着窗户外的太阳磕头。信上说，他们每人收到了120元钱……你看，这里面360元都被贪污了，于是我们就决定自己亲自建一所希望小学。

张 星 **听说您还为吃饭的事骂过人？**

韩美林 那年我们到了一个贫困地区进行创作，然后当地请吃饭，那么穷的地方饭桌上竟然全是山珍海味，珍稀动物，珍珠鸡、猫头鹰甚至大秃鹫，气得我差点掀翻了他们的桌子！出来之后，当地那位“土财主”还问我吃得怎么样？是不是不习惯？我冲着他就大骂了一句！后来，一些媒体如实报道了这件事，宣传部门说，韩美林，你说的话我们也不敢删，因为你说得都挺对的。但是在电视里说那些骂人的话，还从没有这么破格的，可你骂得对啊！

张　星　**您好像特别喜欢猫头鹰？**

韩美林　猫头鹰在许多人眼里是“讨人嫌”。其实猫头鹰长得很美。那年我在深圳半夜起来为夜猫子抱不平，下床提笔，用了两天时间画了三百多幅“讨人嫌”。还想画下去，身体跟我闹别扭，住了半月医院，不然我还跟它没完没了……我满肚子装着上千只猫头鹰。

十几年前我去黄山时人家送了我一只猫头鹰。没有巴掌大，吃肉比我馋，一天到晚不离我，像个孩子，它那大眼睛一睁一闭的像个小大人，老谋深算的样子很可爱。给它照了不少照片，没有不说好玩的。平时爱开玩笑的我，把最好的一张夹在工作证里代替我的照片，朋友们见到都大笑不止。一次去邮局取款，严肃的服务员说：“这是你的工作证吗？”我说：“是。”他把工作证一扔：“你看！”我傻了眼。

张　星　**能谈谈您的艺术创作吗？**

韩美林　艺术我从来不谈，艺术是干的。如果说将生活形象转化为艺术形象的艰难过程是一件“苦事”的话，那么以苦为乐也不是件坏事。学艺本是件苦事，它没有止境，也没有最高得分，如果创作是块铁板，对有心于艺术事业的人来说，苦苦求索，总有一天这块铁板会被钻通的，那时就不认为是件苦事了。到了横涂竖抹随心所欲的境界时，神仙的位子你也不愿意换。创作中，形象的变化更是“苦事”，但一旦一个好的形象出现，不是都会激动得跳起来吗？很多艺术家都有这个体会，这是一种买不到的享受。

张　星　**您还有许多巨型的雕塑作品矗立在国内和国外的许多城市的公园或街头,怎么会做得那么大?**

韩美林　我个头不大劲头大,我不画、不做、不雕亦罢,要画、要做、要雕,就必须要搞出个尖尖来。我做的雕塑很大,可谓世界之最,一只老虎有20米长,紫铜锻造的牛,也有20米长,我烧陶瓷就要烧那种“黄金有价瓷无价”的钧瓷;我做紫砂陶与顾景舟老人合作,卖的价钱“前无古人”,是否会“后有来者”不敢保险。

张　星　**我看过报道,您曾在中国美术馆举办过5次个人艺术大展,特别轰动,其中有一次,著名书法家启功先生看了您的展览后还给您鞠了三个躬?**

韩美林　不敢当。那是在第三次展览的开幕式上,启功老先生看过展品后找到我,鞠了一躬说:“美林,你是我们民族的骄傲,请允许我向你致敬。”我一看不敢当啊,连忙给他老人家鞠躬,启老再还,我再以九十度的鞠躬回拜……一连三次,站在一旁的演员陈佩斯禁不住扑上前搂住启老,告诉他,不要再还了,您老的心意,美林全领了!

张　星　**您曾经说过,没有文化的文化是最可怕的,您指的是什么?**

韩美林　大学毕业不一定就是有文化,它只能代表一种资格或是证明你的学历,但绝不代表你有文化,因为文化是一种素养,是另一个境界的事。人有了钱不一定就有文化,你用金子把舌头包起来也不说明你有文化。艺术上的成功,不能说是你已经脱离了苦海;在鲜花与掌声中,不一定你就升了天堂。不少艺术家一看到眼前这个眼花缭乱的世界即驻足不前,这里有金钱、美女、名誉、地位,有前呼后拥,有人前马后肉麻的吹捧,中了魔一样的陶醉……这不是天堂,只是堕落,艺术生命在这里已经窒息,这些艺术家就在“此地”落户安家不再前进了。他们改了名,叫“大师”,叫“客户”,叫“葡萄李”、“牡丹崔”……他们去了江湖。

范曾

我是如何画出《陈省身与杨振宁》的

范曾：中国当代著名学者、书画家、诗人。1938年7月5日出生于江苏省南通市。1984年任天津南开大学东方艺术系主任，曾捐款400多万元人民币建设该系。现为南开大学历史学院博士生导师、文学院博士生导师，终身教授。中国艺术研究院研究员、博士生导师。

印象：高山流水，画韵悠长

画中有高山流水，却不表示他们在高山上；画中有兰花，也并不真地摆盆兰花。只是一种意境，一种象征。高山流水，寓意其二人是知音，兰花寓意其间的君子之交。

一位是93岁的著名数学大师陈省身，一位是82岁的物理诺贝尔奖获得者杨振宁，两位科学泰斗微笑着相对而坐，他们衣着简朴，神态生动，你言我语，如闻其声。身后是高山流水，身旁有素雅幽兰……

这就是南开大学教授、著名画家范曾为其母校南开大学百年庆典献上的厚礼——巨幅国画《陈省身与杨振宁》。

在这幅足以覆盖一面整墙的巨画上，两位科学家的形象亲切生动。范曾除用陶渊明的“奇文共欣赏，疑义相与析”为该画题名外，还特意题诗一首：“纷繁造化赋玄黄，宇宙浑茫即大荒，递变时空皆有数，迁流物类总成场。天衣剪缀从无缝，太极平衡律是纲，巨擘从来诗作魄，真情妙语铸文章。”

2004年7月，陈省身在范曾画室看到刚刚完成的这幅画作时，连连称赞：“伟大！这画伟大！”范曾说：“不是画伟大，而是你们两位科学家伟大。”陈省身立即通告杨振宁。杨先生专程从清华大学赶来看画，认为画得很有韵味，包括他穿的衣服。杨振宁说，这件衣服我穿了11年，经范先生一画，这件衣服成了我的一个标志。

杨振宁不仅欣赏画，更欣赏范曾画上的题诗。为此，他写来一封信说：“范曾兄，回来将画挂起来才能细读你的诗，确是大杰作，极富杜诗作风。短短四联，道画造化之玄妙与科学研究之精微。英国大诗人POPE（1688—1744）之名句与‘诗作魄’和‘律是纲’相比即黯然失色。10月间，此画揭幕典礼必将是文化界一极大盛事。”

那么，这幅巨画是如何构思完成的？两位科学家与一位画家之间有着怎样的故事？

2004年10月，我和同事专程到南开大学范曾先生的寓所采访了他。

陈省身的一个建议

范曾告诉我说，此画是他专为南开大学百年华诞所做，有很深的意义。

这幅画是2004年7月份画的，每天画四五个小时，仅用了两天就完成了。范先生说，从表面看，作画时间不长，但思考的时间可就长了。那是两年前，陈省身建议范曾："能否画一幅我和杨振宁在一起的画？"范曾欣然允诺却迟迟没有动笔。

陈省身和杨振宁，是当代数学和物理学界的泰斗，是近代世界上伟大的科学家。他们和南开大学有着千丝万缕的联系。早年，杨振宁是西南联大的学生，陈省身是西南联大的助教，陈省身先生的夫人系由杨振宁先生的父亲介绍联姻的。陈杨二人感情很好且在科学上有着共同的追求，杨振宁称陈省身是继欧几里德、高斯、黎曼、嘉当之后，世界数学界又一里程碑式的人物。

关于此画的构思，范曾起初设想于户外，两位大师在园林里聊天，散步，有花草树木，但抽象意味不够。于是，他把人物之外的景物抽象化，画中有高山流水却不表示他们在高山上，画中有兰花也并不真的摆盆兰花，只是一种意境，一种象征。高山流水，寓意二人是知音，兰花寓意两人是君子之交。画陈先生在看一本线装书，是因其对中国古籍非常热爱，且有很深造诣。画面上，两人眼神睿智，又不无温和慈祥。

范曾说，肖像画的本质是揭示人的心灵。

任何画作，要达到至高境界，都很困难。人物画尤其肖像画，则是最难的。一个人的形象有许多微妙之处，如眉宇之间，眼睑的开合，口角的变化……中国画讲究笔墨线条，如线条缺乏表现力，就画不出生动的形象，亦无法表达生动的事物，而人的表情瞬息万变。范曾为了准确地画出陈省身和杨振宁的神韵，参考了他们很多的照片。

中国画讲究气韵生动，范曾画画的习惯是无论多大的画，从不用打轮廓草稿，直接就画。这幅巨画，范曾从陈省身的眼睛画起，然后画杨振宁的眼睛，并且两人的眼神要有交流。眼睛画好后才画头部，再后则是其他，如此一笔笔画成。范曾说："中国画是写意的，不能慢描，要'写'出来。你看这画上的人物，这几个线条

▲ 范曾画作《陈省身与杨振宁》

代表他的动作，这个手势代表他说话时的姿态。中国画以少胜多，以最少的语言代表最丰富的内涵。画这幅画时，除用他们的照片做参考外，我还根据自己对他们的印象创作。生活中的两位大师和我很熟，杨先生永远都很谦和，陈省身讲话时，手就经常这样动着……”

此画大至一面整墙，画中人物比真人还大，范曾作画通常站着挥毫且从不避人。他说，一是陈省身的提议，二是他对这两位科学大师的崇敬和感激之心。1984年，日本朋友为他在岗山建立了范曾美术馆，陈省身特意到日本参观该馆，杨振宁一直对他情深云隆。当年他在法国时，杨先生曾从美国飞到巴黎，希望他早日回国效力。范曾希望通过这幅巨画，对年轻科学家有所启示，激励他们卓有成就。

解不开的南开情缘

为何对南开大学感情如此深厚？范曾说，自己考取南开时才17岁。那时，他希望成为历史学家，他的课程都是5分。那是一个埋藏了他青少年全部梦想的刻骨铭心的时期，他希望中华民族振兴、强大。后来，他转学到了中央美术学院。

少年的情怀总是难以忘记的。在中央工艺美院做副教授时他想，能否在母校南开建立艺术系？他的想法得到了当时老校长的支持。1984年，他决定卖画筹建南开大学东方艺术系的教学大楼。那时候他住在学校的一处顶楼，夏天极热，却夜以继日地画了200多幅画，终于1985年在日本东京、大阪和岗山举办了巡回画展，作品全部卖掉，获一亿多日元，他全部捐献出来建成了南开大学的东方艺术系大楼，当时的母国光校长建议，此楼命名为范曾楼，他没有同意。

多年来，范曾的爱国、爱校情怀，从未改变，对南开大学的一切他都十分关注。2003年"非典"期间，身在青岛的他电话陈校长表示致意，并捐给南大50万元用于医药、消毒、防疫等。他题写的"战胜非典，匹夫有责"八个大字，一直挂在文学院大厅里。建好东方艺术系大楼后，他带博士生、研究生甚至本科生，对学生的毕业论文，从选题、写作提纲到最后完成，每个字、每个标点都认真修改。他说，自己很喜欢和青年交流。

▲ 张星(左)在南开大学采访范曾

范曾说："60岁我该退休时，学校让我做博导；到63岁，博导该退休了，南开大学又聘我做终身教授。从此，我就再也离不开南开了。"

与两位大师的深厚情感

范曾说，陈省身具有深邃的智慧，他的智慧是少有的。

他讲了一件有趣的事。一次，陈省身收到两张贺年卡，都是从巴黎一条街一幢楼寄来的，陈省身十分奇怪，难道范曾和这位大数学家住在一起吗？果然很巧，范曾就是和这位法国数学家住在同一幢楼里。后来陈省身请这位法国数学家到天津南开大学和范曾聚会。回到巴黎，法国数学家又请范曾吃饭。这位法国数学家称陈省身为大数学家，而自己是小数学家。有人给这位法国数学家写了一幅中国书法"天下第一的数学家"，因其不识中文，就将此幅字挂在寓所，一位日本人看后告诉他字的内容后，他便摘下这幅字说，陈省身才是天下第一的数学家。

范曾先生非常钦佩陈省身和杨振宁教授，欣赏他们的学识与为人，称他们为真正的科学家，无论是从道德还是从文章上都可以称得上是为人师表。

2004年，陈省身获首届邵逸夫奖，奖金100万美元，捐献的事是在范曾家决定的。当时，陈先生知道获了奖，说这钱对我没用，便决定全部捐献出来。同一年，由中华文学基金会发起的为生活在贫困地区的中小学生建"育才图书室"时，范曾捐出了100万元人民币，是最大的一笔个人捐款。可范曾却轻描淡写地说，这是他作为一介书生力所能及应该做的。

范曾对杨振宁同样感情深厚。他说，杨振宁在世界物理学界是从牛顿到爱因斯坦以后最伟大的物理学家之一。

爱因斯坦和陈省身关系很好，他们都曾是普林斯顿大学的教授。陈省身曾为范曾的著作《庄子显灵记》写序道："读范曾兄《庄子显灵记》，有当年读杜工部《秋兴八首》的感觉，气概万千，涉及当前基本问题，非常佩服。世界上两个重要的元素是自然与人，五百年的伟大的科学进展，开启了我们对自然的了解，也影响了人类的生活，我们同五百年前的人已不是同一种动物了……中西文化的不同，把我们带到一个新的春秋时代，我1943—1945年在普林斯顿，常同爱因斯坦见面，也到过他家书房几次，他书架陈书不多，但有一本德译的老子的《道德经》，希望范曾写一本《老子显灵说》。”

范曾与两位大师之间的称呼也很有意思，书信上两位科学家称范曾为“范曾兄”，电话里则称“范曾先生”，见面范曾称他们为先生，他们对范曾则直呼其名，毕竟范曾小他们一辈。

那天，我们的采访将要结束时，同住在南开大学的陈省身给范曾打来电话，对他们原订第二天的聚会说：“何不今天？”范曾高兴地答应了。他说，陈先生非常愿意和他一起聊天，谈文化。陈先生和杨先生对他的情谊，只可用“情深云隆”来形容，并边说边把这四个字写在我的采访本上。

难怪画上的人物是如此的栩栩如生了！对于范曾先生来说，这样的情感想必是不用呼唤，便已跃然纸上了。

2004年10月8日，这幅巨画在由陈省身提议兴建的南开大学国际数学研究中心大楼隆重揭幕。陈省身先生、杨振宁先生和范曾先生高兴地相聚于巨画之前，更突出巨画的魅力。比真人还大的画像竟与真人如此神似，在场的人无不惊叹于范曾先生的鬼斧神工。然而，仅仅两个月后的2004年12月3日，93岁的陈省身先生去世了。

范曾的巨画成为伟大数学家形象的绝唱……

白先勇

不信青春唤不回

白先勇： 1937年出生，广西桂林人。当代著名作家，国民党高级将领白崇禧之子。童年在重庆生活，后随父母迁居南京、上海、台湾。中学毕业后入台南成功大学水利系，一年后进台湾大学外文系。1958年发表第一篇小说《金大奶奶》。1963年赴美留学，1965年获硕士学位后旅居美国。主要作品有《寂寞的十七岁》、《孽子》，《蓦然回首》、《第六只手指》等。

印象：优雅·伤感·乡愁·青春

白先勇给我的印象是多重性的，一方面，他是他小说、散文里那个优雅又忧郁、伤感又伤情的作家，他说："文学除了是我的精神追求之外，对我来说，也是一种疗伤！把人类无言的痛楚变成文字。人都有一种痛楚，寂寞是说不出来的……"另一方面，白先勇又是理性、热情、严谨的教授，他不仅一生从教，除了文学创作之外，他还撰写了大量冷静的文学评论与分析文章。而当我终于有机会采访白先勇，与他面对面地交谈时，他给我最强烈的印象竟然是两个字：青春！

难道不是吗？在那天的新闻发布会上，当他谈到昆曲，谈到中国书法，谈到《牡丹亭》中男女主人公的柔肠百转、情意缠绵时，目光中充满了温柔，整张脸顿时生动起来，仿佛在他目光所及之处就伫立着一座"牡丹亭"，那美丽多情的俊男靓女正在那里甩着水袖眉来眼去……

那天下午，我们如约在他下榻的喜来登大酒店见面，虽然一上午的折腾他已经很累了，但他还是很高兴地接受了我的访问。他的助手说，青春版《牡丹亭》已经连演了13轮，即每轮为3场，共39场。白先生场场都看，不仅看演出，排练的那一年，他也是一场不落地跟着看，根本看不够！只是一个美，美到心底深处，那是一种过瘾的痛快！

其实，明代戏剧家汤显祖的《牡丹亭》是一出并不新鲜的老戏，昆曲作为百戏之母更是德高望重地已经被联合国教科文组织定为人类非物质文化遗产。那么为什么经白先勇的"魔手"这么轻轻一触，这出老戏立刻就"青春"得让当代少男少女们如痴如狂？

2005年4月，每晚3个小时，一连3天，浓缩成27折的大戏《牡丹亭》在天津南开大学上演，最后一晚演出结束时，全场热烈的掌声经久不息，上千名大学生像一锅青春的沸水，全都站在各自的座位前不肯离去，等每一位演员谢幕，当男女主角上场的时候，掌声达到了疯狂。然后是昆曲前辈张继青和汪世瑜，最后走上台的是这出戏的"大主角"——白先勇！这时，掌声已不只是疯狂了，而是变成了欢呼声，掌声和欢呼声热烈得盖过了麦克风的音量……真没想到，大学生会如此喜欢看这出戏，并且一天比一天人多，不仅墙边站满了人，就连所有的通道和台阶上全坐满了人，清一色的青春面孔！

小姐怀春，公子多情，这原本是中国古典文学中的老生常谈，但青春版《牡丹亭》却以昆曲那温婉的唱腔，携着江南丝竹的细雨，把观众带到一个遥远、梦幻的世界。美貌善良、多情又伤情的杜丽娘，多才多艺、浪漫又深情的柳梦梅，一个是妙龄美女，一个是多情俊男，就这么在舞台上甩着水袖眉来眼去，双双起舞，加上汤显祖原本优美又诗意盎然的台词，真的犹如一幅活起来的古典爱情画屏……

第一晚看的时候，感觉还不强烈，第二晚便开始有所悟，到第三晚看完全剧终于明白了，什么叫青春版？实际上就是少女怀春与少年多情时最初的那种触碰，像初春的嫩芽与花苞，鲜嫩得能掐出水来，那种情欲的冒芽与开禁，那种目光的躲闪与相撞，心弦的第一次微微颤动，难得这两位青年演员，表演得丝丝入扣，一招一式真是精美绝伦啊！

梦幻与爱情便是青春永恒的主题，而《牡丹亭》却把这种少男少女春心的萌动从梦中情、人鬼情再到人间姻缘，演绎得缠绵悱恻，摄人魂魄。沉浸在青春版《牡丹亭》中的白先勇能不青春焕发吗！

青年时代的白先勇就是一个满怀梦想的热血男儿，家里10个兄弟姐妹中他排行老8，高中毕业那年，本来他可以保送台大，但那时他却一下子起了一个浪漫念头，他在地理书上读到长江三峡的水利灌溉计划，就雄心万丈地想去建设长江三峡。因为台大没有水利系，便辞了台大跑到台南的成功大学专攻水利工程。然而这时他才发现，其实在他的青春梦中，做得最多的仍然是作家梦。有一天，他在台南的一家小书店里发现了两本布满灰尘的《文学杂志》，读过之后立刻热血沸腾，他没有与父母商量，便做了他生命中异常重大的决定：重考大学，转攻文学。于是，他离开成功大学，重新考入了台大外文系，发表了他的第一篇小说《金大奶奶》，后来他一发而不可收地与同学共同创办了《现代文学》杂志，从此开启了他文学创作的闸门，这期间还为当时16岁的三毛发表了她的处女作……

然而，青春的白先勇又是忧郁的。母亲的遽然离世，他独自赴美留学，与父亲在机场一别，行伍出身的父亲也禁不住老泪纵横，却不料这一去与父亲竟成永别。白先勇说："生离死别，一时尝尽，人生忧患，自此开始……"

在他云淡风轻的外表下，内心究竟有多少伤痛？

回首往事,白先勇感激的仍是文学。他在一篇题为《不信青春唤不回》的文章中写道:“……回头看,也幸亏我们把当年青春岁月里的美丽与哀愁都用文字记录下来变成了篇篇诗歌与小说。文学,恐怕也只有永远的文学,能让我们有机会在此须臾浮生中,插下一块不朽的标志吧。”“不信青春唤不回,我以文学唤青春!”

这,也许就是白先勇为什么会在人过60之后不仅倾其个人所有,还透支了自己的人情支票四处化缘,终于成就青春版《牡丹亭》的缘故吧!从香港到台北,从上海到北京,从天津到南京……每当丝竹响起,水袖飘飘,坐在台下的白先勇便在昆曲那温婉缠绵的唱腔中回到自己的青春时代……

访谈录

张　星　**关于您的报道已经很多了,但是我想请您简单地谈一下您的人生?**

白先勇　好的。我1937年出生,离开大陆是1948年,我11岁。我对大陆的印象很深,尤其是南京和上海还有桂林。我6岁就离开桂林了,后来我回去过,那一刻,从前的记忆通通都回来了,连我最早住过的那个乡下,我祖母的老房子都还在。我父亲曾带我去见过老祖母,通往老房子的那条路我还记得,现在都没有改变,还是那种大石块铺成的路。我写了一篇散文“少小离家老大回”,就写的我那次回乡的感受。

张　星　**您是哪年第一次回到大陆的?**

白先勇　1987年,是在我离开大陆39年之后第一次回来。

张　星　**那现在大陆还有您家里人吗?**

白先勇　没有了。

张　星　**您对父母还有印象吗?**

白先勇　印象非常深。我父母的感情很好,我爸爸很尊敬我妈妈,因为他总在前方打仗,整个家都是我妈妈撑起来的。

张　星　**那是非常不容易的。**

白先勇　是啊,1927年北伐,母亲刚跟父亲结婚。父亲在前方打仗,母亲在上海误闻父亲阵亡,连夜冲破封锁线,爬战壕,冒枪林弹雨,奔到前方与父亲会合,那时她才刚过20岁。抗日期间,湘桂大撤退,母亲一人率领婆家、娘家两家八十余口转移,祖母90高龄,小弟才一个多月,千山万水,备尝艰辛,终于安抵重庆。我兄弟姐妹10人,母亲一生操劳,把爱全给了我们。

张　星　**母亲去世时对您打击很大吧?**

白先勇　非常大。母亲出殡那天,入土的那一刻,我觉得埋藏的不仅是母亲的遗体,也是我自己生命的一部分,那是我第一次真正接触到死亡,而深深感到其无可抗拒的威力。

张　星　**您也是出身于军人家庭的,可是您对军事好像一点没有兴趣?**

白先勇　军事方面,我也有的,比如战役。不过我反对战争,战争给人类带来灾害。

张　星　**您喜欢昆曲,因为您从小就受到它很大的影响。除此之外还有哪些文学著作对您影响比较大?**

白先勇　西方文学。现代文学。欧洲,美国,都有。像托尔斯泰、陀斯妥耶夫斯基、契诃夫。现代法国、美国、英国的现代作家等也都很喜欢。

张　星　**像您这次的《牡丹亭》,演了这么多场,您是每场都看吗?**

白先勇　每场都看。(笑)从排练开始就看,一直到每场演出。

张　星　**感觉昆曲与京剧不一样,京剧有特别激烈高亢的唱腔,而昆曲始终就是那么舒缓、幽怨的。**

白先勇　婉转缠绵，千丝万缕。

张　星　**所以评论界认为，您为中华传统文化做了一件了不起的事情。**

白先勇　我要声明，不是我一个人，我只是一个团队的代言人。我身后有一群非常优秀的文化人在投入工作。我等于就是一个"总管"吧。两岸合作，各展所长。台湾这几位学者（青春版《牡丹亭》编剧）都是在美国等著名大学学习和工作过的，是研究昆曲的专家，他们的中国传统美学的东西没有中断，又受到西方文化的熏陶，现代的视野，而大陆有最好的演员，基本功非常好，两边合起来刚好。

张　星　**从您想做这件事，到最后终于做成了这件事，使这部戏成功上演，这中间有过什么波折没有？**

白先勇　喔，不晓得有多少！

张星采访白先勇 ▶

张　星　**最困难的时候您也没有放弃过?**

白先勇　当然不放弃,一定要把它弄成功!经常处在很紧急的状态,比如经费,苏州方面出一部分钱,其他的钱都是我自己募来的。有时候,刚好又没钱了,我的朋友、善心人士有文化使命的,就又出现了。好像要断粮了,可一会儿出现一个,又出现一个,总是能把这件事继续做下去。

张　星　**那就是说,您第一遇到的困难是资金的问题。我觉得到了您这个时候,既不缺钱,又不缺名,什么都不缺了。可是您却要这么辛苦地做这件事情,这是为什么?**

白先勇　不做的话,昆曲就没啦!你想想看,我们中国因为元杂剧不能演,已经缺了一大块,万一昆曲再没了,这是多么、多么的遗憾啊!

张　星　**这件事最早是怎么做起来的?有没有一个什么样的契机?**

白先勇　是这样的,2003年,香港请我去做一个昆曲讲座,讲给大学生和中学生听。我想讲给大学生听没问题,可是讲给中学生听,就是对我的挑战了,我教了29年大学没教过中学,我要让中学生听两个小时的昆曲,而且是四十几所学校的两至三千名中学生来听,这些孩子都是讲广东话的,让他们听昆曲,还要听两个钟头,他们怎么坐得住?于是我就想到了示范讲座,边演边讲。刚好我有香港的朋友认识苏州昆剧院的人,我就请他们帮忙请演员,找4个美女俊男来,演的都是生、旦戏,《牡丹亭》和《西厢记》的片断,还有《秋江》、《思凡》,那些中学生看得兴奋得狂呼,喜欢得不得了!这时我就碰到了这出戏里的男主角俞久林,他就是演《牡丹亭》中"惊梦"那场戏的。我一看这个小生的扮相很有古代书生的气质,并且还有一副好嗓子,是个可造就之材。重排《牡丹亭》的事以前就在想,但是没有演员也演不成。碰到俞久林我觉得是个不错的人选,那时候沈凤英(饰演《牡丹亭》女主角)还没有来,我就到苏州去了,沈凤英唱了一段,我觉得不错。苏州方面也支持,于是我就开始到台湾筹钱，为此我费尽了周折，总算有了好的结果。

张　星　**第一场演出是在哪儿？**

白先勇　在台北。去年的4月29日，到今天来天津演出正好一周年。一年里演了13轮，一共是39场。两岸三地都演了，天津演完了去南京。

张　星　**您学的是西方文学，回过头来再搞中国古典文学的东西，这与从来没有学过西方文学直接搞古典文学的人有什么不同？**

白先勇　可能我在视野上会有不同，我在西方看过很多演出，对舞台等方面，我的想法可能会更有益于我们表演。

张　星　**《牡丹亭》本身已经是青春戏了，您为什么还要加上"青春版"的字样呢？**

白先勇　第一，我们起用青春演员。现在戏曲界论资排辈，青年演员要演场大戏往往要等上二三十年，等到老了才有资格。我觉得应该让年轻人接班，他们符合戏曲内容的需要啊！第二，我觉得年轻观众之所以不喜欢看戏曲，因为满台都是老先生在演，扮演小姑娘和小生，他们不认同。当然，这些老演员功夫好，像我们这些"老"观众，我们懂戏啊，我们愿意看，可是就把年轻观众丢掉了。

张　星　**您要是加上"青春版"这三个字，可能会给一些老观众、老戏迷一种误解，认为您这已经不是原汁原味了。**

白先勇　错了，我恰恰要的是真正的原汁原味！这是完全按照老一辈正统、正宗、正派演出的，因为我请的张继青和汪世瑜两位老师就是最正宗的代表。

张　星　**那您的时尚元素用在什么地方了呢？舞美和灯光吗？**

白先勇　不仅仅是这上面，是完全浸透进去了，浸透进戏里去了。比如我们的服装吧，完全是按照传统设计的，可是颜色非常鲜嫩，非常和谐，很秀雅。淡雅鲜嫩，这就青春了嘛！我们的服装你看到了吧，美得不得了！是美啊！如果没有这些时尚的元素，年轻人是不要看的。比如戏里那些花神的衣服，白地上完全手工刺绣的花，立体感很强，像盛开在衣服上似的，12个花神，很美很美，在台上一转，好漂亮！

张　星　**还有一个观念，现代人对婚姻爱情的观念，许多是速食面式的，速战速决，功利性特别强，不再追求天长地久。而古典式的爱情完全不同，这种一往情深、钟情到底的爱情是现代青年人最缺乏的。**

白先勇　唯其缺乏，才更应该看这出戏。其实每个人的心目中都有一个爱情神话，也都希望有一段天长地久、生死不渝、生生死死的爱情，只是得不到而已。所以看了这个会更感动。

张　星　**您有没有和学生开过座谈会？**

白先勇　有！他们非常喜欢，有的学生从浙大看了后追到北大，从北大又追到北师大，听说在天津演了，又要追到天津南开来。

张　星　**他们最喜欢的是什么？**

白先勇　个人有个人的不一样，总体来说，是美，是呈现在舞台上的美。人美，舞美，音乐美，故事美，辞藻美。

张　星　**您自己会唱一点吗？**

白先勇　不会，昆曲很难唱的。我只是喜欢。其实昆曲是最能表现中国传统美学中抒情、写意、象征、诗化的一种艺术，它能够把歌、舞、诗、戏糅合成那样精致优美的一种表演形式。昆曲是中国现存最古老的一种戏剧艺术，曾经有过如此辉煌的历史，我们实在应该爱惜它，保护它，使它的艺术生命延续下去。

李致

巴金风骨今犹在

李致：生于1929年，四川成都人。中国作家协会会员，四川省文联主席。

李致是巴金大哥李尧枚——《家》中觉新的生活人物原型的儿子，从少年时与巴金（他的四爸）同睡一张大床始，一直到巴金去世，已与巴金有六十多年的过往交接，贯穿了巴金的青年、中年和晚年。李致对巴金的为人有不少独特的感受。巴金曾在给李致的信中说："我离开世界以前，希望更多的人理解我。你可能理解我多一些。"

印象：走入巴金心灵的人

一开始，我不知应该用怎样的目光打量他。因为他不仅仅是文学泰斗巴金的侄子，《我的四爸巴金》的作者，他还是四川省文联主席，一位从17岁就参加革命并曾任四川省委宣传部副部长的老干部。

2006年9月的一天清晨，当我比约好的9点钟提前了一刻钟按响他家门铃时，立刻受到了热情的回应。当我所乘的电梯上升到这栋公寓的顶层电梯门打开的时候，我看到，李先生已经身穿西服一身整齐地迎在电梯门口了。他个子不高，满头银发，和蔼亲切的目光中很有几分巴金的风貌。

他与我的交谈非常真诚。有问必答，有答必真。我没有给他限定访谈的具体题目，而是从他记忆中感受最深的片断谈起，自然而然地进入到巴金的心灵世界和对他一生的影响之中……

1942年，巴金第二次回到位于成都北门荣华寺街的家，当时只有12岁的李致就和他称之为四爸的巴金同睡在一张大床上。那时候李致见有许多青年学生都来找巴金在自己的纪念册上题词，便也模仿着做了一本"纪念册"请四爸题词，巴金并没有对年幼的侄子应付了事，而是非常认真地用毛笔给他写下了："读书的时候用功读书，玩耍的时候放心玩耍，说话要说真话，做人得做好人"四句话，在李致幼年的心扉上刻下了影响一生的烙印。

巴金曾说："人为什么需要文学？需要它来扫除我们心灵中的垃圾，需要它给我们带来希望，带来勇气，带来力量。"巴金一贯主张讲真话，为此他不断剖析自己。他说："我提倡讲真话，并非自我吹嘘我在传播真理。正相反，我想说明过去我也讲过假话欺骗读者，欠下还不清的债。我讲的只是我相信的，我要是发现错误，可以改正。我不坚持错误，骗人骗己。"在巴金晚年的力作《随想录》中我们不能不被他这种凝结在字里行间的赤诚所感动。

"十年浩劫"开始的时候，正在团中央《辅导员》杂志社任总编辑的李致，很快就被作为"反革命修正主义分子"揪了出来，先是靠边站，继之进"牛棚"，后被送到干校"劳动改造"。这期间，他与巴金难通消息，1972年萧珊妈妈（巴金的妻子）病逝，他得知同样已被"打倒"的巴金又遭遇了更大的打击，便决定利用回北京探亲的机会，在返回河南干校时借口看眼病绕道去上海看望四爸巴金。那是一次秘密的行程，一次终生难忘的相见！当已是成年人的李致再次和四爸同睡在一张床上的时候，30年前在成都的情景再次浮现在眼前，分别的时候，正逢大雨，巴金把自己的雨衣穿在侄子身上，他们又一次紧紧握手，互道“保重！”李致淋着雨，流着泪，离开了上海……

往事依稀，虽然年已七十有七，但李致的思绪非常清晰，从他讲述着的目光中，我仿佛能看到天国中巴金正在倾听的神情，他也许会对他的侄子说：“把我的心带回去吧！”那是巴金90岁寿辰时，当从成都前来祝寿的友人问他有没有什么要带给家乡人民时，他说过的一句话。

在回忆四爸巴金时，李致的态度是深情的，也是严谨的，他只讲述他经历的细节和片断，他心中最真实感受，从不添加任何虚词。他虽然确定了要与我说普通话，但也会忽然间情不自禁地冒出几句四川话来。看得出，他虽然是一位从少年时代就参加革命的领导干部，但他又不是那种纯粹意义上的老干部，他同时又是一个文人，一个出生于那样一个弥漫着文学气息、逃也逃不出的大家庭，并且从少年时代就沉浸在“五四”时期新文艺的绚烂彩池中被熏陶，被浸染，被沉醉……与其说他崇拜四爸辉煌的文学成就，不如说他更拥戴四爸的做人品质！“讲真话”“做好人”成了他一生的信念。或许因为年龄，或许因为巴金对其大哥的深情转移，这一对叔侄竟相知甚深，那同睡一张床的岁月，偷赴上海探望却不敢多语的无言时光，那多次的深夜长谈 那弥留之际留在彼此手心里的温暖与柔软……

采访是在一个初秋的上午，李致的家在他那所住宅楼的顶层，他的家人把这里修整成一个美丽的空中花园，身处掩映在绿树与小花之中的楼顶，笼罩在轻柔雾霭中的成都市区尽收眼底，空气中弥漫着川中特有的麻辣气息，让人有一种说不出的怀旧情绪，遥想当年巴金人生最初的日子，就是在这样一种空气中度过，虽然巴金的故居已无了踪影，但他的精神家园却因了他的作品和由这些作品延伸出来的电影和音乐，挥之不去地在故乡蔓延。直到后来我在成都的街巷流连，在四川大学旁一座绿意参天的竹园品茶时，都能清晰地感受到这种巴金式的忧郁和坚韧……我和李致的交谈，就在他们家空中花园里一间四面通透的玻璃房中进行，中午时分，阳光开始照耀，不觉间人已出汗了。正好又有客人来访，于是，我们结束了这次愉快的交谈，回到屋内。就在这时，我看到了书桌上那尊巴金的雕像，一瞬间被他吸引，也被他震撼！是啊！原来那无形中指引我前来拜访的正是他——

在我苍白孤寂的青春岁月里，曾经有过"很绝望、很悲凉"的日子，背诵着鸣凤投湖前的那段内心独白，我把巴金的《家》当成了自己人生的慰藉。如今，面对着这位伟大文学偶像的亲属，我却没有了当年阅读巴金时的那种激情与幻想。人事沧桑，心事沧桑，文学的魅力是想象，而这种想象又远远大于真实世界的一览无余。青春年华往往也是人生的梦幻时期，所以，青春加上文学，永远都不是成熟加上现实的对手。而巴金的意义就在于，他不仅写出了不朽的《激流三部曲》，还写出了被誉为"世纪良知"的《随想录》……

访谈录

张　星　**您虽然一直在当领导干部，但同时又是一个作家，您走上写作这条路与巴金有关系吗？**

李　致　那当然有关系了。我们家是真正的书香门第，我儿子在美国一所大学当终身教授。他收集到了在清朝乾隆时期我们李家祖先的作品，还有我的曾祖父的东西，李氏诗词四种。

张　星　**李家几代人都与文字、文学有解不开的渊源？**

李　致　我们李家是一个很大的家族，我父亲（巴金的大哥，《家》中觉新的原型）特别喜欢新文学。包括巴老看的一些新书报都是我父亲买回来先看，然后传给他的。我的三叔是一个很有名的翻译家叫李林，抗战刚胜利的时候就去世了。巴老有一个大弟弟在宁夏，今年大概95岁了，新中国成立前后搞过平明出版社，后来支援边区去了宁夏。我开玩笑地讲，在中宣部主编的《出版家列传》中，我们李家就占了两位，一个是他，一个就是我。我在四川人民出版社从刚粉碎"四人帮"到80年代

▲ 张星在成都采访巴金侄子李致

初期,川版书是很有名的。我的另外一个小叔叔是上海文艺出版社的编审,既能写书又能翻译。巴金的女儿李小林是上海《收获》杂志实际上的主编(杂志上标的是第一副主编)。巴老的儿子叫李小棠 笔名李晓,是获过全国奖的青年作家。我们家搞出版的就有4 位,搞写作的更多几个。我受"五四"以后的新文学、新文艺,包括戏剧、电影的影响很大。抗战时中国一批最著名的话剧演员都集中在成都和重庆,我受他们的熏陶和感染, 14岁读初中时,我的第一篇作文就变成了铅字,印在了我们学校的校刊上。那时校刊只登老师和校长的文章,一年只选一篇学生写的,所以我很受鼓舞。

张　星　**这件事对您的少年时代是一个特别大的鼓励？**

李　致　是。我们是教会学校，我们的校刊只在每年校庆时出一刊。之后，我又陆续在重庆、四川的报刊上发表了一百多篇文章。那时候年轻，主要是喜欢小说和诗歌。我是17岁时入的党，去年刚好是60年党龄。我从喜欢新文艺到参加学生运动、加入地下党，然后做地下工作……

张　星　**您也经受了这么多运动和磨难，但您仍然能像巴老一样坚持说真话，这是非常难得的。最难能可贵的是，"四人帮"揪出来之后，许多人把许多罪行与错误都怪到别人身上，很少有人肯检讨自己。但巴老就勇敢地从自己开刀，写出了《随想录》，这在当时的中国来说，是一件非常了不起的事。**

李　致　我在"文革"中挨批斗是很多的，说我是"胡风反革命集团"的小爬虫，我不服啊，我就在会上高呼"毛主席的革命路线万岁！"他们见我不服就打我，因为拉着我做"喷气式"，才没有把我打倒在地……

张　星　**在这个社会里生存，完全不讲违心话几乎是不可能的。但是很多人不愿意承认，巴金却勇于承认。这是非常难，也是非常可贵的。**

李　致　我刚才给你讲我自己，我有很多限制词，我也讲过违心的话，讲过假话，我特别限制在"文革"期间。比如别人喊"打倒刘邓""打倒彭罗陆杨"我也得跟着喊。其实讲真话，是做人起码的一个标准。但是经过"文革"之后，人们却很难做到这一点了。

张　星　**是不是因为巴金是您的四爸，您对他更熟悉，更有一种贴近感，从而更喜欢他一些呢？**

李　致　从我上初中起，我就喜欢鲁迅。巴金写的东西，我最喜欢的是《家》，有人说是写的我们家，但不完全是。巴老承认有两个人是真实的，一个是我父亲——他的大哥；一个就是曾祖父高老太爷。这也只能说他们的性格是真的。但文学毕竟是虚构的。这是他自己说的，别人对号入座的就多了。比如有人说，巴金是觉慧，巴金说，觉慧身上有他自己的影子，但并不完全是他。巴金的另一篇小说《憩园》，写一个破落的园子里边发生的事，园子的旧主人姓杨，类似《家》中的克定，比较接近巴老五叔的形象。但不能简单化对号。像我的曾祖父，书中的高老太爷，其实还是有一点开明的。为什么这么说，因为我们家当年有许多照片，清末民国初年的时候，一般人都不愿意照相，说是照相机能把人的魂给勾走，但是曾祖父却照相。又比如他送他的两个儿子——我的两个叔祖父到日本去留学。我的父亲因为是长房长子长孙留在家里。巴金和他哥哥李林，被送到了外国语专科学校读书。李林(我的三叔)是燕京大学毕业，然后在你们天津的南开中学教书，周汝昌、黄裳、黄宗江等都是他的学生。

张 星 **上世纪30年代，巴金曾写过一篇《做大哥的人》，记述了您父亲的一生。对于您父亲的自杀身亡，巴金写道："我不能不痛切地感到我丧失了一个爱我最深的人。"1965年，巴金在《谈〈家〉》一文中提到您父亲时，又说："他是我一生爱得最多的人。"足见巴金与您父亲之间的至深情感。这种情感是不是也会带给您？**

李 致 当然会。我与巴金之所以亲，血缘关系很深。他当年出去的一些路费都是我父亲为他筹措的。但更主要的还是巴金的做人。我最欣赏巴金的就是他的"生命的意义在于奉献而不在于索取"。我非常赞成他的"人各有志，重要的是做人"，还有"说真话"……他的很多观点，是这些精神上的因素把我们拉近，而不仅仅是亲属关系。

张 星 **您写作用笔还是用电脑？**

李 致 我从办离休手续到现在已经10年了，这10年我写了大概五十多万字，我也学会了电脑打字，我会发邮件。我的"脑龄"有7年了。我现在还兼着四川省文联主席，我的老伴长期生病，生活不能完全自理；我没有精力写长篇。我这人生的七十多年,经历了许多事,国民党关过我,“四人帮”也关过我。我写的总题目叫“往事随笔”。已经出版了《往事》《回顾》《昔日》等几本书。

张　星　**有人说,作为作家的李致与作为宣传部副部长的李致判若两人。您怎么看?**

李　致　肯定是有一定区别的,但不会分得这么清楚。巴金称翻译家汝龙是“黄金般的心”,说他一生不是为了“捞一把”进去,而是自己“掏一把”出来。我当年入党也是这样的动机。

张　星　**其实也可以以此来形容巴金,他就是一颗“黄金般的心”。**

李　致　谈巴老不能不谈王尔德的童话《快乐王子》,故事写一座城市里有一尊快乐王子的雕像,身上贴满纯金叶子,一对眼睛是蓝宝石做成的,剑柄上嵌着一颗大红宝石。他看到住在这个城市的许多穷苦人,于是让一只准备南飞的小燕子把他身上的金叶子和宝石一一啄下来,送给那些需要帮助的穷苦人。直到最后自己变成一个瞎眼的、难看的、光秃秃的雕像,小燕子感动得不再南飞,冻死在它的脚下……读到这我豁然开朗,巴金不就是我们这个时代的“快乐王子”吗!新中国成立以后,巴金是唯一没有领取工资、仅靠稿费生活的专业作家。他在四川出书都不要稿费,钱捐了出来,建立基金又不允许以他的名字命名,更不允许恢复他的故居。他在给我的一封信中曾这样写道:“我不希望替自己树碑立传,空话我已经说得太多,剩下的最后两三年里我应当默默地用‘行为’偿还过去的债。我要做一个普通的老实人。我没有才华,没有学问,没有本领,只有一颗火热的心,善良的心。”

张　星　**能谈谈您的父亲吗?**

李　致　我父亲去世时我才一岁多,谈不上什么印象。他是自杀的,家庭突然破产,他是一个大大的好人,比如你是亲戚,他带着你做生意,赚了钱是你的，赔了钱是他的。后来他做股票生意，赚的钱人家拿走了，但赔的钱要他来还。在他生病期间，几家银行倒闭，家庭破产，他承受不了了，觉得对不起这个家，就自杀了。我在很长一段时间不能理解我父亲。我母亲，还有4个姐姐，生活非常艰难。直到我上中学以后，读了巴金的小说《家》和散文《做大哥的人》才对父亲有所了解。巴金说，我父亲是"一方面信服新的理论，一方面依旧顺应旧的环境生活下去。顺应环境的结果，就使他逐渐变成了一个有两重人格的人"。新华社记者赵兰英采访我后这样写道："在李致心里，四爸巴金胜过亲生的父亲；时常苦恼不被人理解的巴金，却多次说李致是比较了解他的。"这种说法我是认同的。

张　星　**您和巴金之间的通信有多少？**

李　致　巴金给我写的信，很难精确地进行统计，大概有三百封左右，其中有50封在"文革"中被抄家抄走了。我现在还保存了250封信。另外，我给巴金写的信更多。在上世纪80年代后期，他把我写给他的信送回来了，还专门给我写着："我本想保留着它们，多么好的资料啊！终于决定请你自己保存。以后你替我整理资料，用得着它们。"我在学电脑时，已经把这些信都输入电脑了。四川人民出版社最近刚刚出版了《巴金的内心世界·给李致的200封信》一书。

张　星　**您最后一次见巴金是什么时候？**

李　致　2005年，巴金去世时，我去给他送终，撒骨灰时我也是跟船到东海。在他弥留之际，我一直都在他身旁，为了减轻他的痛苦，医生给他大量地注射镇静剂。病房是不允许进去的。当我赶去之后，小林就说，五哥，你去把手洗干净，去跟爸爸握手。我进去握了大约有半个小时，我发现他的手很柔软，帕金森氏病人的手一般都是很僵硬的，可我握他的手却很柔软。在这握手的半个小时里我想起了很多很多往事……

朱德庸

幽默是人生唯一的解药

朱德庸：台湾著名漫画家，江苏太仓人，1960年出生于台北。学校三专制电影编导科毕业。其漫画专栏在台湾有十多年的连载历史，其中《醋熘族》专栏连载十年，创下了台湾漫画连载时间之最。其漫画作品《双响炮》、《涩女郎》、《醋熘族》等在内地青年男女中影响极大，拥有大批忠实读者。1994年《涩女郎》获金鼎奖。年台湾地区漫画销售突破100万册。市场调查公布朱德庸为台湾地区第二位最受欢迎的漫画家，仅次于日本漫画家宫崎骏。

印象：灵魂向左，躯体向右

见到朱德庸本人，没有什么令人惊奇的，与他交谈，也与曾经采访过的别的人物没有太大的不同。但是看他的漫画，就会一时间找不着自己，有一种灵魂出窍的恍惚，因为太怀疑自己的灵魂不知什么时候已经被这个叫朱德庸的漫画家偷走了，如果不是的话，那么为什么我们能在他的一本本漫画集中找到自己的影子呢？

2005年3月，初春的北京，刚刚从台湾赶过来的朱德庸听说今年北京的雪下得大而且美，却不料人一到北京，就被北京初春明媚的阳光撞了一下腰，于是他笑了，一不留神就从嘴边溜出了那句他最爱说的话："其实很好玩，人生就是这么荒谬的。"

怎么能不荒谬呢？瞧——

"我还没准备好出生就出生了；我还没准备好上学就上学了；我还没准备好毕业就毕业了；我还没准备好上班就上班了；我还没准备好恋爱就恋爱了；我还没准备好结婚就结婚了；我还没准备好做爸爸就做爸爸了；我还没准备好老就老了。为什么人生总是比我先一步准备好……"

"人生就是一连串的考验。当你上学时，老师考验你的学习；当你工作时，老板考验你的业绩；当你交朋友时，朋友考验你的友情；当你恋爱时，女友考验你的诚意；当你结婚后，老婆考验你的自尊；当你有了小孩后，小孩考验你的耐力；当你退休以后，你以为人生所有的考验都结束了。这时你才发现，所有的事情都在考验你的记忆。"

"女人没有了自我，只剩下躯壳。女人有了自我，剩下的只是孤独。到底男人要一个符合男人自我的女人，还是一个符合女人自我的女人？对女人而言，到底是自我重要还是男人重要？其实都不重要。因为对男人而言，新鲜的女人比较重要。"

这是朱德庸那本销量达30多万册的漫画《什么事情都在发生》中的几组漫画内容，二百多页的多格漫画几乎都是这样充满了睿智和幽默的人生独白，却于无声处响惊雷般地道出了你我心中都曾经有过的困惑与无奈。正如他所说："人生就是个困境，不论你自知或不自知，就是困在里面。”

朱德庸是一个活得非常自然的人，自幼的散漫和天生的叛逆，让他对世上的人和事全部反过来思考，人生是荒谬的，婚姻是荒谬的，而人人都要上班这件事更是无比荒谬……

嘴里说着荒谬，脸上却一点也不笑，朱德庸式的幽默不是“逗你玩”的类型，而是会心一笑之后的点滴酸楚。采访那天，他坐在对窗的位置，长长的头发已掺杂着丝丝缕缕的白发，就那么蓬松自然地甩在脑后，一件黑色纯棉毛衣也松松垮垮舒舒服服地套在身上，一条肥腿的麻布裤子更是舒适无比。他眼睛不大，却有一种犀利无比的穿透力，透析人生，解剖人类灵魂中最隐秘的部分，并将其毫不留情地挖掘出来，夸张成一组组漫画，用他的画笔再现出我们每个人灵魂中都曾有过的困惑、私欲和挣扎。

看得出来，事实上他不是一个善谈的人，他说他童年的岁月是在自家庭院中与蜘蛛、蜜蜂、蚂蚁等各种小虫子对话的自闭状态中度过的。我能体会到，他是一个生活在自己内心世界中的人，他有一个太过丰富的内心世界，那是一个很大很大、外人永远无法走进的世界，他可以任凭想象的翅膀在那个世界里自由翱翔。这使他闭上了嘴，却敞开了心灵的窗户，沉默并幽默地观察着这个光怪陆离的身外世界，甚至还在自己的家中架起了一个长筒望远镜……

他与人表面的距离很远，却与每个人心的距离很近。他表达自己不靠语言，而是漫画。他说：“智慧是每个人都有的，而幽默却是天生的。”朱德庸就是一个天生的漫画家。他在纸上一笔笔勾勒出他深邃的人生思考，那种既充满了情趣又颇有哲学意味的画面，使得“笑，也可以有一点深度”。这与那类靠在舞台上作秀来展示自我的明星完全不同。他拉开与人生的距离，冷眼旁观，偷着发笑，然后让他的思考变成一个个小人儿，就那么无所顾忌地从许多普通人的灵魂中跳出来，暴露在阳光下，视线中，立即就引来了知音无数！读者太熟悉这些小人儿了，这不就是我们自己心里都曾经萌发过的那个念头吗！

所以说，朱德庸是一个身魂分离的人，他的灵魂向左，却无法阻止躯体向右。因为即使如此洞悉人生的他，也还是不能免俗地念了大学、上了班、谈了恋爱、结了婚、当了爸爸……与他内心对这个世界的叛逆正好相反。便又应了他那句话：

人生就是这样的荒谬！他说："人性就是天使和魔鬼各坐一个肩头。"

面对这样的荒谬，这样的困境，难道就没有解药了吗？于是，幽默成了朱德庸每日早晚必服的心灵维生素。他说，当我们的生活充满幽默的时候，你生活的感觉就会回来，幽默可以弥补许多人性黑暗和负面的部分。

人生就是这样，我们都如同坐上了旋转木马，游戏还没有结束，我们大家都不能下马，你哭也好，笑也好，也只能随着音乐不停地旋转下去……

访谈录

张　星　**除了漫画，你还可以讲讲你的人生故事，包括你所说的"人生的困境"。**

朱德庸　我小时候从来不会想到我长大以后会怎么样，我喜欢画画就画了，非常自然。我从大概四五岁时就开始画画了。真正踏入这一行我大概是26岁了。那时候我刚服完兵役，在报社上班，在那之前我已经默默地乱画了二十多年。

张　星　**我觉得你说过一句话说得特别好，你说智慧人人都有，但幽默感却是天生的。**

朱德庸　对，其实我一直深信不疑。你看过狗会笑吗？猫会笑吗？没有。只有我们人会笑。所以，与其说我一直对漫画感兴趣，不如说我对幽默非常的喜欢。我觉得幽默对人是太重要了！

张　星　**我觉得你的漫画其实是充满了一种哲理，你这种哲理是从哪来的？**

朱德庸　其实也是生活中的感触，像《什么事情都在发生》，几乎是我前半生对于人生的一种感悟。这本书积累了很长时间，一直到去年累积到了那个点的时候，我非要把它画出来不可。当然里面也累积了我对人生的一些困惑。

张　星　**这本漫画几乎包括了人生的所有方面，跟所有人的生活都有关系，每个人都会觉得，哎呀，我也这么想过……**

朱德庸　其实人都一直生活在一个困境里面，人所受到的限制太多太多，多得人都无法消化。人的困惑随着时代、随着人的年龄、经历等只会增加，不会减少。我为什么很喜欢漫画？真正吸引我的就是幽默，我觉得幽默是人生唯一的一剂解药！幽默能让你渡过人生非常多的难关。

张　星　**作为一个男人，你怎么会对生活、婚姻和女人的心理了解得那么细腻？**

朱德庸　每当有人这么说的时候，我都很心虚的。我不过是靠观察。我看到人在大街上走，别人也同样能看到。我能接触到一些人，别人也同样能接触到一些人。

张　星　**我觉得，在马路上走的人也是带着某种包装的，这种内心的东西马路上找不到吧？**

朱德庸　但是他们会透露出来，所谓的透露出来，并不是他跟你说的。比如一个人从对面走过来，他绝对不会跟你说："我是一个心胸狭窄的人。"但是你可以从他肢体的一些蛛丝马迹中看出来。比如，逛街时，每个人都会看商场的橱窗，但是很少有人在看橱窗的时候，看他的旁边看橱窗的人。大家关注的是橱窗里边的内容，但我的兴趣却在看这些看橱窗的人身上。同样地，如果你有机会看到两个很漂亮的女人，她们互不认识，但是当她们擦肩而过的时候你可以看她们脸上的表情，就可以看到人性很真实的一面。我常常开玩笑说，人类最恶毒的一面就在那两个漂亮女人擦肩而过的一刹那，那种人性的嫉妒、对另一个更漂亮或者穿衣服更好看、更贵的女人的一种憎恨，其实这就是人的很真实的一部分，我在画的时候，就会把这很真实的一部分画在里面。为什么很多人看我的漫画会问："你为什么画得这么真？你是不是就住我家隔壁？我跟我老婆的事情你怎么会都知道？"

▲ 张星采访朱德庸

张　星　**最近又在画些什么？**

朱德庸　我今年会出的一本新书就是《关于上班这件事》，也是我积累了很长一段时间的感触画出来的。

张　星　**可是你不是上班族呀！**

朱德庸　我曾经在报社上过4年班。这些年来我就发觉到，这个世界本来就分为两大族群，男人族和女人族，现在我又发现了第三大族群，就是上班族，它把男人和女人完全混合在一起。你看现在上班的人有多少啊！

张　星　**包括在街上摆摊的。**

朱德庸　对。我为什么出这本书啊？因为我觉得上班这件事本身就很荒谬！你想想看，人要把他这一生最精华的部分，大概从二十几岁算吧，他就开始上班,要到五十多岁还不愿意退休呢。这是人类有史以来最大的一件荒谬的事!最可笑的是整个社会都形成了一个共识:每个人都必须去上班!没有人能逃脱。你比如爱情和婚姻,有的人还可以选择说,我不要谈恋爱,或者我不要结婚。可是上班这件事却不是你能决定的,你要住房、要吃饭、要穿衣服,这一切的钱从哪来?你还是要为你的基本生活需要去奔波,所以上班让我觉得荒谬的原因就在这里,没有人能够逃脱掉。

张　星　**那你觉得婚姻这件事荒谬吗?**

朱德庸　当然荒谬啊!人为什么要结婚?套取现代人的说法,是因为爱情,因为我爱他,那什么叫爱情?其实没有人能够说出来,看不到摸不着,更闻不到,但是你就愿意为它决定你的一生。

张　星　**是一种不由自主的吸引。**

朱德庸　问题是什么是吸引?你只看到这个人的表面,大家都会把自己最好的一面拿出来,为了约会的那几个小时,大家都在演戏,男的在演,女的也在演。这样的爱情是真实的吗?当你爱一个人,你会说是因为真正了解这个人才爱他的。我会说,未必,许多人爱的都是一个假象。然后等你们真正结了婚,你才会发现他是一个什么样的人,对方也才一点一滴发现你是一个什么样的人,那个时候才是你们婚姻悲剧的开始。你说荒谬不荒谬?然后人家又要你有所承诺。我相信所有的男人和女人在他的婚姻中都遇到过,在他某年某月的某一天,他会发觉有另一个人吸引他。他能够把他原来的就抛弃掉吗?肯定不会。因为他有许多羁绊,整个事情串在一起,你就会觉得,这里面没有什么是真实的,这里面有许多外在因素,而这些外在因素与你内心真正的需求是完全违背的。

张　星　**可是人不可能完全按着自己的内心去生活。**

朱德庸 所以说，这就是人生的困境。人就是没有办法挣脱这个困境。我为什么对这些事感兴趣？就是因为你没有办法解决这些事情。当你想要解决它的时候，你就要知道，你到底处在一个什么样的时间里面，你到底是一个什么样的人？

张　星 **那你小时候是不是一个很叛逆的小孩？**

朱德庸 我小时候非常叛逆。那时我怀疑所有的事情。

张　星 **你父母是不是对你很费脑子的？打过你吗？**

朱德庸 小时候挨打是难免的，但我父母是很温和的，他们对我费脑子费了一阵子就放弃我了。其实他们还算包容我，但是他们对我做了一番努力之后发现没什么用，我的个性特别叛逆，加上我哥哥很优秀，反正已经有一匹马了，我这头骡子就放弃了。但是，人生的荒谬就在这，他们放弃了我，反而让我能很自然地成长。

张　星 **听说你在家里还安了一个望远镜观察外边的生活？**

朱德庸 是。因为我对人太感兴趣了，但不可能整天都在马路上逛，还有你不可能与人距离那么近，因为我想远一点观察事情，距离太近，他可能会发觉你在观察他，他就会不自然，那我就观察不到最真实的状态了。但是我特别要澄清的一件事是，我这个是健康的，我永远是看别人在公共场合的活动，我不会对着人家的内室。

张　星 **你曾经说过，《涩女郎》中的结婚狂、万人迷、男人婆和天真妹这4个角色其实都是你太太有过的表现？**

朱德庸 对。这是个感觉啦，因为我觉得她就是那一类型的人。其实我觉得这并不奇怪，其实每个人的个性都是复杂的，今天他碰到一件事情，他可能会显示他最天使的一面，但是他又碰上了另外一件事情，他可能就会显示他最魔鬼的那一面。

张　星　**那在你太太的那么多侧面中，是她的哪一面打动了你呢？万人迷？还是结婚狂？**

朱德庸　其实这个感觉是结婚之后才有的，我画《涩女郎》很多年了，别人问我时我才在她身上综合起来的，并不是结婚前我就注意过这种事情的。其实人真的是很荒谬的，很多人看了我的漫画之后，都认为我对人生看得非常透彻，然后别人就开始问我，你既然看得这么透彻，那你为什么还要结婚？我跟他说，人的荒谬就在这里，也许我认为我很了解女人，很了解爱情，也很清楚婚姻，所以我会想得非常透彻。其实不是那么回事，我是蠢蛋一个，碰到我太太我就被她吸引了，吸引了之后我就觉得我非得要跟她在一起，这里面没有任何理智的成分。

张　星　**你说人性与动物性哪个更重要呢？**

朱德庸　人其实能够决定自己的部分很少，人在面临他人生很重要的一些关卡时，都是他的动物性在决定他是怎么做的。我常常觉得动物性才能够决定人做正确的选择，人性的那一部分往往让你承受到重大的压力，因为人性永远需要面面俱到，你永远都要用最理智的一面去思考。比如说，每一个人都有他的天赋，如果这个社会，这个教育环境是鼓励你发掘自己的天性，鼓励你去做符合你天性的事情，我觉得每个人都会做得很好。但这个社会不是这样，而是把所有的人都纳入到一个模式里面去。因为从小大家都会对他说，你要好好地去读书，读书才会赚钱，你的未来才有发展，结果牺牲了大部分的人才。

张　星　**现在有许多成功者都这样说，可是当家长的却不敢让孩子冒这个险。**

朱德庸　其实这是需要勇气的。我是觉得家长应该认清一件事情，你觉得你能够决定孩子应该做什么，但是你用现在的这个时代去期望他，但小孩子他要面临的是将来他自己的时代，父母必然要被历史丢掉后面去。所以我的观点是，要尽量给小孩子发展的空间。他真正想要做什么事情，应该鼓励他去做，放他一条生路；而不是适合做一匹马的，你让他去做狮子，适合做狮子的，你让他去做兔子。

张　星　**是马、狮子和兔子的错位。**

朱德庸　人这一生的日子，看起来很长，其实很短，应该尽可能地去做一些自己喜欢做的事情。一个人的成功，并不在于他做了这件事做成了，而是在于他想做这件事情而他去做了。至于成不成功，是另外一回事情，做想做的事，是很重要的。很多人因为现实的环境、众人的影响、社会的期待，他们牺牲掉了自己从小就想要做的事，但是到了人生的中年之后的某个阶段，他们忽然发现，自己算是白活了，如果再不做自己喜欢的事情，很有可能一辈子都没有机会了。

张　星　**那你是不是也有想做还没做的事呢？**

朱德庸　其实我一直都想画出属于中国人的幽默，中国人的漫画，甚至中国人的卡通形象！这并不是说我有一个远大的理想，我只是想试试看，看我还能做些什么。

张　星　**像《涩女郎》中的万人迷、结婚狂等形象都已经深入人心了，这部根据你漫画拍的电视剧就很受观众欢迎。**

朱德庸　我经常被问到一个问题，就是“你觉得中国的漫画有前途吗？有希望吗？能够与国外的漫画抗衡吗？”对我来说，我一个人不可能做到，那就要大家一起来做，并不是要大家都去画漫画，而是都来关心这件事，让人家知道漫画是有发展的。现在我所有的漫画都已经卖出了电视剧的版权，我用这种方式是想让从事漫画事业的人看到希望。其实我一直觉得中国人有幽默感，绝对有！

尔宝瑞

令世界惊叹的蜡像艺术家

尔宝瑞：祖籍天津市西青区杨柳青镇，天津美术学院教授，中国伟人蜡像馆首席蜡像师。被联合国教科文组织授为“国际艺术大师”，是世界蜡像界唯一获得此称号的人。2008 年北京奥运会期间，尔宝瑞创作的《重生·永恒》蜡像，奇迹般地让百年奥运的八位奥运会主席欢聚一堂，在奥林匹克美术大会上亮相，受到国际奥委会主席萨马兰奇和罗格的高度赞扬。这组蜡像会永久保留在洛桑的奥林匹克博物馆中。

印象:他塑出了人物的灵魂

尔宝瑞真是个奇人！当他塑造的蜡像罗格和真人罗格并排站在一起的时候，旁边的中央领导和中外来宾顿时惊讶地连连称奇，这两个罗格，哪个是真？哪个是假？不仔细瞧瞧，还真是难以辨认呢！

把蜡像做到了以假乱真的地步，不仅仅是相貌，而且是神态气质，甚至脸上每一丝细细的纹路或微小的斑点，都栩栩如生，有如天成。再转过头来看看，天啊！不止一个罗格，还有萨马兰奇，还有顾拜旦……奥林匹克历史上的8位奥委会主席全都"来"啦！2008年8月，北京奥运会期间，这组名为"历届奥委会主席欢聚北京"的蜡像一亮相，立刻引起了极大的轰动，不仅罗格、萨马兰奇本人对蜡像的传神和精彩赞不绝口，许多中外来宾都对超越世界当代水平的中国蜡像艺术惊叹不已。

那还是在正式展出之前，一群来北京的外国奥委会委员路过预展之前的工作现场，当他们看到刚刚组装好的罗格蜡像的时候，便立即激动得欢呼起来，并报以热烈的掌声，他们用中国话大声说："像！像！太像了！！漂亮！"

用蜡像艺术让历届奥委会主席"欢聚在北京"，不能不说是一个奇妙的创意，而让梦想变成现实的，正是被联合国教科文组织授予大师称号的天津艺术家尔宝瑞。据悉，这组蜡像将从北京出发，到深圳、香港、澳门和台湾等地进行巡展，然后再运往瑞士洛桑国际奥林匹克博物馆，进行永久性陈列展出。难得的是，这组蜡像在艺术巡展和运往瑞士之前，将于11月8日首先来到天津，在天津大学冯骥才文学艺术研究院进行展出，让津城观众有机会看到这组惟妙惟肖的蜡像艺术珍品。

为此，记者专程采访了仍在天津美术学院任教的尔宝瑞教授。

尔宝瑞不是一个特别能侃的人，他属于那种用作品说话的艺术家。他"灾难深重"的人生经历给了他太多的磨难和刺激，也激励了他百折不挠的奋斗精神。从懵懂岁月的绘画少年、"文革"劫难中的"小反革命"，到东北广阔天地里为农民画像的知识青年，再到改革开放后的第一届大学生，直至成为中国蜡像第一人，表面上温文尔雅的尔宝瑞，内心深处其实一直都在经历着波澜壮阔的心灵风暴。人生的一切灾难、折磨和不幸都成了他日后艺术创作的深厚底蕴和艺术营养。

他是一位了不起的蜡像艺术家，他所雕塑的蜡像作品不仅在国内首屈一指，并且在世界蜡像艺术领域也处于领先地位。十几年来，从毛泽东、邓小平、周恩来等老一辈无产阶级革命家到方志敏、刘胡兰、雷锋等革命先烈和榜样人物，再到齐白石、李四光等科技文化界精英，直到他为2008年北京奥运会创作的萨马兰奇、罗格等8位国际奥委会主席，已经在他手上诞生了200多位名人的蜡像，采访中他给我印象最深的是：塑出人物的灵魂！

他给我看了一些西方艺术家塑造的邓小平、江泽民的蜡像照片，形象似乎是像的，但从这些蜡像的目光中却看到了一具西方人的灵魂，连手指的骨骼都不对。

谈到他塑造的毛泽东，许多人看后都说，这才是一个能率领中国农民暴动、领导中国革命成功的毛泽东。虽然蜡像的背景是空白的，什么图案也没有，但他的额头上方仿佛翻滚着乌云，内心正在酝酿着一场震撼世界的伟大的革命……那种气质，性格的逼真再现，那种有如灵魂附体的呼之欲出，若盯着看久了，甚至让人有些害怕，真怀疑这个名叫尔宝瑞的人是一个艺术家，还是巫师，仿佛他有一种夺魂摄魄的本领，竟然让这些你意识中明明知道是蜡做的假人赋有了比真人还要微妙的神韵！

在当代世界上，仅有少数几个西方文化发达国家能做蜡像，尔宝瑞却以十几年来的探索与实践，创立和创作了超级写实主义的蜡像艺术，使他的蜡像作品在皮肤质感、生命感上远胜西方同行。毛孔、皮肤肌理、血色等质感仿佛真人般滋润鲜活，令人情不自禁地想去触摸。

在北京的奥运美术大会上，有一老一少两位外国女士一直围着罗格的蜡像流连忘返，兴奋不已，连声说："太不可思议了，太像了！"并请求与蜡像合影，当尔宝瑞得知她们原来是罗格的妹妹和女儿时，便同意了她们的请求。她们高兴地一连拍了好多照片。

来自洛桑博物馆的馆长加贝特先生看见这组蜡像，立即对作者报以热烈的掌声。他在新闻发布酒会上，对这组蜡像给予极高的评价，称其在传神上达到了

尔宝瑞和他塑的
萨马兰奇蜡像 ▶

前所未有的高度。他在留言本上写道:“感谢中国艺术家和中国人民的深情厚谊,这是一组具有世界最高水平的艺术珍品,它将因为使奥运更加美丽而具有永恒的价值,我们将怀着热烈期待的心情恭迎8位奥委会主席的蜡像早日到达瑞士。”

采访中,说到这次塑造的8位奥委会主席,尔宝瑞如数家珍并满怀激情。当时,时间安排得很紧,接到这个任务,这个早已过了知天命之年的艺术家竟然激情勃发,心中燃烧起一种有如运动员般的冲动。他夜以继日地低头弯腰于每一件作品,长年积累的颈椎病愈来愈严重地折磨着他,在医生眼里必须躺下休息的他，只能边扎针灸边继续投入于创作。他说，中国人的百年奥运梦想就要实现了，许多运动员都能带伤训练，我为什么不能拼一下呢！

尔宝瑞说：好的作品通常在两种情况下产生，一种是底蕴深厚；一种是激情勃发。创作奥委会主席蜡像的时候，恰恰是他二者兼备的成果。所以，他创造了一个奇迹。著名作家冯骥才说："尔宝瑞是一个能够把思想变得可以触摸的艺术家"；画家范曾为尔宝瑞题写了"传神入妙"的评价。十几年来，尔宝瑞应邀为国内外多家著名博物馆和纪念馆创作的伟人和名人蜡像，赢得了亿万观众的赞誉……

访谈录

张　星　**这8位奥委会主席的蜡像你是用多长时间做完的？**

尔宝瑞　半年左右吧，正式做，应该是从今年3月份才开始的。

张　星　**你的速度太快了！**

尔宝瑞　我这个人，如果按一般在公司上班的职员的标准，我就是工作狂，但是作为艺术家，这是很正常的。我接到任务以后都是夜以继日，我基本吃不上饭，我吃饭有时候就是在大街上买一块饼，都是一边嚼着一边走。我的这个速度是什么呢，可以讲是"中国速度"。在外国人看来简直是匪夷所思，不可想象。在西方，做一个蜡像一般是半年到一年。而我们必须得快，当百年奥运来到中国的时候，我们每一个中国人都热血沸腾，参与，支持，要在这期间让世界知道中国发生了什么，知道中国的进步。

张　星　**你在塑造这些奥委会主席时并没有见过他们真人，完全是靠照片吗？**

尔宝瑞　是的。这就有一个问题，就是当我接到任何一个纪念馆做名人蜡像的任务，我不是把它作为一个产品（商品）去对待，把它做得像就完了。

我要通过形象把人物的精神气质表现出来。

张　星　**那你是怎么仅仅通过一张照片就能了解到这个人的精神气质呢?**

尔宝瑞　我要读关于这个人的生平等许多文字的介绍，看有他活动的电视新闻报道和纪录影片。

但西方人的骨骼结构与亚洲人不同,比如他提供的照片里,眼窝下面有阴影,你看不出来他眼窝下面的结构,那种复杂的变化,从照片上无法看出来。我经常在马路上看到外国人,我就会跟着他看,有时候会跟半天。

张　星　**我听说,你经常在街上看到一个人,比如觉得这个人的后脑勺长得特别像你正在雕塑的一个人物(比如陈云),就情不自禁地跟着人家走了。有一次你和妻子上超市,一转眼人就不见了,原来是你发现一个女人的骨骼与你正在塑的人物(比如慈禧)很像,就跟着那个人走了。并且常常只盯着人,而不知道自己走到了什么地方,像受了病似的。因此,你经常会被人误以为是小偷或坏人……**

尔宝瑞　因为创作中的好多难题是书本解决不了的,只能从生活中寻找。尤其是许多已经不在世的历史人物,没有别的途径。这次做之前其实我特别想见一见萨马兰齐和罗格,但申请了几次都说没有时间,太忙了,并且他们的身体还不太好。

张　星　**通常你塑一个人需要多少张照片?**

尔宝瑞　要说照片,当然是越多越好。但多了麻烦也多。每一张照片提供的信息都不一样。比如罗格,他的照片是显示他平常都是不笑的,总是绷着脸,他嘴角的鼻唇沟特别深,可是我不能给他塑成这样,因为他来参加北京奥运会,看见他的蜡像后肯定会笑,他不可能再绷着脸,他一定是喜悦的。但唯一一张他笑的照片还是仰视拍的，而且离得太近,是变形的,没法参考。还有,有时候我们在电视上看到他的时候,

▲ 萨马兰奇蜡像

突然显得特别瘦,可能是生病或者拍摄的角度、光线不同吧,有一段时间胖,有一段时间瘦。我不知道他奥运会来的时候是胖还是瘦?在做的时候,看到他在电视上胖了,就往胖里改,看到他瘦了,又往瘦里改。后来,临到奥运会之前,我都快做完了,他又在电视上出现了,又有点胖了,但我想,我宁肯在胖瘦上有点出入,但我要做到神似。所以就把他的笑容坚持下来,难度非常大。

张　星　**照片是平面的,而雕塑是立体的,360度转过来看都得像真的。**

尔宝瑞　结果是罗格来的那天,从老远一看他(蜡像)就笑了。我把他们迎到蜡像旁边,萨马兰奇就站在他的蜡像旁边,对面陪同前来的中央领导就说:你看,你看,他们俩都分不出谁是真的谁是蜡像了!

张　星　**中国蜡像艺术的历史是从你这里开始的。可以这样说吗?**

尔宝瑞　对。我是和中国蜡像艺术事业一起成长的。我的历程,就是中国蜡像艰难的历程,我的道路就是中国蜡像的道路,我的经历就是中国蜡像的经历。比如我做中国共产党第一次代表大会在上海开会的15个人物,上海纪念馆的馆长还带来了某个画家画的一幅油画,想让我参考。我一看根本就不行,油画是仿照《最后的晚餐》的形式画的,中共领导人围坐在一起,根本不对。我认为,这是一个决定中国命运的会,在这一圈人物中,有的人站起来说话,有的人在听,不同的人要有转向,脖子要扭,眼神也要转向讲话的人。差一点都不行。所以这15个人物之间需要互相呼应。

张　星　**蜡像人物的眼睛是用什么做的?**

尔宝瑞　眼睛是用树脂,身体是玻璃钢的,头和手是蜡的。颜色是自己调。我的油画基础是画古典画,也喜欢印象派。我认为西方油画有两大成就,一个在造型上,一个是在色彩上。色彩主要表现在人体和风景上。都是微妙的、丰富的、瞬间变化的。那么我的油画基础用在蜡像上就特别有用。如果没有这个基础,就很难。蜡像皮肤的颜色要跟真人比对,还是不一样。但是观众在观看的时候就觉得蜡像的皮肤特别鲜活,就跟真人一样。

张　星　**逼真得仿佛感觉到有血液在流动,有弹性。**

尔宝瑞　特别富于生命感。我的蜡像无论在哪展出都有一个最大的问题,就是观众都想伸手去摸一下,国家博物馆里第一个蜡像是我塑的孙中山,他的手都被观众摸黑了,摸亮了。

张　星　**可是你塑的都是这么重量级的大人物,为什么不塑造点儿美女呢?**

尔宝瑞　我做过的女性就是刘胡兰和宋庆龄。怎么说呢,我这个人的世界观是在"文革"前后建立的。那时我在南开中学读初中,是学习毛主席著作的积极分子，还是三好学生。后来上山下乡，接受贫下中农再教育……我们这一代人，那种骨子里的使命感是挥之不去的。

张　星　**但是你做的每一位伟人也都是你自己艺术成就的纪念碑。**

尔宝瑞　可以这么说。我做的蜡像，从北到南，大庆有王进喜，抚顺有雷锋，还不是一尊，在两个馆里有三个。北京就更多了，中国革命博物馆里中国最主要的革命先驱都是我做的，从毛泽东、刘少奇、周恩来、朱德、邓小平、陈云等，加上10大元帅，再加上科技文化界的李四光、华罗庚、齐白石……还有革命烈士方志敏、刘胡兰、张自忠……军事博物馆里最重要的解放战争馆，有我做的中共5大书记。军博是怎样找到我的？这里还有一个故事。军博的领导到德国考察，在慕尼黑一个露天的咖啡馆看着德国人在那看报纸，报纸是德文的，上面有一张照片，是在邓小平的照片旁边有一位艺术家在工作，便好奇地问人家，人家说，这是你们中国的蜡像艺术家啊！他叫尔宝瑞。军博早就有把中国领导人做成蜡像的想法，但是他们不知道中国还有这么好的艺术家，连德国报纸都报道了。军博领导回国后就找到我。我做完以后他们非常满意，说：你做得真好！

张　星　**你第一次到国外看西方的蜡像是什么时候？**

尔宝瑞　我在没去西方看的时候已经做了好多年了。第一次看的就是英国杜莎夫人蜡像馆，后来又看了法国的。他们的技术是保密的，但对我来说，其实关键不是技术。我认为：蜡像的功夫在蜡外。与诗在诗外是一样的。关键就是你在生活当中怎么去观察，怎么去思考，怎么去感受，怎么去体验。当时看完以后，我想的是：他们也没什么了不起，我比他们强！

张　星　**也许，是你这么多年受到的压抑、磨难等郁积在心的情绪，终于在艺术创作的时候爆发出来了？**

尔宝瑞 谈不上爆发,可以说是积淀。我当下的心情,一方面我感觉到特别自豪,我把蜡像做到了世界第一,这个世界第一不是我说的,是奥委会说的。他们说你做得太好了,他们在英国、法国、荷兰很多地方都看过蜡像,但是没有看到像你做得这么好的。奥委会博物馆的馆长加贝特也专程来看我的这组蜡像。让我不安的是,我们中国人对蜡像艺术还不太了解,他们没看过外国的,看了你的,总有一句潜台词:是不是外国的更好啊?本能地就认为外国的好。可外国人看了我的蜡像反而特别激动,到我跟前来给我鼓掌……

周龙

让白娘子登上西方歌剧的舞台

周龙：美籍华裔作曲家。1953年出生于北京。1983年毕业于中央音乐学院。1985年获纽约哥伦比亚大学奖学金赴美攻读，师从周文中、达维多夫斯基和爱德华兹，1993年获音乐艺术博士学位。现为堪萨斯城密苏里大学音乐学院的教授。周龙的作品曾获美国国家艺术基金会、古根海姆与洛克菲勒基金会等机构所颁发的重要奖项。2011年4月，他创作的歌剧《白蛇传》获美国第95届普利策音乐奖。

印象：从北大荒的暴风雪中走来，从中央音乐学院的课堂起步，到美国乐坛的重新开始，写《白蛇传》时上百遍地用英语试唱……

从北京走向世界乐坛的作曲家周龙，第一次创作歌剧《白蛇传》就捧回了有美国文化界的诺贝尔之称的国际性大奖——普利策音乐奖。歌剧《白蛇传》由北京国际音乐节和波士顿歌剧院共同委约制作，曾于2010年10月27日在第13届北京国际音乐节举行了亚洲首演，在2011年4月18日揭晓的第95届普利策奖中获得普利策音乐奖。这部根据中国民间传说改编的歌剧，使周龙成为95年普利策历史上首位获得该音乐奖的华裔作曲家。

那么，这样一部堪称中西合璧的新歌剧是如何创作出来的？作曲家周龙又是一位什么样的音乐人呢？

2011年5月初，记者通过电子邮件与在美国的作曲家周龙取得联系，祝贺他获奖，并请他接受我们的书面采访。很快，我便收到了周龙的回复。他在回邮中说道："谢谢你为我的歌剧《白蛇传》写文章。有人说普利策奖相当于美国文化界的诺贝尔大奖，作曲家获普利策音乐奖就算是到头了。但我认为作曲家的创作生涯是没有尽头的。由于普利策提倡创意与前瞻性，作为普利策近百年历史上首位亚裔美国作曲家，以1962年以来首部大型歌剧获得普利策音乐奖，我引以为自豪。有一点要说明，我不是网上传说的"四大才子"之一。获普利策音乐奖后，美国作词作曲家版权协会将于5月24日授予我"2011 ASCAP（世界权威版权组织）音乐会奖"。

为了让我对他有更多更详细的了解，周龙在电邮中给我链接了一长串美国媒体对他的报道。他说："我的很多作品都是将中西文化元素与传统相结合，长期以来我都在寻找适合写成歌剧的素材，直到我读到瑟瑞斯·林·杰考布斯（林晓英，出生在新加坡的美籍华裔）写的《白蛇传》剧本初稿后，便开始了我第一部歌剧的创作。我从小就是听着这个传说故事长大的，故事有着普世的主题，能引起所有人的共鸣……我要感谢波士顿歌剧院、北京国际音乐节基金会，还有一同为这部歌剧的诞生奉献心血的朋友们。我也要感谢我的妻子陈怡为这部作品提供了宝贵的建议。我把歌剧音乐献给我的母亲，她是一名歌唱家，其歌声永远萦绕我心间……”

在中央音乐学院出版的一本《作曲77级》的书中，我看到周龙的名字与谭盾、刘索拉、陈其钢、瞿小松、叶小纲、郭文景等一代著名音乐人相并列，其中最有意思的是和他的妻子、同样是作曲系77级的著名作曲家陈怡并列，书中有这样一段描述：“中央音乐学院作曲系77级当年29个同学中，有五朵金花。五位同窗中，陈怡的成就当为翘楚——她不仅创下百部作品——全班同学作曲数量的最高纪录，而且当今已是在美国主流音乐家中颇有知名度的华裔女作曲家。当年入学不久，热情单纯的陈怡就被同班的一位雄才一如既往地穷追不舍，终于成为恋人与爱人。这位雄才夫君，便是出自77级的另一位著名作曲家——周龙。”

这样的一对由音乐而结合的夫妻，从中国到美国，双双取得了专业上辉煌的

▲ 周龙作曲获普利策音乐奖的歌剧《白蛇传》剧照

成就，成为中央音乐学院作曲系的一段佳话。出生于艺术之家的周龙，爸爸是画家，妈妈是女高音歌唱家，周龙和妹妹的童年便是在浓郁的艺术氛围里度过的。周龙从5岁开始学习钢琴，但他最感兴趣的却是玩无线电，装小收音机和做航模。当然，妈妈在钢琴旁唱歌剧时，他也很喜欢听，却不愿意坐在钢琴前弹枯燥的练习曲。1969年，16岁的周龙背着心爱的手风琴与许多北京知青一起来到北大荒插队，开着拖拉机在荒原上放飞着他无法实现的青春梦想……周龙说，艺术是人类思维的一种升华，我们的人生经历都不同，我们这一代是从“文革”中走过来的，那时候我们也都热爱音乐，但是我们却没有机会学习，更不要说创作。我当“知青”下乡劳动了10年，有5年都在开拖拉机耕田。恢复高考以后，我回到北京考取了中央音乐学院77级作曲系，我们那时候真是如饥似渴地学习啊！

谈到歌剧《白蛇传》的创作，周龙说：“这是一部英语歌剧，这也是第一次用英语来诠释中国的神话与传说，对我来说处理这部歌剧非常为难。首先英语不是我的母语，创作中经过很多的反复修改。这部作品我写了三年。三年，你知道一个人的生命有多长？我把三年的生命都投入进来，在这三年的过程中，我没有什么其他的生活，没有任何娱乐。我被波士顿乐团追稿时，正患了一场重感冒，有三个星期高烧不退，很难受。但我还得继续创作。我写歌剧时，为了寻找感觉，每一段音乐我都要自己唱一遍，我不是歌唱家，但我唱得嗓子已经哑了。包括青蛇唱的最高音我都可以唱，不是唱一遍，而是唱上百遍，要感受用英语歌唱时舌头的位置……”

出乎意料的是，这样一部完全用东方的传说故事创作出来的歌剧，在波士顿演出时大受欢迎，周龙告诉我们，《白蛇传》在波士顿首演一共4场，其中第一场每张票的票价高达一千到三千美元，竟然被抢购一空。后面3场是正常票价，也全部售完。观众是抱着一种期待来的，在波士顿已经40年没有新歌剧产生了，所以这对他们来讲，是一个历史事件。在波士顿的高速公路上，都挂满了关于上演歌剧《白蛇传》的横幅标语。演出的时候，那个场面很令人感动。演出结束时，全场观众起立长时间鼓掌达15分钟之久……

访谈录

从小听母亲歌唱，一部歌剧总结半生创作生涯

张　星　**您的母亲是一位歌唱家，她对您在音乐方面的影响有多大？**

周　龙　我从童年就开始听歌剧，那些美妙的歌声打动了我。我不懂那些语言，但我喜欢那些旋律。在众多古典作曲家之中，普契尼与柴科夫斯基的旋律最为优美。我的大姨从莫斯科带了不少唱片回到北京。当然，我每天都听到母亲的歌声——不单是歌剧，也有艺术歌曲。她是声乐老师，经常在家里给学生上课。有时候，我整天或者整个周末听到的都是练声歌唱，歌剧音乐熏陶了我童年的心灵。

张　星　**您有不少同学比您早得多就创作歌剧，您却等了许久才写第一部歌剧？**

周　龙　其实，我曾经看过几个剧本，可是我对它们都没有很强烈的感觉。写歌剧还是要有机缘。我曾经写过不少声乐作品——包括合唱、独唱、声乐与乐队。运用中国古代诗词，有用中文演唱，也有译成英文谱曲。当我接受创作这部歌剧时，并没有觉得陌生。谱写英语版《白蛇传》，相对有一定难度，但我在西方生活了半生，并未感到有什么不自在。

张　星　**您直到50多岁才创作第一部歌剧，并且一上演就获这么重要的奖项，应该算是厚积薄发吧？**

周　龙　每个作曲家都不同，莫扎特非常年轻就开始创作歌剧。但是我们这一代人身处的时代背景不一样。因为“文革”我们没有机会上学，尽管我母亲是一位歌唱家。但我一点都不为自己到了50岁才创作首部歌剧而感到遗憾。《白蛇传》的故事家喻户晓，但我们的处理手法重点面向当代观众。无论是文学性、戏剧性、配器，每一个角色的音乐主题必须具有时代气息。我写过很多管弦乐作品，还有不少包括声乐的室内乐

与现代舞蹈及剧场作品，这些经验都集中在了我的首部歌剧中。我觉得，这部歌剧好像总结了我至今的创作生涯。

在歌剧中运用京剧元素，竹笛代表白蛇，二胡代表许仙

张　星　**国内已有不少根据《白蛇传》故事改编的戏剧、电影、电视剧与舞台制作，都一样吸引当代观众，它们引用了过往的一些版本，您这部歌剧有没有从中汲取一些营养呢？**

周　龙　这部歌剧的创作过程是这样，编剧林晓英撰写了一个英语剧本。她来自于新加坡，最初在美国学习英语创作，后来到哈佛大学攻读法律。林晓英当职业律师25年后退休，再次执笔，便创作了《白蛇传》脚本。这个故事也同样吸引我，因为除了它的戏剧性以外，也有丰富的历史背景。我指的不是可以考证的史实，而是那传奇所包容的创作空间。林晓英是在新加坡出生长大的美国人，她熟知白蛇的故事，而且是十分原始的故事。她可能也接触过某些有关《白蛇传》的影视。我只曾经看过《白蛇传》的昆曲与京剧，也只是其中的一些情节片断，并不是整个故事。

张　星　**创作歌剧与音乐会形式的作品不同，您能谈谈创作过程中的事吗？**

周　龙　歌剧的脚本提供了基本的戏剧结构，但在对音乐上的考量并没有太大的差别。我在创作上，是跟着感觉走。在还没有谱曲前，我心中已有一个整体的构思，我知道所需的架构与长度。序幕、尾声以及以四季为主题的四幕歌剧其实就像不同的乐章。然后，我考虑幕与幕之间的戏剧性，还有音乐性的反差。你不可能硬把宣叙风格套用在每一幕中。演出的速度也不可能从头到尾都是快板。你需要考虑整套歌剧的对比。然后，就像我刚才提到的，你跟着自己的感觉走。

张　星　**您还在歌剧中运用了一些中国元素，您在创作时是怎么考虑的？**

周　龙　我没有直接引用中国戏曲或民间音乐曲调，但我确实用了京剧元素。如在某些段落中，贯穿运用了独特的中国戏曲打击乐节奏型，尤其是第二幕。某些节奏代表某些人物，某些旋律或者乐器音色也可以代表不同角色。比如埙象征小青（青蛇），竹笛代表白蛇，二胡则是许仙。你尽可能运用音乐寻找创新的处理方法。创作音乐会形式的作品时，你就不必特别考虑这些问题。

张　星　创作歌剧要求很高的合作性，您喜欢这种合作方式吗？

周　龙　当我创作舞蹈音乐的时候，我需要与编舞家沟通。当我创作剧场音乐的时候，我需要与导演沟通。但是，歌剧的合作性是从多方面结合起来的，我喜欢这种合作过程。但是我也要面对很大的压力。一开始的时候，编剧和我一起谈论创作，后来，波士顿歌剧院也参与讨论。基本上，我们三方一起研究日程与制作的规模。当时，我们还没有导演的人选，他们询问我关于挑选导演的条件，我觉得不一定非得是中国人，因为制作与演唱的语言都是英语。我跟编剧与导演都花了很长时间一起工作。

张　星　正如您说，这是一个用英语表达的中国传统故事，那么您是否觉得音乐也同样包含西方与中国文化吗？

周　龙　我觉得用“中国”或者“西方”这些标签不重要，音乐所蕴藏的戏剧性才是关键。在这里，你必须做出某些决定。我的室内乐大多是无调性作品——与我可听性较强的管弦乐作品不太一样。有些乐评人特别推崇前卫风格的歌剧，可是观众大多抗拒这类音乐。所以，我做出了最终决定，选择了二者的调和。《白蛇传》一开始，是一个无调性的序幕，它主要包含的元素，是以京剧念白与西方无调性手法处理唱腔的结合。听起来的效果像是吟诵英语的京腔。这不只是选择中国或者西方传统，而是把这些元素融合在一起，从风格上达到特定的戏剧效果。当今创作歌剧，难得多次上演，你希望观众对你的音乐印象深刻，

▲ 张星与周龙、陈怡夫妇合影

而不是摸不着头脑，不知所云。

用男性女高音饰演青蛇，对东西方都充满异国情调

张　星　**有些北京观众看过《白蛇传》感到已经不是我们熟悉的那个故事了，从舞台到服装都充满了异国情调，您怎么看？**

周　龙　同样，这部歌剧在西方观众面前呈现的也是异国情调的文化氛围，所谓异国情调，不单是音乐，也包括演出的特性与风格，以及观众本身的文化背景。所以，异国情调不只限于一些艺术手法，如引用京剧元素等。异国情调可以是环境与个别人物之间的互动。我创作这部歌剧的时候，刻意地取用东西方文化都可以认同的元素，好让来自东西方的观众都有所共鸣。中国观众对英文版歌剧《白蛇传》也会有他们的想法。所以这部歌剧对他们来说，也可能带有一定的"异国情调。"

张　星　**说到异国情调，也包括由男性女高音来担纲青蛇角色这个决定吧？他**

一方面象征了中国戏曲中的男旦角色，也代表了西方歌剧中使用阉伶歌手的传统，对吗？

周　龙　一开始，大家都同意找一位男演员饰演小青，传统京剧和昆剧都有男旦这种行当，梅兰芳就是一个最好的例子。我们知道，男旦并不是"高男高音"，而是男性的女高音。我们在北京选角时，找过几位男旦，但自从"文革"后，男旦的恢复很难很难。再有就是演唱《白蛇传》，演员必须用英语来唱，就给我们的戏曲演员出了难题。最后我们做出了另一个决定。林晓英觉得，我们可以运用男性女高音。我本来反对这个建议，我觉得太奇怪了！白素贞与小青本应该是美丽动人、身材苗条的女子。在西方歌剧中，其实很难找到这样的演员。唱得好的不一定有迷人的身段。尽管麦克·曼尼阿齐（饰演小青的男性女高音）是当今乐坛上最活跃的男高音之一，我还是有所保留。直到首演当天，他的表现非常出色。

张　星　**您还准备创作第二部歌剧吗？**

周　龙　在世界首演前几天，《波士顿环球报》的记者也问过我同样的问题，我当时脱口而出的回答是"不"。创作歌剧所面对的压力，是我毕生都没有经历过的。你要全身心地投入，才可以把歌剧完成。当我谱写完最后一个音符，把铅笔放下的一刻，我才感到自己是真的完工了。我没有办法形容我当时的感觉，是空虚，然后带一点失落。这样的回答让波士顿的那位记者很吃惊。创作歌剧是一项庞大的工程，也是一个艰辛的过程，我终于把它完成了。现在，我再也没有失落的感觉了。我现在回答你的问题——我可能还没有准备好吧。但是，要是我遇上合适的剧本，我会乐得再一次接受这个挑战。

杜鸣心

音乐人永远是年轻

杜鸣心：著名作曲家，全国政协委员，音乐教育家。1928年出生，湖北潜江人。早年入陶行知先生创立的育才学校学习音乐，师从著名音乐家贺绿汀、范继森等人。20世纪50年代考入莫斯科柴可夫斯基音乐学院作曲系，师从该校著名教授楚拉基先生。早期作品有舞剧《鱼美人》、《红色娘子军》（与吴祖强等人合作），《第一、第二钢琴协奏曲》，交响诗《洛神》，交响音画《祖国的南海》，交响乐《青年》、《长城》等，以上作品均由BMG国际唱片公司录制，CD发行于全世界。

印象:快乐来自于未泯的童心

谁都知道,童年际遇对人一生的影响是多么的重要和难忘!通常人到中年,容易怀旧,怀念往昔那些或美好或艰辛甚至是灾难的岁月风霜。那么,当一位走过近80年人生旅途的老人,再回首往昔的岁月风云,他会记住些什么?还会再有中年人的那种感叹与伤怀吗?

2007年10月,采访我国著名作曲家杜鸣心教授,与这位老人共同度过了一个美好的下午。在这个枫叶红了的收获季节,在北京中央音乐学院宿舍那间小小的客厅里,伴着不时响起的钢琴声,我终于感悟到,人生的快乐并不在于得到了多少,享受了什么,而在于你创造了什么。无论什么年龄,有过什么样的人生遭遇,只要你的创造力不衰,你就会永远年轻,永远快乐。

不仅创作了《鱼美人》、《红色娘子军》(与人合作)、《春之采》等大量音乐作品,还培养出了像王立平、叶小刚、瞿小松、刘索拉、徐沛东、姚盛昌等一大批著名音乐家的杜鸣心,79岁的年纪却精力充沛,谈兴甚浓,并且颇具童心。刚一见面,仅从外表看,你会感觉他是一位老人,但他一开口,这感觉就变了。他谈到了自己的童年,从战时的难童收容站,到陶行知先生的育才学校,从11岁第一次见到钢琴,到第一次登台为周恩来等大人物演出钢琴独奏……他的讲述娓娓生动,神采飞扬,仿佛一切仍历历在目!这时,他的心魂已脱离了他79岁的躯体,回到了童年那段虽艰难却铭刻心底的岁月。父亲牺牲前临别时的音容笑貌,母亲拥抱唯一骨肉时的无声泪水,高唱《松花江上》时的激愤与悲恸,初摸琴键时的惊喜与心灵震颤……

杜鸣心依然清楚地记得往昔岁月的许多细节,陶行知先生的爱心,贺绿汀、范继森先生的教诲,与马思聪等人在天津共演四重奏时的欢乐,在俄罗斯为刘诗昆充当翻译的轶事,甚至他11岁那年初登舞台时弹奏的那首儿童乐曲……

一边说着,他情不自禁地起身来到了钢琴前,打开琴盖弹了起来,那曲子像一群欢蹦乱跳的小兔在他的十指尖蹿跳,活泼朝气并且充满童真。再看他的表情,有如被魔法师施了魔法一般,竟然在音乐响起的瞬间变成了一个孩童,一脸顽皮的微笑。这时,眼前这个叫杜鸣心的专家、教授消失了,在旋律中幻化出的是

▲ 杜鸣心作品音乐会上与学生合影。左起：姚盛昌，叶小刚，刘索拉，杜鸣心，瞿小松，李冰洋

那个父亲起名叫杜明星的孩童，弹了一首，意犹未尽，情不自禁地又弹了第二首。从来没想到过，音乐竟然有使人返老还童的魔力！投入到音乐中的杜鸣心完全是一个儿童！

事实上，杜鸣心的童年岁月充满伤痛与苦难。1937年的那个晚上，父亲带他去听京剧名角荀慧生唱戏的第二天，父亲就随部队开赴淞沪抗日战场牺牲了。从此，孤儿寡母，饥寒交迫。为了儿子的活路和学业，母亲忍悲含痛把他送到了战时的难童收容站，母子天各一方，他成了孤儿。所幸的是，他被送到设在四川省永川县的第二儿童保育院后，遇到了恩人一般的音乐老师，他的音乐天赋被发现，从教他唱歌开始，开启了他的音乐人生。更幸运的是，一曲含泪演唱的《松花江上》，他如泣如诉的"爹娘啊，什么时候才能欢聚在一堂"感动了台上台下，也感动了前来挑选人才的老师，再经过复试，他以百里挑一的成绩考入了著名教育家陶行知先生创办的育才学校，开始了他的专业音乐生涯……

说到育才学校的往事时，嘴里不停地吐出“艰难”这个词的杜鸣心却始终是一脸灿烂的笑容，对于他来说，那艰难的岁月正是他生命中音乐的摇篮啊！

老人很健谈，一讲就讲了两个多小时。即将结束时，坐到钢琴前的杜老精神抖擞，按捺不住又弹起了贝多芬《命运》的前几个乐句，虽然年近80，但他手指的力度依然不减，每一个音符都充满生命的活力。随着那两句重重的“敲门”声，他人生的大门霍然开启，他人生的故事就在这旋律中一一展开。

10月19日，由北京音乐家协会与中央音乐学院共同主办的“永远的春之采——杜鸣心从事音乐创作50周年作品音乐会”在北京中山音乐堂成功举行。当《红色娘子军》中“快乐女战士”那明朗、欢快的旋律响起时，杜鸣心的脸上再次露出了孩童般灿烂的笑容，由音乐传导的快乐荡漾在音乐厅的每个角落，也荡漾在作曲家和前来为他祝贺的音乐学子们的心头……

访谈录

张　星　**您原来的名字叫杜明星，对吗？**

杜鸣心　是我父亲给我起的，我父母都很喜欢戏曲。抗日战争前我父亲是国民党的一个少校军官，七七事变以后，他的部队就奉命调到上海，参加淞沪抗日保卫战。我9岁那年，我记得那是一个秋天，父亲在前线牺牲了。他的部队临开赴战场之前的那天晚上，他特意回家带我到汉口一家大戏院去看京剧名家荀慧生演的戏，看完戏后他把我送回家，作为一种告别。却没想到，竟成了永别。

张　星　**您是怎么进的难童收容站呢？**

杜鸣心　父亲牺牲后，家里没有了生活来源，母亲就是个家庭妇女，为了节约开支，母亲只好带着我回到老家潜江县。1938年武汉失守后，日本人沿着汉水就要打到我们家来了，那时潜江的战时儿童保幼会有一个临时收容站，收容一些无家可归的孩子和受战争迫害的孤儿，把他们带到后方去抚养。母亲就把我送到了那里。母亲觉得我在家里一是不安全，二是没有钱上学，就让我与同村的一些小孩一起去这个收容站，他们把我们集中起来从潜江一路撤退，最后到了重庆，被分到离重庆不远的永川县第二保育院，一天只能吃到两顿稀饭，有老师教我们文化课。

就在1939年夏天，教育家陶行知先生在重庆创办了一所育才学校。育才学校的老师到各个保育院去选拔学生，主要是从难童里选比较有培养前途的孩子。就在欢迎育才学校老师的会上，我们唱了“流亡三部曲”，我站在一个小凳子上，独唱其中的第一部《松花江上》，当时我唱得很有感情，想到我死在战场上的父亲，我的身世，唱得泪流满面，唱得大家都非常感动。后来又经过智力测验，在我们400个孩子中只挑了4个，百里挑一啊，其中就有我一个。育才学校设在一个偏僻山坳的古寺庙里，离重庆还有一大段山路，交通很不方便。从重庆去要先坐一天的船，然后再走20几里山路才能到。那时我已经11岁了，11岁才第一次看见钢琴啊！那美妙的琴声一下子就吸引了我，简直太好听了！贺绿汀是我们音乐专业的主任，他夫人教我们认五线谱、弹《拜尔》，到现在我还记得。才学了一年多，1940年年底，陶行知就把我们学习音乐的孩子带到重庆去进行演出。那场演出，除了数百位普通观众以外，陶行知请来了许多重要的人物，有中共领导人周恩来、邓颖超、叶剑英，国民党要员冯玉祥、何应钦以及文化界知名人士郭沫若、茅盾等。一开始我们并不知道有这么多大人物，演出结束后，看他们给我们题字时才知道的。其实我们弹的曲子很简单，刚学了一年，我和几个小朋友弹钢琴独奏，我弹了两首曲子，很小的小曲子。

张　星　**这是你生平第一次上台演奏吗？这之后您给自己由杜明星改名为杜鸣心，是吗？**

杜鸣心　是，60多年过去了，我仍然记得很清楚，印象非常深。周恩来和叶剑英的题词是“为新中国培育出一群新的音乐天才”、“为世界而工作，为工作而学习”。我觉得只想着当明星是不对的，要用音符表达人民的心声才对。我们开完音乐会之后，不久就发生了皖南事变，这时候形势就很紧张了，因为大家都知道陶行知先生是一个进步的教育家，而他办这个学校是一直受到党的关心和支持的。周恩来和邓颖超1940年夏天还到育才学校来参观过，学校是那么偏僻，路很难走，他们来了给我们讲话，鼓励我们要好好学习，将来为新中国作贡献。他们还在学校住了一晚，第二天才走。

张　星　**周恩来给您的印象太深了！**

杜鸣心　皖南事变之后，我们学校的形势很紧张，地下党安排许多老师一夜之间都撤离了。在这种情况下，周恩来说，把育才的一些有才华的小朋友送到延安去，这其中就有我。我们就在八路军办事处住了半个月，明天就要出发了，当晚，周恩来把育才的同学召集起来，挨个问家里的情况，凡是独生子女就都要留下来。因为这一走，就完全不能和家里通音讯，如果只有一个孩子，家长找不到人，向陶行知要人怎么办？当时就留下了4个学生，其中就有我。第二天我们只能眼泪汪汪地看着别的小朋友走了。

张　星　**如果那时候您去了，很有可能从此就与音乐告别了。**

杜鸣心　是啊，到了延安根本就没有条件再学音乐。后来才知道，我的同学们到了延安就开始整风，好多同学都给抓起来，说他们是国民党特务来卧底的，挨个审查。还是周恩来去说，这些陶行知育才学校的孩子都是苦孩子，才放出来。

张　星　**您又逃过一劫，后来又回到了育才学校，还学了拉小提琴？**

杜鸣心　有机会就学吧，很难得的机会，我拉得还可以。新中国成立以后，我已经到音乐学院任助教了，马思聪先生是新中国成立后第一任音乐学院院长，当时中央音乐学院就在天津的大王庄十一经路(说到天津，他很自然地冒出了一句天津话)。那时候，每个周末我们都要在马思聪家里搞一个小型音乐会，既是一种消遣，也是音乐家之间的一种沟通。我还记得，马思聪拉第一小提琴，从美国耶鲁大学毕业回来的黄先生拉第二小提琴，大提琴由马先生的内弟担任，中提琴就由我来拉。我们在一起拉莫扎特的弦乐四重奏等，每次拉两三个钟头，然后就在马先生家里吃一顿饭……

张　星　**能跟马思聪一起拉四重奏，您太厉害了！**

杜鸣心　1951年，新中国第一次派艺术家代表团去捷克参加“布拉格之春”音乐节的时候，马思聪先生是代表团的团长，他拉小提琴独奏就让我给他弹伴奏。还有著名歌唱家俞宜萱与郭兰英的独唱，也都是我弹的伴奏。

张　星　**您从弹钢琴转到作曲，能谈谈这个过程吗？**

杜鸣心　1954年考莫斯科柴可夫斯基音乐学院时，我考取的是钢琴专业。当时留学生的政治审查是非常严的，与我们同期两个考取作曲专业的同学都在审查时给刷下来了。于是我就主动申请，要求改学作曲。因为我一直就有作曲这样一个梦，也写过一些小曲子。经过一番周折总算得到批准，但到了莫斯科转学作曲还要参加考试。我记得考的是一首巴赫风格的曲子，大概12小节吧。一个人在那儿弹琴，要求考生记谱，考你的听辨能力。我在中央音乐学院教过试唱练耳，这对我一点都不难。我是迟到进考场的，却是第一个交卷的，老师一看，一个音不错，把他们镇住了。

张　星　**在您一生中创作的这么多作品中，您比较喜欢的作品是哪一部？**

杜鸣心　舞剧《鱼美人》和《红色娘子军》中的一些选段，比如“快乐女战士”啊，“军民一家亲”歌，“洪常青就义”等，是我比较满意的。前年年底，我新写了一部舞剧《牡丹仙子》演过几场，对音乐的反映比较好，那部作品我是花了很大的功夫。

张　星　**您还为许多的影视作品写过音乐，像电影《原野》、《伤逝》、《李四光》，电视剧《洗星海》等等，您认为在作曲中，最重要的是什么？**

杜鸣心　我认为旋律很重要，虽然搞现代技法的作曲家有一个共同的特点，就是否认旋律的重要性，但我认为旋律才是能够表达各种复杂的情感、唯一能与听众进行感情交流和沟通的手段。

张　星　**虽然您受的是俄罗斯的音乐教育，但您基本上是以搞中国特色的音乐作品为主。可像您的一些学生，比如叶小刚、刘索拉等都是搞西方现代音乐的，您怎么看？**

杜鸣心　我在上课时，并不妨碍他们走自己的路，表现自己的个性。我只是给他们打一个比较牢靠的作曲技法的基础。在这个基础上，你们去走你们自己的路，那就比较容易了。如果没有这个基础，那你就是架空的，要想走自己的路就比较难了。每个人有每个人的特色，每个人的才华

▲ 张星在中央音乐学院采访杜鸣心

也不一样，对学生我从来不强求一致。

张　星　**当年《红色娘子军》号称集体创作，那你们是怎样分工合作的呢？**

杜鸣心　是分场次创作的。当时的分工是一共有6场，我和吴祖强是老师，另外3个是刚刚毕业的学生。我们俩就多分担一点，一个人负担一场半，他们3个人一人一场。我是从第4场的后半场开始写的。从“快乐女战士”开始到结束，还有第6场的“洪常青就义”是我写的。

张　星　**听说创作《红色娘子军》中“万泉河水”这首曲子的时候您还差点挨批？**

杜鸣心　那是在“文革”期间，这首歌原来的第一稿是我写的，江青审查时，说这个曲子写的怎么像黎锦晖呀？你知道这句话很可怕，黎锦晖30年代在上海写了很多“黄色”歌曲，其实就是爱情歌曲。比如后来被誉为中国流行音乐的开山之作《毛毛雨》等，是所谓的靡靡之音。芭蕾舞团的一位演员说，杜鸣心你好大胆，你敢把黄色歌曲塞到“样板戏”里来！

后来就发动群众重写这首歌，说谁写得好用谁的。乐队和合唱队100多人都写，我也又写了好几首。最后认为还是我写得这个比较好，有海南岛风格，说我是戴罪立功了。不然那时我会很难过，被当成是别有用心，把毒草塞到“样板戏”里来了。

张　星　**您已经快80岁了，一般老人到了这个年龄早就不再工作了，但您还那么勤奋，毕竟创作是一件很辛苦的事情。**

杜鸣心　许多人到这个年龄都写不动了，可我每天晚上还在工作，都要工作到很晚。还在创作。前年写了部舞剧，去年我还写了一个电视剧的音乐《船政风云》。在影视作品中，我写得比较满意的是电视剧《冼星海》，它的编剧是我的学生王朝柱，“文革”前中央音乐学院作曲系的学生，现在他成作家了，他写了许多重大历史题材的作品，像《长征》、《延安颂》、《周恩来在上海》、《邓小平》、《西安事变》等等。目前他正在与我合作《周恩来在重庆》,我中秋节刚刚到重庆跑了一趟。他要写的这个剧,那个时期我正好在重庆,跟周总理都有接触,现在像我这样曾近距离地与总理在一起的人已经很难找了,于是他约我为这部剧写曲子,认为在情感上更贴切一些。创作让我感到生命很充实,只要有音乐,我就不觉得自己老……

黄宗江

我的初恋在『南开』

黄宗江：原籍浙江瑞安。1921 年生于北京，少时曾发表独幕剧及诗歌、小说。后迁居天津，在南开中学参加戏剧活动。1938 年入燕京大学，参与组织燕京剧社。1940 年冬到上海，任话剧和电影演员。后到重庆任演员。出版散文集《卖艺人家》、《老伴集》等。1958 年起任八一电影制片厂编剧。1957 年与石言共同创作电影剧本《柳堡的故事》、《农奴》、《柯棣华》、《秋瑾》等。2010 年 10 月 18 日在北京去世。

印象：纯情——酷老头，激情——剧作家，热情——老朋友

知了在树上齐鸣，艳阳在头顶高照，在这样的夏日里，我们专程来到北京八一电影制片厂，采访集演、编、著于一身的职业艺术家黄宗江。

提起黄宗江，人们会很容易地联想到另外几个名字：黄宗英、黄宗洛、黄宗淮、黄宗汉。不错，这些人正是他的兄弟姐妹们。身为长兄，黄宗江为此曾出版过一本集子，名字就叫《卖艺人家》，主要指从事演艺事业的他和宗英、宗洛、宗汉兄妹4人。

年过八旬的黄宗江依然热情、健谈、幽默，他穿着一件部队的夏装，热情地迎接我们这些天津来的客人，我发现在他书桌的台历上，在当天的日子上注了一个大大的"津"字。不仅如此，老人家还特意为我们准备了一些复印好的资料，并且等我们一到，立刻打开电视，为我们播放电视台为他录制的一档专题节目《回家》。

两年前，当电视台要给黄宗江拍以"回家"为主题的专题片时，出生于北京，13岁父亲去世后，便漂泊一生的他竟然不知何处是"我家"，他说："我回家都不知道往哪回，我年轻的时候，就是失去故乡的人。"于是，电视台的人说，就拍回南开吧，他欣然应允。

父亲去世后，他搬出了北京的胡同，随家人来到了天津。他在天津的南开中学度过了自己一生中最难忘的高中时代。

说难忘，因为这里曾经有过他刻骨铭心的"初恋"——

"初恋，有星星的晚上，讲初恋的故事几乎无从说起。那时候我在一个中学里读书，就是南开呀，想演戏没演过戏，礼堂里演了一出法国莫里哀的名剧，是曹禺改编，男主角就是曹禺。看完之后又钻进礼堂，看曹禺脱了鞋在照相，场子里空无一人，台上有光，和上演时一样亮。戏演过之后，好几个黄昏我徘徊在礼堂旁，白杨树下。是什么使得我这样惆怅呢？白杨，台上消失的灯彩，那名家的演技。为什么我总不能忘怀台上的光？我喜欢这些光影正巧投在舞台上，抱定了要做剧人，那时候搞戏的人叫剧人。于是，写了这样一篇短文，我的这个'初恋'就是我对戏剧、对舞台的初恋。"

这是黄宗江1944年写的一篇名为《我的初恋》的散文。他没有想到的是，当他真的走上戏剧舞台之后，竟然神魂颠倒地爱上了《雷雨》中演四凤的女同学，这一场初恋毫无结果，不久他竟然为了另一场无望的恋情服药自尽，幸被救起……少年时代的黄宗江，是一场多情又纯情的风花雪月，是一部在中国上演的"少年维特之烦恼"。他说，他不仅爱戏剧，还爱南开、爱女主角，他的三层初恋都发生在他的南开岁月中。

也许，多情又多愁、善感又善良的黄宗江天生就注定了是一个戏剧与人生无法分开的人。他从9岁便开始创作剧本《人之心》，并于10岁时发表在当时北平《世界日报》副刊上，之后又疯狂地迷恋上了表演艺术，演戏不过瘾他就写戏，继而写文章，著书，讲学。不仅创作了电影《柳堡的故事》、《农奴》等，1986至1987年，作为美国富布赖特国际交流学者，黄宗江应邀赴美讲学，在一年里开了中国戏曲、中国戏剧、中国电影三门课，大受欢迎。还终年笔耕不辍，写作出版了《悲欢集》、《老伴集》、《卖艺人家》、《长歌集》等多部文集，最终成为集剧作家、演员、教授、文化使者于一身的艺术家。

1956年，经历过一次失败的婚姻，年已35岁的黄宗江再次陷入情网，又开始了一场新的恋情。连续熬了几个不眠之夜，他给与他同龄、又带着两个女儿的女军官阮若珊写下了一封长达万言的《求婚书》，他在信中写道："……我们都是三十好几、踏过半生的人，半路杀出这么一位中年突击手，面对面实在有些窘迫。我既难卖老，也难充小，我对年轻人到底是怎样谈恋爱的，实在有些惶恐生疏之感了。那么我首先希望没有吓着你……我懂得珍惜自己的'最后一次的爱情'。巴尔扎克说过：'最珍贵的感情是以一个人的初恋来换取一个女人最后一次的爱情。'我想把这句话这样改一下：'一种最珍贵的感情是以一个男人最后一次的爱情来换取一个女人最后一次的爱情。'我现在依然好像有'初恋'的感觉……"在黄宗江一连串爱情炮火的猛烈攻击下，这对有情的中年恋人终成伴侣并且相爱一生。他们共同撰写了感人的《老伴集》一书。直到前几年阮若珊病逝，黄宗江依然对她怀有初恋般的痴情。

采访的时候，黄宗江家的楼上正在装修，巨大的噪音不时传来，可老人家却心静如水，谈笑风生。他从一见我们的面，就改口开始说天津话，那种亲切随意，

张星采访黄宗江、王铁成 ▶

使我们几乎忘了是在采访，如同回到久违的家中一样。时至中午，原本是想请黄老到外面吃饭，可他却执意留我们在家中就餐，他的女儿丹娣曾写过一篇谈父亲“吃品、艺品、人品”的文章，说父亲的最大特点就是“好吃”，并且“在吃学上极其讲究艺术性。”果不其然，当黄老让多年在他家服务的曾嫂端上为我们准备的日本料理“鸡素烧”时，那非同一般的色香味顿时就俘虏了我们的胃，于是不再客气，与老人家共品美味……

我发现，虽然年过八旬，但黄宗江的记忆力非凡，只要是他曾经饰演过的角色，不论是《雷雨》还是《家》、《罗密欧与朱丽叶》等等，角色的台词他都是张口就来，自然得完全没有背诵的痕迹，仿佛就是他自己直抒胸臆的心里话一样。尽管他一生从事了那么多的行业，写出了那么多的剧本书籍，我还是能够从他的言谈话语中感到，他最热爱的其实是表演。当我把这个问题向他提出来的时候，他说：“演戏是需要天才的……”

告别的时候，黄宗江把送给我的书和复印的资料递给我，问道：“够你炒一盘了吧？”我被他逗笑了。现在，我就把老人家送我的这盘色香味极佳的“菜”奉献给

访 谈 录

我也是爱南开的

张　星　**“我是爱南开的”这句话，是少年周恩来的告别母校之语，就刻在今日南开中学的校园内。我看过您写的一篇散文，说您也是爱南开的，是吗？**

黄宗江　南开是我的初恋，我能不爱吗！我在《我的初恋》一文中曾写过“只是一些光影，我喜欢这些光影正巧映在舞台上，自做卜解，命定了做剧人。”我当时是南开的一名中学生，那部让我痴迷的戏剧就是曹禺改写的莫里哀的《财狂》，我还记得导演是张彭春（张伯苓的胞弟），舞美设计是永恒美丽的林徽因，男主角就是曹禺（学名万家宝）。因为他常在戏里演女角，所以要在名字后面标一个男字。后来，比他年幼一轮的我也终于在这台上演戏了，演的也常是女角。比曹禺年长一轮的周恩来更是常演女主角了。“文革”后，我应邀去重庆参加又一次的雾季戏剧节，四川的南开中学邀请我去演讲，校长用浓烈的有如川剧的声腔向同学们介绍说：“周恩来同志、曹禺同志、黄宗江同志，是我们南开三大女演员！”

张　星　**那您又是怎样在南开萌发了对异性的初恋呢？**

黄宗江　我们是男校，那时候，南开女中已经成立，就在男校的隔壁。演剧却还是男女分演，虽然如此，但已经开放得可以男女合看了。我初恋的那个女生演了一个独幕剧，是欧阳予倩著的《回家之后》中的女主角，一个贤妻良母，剧中她的丈夫去了国外，带了一个假洋鬼子回来，她有一句很哀伤的台词是：“记得当年在荷花瓣上写情书的时候……”我也不知怎么的，就对她一见钟情，默默地暗自为她写了一年的日记。直到我们上了同一所大学，才男女合演了《雷雨》，她演四凤，我演周冲，我这个周冲可是真喜欢那个四凤啊！周冲的爱情就是我的初恋，可注定是要失败的……

张　星　**2002年您曾再回南开，把天津当作您故乡的一部分。对于天津这个家，您感受最深的是什么？**

黄宗江　我在南开受的不仅是戏剧教育，还有课堂教育，恩师们给我最广、最深的教诲，不是哪一篇、哪一行、哪一页的书本知识，而是爱国主义、人道主义、人文主义的教育。周恩来当年就是很好的学生。当年他为什么坐在第一排当中呢？最优秀的学生才能坐在那儿。我上高一的时候，作家张中行刚从北大出来，头一次吃粉笔灰。北大校风很自由，他要点名都不习惯。他自由我也自由，作文我就自由选题，记得我第一篇作文是《爸爸的死》，我有切身体验。我的作文都得高分。我的英文老师是李尧林，巴金的哥哥，给我们选的课文都是英国的名著，在班上我们用英语演戏。数学老师是苏步青，可是我很对不起他，我的数学就是不争气……这些恩师对我的教育我至今不忘。

张　星　**10年前南开校庆时您曾导演并和老校友们共同演出了当年周恩来演女主角的《一元钱》，今年就是南开建校的百年纪念了，您不想对母校说点什么吗？**

黄宗江　再读一遍我在南开校庆80周年写的那首贺诗吧：

大江歌罢忆南开，
南开！南开！
巍巍百载！
培育出多少英才，
继往开来！
遥想当年，万家家宝，
书生年少，粉墨登台。

我追踪迹瑞庭堂外，
白杨树下紧徘徊。
念春秋几何，同窗如许……
小超大姐也曾在，
数人物，先辈校友周恩来！

从演戏到写戏

张　星　**您那么喜欢演戏，又是怎么走上戏剧创作这条路的？**

黄宗江　作为一个南开戏剧的学徒，我已经干了大半辈子戏。在上海当演员两年，到重庆当演员两年，后来为什么不演戏了？因为我从小觉得演员

▲ 2004 年张星到黄宗江家中采访

是天才的事业，应该从头脑到身体能多方面表现，既英俊彪悍，能骑马打枪，又是金嗓子。我不是天才，小时候同学们喊我“破锣”。我京剧修养是比较深的，小时候很迷恋，但有自知之明，演京剧没什么前途，演话剧嗓子差一点没有关系，演得也挺红火。我年轻时候就立志写剧，当然我觉得演剧对写剧有好处，后来就以写剧为生了。到我这岁数，已经没有什么天才不天才这种包袱了，我还能演就是一个人才。

张　星　**从您的个人经历看，我觉得，您的创作和恋爱是无法分开的，就如同您的人生与戏剧是无法分开的一样，是这样吗？**

黄宗江　1940年的冬天，19岁的我为情所困，便决定中断在燕京大学的学业，只身前往上海，考进上海剧艺社，走进了真正的戏剧团，之后加盟了黄佐临组建的上海职业剧团。我带着妹妹黄宗英过起了闯荡江湖的生活。1942年，随着一大批戏剧名家撤往重庆，我也告别了上海的艺友，辗转湘桂，到了重庆。

在重庆，我参加了夏衍领导的中国艺术剧社。在这个集中了夏衍、于伶、郑君里、金山、蓝马、张瑞芳等名家的剧团里，我如鱼得水，拥有了“三大小角色之一”的雅号，并与蓝马、谢添、沈扬一起被称为“四大名丑”。可这时我又一次受到了感情上的挫折，加上忧伤国事，1943年冬天，我毅然报名参加中国赴美参战海军，当了一名水兵，抗战胜利后又离开了部队。

1946年秋天，我再次走进燕京大学校园，念我的第九年大学，在此期间，我结婚了。可这是一个并不幸福的婚姻，我们最终还是离婚了。1948年，我创作的《大团圆》搬上舞台和银幕，并获得成功，从此我由演戏转为职业写作。1949年，我参加了中国人民解放军，被分配在第三野战军文工团。

张　星　**前些天，看崔永元拍的“电影传奇”，拍到《柳堡的故事》时采访了您，您能谈谈当时创作的真实情况吗？**

黄宗江　《柳堡的故事》是我改编的一篇小说。这篇小说的作者叫胡实言,也是上海参军的一个知识分子。领导对我说,这小说很好,预备发表,你去找他把它写成电影,我一看也很好,建国前夕,我们就开始写了,使劲写呀,老通不过。男主角在小说里说:"我虽然是政治指导员,看见好看的女孩子,我也会看一眼的。"这很好,很生活语言嘛,我就把这个写进去了。结果审查的时候给我一个大"×"子,说这样的语言是不能用的,小说里还可以,电影里绝对不能用。胡实言也当过指导员,他说他碰到过这样的战士,按真实的生活,这个战士最后没有回来,他牺牲了。即使回来了,二妹子呢,也结婚了。生活里大概是这样的。可是他说他想了想这样不妥,好像革命成功了,战士个人的幸福却没有了。这样我就把它改成团圆了,一个美好的结局。胡实言是我很好的朋友,我写过一篇文章叫《柳堡二妹子的亲娘》,副标题就是"多情的指导员胡实言"。因为我是这个剧本的干娘,或者奶娘,人家亲娘是胡实言。

我爱女演员

张　星　**有报道说,您多年前曾在一次会上公开说:"我爱女演员!"是吗?**

黄宗江　没错!我一说完这话,众同行大悦。我又补充说:"我也爱男演员!"众更悦。我又坦白从宽地说:"我更爱女演员!"众特悦。今年5月,我还在《新民晚报》上发表了一篇文章,题目就是《我爱女演员》。

张　星　**您能举出具体的女演员的例子吗?**

黄宗江　例子可多了,比如秦怡、白杨、张瑞芳、舒秀文、上官云珠等。再说当代的,比如奚美娟。有一句话说得好,说"女人最好的状态是踏实,有颗平静的心。"奚美娟就是这样一位踏实、平静的女演员,还有斯琴高娃,还有逝去的李媛媛。再比如美籍华人卢燕,有一次看她唱戏,我不禁赞她的仪态从容和心态从容,唯有一生执著从艺者的谦虚的自信,才能获得从容的自由。你可以察觉到，我所仰慕的女演员多是在生活里不像演员的演员，不作秀而内秀，甘于寂寞地做着不寂寞的事。

我还想说，我最亲密的一位最不像演员的女演员，是从太行山下来，行军至沂蒙，又行至关外关内，“沂蒙山小调”的作者，我的亡妻阮若珊。我在她曾为副院长的中央戏剧学院为她召开的追思会上说：“她的基因不是演员、导演，而是教师。还不是教师，而是个女人，忘我的女人，乖女贤妻良母，‘老吾老以及人之老，幼吾幼以及人之幼’，乃相通于革命的信仰，一生一世忠诚。”

附：

黄宗江请我吃“鸡素烧”

听到黄宗江去世的消息我很意外，老爷子那么乐观开朗，今年春天，我还在北大的百年讲堂见过他，在凤凰卫视举办的“世界因你而美丽”的颁奖晚会上，他上台给电影明星卢燕颁奖，还幽默地说，他从19岁第一次听卢燕给好莱坞电影做同声翻译时就“爱”上了她的声音，直到三十多年后才见到真人，并且像对自己的妹妹黄宗英一样称她为黄宗燕……那晚轮到他上台颁奖时已经很晚了，可他依然精神饱满，语言风趣。就像他喜欢美食一样，永远是那么兴致勃勃，热情洋溢。

然而，没有想到他竟然这么快就离去了，回想起几年前我去他家采访他时，他一定要我留下来共进午餐的情景，一切都清晰如昨，他的音容笑貌仿佛就在眼前。

2004年7月，通过朋友的联系，我们乘车进京到八一电影制片厂里他的家中采访，那天天很热，早已离休的他仍然穿了一件部队的夏装，见到我们非常高兴，从一见面他就开始改说天津话，边说边笑，亲切随意。我发现在他书桌的台历上，在这个日子上标注了一个大大的“津”字。刚一落座，他就把早已准备好的录像放给我们看，是电视台为他录制的一部纪录片《回家》。他说，当电视台要为他拍这部片子时，出生于北京，13岁父亲去世后便漂泊一生的他竟然不知何处是“我家”，电视台的人提议，要不就拍回南开吧，他欣然应允。于是，黄宗江的“回家”就是“回”到天津拍的。见到来自天津的记者，老爷子像见到了亲人，聊着聊着，就到了中午时分，我提议请他到外面吃一顿，他却执意让我们尝尝他很喜欢吃的一种日本料理，叫“鸡素烧”，他说不仅美味，并且吃起来很简单，有点像涮锅子，一点也不麻烦。

说起黄宗江的“好吃”，还是相当有水准的，他女儿阮丹娣曾说：“在吃学上，爸爸讲究要有艺术性，达到色香味俱全。什么样的菜，用什么样的盘子，都要精心设计。尤其是请客，研究菜谱，那是爸爸最大的乐趣……”黄宗江一生走南闯北，可以说是“边走边吃”。不论是北国、江南、戈壁、高原，还是亚、欧、美洲，都留下过他的足迹，也都留下了他的“嘴迹”。人家是“读万卷书走万里路”，他还要加上一条“尝百味鲜”。最有意思的是，在“文革”时期，据“八一”厂的严寄洲说，那年他们在一起当“反革命”，有一阵子管得不是那么严了，他忽然发现黄宗江上衣口袋里排列了一溜小药瓶，一到开饭时便在衣服中间掏来掏去，忙得不亦乐乎，再仔细一看，原来那些小瓶子里分别装着黄宗江的“艺术武器”：酱油、醋、盐、味精、胡椒面……

原来，在我们来之前，黄宗江就已经让在他家服务多年的曾嫂采购好了原料：羊肉片、香菜、生菜等。开吃时，把电磁炉放在餐桌上，放上平锅，倒上油，用一层洋葱铺底，然后依次往上边放羊肉和菜，再浇上日本酱油，撒上盐和胡椒粉等作料。烧好一层再铺一层，绿的菜，红的肉，白的葱，绝对是美“色”；随着平锅上冒起的烟雾，一股诱人的香味在房间里弥漫开来，顿时使人胃口大开。最重要的是每个人小碗里的调料，都是曾嫂自己调的，咸鲜适口，还有点甜，把平锅上烧好的肉或菜放进小料里一蘸，嘿，那叫一个香！黄宗江边吃边问：“怎么样？不比馆子里的差吧！”说着，他还从冰箱里拿出自制的酸梅汤给我们喝，酸酸甜甜，冰凉爽口，那叫一个美！黄宗江原本是爱喝两口小酒的，但因为身体的缘故，医生不让他再喝，他也只好改喝饮料了。忽然，像是想起了什么，他起身打开一个食品柜门，取出一个小瓶子，倒出几粒花生米来，边让我们尝边笑着说，习惯了，总想吃一点。

围着香气四溢的电磁炉，黄宗江又聊起了他追求一生的戏剧艺术和他一生难忘的老伴儿。他风趣地说他写过一篇散文，就叫《我爱女演员》，曾引得同行大笑，他又补充说，我也爱男演员，众人更笑。他又坦白地说，我更爱女演员。众人都被他的坦白和热情所感染。他说，我所仰慕的女演员，像秦怡、白杨、张瑞芳、斯琴高娃、卢燕、奚美娟等，多是在生活里不像演员的演员，不作秀而内秀，甘于寂寞地做着不寂寞的事，其中最优秀的代表就是他的老伴儿阮若珊……

我发现，虽然年过八旬，但黄宗江的记忆非凡，只要是他曾经饰演过的角色，不论是《雷雨》还是《家》、《罗密欧与朱莉叶》等等，角色的台词他都是张口就来，自然得完全没有背诵的痕迹，仿佛就是他自己直抒胸臆的心里话一样。尽管他一生从事了那么多的行业，写出了那么多出色的剧本和散文，我还是能够从他的言谈话语中感到，他骨子里最热爱的其实还是表演。当我把这个感觉告诉他的时候，他缓缓地说："演戏是需要天才的……"

告别的时候，黄宗江把送给我的书和资料递给我时问："够你炒一盘了吧？"我被他逗笑了。后来，我把他的专访写成了一篇色香味俱全的"菜"——《黄宗江：我的初恋在"南开"》发表在2004年7月16日的《天津日报》上，我在"印象记"中对他的描述是：纯情——酷老头；激情——剧作家；热情——老朋友。

10月28日，黄宗江的遗体告别仪式将在北京八宝山举行，愿黄老的在天之灵依然潇洒快乐，愿他的"嘴迹"也留在天堂。

徐沛东

激荡在旋律中

徐沛东：国家一级作曲家。中国轻音乐学会副主席。1954 年 2 月 1 日出生于大连。1970 年考入福州军区歌舞团任首席大提琴。1976 年考入中央音乐学院作曲系，师从杜鸣心教授。1979 年毕业后回到福州军区歌舞团任作曲及指挥。1985 年调入中国歌剧院任作曲、指挥。现任中国歌剧舞剧院副院长。

代表作品有：《我热恋的故乡》、《十五的月亮十六圆》、《篱笆墙的影子》、《苦乐年华》、《亚洲雄风》、《爱我中华》等。

印象：从音乐家到音乐官

采访徐沛东，起因是看了宋祖英在维也纳金色大厅举办的那场个人独唱音乐会。那种感动是我完全没有想到的，在那个闻名全世界的音乐殿堂里，当一百多名奥地利歌唱家与宋祖英一起高唱“爱我中华”的时候，我竟也不由得跟着唱出了“爱我中华”！只觉得有一种激情在胸中奔涌……这时我才注意到，这首歌的曲作者是徐沛东，然后又发现，宋祖英那首脍炙人口的《辣妹子》也是徐沛东作曲，还有《大地飞歌》等等。于是，我决定要采访徐沛东。

其实，徐沛东这个名字对我来说，早在十几年前就已经非常熟悉了，因为他是我们创作的那部电视剧《风雨丽人》的曲作者，当刘欢唱出“几多丽人经风雨，生生死死伴艰辛”时，乐队奏出了浑厚深情、委婉凝重的旋律，徐沛东就是这样，用他热情的音符与我们在不相识的情形下进行了一次完美合作。

汽车行驶在京津高速公路上，春天的空气中，总是弥漫着雾似的沙尘。我知道，如今的徐沛东已经不仅仅是一位作曲家了，2001年，他被任命为中国歌剧舞剧院的常务副院长。从此，他便忙得昏天黑地，几乎是白天黑夜地连轴转，能答应我们的采访已经是非常不容易了。

果然，他没有时间。由于告知的地点有误，加上他们剧院的周围正在轰轰烈烈地进行基建，我们比约定的时间整整迟到了一个小时。推门进去的时候，他正在与一些人谈着工作，好不容易轮到我们坐下来采访了，没说三句话，他又接到电话有急事要离开剧院。他很诚恳，对自己的“瞎忙”表示无可奈何。一直等到下午两点多，他才匆匆赶回剧院。终于，我们有了一次愉快的交谈。

虽然接触的时间有限，但徐沛东的性格还是很鲜明的，东北人特有的那种直爽和艺术家的率真在他身上非常自然地交融重叠，虽然“官袍”加身，但他仍是那个无需包装、更无需作秀、原汁原味的东北汉子。他以激情作曲，他用真诚做事。在剧院，他是一个全心投入的领导，回到家，他便还原为那个在钢琴前痴迷的艺术家。他说，构思时他常常是边弹边唱，唱到激情迸发时，他便声嘶力竭，几近疯狂……

他说，他最喜欢的音乐家是柴可夫斯基。

于是，我想到了这位音乐大师的《天鹅湖》、《四季》和《B小调第一钢琴协奏曲》。乐曲中那美妙动人的湖影波光，那和煦的春风和灿烂的阳光，那略带伤感的诗意。但是，在徐沛东的作品中，我们不仅仅能听到交响曲般宽广大气、明朗悠扬的旋律，还能听到各种不同的特色风格，比如非常传统、非常地道的民族旋律……

毫不夸张地说，徐沛东是一个从不肯重复自己的作曲家。他说，这些天他正在为天津新拍摄的电视连续剧《红旗谱》作曲，采用的是河北梆子的风格，已经基本上完成了，感觉还不错，将由他自己演唱……

徐沛东的爱好十分广泛，他喜欢足球，是明星足球队的队员，虽球技"特臭"，一上场却是活力四射，豪情万丈。除此之外他还喜欢书法、绘画、文学、汽车。竟然每周还在北京广播电台兼做一档"名嘴说天下"的节目，每周二的5点到7点直播。当话题转到《爱我中华》这首歌的时候，徐沛东显然又沉浸到那个激动人心的维也纳之夜……

访谈录

张　星　**在电视上，我看到您就坐在金色大厅的观众席上，当奥地利人与宋祖英一起唱"爱我中华"时，给了您一个特写镜头。**

徐沛东　宋祖英的维也纳个人独唱音乐会我不仅是音乐总监，还是策划者之一。这是宋祖英在澳大利亚悉尼歌剧院举办个人独唱音乐会成功之后，再次在海外举办的独唱音乐会。开始我们很担心，因为欧洲比较保守，而且维也纳又是音乐之都，看演出时坐在我两边的都是奥地利的政府官员，一个是司法部长，一个是经济部长，奥地利的议长议员都去了，场面非常隆重。伴唱的维也纳国家民族歌剧院合唱团是一流的合唱团。伴奏也是一流的乐团，是维也纳国家民族歌剧院交响乐团。他们伴唱时非常认真，学说中国话，标上注音，然后反复练。比如宋祖英唱的那首《龙船调》，其中有一句对白，当宋祖英问："妹娃儿要过河，哪个来推我"时，需要一个男演员回答："我来推你嘛！"排练时我们就想，让谁来与宋祖英对喊呢？指挥李心草说，不行就我来喊吧！我想这指挥喊不太合适。我们就想，找一个奥地利人来喊试试。就找了一个大高个儿，长得还挺帅的，教他喊，他一喊我们都笑了，排练后效果不错，还有第二段呢，就想换一种方式，让一群奥地利先生一起喊，结果效果特别好。还有唱《爱我中华》，由合唱团来伴唱，特别令人振奋。他们这个合唱团的编制大，有一百多人，一出来站成一片。每个人都认真地学唱“爱我中华”，不仅把音发对了，还要搞明白是什么意思。

张　星　**我注意到，宋祖英唱的许多歌都是您作曲的。**

徐沛东　在这个音乐会上，宋祖英表现得非常坚强。临出国前，她大感冒一场，失声了。我们都很担心，每次排练时站那就不行，身体很虚弱，演出时脸上的汗像流水一样。可是没有退路了，她一个人要牵涉到几千人呀，不仅国内的观众，工作人员，还有奥地利的各界，在欧洲的华人观众，好多华侨，有的是从周边国家，像德国、瑞士、意大利，从各国开着车专门来看她的演出。她要是真病倒了，怎么办？可是她很坚强，奥地利的两首新歌，全德语的，她就靠现背，硬背，全唱下来了。

张　星　**当您坐在台下的时候，您的感觉是什么？**

徐沛东　我激动万分啊！当台上的宋祖英和奥地利歌唱家一同唱出“爱我中华！爱——我——中华！”时（边说边大声唱了起来）全场的华人刷地全站起来了，欢呼！但我不能站起来，我两边坐的都是奥地利人，当时我的感觉……哎呀，眼睛湿润了。

张　星　**您当初写这首歌的时候，都没有想到会在这样的舞台，以这样的方式唱出来？**

徐沛东　的确没有想到！而且全场同唱的那种气势：“爱我中华！”（说着忍不住又唱了起来，力图再现当时的情景）二楼的华人多呀，全站起来唱，我感觉还是国家的强盛，给人们带来的这种自豪感，才有了这样的时刻。

张　星　**您写这首《爱我中华》是专门写给宋祖英唱的吗?**

徐沛东　最早韦唯唱过,后来是宋祖英唱的,也是宋祖英唱红的。

张　星　**那么当院长的滋味与作曲相比,感触最深的是什么?**

徐沛东　说实话,我这个人不太适合做行政工作,我不是一个很严谨的人,平时生活没有条理,我比较是艺术型的,热情来了以后什么都不顾了。而且我的社会活动多,为了当这个院长我减少了不少社会活动。我这个人是个挺认真的人,虽然不太具备领导才能,但是我比较认真。这几年的工作,我自认为做得还是比较尽力的,从我们院的经济状况来看,已经从一年收入一百多万,上升到去年的一千二百多万了。提高了10倍!已经跃居文化部的前几名了。我们这个班子也很团结,大家也很努力。这个剧院是文化部最大的一个剧院,资历很老。三八年的干部还有呢。

张　星　**那您上任以后还写过歌吗?**

徐沛东　写过。我还写了一部舞剧呢,《篱笆墙的影子》就是我上任以后写的。这样创作很苦,比一般的时候要多费一些心思。这个剧院的资源还不错,但是要调动好了,领导就很重要,领导要以身作则。

张　星　**但是我觉得您做这个领导,对您个人并没有什么好处。因为您当作曲家的日子已经过得很不错了。**

徐沛东　从个人角度说,我损失很大。做这个工作我少写很多作品,当然就减少很多收入。

张　星　**您创作的激情从哪里来?能给我们讲几个创作中的小故事吗?**

徐沛东　那可太多了。我的创作习惯和风格与别人不一样。我就是那种风风火火的,不像有的人要创作啦,要拉开架势啦。我不是。我可能在一些不

▲ 张星采访徐沛东

经意的状态中思索，可能真正的创作时间并不长，可是很注重平时对生活的观察，我觉得这挺关键的。因为你得了解这个时代，你得知道现在的流行趋势，对好的东西要去思索。哪怕是你不喜欢的东西，也要有所了解，然后再变成自己的语言，这是从专业的角度。从社会的角度，对人生的百态呀，虽然我是搞音乐的，不是直接用文字表达，但这里包含着许多人生的经历和对生活的观察的。你问我的创作激情从哪里来？主要是从生活中来。

张　星　**比如像《爱我中华》这种歌，很难有歌能写得这么大气，这么上口好听，虽然是主旋律，但让人并不反感。您是怎么做到的？**

徐沛东　你这句话很有意思，让人并不反感。很多的主旋律歌曲让人反感，为什么？太假。架得高了。音乐作品是深入人心的，在写《爱我中华》的时候，其实写得很简单，当时这个歌曲，是为南宁第四届民运会创作的主题歌。歌曲录出来之后，他们说语言很质朴，很底层，让人很容易接受。但是你要知道,很容易上口的歌曲就容易俗呀,这是一个矛盾。开始有几位歌手唱过,并没有唱红,是宋祖英把它唱红了。

张　星　**我觉得您的好多歌,风格都不一样。您为我们编剧的电视剧《风雨丽人》写主题歌的风格是很大气的,有点美声的感觉,与您后来的创作风格全然不同,为什么?**

徐沛东　我为《风雨丽人》写的歌,是很洋气的那种,这部剧是写人一生的经历,所涵盖的内容不同。之后又写了《篱笆墙的影子》,别人又觉得你是写农村的,很土的。我用的是另一种语言。我的一个作品成功了,再创作的时候,我就尽可能地避免它,找一条不一样的路,这样才能突破自己,可是这样就要冒着失败的风险,艺术创作就贵在创新。

张　星　**您写的这些歌,是不是都是别人约您写的,有没有您自发创作的?**

徐沛东　有,很少。现在大部分时间我是身不由己,所以难度很大。到不了那个状态上,我要强迫自己到那个状态,有时我也知道,东西写完了心里并不满意。但是没有办法,人家有日期的约定。

张　星　**我想知道您的具体创作过程是怎样的?是先在琴上弹出来,还是先在脑子里有一个东西哼哼出来?**

徐沛东　在琴上弹出来的。不停地弹,胡弹乱弹,弹着弹着,如果找到了我要的语言的话,就记录下来。选几个主题,唱唱,再选一个主题,唱唱,权衡一下。没有时间限制,有时候一个月也出不来,有时候很快就出来了。

张　星　**我还看过一篇报道,说您要写一部《红楼梦》的歌剧?**

徐沛东　正在酝酿。是歌舞剧,或者叫音乐剧。做吧,总要做点能留下来的东西。这个难度很大,目前中国还没有一部歌剧《红楼梦》。你想,这部作品是这么有感情,又是中国古典名著,文学基础好,但毕竟它是太有名了,人们的想象都很丰富了,所以做起来就更加难。

张　星　**我看过您的简历,您最早是拉大提琴的,然后考上中央音乐学院学作曲,是吗?**

徐沛东　我是1970年16岁到部队拉大提琴,1976年到中央音乐学院学作曲,毕业后又回到部队做指挥和作曲,几年之后调到北京。我的经历比较简单,也比较幸运。我到音乐学院时,刚好是"文革"后,老师们都运足了气要把所有的知识教给学生。

张　星　**您现在手底下有什么活儿?**

徐沛东　有哇,天津等着跟我要活儿呢,等得急呀!我给天津电影制片厂拍的电视连续剧《红旗谱》作曲,整部戏的音乐,已经快写完了,月底叫我交活儿了。音乐用的都是民乐,我试试看看能不能有点新的感觉。河北调,我用的是河北梆子。主题歌是晓光作的词,我自己唱的,我这次准备出点新。

张　星　**我觉得您很奇特,古今中外全通。**

徐沛东　杂家嘛。我喜欢的东西挺多的,喜欢书法,平常比较关注其他的姊妹艺术,这样丰富我自己的营养。(记者为他拍照时,他高兴地举着自己的书法作品,上书:"梅经霜雪香亦烈,胸怀江山献丹青")这是纪念邓小平诞辰一百周年时我自己编的词写下来的。

张　星　**那您的音乐创作主要靠晚上?**

徐沛东　白天也得弄呀,不过上班就弄不了。我一上班就没有闲过。有时候还要出去演出,帮助剧院挣点钱。我得唱呀,签约时人家就点名让我唱,否则不给钱。我就把我给卖了,卖给剧院了。我们上次下乡演出在广西,效果很好啊!

张　星　**写单独的歌、电视剧和歌剧,这之间的不同点在什么地方?**

徐沛东　歌剧和民歌完全是两回事。我经常交叉着写,没办法,没有时间。我现在整天处在一种五迷三道的状态。瞎忙。别人又催活儿了，我又得赶快写，昨天晚上写《红旗谱》的曲子写到11点半，不行了，眼睛疼。我就转悠，我不抽烟，就嗑瓜子，嗑一地。创作的事说起来挺复杂的，我为剧院写那部舞剧《篱笆墙的影子》的时候，我一点都不夸张，有一个多星期我连楼都没下。这么厚的总谱呀！我在那写，我爱人就在那敲电脑，我的谱子都是我爱人帮我敲出来的。

张　星　**我们总能在一些人的音乐作品中听出他的倾向性。我觉得您好像什么风格都有，您比较喜欢谁的风格？**

徐沛东　我比较喜欢柴可夫斯基，也比较崇拜他。他也是民族音乐家，他的很多作品来自于俄罗斯民歌，他对于感情的表达方法我比较喜欢，听他的东西我就着魔。

张　星　**您作曲的时候有没有特别激动的状态？**

徐沛东　有哇！唱得跟疯子一样，唱歌把嗓子都唱哑了，唱得嗓子疼。我女儿都笑话我。我爱人也已经习惯了我这种创作的状态。我要是不这样，静静地坐在那嗑瓜子她就生气了，问你怎么没动静了？我说你怎么老逼我，她帮了我很多东西，我写得乱七八糟的东西都是她帮助我整理。她姓崔，是我们剧院音乐团的副团长。

张　星　**在您作过的歌曲中，您觉得最满意的是哪首？**

徐沛东　没有。这个满意不可能，得意有可能，得意就是自己偷着乐。我这个人还有一个特点，我对别人的评价不太在意，我不参加评奖，不参加征集，我有感而写，写就写了，顺其自然。我不太追求功利，我现在比较赞成吃亏是福，我活到现在这个岁数，就觉得人要是吃点亏呀，挺好的。现在社会呀，大家都想占便宜，其实你在这里占了便宜，在别的地方还是要吃亏。

海 岩

心灵的『独家披露』

海岩：原名佀(sì)海岩，1954年11月7日出生于北京。1969年应征入伍，海军航空兵地勤，做歼击机6型的电器员。现任锦江(集团)有限公司副总裁、锦江(北方)管理有限公司董事长、总经理，北京昆仑饭店有限公司董事长等职。

1988年加入中国作家协会。著有长篇小说《便衣警察》、《一场风花雪月的事》、《你的生命如此多情》、《永不瞑目》、《拿什么拯救你，我的爱人》、《玉观音》等。

印象:站在成功的彼岸,也许有一点孤独

海岩很能说,有相当不错的口才。

第一次见到他是在古城南京。2010年1月13日晚,海岩又一次站在了领奖台上,他获得了由中华文化促进会、南京市人民政府和凤凰卫视主办的"2009中华文化人物"大奖,除了获奖证书之外,他还获得了一尊象征中华文化的孔子立像。

从辉煌的领奖台上走下来,他来到另一间聚集着来自全国各地众多媒体记者的大厅接受访问,海岩对所有提问来者不拒,并且说起来就滔滔不绝,毫无敷衍之意。他透露说他刚刚创作完成了一部新的电视连续剧,是专门写记者的,剧名就叫《独家披露》。于是,很想知道他在这部新作当中都"披露"了些什么样的"独家"内容?无奈那天时间实在太紧张,转天又全都各奔东西,只好再做打算。

1月21日,记者如约来到北京昆仑饭店采访海岩,在他递给我的名片上,我看到了一共10个头衔:锦江国际(集团)公司董事、高级副总裁;锦江(北方)管理有限公司董事长、总经理;北京昆仑饭店董事长;中国旅游协会副主任会长;国家酒店星级评定委员会副主任;北京第二外国语学院教授、硕士生导师……很想套用他的一部书名《你的生命如此多情》说一句:海岩,你的身份如此多重!

但真正吸引我来采访他的,与那些身份全无关系,在我眼里,他只是一位作家,或者是剧作家。是他在上千万字的文学作品中所展示给我们的一个又一个既现实又梦幻的人物和故事。从《便衣警察》《一场风花雪月的事》《永不瞑目》《你的生命如此多情》到《玉观音》《拿什么拯救你,我的爱人》《平淡生活》《深牢大狱》《舞者》……十几年来,海岩平均每年发表八九十万字的作品,成为全球汉字写作的作家中产量最高的人。而如此惊人的"产量"竟然全是在业余时间完成的。十几年的光阴,数千个漫长而寂静的深夜,这个摘下了董事长、总经理等面具的男人,着了魔一样地扑向他的稿纸,以每夜五千字甚至一万字的速度构筑着他心中的文学大厦,时而山呼海啸、血流如河;时而花前月下、儿女情长。写着,激动着,常常于不知不觉中已是泪流满面……

从青年到中年，他人生中最灿烂的年华被他就这样一劈两半，完全透支地穿行在白天与黑夜之中，穿行在企业管理与文学创作之中，竟然在两个舞台上都成绩斐然。然后又满怀深情、痴迷地爱上了黄花梨木的研究与收藏，家里还多年养着宠爱的猫猫狗狗……不由得想到，外表沉静的海岩，内心一定有一座沸腾着岩浆的活火山，只需稍稍喷洒出一点点，便足以燃烧成一部部"独家披露"的长篇巨作……

也许因为身材保持得很好，海岩看上去很年轻，一点也不像已过了知天命之年的人。那是一个难得的下午，在那间被各种艺术品装饰得古色古香的小客厅里，灯光柔和地照耀着。窗外有一片小小竹林，冬日的寒风中依然是绿绿的，厚而严的窗子滤掉了城市的喧嚣，房间内静静的，我们边喝茶边聊。海岩讲起话来有板有眼，他说是因为这么多年当领导养成的习惯，在中国当领导就是讲话，狗掀门帘子——全凭一张嘴。边说还边做出用嘴使劲的动作，自己不笑，那种海岩式的冷幽默。我说难怪，怎么老觉着你聊天像在做报告似的。他说，他视我这话为对他的批评。

看得出，他很配合，尽量敞开来谈。但一种无形的约束还是在他周围筑起了一道看不见的防火墙。这当然不是对我，而是对所有人，对他身外的这个世界。记得有人说过，海岩你即使离他很近，他仍然离你很远。我知道，文学是需要孤独来滋养的。身为一个文学家，头上无论顶着多少耀眼的光环，内心却一定是孤独的，因为写作本身就是一次孤独的行旅。海岩说他的睡眠不好，凌晨写完东西之后根本不能入睡，长此以往，透支得很厉害，有朋友认为他已经属于抑郁症患者了……

也许，作为一个男人，他生活得有些压抑。太多的身份，太多的压力，郁积在内心深处太多的纠结，所以，他才会在夜深人静的时候铺开稿纸（他是不用电脑的），在那些虚构的故事里抒发他的情感，倾泻他的思绪，正如白先勇所说：文学是一种疗伤。

海岩是有"伤"的，内心里，没有人知道。写作是他的"私人医生"。当一个人的生活状态和心灵状态一旦维持相当的时间之后，是会在外表留下痕迹的，至少在他的行为举止上会养成某种习惯，于不经意中悄然流露，无言地走漏着"风声"。

如果从人生纵向的轴线上来看，海岩的人生波折而传奇。幼年的他因为身体弱小总受人欺负，最羡慕的就是那些块儿大膘肥的家伙，于是他把锻炼身体当成了人生第一目标，游泳、跑步、打篮球，直练得一身强健的肌肉，竞技水平相当出色，成为全国公安篮球队的队员。而这时，社会风气突然转向，开始崇尚学历、崇尚文化了。因为“文革”中父母被关押，成了流浪儿的海岩只读到小学四年级便辍学了。后来他参军入伍当了一名小兵。复员后，在北京市公安局里做位置最低的一般科员，周围不是中专生就是大学生，要不就是经验丰富的老同志。领导找他谈话说：小侣呀，你要学点文化，不能老这样四肢发达，头脑简单啊！按当时公安部的规定：“35岁以下，大专以下文凭的职工必须接受扫盲学习，否则会另行分配。”于是海岩只好参加“初中班”，先补初中文凭。除此之外，他蹦极般地恶补文化知识，每天撕两页汉语字典边走边背，他背下了字典，又开始看历史书，《中国哲学史》《中国通史》《社会学》……

只要开始学，什么时候都不晚，狂灌进肚子里的知识让他的精神世界也膘肥体壮起来。28岁那年，他一边参加公安部的扫盲班，一边开始写小说《便衣警察》。一年后，他把写好的手稿打印出来，通过一个熟人给中国青年出版社送去，遭到拒绝。他又邮寄给了人民文学出版社，对方甚至连看都不看就拒绝了。海岩找到编辑说：“看在我等了三个月的份儿上，你先看一页行吗？一页是700字。你们觉得不符合要求，我就走。”于是，编辑打开已经落上尘土的包裹。看完了一页，翻下去又看了一页……《便衣警察》一炮打响，首印获得30万册的“天量”，海岩一夜成名，改编成电视剧后更是风靡全国，在之后的许多年里，几乎人人都会唱“少年壮志不言愁”……

海岩的小说和影视我看得不多，但有一天晚上，偶然打开电视，在电影频道看赵薇饰演的一个女警察，便一口气看了下去，很惊心动魄的缉毒故事，直到看完，我才知道这是海岩的《玉观音》，故事很震撼，结局却很悲惨，全剧都暗涌着一种压抑的调子。海岩说，他作品中的故事大都很悲剧……

悲剧就是把美撕碎了给人看。能够感受到，早已功成名就的海岩，骨子里始终有种很深的悲剧情结。别看他在这里侃侃而谈，但他的内心并不快乐，他很累，随岁月的流逝又平添了一份“五十而知天命”的人生叹喟……

访谈录

关于《独家披露》

张　星　**《独家披露》的创作动机是什么？你眼中的媒体人是什么形象？**

海　岩　我其实一直不太了解记者，但又一直在跟记者打交道。我的认识中，记者是对社会现实比较贴近的人，他要调查、采访很多社会问题。我还是想写社会生活，只不过是选择了这么一个角度。主人公是一个大城市一家主流报纸社会新闻部的一群记者，他们在调查采访一桩桩事件的过程中，呈现出来人间万象，社会生活。但还是比较局限在百姓生活的层面上来谈的。因为电视剧的主要受众还是最最普通的老百姓，与电影和网络等比较而言，更偏重于家长里短一些。尤其是黄金档的电视剧观众，这群人的文化程度不是很高，但他们的年龄却是比较高的。

张　星　**你是否就此揭露了一些社会问题呢？**

海　岩　一般来说，写媒体，尤其在西方社会，一定与揭黑幕有关，你看我这剧的名字，独家披露，好像也是揭黑幕。其实不是。在中国现行、尤其是黄金档的电视剧审查制度上来说，为了让作品能够和观众见面，我还是更多地写了社会和谐、温暖的一面。

张　星　**你写的是一群报社的记者，你认为报纸这种媒体的前景会怎样？**

海　岩　我觉得报纸这种平面媒体慢慢地也会被网络等新媒体所边缘化。现在的报纸还是在给一些有阅报习惯的人在读。而随着年轻人慢慢成为社会的主体之后，他们不一定非在报纸上看新闻。随着报纸读者的老化和分化，新媒体的受众队伍在扩大，并且随着新媒体的不断变化革新，使它的便利性和传播性，对内容的优势就更强。纸介媒体就面对很大的挑战。所以,现在纸介媒体也开始在做网络。

当作家灵性更重要

张　星　**你年轻时是一个性格内向的人?**

海　岩　我现在也内向。能讲话也是锻炼出来的,我刚做领导的时候,上台不但讲不了话,连声音都发不出来。旁边的人都在对我说:大声点!大声点!

张　星　**你小时候学过绘画,打过篮球,那你那时候的理想是什么?是要当作家吗?**

海　岩　不是。我小的时候比较瘦弱,总要受人欺负,那种块儿大膘肥的就有人围着,而那时候又是"备战备荒"的年代,所以那时候我最想要的就是一个强壮的体魄,运动是我最大的爱好。其实是一种生存的欲望,在生存中有自尊的欲望。以我这个身高,那时候我不仅是篮球队的,我还是市局游泳队的,我要付出巨大的努力才能达到那个水准。而当我拥有了大家都很羡慕的体魄和身体素质上的能力的时候,突然又全都没用了,在社会的价值观上全都没用了,又开始刮学历风了。现在我跟我的同事说,我过去在单位里给人的印象就是头脑简单四肢发达,人家都不太相信。我那时候给人的印象就是一个爱玩的人,玩什么什么成。但是没什么文化,学历低,说话比较胆怯,写文章不会。

张　星　**可是冰冻三尺非一日之寒,你不可能一学习就学成作家了吧?**

海　岩　我感觉可能就是我比较聪明。与刻苦不是特别有关系,我觉得作为作家更重要的是灵性。

张　星　**在你写作这么多年的过程中,有没有为钱写作的时候?**

海　岩　理论上说没有,但是写作对一个人的动力,包含了许多不同的因素,比如包含了对金钱的需求，包含了对成功的渴望，表达的快感，包含了对某件事情和某个人的文学关注，都很单纯。如果说就是为了钱的话，以我的人生经历来说，我可以做许多比写小说更赚钱的事情。我觉得，在中国写小说，挣的是卖白菜的钱，操的是卖白粉的心。写作在中国不是一个致富的行当。

张　星　**在中国作家群里，也许你是一个最不需要靠写作来赚钱的人。**

海　岩　可是有媒体来问我的时候，你为什么写作呀？我就说，为挣点钱，补贴家用吧。为什么要这么说呢？其实中国的文人有一个传统，就是自嘲。当媒体来问这样的问题的时候，我觉得用这种自嘲的方式面对比较好。我要说我是为了文学，人家就会问：你那就算文学吗？会给媒体留

▲ 张星在昆仑饭店采访海岩

下一个话把儿。还是要给自己找一个比较俗的理由,比较大众的。中国历史上所有的文人,不是隐居,放逐田野,就是“不正经”,放浪形骸。其实他也不是胸无大志,没有安邦定国之略,只不过他怀才不遇也好,或者自我保护也好,追求一种更自然的状态。

张 星 **在你写《便衣警察》时,那个时候你还是应该有一种雄心大志的?**

海 岩 那个时候的雄心大志也不放在钱上。那个时代不太物质化。《便衣警察》成功之后,我也没有像大多数写作者那样把自己变成一个专职作家。在写作上,我从来没有给自己立一个多么远大目标,或者说,在文学史上、在当代的文学界谋求什么地位。人家来问我,我说我是业余的,第一是符合事实,第二也说明我在写作这件事情上没有野心。首先把自己的身份降低,你降低了之后就会发现,所有的人都在宽容你,都不批评你。你老批评业余的干啥呀!

张 星 **你有没有写得特别辛苦特别累,写不下去了,或者不想写了的时刻?**

海 岩 现在就是这时刻呀!我就不想写了。不能说以后不想干了,媒体又要说我要封笔了,又是炒作呀,不是那个意思。就是说心情,现在降得很低。

应该回顾一下孔子

张 星 **这次“2009中华文化人物”大奖发给你一尊孔子立像,最近胡玫的电影《孔子》也上映了,你对当前孔子热的现象怎么看?**

海 岩 曾经有一些西方的学者声称,21世纪拯救人类的是儒家思想,大乘佛教。我觉得,世界也好,中国也好,应该重新回顾一下历史,回顾一下孔子。我在南京的获奖感言里也说过,在全人类的历史上,像中国这样的一个地域辽阔、人口众多、多民族共存的国家,能够在几千年的历史长河中,按一种生活方式,一种思维方式,一种伦理态度,延续几千年，万劫不散，并不断地壮大，为历史所仅见，为人类所仅见。我认为是一个非常壮观的奇迹。中国历史上虽然有很多的战乱和动乱，但也有很多国泰民安的时期，产生了非常辉煌的文化，大部分的朝代都是在二三百年以上，江山稳固。在这样的历史上，它的主流思想是孔子的思想，孔孟之道。次要的思想是佛家的思想，道家的思想，儒释道三家，构成了中国文化的主体。

张　星　**历史上曾有多次反孔运动，一打再打却总也打不倒。**

海　岩　甚至外族进来之后都要被同化掉，满族进来，统治者被被统治者同化，而且是完全同化，康熙、乾隆，清朝几代强势皇帝都是推广汉文化的历史功臣，康熙字典就是那时候修订的。中国不是一个宗教国家，是不信神的，不信上帝，也不信真主。信什么呢？信祖先。所有的中国人，信父母，父母信爷爷奶奶，家中有祠堂，里面通常供着祖宗的牌位。如果谁骂你"八辈子祖宗"则是最大的侮辱。所以我说，现在我们的学界，我们要回过头去研究一下，我们的祖先在这样一个漫长的历史进程中，是怎样让我们这样一个庞大的民族，一直延续下来，成为世界的骄傲。世界尊重中国，更多的是因为中国灿烂的五千年文化，并不是因为你有高科技方面的成就。

张　星　**那么现在中国、当代社会最让你焦虑、最严重的问题是什么？**

海　岩　上海一家媒体也这样问过我，我可以说经济问题，我可以说腐败问题，我可以说股市、房市的问题，但是我都没有说。我说是一个人心的问题。在这个时代，无论是受益者还是不受益者，全骂。全都觉得自己委屈、愤恨、郁闷。社会的各个阶层都缺乏理解，自己的心灵无处安放，没有禁忌。通讯似乎很发达，但沟通却更困难。现在无论从什么渠道出来一个新闻，官方的还是小道的，你首先第一个反应是：不信，假的。如果你在火车站，上来一个好心人要帮你拎包，你敢吗？

张　星　**我肯定不敢。这部戏写完了，你就不想再写了？**

海　岩　(沉思片刻)我呢，每一天情况都在发生变化。我看到那种让我生气或让我激动的事太多了，人的生命太短暂了，死了就解脱了，文学什么也改变不了。我觉得“尔曹身与名俱灭，不废江河万古流”，这世界你再怎么担忧，也是年轻人的，要向前推进的。我看我们中国历史上有很多时代非常的无耻，整个的文化界也非常的腐败虚无。但就是这么一段，过一段又好了，又有许多真才实学的人出现，又有许多活力呈现。历史总是在历史的峰谷之中跌宕前进。你所经历的这一段在历史长河中只是一朵浪花，一个瞬间。但对于你个人的人生来说，却占据了你的一生，是漫长的阶段。我就想，人太微观了很痛苦，所以要宏观一点，如果站在整个宇宙的位置来看，地球都变得渺小了，你个人那点困惑、斗争、纠纷，就更渺小了！

张　星　**金庸先生到我们报社来过，我曾经问过他：你作为一个报人和作家，一方面你要写大量的时评，同时还要写武侠小说，一个是逻辑思维，一个是形象思维，是完全不一样的，你是怎样做到的？我觉得你同样存在这个问题，白天的工作需要你进行逻辑思维，而夜晚的写作需要你用形象思维，这种变换是怎样做到的？**

海　岩　我觉得一些人是左脑发达，一些人是右脑发达，还有一种人是两边都不发达或者都发达。我是那种两边都正常的人，但这两种大脑都需要有一种后天的开发和锻炼。

张　星　**你感觉现在写作与当年有什么不同吗？**

海　岩　随着年龄的增长，对写作的兴趣和激情都比较减退，没那么大兴趣，对什么事很难再像当年那样激动起来了。

周令钊

『国家名片』的设计者

周令钊：中央美术学院教授、著名画家。

1919年出生于湖南省平江县三市镇。1948年应徐悲鸿先生聘请任教北平国立艺专，曾担任中央美术学院壁画系民族画室主任、中国美术家协会理事、水粉协会会长、全国邮票设计评审委员等。曾为开国大典画天安门城楼上的毛主席像、五一游行队伍的美术设计；八一勋章、独立自由勋章、解放勋章设计，为国徽、团徽设计；中国革命历史博物馆的历史油画《五四运动》、民族宫建筑艺术设计等。参加第二、三、四套人民币的总体设计并获多项荣誉。

印象：九十载人生，潇潇洒洒走过

2010年国庆节前夕，我有幸采访了著名的美术大师周令钊老人，这位出生于1919年的湖南人很了不得，他不仅是开国大典时天安门城楼上毛主席像的画作者，还是人民币二、三、四套的图案设计者，并参与了国徽、团徽等许多国家级标志的设计，被称为“国家名片”的设计者。

采访在位于天津水上公园湖畔的部队中医理疗康复研究所里进行，周老夫妇慕名来这里请军医为他不太得劲的腿进行针灸治疗。周令钊的夫人陈若菊小他8岁，河北白洋淀人，这一对老夫妇，1949年“七一”在徐悲鸿家举行的婚礼，徐悲鸿是他们的证婚人。到现在61年过去了，真正的相濡以沫。

周老个子不高，但身板挺直，一头银发，耳聪目明，交流相当顺畅，走路时虽说拄了一根拐杖，但步子很快，上楼梯也毫无问题，一点也不像91岁的老人。在他回答我提问的时候，老伴儿陈若菊一直在旁边帮他回忆和补充，只要老爷子一开口，她就不做声了。完全把自己放在很次要的位置。事实上我知道，她从一开始就是周老作品不可缺少的得力助手，更是他生活中的最佳伴侣。吃饭的时候，我请他谈谈他们的爱情故事，我说那应该是比艺术生涯更动听的故事。问他何以六十多年一生坚守？老爷子认真地说：婚姻是一生的大事，一定要选准，选准了就不能变。

周令钊的人生相当传奇，他的母亲也是学画画的，曾经和杨开慧是同班同学。而人们熟知的著名画家韩美林又是他教过的学生。他的学生出色的不少，但他从不想以成功的学生来抬高自己，如果不是我先提起，他甚至都想不起来。

周令钊夫妇给人的感觉是那么的朴实无华，交谈中，仿佛有一股上世纪五十年代的风徐徐吹拂着，悄然弥漫着，没有欲望，不计较名利，创作了那么多堪称伟大的作品，却从来没想到利用这一切去为个人获取什么，甚至连一张自己作品的照片都没有留下来。

采访后的第二天，我们特别邀请周令钊夫妇和他们的女儿周蓉一道参观天津的周恩来邓颖超纪念馆。走进纪念馆前厅，在周恩来邓颖超洁白的全身雕塑身后，整面墙的巨幅壁挂扑面而来，湛蓝的天空，蔚蓝的大海，白色的云朵，白色的浪花，在这蓝白交织的映衬下，一种激情和辽阔喷薄而出……这是周总理的胸怀，更是周总理的英魂在渤海的浪花间跳跃。鲜为人知的是，这幅壁挂的设计者，也是周令钊。因为听周老说，这个作品完成之后，他竟然从来都没有看到过，所以，我们特意与纪念馆的邱主任联络，还周老一个心愿。

走下汽车，我搀扶着老人缓步前行，像搀着自己的长辈，心中充满了温暖的感觉。从纪念馆走出来，大家又来到了不远处按原样仿建的中南海西花厅。当年为了给刘少奇出访设计国礼，周令钊曾三次到中南海的西花厅接受周总理的指示，他对当时的情景记忆犹新，比如门口有一个放药的柜子，里面有很多药，开始他是在客厅里等，是邓大姐把他带到总理办公的地方……

周令钊是一个画风多样的美术家，无论是古典的东方艺术，还是洋派的西方经典，他都充满了浓厚兴趣，并且在他的作品上都有体现。他说："我设计的作品，品种也是多样的，比如大到团体操，万人组成一幅画；小到一枚邮票，在方寸之间绘风云。更多的是分布在大江南北的壁画作品……现在我要出画册了，可我的作品却无法收拢，因为许多作品都刻在墙上。湖南常德的诗墙你们知道吗？(陈若菊告诉我们，那是一座数公里长的防洪大堤，很长。)我画了两幅石刻壁画《沅江水暖》和《澧水花繁》，一幅就是30米长，两幅就是60米长……"

还有北京饭店的壁画《古都集翠》，人民大会堂石雕壁画《松竹梅》、湘绣屏风画稿《韶山冲》。巨幅壁画《世界人民大团结》等等，周令钊一生画过很多重要的画，设计过很多重要的作品，可是他从来没有作过统计，更没有留下什么图片资料，从没有想过要为自己树碑立传，老人不图名不为利，一生坦荡，一身轻松，或许这才是他活到90多岁依然健康、依然潇洒的真正原因吧！

看到纪念馆里一批批前来参观的青年学生，周令钊说，世界是年轻人的世界，对于80后的这一代年轻人，他们比我们年轻，他们的世界比我们的世界大，他们的发展前途比我们长，谁羡慕谁呢？当然是我们羡慕他们。我现在要尽量地年轻化一点，别看我九十几岁，不能数时间，要是数的话，距离一百岁也就没几年了。我就是要把自己争取年轻化一点。不能让自己像个老头儿一样，我就喜欢逛超市，看看新的产品，新的式样，就是心态上要年轻一些。身体上再让医生给我"修理修理"。老人说得很轻松，笑得很温暖。

我们的采访，就从61年前，他和夫人新婚后不久接到为开国大典画天安门城楼上的毛主席像开始——

访谈录

在天安门城楼上作画

张　星　**您那时候接受这么重要的任务，要画开国大典挂在天安门城楼上的毛主席像，紧张吗？想没想过，万一画不好，或者出点什么差错怎么办？**

周令钊　那时候不紧张，高兴啊！旧社会结束了，新中国开始了。多高兴啊！

张　星　**之前您见过毛主席吗？**

周令钊　见过。1949年7月2日在中南海怀仁堂开第一届文代会时，我在会上见过毛主席。开国大典我画的这幅画像，是根据郑景康拍摄的毛主席戴着八角帽的那张照片来画的，用这张照片作画稿是由中央决定的。

张　星　**那么这幅画您是在什么地方画的？**

周令钊　就在天安门城楼上东侧，露天画的。当时因为没有那么大的画布，又怕画布挂在天安门城楼上被风一吹会晃动，就把像画在铁板上了。我在铁板上面先打个油地子再画。把铁板靠在大殿上，一画就是一天。

张　星　**先画一个小样吗？**

周令钊　用一张透明纸放在主席的照片上，纸上打上格，然后先画一个稍大的样子，照片太小了。打了多少格？记不得了。先从上到下打格，等宽，大概是六米七高吧，我是按比例来打格的。

张　星　**您在画这幅画像的时候，有没有记忆特别深刻的地方？**

周令钊　画像，一个是形，一个是神。毛主席有他特殊的表情，比如嘴角、眼神，在这些地方都要细致地体会。

张　星　**而且我觉得最难的是，油画近看和远看的效果不一样，这么大的画，您要不停地在近处画，再到远处看，是一个很大的工程。**

周令钊　那幅画比两层房子还要高，（他比划着房间的高度），一个眼睛就得画这么大！我画画也像盖房子一样，要先搭脚手架，然后不停地爬上爬下。我也是第一次画这么大的像。

张　星　**您既要作画，还要像运动员一样爬上爬下。既需要艺术，又需要体力。那时候开国大典在即，时间紧迫，您的画只能画好，不能出一点差错，很难吧？**

周令钊　没想过。我就是从艺术角度，用心又用心，没有杂念。杂念多了就画不成了。你要是老往杂念上想，会是无穷无尽的，你要是往画的本身去想，也是无穷无尽的。那就看你往哪个方面想了。我根本就不往别的方面想，只想画好这幅画。

张　星　**从没想过个人的得失吗？**

周令钊　我总觉得，名利是后来的事，不是你自己的事。你要是画好了，大家认可，那我就高兴了。做事情，总还是要讨个高兴嘛！

张　星　**当时是聂荣臻元帅亲自督促这件事？**

陈若菊　他当时是北京市长，他来的时候就穿一身灰土布的军装，很随和，我们也没有感觉是要来一个什么大官儿。他要看一看，这个像画得怎么样了，他才能放心啊。他上城楼来一看，对主席的脸部、表情神态都觉得很像，就很高兴。看完后他提出：开国大典，主席的这个风纪扣还是系上的好。因为照片上这粒扣子是敞开的。所以，等他一走，我们就把主席的风纪扣给"系"上了。（笑）

张　星　**周老，我看有介绍说，您一开始在毛主席衣服上画有"为人民服务"五个字，但后来在开国大典前夜，中央领导又让您去掉了？"为人民服务"是原来照片上就有的字吗？**

周令钊　照片上没有这五个字。当时交给我这个任务的时候，要求我在毛主席衣服上要画出来"为人民服务"这五个字，这是中央的决定。新中国成立初期，"为人民服务"这五个字很重要，所有的机关单位的大门口都写着这五个大字。但是真正画上去了，就显得很不协调，因为天安门广场很大，那个字画在衣服上很小，远远地根本看不清楚，还破坏了主席像的完整性，直到把画像挂到天安门城楼上才发现这个问题，中央领导就决定还是不要这几个字，让我立刻把字去掉。

张　星　**又连夜把您叫过来修改，那时候离第二天举行开国大典没有多少时间了吧？**

周令钊　画像已经在天安门城楼上挂好了，再拿下来已经不可能了，那画很重啊。当时我们已经回到家休息了。大概是夜里十一二点的时候，来人叫我先不要休息，赶快去天安门改画。车子把我接到天安门。画像在上，下面是高高的城门洞，那时候也没有升降机，一般的木梯子也没有那么高，怎么办呢？就只能一个梯子一个梯子地接起来，一共接了三节。

张　星　**据记载，天安门城楼中间的那个门洞高8.82米，主席像就挂在那上面，加起来得有10米高了，您怎么在上面改画？**

周令钊　因为在门洞上面，梯子的中间部分没有依靠，接起来的梯子又软，风一吹还在晃悠，我还得拿着照片，拿着颜料桶，爬爬爬，爬上去以后只能画一部分，然后再下来，挪那个梯子，再爬上去画一部分，然后再下来挪梯子……

陈若菊　幸亏周老没有恐高症。

▲ 张星在周邓纪念馆采访周令钊

（回忆到这儿，老两口你一句我一句，边说边笑，仿佛那年轻时光并不遥远，那为开国大典画主席像的岁月就在眼前）

周令钊 画好后回到家天已经快亮了。基本没有休息就匆忙赶到学校集合，和大家一起游行，到天安门参加开国大典。这时我站在大概在国旗的位置偏东一点，我们学校的位置在那里。因为我在天安门城楼上画画时看到的，还是离得太近，这时我首先要看看这幅画的效果怎么样。

张　星 **您是第一次站在这么远的地方看，也是和全国人民一道第一次看您画的毛主席像？**

周令钊 是啊，然后我要听听周围的反映，大家也是第一次看，像不像啊？结果，有人小声议论，都说画得像，画得好。我就很高兴啊！我就听到毛主席在天安门城楼上宣布“中华人民共和国中央人民政府成立了！”（同是湖南人，他声音模仿得惟妙惟肖）我和毛主席是老乡呀，我听到他用湖南口音喊出这句话，就觉得格外亲切。而且，从毛主席的这声宣告开始，我们中国的历史就翻开了崭新的一页。我就更兴奋啊！

在徐悲鸿家举行婚礼

张　星　**您正好是1949年的"七一"结婚，之后才接到的这个开国大典画像的任务？**

周令钊　对，我们是在徐悲鸿家举行的婚礼，徐悲鸿是证婚人。

张　星　**为什么在他家举行？**

陈若菊　我们当时都住在美院的宿舍，地方小。徐悲鸿（院长）家的院子大，宽敞，他很爱护青年教师和他的学生们，又是证婚人，就让我们在他家院子里举行了。

周令钊　那天，本来邀请了美院的好多老师和同学。但那天是"七一"，大家都要到先农坛去开会，听毛主席作报告。

陈若菊　我们选择"七一"结婚，认为这是个好日子，很有纪念意义，在徐悲鸿家里，我们订了一个三层的大蛋糕，准备要来好多人，但没想到大家在这天都要去开会。

周令钊　这样，来的人就少了，大都是老师，学生比较少。

张　星　**我觉得您二老的故事一定也很有意思，可能比画画的故事更动人？**

陈若菊　那时候我们都很单纯。

张　星　**陈老师您年轻的时候，女同志也不讲究穿吧？**

陈若菊　那时候的气氛是年轻女同志都穿制服，我结婚的时候穿的是一件浅粉色的旗袍，我喜欢穿旗袍，一直穿到"文革"。我们学校只有我和另外一个女同志穿旗袍。我毕业后就留校当老师了，后来成立工艺美院，我就去了工艺美院，在陶瓷系当系主任。

张　星　**当年是周老师主动追的陈老师吧？**

周令钊　当然是男的追女的了。

张　星　**您是觉得她画画得好，还是人漂亮？**

周令钊　(直率地)两样都好。

两次把毛主席像画上人民币

张　星　**当时并没有要求您在人民币上画毛主席像？**

周令钊　没有人要求，是我自己要把毛主席像画在人民币上的，10元钞上有天安门嘛，我就把毛主席像画上了，一元钱上也有。是毛主席自己不同意。他说，人像要上钞票，要最后盖棺定论才能上，任何人都一样。领导人在有生之年都不上钞票。毛主席还有一个想法，就是不能到处都立毛主席塑像，他说，到处都让我去站岗，那我也太累了。还有，毛主席纪念章，毛主席说，这都是用最好的钢材做的，省下来可以做好几架飞机呢！

张　星　**后来设计第四版百元大钞的时候，您终于把毛主席等四位伟人像画上去了？**

周令钊　在设计第四套人民币的时候，主题是各民族大团结。本来定的最高数额就是五十元。五十元上画着农民、工人和知识分子三个人的头像。后来中央下来一个指示，说根据经济发展的需要，要加印一个一百元的。那么还得画头像啊，工、农、知识分子都画过了，那一百元上面画什么呢？我就想到领袖人物上钞票，于是，我就把四位已经去世的国家领袖——毛泽东、周恩来、朱德、刘少奇放在一百元钞票的设计上，得到了中央的批准。

设计国礼，三进中南海

张　星　**您刚才说，您还设计过国礼？**

周令钊　刘少奇访问印度尼西亚的时候，要送一份国礼给苏加诺总统，外交部就把这项光荣任务交给我了。那天，用车子把我送到中南海，送到总理的家里——西花厅，当时总理在睡觉，他晚上办公，白天休息。是邓大姐接见的我。给我布置这个任务，要送一件苏绣的绣屏，请我设计。我设计的是一边是天安门，一边是印尼的独立宫，中间一道彩虹，下面是海水。我画好了彩图之后，第二次来到西花厅。外交部拿到这个稿子送到了印尼大使馆，请他们提意见。结果他们提的意见是，总的挺好，但不同意用彩虹，认为彩虹易变化，不能象征友谊的牢固，建议用中国式的石桥来连接。我的看法是，改成石桥太死板了，天安门和独立宫都是实物，再加上石桥，三个实物，在画面上很死板。画稿就放在总理那，我第三次去西花厅，外交部的人也在那里，总理的意见是，石桥再牢固，一千年两千年也会风化，也有坏掉的一天，而彩虹呢，只要有太阳就有彩虹。

张　星　**总理太了不起了！彩虹绣出来多漂亮啊！**

周令钊　我清楚地记得，那天我要到桂林去采风，从中南海出来要赶到火车站去。邓大姐临时披上大衣把我送到大门口，看着我上车，还送给我一盒礼物，是金日成送给周总理的一盒糖……

张　星　**您刚才说的这些事以前从来没有披露过？**

周令钊　没有。没人问我，我也想不起来，你提到与天津的联系，我想到周总理，就想起了这件事。

张　星　**那天津的周邓纪念馆是怎样找到您的？**

周令钊　他们先请我们到这里来看了现场,然后我回到北京设计画出小样,然后再放大,请工人根据我的设计织成壁毯,就是现在挂在天津周邓纪念馆一进门大厅墙上的那幅。为什么要设计成蓝天与大海呢?一是表现周总理开阔的心胸,二是周总理的骨灰撒进了大海,象征着永恒……

陈忠实

白鹿原头信马行

陈忠实：著名作家、中国作家协会副主席。1942 年出生于西安市灞桥区。1965 年初发表散文处女作。1979 年加入中国作家协会。已出版《陈忠实小说自选集》三卷、《陈忠实文集》七卷等 40 余种作品。《信任》获 1979 年全国短篇小说奖。《渭北高原，关于一个人的记忆》获 1990—1991 全国报告文学奖。长篇小说《白鹿原》获第 4 届茅盾文学奖。

印象：雪茄烟雾中那凝重的目光

2010年9月9日，根据同名小说改编的电影《白鹿原》在几经周折、历时8年的筹备之后，终于在北京举行了开机启动仪式，让这部获得中国长篇小说最高奖——茅盾文学奖的作品再次成为人们关注的焦点。

2010年10月4日，小说《白鹿原》的作者、中国作协副主席陈忠实来津门采风，在风光旖旎的海河之滨我采访了这位说着一口陕味普通话的和蔼长者。

烟雾，在他打开房门的一刹那，我就被他吸的雪茄烟雾所笼罩，在天津的参观采风过程中，他始终背着一个看上去挺沉的黑色背包，同行的作家调侃他是否背了金条。因为几次别人想帮他背，都被他拒绝了。我知道，他是为了方便随时抽烟，那包里装的都是他的宝贝雪茄。行程中，他几乎是一刻不停地一支接一支地抽着雪茄。在一群幽默开朗、打趣爱逗的作家当中，他是一个沉默的人，很少主动开口。即使在餐桌上，两位女作家左右“夹击”，一唱一和地拿他调侃，他也基本上不作反击。不得不回应时，也是很宽厚地说上一两句，然后就实实在在地大口吞酒。在津南的小站练兵园，当主人备好纸笔请他题字时，他见推辞不掉，便认真书写，不一会儿，“因兵而兴”几个大字便跃然纸上，透着不薄的书法功底。在与业余文学爱好者的座谈会上，主人要求为他们的杂志题词，他也是沉吟片刻便提笔而书，落款写的是：“原下陈忠实”。

他用热水壶烧了水，为我沏了茶，端过来，然后很诚恳地说：“你问吧，你问啥，饿（我）就说啥。”

于是，我们就从他人生与文学结缘的少年岁月聊起。桌上，一副眼镜；烟缸里，粗硕的雪茄烟蒂“停止”在那里，却仿佛仍然在思考。

他讲的是陕西话，确切地说，是带陕西腔调的普通话。他人略显消瘦，头发灰白，如果不是有人介绍，你一准会把他当成是地道的农村老汉。

实实在在的性格，史诗般厚重的作品，如果你读过《白鹿原》就能理解，在他并不宽阔的胸膛里，是怎样悄悄装载着一个民族的秘史。

陈忠实的人生里少有幻想，60多载岁月是他一步一个脚印扎扎实实走出来的，尽管他的少年时代曾怀有对未来的美好憧憬，但却被无情的现实一次次所毁灭，他心中那束原本就很微弱的光亮，在命运的狂风暴雨中越来越黯淡。初中时因家中生计实在艰难不得不休学的一年，让他错过了人生最关键的路口，赶上了国家最困难时期，大学缩减招生计划，让一向成绩优秀的他从此与大学失之交臂；体检时腿上的一块小疤，又让他与飞行员生涯擦肩而过；父亲的执拗，再次让他几近实现的兵营梦瞬间破灭；第一次"自由"写作，两首发自心灵的小诗，却被老师误以为是抄袭之作而遭冷眼……太多冷酷、太多残忍、太多失望，让这个乡村少年不再敢有任何梦想，似乎一切倒霉的事情全都降临到他的头上，让他原本就敏感的精神世界几近崩溃，让他的少年憧憬百孔千疮，不得不踏上回乡当农民这最后一条归途，成为全村人的笑柄和"坏榜样"。

命运的咽喉其实是谁也扼不住的，尤其是像他这样一个单薄的乡村少年。

陈忠实说："我在大学、兵营和乡村三条人生道路中最不想去的这条乡村之路上落脚了，反而把未来人生的一切侥幸心理排除净尽了；深知自修文学写作之难，却开始了；一种义无反顾的存储心底的人生理想，标志是一个用墨水瓶改装的煤油灯。"一辈子省吃俭用、极尽艰难也要供他读完高中、曾在他身上寄托了无限希望的父亲沉默许久后说："如果考不上大学，回家来务农嘛！天下农民也是一层人哩！"

或许，这就是人生中的置之死地而后生。在所有的希望之门全都关闭、所有的梦想之翼全都折断之后，陈忠实既没有怨天尤人，也没有破罐破摔，站在灞河河堤上，他把男儿泪咽回肚子里，默默地咬住牙，迈出了他人生的第一步：做一个乡村的民办教师。每到夜晚，在昏暗的煤油灯下，他从造句开始，像种地一样一点一滴地夯实自己的文学基础，把男儿的青春热血熬成墨汁，一笔一画地寻找着属于自己的句子，书写着生命中最顽强的诗行。

采访于我，是一种新鲜的汲取，于他，却是一次沉重的回忆。多数时间他在沉默，在吸雪茄，他的语速很慢，慢慢地与我聊着家常。其实我知道有许多内容他在自己的创作笔记《寻找属于自己的句子》和他的个人散文集《原下的日子》中都有描述，但他依然耐心地回答我的问题，没有炫耀，没有虚词，一字一句地讲着他的心中所想，还原出一个本真的自我，朴实得一如他那一口陕西方言味道的普通话。面对这样一个采访对象，常常让我忘了他是一位获得过茅盾文学奖、作品一版再版、累计销售达600多万册的大作家……

聊到《白鹿原》的创作时他说："这是连我自己几乎都不敢相信的一次顺畅的写作，从1988年清明前后，到次年的元月完成草稿，40多万字写满了两个厚厚的大16开笔记本……"在老家的祖屋，在乡村的寂静里，陈忠实坐在业已习惯的绿布沙发的上面，把硬皮笔记本摊在膝盖和大腿上，追逐着已经烂熟于心的一个个男人女人的脚步，让白鹿原的故事在他笔下一幕幕上演……

著名演员濮存昕曾在话剧《白鹿原》里饰演男主角白嘉轩，他对陈忠实的印象是：他的眼睛具有一种穿透力，仿佛能看到你的内心。

我知道，这种穿透力来自于他艰辛备尝的人生体验，来自于他脚下关中平原那坚实厚重的土地……

访谈录

张　星　**我想请您谈谈人生，您是从什么时候开始喜欢文学的？**

陈忠实　我从上初中二年级就开始喜欢文学了，之前我写作文总受到老师的表扬。到了初中二年级，我们的语文课本上有赵树理的作品我很喜欢，我记得很清楚的是一篇《田寡妇看瓜》，当时我看了以后很惊讶，原来农村的这些人、这些事也能写成小说，还能上中学课本，这样的事我也经历得很多啊！

张　星　**熟悉的人物和生活情景触动了您？**

陈忠实　学了赵树理的作品，又读了他的小说，心想，赵树理写的这些农村的事，我也能写，就开始在作文本子上写起来。我第一篇小说是在作文本上写的，叫《桃园风波》，是写村子里因为果树要归公而产生的各种矛盾引发的故事，是当作文写的，那时还不知道这叫创作。我们的语文老师是一个大学刚毕业不久的年轻老师，他看了以后评价很高，对我是一个很大的鼓励，从此与文学结下了一生都解不开的缘！

张　星　**那时候您多大?**

陈忠实　15岁左右吧。文学兴趣就是从那时激发起来的,从此一生都没有改变过。

张　星　**我看有报道说,您想学文学,家里不同意,家里希望您能学医?**

陈忠实　那是1962年我高中毕业时,要填报志愿,包括大学选项。从我个人来说,我当然是选文科。我父亲建议最好学医,因为医生在民间捧的就是铁饭碗。到了快高考的时候,我们班主任单独把我叫去谈话,他知道我要报文科,便对我恨铁不成钢地说:你也不看看今年的形势,今年国家困难到这种程度,教育招生的任务大大缩减,对于国家来说,最急需的还是工科人才……我那时候虽然喜欢文科,但数理化的成绩也还不差,就听老师的话改报了工科。我到现在都记得老师的这句话和他说这话时的表情。

张　星　**您的脾气还不倔,挺听劝的。**

陈忠实　都是为了前途,你想想我一个农村孩子,不听劝能怎样!那时候在农村,初中生毕业回乡当农民都是一大新闻,凡是上了高中的孩子一般都要上大学,除非是极个别的。因为国家的教育计划就是这样安排的,否则就没有必要上高中了。我1959年上的高中,我们中学里有4个高中班,每个班考不上大学的落榜生只有一两个。1960年的毕业生还95%上了大学。到了1961年,教育任务就缩减了,但还有50%能考上大学。到了1962年我毕业时就非常惨了,招生计划大幅度缩减,我们毕业4个班,只有8个人考上了大学。我们班剃了光头……

张　星　**正好让您赶上了,那您当时是什么心情啊?**

陈忠实　那当然是……哭,巨大的精神打击!上初中时还不明确,上了高中以后就是奔着大学去的,没有回农村的思想准备啊!我是我们村第一个高中毕业生,我回到农村,给我们全村做了一个坏榜样。脸面是一方面，关键是前途完蛋了，没有前途了。

张　星　**您在这样的情绪和精神压力下应该写了很多东西，不是说愤怒出诗人吗？**

陈忠实　没有，没有情绪写任何东西，那是一种崩溃的感觉。你想，对于一个农村孩子来说，在那个年代，那么贫困能上高中，不就是为了能考上大学，将来能当上一个"公家人"，吃上一碗"公家饭"吗？

（说到这，他停顿了下来，半天无语，吸着雪茄，沉默中，我感到了他内心深处那道看不见的伤痕。可见往事并不如烟啊！）

张　星　**这是您生命中一段最黑暗的岁月。**

陈忠实　二十多年后，靠卖树、卖树根供我念书的父亲在患癌症去世前的弥留之际对我说："我有一件事对不起你……我不该让你休那一年学啊！错过了一年让你错过了二十年……"

听罢我浑身战栗，久久无言。休学因为贫困，可父亲也是万般无奈啊！回乡以后，一直过了很久我才缓过劲来。后来我们的村级小学要配备一个民办教师，我就去了。其实我根本就不想当这个教师，我的性格也不适合，之所以答应，完全是因为内心深处喜爱的文学。我想，我要是当个农民，干一天的重体力活，回来就很累了，就再也没有精力和时间读书写作。可是当教师，下午给孩子们放完学以后，晚上我还可以读书、练笔，写我自己的东西。那时我白天给孩子教书，晚上就从最基本的写作练起，包括自己给自己造句，我阅读小说时，有哪些新鲜的词，我没见过的词，就把它摘下来，我自己用它来造句，作为文学基本功的练习，就下这个苦功夫。

张　星　**您写的第一部长篇小说就是《白鹿原》？**

陈忠实　是。这也是我唯一的一部长篇。从产生写作的欲望到构思完成大概经历了两年,包括做一些调查、查一些资料,写作写了两稿4年,一共6年。之前已经发表过很多短篇小说和中篇小说。

张　星　**您用白鹿原作书名,那地方原来就叫白鹿原吗?**

陈忠实　这是人家原有的名字,这个原是很有历史意味的,我是查县志时看到的,白鹿在当地被视为神鹿。这道原在蓝田县城西南方向,有白鹿游于西原,这个原就是白鹿原了。白鹿原这个名字后来几经历史的转换,在历史上还叫过灞陵原,著名的"鸿门宴"中,"沛公军灞上",说的就是这个灞陵原,也就是白鹿原。

张　星　**听说把《白鹿原》搬上银幕颇多周折?**

陈忠实　小说出版以后,西安电影厂的导演吴天明让他弟弟在西安找到我,让我写了改编成电影的委托书。当时他人在美国,两三年以后他回来,因为一直没有获得拍摄批准,就没拍成。后来又有几家影视公司找到我,我说,谁能批下来谁就做这个事。结果都没有批下来。最后获得批准权的是另一家公司,他坚持10年不松手,一直在跑,终于获得批准,现在可以拍了。

张　星　**您对自己的小说改编成电影持什么态度?剧本您看过没?**

陈忠实　当初审批刚批下来时,编剧芦苇找我谈过小说的创作初衷、人物的分析。现在电影筹拍,我是不干涉的态度,现在的剧本座谈过一次,芦苇又改了四五稿,最后的定稿我还没看。改编有很多困难,小说人物太多,电影不可能都表现。我个人的理解和建议,小说是叙述,读者可以反复看;电影和观众交流,一句对话没听清就过去了。作为小说作者对电影艺术我没有成功的经验,所以我不干预,让他们去做吧。

张　星　**您在《白鹿原》中,把男主人公白嘉轩设计成娶了六个老婆都死了,为什么要这样呢?**

陈忠实 如果你读过小说就知道，在小说中有个情节，白嘉轩的父亲死了以后，他自己也很丧气，不想再娶了，这时他母亲说了一句话，说“女人，就是糊窗户的纸，破了烂了，撕掉再糊一层。没有后代，家有万贯也都是别人的”。所以，为有后代继承，就是卖房子卖地也要娶妻生子，哪怕把家产卖净也要有后继人，有了后继人就有希望，就再能把钱挣回来，再买地再置房子，关键在这里。一是观念，死掉一个女人，就相当于窗户上破了一层纸。这是他母亲说的，不是他父亲说的。就说明，在那个年代，女人在女人心中是个什么位置！就要显示这个。如果这话

▲ 张星采访陈忠实

出自他父亲，就没有这么重的分量了。女人把女人都不当人，你可见在那个男尊女卑的社会根深蒂固到什么程度，这是从观念上说。另一方面从财产与继承人这方面来说，家有家财万贯，如果没有继承人也都是别人的。这个利害谁都懂呀。

张　星　**您一开篇就叙述了这个故事，特别引人入胜。**

陈忠实　前头连着死了几个女人，就是要阐述出他的母亲“女人就是一层窗户纸”这个理念，有人把这个说成是一开始就“泛黄”，如果没有这个死了几房媳妇的情节，他母亲说的那个关于“女人是一张纸”的理念就没有任何感染力，就会轻飘飘地过去。艺术不像我和你说话这么直白，它全部要靠情节和细节去完成。在那个年代，父子关系就是，父亲必须给儿子娶一房媳妇，儿子必须给父亲备一副棺材。如果父亲不能给儿子娶一房媳妇，你就不要指望将来儿子孝顺你。民间的原话是这样说的：“老子少不了给儿子一个媳妇，儿子少不了给老子一副棺材。”这是父子间在那个年代最极限的关系……

（沉默，抽雪茄，深深吐出一口气，整个人仿佛还沉浸在《白鹿原》的故事中，那个久远年代的爱恨情仇的氛围里……我看着他，等着他的神儿回来。半晌，他回过神儿来，问我：你还有啥问题？）

张　星　**像田小娥这种女性形象，我觉得您写得很大胆。**

陈忠实　那是我在查县志的时候，查到连续三本《贞妇烈女》卷，专门是写这个县贞妇烈女的，那个时代推崇的就是贞妇烈女，立一个功德牌。头一本县志上还有对这个人的一些简单“事迹”介绍，后面就只有人名了，比如某某村，某某氏，夫姓加父姓再加氏。把你载入县志，已经是很高的规格了。我看到这个以后，受刺激很大，一个女人，丈夫死后就这样活一辈子，我们拿今天的观念，这个女人要经受多少精神、包括女人生理本能上的痛苦！我们今天读到这个都觉得很震撼，可见封建道德对女人残忍到什么程度！

我合上那三本《贞妇烈女》卷县志，深切地感受到什么叫历史的灰尘，又是怎样沉重的一种灰尘啊！这时我的心中又泛起一个女人偷情的故事。我在乡村工作的20年里听过许许多多偷情的故事，这种民间文学的脚本通常被称作“酸黄菜”。我至今也搞不清楚，是那三大本县志里的贞妇烈女们把我潜存的那些偷情男女的故事激活了，还是那些“酸黄菜”故事里的偷情男女把这三本《贞妇烈女》卷里的人物激活了？官办的县志不惜工本记载贞妇烈女的代号和事例，民间历久不衰传播的却是荡妇淫娃的故事……这个民族的面皮和内心的分裂由来已久。这时，我忽然电击火迸一样产生了一个艺术灵感，眼前就幻化出一个女人来，她就是后来写入《白鹿原》中的田小娥……

张　星　**还有一个小问题，您为什么喜欢抽雪茄？是因为它的味道浓吗？**

陈忠实　它适合我抽，所以我就抽。

题　记　**该题出自白居易咏灞桥的一首七绝。原诗为：“宠辱忧欢不到情，任他朝市自营营。独寻秋景城东去，白鹿原头信马行。”**

陈忠实说，他每写成一篇作品的那种愉悦，相信比白居易纵马原上的心情差不了多少。他说，在原下进入写作，便进入他生命运动的最佳气场。

王树林

最好的感觉是感动

王树林：1951年出生于天津葛沽。现为天津立林机械集团有限公司总裁，天津市人大代表，天津津南区人大常委会委员。历经坎坷与磨难把一个作坊式的工厂发展为一家年收入达5个亿的大型企业集团，天津立林机械集团有限公司是一家生产石油、石化机械设备和工具的科技型民营企业，也是中国石油天然气集团总公司、中国石油化工集团总公司机械设备及工具制造的网络企业。

印象：那人却在，灯火阑珊处

王树林是谁?

刚接到采访任务的时候我完全是一头雾水，他是干什么的? 为什么市工商联在推荐纪念改革开放30周年人物时要写上他的名字?

于是，打电话联络，没有人接。以党报记者的身份发短信请求采访，不回。

是被拒绝，还是联络方式有误? 从来没有过这样的经历，在我采访过的近百位国内外名人大腕的经历中，这样的拧巴还是第一次。

在市工商联同志的一再努力下，在我几乎已经决定放弃的时候，总算联络上了。见面之后他坦率地说："你的电话我没有接，你的短信我也看到了，但是我们不想被宣传……"

如果不是在采访之前先参观了由他掌舵的天津立林机械集团有限公司那相当令人震撼的厂区；如果不是有一种无言的感动漫上心头的话，我会以为他的"不想宣传"不过是一种包装罢了。

那天，我们比约定的时间稍早到达，司机便载着我们先到厂区转了一圈，这一转，立刻就被一种铺天盖地的感觉罩住了，这感觉就是：宏大的气势，深厚的底蕴，非一般企业所能达到的那种大气和厚重。做记者这么多年，也参观和采访过不少企业，国有的、民营的、外资的、合资的……但"立林"太出乎我的意料了！它犹如世外桃源一般出现在津南区的一条幽长的乡村小路旁，近1平方公里的厂区没有设围墙，雅致得像一座大学城。广场般的草坪，公园似的树林，却又洁净得像一家食品厂，根本无法想象，装满机器、车床的厂房内是水磨石铺地，亮得能照出人影，据说热馒头掉到地上捡起来，一点尘土都没有。他们生产的牙轮钻头金光灿灿，既浑厚如锤，又精美得犹如艺术品。站在厂区，远远望去，不要说厂房，就连职工存自行车车棚的玻璃窗都擦得锃亮通透。一条1公里长的大道笔直地贯通全厂，一座名为"中坚门"的钢筋水泥弧形雕塑矗立其中。在司机的引领下，我们乘车穿过宽50米、长360多米的"航母车间"和更大的"北大车间"。在厂门口停着好几辆类似步行街上的那种观光环保车，那是职工在厂区内的代步工具。而作为总裁王树林所在的办公区域则是在旧厂区的一处小院里，满院栽种的果树，使你误以为走进了某个林业科研所，或者郊外度假村。而一身便装、头戴帽子的王树林，则更像是一位乡村教师，或者隐居在此的文人雅士。他说，那还是在十多年前，他出资在南开大学建立了一个树人德育奖励基金会，同时又向区里投资修了条路。在企业还处于起步阶段就出资一百多万元做了这么两件大事，曾经被媒体报道过。那之后，他就再也没有接受过媒体的采访。一直到2003年，凤凰卫视经一位老乡找到他，才答应做了一期节目。他说："干企业，用嘴说没有用，就是要用自己的行为来证明，你的实力摆在那，不用去说。太阳什么也不说，万物生长靠太阳。"

他说这话时语气平静，而他的神采却始终飞扬着，激情就渗透在他的眉宇间，与我采访过的一位海外大作家有些相似。不错，在这位民营企业家的身上确实弥散着一种文人的儒雅，那儒雅深处却写满了执著与寂寞。在他貌似轻描淡写的叙述中，他的人生犹如一个个深陷于皑皑大雪中的黑色足迹，如此清晰，又如此强烈……

童年的他，是一个性格内向的乖孩子，父母没什么文化，家里也没什么背景，在8个兄弟姐妹中他排行老五。他喜欢读书，学习成绩从来都是名列前茅。如果生命能够重来的话，他说他一是想读书，大学、硕士、博士地读下去；二是想参军，要一直当到将军……然而，"文革"的爆发打碎了他的读书梦，更别提当将军了。1968年，他不舍却无奈地告别了学生时代，回到乡里。幸运的是他进了村办企业，他以17岁的青春热血，谱写出他日后"企业家之歌"的第一串音符。

1984年，改革开放的春风从热火朝天的南方徐徐吹进了北方津城滨海的这个小小村落，已过了而立之年的王树林要自己创业了。记者采访时正赶上他们立林集团的演出队在排演新年的节目，我要过一份朗诵词，在提到王树林创业的过程时有这样一段描写：两间墙皮脱落的砖房，屋内闪动着昏暗的灯光。不能开启的窗子下方，摆放着两台破旧车床。一辆"铁驴"是唯一的交通工具，两张办公桌便是全部家当。白天徘徊在乡村小路，黑夜静坐沉思默想……

王树林说："我刚干那会儿，谁都不支持我，那时候个体户还让人看不起。我买了几台旧车床，修理修理，给别人做配件。当时很艰苦，非常之艰苦。那时候我几乎是干一个产品就累病一次。积劳成疾，完全透支了。但是我知道，只有在崎岖的山路上攀登不畏劳苦的人，才有希望达到光辉的顶点，你不攀登就没有可能。

你没有这个坚定的理念和信心你就什么也干不成。人家吃饭你也吃饭，人家看电视你也看电视，人家喝酒你也喝酒，那你能干成什么呢！”

做生意的人都爱说，人在江湖，身不由己。打牌、喝酒、应酬几乎就是生意之道的ABC，可王树林却与众不同，他不抽烟、不喝酒、不玩牌、不进歌舞厅，他坐车进出村时，总是慢了又慢，决不在乡亲们面前露出哪怕是一点点的“狂”。

然而他真的是有足够的资本“狂”一下的。不说不知道，一说这王树林旗下的立林集团公司还真不是一般的“牛”，那是相当的“牛”！一个原来名不见经传的民营企业，竟敢涉足一直由国家垄断的石油机械行业、涉足高新技术产业，竟能在2008年被评为中国机械行业500强，在国际市场上的销售额达十几个亿……

全球最大的石油机械装备工具制造经销商销售总裁布朗说：“立林属于21世纪的企业——我们生活在21世纪的美国人，必须同你们合作！”2004年5月，一家外企总裁考察了“立林”后感叹道：“在中国的乡村能有这样一个规模宏伟、装备精良、管理先进的现代化企业，真是不可思议，太不可思议了！”美国一家同行业的公司总裁来“立林”详尽考察后说：“这雄伟壮观的立林牙轮钻头车间，是全球最大、最好的，堪称世界第一！”

做出了这样非凡的成就，却为什么不愿意被采访，不希望被宣传呢？甚至他们做了上千万元的慈善捐款之事，也只是直接与红十字会打交道，从来不向任何人声张。王树林最欣赏的一句话是“最好的感觉是感动”。他说，要用行为去感动，感动了员工，感动了周围，感动了政府，到那时你自然而然地就成功了……

采访归来，天已经黑透了，寒冷的夜空中有几颗晶莹的星星一闪一闪，不知怎的，脑海中忽然冒出这样一句话：宠辱不惊，看庭前花开花落；去留无意，望天上云卷云舒……

访谈录

张　星　**你这么低调，虽然你这坛酒是好酒，但你这“巷子”也太深了！**

王树林　现在这个社会，新闻呀，媒体呀，都太发达了，大话、假话、瞎话、胡话都太多了，虚的太多了，人们都麻木了。干企业，应该是手笔越来越大才对。而有些人却正相反，手笔越来越小，胆子却越来越大，牛气烘烘，嘛话都敢说。这也是为什么多年以来，我不愿意接受媒体采访、报道的原因。

张　星　**是不是找你要钱的人越来越多了？**

王树林　实际上我们立林每年捐的钱也不少。但我们捐钱从来不找政府，像印尼海啸，南方雪灾，汶川地震等，我们不想声张，就直接把钱捐给红十字会。但我们从来不想报道这些事。如果我们要把这些钱都投到媒体上，那效果绝对不一样。

张　星　**没错，那样我就不会在提起王树林这个名字时一头雾水了。**

王树林　我也不愿意宣传个人，你看我连名片都不印。就是想多干事。你们认为重要的事，我并不认为重要。你们认为不重要的事，可能我认为比命都重要。千条路，最后还是要做好自己。再说我们的产品是石油装备和工具，是又窄又深的东西，专业非常强，也不需要做更多的广告。

张　星　**我们今天不谈企业，就谈谈改革开放这30年在你身上发生的巨大变化，好吗？**

王树林　好。我就是土生土长的葛沽人，父母都是农民。我是老三届。1968年我初中毕业就回乡了，我的学生时代也就提前结束了。那年我17岁。我还比较幸运，回村后我没干农活，就进了村办的电机厂学车工，我算是有文化的人，努力刻苦地钻研技术。

张　星　**你很珍惜这份工作？**

王树林　是的。干任何事情，首先你都得有兴趣，有兴趣才能热爱，热爱才能产生激情，可持续的激情就能成功。我干车工就特别热爱，特别去钻研它。我学车工，学技术，然后当车间主任，全面质量管理，又学销售……从1968年到1984年的十几年中，我干了各种各样的管理，工厂中的岗位我都干遍了，这就为我1984年的创业打下了坚实的基础。说起改革开放30年的变化，其实在我们北方，真正的改革开放是80年代以后的事，准确地说，1981年到1985年是第一代的创业者，我就是这一批人之中的一个。现在这批人中80%以上基本上都"死掉"了，像我们这样，在坚持中还在发展的，确实是凤毛麟角了。

张 星 **你当初创业的资金从哪里来？你不可能一下子就做这么大？**

王树林 当初真的没有钱。改革初期，从计划经济向市场经济过渡，我在厂里干销售干得不错，企业奖励我，我自己存了七八千元钱。那里面包括了企业给每个职工买一台电视机(只需掏一半钱)，我说我不买，把钱存起来。奖励我的冰箱我也不买，把钱全存起来。生活上，我能吃饱了就可以了，有肉没肉都不在乎。

张 星 **你是不用扬鞭自奋蹄，没有人逼你这样做啊！**

王树林 很对。所以我认为成功，就在于这一点。因为我知道，我并不比别人更聪明，更智慧，但我比别人更努力。我这个人还有一个特点，就是从不抱怨。有一年，政府有关部门征求民营企业对一些职能部门、银行贷款和政府支持方面有什么意见？我说，银行不信任我们，问题是我们能值得银行信任吗，说政府不支持我们，那么我们又为政府做了哪些工作呢？一位领导说：王总，没有人像你这样想问题，他们都是抱怨这、抱怨那的。我说，我总是要求自己去做，通过自己去做来感动别人。我向来不抱怨。社会本来就是这样，有阳光灿烂的一面，也有风雨无奈的一面，其实从某种角度来说，抱怨本身就是承认失败。什么是和谐？在很大程度上，给予就是和谐。当然，给予需要物质，给予更需要承担。这里面就需要你的智慧了。关键是一种心态，我主张的是：你不，我是。

张 星 **你说的这个"你不，我是"能举一个具体的例子吗？**

王树林　应该说充满了我整个人生的每一个过程和每一个细节。比如说，我们在用人方面，我们从来不开除，我们都劝退。比如有一个司机，趁跑长途时投机倒把，但我们没有这样辞退他，而是说他在驾驶中技术不够好，我们得留下那些节油能手，为企业节约成本的员工，但是他心里明白他做了什么。不伤害他的自尊，我们还把钱给足了，还多给，这样他已经不好意思不走了。

张　星　**你这些超大的厂房是什么时候建起来的？**

王树林　1998年，到现在已经10年了。我们包括自行车棚，上10万平方米的建筑没有一块破玻璃。所有的玻璃都擦得锃亮。许多来人都说，比市里的宾馆都干净。

张　星　**我觉得在农村这样的地方，人们是没有这么好的卫生习惯，你是怎样做到的？**

王树林　要想改变人，很难。就得加大投入改变环境，让环境来改变人。车间做水磨石地面，我就是想做不可能做的事。我们企业有许多项目，包括天津市的重点项目。每次做项目时，总有人说，这不可能，那不可能。我说，立林企业已经走过了这样的不可能，那样的不可能。如今立林企业正走在可能的路上。只要努力。我记得凤凰卫视有一句广告语：一切皆有可能！我们厂仅物业管理方面就有二百多人。厂里连一个纸屑都没有。员工非常理解企业，也非常理解老板。

张　星　**你一个民营企业的产品，一开始怎么让那些大油田相信你和你的产品呢？一开始是不是他们也有顾虑？他们怎么能相信你，接受你呢？**

王树林　首先在我的人格魅力。实际上卖产品也是在“卖人”，他认可你了，才能相信你。他一看你：哟，这是干实事的人。

张　星　**在一些人的偏见中，民营企业走市场是靠一些不正当手段起家的？**

王树林　这个观点不对。我们的产品销往全世界，在国际市场上销售十几个亿。还是要通过自己的努力去改变一些人的观念,不要说教,要用行为去感动,感动了员工,感动了周围,感动了政府,到那时你自然而然地就成功了。

张　星　你们的产品在国际市场上销售网最多的是哪些国家和地区?

王树林　美国、加拿大、中东……基本上是全面开花吧。国内也有,但不多。我们是天津市、也是全国第一批通过ISO国际标准的企业。以制造业来说,我们不仅在国内,在全球都是首屈一指的。但我们不太做宣传,我想做那种"众里寻他千百度,蓦然回首,那人却在,灯火阑珊处"……我们想要这种扎扎实实的精神。

张　星　你是一个完美主义者?

王树林　你说得很对,我是追求完美。立林,就是要立于民族之林,立于世界之林。

张　星　你是属于不好动的性格?

王树林　我们的企业能踏踏实实地走到今天，也得益于我的这种性格。我总说,观念决定态度,态度影响行为,行为形成习惯。我们若有一个良好的习惯,我们可能就成功了,如果有一个不良的习惯,可能就失败了。所以,成功与失败,是我们自身习惯的必然。2004年6月,我们厂庆20周年的时候,我讲了几句话,我说:面对社会,立林肩负起的资本责任。面对市场,立林让用户先赢。面对员工,立林把完整给予同企业一道发展的人们。

张　星　听说你不抽烟、不喝酒、不玩牌。做生意的人不喝酒怎么做生意呢?

王树林　这也是我和别的生意人的区别所在。我总想,企业,是实业。就是实体,就只能扎扎实实地干。

张　星　**你们厂里的环境还真像国外的企业，尤其是在卫生方面，真干净。**

王树林　在2000年到2001年之间，我到日本、德国考察，我一看，他们也是这样干的。不是我和他们一样，而是他们和我一样。在这之前我根本就没出去过。

张　星　**那你的想法是怎么来的呢？你又没出去过，是凭空来的吗？**

王树林　来自我的性格，我的灵感。

张　星　**什么样的灵感？**

王树林　我的灵感非常强。你看我这屋里，非常简单，什么装饰也没有。我就想，做事，越简单越好，如果简单等于伟大，则越简单越好。

张　星　**你自己的生活也是这样？**

王树林　对。我是一个没有任何嗜好的人，我每天5点半到6点起床，然后做一些简单的运动，到食堂吃早点。白天与员工谈话。晚上，看些书，不断地学习。人可以没有知识，但不可以没有常识，人可以没有智慧，但不可以没有知觉。我始终在努力学习，看一些报刊，看一些感兴趣的电视，更多的时间是自己一个人在屋子里静静地享受孤独。有时候能把自己关几个小时。我妻子病逝两年多了，之前她的身体一直不好，我独立生活也好多年了。我觉得自己要是不本分，就是对事业的不负责任。

张　星　**如果人生能够重新选择理想，让你回到少年时代，这是你心里想要做的事吗？**

王树林　这不是我的选择。我原来的理想就是想上学，后来就是想参军，并且想一定要当将军。少年时那种求知的愿望，像着了魔一样。为什么1996年我在南开大学捐款一百多万，就是这种读书的情结放不下。

张 星 **你厂子里有一个门形的巨大雕塑,叫……**

王树林 中坚门。钢筋混凝土建的,光钢材就用了150多吨。既是我们厂区道路中间的一道门,也是中华的坚强之门。尽管线条非常简单,但永远不会倒。

张 星 **就是水泥的原色,为什么不涂上一些颜色呢?**

王树林 不要颜色,就是赤裸裸。干事业就是这样,我就是赤裸裸干企业。这种造型就是立林人的坚强,水泥原色的质感。造价二百多万,去年建起来的。

张 星 **那么在你有生之年,想达到一个什么样的理想境界呢?**

王树林 我想,至少要达到全球最大最强的企业之一,在国际市场上和同行业当中,我要有话语权。事实上现在我已经具有了一定的话语权。现在全球金融危机,美元贬值,我仍用人民币结算。如果员工因为跟着我而他们的幸福指数下降的话,那将是我最大的耻辱。

张 星 **你老是这样完美别人的话,那你一定会委屈自己。**

王树林 不错。我这人最看重的一是善良,一是责任。并勇于承认错误。我最讲究实事求是,并勇于承担责任,我自认为是一个比较优秀的男子汉。我喜欢是非分明,爱憎分明。但是在处理一些社会关系和人际关系时,我做的都是那种善良、那种爱护、那种给予,那种宁愿伤了自己而不伤害别人的事。如果我身边的人跟我受了罪、受了苦、受了委屈,我会比他们还难受。

张 星 **你这样想做完美的人,其实是很痛苦的。**

王树林 如果我看到地上有这么小、哪怕是一点点垃圾,我也要把它拾起来。不拾起来受不了,这就是我。如果我们每一个人都是"应该"的主体,把自己应该做的事做好了,社会就和谐了。

爱泼斯坦

中国就是我的家

爱泼斯坦：国际著名记者、作家。1915 年出生于波兰，两岁时随父母来到中国。1920 年全家从哈尔滨来到天津，在天津生活了 18 年。15 岁开始在《京津泰晤士报》从事新闻工作。1937 年中国全民族抗战爆发后，他作为美国合众社驻华的战地记者，活跃在反法西斯战争的东方战场上。

1951 年应宋庆龄之邀，重返中国参与《中国建设》(现名《今日中国》)杂志创刊工作。1957 年加入中国籍。1964 年加入中国共产党。曾任全国政协常委、《今日中国》名誉总编辑、中国福利会副主席、宋庆龄基金会副主席、中国国际友人研究会名誉会长等职。

印象：和我掰手腕的九旬老人

当我的手终于和这位九旬老人的手相握的瞬间，心中充满了感动！

这一刻，我所触摸的不仅仅是一位老人的手，而是几乎整整一个世纪的风云变幻。他掌上的每一条纹路、手背上的点点老年斑不仅浓缩了他九十载漫长的人生，更是百年中国的历史见证。这一握，仿佛为我打开了一扇百年中国历史的大门，我被牵引着走进老人的记忆，走进一段依然鲜活的峥嵘岁月……

我从内心深处感到，能采访爱泼斯坦，是作为记者的一种幸运！

难道不是吗？有谁能像爱泼斯坦这样15岁就踏进新闻圈，与斯诺、史沫特莱成为同时代的外国记者，向世界报道中国。在战火纷飞的硝烟中，他以战地记者的身份奔走于中国的南京、武汉和台儿庄等地采集新闻，他还渡过激流奔腾的黄河来到革命根据地延安，亲自采访了中共领导人毛泽东、周恩来、朱德、叶剑英等，写下了几十万字关于中国的报道，并且和宋庆龄建立了四十多年极其信任和相互欣赏的深厚友情。他不仅加入了中国籍，还加入了中国共产党，几乎目睹了中国革命的全过程。在“文革”那段黑暗的日子里，他被关进秦城监狱5年。1985年邓小平亲自为他的70岁生日祝寿……

他是中国革命的活见证，是一本写满世纪风云的大书。他在新近出版的回忆录《见证中国》中写道：“我爱中国，爱中国人民，中国就是我的家，是这种爱把我的工作和生活同中国的命运联系在一起。”

2005年的4月20日，将迎来爱老90岁的生日。为此，我们专程到北京他的家中采访这位可敬的新闻前辈。

微风和煦的春日，爱老家楼前的柳梢上已经吐出了嫩嫩的新绿。为了祝贺老人的生日，我们特意在临出门前从天津买了一个漂亮的花篮，全是金黄、粉红的百合与玫瑰。爱泼斯坦的夫人黄浣碧到楼下来迎接我们，她说因为近日来访的人比较多，爱老有些疲惫，刚刚睡下。

于是，我们上到二楼爱老的家，房间很大，但光线有些暗，进门处的门楣上就挂着那幅毛主席在延安时送给爱泼斯坦、并且亲笔签了名的石版画像，桌子上摆着爱泼斯坦与邓小平的合影照片，在通往内室的墙上，挂着许多幅中国画轴。黄浣碧是个朴实又心细的老人，在和我谈到她与爱老的恋爱时，为了慎重，她登着小凳子在书柜里找书，哪一本上记载着哪个故事，她都非常清楚。在我和她以及后来和爱老的谈话中，她不断地从屋子两侧的书柜中找出一本本书递到我的手上，非常细致有条理。

正说着，保姆告诉我们爱老起来了。黄浣碧说，是因为你们来了他才起来的。一种心疼含在她的语调中，令我们既不安又感动。

爱泼斯坦来了，他坐在轮椅上，被从里屋推出来，推到我们面前。他笑着，雪一样纯白的眉毛下，一双深凹的眼睛含着平静安然的笑意，没有一点刚刚睡醒的样子，头上不多的头发也完全是雪样的纯白，那个幼时被同学称为“一座奇妙的思想堡垒”的前额依然高高地仿佛写满了智慧，这是我第一次采访一个完全“老外”模样的中国人。

不得不承认，这是不太轻松的一次采访。因为一来他年龄较大，又因结肠癌三年前曾在一周之内连续做了两次大手术，身体比较虚弱；二来他的中文能力限制了他的表达。在交谈的过程中，当我偶然说了一句“No problem”（没问题）时，他立刻高兴地想用英语与我交流，告诉我他当年与宋庆龄就是用英语交流的。于是，采访中多数时间都是我在说，他回答通常是“对”、“是”或几个简单的句子。他的中国话远没有说相声的“大山”那么地道，仍旧带有明显的“洋味”。可他的笑容，谈到抗战、延安、“文革”以及如今的改革开放，他的表情就与中国人无二了，完全是“自己人”、“过来人”的那种熟悉和理解。

谈到天津，爱老像谈起自己的故乡一样地充满了感情，小白楼、二十中学、英租界……从两岁到20岁，爱泼斯坦在天津生活了18年，天津的大街小巷曾承载过他童年的梦想和少年的足迹。当年父母带着他来到中国，先到哈尔滨，再到天津，一住就是18年。作为无国籍的犹太人，他的几十位亲属在欧洲都死于纳粹的大屠杀，是天津这块土地给了他相对安全、稳定的生活。虽然住在租界里，受着外国教育，但是他对中华民族充满了感情，对中国革命充满了向往。尤其是做了记者之后，他曾帮助斯诺在天津港口护送邓颖超躲过日本人的搜查乘船去往上海……他在回忆录中曾这样写道：“这时已是四月，路旁的树木和麦田刚显出一片嫩绿。我陶醉在这片熟悉的、稚弱的、很快就会消失的色彩中——每年，在冬季光秃秃

▲ 张星采访爱泼斯坦和夫人黄浣碧

的褐黄色和夏天潮湿的、浓密的绿色之间，总有这么一段短而使人感到温柔的过渡期。它显示出大自然每年给予华北地区的新生——华北，这是我成长的地方，我所认识的唯一的真正的故乡。”字里行间，爱老怀着多么深厚的感情！可这种无比的眷恋之情，却是他在“文革”期间被非法押送入狱时凝望吉普车窗外的大地时所产生的。

在爱泼斯坦的心中，从来也不认为波兰是他的故乡，那只是他的出生地而已，只有中国才是他的家，而天津，在某种意义上可算得上是他的故乡了。

在天津，从《京津泰晤士报》开始了爱泼斯坦的记者生涯，那个照片上叼着烟斗、意气风发的帅小伙儿正是从天津走向了更广阔的中国大地，走向世界的新闻舞台。如果说，儿时来到中国是他父母的选择的话，那么成年之后再回到中国就完全是他自己的选择了。1951年，已经在美国住了6年的爱泼斯坦夫妇应宋庆龄的邀请回到中国。那时候他的许多家人已经定居美国，他完全可以选择不再回来，可是他说：“我们回来了。我们做出了最后一个，也是最完善的选择：在中国居留。”爱泼斯坦在回忆录中写道:“在历史为我设定的时空中,我觉得没有任何事情比我亲历并跻身于中国革命事业更加美好和更加有意义。我走的是一条奇特的道路,从国际主义到爱国主义。”

九十载人生,七十多年都是在中国度过的,真的是很奇特的一生!

爱老显然是个幽默的老人,看到摄影记者冲着他不停地拍个没完,他便像孩子似的模仿快门的声音说:“啪!啪!啪!枪毙啦!”采访结束时,当我再一次与他握手时,他竟然用力攥紧了我的手,问我他是不是很有力量?于是我就真的和他掰起了手腕。在我试着老人确实没有问题之后,便当真使出了浑身的力气,却当真没有掰过他,他依然笑着就把我的手死死地翻到了下面……

握着这只充满力量的手,我的心中再一次充满了感动。

访谈录

张　星　**我们就是想向读者介绍一个伟大又平凡的老人的生活。**

爱泼斯坦　我不是伟大的。

张　星　**但是您做了许多伟大的事。**

爱泼斯坦　我只是做了一些事。

张　星　**您当时到延安,那时根据地的生活很艰苦啊!**

爱泼斯坦　我不觉得艰苦,延安的一切都是很新鲜的、活泼的,对我很有吸引力,并且是充满希望的。

张　星　**您与中国历代的领导人,毛泽东、周恩来、朱德、邓小平、江泽民,包括现在的胡锦涛都有过接触,您是作为一个记者去采访他们吗?**

爱泼斯坦　不一定。有的是作为记者采访,有的是参加一些活动时见面的。

张　星　**在这些领导人中,您对谁的印象最深呢?**

爱泼斯坦　当然还是毛泽东、宋庆龄。

张　星　**还能想起一些与他们交往的故事吗?**

爱泼斯坦　毛主席是很实实在在的,他要讲解一件事时,意思比较深的,他可以用比较简单的话和例子来说明,很容易让人明白的,他是做过教员的。

张　星　**您和宋庆龄的友谊最长,谈谈您心目中的宋庆龄吧!**

爱泼斯坦　她是双文化的人,她英文很好,她写东西用英文。我和她交流也用英文。她的中文我听不懂,上海口音很重。

张　星　**她是您在中国最好的朋友吗?**

爱泼斯坦　我的中国朋友很多,但是跟宋庆龄接触有四十多年了。

张　星　**您还花了10年的时间为她写了一本传记?**

爱泼斯坦　这是她的心愿。现在已经出版了,有中文版,也有英文版的。

张　星　**您经常到世界各地去,当其他国家的人看到您拿着中国护照、却是西方面孔,会不会觉得很奇怪呀?**

爱泼斯坦　有的时候海关会奇怪一些。

张　星　**您加入中国籍时是怎么考虑的?**

爱泼斯坦　哎呀,中国就是我的家,我在这里长大了,我的活动都在中国。

张　星　**那您在波兰还有亲戚吗?**

爱泼斯坦　亲戚都被希特勒杀害了。在波兰没有,在美国有。大部分都被杀了,我们是犹太人。

张　星　**您最新出版的这本28万字的回忆录《见证中国》，里面记载了那么多的往事，您都记得很清楚吗？**

爱泼斯坦　很久以前的事情记得很清楚，你要问我一个礼拜前的事情我可能记不清楚。50年前的事我记得比较清楚。

张　星　**那您对天津印象比较深的是什么？**

爱泼斯坦　我生活的那个时代的天津，各国列强瓜分中国，印象中有很多租界。我住在英租界，有一个小游泳场，很小。我在二十中学上过学。天津现在的变化多不多？最近十年变化多不多？

张　星　**变化非常大。您70大寿的时候，邓小平还给您祝过寿，您能谈谈对邓小平的印象吗？**

爱泼斯坦　邓小平很平易近人。

▲ 张星给爱泼斯坦送上祝福的鲜花

张　星　**您在身体好的时候也跑了全世界不少的地方，为什么还选择在中国生活呢？**

爱泼斯坦　我习惯了。从小，我的家就在这儿。

张　星　**在中国的文化中，书法、绘画等等，您都喜欢哪些？**

爱泼斯坦　我没有受过中国的教育，我从小上的学校是外国学校。

张　星　**所以您也没有机会学老子、庄子和孔子。**

爱泼斯坦　《三字经》我学了。

张　星　**那是怎么学的呢？是翻译成英文学的吗？**

爱泼斯坦　是用中文学的。

张　星　**还记得吗？**

爱泼斯坦　（笑着顺口就溜出来了）人之初，性本善啊，性相近，习相远啊……（笑了起来）

张　星　**您能明白这其中的意思吗？**

爱泼斯坦　这个意思我明白。这个意思比较善，学起来比较简单。

张　星　**字面虽然简单，可是这里面都是有很多的典故的，这里面的故事您要是不知道就不好理解。**

爱泼斯坦　对，我知道。

张　星　**您年轻的时候在天津的《京津泰晤士报》，您那时候采访是走路还是骑自行车？**

爱泼斯坦　走路，骑自行车都有。

张　星　**您后来到延安去，是受斯诺的影响吗？**

爱泼斯坦　红军长征的事我早就知道了，斯诺去了延安以后回来我跟他有接触，他的书（《红星照耀着中国》）还没出，但是我看到了他的手稿。我就对中国革命特别感兴趣了。1964年我加入了中国共产党。

张　星　**"文革"中当您被关进监狱之后，您有没有对中国失去信心？不再喜欢中国了？**

爱泼斯坦　没有。我知道这只是暂时的事情。我已经预见到了，但是到底是多长时间我不知道，结束时我还在不在，我也不知道。

张　星　**您为什么选择做记者这个职业？**

爱泼斯坦　我从小就喜欢写东西、看报。也是对政治有一定的兴趣。

张　星　**可是您最后也没有搞政治，还是做了记者和学者。**

爱泼斯坦　做记者也是做政治，新闻和政治是分不开的。

张　星　**那您现在从心里头觉得自己是一个中国人吗？**

爱泼斯坦　我入了中国籍，变成了一个中国人。

张　星　**当初您小的时候来中国不是您的选择，是父母带您来的，但是后来加入中国籍是您的选择，中国最吸引您的是什么呢？**

爱泼斯坦　最大的动力大概是中国的抗日运动，是救国运动。我还是对马克思主义印象比较深。我十二三岁就看了《共产党宣言》，我父亲给我看的。看毛主席的书，那是以后的事情。

张　星　**您现在能看中文的书吗？**

爱泼斯坦　很困难。但是看报纸马马虎虎。我的眼睛没问题，我的牙齿都是自

▲ 张星与爱泼斯坦掰手腕

已的，没有一个假的。(说着他露出了一口仍然洁白坚固的牙)哈哈！我只拔了两三个，没有一个假的。

张　星　**您现在还去政协吗？**

爱泼斯坦　去的很少。这次开了两个礼拜的会，我只去了一次。我喜欢那个小组讨论。我分在新闻出版组。

张　星　**您想对天津的老乡说什么话吗？**

爱泼斯坦　我希望天津发展得再快一点。

* 小注：此文在《天津日报》见报一个月之后，2005年5月26日爱泼斯坦在北京逝世，享年90岁。

曾宪梓

心中永远有祖国

曾宪梓：1934年出生于广东省梅县。现任全国人大常委会委员、香港中华总商会会长、金利来集团有限公司董事局主席。广州中山大学名誉博士。享有“领带大王”之美誉，成为身价80亿港元的商业巨子。同时他还是著名的慈善家，从1978年开始至今，他的捐赠金额已超过六亿二千万港币。

为表彰曾宪梓博士对祖国事业以及香港多方面做出的卓越贡献，1997年获得香港特别行政区最高荣誉——大紫荆勋章。1993年中国南京紫金山天文台以国际编号3388号小行星呈请国际小行星命名委员会核准，命名为“曾宪梓星”。

印象：有一种震撼不需要语言

联系采访曾宪梓是一个相对漫长和复杂的过程，从北京到香港，从口头到书面。2006年8月下旬，正逢他到北京开全国人大常委会，我们便立即赶赴北京。因为身体的原因，曾先生早已经不接受任何采访了，来北京开会时间安排得很紧，每天下午他还要到北京医院做3个小时的透析。为了接受我们的采访，8月24日那天上午，他特意提前从会场出来往住处赶，看到等候在路边的我们，他从车里挥手向我们致意。

今年72岁的曾先生身患严重的肾病，曾因换肾失败险些离去。11年来全靠透析维持生命。与他面对面地坐到沙发上时，我看到他虽然顶着一个硕大的头颅，但身体很瘦，脸色也不太好，但他确实是一个善良的老人，非常耐心地听我提问，尽量用普通话讲述大概已经对无数媒体讲过的人生，竟然一讲就讲了一个多小时。中午，他执意要我们同他一起在人大会议中心吃自助餐，还专门安排秘书为我们买好了餐券。吃饭时我就坐在他的身旁，我看到他只选了很少的几样菜，让服务员给他煮了五六个素馅饺子，把盘子吃得干干净净，最后吃了一小碗冰激凌。看着他安详地吃着饭，想到他穷苦的童年和艰辛的少年，想到他靠"勤、俭、诚、信"的人生信条创造出的"金利来"神话，一种感慨油然而生。

在他的讲述中，那种生活艰辛的烙印是痛彻骨髓的！

4岁丧父，靠母亲一个人拉扯着他和哥哥在穷困山区艰难度日，小小年纪，他就会上山砍竹子，跟篾匠学编粪箕、鸟笼、鸡笼、猪笼，编得一双小手伤痕累累。日子再难过，要强的母亲还是把他送去读小学，家里没有钱，小宪梓就靠每天帮老师做家务活儿代替学费，但最终还是失了学。直到新中国成立，土改的同志把他送到学校，不仅不用交学费，每月还给他3元钱的生活费。曾宪梓流泪了，他说，没有共产党就没有新中国，没有新中国就没有他读书的机会。由此他暗下了要靠自己的双手勤劳致富、将来报效祖国的坚定信念。

因为穷，曾宪梓17岁才读初中，35岁才开始创业。别人是先立业后成家，他却是先成家后立业，养家糊口成了他打拼创业的最大动力。回首他的一生，实在是太挣扎的一生了！虽然现在他是亿万富翁，可他35岁之前的人生全都是挣扎，并且充满委屈、坚忍甚至屈辱！他是一个韧性太强的人了！像那种最具柔韧度的竹竿，压到三百六十度也不会断。他所忍受的绝不仅仅是吃了上顿没下顿的饥饿、光脚板的寒冷和居无定所的流浪，还有寄人篱下时强咽的泪水，遭人白眼时咬紧的牙关……1963年年初到香港的日子，一个在新中国刚刚大学毕业的科研人员，一下子成了资本主义世界别人屋檐下的男保姆。之后带全家来到泰国，拼命工作也无法给妻儿一个温饱和安定的窝。后来在香港街头推销自己做的领带，好多次被人像轰乞丐一样骂着赶出来……

可是，他却从不为金钱折腰，即使在最艰难的日子，他也毅然放弃了对父亲遗产的继承权，横下一条心，硬是靠自己的一双手打拼挣扎，一分钱、一毛钱、一元钱地积累，终于不仅养活了一家老小，挣出了数十亿家产，还创出了"金利来"这个享誉世界的中国名牌。而他自己却依然过着俭朴如常的生活。在香港那样的花花世界，一个发了大财的男人，竟然从不抽烟、不喝酒、不赌博。几十年来，他从未进过歌舞厅、夜总会等任何一种娱乐场所。如果说，曾宪梓的发家史是一个商界传奇的话，那么他的人生态度更是无人能比的男人典范。想必天上那颗以他名字命名的小行星也一定比其他的星星更清亮一些吧！

与这洁身自好、勤俭克己相对应的是，曾宪梓毫不吝惜地把自己挣来的血汗钱数十万、上百万、上千万乃至数亿元地捐赠给了祖国大陆的教育、体育、科技、航天等事业。从1978年开始，他不仅在家乡广东梅县捐赠建立了设施一流、高水平的小学、中学和大学，还在祖国大陆捐建了一百多所希望小学，截止到今年6月，他已累计捐赠大陆六亿两千万港币。采访时他反复说的一句话就是："我是一个穷孩子，新中国成立后，是共产党把我送进学校读书，没有共产党就没有我的今天。我就是一个心中永远有祖国的人！"

面对着他，我有一种不真实感，仿佛面对着一部人间神话！四十多年前，本来是为了继承父亲遗产而来到泰国的他，面对亲戚们争斗得不可开交、人情冷漠时，他平静地选择了放弃。他说："上一代人的事与我无关。人不能太贪心，我相信用自己的劳动和智慧一定能创造出财富来！"甚至后来叔叔在他最困难的时期送给他几万港币的买原料费用也被他用从嘴里抠出来的钱全部还清了。正如他叔叔的感叹："世界上怎么会有像你这样不爱钱的人"一样，我也在问：世界上真的

◀ 董建华为曾宪梓颁发大紫荆勋章

有这样不被世俗红尘所诱惑的人吗?

后来我终于明白,他不是不爱钱,只是不愿意自己来享受钱。当我问他有什么爱好时,他沉吟了片刻,只说喜欢体育,年轻时曾当过篮球队长,现在每天还在坚持游泳。当我再问还有别的爱好吗?他没有回答。助手曾护士在一旁接过话头说:“他就爱做生意,做梦都是做生意。”的确,没有这种对事业执著、疯狂的热爱,他是不可能把一条小小的领带做成“男人的世界”的……

并且,他还是一个特别心细的老人,我看到他已经完全吃好了以后,就劝他先上楼休息。没想到他说:“这里一点钟关闭,我走了,服务员会赶你们。我在这,他们不会。”果然,此时已经快一点了。于是我告诉他放心去休息,我们已经吃好了。他仍然不放心,叫来了服务员,叮嘱不要赶我们,一定要让我们吃好。看到服务员点头，他才起身离去。看着他在曾护士的搀扶下一步一颤地走出餐厅，一种感动漫上心头。我不禁扪心自问：什么是人生的意义？财富的意义？贫困的意义？怎样看待贫困与财富？又怎样把握人生与诱惑呢？

让我们来听听曾宪梓是怎样说的吧——

访谈录

张 星 **我想告诉年轻的读者，有您这样不平凡的人生经历，成为富豪之后又这样来处理使用您的金钱，而您个人仍然过着非常勤俭的生活，尤其是您生活在香港这样一个物欲横流的花花世界，您是怎么做到的？**

曾宪梓 这其实是一个怎样认识自己的问题。每一个人都应该清楚自己是一个什么样的人。简单地来说就是人品，有什么样的人品，遇到问题就会有不同的看法。我是一个非常贫困山区里农民的孩子，很小的时候就跟妈妈耕田种地，做农活儿是很苦的，经常吃不饱穿不暖。妈妈告诉我们，我们人虽然穷，但我们要有志气，不要怕苦。我自己感觉，小时候吃过苦，有吃苦耐劳和面对困难的经历，这些对我长大以后面对更大的困难时很有帮助。就如同储存的一种东西，现在我们叫软件，像我从小就输入了一些吃苦、劳动、拼搏等内容到脑子里，长大以后再遇到困难时，我就可以把这些储存的内容调出来。所以我说，小时候吃一些苦、学会各种劳动，学会面对贫困，是人生一个很大的宝库，也是创造财富的一个基础。

张 星 **创业之初最艰难阶段支撑您内心的力量是什么？**

曾宪梓 是养家糊口啊！我在香港创业时带着妈妈、老婆、3个孩子和我自己，没有人帮助你，一家人都要吃饭，怎么办？穷了不要怕，我知道如果靠我去做工，绝对养活不了一家人，我就做领带。成本小，投资少，虽然挣不了大钱，但可以挣到饭吃，可以养活我们一家。那时候我一天一定要卖出去60条领带，才能赚到50块钱，才够我们一家人吃饭。

张　星　**那有没有卖不到60条的时候?**

曾宪梓　没有。我还是很幸运的。我学到很多办法。我不懂香港的广东话,也没有学过怎样做买卖。拿着领带到处乱跑。后来我知道做买卖要先交朋友,先真诚地和人家交朋友,聊天熟悉了以后再问买不买领带的事。于是我知道了,做买卖要诚实、诚恳,向对方请教。我也从别的老板那里学到一些经商经验。要保证质量,要保证对方不吃亏,他们才会帮助你。怎么样才能保证对方不吃亏呢?一个是要质量好,一个是要让他们多赚一点,我自己少赚一点。我感觉,做买卖需要诚实、诚恳,还要勤劳、节俭。

张　星　**但人常常是穷的时候节俭,有了钱以后就免不了奢侈一下。**

曾宪梓　我们是从做十几条领带开始,当初只有很小的房子,十几平方米,我和太太就靠一把剪刀和两台从国内买的最便宜的蝴蝶牌缝纫机,自己做领带,自己去卖。我做领带,从小到大,从无到有,过程就不讲了。我在家乡读初中的时候,有一个华侨给我们学校捐建了一座教学楼,引起很大震动。我说,将来我"过番"(下南洋)做生意赚了钱,也要捐一座楼给我们学校!当时大家听了都笑我。你一个穷孩子,哪会有钱呢!但从此我脑子里就记住了。后来我在香港创业,经过努力真赚到钱了,1978年我回到母校,第一件事就是对校长讲,我小时候在这里读过书,我这次回来要给母校建一座有12间教室的三层教学楼,我要实现我少年时这个不是诺言的诺言!

张　星　**从此您对祖国的捐赠就一发而不可收了?**

曾宪梓　我本来是穷苦孩子,没有机会读书的,当时我家在村子里是最穷困的。新中国成立后,是土改的同志送我去读书,还教会了我唱《没有共产党就没有新中国》这支歌,到现在我还在唱。我感觉到没有共产党就没有我的今天。读书不仅使我有知识有能力,还学会了怎么做人,用知识创造财富。财富是通过劳动才能取得的。要做个好人，有用的人。我受的就是这样的教育。我做生意的座右铭是：勤俭诚信——勤劳才能创造财富，创造了财富还要节俭，诚信才能广交朋友做买卖，你不诚实了就没有信誉。我把信誉、诚实当作自己的生命！

张　星　**能谈谈您继承遗产这件事吗？**

曾宪梓　我1960年从中山大学生物系毕业。1963年为了继承父亲的遗产，我就经香港到了泰国。我4岁的时候父亲死了，我不知道在继承遗产的问题上还有斗争。我到了泰国才知道，我父亲以前只是在偏僻的地方有两间小店，是我叔叔的努力把它做成了很大的生意。我那时面临的是，要钱财呢还是要亲情？我觉得，钱财用劳动可以创造，如果我硬要继承了这个遗产，那么我和叔叔的亲情就不存在了。我经过了一个星期的调查和思考，我告诉叔叔，我现在穷，但是这个遗产我不要，我要的是亲情！财产用劳动智慧可以创造，亲情却是不能用钱买来的。我讲了共产党是怎样教我们做人的。我叔叔很吃惊，他对很多人讲：共产党教育出来的人就是不一样！我用我自己的行动，让叔叔一个资本家认识了共产党。我开始自己做生意以后，我叔叔就尽力帮助我。我做领带需要泰国丝做原料，我叔叔就寄给我3万港币左右的泰国丝，作为我做领带的一个资本。但是我经过短短的半年，尽量想办法把卖出去的领带钱收回来，就把这3万港币还给了他。叔叔很意外，他在泰国侨乡中说：人家都说，世界上没有不爱钱的，可我看见了，我的侄儿，我送给他3万港币，他都不要，又还回来了。他是最有志气的！

张　星　**这种志气是不是小时候从您母亲那学来的？**

曾宪梓　我妈妈从小就告诉我，不要去贪钱，要靠自己的努力挣钱吃饭。在香港最穷困的时候我们吃什么呢？都是吃最便宜的东西。比如我们吃的肉，是人家不要的那种碎肉，用很便宜的钱买回来，剔去油，油渣还可以炒菜。我们吃的鱼是“猫鱼”，就是人家喂猫的那种小鱼。鸡是那种冰冻的鸡脚,在香港很便宜。要吃蔬菜就要等到菜场收工时,把人家不要的那些菜叶子捡回来,有时只需付很少的一点钱可以买一大堆……吃得饱就可以了,不一定要吃什么高档的东西。直到现在我也是这样,我是个非常节俭的人,从不浪费。我节省下来钱干什么?我要帮助那些需要帮助的穷苦人,我要报效祖国!

张　星　**可是您捐的钱已经够多的了,您就没有想过把自己的生活改善一下?**

曾宪梓　有哇。我自己的生活有吃有住还有剩余,剩下的就用来发展事业嘛。我现在有病,每天都要做透析。我跟你在这里讲完话,吃过饭,下午就要到北京医院去做透析。我要争取生命长一些时间,多为祖国做些贡献。

张　星　**您捐助了那么多学校,是不是自己也很开心?**

曾宪梓　我捐建了一百多所希望小学都没有用我的名字,但在梅州我的家乡就用了"丽群小学"我老婆的名字,还有"宪梓中学",现在都是广东的名校,高考成绩很好。我还建了一个教育基金和航天基金。从1978年开始,到现在我已经捐献给国家六亿二千万。我有一点小小的能力,能帮别人,能回报祖国,我自己也很开心。我的一切行为都以回报祖国为主导思想。我在香港的中华总商会做了二十多年的领导,香港回归,我参加了回归的筹备委员会……回归庆典上,有12个对香港做出巨大贡献的人获得了大紫荆勋章,其中也有我,当时我也很兴奋、很激动,同时也感到很惶恐。需要我更加努力地多做事情。我也感到祖国对我的关爱。在我病危的时候中央领导非常关心。1998年换肾失败,非常危险,香港医院已经告诉我家里人准备后事了,最多再延长30天就送命。中央领导知道这件事之后,就派人专门到香港把我接到广东的医院,最后抢救成功了。所有人都认为这是一个奇迹。等于是祖国给了我第二次生命。我没有理由不为祖国效力。

张　星　**您捐赠这么多，您的家人是怎么看的？**

曾宪梓　我的太太和孩子都能理解我。一个人最能体现爱国心的是什么？就是用你的钱去投放在祖国真正需要的地方。我的太太是全国妇联的副主席，每年都到穷困的地方去帮助穷困的妇女，我儿子按我的要求，每年至少要建10所希望小学。爱国，不是光靠口头上讲，我们要有行动。我要求我的孩子们要继承我的爱国情怀。

张　星　**但是在大陆也有一些贫苦出身的孩子，当他掌了权或者发了财以后就变了。**

曾宪梓　这要有一个对金钱的认知，所以说人品很重要。学校的老师，在传授文化科学知识的同时，还要教给孩子们怎么做人，怎么做爱国的人，爱自己的人，爱家庭的人。所以我们在国内的公司就提倡要"四爱"：爱祖国、爱集体、爱家庭、爱自己。这四个不能分开来。一个人从小到大，不光是看他的知识，还要看人品，还要会劳动，还要有爱心和善心。

小泽征尔

把音乐的光芒撒播于人间

小泽征尔：日本著名指挥家。1935年9月出生于中国沈阳，1951年入日本东京桐朋学园高等学校音乐系学习指挥。1959年在法国第九届贝桑松国际指挥比赛、伯克郡音乐节的指挥会演和卡拉扬主持的比赛中获奖。1960年初次登台指挥法国国立广播管弦乐团，接着又出色地指挥过纽约爱乐乐团，旧金山、加拿大、伦敦交响乐团和维也纳乐团等，1970年起任旧金山交响乐团常任指挥和音乐指导，后与波士顿交响乐团签订终身合同，任音乐指导兼指挥，并兼任新日本爱乐乐团的首席指挥。

印象：背影中，音乐家的灵魂在舞蹈

站在舞台上，他通常都以背影与我们相对，我们没有听过他的声音，但他指挥的乐队却把他的激情以宏大的交响音乐传递给我们。

小泽征尔，这是一个从上世纪70年代末，伴随着中国改革开放最早进入我们生活中的一个与西方古典音乐有关的人物。那时候，大多数中国人还无缘进入剧场欣赏他的风采，只能从广播中听，从新闻电影纪录片中看他的演出片断。可以说，是这个名叫小泽征尔的指挥家为我们打开了一扇通往世界音乐大舞台的窗子。30年过去了，当人们再次提起他的名字时，他已经成为中国人记忆中的一位老朋友了。而今，年过古稀的指挥家仍活跃于世界各地的音乐舞台。这次，借2009"小泽征尔音乐塾"中国巡演在津的演出，终于有机会面对面地与他交谈了。

2009年4月13日，当小泽征尔来到天津大剧院的时候，已经是下午3点半了。他要排练，要准备当晚的演出，时间非常紧迫，几乎没有时间接受我们的访问。他进来的时候披了一件薄棉袄，胸前挂着两副眼镜，大步流星，直奔舞台——那里，乐手们早已经把鼓点敲得隆隆作响了。之后，在后台休息室里，他还是抽出时间简短地回答了记者们提出的问题，然后又立刻投入到排练之中。

虽然，他在接受访问时说的是我完全不灵光的日语，但与他的目光相对，我看到了他对音乐的那份虔诚。一头蓬松的银灰色头发，一张木刻般个性鲜明的脸，同样变成银灰色的眉毛微微向上挑着。这形象我们并不陌生，太多的摄影和摄像已经把他定格在许许多多的印刷品和电视荧屏上了。只是，他的目光是无法定格的，那里面闪烁着一种音乐人特有的光芒，一种睿智，一份沧桑，又一份犀利……

出生于中国的小泽先生对中国有着一份特殊的情感，采访时他说："与1976年我第一次来中国时相比，中国人欣赏古典音乐的水平已经大大提高了，并且提高得很快。我想，中国人是非常喜欢音乐的。中国的音乐学生除了技术水平高以外，对音乐确实有一种激情。从某种意义上说，中国人是世界上对音乐最有激情的民族。"

这种感觉，也许从他第一次听到中国的民间音乐《二泉映月》时就已经在心底埋下了。那是1978年6月，小泽征尔第二次访问北京，他指挥中央乐团演奏了弦乐合奏《二泉映月》。第二天，他来到中央音乐学院，听到姜建华的二胡独奏《二泉映月》时，情不自禁地流下了眼泪。他说："这种音乐应当跪下去听。"说着竟然真的从椅子上跪了下去……这个故事在音乐界传为美谈。

2002年元旦，小泽征尔站在维也纳金色大厅的舞台上，成为继祖宾·梅塔之后，维也纳新年音乐会历史上第二位来自亚洲的指挥大师。令中国人感动的是，他在新年祝词中用并不纯正的汉语说出了"新年好"这三个字，全世界的电视观众都听到了这句美好的祝词。

能够感觉到，小泽先生并不是一个善于用语言表达的人，也许是在大半生的指挥生涯中，他已经习惯了用音乐来表达，用音乐来感受，用音乐来激发，音乐已经成了他的一种生活方式乃至生命的方式。所以，采访这样一位音乐大师，就必须要听他演绎的音乐，在他的音乐表达中感受他的灵魂。

于是，采访结束之后我悄悄坐在空旷的剧院观众席上，看他排练——

那一瞬间我忽然悟到，在他的指挥生涯中，其实排练所占的时间更多于演出，排练才是他与乐手们共同完成一部古典音乐作品的最真实的过程。

台上，由中日学生共同组成的年轻乐队像一幅生机勃勃的春之图景，满台黑色的头发映衬着一张张年轻的面孔。青春与热情像鸟儿在每一位乐手的心中飞翔，弓弦唱和，笛韵悠悠，号声嘹亮，鼓点隆隆……

当小泽先生站到乐队面前的时候，所有的声音戛然而止，刚才还"百鸟齐鸣"的舞台刹那间一片寂静。首席小提琴手站起来与乐手们对弦。小泽先生扶着指挥台栏杆而立，注视着他年轻的乐手们。然后，他登上指挥台，翻开乐谱，用日语讲解他的要求，这时的他是放松的，时而单腿独立，把另一条腿搭在独立的腿上，时而坐到指挥架上，并不时活动着双脚。

排练正式开始了，他惯性地先立正，下意识地摆了一个姿势，然后，抬起双臂，管乐吹响了，随着他的手势，各种乐器依次响起，交响乐的序幕徐徐拉开。

刚才还披着的棉外衣、好像很怕冷的小泽先生此时换了一件蓝色T恤，一条蓝色运动裤，一双旅游鞋，全然的随意休闲打扮，使他的肢体更加灵活。音乐开始之后，73岁老人的全部热情都从体内调动了起来。他"竖着耳朵"捕捉着每一个音

▲ 张星采访小泽征尔

符，他用犀利的目光"审视"他的乐队。时而用日语，时而用英语，对中日两国的学生乐手进行耐心的指点。

当他转过脸面对小提琴手示意的时候，他侧面的轮廓有如雕塑般棱角分明，然而他的目光却充满柔情，那是一个老人的目光。

他不用指挥棒，他的手势极富表现力，全身都随着手势摆动。当竖琴或长笛独奏的时候，他会倚在栏杆上稍微休息片刻，然后，又挥动着一双魔手，把音乐的精灵们从乐手的心中呼唤出来，交织成一曲宏大的乐章。

贝多芬曾说："最美的事，莫过于接近神明而把它的光芒撒播于人间。"对于小泽先生来说，那神明就是音乐，他接近它，吃透它，并把它的光芒撒播于人间……

中国出生，日本学习，欧洲获奖，美国就任，骨子里仍不忘自己的根

当晚，在天津大剧院，小泽征尔音乐塾音乐会在小泽先生的指挥下，拉开了2009年中国巡演的大幕，上演了法国作曲家拉威尔的《鹅妈妈组曲》和贝多芬的《第七交响曲》。

换上燕尾服、白衬衫，脚蹬皮鞋、打着领结的小泽先生全情投入，他的身体随着乐曲的节奏像波浪一样起伏，年轻的乐手们热情饱满，在大师的指挥下把古典音乐的精髓表现得酣畅淋漓。

小泽先生留给大家的背影仍然是那样优雅而激情，站在中国的舞台上，仿佛又回到七十多年前他出生的时候。他的祖辈早在20世纪30年代初便来到了中国，当时，他的父亲小泽开作曾在长春等地当牙科医生。1935年，小泽征尔在沈阳出生，第二年他们便举家迁到了北京，在这里一直居住到太平洋战争爆发的前夕，才回了日本的东京。

回到日本以后，小泽征尔很快就开始了音乐学习，虽然正值战争时期，家里的一切生活都很困难，但父亲为了他的学业，还是咬牙为他买来了一架钢琴，并送他到一位优秀的钢琴教育家门下学习。据小泽先生回忆，他在很小的时候，母亲便教他唱了很多的弥撒曲，稍大一点儿以后，母亲又教他们几个孩子一起练习合唱，这样原始的音乐教育，为他日后的音乐生涯撒下了热爱的种子。1951年，小泽征尔考入了日本著名的桐朋学园音乐系，投在日本著名指挥教育家斋藤秀雄的门下潜心学习。

1959年，从日本毕业之后的小泽征尔来到了他渴望已久的法国巴黎，在一个偶然的机遇里，他获准参加了当年9月在法国贝桑松举行的国际交响乐队指挥大赛，并在大赛中一举获得了冠军，一夜之间成了当时欧洲家喻户晓的知名人物。

作为著名指挥家卡拉扬的学生，小泽征尔在西柏林的时候，又被大师伯恩斯坦看中，得以被委任纽约爱乐乐团1961年至1962年音乐季的副指挥，从1964年开始之后的5个夏季，他担任了芝加哥交响乐团的拉维尼亚公园音乐节的音乐总

监，并且在多伦多交响乐团也担任了4个音乐季的音乐总监。在唐格伍德他连续4个夏季指挥了波士顿交响乐团。之后的1968年1月，他首次在交响乐团音乐厅指挥了波士顿交响乐团。1973年，他作为波士顿交响乐团的第13位音乐总监就任，之后在长达29年的时间里从未换过人，这在美国乐团的历史上是非常罕见的。在他的努力下，波士顿交响乐团不仅在美国而且在全世界都提高了知名度，被誉为全球最优秀的交响乐团之一……

小泽征尔对艺术的浓厚兴趣也遗传给他的孩子们。他的女儿小泽清罗是个作家，同时进行戏剧创作，儿子是演员。他们住在东京郊外一栋日式房屋里。小泽先生说，孩子们在这个房子里长大，一直和父母住在一起。这是很传统的日本习俗，他们都出生在旧金山，那时我在那儿做指挥，后来我去了波士顿，他们也随我去了那儿，在那儿上的幼儿园，读了一年小学后回到日本，有必要让他们知道自己的根。在斋藤老师去世10年后，小泽先生为他举办了一个纪念音乐会，在这个音乐会上，小泽征尔的女儿担任他的舞台导演助理。小泽征尔说："我是日本人，喜欢吃日本饭，喝日本酒，我的思维是日本式的。但我从事的，却是西方古典音乐。"

成立音乐塾，启动音乐之车的"两个车轮"

2002年7月，小泽征尔从波士顿交响乐团音乐总监光荣卸任，开始担任维也纳国家歌剧院的音乐总监。在他即将离开美国的时候，媒体和各界要人都纷纷赶来参加为他举办的告别音乐会。著名电影导演斯皮尔伯格对小泽征尔说："小泽征尔先生，你激发出我的很多灵感，你是个内心十分丰富的人，看你指挥的时候，我很快意识到你指挥出了音乐的灵魂。要是我导演电影时也能发掘出电影的灵魂，再经过努力，有一天我也能像你今天这样……"

约翰·威廉姆斯是好莱坞的电影作曲家，他曾为《星球大战》《辛德勒的名单》和《哈利·波特》等影片作曲，此次，他写了一首名为《献给小泽征尔》的乐曲。特意为小泽征尔告别而作。他说："我并不想当着小泽的面恭维他，让他尴尬，但很多事的确值得一提。在他向世界证明自己的能力之前，没有依靠什么人或者机构的扶持，他是第一个能做到这样的亚洲人。”

随着晚年的到来，小泽先生把目光从舞台转向了培养年轻音乐家项目上来。

2000年，他在第一次小泽征尔音乐塾歌剧演出项目宣传单上这样写道：“夏天快要结束的时候，在远离人群的奥志贺高原的森林音乐厅和松本的乡下森林里，我和斋藤纪念乐队有志者们一起，召集年轻的音乐家们举行室内乐的学习会已经有3年了。室内乐的学习之后，由我或者是罗伯特·曼先生指挥又开始了乐队的练习，一直到深夜……在大山里，时间流逝得飞快，我们快乐又充实。我惊喜于当今之日本、乃至亚洲青年音乐家们的水平之高。我希望把我毕生所得的音乐经验倾囊而出，传授给这些年轻而优秀的音乐家们。这就是我所勾画的小泽征尔音乐塾的第一步。”

小泽先生信奉他的恩师卡拉扬所说的：“交响曲和歌剧恰如音乐之车的两个车轮”这一观点，在8年的时间里已经带领年轻的音乐学子进行了《费加罗的婚礼》、《唐璜》、《塞尔维亚的理发师》、《卡门》等多部歌剧的演出。如今，8年的时光转瞬而过，已经有许多年轻的音乐家们随着这个项目开始展翅高飞了。从今年开始，以这次中国巡演天津站为序幕，他又启动了“另一个车轮”交响乐的演出。

小泽征尔在接受记者采访时说：“能再次来到天津我非常高兴，这是第二次来天津演出，我这次来有一个想法，就是这次演出能比上次演出的水平更高一点。我们为了这个目的，先前已经在日本进行了两场演出，在日本待了6天，这次到中国，第一站就在天津演出。今天晚上演出的曲目之一是拉威尔的组曲，在我们音乐塾的乐团当中有8位中国的乐手，今天晚上很可能从他们之中选出一个首席演奏者。”

在谈到贝多芬的《第七交响曲》时，小泽说：“那么说到贝多芬的作品，演什么都是很棒的。尤其是他的《第七交响曲》，包括他的《第五交响曲》，都表现了贝多芬坚强的意志，其中的一个方面，是他不断地有一些很短的很小的重复，以此来表现他的意志，如果说我能实现这一点，就非常高兴了。”

当记者问小泽先生在中国选择学生的标准是什么时，他说：“首先就要看他有没有对音乐的这种热情和激情，当然音乐演奏水平是很重要的，但学生本人对音乐的态度，能不能把他对音乐的感受、内心的感情通过音乐演奏表达出来，这才是最重要的。"于是，我们在当晚的演出中，从那些年轻乐手的演奏中，真的听到了这种表达，那是一种充满青春活力的表达。音乐的幽灵从古典音乐大师的笔端流出，在小泽先生的双臂上舞蹈，随之覆盖了整个乐队，旋风般地席卷了每一个在座的听众……

朱棣文

踏上外祖父曾经的讲台

朱棣文(Steven Chu):美国能源部部长。著名华裔物理学家、诺贝尔物理学奖获得者。美国国家科学院院士,中国科学院外籍院士。1948年出生于美国密苏里州圣路易斯市,祖籍中国江苏省太仓县(今太仓市)。母亲是天津人,外祖父曾长期担任北洋大学(天津大学前身)校长。1970年毕业于罗彻斯特大学,获数学及物理学双学士学位。1976年获加州大学伯克利分校物理学博士学位,并在哈佛大学等其他10所大学获得了荣誉学位。

2008年12月,被美国新任总统奥巴马提名为能源部部长,2009年1月2日宣誓就职。

印象：潇洒·沉稳·美国式幽默

他的出场，太像明星了！

2009年7月17日，是这位美国能源部部长、诺贝尔物理学奖获得者朱棣文访华的最后一天，应天津大学校长龚克的邀请，专程来天津大学访问并演讲。连日来一直暑热蒸人的天气在这一天早上突然变脸了，从烟雨濛濛到大雨瓢泼，津城陷入了一片雾雨迷蒙之中。

下午1点钟左右，当我乘车到达天大的大学生活动中心时，看到大雨中打着各色雨伞等待进场的学生早已排成了长龙，像是这所坐落于湖畔的建筑飘出的一条彩带，缓缓地在雨中蔓延，人头攒动却秩序井然。进入演讲大厅后，我看到整个会场已经座无虚席了，门口的人流还在往里拥，一些被允许进入却只能站在过道或者墙边的学生已经感到很是幸运了，却还有更多的学生没有机会进来……

这完全是另一个世界，是一个由于那个与这所高校有着特殊关系的著名人物的即将登场而充满了某种激情与躁动的空间。进到里面，外面那个雾雨交织的世界便立刻消失，取而代之的是一种弥漫着炽热情绪的现场，近600名幸运大学生已经在这里眼巴巴地等了将近一个小时了，有些人甚至连中午饭都顾不上吃，他们都为自己的学校能与这样一位举世闻名的科学家、这样一位美国政坛新秀相关联，并且能亲耳聆听他的演讲而自豪，而兴奋，而激动万分。一切都布置得简洁、大气而充满了学术氛围。主席台背后的整面墙上用中英文标出了演讲的题目《能源与气候：共同的挑战，共同的机遇》，讲台两侧大屏幕上滚动播放着有关朱棣文的生平与介绍，直到他真的出现——

下午2:10分，他终于出现了，掌声波浪一样从大厅上空滚过。清瘦的身材，一蓬灰白相间的头发，一副细框眼镜，宽大的脑门仿佛在昭示着某种智慧的密码。他拎一个笔记本电脑很随意地来到讲台上连线，连好后又迅速退到一旁，原来这并不是他的正式出场。东道主龚克校长以“有朋自远方来，不亦乐乎”开篇致简短的欢迎词。此时站在讲台左侧的朱棣文摘下手表，调了一下时间，并没有马上戴上，而是静静地看着龚校长，并不时地向台下望去，看着已经挤得水泄不通的讲堂。当龚校长以“能源对于人类至关重要，对于我们每一个人来说，都是一个生存还是毁灭的问题"结束致词之后，他被热烈的掌声请上了讲台，那掌声久久都不肯停歇，以至于他不得不双手抬起，做了一个向下压的停止动作，场内顿时安静了下来。幻灯在讲台两侧的大屏幕上打出英文“我天津的家”和一组黑白照片——

“我的外祖父、他的兄弟。”

“这是我的母亲，这是她年轻时的照片。”

“这是我的父亲。”

“这张照片是我的父母结婚时照的。”

下面的一张照片一出现就引起了全场的大笑，屏幕上出现了一个胖胖的婴儿大头像——“这张是我。我有英俊的父亲和漂亮的母亲，到底是哪里出错了？”说着他自己也笑了，完全是那种美国式的幽默。

随着大屏幕上图像不断切换，他开始讲述他所从事的科学和研究。与这张生动的华裔面孔极不谐调的是，他竟然不会讲中文！无论是站在哈佛、清华或者天大的讲台上，他都以同样的姿态、同样的语调，讲解他的学术研究和科学思想，只见他双手不时地抬起，幅度很小地上下摆动着，表情很少变化，让讲堂一侧举着各式“炮筒”的摄影记者们好不着急！

他用图片、幻灯讲解着关于能源、关于气候、关于环境等科学命题，黑色的西装，雪白的衬衣，深红色带有暗花的领带，在他习惯地吐出一串串英文的时候，他的目光是陌生的，在整个演讲中，他不时地抬起右手以助语气，而却把左手习惯性地揣进裤兜里。当他偶尔抬起左手的时候，我看到他无名指上的银色戒指闪闪发亮。在他的风度中，更多的是教授或者博士的潇洒与沉稳，而不是那种政坛新秀所常有的激情与霸气。

这个人太传奇、太幸运、太容易让中国人激动了！想想吧，虽然他是出生在美国的第二代华裔，但却有着如此辉煌的中国背景，尤其是在天津大学，他的外祖父李书田简直就是一个时代的神话——1919年考入北洋大学(天津大学的前身)预科，1923年以学业第一名的成绩毕业，获工学学士学位。1926年获美国康奈尔大学博士学位，1927年应邀回母校任教，后任校长。抗战期间，他率北洋师生西迁，先后执掌西北联大、西北工学院，创办国立西康技术专科学校、贵州农工学院、国立北洋工学院西京分院等，是一位中国现代高等教育的拓荒者、奠基人。不仅曾长期担任北洋大学校长，也是享誉中外的杰出教育家。

站在人群中，朱棣文是一个无须争辩的华人，但他又是一个千真万确的美国人。听着英语在他嘴里像说母语一样地天衣无缝，而竟然说不出一个词的中文，你不由得会替他着急。他说："在我的童年时代，父母习惯于以英语交谈，我们家没有一本中文书，所有的邻居也不讲中文。七八岁的时候，父母本想送我去学中文，但那时我感到中文艰深，挺难学的，因偷懒而反抗。等到我长大后，感到需要讲中文时，已经太晚了。"

虽然遗憾，但并不妨碍他在美国的天地里大施拳脚，甚至也不妨碍他在中国的科学领域驰骋。无论是在清华还是在天大，从在座学生那一阵阵会心的笑声中便可获知，语言已不是障碍。或许，这正是朱棣文与杨振宁、李政道、丁肇中那一代华裔科学家的不同之处。相对于第一代华人而言，作为子孙辈的第二代、第三代华人首先他们没有语言障碍，受教育的程度比较高，比较容易进入政坛。同时，他们既了解西方的思想观念，又具有东方传统文化背景，在参政议政方面具有更为得天独厚的条件。

看着讲台上的朱棣文，从容自如又不失亲切诚恳，从他开始演讲到最后结束，一气呵成，几乎没有间歇。在他的身后，是生于斯长于斯的美国，而在他的脚下，却是他的祖先和父辈世代相传、生生不息的中国大地……

生命太短暂，所以不能空手走过

1997年10月15日，瑞典皇家科学院宣布：斯坦福大学的朱棣文教授因其在激光冷却捕获气体原子实验方面的杰出贡献，和美国国家标准与技术研究所科学家菲利普斯、法国科学家科恩·唐诺吉一起分享1997年诺贝尔物理学奖。

消息传出，这天的凌晨4点，朱棣文夫妇从睡梦中被一阵电话铃声叫醒，他的一位研究生在电话中告诉他：您获得了诺贝尔物理学奖！随后情况便一片混乱，媒体记者与前来祝贺的人不断地拥来，可是朱棣文当天还要给学生上课。为了与丈夫共同享受这难忘的时刻，他金发碧眼的英格兰裔妻子吉恩·朱决定和他一起去上课。“因为那是最令人兴奋的一天，一进教室，全体学生一起鼓掌……”

这的确是一个激动人心的时刻，可当他把这一消息打电话告诉给母亲李静贞的时候，母亲听了只说：“这是好消息，不过我想知道，你下次什么时候来看我？”直到后来朱棣文被授予哈佛大学荣誉学位，母亲才感到满意。朱棣文说：“我很感激哈佛大学给我荣誉学位，这对我很重要，也许比你们想到的还要重要。要知道，在学术上，我是我们家的异类。我的哥哥在麻省理工学院得到医学博士，在哈佛大学得到哲学博士；我的弟弟在哈佛大学得到一个法律学位。如今在我们兄弟当中，我最终也拿到了哈佛学位……”

朱棣文的母亲李静贞毕业于麻省理工学院，他的父亲朱汝瑾也是当代科学家，1949年自大陆赴美，是麻省理工学院化学工程博士，朱棣文是家中的老二，他的家庭是一个地道的“博士之家”。

1948年早春，朱棣文出生于美国密苏里州的圣路易斯市。小时候的朱棣文活泼好动，母亲李静贞回忆说：“他没有一刻闲着的时候，很淘气，家里的沙发，他爬上爬下，但他天资聪颖，酷爱读书，从小就有很强的动手能力。”幼儿园时期的朱棣文喜欢玩积木、组装塑料飞机或军舰模型。小学四年级时，他成天捣鼓那些用途不明的设备，常常在起居室的地毯上堆满半成品的金属支架、细小的螺帽和螺钉……朱棣文说：“我一直感激母亲，困惑的时候我至少可以跟她沟通。小时候我常常把客厅堆得乱七八糟，自己做发电机什么的。她从来不说‘你得把那些垃圾扔掉’。我想，好的教育应该是让你自由寻找那些对你有意义的事情，而不是把人脑当成一个容器，往里填东西；好的教育还在于让人批判性地思考，敢于质疑前人。要不断问自己：这东西，也许是家长要求的，也许是老师塞给你的。它对我有意义吗？这也是我在中国学生身上发现不足的地方。”

朱棣文高中毕业后，起先父亲并不太赞成儿子在大学里选择学习物理专业，他认为善于绘画的儿子适合选择建筑专业。父亲觉得，物理学领域里强手林立，面临的挑战和难度极大，要想作出杰出的成绩太难了。然而，对物理学情有独钟的朱棣文，把钻研枯燥的物理学看作是一种享受。前不久，他在哈佛大学演讲时对学生提出的忠告之一就是：“当你开始生活的新阶段时，请跟随你的爱好。如果你没有爱好，就去找，找不到就不罢休。生命太短暂，所以不能空手走过，你必须对某样东西倾注你的深情。我在你们这个年龄，是超级的一根筋，我的目标就是非成为物理学家不可。本科毕业后，我在加州大学伯克利分校又待了8年，读完了研究生，做完了博士后，然后去贝尔实验室待了9年。在这些年中，我关注的中心和职业上的全部乐趣，都来自物理学。”

明天就是今天

2009年6月4日，朱棣文应邀在哈佛大学毕业典礼上发表演讲。在他之前的两位演讲者，一位是英国亿万身家的小说家、《哈里·波特》的作者杰克·罗琳女士，一位是电脑天才比尔·盖茨先生，因此，朱棣文幽默地说："今年很遗憾，你们的演讲人是我，虽然我不是很有钱，但是至少我是一个书呆子。"

其实，朱棣文完全不是一个书呆子。虽然他们家族中共有12个博士和硕士，但他从小学习成绩并不算太好，无论在自家的兄弟中，还是在堂兄表弟中，他差不多都是最底部的那一个。"我是家里兄弟中唯一没读过名校的，而且他们都同时拥有多个学位。"朱棣文直言不讳，自己还曾试过辍学两个月，后在父母的劝说之下，才回去上课。高中毕业时，更是由于学习成绩不好而被多家名校拒绝，只能上一所比较普通的大学。

1968年，朱棣文进入美国纽约州罗彻斯特大学读书。毕业时他获得了数学学士和物理学学士双学位。同年秋，他考入加州大学伯克利分校研究院，于1976年获物理学博士。在他看来，进哪所大学并不应该成为一个人的标签，重要的是掌握自我学习的能力。对于中国学生出国留学，他认为，无论你是打算出国一年半载或是几年，最重要的是去学习国外人们在工作和生活中的思维方式，再也不要停留在填鸭式教育的思维中。"动手做是很重要的概念，中国学生善于学习书本上的东西，对于书本上的问题很坚持，这方面他们比美国学生做得要好。但他们的动手能力较差，创新精神不足。"

说到动手，一般人不会想到，大科学家朱棣文还是一个烹饪高手。小时候，他们兄弟三人一起跟着母亲在厨房包馄饨，他仍然记得当时的情景：大家排成一列，妈妈负责调馅，大哥在前头擀面皮、放馅，他跟小弟在后面负责包馄饨，好像工厂的流水线一样，很有趣。那之后，朱棣文便常在厨房里跟母亲学做菜。如今，他的中国菜、法国菜、泰国菜、意大利菜、墨西哥菜都做得相当不错，并且对各种菜的配料很有研究。每逢全家人团聚时，朱棣文总是亲自下厨，做上一桌丰盛的菜肴。

也许是以往的宣传中，陈景润式的不食人间烟火的科学家给我们的印象太深了，直到朱棣文这样活生生的一个大科学家站到我们面前的时候，我们才了然，科学家的生活也可以是五彩斑斓的。在日常生活中，朱棣文是一个兴趣相当广泛的人，打网球、游泳、骑自行车……每天他都离不开体育运动，他认为体育运动不但好玩，而且使自己精神振奋，头脑清醒，特有利于思考和科研。他还喜欢欣赏古典音乐、交响乐和歌剧，甚至曾经吹过长号。对绘画、下棋、玩填字游戏、读书，全都充满浓厚的兴趣。有一次，他被一位画家表现江南风光的画作吸引住了，站在画前看了许久，甚至忘了吃饭。夫人吉恩·朱说，朱棣文的这股专注劲儿，是最让她动心的地方。

那天，站在天津大学的讲台上，朱棣文最后恳切地告诫同学们：要正视能源与气候带来的严峻挑战。他引用马丁·路德金在1967年说过的话："我的朋友们，眼前的事实就是，明天就是今天。此刻，我们面临最紧急的情况。在变幻莫测的生活和历史之中，有一样东西叫做悔之晚矣。"朱棣文说："再过一个世纪，我们将排放比现在多四分之一的二氧化碳，这将改变人类的命运。这是许多人所不能理解的，但是你们是天大的学生，你们可以理解，你们应该理解，为什么我们要关心一百年以后的事情。如果一百年以后再考虑这些事情，那就真的太晚了！我们应该从现在开始努力地去做，找到'清洁'的新发展模式，减少能源的浪费……"

约翰·奈斯比特

让世界看懂行进的中国

约翰·奈斯比特： 世界著名未来学家，全球50位管理大师之一。学识渊博，阅历丰富，曾先后进入哈佛大学、康奈尔大学和犹他大学学习。1963年，他被肯尼迪总统任命为教育部助理部长，还曾任约翰逊总统的特别助理。他还拥有人文科学、科技等领域的15个荣誉博士学位。2006年，奈斯比特中国研究院在天津财经大学成立。如今奥地利的维也纳和中国天津已经成为他与妻子的常住地。主要代表著作《大趋势》目前在全球共销售了1400多万册。

印象：像海明威，也喜欢海明威

第一眼看到他，我就想到了海明威，那位曾获过诺贝尔文学奖的美国作家。雪白的大胡子，深邃的目光，宽阔的额头，太像了！当我把这种感觉告诉他时，他非常高兴地回答说："我不是像海明威，我就是海明威。他的所有作品我都读过。"一下子，我们的距离就拉近了，彼此都有了一种遇到知音的欣喜。我以为，唯有热爱文学，从海明威的《老人与海》和《乞力马扎罗的雪》等文字中穿过的人，才能把《大趋势》和《中国大趋势》这样集思想性与逻辑性于一身的未来学专著写得这样生动，这样形象，这样耐人寻味。

他，就是来自美国的奈斯比特，一个永远响亮的名字，一位具有全球影响力的神奇人物，他著述的《大趋势》在全球销量已超过1400万册。

2009年11月12日，津城飘起了漫天大雪，奈斯比特先生和夫人多丽丝女士先后来到了天津财经大学和《天津日报》报业集团，分别与大学师生和编辑记者进行了座谈和交流。在接受记者专访的时候，奈斯比特夫妇详细地讲述了这本《中国大趋势》的写作、出版过程以及两个人因书而结缘的浪漫爱情故事……坐落在财经大学的奈斯比特中国研究院，办公室临湖的大落地窗外，纷纷扬扬的雪花正在给树木、湖水以及对面的教学楼披上洁白的外衣，朦胧而充满诗意。

对中国人而言，他的"大趋势"也许很浅，很平常，很熟悉，都是近几十年来我们亲身经历过的，都是老故事。而对外国人而言，对西方世界来说，他的《中国大趋势》很新鲜，很传奇，都是新故事。它掀开了古老中国的神秘面纱，报告了东方巨龙这片960万平方公里的土地上正在发生的神奇变化，分析这种变化的规律和其独特的内涵与动力，讲述他们四十年来多次到中国各地的所见所闻以及身边中国朋友的亲身经历，还有一个独特的滨海城市——天津。对于西方世界来说，没有比他更清晰这个过程和这其中的奥秘，于是，在中国领导人的邀请与朋友的激励下他要写出这个故事。

冲动，热情，兴奋，心被激荡着，于是奈斯比特先生以80岁的高龄投入到这一伟大的工程中，而曾经是他的出版商的妻子，又与他一同进入到这个新鲜而充满挑战的过程中。

一种探求的欲望，一种倾吐的快感。奈斯比特是一座桥梁，一根网线，使东方与西方很容易就沟通了。一般西方人了解中国，是通过古老的故宫、长城、兵马俑、敦煌壁画，或者孔子、孟子、老子以及中餐、中国功夫等途径，那是五千年文明古国流传的古老文化，而如今新鲜的、现在进行时的中国又是怎样的？就很少有人来传达了。虽然，2008年的北京奥运会和2010年将要举办的上海世博会，正在以越来越清晰的表达与世界沟通，但中国在三四十年之间究竟发生了什么？有一个什么样的规律？中国有民主吗？如果没有，又为什么能如此日新月异地迅速崛起？

这一切，都成了令这位美国老人兴奋无比却又不无艰辛的研究课题。大量的信息选择、汇总、分析、研究，无数细致、琐碎的整理工作，他要极力从那些表象的、正面的、官方的宣传和自己的所见所闻，以及中国朋友亲身经历的故事中理出头绪，找出规律，再用西方人能够明白的方式写出他的观点。

翻开这本红色封面的《中国大趋势》，猛一看，这是一本相当简单的著作，甚至类似于资料的汇总与堆砌。但静下心来认真读一读，就会发现，这位留着大胡子的老奈先生真的很不简单，正如他在演讲和接受采访时反复强调的那样："我们的宗旨就是抛开西方人的视角和态度，用中国人的眼光看待中国。正视中国的短处，但是绝不根据我们自己的价值观和标准评价中国。"

奈斯比特说："经历了思想解放进程的中国，就像一个'混血儿'，也许这个孩子很快就会在吸取父母——共产主义和资本主义——的长处，独立走出一条新路。""与1982年我写《大趋势》时对美国的分析不同，美国所发生的变化都在一个既定的体制内，而2009年的中国却在创造一个崭新的社会、经济和政治体制，它的政治模式也许可以证明资本主义这一所谓的'历史之终结'，只不过是人类历史道路的一个阶段而已。"

于是，他独树一帜地提出了他的观点，他认为中国正在实行的是一种他命名为"纵向民主"的制度。

在财大演讲时，奈斯比特夫人在白板上先画了一个图来解释西方的民主体系，是相互平衡的关系，又画了一个图，表示中国的民主，她和奈斯比特先生认为中国民主与西方体制最大的差别在于，人民是这个体制的基础，是人民在下面支撑着这个体制，西方体制最大的问题是没有连贯性，每个政党之间是互相争斗的关系。中国体制的优势是有连贯性，并且有上下互动的关系，有些东西自上而下，有些是自下而上。中国体制最大的特点是，只要民众的生活能够得到保障，这个体制就不会有大的动摇。中国体制还有个优点，可以有长远的规划，而不像选举制，只为当时的利益，一个人下台了，这个体制就断了。中国体制可以维持到下一代，甚至下下一代。

《中国大趋势》中这样写道："如果有一个国家能够以高质量生产人们所需的大部分商品并以无可比拟的价格优势把它们推向全球市场，那会是何种景象呢？诺贝尔奖获得者保罗·萨缪尔森曾预言中国就可能成为这样的国家。中国不仅在改变自己以适应全球贸易环境，同时也在改变着全球贸易环境。"

事实已经证明了，他上一部书《大趋势》中的预言无一错误，那么这本《中国大趋势》中的预言会怎样呢？我们期待着。

访谈录

张　星　**您这本书首先出的是中文版，然后是德文版，西方有什么反响？他们对你们笔下的中国感兴趣吗？**

奈斯比特　德文版是多丽丝翻译的，英文版明年一月会出版。到目前为止，美国的许多出版商都对此书作了评价，无论是中国还是美国，对书的评价都是非常正面的，这是我们没有想到的。在德国的出版市场，其中有一本历来对中国持批判性角度的著名杂志说，任何西方人如果放下对中国的偏见，想了解中国，就应该去阅读一下这本书。这是非常高的评价。在西方有不少人认为我们在替中国作宣传，其实不是这样。现在西方的一些媒体已经逐渐意识到，如果只是一味地指责和批评中国，其实对谁都没有好处，他们需要了解一个真正的中国，于是我们的书在西方受到了欢迎。

张　星　**我想知道你们二人合作写这本书的过程是怎么样的？**

多丽丝　我们两个人在合作的过程中，最主要的是心灵相通，我们的共同特点就是都非常关心中国，都对中国感兴趣。研究的方式是构图的方式（用手在空中比着画了一张"图"），并不是你想一点什么，我想一点什么。而是我们共同看到了什么，共同进行探讨，产生了共同的思想和理念，促成了这本书的框架。书的初稿是英文的。我们把我们之间的这种合作关系定义为"和谐关系"。工作是很辛苦的，从每天早上五六点，到晚上八九点，如果没有这种和谐的关系是写不出来的。

张　星　**写作中遇到过什么困难吗？**

奈斯比特　倒不是特别大的障碍，但是需要经过一个比较长的时间，把这个故事讲出来。既不是以一个外来人、也不是以一个内部的人的眼光，而是通过研究，让事实本身来告诉人们一个关于中国的故事的。我们定义的民主概念，是人民掌控、人民管理、人民决定。我们强调，我们定义这个民主，结果是一样的，但实现却有不同的途径。西方人认为他们的方式是唯一的途径，但我们看到中国却创造了另一个纵向民主，与西方的横向水平民主是不同的。

张　星　**我看你们两人特别恩爱，一定有一个浪漫的爱情故事？**

（奈斯比特夫妇听完我的问题后全都哈哈大笑，老奈一把搂过妻子，自豪地说：那是一个很棒的故事。）

多丽丝　我和他第一次见面是因为工作，在奥地利的一个小镇。当时我是出版社的，我的主编要求我跟踪他，希望能成为他的下一本书的出版商，当时是女士追先生，但是先生也放慢了脚步。

张　星　**怎么就由追书变成了追人了呢？**

多丽丝　（握着丈夫的手，边说边会意地哈哈大笑）起源于追书，但这是一个自下而上的故事。爱情有它自己的节奏，变得越来越快，不受我本人控制的。

奈斯比特 我们是2000年结婚的，明年就是我们结婚10周年的纪念日。由于我们两个人的结合，变成了两个家庭的结合，我们两个人的子女加起来是6个，孙辈的有14个之多。我们有湖边的房子，夏天的时候就住在湖边，多丽丝的女儿就住在旁边，早上两边就互相呼叫，我过生日的时候就把我那边的子女叫过来。

多丽丝 我喜欢做饭，中国菜，西餐，我喜欢自己动手，我最喜欢做中国春卷等面食。我喜欢吃。（哈哈）不论在世界任何地方，每天早晨我都要给奈斯比特沏中国绿茶。平时我们居住在维也纳。我们都喜欢音乐。

◄ 张星采访约翰·奈斯比特夫妇

张　星　　**去过中国农村吗？有什么看法？**

奈斯比特　　我们做过农村的调研。就在几个月前我们还去过西藏的农村，就在拉萨的外围。去一个农家考察，这种经历非常有意思。我们去的这个家庭本身就很能反映中国的变化，那家人的爷爷辈儿只读过一年书，他们的儿子只读过三年书，我们去的那一年，他们的孙子正好高中毕业。这一家的受教育程度，就反映了中国的变化。

张　星　　**您在书里面运用了许多中国的成语和俗语，比如"草船借箭""三十年河东，三十年河西""摸着石头过河"等等，请问您是从中国的媒体上看来的，还是你们的中国朋友告诉你们的？**

奈斯比特　　我们有许多中国朋友，也读一些中国书籍，但更多的是靠互联网，到上面去查。我们在写东西的时候需要一些表达方式，发现中国人喜欢用一些成语，或者绘图的方式，就给了我们一定的启发。在我们的书中，有一节是关于森林，"让树林自然生长"，听上去是不是很中国？有一些描述方式是我们自己创造的，觉得这样能完好地表达我们的意思，这种表达是不是已经很中国化了？

张　星　　**中国有句话叫夫唱妇随，你们是妇唱夫随。（听完我的话，奈斯比特鼓掌表示同意。）**

（采访时，妻子的话显然比丈夫要多得多，多丽丝太善于说了，并且是个急性子。两人基本上是你说一段我说一段，相当默契，每人说完之后，都要相互对视并且双手相握。看上去，他们俩更像是合作者，搭档。这也许比单纯的夫妻关系更能让人亲密。）

张　星　　**你们的资料很大的一部分来源于中国的媒体和朋友的讲述。那么在这两者之间你更相信谁？**

奈斯比特　　对于信息的来源渠道，我们并不是单纯地相信某一方，而是从一方得到的信息去向另一方求得印证。另外,我们越来越多地相信中国官方公布的各种数字,这一点我们是相信的。不仅如此,我们还可以通过互联网取得西方的数据,然后进行对比。在我们的研究和著作里,我们还有一个做法,当我们引用官方的数据时,就直接告诉读者这是官方的数据,而不是我们自己弄来的数据。

张　星　**您认为中国人和外国人相比,谁更能客观地评价中国?**

奈斯比特　有一个美国谚语说,我不知道是谁发明了水,但肯定不是鱼发明的。意思是说,其实更了解中国人的是外来的眼光,外来的眼光看中国,而不是中国人自己来审视自己。我们从第一次来中国到现在已经42年了,我们既是一个外来者,同时又是一个很了解中国状态的人。我们写书既是从外至内,又是从内至外,从两个角度来看中国。我要告诉大家,我很了解中国,对中国很感兴趣,同时我又是一个外来者。因此,我们看问题的立场是很客观的。

张　星　**我注意到,您的书是从邓小平的"黑猫白猫"理论开始的,为什么选择这样一个角度?**

奈斯比特　面对着十多亿长期被压抑,文化程度和自尊心都不高而且贫穷的中国人,邓小平宣誓将中国共产党的工作重心从政治转向经济,从意识形态转向发展战略,并且重新确立了与以往不同的优先目标——为人民提供他们最急需的东西:食物、教育和希望。自此之后中国人逐渐成熟起来,他们接受了良好的教育,许多人的生活已经实现了小康。

张　星　**您在书中反复讲述了改革开放初期小岗村18位农民承包到户的事,为什么这么感兴趣?**

奈斯比特　这件事是中国改革开放的一个标志性的事件。这个变化是中国故事中非常令人吃惊的。中国的变化是在世界大背景下发生的。西方选举的体制现在已经过时了，那是在一两百年以前通讯不发达时期所设立的，人们还需要赶着马车去与人沟通，需要有人去代表，现在是信息革命的时代，我们不需要别人去代表自己，我们可以直接知道更多的事情。

张　星　**那么，你们是怎样为中国的民主下定义的呢？**

多丽丝　从一开始得到了很多材料和数据，有许多中国助手帮助我们，因为我们不懂汉语。大量的工作之后，总结出中国近年来的几大变化和几大规律。但是我们还不满意。感觉在这表面的变化背后一定还有一些内涵的东西需要挖掘，后来就从纵向民主的角度来研究。从那些变化趋势，总结出了八个支柱，这八个支柱的核心是解放思想，即邓小平提出的解放思想。我们觉得到此仍然不能满意，觉得中国有一个独特的体系，这个独特的体系才能支持这八个支柱的理念，这就是中国的纵向民主。

张　星　**你们下一步是不是可以写一本《天津大趋势》？有这方面的打算吗？**

奈斯比特　天津代表了中国经济快速的发展，是一个充满活力和激情的城市，而且天津是有巨大发展潜力的城市。与北京、上海、广州相比，天津的未来更有持续发展的前景。如果要研究天津，我们还需要有更多的在天津的经历，要从内部体会天津的生活和发展。不是一个从外到里的角度，而是从里到外，从下向上的角度来描写天津，这是一个需要更多时间去计划的事。

吾德

来自慕尼黑的友好使者

吾德：德国慕尼黑市市长。著名的演说家、作家、专栏主笔。曾任记者、律师，并创立《慕尼黑邮报》和《城市画报》，曾任《星期天周报》总编。1993 年在众多竞选者中以绝对优势当选为市长，此后连任三届，选票比例逐年上升，深受慕尼黑市民的爱戴。他拥有许多政治、经济、文化方面组织的头衔，获得过包括"德国联邦铁十字勋章"等各种重要奖项，出版过一些文集，并与摄影家夫人合作出版了数本由他撰文的摄影集。

印象：爱猫的德国市长

“在欧洲，猫不仅仅是抓老鼠的家畜，它更是有着丝绸般光滑皮毛的给人以宽慰的玩伴，打着诱人鼾声的温柔情人，有着斯芬克斯一样神秘的吸引人的眼神和可以由我们自己选择的善解人意的家庭成员，它可以使家居有了灵魂和生命。它同时也是一个富有天赋的艺术家，它能用一团毛线玩出比电视黄金时间播出的节目更多的花样……”

这是吾德(Christian Ude)先生在与妻子爱迪特(Edith Von Welser-Ude)共同出版的摄影集《人与猫》中所写的一段话。难以想象，写下这么优美并且充满人性光辉的文字的人竟然是一位政治家——德国慕尼黑市的市长。

2004年10月10至12日，吾德先生和夫人爱迪特专程来到中国，与著名旅德摄影艺术家王小慧女士一起，应邀到天津进行文化艺术交流活动，吾德市长、王小慧女士分别受聘为津报集团特约撰稿人和南开大学的客座教授。

印象中的吾德先生是一位既严肃又温情、既豪爽又睿智的人。去年在上海同济大学“王小慧工作场”的开幕仪式上，吾德先生追随搞摄影的妻子专程从慕尼黑赶来。他说：“为了小慧的工作场开幕，我放下那么忙的工作，和夫人、女儿一起飞到中国来，这很疯狂！”那天夜晚，恰巧是吾德先生的生日，我们就在王小慧上海的家里为他举行了一个小小的生日Party，温馨的烛光中，他切开了大蛋糕分给大家，说能在中国过生日，是他的一个大意外，但却是最有意思的一次。

这次来到天津，来到南开大学和《天津日报》报业集团，分别发表了两场即兴的演讲。据说吾德先生的演讲在慕尼黑很有人气，他的演讲录音如同我们这边的流行歌曲一样被听众热衷。果然，在报业集团，他一开始就讲了他7岁办报的故事，滔滔不绝，风趣生动。在王小慧女士的翻译下，与记者之间的交流率性而灵动，真诚而幽默。从啤酒到音乐、从足球到办报，全场不断爆发出欢快的笑声和热烈的掌声。在南开大学，佩戴着南大校徽的吾德先生以“怎样做一个市长”为主题演讲开始了他身为南开大学客座教授的第一堂课，并且接受了大学生们热情的提问，演讲也常常被掌声打断。

当晚，已经是夜深时分，我在其下榻的酒店如约专程采访吾德夫人时，仍戴着那枚南大校徽的吾德先生也一直陪在夫人身旁。当我问他，事业和家庭哪个更重要时，他非常认真地对我说："事业和家庭都很重要！"

从他与夫人形影不离的行动上来看，他说的是真心话。

访谈录

喜欢的不是啤酒而是红酒

张　星　**从有关报道上我们知道，上个月慕尼黑迎来了第171届啤酒节，16天里来自世界各国包括德国游客达625万人次，喝掉了啤酒600多万升，吃掉烤鸡50万只和公牛近100头，消耗无数猪肘棒和烤肠。游客在这个世界最著名的啤酒节中为慕尼黑市贡献了十几亿欧元。您作为政府的决策者和组织者，是如何安排好这样一个如此盛大的活动呢？您本人喜欢喝啤酒吗？**

吾　德　每年的啤酒节我都要和夫人穿着民族服装，坐着花车来到特蕾西亚草坪广场，我用木槌开启第一桶盛有200升啤酒的大木桶之后，啤酒节就开始了，我必须用三锤打开桶，不能多也不能少，很难掌握力量与分寸，但这样的仪式我已经主持了11年。所以我是历史上唯一能多次"练习"开大桶的市长。政府在这样一个活动中是不出一分钱的，只是提供场所，从中获取租金，租金全部用来搭建帐篷，组织救助以及支持后勤。这样，所有的社会资源，包括每一位市民，都被组织动员起来。啤酒节期间，慕尼黑地区的宾馆饭店全满了，许多房间在半年甚至一年前就已经预订出去了。德国红十字会等机构要派出百名医护人员参加服务，哪个地方喝"翻"了一条大汉，立刻就有救护车过来把他接走。广场上还设有许多专门机构：急救站、失物招领处、儿童招领处、残疾人停车场等等。为了维持正常秩序，广场上还建造了大量厕所，包括830个"坐位"和750米长的"站位"。每天，啤酒节广场上要排放出60吨垃圾，但第二天清晨，广场上就又打扫得整洁如初……

▲ 张星在上海采访慕尼黑市长吾德夫妇

我当然很愿意喝啤酒，尤其是健身之后更要喝上一顿。不过慕尼黑人更喜欢喝的是红葡萄酒，而不是啤酒，只是我们的红葡萄酒没有啤酒那么有名而已。

虽然现在做市长，但记者永远是我最喜欢的职业

张　星　**您曾经做过记者和律师，然后才做市长，您认为这其中最大的不同是什么？**

吾　德　对于一个市长来说，有记者和律师的背景是非常好的一件事，三个职业有相近之处，我特别喜欢记者的职业，这也是我现在身担这么多工作，仍不愿放弃给报纸的专栏写文章的缘故。但是做市长也有很多做记者不具备的长处，以前我做记者时，写过批评政治家的文章而不被采纳，现在我自己做市长，就可以直接按我的想法做了。为什么没做

律师呢？因为我发现，律师的工作是一种重复性的劳动，没有创新，所以就不像记者这个职业那么喜欢了。也许正是因为做过记者，所以我做市长也喜欢接近市民，我经常会骑上自行车，与街上的市民一起参观游览我们居住的城市和公园，这样我会觉得非常开心。

张　星　**您作为一个政治家，您认为最重要的品质是什么？**

吾　德　最重要的是正直和坚持性。我不欣赏欧洲有些政治家那样随风倒，像换衬衫一样变换他的政治观点，今天是这件，明天是那件。当然，他也许会成功，但他的人品不会被欣赏。我认为坚持是很重要的，也许当时没有多少人支持你，但总有一天会有人支持的。即使别人不同意你的政治观点，但是会欣赏你的人品。

如果我们球队里有中国球员，就会吸引很多中国人来看比赛

张　星　**我们这里有许多德甲1860和邵佳一的铁杆球迷，您对中国球员去德甲有什么看法？**

吾　德　我知道邵佳一，他效力德甲1860俱乐部，是很“贵”的。但是如果我们花很多钱买一个中国球员的话，那就会有很多中国人来看我们的比赛。现在证明我们是对的。关于2006年的世界杯，会在一个全新的足球场比赛，为了这个足球场我已运作了10年了，整个媒体的新闻中心也在慕尼黑。到时候我不能说我们的比赛是最好的，但我们一定是最好的主人。

张　星　**我们《天津日报》报业集团承办了2006年德国世界杯外围赛中国对马来西亚的比赛，您能谈谈对媒体承办国际赛事的看法吗？**

吾　德　很好。我感到你们的报业集团非常出色、充满活力。这种由媒体来举办社会活动的想法非常新、非常好。如果媒体经常举办一些社会、文化艺术方面的活动的话，就可以赢得更多的读者。德国的媒体也是这

样做，我们也做马拉松比赛和音乐会演出等。

我个人喜欢古典音乐

张　星　**我们对欧洲的古典音乐非常喜欢，尤其是欧洲后期浪漫派的代表人物之一、德国的作曲家、文学家和指挥家瓦格纳，他一生写了十几部歌剧和交响曲，您能不能把德国的古典音乐介绍到中国来？**

吾　德　这个问题很好。因为慕尼黑不光有啤酒，还有音乐。慕尼黑有7个世界著名的交响乐团，3个世界著名的指挥。慕尼黑与柏林、维也纳可以说是全欧洲乃至世界最著名的音乐之都。我个人也非常喜欢古典音乐，但是将这些音乐带到中国来是有一定困难的，尤其是歌剧，光是大量的布景就非常困难，但交响乐团还可以，最好是巡回演出。

读图时代报纸需要好的图片，举办社会活动也可以吸引更多的读者

张　星　**听说您的夫人是一位非常著名的摄影家，能请她谈谈报纸版面上关于图片的看法吗？**

吾德夫人　刚才听你们的记者说，你们有一句口号叫“以图片带版面”，这是非常符合现代传媒发展要求的。我们已经进入了读图时代，很多读者在拿到一张报纸时都会先看图后看文章，我办《慕尼黑邮报》就加强了图片的分量。有时候我开着汽车路过报亭的时候，首先看到哪份报纸上有好的图片就先买下来，然后再看它的文章。

吾　德　刚才我参观了你们的发行公司，你们说要“做大发行”这很对。往往最好的办报人也同时是一个最好的卖报人，所以说，发行非常重要。

张　星　**能谈谈慕尼黑传媒业的状况吗？**

吾　德　慕尼黑的传媒业非常发达，发展也很快，目前有5份报纸、200份杂

志，并且有多家电视台，其中有7个私人电视台，一个国家的电视台。同时，慕尼黑从历史上就是欧洲最著名的电影城，出版业是全球除纽约之外的第二大城。

附：

两情若是久长时

——慕尼黑市长夫妇的爱情传奇

当年，24岁，还是一名大学生的吾德先生与夫人爱迪特相遇时，她不仅年龄比他大8岁半，并且还是带着6个孩子的已婚妇女。然而他们却一见钟情，一场奇特的恋爱就这样发生了。他们在相爱了10年之后终于走进了婚姻……

吾德说："人生在世，能不做点疯狂的事情吗？"正是这样率性而真诚的性格，使得他不仅娶了比自己大8岁的夫人，还使记者有机会与他们夫妇相识。

乘着歌声的翅膀，
心爱的人，我带你飞翔，
向着恒河的原野，
那里有最美的地方。
一座红花盛开的花园，
笼罩着寂静的月光；
莲花在那儿等待，
它们亲密的姑娘……

这是德国著名诗人海涅的诗句，不知道为什么，当那个夜晚终于来临，当我终于可以安然地与这一对德国夫妇相对而坐，望着他们俩不时地商量着回答我问题时的默契，心头涌起的正是这首诗中的句子。

对我来说，与德国慕尼黑市长吾德先生和夫人爱迪特女士已经算是老朋友了，尽管我对德语一窍不通，但因为曾在上海和天津见过许多次面，在彼此的目光中已经没有了陌生。

2003年10月在上海，因为夫人爱迪特作为一名德国摄影家来中国参加同济大学“王小慧艺术工作场”的开幕式以及“德国10位摄影家作品展”的展览，身为慕尼黑市长的吾德便“万里追妻”也一同到了上海，是完全出于私人性质的访问。很多人认为他的这一举动异常疯狂，他幽默地答道：“人生在世，能不做点疯狂的事情吗？”

刚一见面，他们的好朋友、著名的旅德摄影家王小慧就告诉我，这位慕尼黑市长先生与夫人有一段不同寻常的爱情故事，简要地说就是：当年24岁，还是一名大学生的吾德先生开始追求夫人爱迪特时，她已经是一位大他8岁半并且带着6个孩子的已婚妇女。他们在相爱了10年之后终于走进了婚姻……

这样的爱情，无疑也很疯狂。

在上海短暂的日子里，我和吾德夫妇以及上海的朋友们不仅一同乘坐了磁悬浮列车，参观了筹备中的上海世博会工地和位于安亭镇的德国汽车城，还在王小慧上海的家里，参加了专门为吾德先生举行的一个温馨浪漫的生日PARTY。

然而，我却始终没有找到一个相对安静的时间来采访他们，解开这个始终在心中挥之不去的爱情之谜，无奈只好在匆忙中与他们告别，不知道是否还会有机会再次见面。

令我没想到的是，2004年10月，吾德夫妇再次来到中国，并且第一次来到天津。与上次不同的是，这次由“万里追妻”改成了“万里追夫”。吾德先生应邀受聘于天津南开大学的客座教授和《天津日报》特邀撰稿人，爱迪特是作为夫人陪同而来的。从始至终，她几乎没有放下过手中相机，无论在哪里，当媒体的摄影记者蜂拥而上的时候，爱迪特也一定身在其中。一方面拍摄她中意的风景，更多的则是把镜头对准了吾德。

不知道的人还以为她是随慕尼黑市长同来的专职摄影师呢。采访时，我禁不住问道："你和他认识三十多年了，一直在拍他，难道还没有拍够吗？"她和吾德听罢全都哈哈大笑，她回答说："当然是拍不够的了！"

德国客人在津的日程依然安排得很紧，但因他们住的宾馆离市区较远，便没有安排晚上的活动。我抓住这次机会，和翻译小沈驱车到开发区他们下榻的宾馆去守候，一直等到晚上快10点了，他们才回到宾馆。那夜，伴着红葡萄酒和轻盈浪漫的背景音乐，在不时爆发的笑声中，他们讲起了那段不同寻常的爱情故事——

一见钟情却困难重重，在爱迪特最艰难的时候，是她作为一个女人的勇气，深深地打动了小伙子吾德的心

第一次相遇是1968年，他们在慕尼黑的市政厅邂逅。那是一次在市政大厅召开的有关教育的会议。吾德是作为报社的实习记者来进行采访，爱迪特是作为学校的家长代表出席会议。两个人就这样不期而遇了。

当时24岁的吾德还是一名大学生，在报社做实习记者，虽然只是实习，但出生在一个父亲是作家、母亲是翻译家的知识家庭的他，从7岁起就曾尝试着自己办起了第一张"报纸"，以后，无论是中学还是大学时代，他都没有停止过办报和写作，能写一手漂亮的文章，他幽默的文笔和敏锐的洞察力，赢得了不少崇拜者，爱迪特便是其中的一位。

那次相遇之后，爱迪特曾对她的一个要好的女朋友说：她遇到了他，一个年轻的记者。就是那个常在报纸上写文章，写得特别优美、特别棒的那个吾德先生！可是他怎么长得有点凶啊？那么严肃！

采访时吾德对我说："在慕尼黑市政厅，我们偶然的一次相遇，就一见钟情，但那时候什么也没有发生。"

5年之后的一个晚上，在一次化装舞会上，命运让他们再次相遇。那天晚上，吾德装扮成一位法国历史上著名的大革命家，而爱迪特则装扮成一位身穿白衣、即将走向断头台的女英雄。当两人结成一对，踏着音乐的节奏跳完舞取下面具时，顿时惊异地说不出话来，两个人竟然如此地心心相通！爱情之火就是这样不可遏制地燃烧起来……

然而，当时32岁的爱迪特，虽然在政治上是一位相当成熟的风云人物，是慕尼黑市的政府发言人，但生活中却是一位离婚又再婚的已婚妇女，同时还是6个孩子的母亲。不幸的是，她的这次婚姻又亮起了红灯，正陷入一场空前的危机之中。面对吾德这个狂热小伙子的追求，她不得不冷静地对待。当吾德对她说“我爱你”时，尽管内心同样燃烧着爱之火焰，却没有立刻答应他。直到过了好几个星期之后，她被吾德的真情深深感动，她坚信这一份爱情的真诚和神圣，她勇敢地接受了。

我问吾德先生：“爱迪特当时是已婚妇女，又带着那么多孩子，你还来追求她，你究竟是怎么想的呢？”吾德先生非常坦率地对我说：“想的很少。刚认识的时候，她还没有离婚，但他们的婚姻已经出现了危机。我并不是第三者，我曾经找到她的前夫，对他说：我爱上了你的夫人！后来他们终于离婚了。”

听上去真是非常疯狂，然而却不可阻挡地发生了。“这样的事在中国几乎不可想象！”我对他们说。

“这在德国也是不可想象的！当时人们都认为他发疯了！那时周围的邻居都议论了很长时间，在慕尼黑这件事也非常轰动，直到现在，这么多年过去了，虽然人们认可了我们的感情，也还仍然有人在议论。”爱迪特回答说。

当吾德的母亲得知儿子找了这样一个女朋友时，也被儿子如此疯狂的举动气坏了，她无论如何无法理解：一个好端端的大学生找个女朋友，还带着6个孩子？于是她决定要见一见这个让儿子神魂颠倒的女人。

接到未来婆婆的邀请，身为母亲的爱迪特心中充满了对婆婆的理解。她说，我知道做母亲的感受，她一定会对儿子说：“去，到那边去冲冲凉水澡，清醒清醒！”

可是，没想到这次预料中不愉快的见面竟然变成了一组感人的镜头，母亲被爱迪特的善解人意所征服，爱迪特被婆婆的善良和宽容所感动，更重要的是，婆婆相信爱情是神圣的，更相信儿子的选择没有错。

从相爱到结婚，他们走过了10年的历程。更确切地说，是吾德等了爱迪特10年，等她离婚，等她把孩子养大。我问吾德先生，难道在这10年中，你就没有认识过别的女孩子吗？他回答说："女性当然认识很多了，但没有再爱上过别人。这10年我天天能看到她，她却天天都在照顾孩子，那段时间是她最艰难的时期。"

"那么，你究竟爱她什么呢？"听到我的问话，吾德先生第一次露出了沉思的表情，他说："这要表达出来是挺难的，最主要的是她很有勇气，很开朗，很坚强。我有什么心里话都可以跟她讲，然后两个人共渡难关。"

吾德说到这儿，爱迪特立刻接过话头说："我的勇气主要来自于他。其实我并不是人们认为的那种女强人，不过是那段时间特别艰难，我必须得坚强。"

为了妻子不再辛苦，他决定不要自己的孩子。为了丈夫事业成功，她主动放弃了自己的政治生涯

天色更暗，我的心更热狂，
我用强大的手，从挪威的树林里，
拔下最高的枞树，
把它插入爱特纳的火山口，
用这样蘸着烈火的笔头
写在黑暗的天顶：
"阿格内丝，我爱你！"

——海涅

正是凭着这样一种坚韧的带着些许悲壮诗意的爱情，吾德先生与爱迪特冲破重重阻力，终于结成了夫妻。盛大的婚礼上，爱迪特的6个可爱的孩子都来了，当时老大已经20多岁了，最小的也已经12岁了。这6个孩子中有两对是双胞胎，他们都对妈妈的选择非常理解。

1990年，吾德先生告别了他的记者生涯，进市议会当了议员，当了3年的副市长，1993年他在竞选中以很高的票数胜出当选为慕尼黑市长，一干就是11年。

也正是在吾德进入议会这一年，爱迪特退出了议会。从1978年到1990年，爱迪特做了12年的市政议员，致力于城市规划、环保和建筑艺术的研究。1984年她还参加过市长竞选，仅以一票之差落选。这次之所以退出议会，应该说是为了丈夫，也是为了家庭。爱迪特说："夫妻两个人都搞政治不太好，虽然是允许的，但都搞政治容易为了一个问题而争论起来，这样对夫妻感情不好，对家庭也不好，所以我选择了退出。"从此，爱迪特一直以来的摄影爱好便得到了空前的发挥，直至今日成了德国知名的摄影家。她说："我搞摄影一开始只是爱好，主要是给孩子们拍，后来就越来越有兴趣。

有意思的是，作为新当选的议员，通常要举行一个仪式，把一个金色绶带从老议员身上摘下来戴在新议员身上。爱迪特说，她和吾德在家里就把这个交接仪式举行完了。结婚以后，他们决定不再生孩子了。吾德下这样的决心很不容易。他自己出生在一个非常美满的大家庭，他与爱迪特是初婚，自己从来没有亲生的骨肉。有时候他也难免会有一丝遗憾，但他体谅妻子，她已经为6个孩子付出了太多的辛苦。但更多的时候，特别是当他听到妹妹新生的孩子没日没夜地啼哭时，又庆幸自己不用再受如此辛苦的育儿过程。

在吾德的政治生涯中，他得到了来自妻子的许多帮助和安慰。在吾德竞选市长时，爱迪特亲手为丈夫制作海报，并在生活上为丈夫考虑得十分周到。吾德说："每天早晨我们一起吃早饭的时候，就会共同讨论这一天将要遇到的问题。吃晚饭的时候，就讨论这一天遇到的问题。毕竟夫人在议会里做了12年的议员，有很多的政治经验，是我的一个得力助手和帮手。再说我们的婚姻,这么多年来从没出现过危机。我们的故事在德国也是很少见的,也是不为人们理解、不可想象的。在慕尼黑,我们的故事几乎人人都知道。这么多年我们一直是这么和谐。”

现在,他们夫妇和3个孩子住在慕尼黑的一处有8个房间的大房子里,养了两只猫。吾德和爱迪特都非常喜欢猫,在他们眼里,猫不仅有着斯芬克斯一样吸引人的眼神,还是一个极具天赋的艺术家,更是一个善解人意的家庭成员。于是两个人一个拍猫,一个写猫,竟然合作出版了一本《人与猫》的摄影集,集子中爱迪特拍了60多位名人与猫的情趣画面,其中就有不少是吾德抱着猫的特写。吾德为夫人的摄影集撰写了一篇篇生动幽默的小品文,在朋友聚会时朗诵给大家,逗得大家哄堂大笑。像这样妇唱夫随的摄影集,他们一共出版了4本,除了猫以外,还有关于俄罗斯的、关于壁画的、关于儿童的。

采访一直持续到那天深夜,经常是我的问题刚一出口,吾德夫妇就一起抢着回答,或者你一句我一句地商量着说,等小沈翻译完了,我竟然分辨不出哪句话究竟是谁说的了。虽然我听不懂他们的语言,但我看得懂他们的眼神,从他们相互默契的神情中我能真切地感受到那一份心心相印,那一份刻骨铭心……

库恩

我是怎样写《江泽民传》的

库恩：罗伯特·劳伦斯·库恩(Robert Lawrence Kuhn)博士是著名国际投资银行家和公司战略家，解剖学博士，作家、编辑、学者、科学家、私人投资家和慈善家。现任库恩基金会董事长，花旗集团执行董事。自1989年以来，库恩博士应国家科学技术委员会之邀来到中国，一直担任中国国家部委、机构、企业和大公司顾问。还担任北京前沿科学研究所副理事长。编著的主要著作有：《投资银行文库》(7卷)、《投资银行学：高风险交易的艺术与科学》、《创造性和创新性管理前沿》、《你所需要的谈判技巧和秘密》、《中国制造：新革命之声》、《江泽民传》等。

印象：以科学家的严谨为中国领导人作传

这是2005年5月18日，全国书展在天津隆重开幕的日子，因撰写《他改变了中国：江泽民传》而大火特火的美国作者库恩先生，专程到天津来为读者做演讲并进行该书的签售活动。虽然采访过不少日理万机的名人和能人，但见缝插针到这般地步的还真不多见。说起来真是够难为这位美国朋友的，从下车到再次上车，在仅有的不到一个小时的午餐时间里，他必须边填饱肚子边接受我们的采访，要知道，这天的凌晨4点钟，他是经过了12个小时的飞行，刚刚从美国抵达北京，稍事休息就马不停蹄地驱车赶往天津，因道路不太顺畅又耽搁了时间，只好在与我们的问答中简单填一下肚子，然后立刻就赶到国展中心的书市去了。

据悉，《江泽民传》的简装本目前已经是第6次印刷，发行已超过100万册了。

在这届全国书展一号馆精品厅的正中间位置，《江泽民传》鲜红的大幅海报十分醒目，当库恩先生坐到了签售席上的时候，许多手捧该书的读者蜂拥而上，我的视线立刻就被人潮淹没了……

然而库恩先生却一点也不觉得疲倦，证明之一就是他在北京下飞机之后仍然雷打不动地坚持他的每日健身运动——做一个小时的举重练习。所以在见到我们的时候，穿着西服、系着领带、头发花白的他，镜片后面的目光依然是炯炯有神，谈起写作过程来更是兴致勃勃。

这位库恩先生并不是我们想象中的作家，而是一位著名的国际投资银行家，花旗银行的执行董事，并且是大脑解剖学的博士。而他竟然为了创作这本对他而言完全是一位外国领导人的传记，而耗费了长达4年的时间，既没有利益上的任何“好处”，又非职业的使然，更不为在别人的国家成名。那么，是什么促使他克服重重困难终于完成了这部著作呢？

这当然是一个漫长的故事。一个外国人在中国工作、生活了十几年，竟然会如此真切、如此深刻地爱上了这片土地。爱越深，了解得就越多，了解得越多，爱就更深。所以，当他再回到自己的国家，耳闻目睹，竟然有那么多人在毫不了解的情况下便对这个国家随便地说三道四时，他再也不能沉默了，他必然要站出来，用他喜欢的方式来宣传他认为只有了解了其厚重的历史与独有的文化才有发言权的国家，一种庄严的使命感使他别无选择。

于是，库恩先生以一个科学工作者特有的严谨，一丝不苟地进行了一场称得上是艰苦卓绝的奋斗，他组织了一个工作小分队跑遍了中国的许多城市、乡村，采访了数十人，收集了3000多万字的文献资料，然后请数位专家帮他翻译并反复分析。他以解剖学博士的姿态解剖着他的采访素材，然后分门别类地进行整理和取舍，他的宗旨是"我只写我相信的真实部分"。因此，在他的传记写作中，没有任何虚假的词句，更不允许出现丝毫的想象与夸张，与其说他是在进行一种文字工作，倒不如说他是在做一项严谨的科学调查工作。

库恩先生确实不是一位作家，与他交谈的过程中，他的认真与严谨，诚实和诚恳如春日的细雨，丝丝入扣地展现出来，来不得半点的虚假。读过全书，方能感到他写作的艰辛，一个只会用中文问好的外国人，要写出杜甫、岳飞、文天祥的诗句，甚至《三字经》，需要花多少心血啊！如果没有强烈的热爱和坚韧的毅力，完成这样一部中国史诗般的著作是不可想象的。

美国前国务卿亨利·基辛格说："《他改变了中国：江泽民传》是罗伯特·劳伦斯·库恩对江泽民精心研究之力作。书中生动刻画了在一个特殊的变革时期领导世界上人口最多的国家的最高领导人的形象。所有有兴趣更好地理解中国未来发展动力的人都会从书中受益匪浅。"

中美关系委员会主席约翰·霍尔顿说："这本趣味盎然的传记刻画了一位对中国的恢复和发展做出巨大贡献的伟人。是对21世纪的中国崛起这一重大事件有兴趣的人必读的一本书。"

访谈录

张　星　**库恩先生，我看您在《江泽民传》这本书里写到了一些中国的古典诗词，像杜甫的"安得广厦千万间，大庇天下寒士俱欢颜"；岳飞的"三十功名尘与土，八千里路云和月"；文天祥的"人生自古谁无死，留取丹心照汗青"等，不知您能否理解这些诗词的含义？**

库　恩　有许多中国专家来为我解释这些诗词，我也做了很多研究，凡是我写的东西，我总要保证它的正确性，我不仅仅有一个专家为我工作，我有许多专家为我工作，我听取各种不同的意见，然后我再研究一下。

张　星　**您对中国的古典诗词感兴趣吗？**

库　恩　我很感兴趣，但是我对中国目前的发展更感兴趣，在科学、政治上的研究更加多一点，但是在与中国人的交流中我对中国的古典诗词很感兴趣。

张　星　**我想知道，您写这部书遇到的最大困难是什么？**

库　恩　你提了一个非常好的问题。有很多不同阶段的困难，特别是在一开始的时候，关于一些人物方面，我不知道应该去采访谁，不知道应该写些什么。最困难的是，我写的很多内容在中国、在西方都没有人知道，我觉得我肩上有很重的责任要承担，我必须要把这本书写好。对我来说，最困难的还在于如何把这些人（采访对象）从来没有对任何媒体说过的内容，他们对过去的回忆很好地表达出来，这些人能够很信任地把他们知道的故事交托给我，我怎么样才能准确地把他们的回忆从我的笔下向世界讲述出来？这是我的最大困难，这种信任感也给我带来了很大的责任和压力。

张　星　**就是说，您在书中写的许多内容是首次向外界披露的？**

库　恩　是。我要做很大的努力向读者展现一个真实的中国。因为人不是完美的，很多人都会犯错，但是我会尽最大的努力做各种调查研究，然后告诉读者一个真实的中国。

张　星　**这本书中涉及了许多非常敏感的问题，既要说出历史的真实，又要把握好一个尺度，这是一个非常困难的事情，您是怎么做到的？**

库　恩　这个问题提得非常好。不同的人对事情有不同的看法，我如果要介意所有的人会怎么看的话，那就永远也做不好。我只是写我相信的事情，我做了很多的采访、很多的研究，采访到当时的亲历者，方方面面的东西，把它们收集起来，我凭自己的良心。首先自己要相信自己，认为是真实的，才会去写、才会有说服力。如果老担心别人会怎么看，最终就会失去自己。一些西方媒体过分低调地处理关于中国的信息，但对我来讲，我只是把真实的一面展示给大家，我不做任何夸张。

张　星　**这本书先出的是英文版吗？在把英文译成中文的过程中有没有进行过删改？**

库　恩　先出的英文，也可以说是中英文同步出版的。在译成中文版时删改了大约有10%的内容，主要是一些注释，比如“中南海”这个词，西方读者不知道是个什么意思，就要加上注释。还有一些人物，包括那些古典诗词，要让西方人弄懂，就非常麻烦，还要介绍诗的背景、时代等，在英文版中有几千个注释，而在中文版中就都删掉了。当然，也删掉了一些比较敏感的东西，我也可以理解。但这本书总的框架是没有变的。还有最重要的一点，这本书写的不仅是一个人的故事，它是关于中国的故事。以一个人来代表中国近代史的发展和过程，让世界了解中国。所以我要花很多笔墨来介绍中国的大的背景、历史事件、近代史的发展，以江泽民作为主人公来展开。

要了解中国的事情，就一定要了解中国的历史和中国的文化，不能孤立地理解发生在中国的事情，一定要有历史的观点。如果你不了解中国的近代史，从上世纪30年代日本的侵略中国，到40年代末新中国的成立，到60年代“文化大革命”的政治斗争，不了解中国的这些历史，你就不可能了解现代的中国，也不可能了解江泽民为改变中国所做的一些工作。

张　星　**我读您的书，我觉得更像是一本“亲友眼中的江泽民”。虽然您曾经4次见过江泽民，但毕竟您并没有亲自采访他。您在书中都是通过您的**

采访对象来谈江泽民，而不是通常意义上的那种传记写法，对吗？

库　恩　你的这种认识是对的，我不是一个中国专家，我对中国的历史和中国文化的了解是有限的，那么我只能依靠我的第一手的采访。毕竟我是一个外国人，我只能通过采访，用他们的眼光把他们的故事、他们的经历说出来。

张　星　做这种事情对中国的作者来说也是非常困难的。您说要了解中国的历史和中国的文化才能了解中国的人，可是您要让西方的读者达到这个层次是很不容易的，您怎么办呢？

库　恩　我不是一个专业的传记作家，我的博士学位是人脑解剖学方面的，我从事的职业是投资银行的业务，跟写传记没有关系的。这点从表面上看是个缺点，但我觉得是个优点。刚才你说得很对，为什么要让对中

张星采访库恩 ▶

国不了解的西方读者来看这本书？如果是一个中国的学者来写这本书，可能会因为学术性太强，很难让一般老百姓去感兴趣。而像我这样一个非中国学者的作家来写，并且不是用我自己的知识写出来，而是用我所采访的人，用他们的回忆、他们的故事写出来，站在一个不了解中国的人的角度去看这些问题，这样写出来也许会更加容易让他们认识和了解。

张　星　**从相关报道上看到，您为了写这本书花费了4年的时间。我想知道，您作为花旗银行的执行董事，有这么多繁重的工作，是什么样的动力，使您为了写这本传记而付出这么多的精力？**

库　恩　对我来说，在过去的4年里，我在创作过程中，大概有两年半到三年时间，都是每天晚上6点开始，写到第二天的凌晨三四点，是一个艰苦的创作过程，并且每个周末也都放在里面，我在花旗银行的工作白天还要照常主持。要靠抽时间来创作这么大的一部著作，真的是一个很难、很难的过程。你们现在看到的这本书，是三次重写、五次编辑的结果。第一稿写了70万字，现在是47万字左右。为了写作，我的手提电脑随时带着，许多个夜晚，一吃完晚饭，我就一头扎进书房。我的妻子多拉很支持我的工作，她常常开玩笑地说："瞧，他又去见江泽民了。"

张　星　**能谈谈您的写作动机吗？**

库　恩　写这本书，我有三个主要的动机。我是很喜欢中国、很热爱中国的，我也想通过这部书的创作更加了解中国的历史与文化，这是一个学习的动机；第二点，我也是个很严谨的人，那么我做任何事情，不管是投资银行做的项目也好，或者是写书也好，我都是十分专注的，我一定要做到尽善尽美，我是一个完美主义者。所以，我决定要做的事，会全心地投入去把它做好，不管付出任何代价。这也是我的一种工作态度；第三个动机，是做这件事的一年半之后才感到的，我和我的合作伙伴做了很多采访，中国人把这么多的事情、这么多的回忆告诉我们，并且是从来没有披露过的，我突然有了一种强烈的使命感和历史的责任感。我想通过江泽民的经历，把中国这些活生生的很宝贵的回忆写出来，这本身就是一件创造历史的事情。

张　星　**那么，您一个外国人是以什么身份去采访中国人？对方又为什么会接受您的采访？有没有遇到过拒绝？**

库　恩　其实最早的时候，我们写这部书，不是作为传记来写的。我们在采访申请的时候，非常老实地把我们的想法、我们的背景告诉人家，说明我们是美国的投资银行家，我在美国有两种角色，一个是做学术、科学技术上的研究，向世界介绍新知识，在美国做电视节目等；另一个是投资银行方面的。我告诉他们我来中国十多年了，对中国有一定的了解，但不是了解那么深。也做了许多向世界介绍中国的工作，我们更关注当代中国，尤其是近一二十年来，改革开放之后的变迁，从这个角度来采访和收集资料。在这之前，我们还写过一本书《中国制造：新革命之声》(英文版)。当时我们就想向世界介绍一个新的中国和中国共产党。采访的时候是这么定位的，刚开始想写的是与这本书差不多的中国的历史、文化、政党和江泽民的经历，把过去十多年中国改革开放的事情写出来。采访之后整理材料的时候，发现材料是如此的丰富，于是便开始考虑可以写一本传记了。由于我每次都说老实话，他们看到我这么多年来为中国做了这么多工作，个人并没有拿到什么好处，对我产生了信任。

张　星　**这本书在中国以外的地方发行得如何？有没有什么反馈？**

库　恩　这本书在美国“兰登书屋”出版了英文版之后，又出版了德文版的、日文版的，还有西班牙文版的。“兰登书屋”认为，很多关于领导人的传记在国外都不是很畅销，但是他们觉得我的这本书是不会绝版的。“兰登书屋”是美国最大的出版大众读物的出版集团，他们说我的这本书是“永不绝版的经典”，在美国已经是第二版了。

张　星　**这也证明了中国在世界上的地位和受重视的程度。当您到各地去签售这本书的时候，看到中国读者这么热情，把您都包围起来了，您作为一个外国人，有什么感觉？**

库　恩　我们已经在中国走了十二三个省市，读者从十多岁的中小学生，到上年纪的老人家都有。尤其让我感动的是那些老人家，他们都经历了上个世纪的很多风雨，这本书唤起了他们的回忆。有一位老人家95岁了，让家人搀着来的，让我给他签了书，他含着眼泪对我说，我的书让他想起了过去的许多事情。江泽民是他们这一代人的代表，他感谢我写了这本书，因为这本书也写出了他们走过的这些风风雨雨。

张　星　**在这本书中，江泽民个人的生活方面没有写，我觉得作为传记，这是一个遗憾。**

库　恩　你也想象得到，采访是一个很艰难的过程，每一次采访都是一个故事。我尽量用我能够拿到的资料把这个东西写好。你的遗憾我能理解。但是有些资料我当时不可能拿到，但是我尽心尽力了。

科特勒

演奏小提琴的营销大师

米尔顿·科特勒(Miltom Kotle): 1935年出生于美国芝加哥。是全球顶级营销顾问公司——科特勒营销集团(KMG)的主席，美中商务发展委员会主席，美国民主党竞选委员会高级顾问，美国乔治·华盛顿大学校长特别顾问，美国芝加哥大学教授，美国西北大学凯洛格商学院客座教授，中国清华大学客座教授，是一个拥有28年丰富专业经验的世界著名实战派企业战略大师，在国际上享有极高的声誉。著有《慧眼看中国》等专著。

印象：不，他不是商人，他是一位充满激情的艺术家

当这位戴着眼镜、穿着厚重深色西服、并且在头上很古怪地戴着一顶礼帽的美国老人缓缓地从电梯间走出，出现在我的视野中时，不仅我愣住了，大厅里的许多人都不由得愣住了！

2005年7月5日，要知道这天的气温已达到了摄氏38度啊！虽说宾馆里开着空调，但在一片短裙薄衫的人群中，他这身装扮还是太另类了！这还不算，他还在胳膊上挎着一根古老的拐杖，并不是用它来支撑身体，就要那么一个派儿。若不是他的老外面孔，我真想用苏东坡的一句词来形容他："竹杖芒鞋轻胜马，一蓑烟雨任平生。"

不用介绍我也知道，他就是我今天的采访对象——是世界著名的营销大师、来自美国的米尔顿·科特勒先生。

为了抢时间，采访安排在从北京开往天津的汽车上。显然，科特勒先生已经很疲惫了，这天上午他连续不断地接受了北京的三家媒体采访，刚刚吃完午餐，也许正想借着路上这点时间休息一下，却被告知要在车上接受采访。

看出了他的无奈，我笑着告诉他我的访问很轻松，我们不用谈营销那么严肃的话题，就随便聊聊天，讲讲你的人生故事怎么样？

科特勒实在是一位可爱的好老头，当他弄懂了我的意思之后，摘下了他的礼帽，从西装左侧上边的口袋中摸出一支大雪茄，并不点燃，就在手中把玩着，时而在嘴边"亲吻"一下，然后滔滔不绝地给我讲起了他充满传奇的人生故事。原来，这位70岁的商界风云人物，还是一位聪颖的神童，一位浪漫的艺术家，一位出色的政治家，一位激情澎湃的学生运动领袖……

你能想象得出这样的画面吗？

一个5岁的小男孩在父亲的指导下，专心致志地拉着小提琴，父亲弹着钢琴与他协奏，莫扎特和肖邦那美妙的音乐从他稚嫩的指尖飞出，有如山泉在山涧歌唱；

一个中学还没读完的少年，15岁就考上了芝加哥大学，在大学里度过了12年的学海生涯；

在美国南部的密西西比河边，一个被激情与正义填满胸膛的小伙子奔走在黑人社区，为争取黑人的人权而斗争，并不断地躲过警察的跟踪与杀戮；

在华盛顿坐满3000多观众的演奏大厅内，一场以中国为主题的音乐会正在举行，一个美国老人走上舞台，用小提琴奏出了他对中国的热爱；

温柔又温情的妻子端来香喷喷的咖啡，儿子弹钢琴，女儿拉大提琴，他拉小提琴，一家人在音乐的滋养中享受着和谐与美……

这，就是科特勒先生的人生足迹，是他作为一位世界知名的营销大师所不为人知的另一面。父亲是他人生最初的导师，勤奋工作、诚实、爱你的客户和永远不要赌博，是从父亲那学到的最重要的品质。

在大学里他学的是政治学，并从学生时代开始，他就是一个热衷于学潮和各种政治活动的狂热青年，为了黑人的人权，为了穷人摆脱贫困，为了社区的健康，为了慈善事业，他奔走、呼号、呐喊、著书……大学毕业后，他当了两年空军，搞了14年的政治。是他在美国第一个提出来要创建社区健康中心，还创建了美国第一家社区房屋公司，在社区里帮助穷人，为穷人提供援助。他被警察追踪过，也有同伴为此而牺牲了，可是他却从未退缩过……

童年父亲教他学小提琴，最初他并不喜欢，但还是坚持下来了，没想到音乐从此伴随了他的一生，他做了华盛顿交响乐团10年的董事会主席，1985年，他在华盛顿成功地举办了首场有关中国主题的盛大音乐会，让《黄河大合唱》响彻华盛顿的夜空。1998年他作为贵宾应邀第一次踏上中国的土地，并不是作为一个商人，而是一位艺术家。从此他爱上了中国，几乎每个月都要出现在飞往中国的班机上。他把在美国和欧洲的生意交给了他的大儿子托尼，并对他说，今后这些区域的生意由你负责，我要专门去帮助中国。

科特勒说："我喜欢在中国感受这种激动人心的氛围，我在中国感觉到自己非常年轻，我所有的努力、所有的愿望都是帮助中国的企业更强大，在市场竞争中获胜。我来到中国是因为音乐，不是来中国挣钱，是文化交流。音乐是我父亲教给我的，我来中国是一种友谊，友谊也是我父亲教给我的，我在中国找到了许多好朋友。"

7月6日，在天津美丽的梅江南国际俱乐部，科特勒先生作了一场关于品牌创新的演讲。站在讲台上的科特勒，与前一天在汽车里的谈笑风生截然不同，准确、严谨、凝练。敏锐的洞察力与惊人的记忆力，使他无论是日期还是数字，全都脱口而出，简明清晰。他时而用右手托着腮，时而把手放进口袋里，闪烁着热情与活力的目光给人一种信任与友谊。从他的讲述中能够听得出，他走过中国的许多地方，对中国的品牌有着相当深入的了解。我读过他营销学方面的书，我被其中这样的段落所吸引，他说："品牌是一个有着产品质量、有着情感和情感吸引的故事，而不应仅仅是一个名字。一些好的品牌都有其独特的故事。"

我们的访谈就从这里开始——

访谈录

张　星　**您曾经说过，品牌是有故事、也是融入了感情的，科特勒现在也已经是一个品牌了，能不能讲讲您的故事呢？**

科特勒　1935年我出生于芝加哥一个传统的经商家庭。那时候美国经济萧条，失业率非常高。大家的收入都很少。我父亲经商非常辛苦，我从小就了解了做生意的艰难。那时候家里生活也不富裕，我们兄弟三人，哥哥穿过的衣服我接着穿，我穿完了弟弟再接着穿。

张　星　**您父亲也是做营销的吗？**

科特勒　他做食品生意，我父亲是一个非常和善的人，有很多忠诚的客户，有许多老朋友，把相当大的精力都投入到他的事业和与客户建立关系上了。我从父亲那学到了不少东西，首先是要勤奋工作，第二是要关注你的合作伙伴，第三是友谊。

张　星　**可不可以说，您的父亲是您的第一个老师呢？**

科特勒　可以这样说，另外更重要的是还学到了诚实。我父亲在他的一生中从来没有做过一件不诚实的事情。因为我父亲的正直、诚实和善良，许多人都愿意和他做生意。我还从父亲身上学到了对音乐的热爱。我父亲是弹钢琴的，并且非常热爱音乐，他在我5岁的时候就开始教我拉小提琴。

张　星　**您喜欢吗？**

科特勒　不，小时候并不喜欢，但我现在非常热爱音乐。我父亲经常鼓励我学，因为父亲经常在家里弹钢琴，他的琴声让家里人都非常开心，于是我懂得了音乐能给人带来快乐。尽管小时候并不喜欢拉小提琴，但还是坚持下来了。对于学音乐来说，有两件事最重要，一个是要坚持，不要放弃；另一个就是要培养对音乐的感情和热爱。

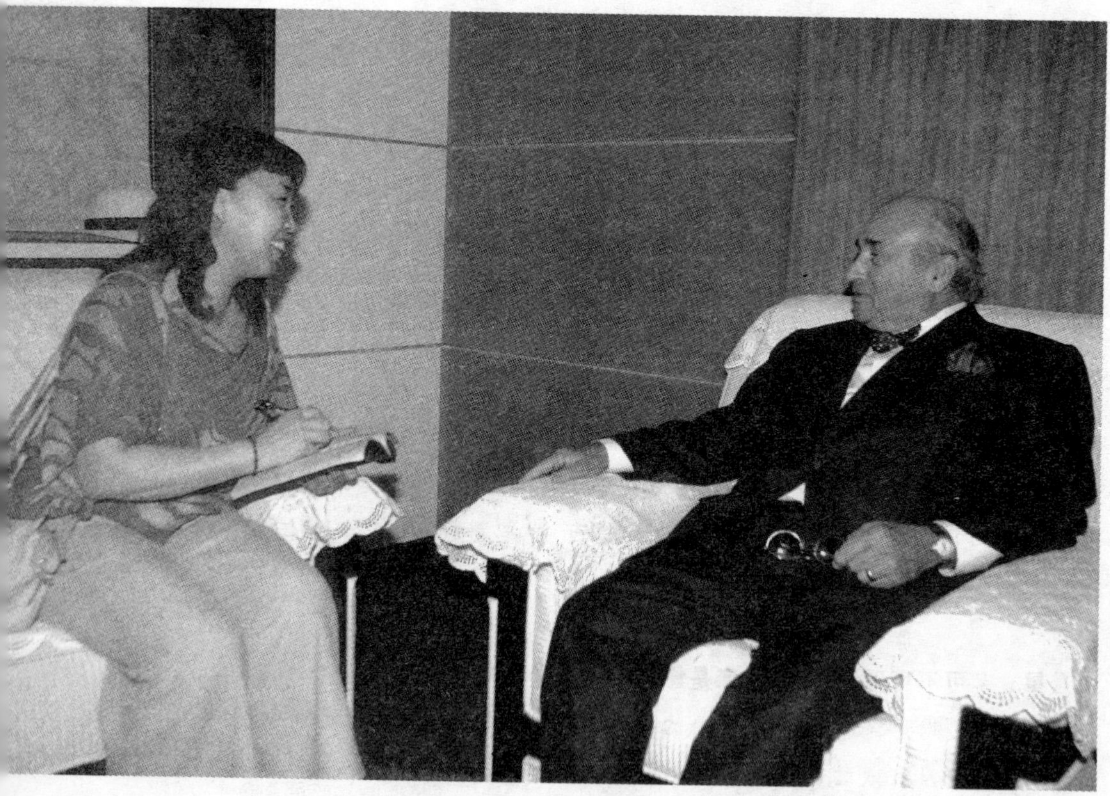

▲ 张星采访国际营销大师科特勒

张　星　**您母亲给过您什么样的影响?**

科特勒　我母亲是一个典型的家庭妇女,要照顾3个孩子,我父亲与母亲之间的爱情是很伟大的。他们之间互相尊重,有很多共同的朋友。我家里经常有朋友来,父母是很好客的,我母亲是一个非常关心人、为孩子做出了很多牺牲的女性,也是一个责任感很强的女性,她是一个细心、任劳任怨、不自私的好母亲。

张　星　**有这样好的父母,那您一定有一个快乐的童年?**

科特勒　是的,快乐的童年。我们家有兄弟三人,我哥哥菲利普,比我大4岁,一个弟弟比我小6岁。我的父亲特别重视教育和学习,我父亲年轻的时候是个足球运动员,那时候当运动员挣不了什么钱,所以与我母亲结婚之后就不再当运动员了,开始经商。父母认为受教育是非常重要的。总是叮嘱我们:读书,读书!学习,学习!哥哥菲利普是家里最爱学习的,一天到晚都在学习,每天看到他就是在学习,小朋友叫他出去玩他都不去。哥哥对我的影响很大,但童年的快乐我比哥哥多,因为我有很多的朋友。有时候,哥哥在看书,我也只好坐下来看书,然而心里是多么想出去玩啊!然后我就上大学了,芝加哥大学。15岁,高中还没读完就考上了大学。

张　星　**您在中国就是神童。**

科特勒　我在芝加哥大学一共读了12年。

张　星　**为什么?**

科特勒　因为那个学校在12年里都给我奖学金,我在这12年里什么都学了,社会科学、自然科学、法律、人类学等,我在这里完成了学士、硕士,学了很多课程,很多知识。读博士时学的是政治学。然后就入伍服兵役了,当了两年的空军。1962年,我收到了来自华盛顿的工作邀请,我的大学同学在华盛顿建立了一个政治思想脑库,是一个政治智囊研究机构。他们要我到华盛顿来！因为我在大学的时候非常活跃，那时我就开始组织周围的社区帮助穷人，还积极地从事维护黑人人权的活动。而且积极地支持穷人自谋生路，大学期间我非常忙碌，组织学生抗议、示威，搞学生运动，还帮助一些非常有名的慈善组织、工会组织工作。还观察总结，写了好多这方面的观察文章。在这个过程中我还有很多新的理念。

张 星 **我觉得您应该去竞选总统。**

科特勒 (笑)肯定不行，因为我做的好多事都是反对总统的。我想，我是学政治学的，而华盛顿又是政治中心，我为什么要留在芝加哥呢？就像中国人进京一样，1963年我就来到了华盛顿。我到华盛顿以后，人生当中做的第一个项目，就是到南部的密西西比发动黑人建立自己的社区组织。在南部我差点被警察和白人杀掉。那时候种族歧视非常严重，黑人和白人不能喝同一个水源的水，黑人上公共汽车必须坐在后排，而且不能与白人同坐，我作为一个白人，到密西西比去发动这样的工作是非常危险的，每天都被警察跟踪。

张 星 **那您不觉得害怕吗？**

科特勒 我每次开车进入黑人的社区，后面总是跟着警车。一开始我还天真地以为警察跟着我是想保护我，后来发现警察跟着我是想杀我。那时候非常残酷，警察经常会杀掉支持黑人的白人，和我同去的还有另外几个白人，他们后来就遇害了。一直到肯尼迪去世、约翰逊执政后出台了黑人的工作法案，情况才有好转。

张 星 **那等于您成功了？**

科特勒 我在这过程中做了大量的工作。我不在政府，但我协助政府，在全国各地，波士顿、密西西比等，发动群众，形成社区互助的组织。我是在美国第一个提出来要建社区健康中心的，现在在美国已经有几千家这样的机构了。我还创建了美国第一家社区房屋公司，在社区里为穷人提供援助和指导，帮助穷人建经济适用房。1969年我的第一部书《社区政府》出版了，直到现在仍在发行，去年又出了最新的一版。

张　星　**您在这个脑库待了多长时间？**

科特勒　14年。我在脑库时不是坐在那研究，而是积极地实践，发动群众，组织了全国性的一个网络，有50个人为我工作，建了好多社区医疗中心。这是我非常愉快的一段时间，但不是很挣钱，因为我做的都不是盈利性质的工作。我这个脑库从来就没有挣过多少钱。我那时候的工资很一般，但我那时候不太在乎钱。

张　星　**您那时候没有成家吗？**

科特勒　成家了。

张　星　**那您不在乎钱怎么养家呢？**

科特勒　你这个问题问得好，这正是我为什么要从商的一个原因。1980年，我从公共政治领域退出了，那时候我已经有4个孩子了。我需要挣点钱了。尽管我做公共政治做得非常开心，但是作为父亲我有责任，我需要挣钱了。这时候就正式启动了科特勒营销集团，一开始为那些非盈利性公司做咨询、顾问。那时候我哥哥菲利普已经是西北大学著名的教授了。不过菲利普关注的还是在商业领域里的营销，我专注的是非盈利领域的营销，菲利普写书都是盈利领域的。我们两个形成了一个很好的组合。通过这个融合之后，菲利普开始关注非盈利性领域的营销，而我则开始关注盈利性的营销了。在几十年中，我们为很多财富500强的公司服务过，像福特、IBM等。

张　星　**我听说您还在专业的交响乐团工作过？**

科特勒　那不是我的一个工作，而是我自愿的一个爱好。在我做一种工作的同时还从事过几十种工作，比如拉小提琴，还担任过华盛顿交响乐团的董事会主席。我家就像一个乐团一样，经常举行家庭音乐会，我的孩子们都会乐器，他们拉小提琴、大提琴、弹钢琴、吹萨克斯管，我的孩子都是在音乐中长大的，我的4个孩子都学过音乐。从1984年开始，我当了10年的交响乐团董事会主席，但完全是义务的，是一种社会的公益工作。这时我产生了一个新的想法，让华盛顿交响乐团做一些以国家为主题的音乐会。1985年我就做了一场以中国为主题的音乐会。那时候我知道我们公司的客户中与中国有关系的就有摩托罗拉、波音公司等，让这些在中国有投资的公司来赞助这场音乐会。那时我还从来没有来过中国，对中国还是一无所知。

张　星　**那你们演奏中国的什么乐曲呢？**

科特勒　第一次中国交响音乐会，我们从北京中央交响乐团请了指挥和首席小提琴，音乐会获得了巨大成功。3000人的场地爆满，中国大使也去了，这些著名公司的CEO也都去了，大家都非常满意。而且我还在这场音乐会上亲自演奏了小提琴，并且作为主持人介绍了中国的大使和嘉宾。从那以后，我一共搞了10场这样的中国音乐会。还围绕着中国概念做了各种的有关中国的音乐会，比如纪念中华人民共和国国庆，纪念中国抗战胜利，庆祝香港回归，庆祝中国大熊猫到达美国等等。通过这些活动我与中国文化部和外交部的领导成为了好朋友。我夫人比我早一年先来中国，她是一个行业协会的主要负责人，她来中国之后非常激动，对我说："中国太棒了！"我觉得很不满，我都做了10场中国音乐会了，可是我还没有去过中国！1998年，我收到了中国文化部孙家政部长的邀请函，作为贵宾来参加中国的文化活动，我非常高兴。第二年，上海市文化局邀请我作为贵宾参加了上海首届国际音乐节。

张　星　**等于您是通过音乐来中国的，对吗？**

科特勒 是的，是音乐把我引到了中国。1999年有一家在深圳的中国公司到美国联系到我，希望我能成为他们公司的合作伙伴，在中国建一个最大的营销培训公司。于是，从1999年到2000年年初正式进入中国的营销企业，面对面地举行这种大型论坛、高端互动和演讲。在这个过程中，我接触到了中国许多优秀的企业家。2002年我们与合作伙伴分开，成立了独立的中国公司。2003年我把我公司里欧洲和美国的业务交给了我的大儿子托尼，我说："托尼，你来负责美国和欧洲那些企业，我专门来做中国。"

我总在说，我像我父亲，我工作很勤奋的，尽管我已经70岁了，但我每个月都要来中国，还要坐长途飞机，我见过三十多位中国的市长，见过的企业家更多，并且每天都要记笔记，一点也不觉得自己年老。我来到中国是因为音乐，音乐是我父亲教给我的，所以童年时代父母对人的影响非常重要，是对人一生的影响。就像我的父亲爱他的客户一样，我也爱自己的客户。

郭少明

从公务员到亿万富翁

郭少明：莎莎(SaSa)国际控股有限公司主席及行政总裁，同时还是香港化妆品同业协会荣誉主席、香港中文大学新亚书院校董。

香港“莎莎”在他27年的领导下，由一个化妆品零售柜台发展至如今亚洲最大的化妆品零售网络，在6个主要亚洲市场设有超过69家零售店和11家美容中心，使之成为香港化妆品零售业的一个奇迹。2005年莎莎也在他的带领下正式入驻内地。

印象：与太太同甘共苦的优雅男人

被定格在香港杂志封面上的郭少明，是位让人一眼就能看出其精明强干的业界精英，是用业绩和财富累积起来的风云人物。然而，坐在我身旁的郭少明却是一位边与我们交谈边抹润唇膏、并颇为得意地展示太太为其选择的漂亮领带的风趣、优雅的男人。

但谈笑风生容易，要真正试图解读一个人却很难，更何况只能在这样一种特定的环境和有限的时间里。

2005年5月，我和数位来自内地不同城市的媒体同行专程赴港，在香港世贸中心大厦38层的一间小型会议厅里采访了这位被称为“香港商业奇才”的郭少明先生。

第一眼看到他，绝对不会把他和几十亿的富翁联系到一起，他头发花白，目光和善，笑吟吟地从门外走进来，并没有立刻就引起我的注意。但他公司里的人全都摆出一副毕恭毕敬、肃然起敬的架势，所有的目光瞬间都集中到他的身上，立刻就为他罩上了一层大老板的光环。

以郭少明的经历，从一个只有初中文化程度的小小公务员下海帮着太太卖化妆品开始，到如今以超人的心智和胆识经营出了“莎莎”这样一个有着几十亿财富的化妆品零售王国。27年的长路，从不足4平方米到上万平方米，由1个化妆品零售柜台到如今的69家零售店和11家美容中心，这是天上人间的悬殊。如今“莎莎”已经在郭少明的带领下把服务带到亚洲包括香港、新加坡、马来西亚、台湾、泰国及澳门等地的6个主要市场，并准备花一个亿进军内地市场，莎莎上海店已经于今年3月成功开业……

无疑，对于新闻媒体来说，郭少明已经具备了足够的卖点与吸引力。

然而他一张嘴我立刻就傻掉了，他讲的竟然是我根本无法听懂的粤语，这一下可惨了！与他交谈，听与说都需要经过翻译。

不过还好，在正式的新闻发布会之后，他应邀留下来，接受了我们的专访。在一个多小时的交谈中，由于郭先生的放松，为我们做翻译的唐小姐和梁小姐也都放松了起来。我们就围在一起听郭先生讲他和太太共同创建莎莎的故事。

▲ 郭少明夫妇

要讲莎莎，就不能不提郭太太，因为莎莎最初是由郭太太先干起来的，那时候郭少明还不敢轻易辞去他作为公务员的那个“铁饭碗”，只好脚踏两只船，从昼干到夜地累自己。那时候，郭少明夫妇过的是一种不敢有片刻喘息的日子，从一个柜台到终于有了一家自己的店铺之后，他们每天早上9点钟去开门，晚上10点钟去关门，然后再理货、点数，备第二天的货，常常是到了深夜12点才有时间去吃晚饭，饭后再干到第二天的凌晨3点多才能上床睡觉。睡一会儿，早上8点又要起来准备开店，一年到头只有大年初一到初三可以休息3天，就这样，一干就是十几年……

通常内地的成功男士，是不会把老婆挂在嘴边的，而郭少明谈起太太来却是眉飞色舞，赞不绝口。2002年，当莎莎美容纤体中心在香港铜锣湾隆重开业时，占地500平方米左右的店面全部由郭太太亲自设计。当问到郭先生如何报答太太时，他坦诚地笑着说："每晚亲她一下喽，我们讲心不讲金钱！"

我忽然感到，采访郭少明，虽然见到的只是他一个人，但实际上等于采访了两个人。他的太太虽然没有出场，却无时无刻不在。郭少明说："我太太很有本事，也很能干，和我很配合。我做事容易冲动，想得快，行动也快。我太太不同，她很小心，很冷静，思路很清晰。我们的成功是典型的夫妻档的成功。一开始是她想做，拉着我来做，可是做大了以后，她就比较谨慎小心，认为差不多就行了，不愿再冒风险。可是我不一样，做大了还想再做大。莎莎成功，全靠我老婆，是她带我入行。"

不错，郭少明由一名隧道收银员变成今日的亿万富豪，他惊人转变背后的"魔手"正是他的太太——莎莎事业中灵魂级的人物郭罗桂珍女士。从同甘苦到共富贵，他们夫妇的创业故事早已被香港财经界传为佳话。作为公司副主席的郭太太，也获得了世界杰出华人会连同世界华商投资基金会颁授的"世界杰出华人奖"及美国摩利臣大学颁授的荣誉管理学博士学位。

访谈录

27年前，太太花两万港币租了一个叫莎莎的专柜

张　星　**看过报道，我知道在香港，每年来自内地的旅客已近1000万人。如果让他们选出一家最受欢迎的商店，许多人都会脱口而出地说到"莎莎"这个名字。郭先生，听说莎莎是由夫妻店起家的，能讲讲有关莎莎的故事吗？**

郭少明　要讲故事就太长了。不错，莎莎在27年前，是我太太花两万港币在总统商场租的一个只有大约4平方米的化妆品零售专柜。我太太用我们的全部积蓄加上外借的钱冒险接过来做。接过莎莎后太太不喜欢这

个名字,觉得前边那家柜主叫这个名字时做得不好,要求换名,可是换名的费用要花1000块,当时我和我太太没有这1000块。我就说,先做吧,慢慢再考虑改名字的事。但一直到现在都没有改。因为我们发现,莎莎的中文名字,无论用什么地方的方言,叫起来都是莎莎,一提到香港的莎莎都不会讲错。如果给韩国和日本人看汉字,他们也叫莎莎,英文或其他国家的语言拼音出来也都叫莎莎,很容易介绍给朋友。再就是,因为用了很多年,莎莎已经非常女性化了,巧的是,有一部电影中女主角的名字就叫莎莎。当时市面上虽未有类似的化妆品专卖店,但一般百货公司的美容专柜,甚至大小药房亦有化妆品的出售,于是我们选择了从价格入手,以折扣优惠形式,吸引了大量顾客。

张　星　**你们是第一个将"折扣优惠店"概念引入化妆品零售业的成功典范,对吗?**

郭少明　可以这么说。从最开始的4平方米左右,不断改进,不断进步,当时只有不足200个品种。但是我们一直都非常重视客人的意见,经常问客人:你们希望我们代理什么产品?1985年,我们第一个在亚洲引进全电脑化运营,并作为"一站式购物"的先驱,又首创以开放式货架让顾客随心所欲挑选各种国际名牌化妆品的购物形式。开创了销售化妆品的新潮流,对年轻顾客有很大的吸引力,他们非常喜欢。

张　星　**怎么想到的呢?**

郭少明　当时是一个偶然。有一次我和我太太去超市买东西,本来只想买3种东西,但超市的那种环境,不知不觉中就自由自在地买了很多种。我立刻想到要把这种超市的方式引进自己店里,一试果然大受欢迎,这也是莎莎的一个转折点。

张　星　**你们只是一个经营者,而不是生产者,你们靠卖别人的产品生存,如何能在二十多年中始终立于不败之地?**

郭少明　正因为我们是零售商，才有机会面对更多的顾客，所以我们更知道客人的需求，这种对市场的了解比专门的生产者更重要。

张　星　你们怎么能使莎莎二十多年始终能引领化妆品的时尚潮流呢？

郭少明　化妆品与时装的潮流不同，女士的服装一般一季要买两次，换季的时候买一次，打折的时候再买一次，花费的时间比较多。但化妆品不同，可能有一点空闲的时间，也许只有5分钟，都有可能进店里来看看，又有什么新品种了。二十多年来，我们都非常重视顾客的要求。广东有句老话："要美不要命"，女孩子只要看到有她们喜欢的新产品，就会掏钱来买的。我们平均每个月不会有少于两个新产品放进我们的店里，带进新的、潮流的产品给客人。还有我们对销售人员进行严格的培训。我们常对我们的销售人员说：没有顾客就没有莎莎！

张　星　有没有遇到过什么危机？

郭少明　1997年遇到亚洲金融风暴，原本40%的游客生意此时只剩下10%了。我把危机当成一个机会，风暴之后的一年内，我又发展了10家店，游客生意做不了了，我就尽力发展本地顾客。

辞去公务员，跟太太学习卖化妆品

张　星　听说您只有初中学历，那么您在开莎莎店之前是做什么的？

郭少明　我是公务员。在香港政府的运输处，你们叫什么？交通局吧。我从17岁起就参加工作了，在隧道做收银员，1978年太太开始做莎莎时我仍然在做公务员，那时候不敢辞职，按你们的话说，这是一个铁饭碗。那时我上的是夜班，就白天帮太太卖货，晚上去隧道上班，当然辛苦了。就这样做了7年，直到1985年，莎莎的生意渐渐有了起色，终于有了一家自己的店铺，太太让我辞职，不要让我这么辛苦了，我才辞了公职。不过，辞职以后就更辛苦了！

张　星　**您和太太是怎样分工的？**

郭少明　我是一个香港人叫做"好好先生"的男人，我每天都会陪我太太，她在前台卖货，我就躲在柜台后面，听她和客人交谈，了解客人对化妆品的需求。

张　星　**那您也亲自售过货吗？**

郭少明　哎呀，那时候我一个大男人卖女人用的东西让我很尴尬。一开始我是躲在后边听太太卖，听习惯了就学着去做，第一次卖货我觉得很害羞，脸都红了。

张　星　**这么说，您是您太太的徒弟了？**

郭少明　是，太太是我师傅。不过，我后来发现女孩子都喜欢听我的意见。她们总问我：男孩子喜欢什么样的女孩呀？我用什么样的化妆品比较好看啊？因为我是男的嘛，她们觉得我能代表男孩子的眼光。你到店里也发现了，我们店里的美容顾问都非常内行，因为经常有男孩子来问，我要给女朋友、给太太、给母亲买化妆品，但不知应该买哪种，我们的美容顾问都是经过专业培训的，她们会一样一样地介绍，有不少顾客下次还来，说上次美容顾问介绍的牌子太太或女朋友用了都说好，还要请她们帮忙。

张　星　**我听说，您年轻的时候也很爱美，开始做化妆品时您多大？**

郭少明　我年轻时比较贪靓嘛！开始做时我是25岁。噢，这下你就知道我的年岁了！(笑)做了这行之后我也开始研究，凡是男孩子用的产品我都试过。我现在头发白了，没有关系，白头发比较有成熟感。

张　星　**那么您认为男士在美容上最应该注意的是哪些方面呢？**

郭少明　男人每天都要刮胡子，但是老刮的话，容易使皮肤变粗，所以我对须后用品很注重。还有就是手,人的手是很容易衰老的,所以手的护肤品也很重要。还有就是领带,男人的领带通常都是女朋友或太太给买的。

张　星　**您的领带也是太太给买的吗?**

郭少明　是,我这条领带是我太太给买的。(说着从西装里拽出他颈上的这条浅黄地带咖啡色小花的领带让我们看)

张　星　**在很多年里,莎莎没有请过店员,只有您和太太两个人做,是吗?**

郭少明　是啊!每天早上9点去开门,晚上10点去关门,两个人还要理货、点数,备第二天的货,常常是到了深夜12点才有时间去吃晚饭,然后再做到转天的凌晨3点多才上床睡觉。睡一会儿,8点又要起来准备开店,一年到头只有大年初一到初三可以休息3天,十几年一直都是这样过来的。

张　星　**就没有厌烦过吗?**

郭少明　不会,因为每一天、每一天都很有成就感。说实在的,这条路不是我选择的,是我太太帮我选的。我太太很有本事,也很能干,和我很配合。我做事容易冲动,想得快,行动也快。我太太不同,她很小心,很冷静,思路很清晰。我们的成功是典型的夫妻档的成功。一开始是她想做,拉着我来做,可是做大了以后,她就比较谨慎小心,认为差不多就行了,不愿再冒风险。可是我不一样,做大了还想再做大。

张　星　**所以人家都说,莎莎是从夫妻店到行业旗舰的典范。**

郭少明　我们刚创业那时,一般的化妆品店大多走的是高价位、高利润的小众路线。因为他们认为买得起化妆品的只是中产以上的有钱人。而我则看准了化妆品必然会走进寻常百姓家。所以莎莎从一开始就把经营的产品定位在价格适中、薄利多销上面,这一招儿果然有奇效,莎莎的顾客越来越多，店面也越来越大。

花一个亿，把莎莎"嫁"到内地

张　星　**据我了解，莎莎最大的优势是价格便宜，像伊丽沙白雅顿、雅施兰黛、资生堂等名牌产品，有些甚至比在原产国购买还便宜，如果不是商业秘密的话，能说说这其中的原因吗？**

郭少明　莎莎不是从代理商处拿货，而是从世界各地的知名厂家直接进货。由于我们每次进货批量都比别人大，拿到的折扣就多。而售价相应的也可以降下来。由于产品质量可靠，价格又比别人低，生意额自然就直线上升，于是分店也越开越多。经过近20年的艰苦经营，莎莎终于在1997年迎来了事业上的重大转折——成功在香港联交所上市。莎莎国际的股份获超额认购500多倍，创下了又一个奇迹。在上市筹得了大量资金后，莎莎乘胜追击，在1998年一年内又开了10家分店，正式确立了自己在香港化妆品市场上的旗舰地位。

张　星　**所以您被香港的杂志评选为2004年的"风云人物"，并且准备投资一亿元开拓内地市场，是吗？**

郭少明　内地绝对是一个很大的市场，也是一个不容易经营、但却是必定要做的市场。

张　星　**您把打内地的第一张牌定在上海，并且计划最少要先开5家，那么有没有打算在北京或者其他城市开呢？**

郭少明　我准备明年年初在北京开第一家，也准备配合2008年的北京奥运会，从明年开始做的话，到奥运会时就可以有一两年的准备时间，届时在北京可发展到4—5家店铺。

张　星　**今年3月，莎莎上海店在上海市淮海路正式开业了，使莎莎的总店面**

上升为69家。这是莎莎在亚洲开设的最大单店之一，也是莎莎内地攻略的第一站。我想知道，您在上海和内地其他城市开莎莎店还有香港店这样的价格优势吗?

郭少明 香港化妆品进口是零关税，而在内地则需征收30%的关税，还有其他一些费用，这都使得莎莎上海店的价格和其他百货商店的价格不可能像香港店那样有明显的差距。为此，我们不得不改变以往一直沿用的低价策略，不走低价路线。

张　星 **近年来，内地多个城市的“自由行”放开，对你们的影响明显吗?**

郭少明 还是比较明显的，莎莎近一个年度的盈利上升了逾一倍。有的内地游客一次就携货数万元，这并不是个别的例子。去年，整体游客的生意额已升至占莎莎总营业额的40%，其中有九成是来自内地的游客。我相信，随着香港迪斯尼乐园的正式开业，可望吸引更多内地及东南亚的游客来港。2008年又有北京奥运会，游客们去北京，当然也会来香港玩几日了，因此说我们的市场潜力还非常大。

阿利卡诺夫

来自莫斯科的音乐使者

阿利卡诺夫：国立莫斯科音乐学院(又称莫斯科柴可夫斯基音乐学院)是全世界最大和最著名的高等音乐学府之一，1998 年排名世界第一位，至今已有 140 年的历史。由杰出钢琴家、指挥家尼古拉·鲁宾斯坦创建于 1866 年。创建初期，柴可夫斯基曾在此任教，故也称“柴可夫斯基音乐学院”。在这座神圣的音乐殿堂里，曾走出过许多蜚声世界的音乐大师，如作曲家拉赫马尼诺夫、斯克里亚宾；钢琴家里赫杰尔、吉列尔斯；小提琴家奥伊斯拉赫等。阿利卡诺夫为该音乐学院院长。

印象:传递遥远的俄罗斯风情

2007年3月6日,我踏着厚厚的积雪赶往天津音乐学院,去采访国立莫斯科音乐学院(又称莫斯科柴可夫斯基音乐学院)院长。只因为他来自莫斯科,来自那所柴可夫斯基曾经工作过、大文豪托尔斯泰曾留下过足迹的世界著名音乐学府,便激起了我十二分的灵感,仿佛我要采访的人不是那个名叫阿利卡诺夫(Tigran A. Alikhanov)的院长,而是已经灵魂附体的柴可夫斯基。随着这位伟大音乐家名字同时闪现的是他创作的一系列名曲:《天鹅湖》、《胡桃夹子》、《叶甫盖尼·奥涅金》、《悲怆交响曲》……顿时,一曲曲熟悉的旋律裹挟着浓郁的俄罗斯风情扑面而来。

是的,从1866年莫斯科音乐学院一成立,忧郁而才华横溢的柴可夫斯基便在这里当和声学教师,一干就是12年。而如今,来自这所学院的院长就坐在我的身旁,用一种极快的语速讲着我完全听不懂的俄语,在等待翻译为我译成中文的时候,我聚精会神地望着他,想起了柴可夫斯基的那句名言:“艺术里可以找到通向人内在灵魂的正确道路。”从他的讲述中,我仿佛能看到他目光之外那遥远而古老的学院,还有与他们学院密切相关的、号称“乐坛奥林匹克”的柴可夫斯基国际钢琴比赛,中国的钢琴家刘诗昆、殷承宗、郎朗都在这个比赛中获过奖……

音乐就是这样,能激发联想,充满灵性,超越了语言。

阿利卡诺夫实在是太能侃了!仿佛一张口就要把所有的心声一气呵成,犹如他的十指在琴键上飞舞,语言也像旋律一样富有激情,他说,他从小就向往中国!

阿利卡诺夫不仅仅是莫斯科音乐学院的院长,还是著名的钢琴家和享誉欧洲的室内乐专家教授。他第一次来到中国,一来就直接到了天津音乐学院。虽然只有短短的几天,但他分别就室内乐演奏和钢琴演奏为天津音乐学院的老师和同学们上了两堂大师课。

正逢中俄友好、俄罗斯的“中国年”,阿利卡诺夫的到来,无疑为这份友好又添上了美妙的一笔。莫斯科音乐学院与天津音乐学院有着多年的友好合作关系,两院的教师和学生经常互访,共同参加各种学术活动。2006年5月,莫斯科音乐学院的副院长苏科诺夫曾来天津音乐学院访问,同年10月,天津音乐学院院长姚盛昌还受邀到俄罗斯参加了莫斯科音乐学院建院140周年的庆典活动。这次阿利卡诺夫到天津来，天津音乐学院聘请他为该院的荣誉教授。这位64岁的俄罗斯音乐家手举着天津音乐学院的聘书，说他既高兴又荣幸，因为他热爱中国！

谈到中国，阿利卡诺夫教授一点也不陌生，因为他的父亲上世纪五十年代就曾经在中国工作过，是研究原子能的前苏联专家。在他的家里，有许多父亲从中国带回去的精美工艺品。他对中国的了解来自于许多不同的渠道，有他的家庭，他的父亲，还有两国之间许多往来者的传播，这一切使他对中国有一种特别的尊重。他说："负责任地讲，每一个有教养的人都应该知道中国是一个伟大而神圣的国家。就像古希腊、古印度一样，都是历史悠久的文明古国。"

他说这话时的神情认真而严肃，可以想见，中国在他的心目中是一个有着浓郁孔孟之道的文明古国，是由故宫的琉璃瓦、长城的烽火台、兵马俑的队阵以及杭州西湖的秀水所组成。一如我们想象中的俄罗斯，是由柴可夫斯基的音乐、普希金的诗歌、列宾的油画、托尔斯泰的小说以及《红莓花儿开》和《莫斯科郊外的晚上》所汇集而成的世界……或许，这并不真实，但这正是文化传播的魅力。

那天，采访一直持续到中午12点，我因为还有事就谢绝了院方午餐的邀请，而被我"纠缠"了一上午的阿利卡诺夫教授竟然对翻译说他先不吃饭了，他要抓紧时间练琴。我很能理解他如此渴望弹琴的心情，说不定刚才在和我交谈时，眼看着前面台上的大三角钢琴，他早就手痒了。听音乐学院的老师说，他来天津音乐学院这几天，无论白天多忙，晚上他都要到琴房练上几个小时的钢琴，常常要弹到深夜12点。那天我们的采访就安排在学院的演奏厅，当我和摄影记者起身告辞时，他迅速奔到钢琴前开始弹琴，美妙的琴音随即响起，瞬间他仿佛换了一个人，完全融入他弹奏的音乐中。

我问："您弹了一辈子琴，还没弹够吗？"

他笑："当然不够。这怎么会够呢！"

访谈录

张　星　**听说您是第一次来中国，并且第一次就直接来到了天津音乐学院，您对天津是情有独钟啊！**

阿利卡诺夫 完全正确。因为我们莫斯科音乐学院和天津音乐学院有一种独特的关系，已经延续了很多年，而且天津音乐学院的人也去过莫斯科。我并不是我们学院第一个来天津的人，我这次来是要签一个两校继续友好发展的协议。

张　星 **您能否介绍一下您的音乐学院和您个人？**

阿利卡诺夫 如果说莫斯科音乐学院，可能会说得很多。这是俄罗斯两所历史古老的音乐学院中的一所，圣彼得堡音乐学院和我们学院，也是欧洲最古老的音乐学院。它延续下来了很多的传统。是从安东·鲁宾斯坦(创立圣彼得堡音乐学院)和尼古拉·鲁宾斯坦(创立莫斯科音乐学院)一直延续到现在的。我们的职责，一是要把这些古老的传统延续下来，同时我们要扩大与外界的交流，要向世界证明，我们音乐学院在出产人才、传承音乐方面是一个非常好的院校。

显而易见，从莫斯科音乐学院和圣彼得堡音乐学院培养出来的音乐家在世界上都有相当高的声誉。我们培养的是古典音乐的演奏家，钢琴的、所有弦乐的、管乐的，还有作曲家和理论家。在俄罗斯，只有我们学院设有专门的学习古音乐的系，比如古钢琴、古管弦乐，演奏一些古老乐谱上的音乐。

张　星 **在您的学院里，中国留学生有多少？**

阿利卡诺夫 我很难说出具体的数字，中国的留学生包括本科生和研究生，大约有几十个吧。中国的学生从很小就学习音乐，所以他们都很有天赋。为什么在我们学院中国留学生相对比较少？是因为我们学院的学费比较高。外国留学生中，韩国和日本的比较多，也有中国台湾的。

张　星 **那么，您是怎样走上音乐之路的？**

阿利卡诺夫 我们国家的音乐教育一般都比较早，如果家长想要培养孩子从专业上发展的话，一般从四五岁就开始了。我们家不是这样的一个情况，我父亲是一位物理学家，我母亲是一位专业的小提琴演奏家。我姐姐也是一位专业的小提琴演奏家，她在美国。我从上中央音乐小学开始学钢琴，然后进入莫斯科音乐学院，一直在这里上到研究生毕业。在我读研究生期间，参加了法国的一个国际钢琴比赛，获了奖，然后就开始了我的演奏家生涯。我进音乐学院的时候研究的就是室内乐。所以，我现在的职业是两条路，一个是演奏家，一个就是教学。我是教室内乐的，也是教室内乐的负责人。两年前我当上了莫斯科音乐学院的院长。

张　星　**您既是演奏家，又是院长，这两种身份如何兼顾？**

阿利卡诺夫　非常难！从时间上来讲，我当演奏家的时间就很少，像我现在到天津来了，每天晚上还要坚持练琴。而练琴还是因为我来到了中国才有时间，我在莫斯科都很难有练琴的时间。我还要教一门大课。

张　星　**那您每年还有多少场演出呢？**

阿利卡诺夫　很难具体地说我一年有多少场演出，但是我要到独联体其他的国家和其他的城市去演出。现在当了这个院长，几乎就没有这个时间了，在美国呀，欧洲呀，但主要的还是留在莫斯科。

张　星　**在我的印象中，俄罗斯民族是一个酷爱音乐的民族，对吗？**

阿利卡诺夫　也不是所有的俄罗斯人都喜欢音乐，只能说，俄罗斯有一些比较传统的、而且专业的职业音乐教育机构，但不能说所有的俄罗斯人都喜欢这种古典音乐。喜欢古典音乐的只是一部分有音乐天赋的人。如同俄罗斯的国土一部分在欧洲、一部分在亚洲一样，从内心来讲，他们一部分接近于欧洲的心理和思想，一部分接近于亚洲。就像柴可夫斯基、拉赫马尼诺夫，他们都有一种传统的俄罗斯情结。

张　星　**您从小是不是特别喜欢音乐？在您的心目中有没有音乐偶像？**

阿利卡诺夫 是。我从小就有音乐家的梦想,我喜欢的音乐家很多,很多的作曲家对我都有深刻的影响。这些著名的音乐家对我们来说,就像一个传说一样。我们现在只是在听他们的作品。

张 星 **柴可夫斯基国际钢琴比赛与您的学院有什么关系吗?**

阿利卡诺夫 柴可夫斯基国际钢琴比赛是由俄罗斯国家举办的，组织上是国家的。但与我们学院有很大的关系,首先这个赛事就是在我们学院进行的,好多的评委都是我们学院的老师。我还记得中国的刘诗昆参加柴可夫斯基钢琴比赛的事。

张 星 **刘诗昆我也采访过。1958年,19岁的刘诗昆在第一届柴可夫斯基国**

▲ 张星采访阿利卡诺夫

际钢琴比赛中荣获第二名，当时的开幕式和闭幕式都是由赫鲁晓夫亲自主持的……对这些您有印象吗？当时您多大？

阿利卡诺夫 我当时15岁，但是印象很深。因为中国的刘诗昆太出色了！

张　星 **那您小时候对中国有了解吗？**

阿利卡诺夫 我虽然是第一次来中国，但是我听说过很多关于中国的事。因为我的父亲来过中国，他是研究原子能的。上世纪五十年代末苏中友好的时候，他是在中国的苏联专家。那个年代，中国给了我父亲很高的荣誉。在我们家现在还摆着当时中国送给我父亲的一个非常贵重的礼物，一幅很大的布料的画，上面绣的是中国的佛像，太漂亮了！还有一些木制的中国工艺品。我父亲从中国带回去了好多珍贵的礼物。父亲最喜欢的中国城市是杭州。我对中国文化的了解来自于父亲。我对中国文化、印度文化等都是很尊重的。所以我从来不怀疑中国人会有一种很深的文化底蕴。

张　星 **您这是第一次来中国，那您是不是一直很渴望到中国来？**

阿利卡诺夫 是的。这次只来5天，实在是太短暂了！什么都看不到，应该时间再长一点，而且中国不光有北京、上海、天津，还有很多地方，我觉得中国是一个非常有意思的国家，非常好。

张　星 **中俄友好，去年是中国的"俄罗斯年"，今年是俄罗斯的"中国年"。现在中国人去俄罗斯的很多，那么在莫斯科是不是经常能看到中国人？**

阿利卡诺夫 很多很多。特别是在西伯利亚等亚洲的部分，中国人非常多。中国改革开放以后，很多中国人都要到国外去发展。

张　星 **您对中国的民乐有兴趣吗？**

阿利卡诺夫 知道的不多，刚才在琴房刚看过古筝和箫，很感兴趣。我觉得像欧洲国家的一些作曲家，他们会介绍他们国内的一些民族的音乐，但是像中国的音乐，似乎一直是封闭的，知道的人不多。从一方面来讲，它们被很好地保留下来，但是从音乐传播来讲，中国的音乐传播不到欧洲，它还处于一种相对封闭的状态。我们可以从欧洲十八世纪的绘画中嗅到他们国家的文化气息，但来自中国的就少了。现在俄中友好，搞“中国年”，把好多中国的文化介绍到俄罗斯来，大家都非常喜欢和欢迎。我特别喜欢中国的建筑。

张　星　**这些关于中国的印象是从哪儿来的？**

阿利卡诺夫　不能说是从某一个渠道，而是来自于许多渠道，有我的家庭，我的父亲，还有两国许多往来者的传播，还包括我对中国特别的尊重。负责任地讲，每一个有教养的人都应该知道中国是一个伟大而神圣的国家。像古希腊、古印度一样，都是历史悠久的文明古国。

张　星　**在俄罗斯学音乐是不是也需要家庭的经济条件很好？**

阿利卡诺夫　在俄罗斯不是的，我们学音乐是免费的。比如考音乐学院，要招35个人，那么这35人就是免费的。你如果是第36或第37名，虽然分数接近，但你就要交费了。即使免费进了音乐学院之后，但成绩不是很好，也会被退学，若想再回来上，就需要交钱了。对外国留学生则都是要收费的。

张　星　**莫斯科音乐学院1999年与天津音乐学院建立了友好学校，请问在两院交流方面还有什么新的计划吗？去年姚院长到俄罗斯参加了你们学院建校140周年的活动，明年是天津音乐学院建校50周年，届时您会来参加活动吗？**

阿利卡诺夫　肯定会有这种互派的活动。比如说，你们的学生和老师到我们那边去，我们的老师过来讲课，有很多的这方面的合作。明年我当然希望我还能再来。

金钟七

激情燃烧的人生

金钟七：韩国人。毕业于韩国外国语大学英语系，曾任韩国总统经济第三办公室秘书，曾赴美7年任韩国国家观光公社美国支社社长、亚洲及太平洋地区观光旅游协会国际理事、韩国中央大学客座教授。1997年来到中国天津，任长青温泉宾馆社长、天津市津南区人民政府经济顾问、天津外国语学院客座教授等职。

印象:活泼的韩国老人

正当“哈韩族”们被电视剧里那些漂亮的韩国“美眉”所吸引时，2002年11月的一天，我采访了来自韩国的金钟七先生。走进他经营的天津长青温泉宾馆，恍如走进了一个地道的“韩流”世界，在金先生的一手操持下，这座3星级饭店已成了在天津1.5万韩国人温馨的“家”。不仅在餐饮、客房、商品等方面充满了浓郁的韩国情调，并且还在这里开办了天津市唯一的韩语学校和幼儿园……

今年62岁的金钟七先生，浑身上下没有丝毫老年人的迹象，他热情爽朗，快人快语，虽然汉语说得不太流畅，但能写一手熟练的汉字。所以，我们的交谈就在半说半写之间进行。几个小时的采访，他几乎没有一刻是安静的，总是情不自禁地站起来为我们“表演”，非常认真、非常投入地讲述他的故事，脸上洋溢着灿烂的微笑，目光中燃烧着炽热的激情。从他的表述中，我看到了一个韩国人“能行精神”的最好诠释，即：永远自信，永远执著，永怀激情，永不停歇。这就是金钟七成功的秘诀，也是他最真实的生命故事。

童年记忆——

上山割草，下河抓鱼，赶集卖鸡蛋……童年是一片自然的天空，回忆时他手舞足蹈，满脸绽放灿烂的童真

2002年以来，金先生已经接受过不少媒体的采访，《人民日报》、《光明日报》、《中国旅游报》等，但几乎都是报道他如何在宾馆设施“硬件”不占优势的背景下，连续5年使宾馆的客房出租率达到90%左右，并且连续4年接待海外宾客的数量位居天津饭店业的前3名……而这些都不是我要采访的。当我问起他童年的生活时，刚才还一脸严肃、举止稳重的“金社长”立刻松弛了下来，饶有兴味地讲起了他天真烂漫的童年岁月。

从小他就是一个非常调皮的孩子。韩国的国土有75%是山地，金先生的家乡就在山坡上。母亲生了五个儿子，他是老三。他从小也受过很多苦。还不到上学的年龄，他就开始帮母亲割草、喂牛，上山砍柴，把手都割伤了。

他伸出左手，我看到他拇指上有一条明显的疤痕。

小时候最让他开心的是和母亲一起到4公里以外的集市去赶集，因为在赶集的路上母亲会给他买一些零食吃。他们卖猪崽，卖鸡蛋，也卖柴。那时候他们自己种菜吃，生活需要的零用钱全靠到集市上用这些东西去换。他清楚地记得，母亲用头顶着小筐，他用肩背着鸡蛋，母子俩要翻过一座座山坡走很长时间才能走到。有时候他不小心，脚下一滑摔个人仰马翻，摔碎了鸡蛋，就要挨母亲的责骂，由此也让他懂得了母亲的艰辛。

上小学的时光，是他记忆中最阳光灿烂的部分。小学在离家5公里以外，那时候他没有书包，就用一块布把书一层层裹起来然后扎在腰上。"就这样，瞧，我可以很快地往学校跑！"金先生边说边"示范"，从里屋找出一块方绸巾随手包上几本书系在腰里，然后就握拳抬腿在原地"跑"了起来，脸上泛起一层兴奋的光彩。他说："回忆小时候的事让我很高兴。"

正是从那时候起一直到现在，金钟七每天都要坚持跑步五六公里，无论多忙多累，无论是在韩国、美国，还是在中国，50多年来从未间断过。这也正是他精力过人、毫不显老的原因。

解开腰上的"书包"，金先生给我画了一张标明他上学路线的图，家和学校中间要经过的大山、河川、学校附近的火车站以及校外的海边等地形都用铅笔细细画出，那种亲切和熟悉，就好像发生在昨天。他和小伙伴经常在放学的路上扒上运煤车，美美地享受着不用跑路的快活，可是一旦被司机发现，又只好跳下车来。夏天，他会像鱼一样扑通一下跳入河里游个痛快，然后巧妙地到岩石底下去抓鱼；秋天，山坡上层林尽染，柿子、栗子都熟了，景色漂亮极了。他便和小伙伴躲开看瓜人的窝棚，到西瓜地里去偷瓜。还拔地里的黄豆烤着吃，吃得满嘴满脸都是黑乎乎的……最有意思的是到海边去逮螃蟹，脱掉鞋子使劲一砍，砸塌了螃蟹的沙窝，等它出来的时候就逮着了，非常有趣！拿回家后母亲把它用盐腌上做成蟹酱，特别好吃。

说着说着，金先生就又手脚并用地"表演"起来，还有如何用铁刮子刮沙滩上的贝类，每年春游和秋游时的野餐……桩桩件件都让他兴奋不已，他说，他的学习成绩虽不是第一名，但他的童年是最幸福的。

爱情故事——

一见钟情，一吻未成。求婚遭拒，竟上门要求未来岳父向自己道歉……如今他说："我活一辈子，做得最正确的事，就是娶了这个太太！"

金钟七是个很有事业"野心"的人，所以到了28岁那年他才开始考虑婚姻。

当时他在汉城的韩国观光公社（相当于中国的国家旅游局）当秘书，公司里一个大学毕业的女服务生说她的一个女朋友特别想见金钟七，请他到茶楼去喝茶。

金钟七非常高兴，到了茶楼才知道，这是公司女同事出的鬼点子，原来她对她女朋友也是这么说的，说是金先生想请她喝茶。

茶楼人很多，不方便谈话，就换到一家餐厅去吃饭。金钟七对那姑娘说，他的母亲需要有人照顾，但因处事挑剔、个性强而和他的大嫂处不好，分家了。那姑娘说，反正总得有一个人去侍候你母亲吧。金钟七便盯住她问："你去侍候我母亲怎么样？"

姑娘被他如此直截了当的问话和他眼中炽热的目光吓了一跳："第一次见面怎么可以这么说?！"

金钟七说："第一印象、第一判断都很重要，当时我一看见她，就认定这是我想要的姑娘！认定了就向她求婚，当时我设想了两件事，一是求婚，一是我一定要吻她。为了达到目的，吃过饭他就陪着姑娘在古宫的围墙边转来转去地遛了许久，却因为人来人往一直没有找到"下嘴"的机会，只好打了辆出租车送姑娘回家。临别时他对姑娘说："我今天向你求婚了，希望你和你的父母商量后3天之内给我一个答复。"望着姑娘消失的背影，他狡猾地想：这回我认识你的家了。

漫长的3天过去了，但姑娘那边一点信息都没有，他实在等不及了，就打电话过去催问。姑娘告诉他，她父亲觉得他只是个当秘书的，所以不同意这门婚事。

这个回答，给了心高气傲的金钟七当头一盆凉水，他非常生气。当几天之后姑娘说她父亲要求与他见面时，他断然拒绝了。他说："我求过婚了，你们不答应，那还见什么面呢！”

虽然如此，在金钟七的心里，那个名叫金英子的姑娘就是他的女朋友，并且以这样的口气告诉了他的一个哥们儿。那位哥们儿自己有一辆小轿车，在60年代的韩国有车的人并不多。他让金钟七带上女朋友和他及他的女朋友4个人一起去郊游，金钟七毫不犹豫地答应了。等到与哥们儿和女友见面后，他开始给金英子家打电话，打了30分钟都一直占线，他索性不打了，跳上车带路，让朋友直接开到金英子家去。金英子家住的是一所带院子的平房，当时她正在家里洗脸，只穿着居家的便装，一脸的洗面奶泡沫，当她迎着敲门声跑出来，打开门一看大吃一惊，“哇”的一声就跑进屋里：那个求婚的人怎么跑到家里来了？

金钟七想，照她这个样子，要换好衣服再化好妆至少要一个小时，于是他让哥们儿和女友先走，他决定进去谈一谈，说着就径直“闯”进人家的屋子里。他看到金英子的父亲正威严地端坐在沙发上。金钟七冲他来了个90度的鞠躬。金英子的父亲问：“年轻人，你是谁？”

这时金钟七像演员一样换了角色，把双手放在膝盖上，神情严肃，学着粗音。然后又换一个位置站得笔直，再表演当时的自己。

“我是让您老人家向我表示歉意的年轻人。”

“我为什么要向你表示歉意？”

“我向您的女儿求婚，3天后没有收到回音，得知是因为您不同意。我认为不管求婚成不成，您起码应该了解一下，见一下面。像您这样，只因为我是秘书就不同意，随随便便拒绝一个年轻人，这样做是很失礼的，您必须道歉！”

从进屋到现在，老人一直没有让座，金钟七就一直这么站着。听完他这番话，老人一指沙发说：“坐下吧。”

这时，洗完脸收拾好自己的金英子在一旁已经吓得浑身哆嗦了：哎呀，这个求婚的人怎么可以这样对父亲讲话？

没想到，严厉的父亲突然把目光转向女儿说：“你和他出去玩吧！”

3个月后，他们结了婚。到今年，他们已经做了35年的恩爱夫妻了。金钟七神色笃定地说：“我活了一辈子，做得最正确的事，就是娶了金英子做太太！”

“您这可算得上是一见钟情了，是不是因为她长得漂亮？”我问。

"她当然漂亮。但更重要的是她的孝顺和善良，对我母亲好，心好。"（边说边用手指着自己的心）

自从金先生痴迷地爱上了中国以后，金太太也来过许多次，她曾经随金先生在美国住过多年，一开始还怕在中国住不惯。没想到一踏上天津的土地，她就觉得非常亲切，就好像以前在这里住过似的。去年夏天她来了之后就决定不再走了，正式在天津安了家。金太太刻苦学汉语，有时候到市场上去买菜，和普通的市民一样与小贩划划价，感到挺开心的。

他们有3个与妈妈一样漂亮的女儿，分别在美国和韩国，并且有了外孙和外孙女。

人生足迹——

儿时的理想是当总统、长官、企业家……为了实现这些梦想拼命干，人送别名"推土机"、"工作狂"，永远自信"我能行！"

当我问金先生，在中国工作有什么不适应的时，他说："我最痛恨的两个字就是：休息。为什么要休息？最怕一打电话，对方就说谁谁不在，哪儿去了？休息了。

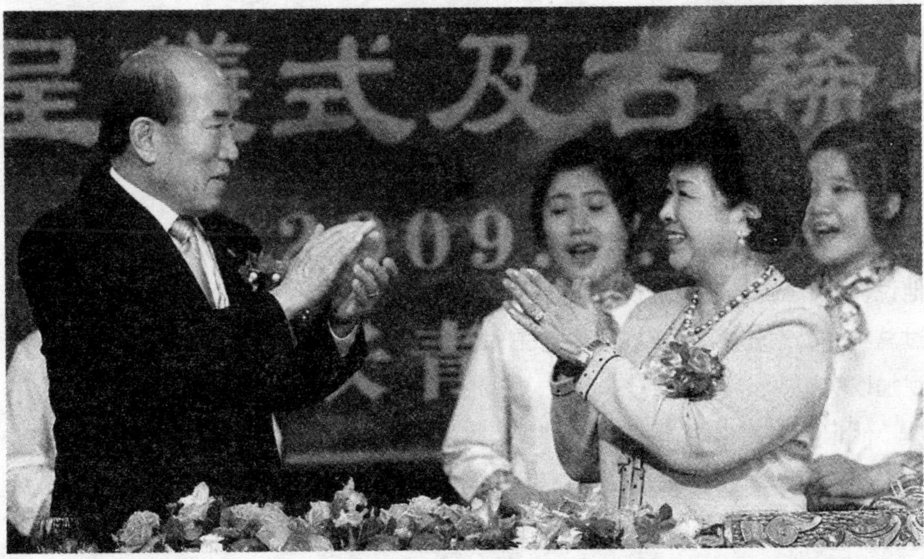

▲ 2010 年金钟七在中国过 70 岁生日

现在中国正在高速发展，应该多做事少休息……”

他身边的工作人员告诉我，一年365天，金先生从不休息。

刚来的时候，面对这样一个地理环境和硬件设施均处“劣势”的宾馆，金钟七经过一番调查和了解，立刻就把目标锁定在驻津的韩资企业上。4年前的一个冬天，他去拜访一家坐落于津郊偏僻地区的韩资小企业，那里道路狭窄，车根本开不进去，随行的人劝他算了吧，可他却说，不能被这么一点困难吓住。要记住，对我们温泉宾馆的人来说困难就是机遇。就这样，在他到任的5年里，他亲自登门拜访了在津的1000多家中韩合资和韩国独资企业，用他那厚厚的笔记本记录每一家企业的详细资料，这些企业的管理者上任后和离任前都会得到宾馆真诚的问候和谢意。

“您这样拼命工作不休息，那您不就成了工作狂了吗？”我问得小心翼翼。

没想到金钟七听后十分欣喜：“你说什么，工作狂？很好，我就喜欢工作狂！这个词我喜欢。我不怕累，就怕不忙。最难过的时候就是没事情可做。对我来说，休息就意味着死。他们（指身边的员工）都知道，不管什么事，我都是往前推着走的，有人管我叫‘推土机’。在我的词典里没有NO！”他在纸上写出英文NO，然后在上边打了个×。

人生就是这样，有梦想，有激情，努力干，不气馁，永远对自己充满自信，成功就是你的了。

小时候，金钟七的理想是当总统，当时韩国正遭受侵略和战乱，百姓的生活十分贫苦，在金钟七幼小的心里，认为只有当总统才能建设富强的国家，让百姓过上富裕的生活。上中学以后他的理想是当长官，上大学时的理想是当企业家。他说，除了总统梦没有实现之外，其他的理想都实现了。虽然没当上总统，但他当过总统办公室秘书，也算在总统府工作过，还提出过许多好的设想并得到总统重视加以实施。

他记得上高中时，韩国有一家高层气派的半岛宾馆，一半是客房，一半是写字楼。他对同学说，他一定会进那里面工作。大学毕业后到了韩国观光公社，果然就在那座大楼里办公。他的信念就是“能行精神”。60年代的韩国还很穷，老百姓甚至要吃草根和树皮，当时的韩国总统号召民众奉行“能行精神”，齐心协力，改建家园，把韩国从战争的废墟上发展成今天的经济强国。

到过韩国旅游的人大都去过首尔的“民俗村”，那就是由金先生建议修建的。正当韩国进行现代化建设初期，扒掉草屋盖高楼，他觉得有必要为保护韩国的民族传统做点事，让自己的后代了解他们的祖先住过的房子。于是他直接向当时的总统提议，在离首尔一个半小时车程的地方修建一座民俗村，完全展现韩国民族的旧居和传统生活方式。低矮的草房，没有电灯，妇女们杵衣服的场景……总统听后对他说：“你为什么不早说，这个提议很好。”于是，民俗村按照金钟七的建议建了起来。不仅成为外国观光客的一个重要参观点，而且还成了韩国影视中所有拍摄旧时生活场景的“摄影城”。我们在韩剧见到的那些相关镜头都是在这里拍摄的。每每从电影或电视中看到这些场景，金钟七都很自豪，感觉像看到自己的孩子一样。

“我想对中国朋友说一句话，就是要有自信心，每个人都相信我能行！中国就是这样一个伟大的国家，我希望看到中国在新世纪的腾飞！为什么？因为我爱中国！”金钟七说着握紧双拳，非常有力地挥动着，表示他的祝福。

徐勇

心香一瓣，壁画人生

徐勇：来自韩国的画家，留学生。中央美术学院研究生毕业后，到敦煌莫高窟画画，一画就是8年，是第一位获得敦煌学博士学位的外国人。2007年2月9日，在徐勇的博士论文答辩现场，专家一致认为，他用汉语所写的论文《敦煌壁画材料研究》将敦煌壁画绘制技法同敦煌壁画材料相结合，从美术史的角度进行学术探讨，这是前人没有涉猎过的角度和领域，切入点新颖，对敦煌石窟艺术研究有着重要贡献。

印象：我是敦煌的一粒沙子

徐勇，来自韩国的画家，第一位获得敦煌学博士学位的外国人。

看资料的时候，我就对他很感兴趣，一个外国人，竟然痴迷敦煌到了一去就是8年、恨不能将自己化成大漠深处一粒沙子的地步，他在莫高窟上百座石窟里年复一年地描摹那些精美的佛像与灵动的飞天，以至于8年之后再回到韩国时，他的名字与敦煌之间画上了等号，在韩国人眼中，他就是敦煌。徐勇说，他是敦煌的一粒沙，给人发短信时的署名就是“煌沙”……

我去过敦煌，面对莫高窟里那些虽历经千年却依然栩栩如生的壁画时，也曾仿佛感应到过一种神秘的呼唤，也曾瞬间有过想要留下来的念头。所以这个叫徐勇的人一下子就吸引了我，尤其是知道了他有一个长得像电影明星一样美丽的妻子时，对他的兴趣便更增添了一层。2009年岁末，在北京嘉里中心，《泊客中国》的颁奖现场，我们“逮”到了他。

那天下午正在进行颁奖晚会的彩排，众多媒体，多是肩扛“大炮”的电视媒体守株待兔地等在演播大厅门口，凡是参加颁奖的嘉宾，见到一个“逮”一个，正在这热闹且混乱的当口，我发现了从大厅里正往外走的徐勇，因为事先看过他的照片，所以一眼就认出了他。韩国人，小个子，一身随意的休闲运动装，戴一顶浅色鸭舌帽。我立刻迎上去告诉他，我们想采访他，不知他最近这些天还在不在中国？他说，他第二天就回韩国了，于是我穷追不舍地说，那就现在采访吧。

不一会儿，他的太太也来了，一身黑色的时装裙，一双高筒皮靴，个子比丈夫要高，白净的面庞，白皙的皮肤，一双水灵灵的大眼睛，耳朵上一对夸张的耳环格外醒目，既时尚漂亮，又充满艺术气质，举手投足落落大方透着一股大家闺秀的优雅。太太也姓徐，叫徐海京，父亲曾是韩国驻中国大使馆的商务参赞。两个人都会说流利的汉语，只是那音调，一听就是“老外”。

在演播厅门口乱哄哄的人流中，在贴有他大幅照片的宣传栏前，我们先简单谈了几句，我提议要找一个安静的地方好好聊聊。徐勇没有反对，非常谦和地随我们乘电梯下到二楼，在一间相对安静的咖啡厅里坐下来，他太太还为我们倒了水。徐勇认真地回答我们的提问。在我们交谈的过程中，他太太始终微笑地看着徐勇，偶尔会捂着嘴大笑，即使他说得完全不对，她也不插话，更不反驳。只有我们专门问到她的时候，才用很少的语言回答我们，有一种如水的温柔荡漾在她的眼底眉梢……

1992年，毕业于韩国首尔大学绘画系的徐勇来到北京中央美术学院攻读壁画专业的研究生，并先后两次在中国成功地举办了个人画展。然而，面对成功，内心却被一种莫名的空虚所笼罩。在即将回国的前夕，他来到了敦煌，大漠深处，千年洞窟，神秘的壁画……徐勇被震撼了！站在鸣沙山上，他对着莫高窟的方向呼喊：我爱你们，你们要不要我啊?!

这是一种什么样的爱？能够让他放弃故国家园、告别新婚的妻子，一头钻进洞窟内，用眼睛看，用鼻子闻，用心灵感受，用脑子记，一画就是8年！他有一种与古画师异代相知的领悟，那飒飒的落笔之声，正是他心灵的喁喁传情。皓月当空的夜晚，他披衣登鸣沙山，长坐不语。东望遥远的故园，那里有他几十年过往的人生；西望相邻的阳关，那里有古老丝路的驿站。月明星稀，万籁俱寂。月色淘尽了人间的喧嚣，也淘尽了他心中的空虚。浩瀚无边的沙海给他以心灵的慰藉，让他感到无比的充实。把过往的成功归零，一切重新开始。在敦煌的日子里，他常常用孩童般的目光和孩童般的心灵，探寻和感知那古老壁画中神秘的世界。

停留在敦煌的日子，徐勇住在鸣沙山入口处一个临时住所里，他一边画画，一边在兰州大学完成敦煌学的博士学业，最终成为中国敦煌学的第一位外国博士。在那天《泊客中国》的颁奖晚会上他说："……我生命中最美好的岁月都是在中国度过的，尤其是在敦煌的8年，对我来说是特别重要的日子。那时候好多人都问我：这么偏僻、贫困的地方你是怎么活的？我说，对我来说那是最幸福、最浪漫的日子。我现在已经回国在大学当教授了，可是还总是想着有时间再回到敦煌继续画画。"

当徐勇带着他的学生们再次踏上前往敦煌的旅程时，近乡情怯，随着车窗外大漠的临近，人到中年的他竟然哽咽着说不出话来……

访谈录

在敦煌，终于找到了心灵的家

张　星　**您好，我看介绍你的资料有一个细节，就是你去敦煌之前把你以前画的画都烧掉了，我觉得很不可思议。**

徐　勇　怎么说呢，现在回想起来也是特别可惜。第一次在北京办展览的时候有灵感，拼命地画了好多画。那时画画就知道西方的好，东方的呢？还看不太清。1996年，我在中国美术馆办第二次画展的时候，画画的方向还是往西方的方向走，所以我办展览的第二天去展厅，我就没根，心里虚。感觉画的都是一些很表面的东西，心里不舒服。于是，我就决定把它们都烧掉，我烧画时妻子心疼地哭了。我对她说，请相信我，我一定会画出更好的画！当我去了敦煌，见到了莫高窟壁画才知道，我们东方原来有这么好的艺术品，比西方的好多了。西方的美术比不了敦煌的壁画。

张　星　**你看到敦煌的壁画时是什么感觉？**

徐　勇　就是特别自然的感觉，一切都已经变成了自然的一部分，图案呀，颜色呀，一千多年以前可能是人工的东西，是画上去的。可是经历了一千多年之后，它已经变成了自然的一部分。人工的东西没有了，现在是自然的东西，令我特别感动的是这个啊！

张　星　**经历了千年的沧桑之后，艺术与自然天人合一了。**

徐海京　对，不仅仅是绘画了，而是大自然的一部分，是敦煌的一部分了。

徐　勇　我对自己说：这个好，这是大自然的东西。那时候我的感觉是我之前学的东西全白学了！才明白，真正的艺术在这里啊！那时候我已经在中央美院研究生毕业了，毕业作品展已经搞完了，在中国的学业已经全都学完了，办完画展准备回国了。于是，我又续了三个月的签证，来到了敦煌。1994年我在中央美院第一次办展览之前去过敦煌，但那时候没有什么特别的感觉。只是觉得“噢，这里的壁画好多！”如此而已。

可是到了1996年10月在中国美术馆办完第二次展览后再次来到敦煌，感觉就完全不一样了。为什么呢？第一次去的时候完全没有负担，没有压力。这次去的时候办完展览，心里不舒服，突然感到我的作品只是垃圾。我走的方向不对，知道我的画不对，可是不知道是什么地方不对，可到底哪里才是对的呢？来到敦煌我恍然大悟：这个地方才是最对的地方！那之前我走的是学西方的路子，是完全盲目的。到了敦煌我才知道，这就是我要走的路！

张　星　**你学的专业就是壁画吗？**

徐　勇　对，我就是学壁画的。好多的艺术家走的是现代的方向，西方的方向。可是我呢，看到敦煌以后，我转变了方向，向东方了。一千年以前的壁画唤醒了我。

在中国开始的浪漫爱情

张　星　**你爬过鸣沙山吗？**

徐　勇　爬过好多次。

徐海京　我和他一起爬的。爬上去了，最顶上。

张　星　**什么感觉？**

徐海京　啊——（陶醉状）。然后滑下来。很难爬。鸣沙山夜晚的星星很漂亮。我们在那里过过夜。

徐　勇　很冷，我们就在鸣沙山脚下搭帐篷，住在那，晚上在寒冷中看天上的星星。

张　星　**为什么？**

徐海京　浪漫嘛！

（那是怎样的一种浪漫！那是多么美妙的时光！寂静无垠的漫漫沙漠，一对新婚不久的画家夫妇，深情依偎着看沙漠夜空中闪烁的点点繁星……）

张　星　**不害怕吗？沙漠的夜好黑啊，一点儿灯光都没有啊！**

徐　勇　我们用木柴点起篝火，烤羊腿，和当地的朋友在一起。

张　星　**很难得，你太太这么支持你。跟随着你过这么疯狂的生活。（对太太）是不是因为你也是学美术的，所以特别能理解他？**

徐海京　是。（笑）

徐　勇　我们在好多地方生活过。桂林也生活过。敦煌也生活过。在桂林的一家宾馆，我是总设计。（你还会设计？）我的本事比较多一点，设计我也会。（得意地说。妻子大笑）找到漂亮的姑娘也是我的本事。（全都笑成一团）

张　星　**那你说说，你是怎么追的她？**

徐　勇　我没有追她，是她追的我。

张　星　**我不相信。**

徐　勇　我1994年在北京第一次办展览的时候，我手里没什么钱。可是我就是想要干，10月份要办起来。办完展览以后，韩国驻中国的大使馆有几位夫人来了，要收藏我的画。我那时候画的是抽象的画。我说不行，一家只能给两幅。三位夫人当中，我问其中一位夫人，你为什么要买我的画？她说：我的女儿结婚的时候送给她。我心想，这么好的母亲！这位夫人的丈夫，就是驻中国大使馆的商务参赞，三年以后他们要回国了。这时候他们的女儿还在中国中央美术学院读书，还没毕业。他们回国以前，女儿和他们住在一起，有房，有车，有人照顾。可是他们走了以后,女儿就没有人照顾了。住学生宿舍生活也不太方便。这时夫人找到我,请我吃饭。说她的女儿留在中国,要我好好照顾她。我说没有问题,我一定会好好照顾她。她女儿住在留学生宿舍,我就经常去看她,问她有没有需要帮助的事?有没有要我做的事?她就说:叔叔,没有。第一次他叫我叔叔,第二次她叫我哥哥,后来……我们相差10岁,我照顾她,她说她有一天梦见我啦!她对我有感觉,她爱上我了。

(他得意地表情,令太太忍不住笑了起来)。

张 星 **(问海京)是这样吗?**

徐海京 就是有一点感觉,感觉不一样。我没有说我爱上他。

徐 勇 我应该照顾她嘛。有时候只要大使馆我认识的人,或者一些公司的人请我吃饭,我就带她一起去。在好的餐厅,我把好吃的菜都夹给她。

张 星 **那其实是你有想法了。(太太终于大笑,徐勇还一本正经。我们全都笑了。)**

徐 勇 没有想法,就是好好照顾。我是纯洁的,特别纯。还有我参加别人婚礼的时候,多抓一些喜糖放在口袋里,回来掏给她,我把糖从口袋里拿出来(边说边表演)啊,她就爱上我了!

徐海京 (笑)其实喜欢的是那个糖,从那时候就……

徐 勇 我们俩恋爱了,可是韩国有一项法律规定,同姓,我姓徐,她也姓徐,同一个祖先是不可以结婚的。我是达城(地名)徐,她也是达城徐,同宗同族,虽然已经过了好几百年了,但韩国那时候就是不允许结婚。我想,如果我改变国籍的话,就不用遵守这条规定了。正好我的一个朋友在中央电视台工作,他申请了加拿大的技术移民,问我去不去?我当时想,我要是移了民,就不是韩国人了,就是加拿大人了,就可以和海京结婚了。于是我就同意了。在填表时有一栏要填移民的理由、移民的目的是什么?我就写上:我和我的女朋友多么相爱,可是韩国的法律不允许我们结婚，所以我要改变我的国籍，移民加拿大（实话实说了）。一个月之后，对方回信说，热烈欢迎你们来加拿大，你的理由让我们都特别感动，你是为了爱情而移民，来吧，我们欢迎你，并且可以给你打8折优惠。可是，这时候我已经到过敦煌了，迷上了敦煌。心里就特别矛盾，是选择加拿大还是选择敦煌？是要爱情还是要事业？最后，我还是选择了敦煌。

张　星　**你让我想起一首著名的诗，稍微篡改一下，可说成是：生命诚可贵，爱情价更高，若为敦煌故，二者皆可抛。**

徐　勇　我爱海京，但我更爱敦煌！没想到我到了敦煌三个月之后，韩国政府宣布，法律改了，同姓之间三代以内不可以结婚，三代之外就可以了。终于解禁了。朋友们都给我打电话：祝贺，祝贺，你们终于可以结婚了！

敦煌能打高尔夫球吗

张　星　**我觉得，你对爱情的执著如同你对敦煌的执著一样感动了很多人。**

徐　勇　海京的父亲回国后升了官，副部长级的。一开始，他反对女儿嫁给我。第一，我是个画家，前途不保，没有安全感。第二，我个子矮，岁数又大，人老了，头发也不够多。我理解他，如果是我的姑娘，我也不同意嫁给这么一个人。我在家里的8个兄弟姐妹中是最小的。岳父反对，海京就和她父亲争吵，又哭又闹，说非徐勇不嫁，父亲一退再退，最后退到——只要国家法律允许，就可以结婚。他说："我是公务员，国家不允许的事，那我是绝对不能同意的。"海京家有三个孩子，两个哥哥，她是唯一的女儿，当然是掌上明珠。

我回国后去见岳父，求他把女儿嫁给我。在他的办公室，见到我来他很严肃地问：阁下干什么来了？我说我要结婚。他说恭喜恭喜，你要和谁结婚啊？我说，我要和你的女儿结婚。海京当时也在旁边。他问：你姓什么呀？我说姓徐。他说，我姓什么呀？这可以吗？我说，以前是不可以的，可是已经好多代过去了，没有一点血缘关系了。我说，爸爸(我这样叫他)，我要在韩国办一个很大的画展，请他来参观。他想了半天，终于答应了。

张　星　**最后还是尊重了他女儿的选择。你说他嫌你个子矮，年龄大，你怎么知道的？**

徐　勇　他没有说，是我替他说的。在我和岳父见面之前，岳母曾私下里问过我：在敦煌有没有打高尔夫球的地方？她为什么这样问？后来我才知道，岳父是想找一个有钱的女婿一起打高尔夫球的。

张　星　**你可以告诉她，沙漠那么大，可以随便打高尔夫球呀(笑)。岳父母去过敦煌吗？**

徐　勇　去过。

张　星　**是不是去了就理解你了呢？**

徐　勇　理解什么呀，他们就关心你有没有钱，当教授了没有？在韩国当教授特别难。我现在已经在同德女子大学当教授了。

张　星　**你们是什么时候结的婚？**

徐　勇　1997年在韩国办的。

张　星　**像我们在韩剧中看到的婚礼那样吗？**

徐　勇　对，就是那样。然后出去旅游，我们去的济州岛。原来想去欧洲的，但那时候韩国经济危机，岳父是高官，如果去欧洲旅游，他就会受到批评。所以岳父就说在国内吧，我们就去了济州岛。

张　星　**你太太画画也不错吧？**

徐　勇　　她画得不错。我一直鼓励她，支持她画画，办展览。一般韩国的太太结婚后都留在家里，洗碗做饭。我不这样看，现在世界的一半是女的，而且能力比男的强多了。现在韩国大学里，三分之二都是女生。我的女儿现在是太太自己照顾的，很独立的。我女儿画画也不错，长得像她妈妈一样漂亮。

张　星　　你的博士论文是用汉语写的吗？

徐　勇　　当然。学汉语很难，经常学得我昏头涨脑，但是我热爱中国，热爱敦煌，我要学好汉语。

王志刚

将台湾名品『嫁』到津城

王志刚：台北世界贸易中心董事长。1943年出生于北京，6岁随父母到台湾。曾到美国读书6年，主修市场营销学。毕业后回台湾，在台湾大学任教授32年。后改行从政。任台北世贸中心（台湾对外贸易发展协会）董事长，也是中国国民党中央评议委员会主席团主席、台湾海基会董事。

印象:风从台湾来

2010年7月8日至11日,天公作美,前几天还“高烧”达35摄氏度的津城迎来了难得凉爽湿润的好天气,在阵阵微风的轻拂下,一湖碧水倒映着天津梅江会展中心雄伟壮阔的身姿。为期4天的“2010天津·台湾名品博览会”在这里迎来了50多万人的光临。从清晨到傍晚,津城市民从四面八方向这里集结。一走进这宽阔明亮、气势恢弘的展厅,便立刻被琳琅满目、五花八门的台湾产品所吸引。9个展区、2000多个展位、超过55000平方米的展览面积,来自宝岛台湾的800多家厂商把4万余种精美的台湾产品呈现在天津百姓面前。尤其受欢迎的是台湾食品,商家边展边做,边卖边请大家随意品尝,乌龙茶、凤梨酥、抓饼、香肠、沙茶酱、鱼肉松……简直就是台湾美食的大聚会,逛一逛,尝一尝,再大包小袋地买回家。说实在的,就是来一趟台湾环岛游也见不到这么多、这么全的台湾精品和名品,难怪4天的博览会天天都是人潮汹涌,连梅江会展中心前的马路都被挤得水泄不通了。

博览会是由天津市人民政府和台北世界贸易中心共同主办的,那么,是如何把台湾这么多的企业和产品介绍到我们天津来的呢?在台湾吹响“集结号”的正是台北世界贸易中心的董事长王志刚先生。

7月9日上午,在梅江国际会展中心的贵宾厅,王志刚先生接受了本报记者的独家专访。

第一眼见到他,感觉他是我们通常在电视屏幕上最常见到的那种官员的标准形象,西服笔挺,皮鞋锃亮。礼貌的微笑,说话措词严谨,有板有眼。然而随着交谈的渐渐深入,我发现他其实是一位思维敏锐、口才极佳、记忆力超强的人。坐在一旁曾在台大读书、听过王志刚讲课的台湾媒体女同行按捺不住地“揭发”道:“王老师当年在台湾大学讲课,常常是听众爆满,教室挤不下,许多学生都被挤到门外,他只好用麦克风讲课。王老师讲营销学在台湾是很有名的,连一些官员都来听课……”

真的吗?这倒真有点出乎意料。印象中,大学教授都是不太过问政治的,更鲜有弃教从政的例子,何况他还做到了如此高的官位。好奇油然而生,问他:“为什么转行?那么多年的教授做下来,一定是桃李满天下吧?”话题的转变让气氛变得轻松起来。也许是这些天一直在做有关两岸经济合作框架协议方面的工作，接触的又都是中央和地方的各级政府官员，我们的访问刚开始时气氛严肃而有些沉闷。此时话题一变，他也笑了，对他的女学生说："我教你们的时候也就30来岁吧？"那神情恍如又回到了当年的大学讲台。这时我才知道，他岂止是桃李满天下，在他教过的学生中，不少都是当今在企业界和商界大名鼎鼎的人物，如富士康的老板郭台铭，大润发的老板尹衍梁，包括宏基公司的老板王振堂……很多，都是他的学生。就说这台湾名品博览会吧，他若在展厅里走上一圈，就会不断听到有人亲切地喊他"王老师！"也许，那种感觉，比听人喊他"王董事长"更要舒服呢！

王志刚还告诉我说，上海世博会的台湾馆，就是由台北世贸中心筹款兴建的。建馆的资金全部是向民间募集而来，他一共募到了7亿多元新台币，许多出资的企业家都是他当年的学生。当看到有观众在网上留言说"世博台湾馆美不胜收，游客感动得落泪"时，王志刚也感动得落了泪。

我告诉他，天津老百姓对台湾的小吃特别喜欢，每一样都要尝一尝，你去看看，博览会上就数食品展厅里的人最多。他高兴地告诉我们，在南京展时也是如此。这次，他主要是把台湾一些优秀的中小企业介绍到大陆来，因为对这些中小企业来说，你不给他们铺路搭台，他们自己是没有机会和能力来闯大陆市场的。有一个台湾名小吃，去年参加了南京的博览会之后，不到一年时间，订单就增加了10倍。他们都对大陆市场非常向往，这次来天津参展也是一呼百应，来了才发现，天津是这样美丽的一座城市，有这样热情的市民，参与和购买的强烈欲望更是让他们喜出望外。这之后台湾与天津的贸易合作，一定会愈加紧密。

王志刚透露说，目前大陆许多城市正在筹建永久性的台湾商品城，例如南京的"台湾名品城"，预计在今年9月中旬开始营运。而北京则叫做"台湾印象"，约在今年9月底试营运。

从这次在天津博览会的效果和与市政府合作的意向上看，天津的台湾名品城也在酝酿之中。

最后，王志刚希望记者有机会一定去世博会的台湾馆看一看，主题为"山水心灯——心灵·城市"的台湾馆，一开放便成了观众踊跃参观的重点场馆之一。我抱怨说，排队参观的人太多了，要排好几个小时才能看到，实在受不了。他笑着说，你就和他们提我，就不用排队了……这时，我似乎看到了那个官员之外、做教授时幽默的王志刚。

访 谈 录

张　星　**我想问一下，台北世界贸易中心是一个什么样的部门？**

王志刚　我们的台北世界贸易中心相当于大陆的贸促会。但还有一点不一样，我们是半官方的机构，一半是民间出资，一半是官方出资。我在台湾做过9年部长，其中做了4年的经济部长，5年的公平交易委员会部长。在做部长期间我就兼世贸中心董事长。后来规定修改了。要找专人任董事长，都是退下来的部长，于是我退下来之后就专职做世贸中心的董事长。

张　星　**那您现在任这个董事长还是官方的身份吗？**

王志刚　不是，我现在已经不是官方的身份了，是法人。我们台北世界贸易中心在全世界有50个办事处，在大陆有10个据点，北京的就叫台北世贸中心驻北京代表。

张　星　**这次在天津的台湾名品博览会是怎样促成的？有怎样的一个过程？**

王志刚　从"十七大"开始，大陆的经济政策做了很大改变，经济发展迅速。胡总书记说，社会发展与经济发展不均衡，过分重视经济的发展，造成贫富不均，城乡差别加大，所以他提出了科学发展观。协调、合作、有序。国务院据此在2008年提出了三个主轴：扩大内需，和谐社会，环境保护。各级领导，包括你们天津的领导，言必称科学发展观，我们也很关心这个问题，也研读科学发展观，因为你要到这个市场来做生意，就要了解它。要扩大内需，我们就积极邀请各个省市派财团到台湾去采购，要扩大内需，你就要进口，你从韩国进、日本进、美国进，为什么不从台湾进呢？台湾的东西也不错，也不比别人贵。

张　星　**那么您已经接触了许多省市的大陆赴台采购团了？**

王志刚　我已经拜访了12位省委书记了，我今年1月21日到天津来，与天津的一些相关领导人会谈，他们向我转达市委的意思，希望我们到天津来办展览，谈了这个事，我觉得非常好。因为天津的地理地位很重要，天津是环渤海湾的核心，三北地区唯一的出海口。加上这两年天津的GDP非常高，这是很好的市场。我们对天津的一般消费者做过市场调查，我们发现，天津消费者的购买力强，对品牌意识也强，愿意购买名牌产品。价格的敏感度不是那么高，只要东西好，稍贵一点也可以接受。环保意识方面，比较起来，天津人也是强的。我们掌握了这些重要的资讯之后就开始策划在天津办展，一共花了半年的时间。

张　星　**我发现您比我们对天津了解得还清楚，研究得还细。**

刁明芳　（台湾《旺报》副社长）插话：王董在台湾教营销学是第一把交椅。

王志刚　我们去年9月16日在南京就办过一个展览。规模比天津这次稍小一点，但是办得很成功，之后可以留下一座永久性的“台湾城”。那次展览之后，大陆有15个省、市向我们发出办展的邀请，其中就有天津。今年我们要办5个展览，天津是其中之一，是今年的第二个，之前我们在广东东莞办了一个。下面还有重庆、南京、济南等，明年还要再办5个。

张　星　**谈谈天津这个展览的筹备情况？**

王志刚　半年时间我们邀集了800多家工厂和公司，2000多个单位，这次参展来了3000多人，其实我们做组织工作的在这边才20多人。

张　星　**您组织的这些商家，他们对来大陆办展都抱什么样的态度？**

王志刚　他们当然觉得大陆是个大市场。我们组织的商家有个原则，除了找大公司之外，有一半是找中小企业，中小企业如果不是我们组织他们，

▲ 张星采访王志刚

他们是没有机会参与大陆市场的。中小企业的产品，尽管你是好东西，但人家不知道，听都没听说过，谁要买你的？参加这个展，就打开了通道。这届博览会上你可以看到好多家规模不大却品质很好的商家，其中有一家，去年参加南京展，之后订单增加了10倍。大陆市场大嘛，是全世界最大的市场，事实如此。所以他们的参展欲望很强烈。我们在5月份的时候，今年的5个展会名额都已经满了。我准备今年在重庆办最后一个展，目前已经在规划明年的展览了，明年还有10个城市希望我们去，我还得挑挑。一会儿还有十几个省市要来找我。我们需要排一排，大陆全展过来也不容易。大陆太大了！(笑)之后我们要在南京建立台湾名品城，建立通路，通路很重要，不仅是展而已，还要卖，不仅要卖，还要接订单。

张　星　**我发现来参观的市民都是想买点什么的，他们不满足于只是看看。**

王志刚　你看那边展厅里有个卖内衣的，有模特在那边表演，但是他们不卖。还有卖皮鞋的，也是只展不卖。他们就是要打品牌，给大家留下深刻的印象。好多摊位卖东西的，带来的商品昨天一天就卖光了。昨天还是第一天，还不是正式对市民开放日。

张　星　**我觉得台湾环保做得不错，有许多方面值得大陆学习。**

王志刚　这次我们也展出了很多环保类的产品。我们到每一个地方办展，也是很慎重的，我们不仅要做市场调查，也把各地方领导相关的言论仔细研究。比如你们天津市领导6月15日发表了“贯彻科学发展观，搞好环境保护”的讲话，5月17日又发表了“贯彻科学发展观，发展服务业”的讲话。所以我们这次也有服务业。将来两岸服务业发展的空间很大，比如金融服务业，物流服务业等。

张　星　**台湾的物流业很棒，这次上海世博会的物流都是台湾做的。**

王志刚　你也知道啊！台湾馆我每个星期都要去一次，的确，上海世博会的物流都是台湾做的，许多餐馆也是台湾做的。包括中国馆里“活起来的”的《清明上河图》，也是有台湾设计师参与，两岸共同合作完成的。

张　星　**是吗？《清明上河图》太棒了！非常震撼！我感觉您对大陆的了解，比我们这里的官员一点不差。您能谈谈您的个人经历吗？**

王志刚　我是在北京出生，6岁到台湾去的。所有的教育都是在台湾完成的。然后到美国读书6年，专业学的是营销，在得克萨斯州。回来后在台湾大学教书。我做了32年教授。

刁明芳　王老师是台大的名师，王老师的课是最受学生欢迎的，常常是爆满，学生都要挤到门外去,上课要用麦克风。王老师在台湾讲营销学,是一等一的好手!许多政府官员也去听。

张 星 **您教授当的好好的,怎么就转行了呢?**

王志刚 后来有一些长官很恳切地劝我转过来,我那时候是从基层做起,不像有些大学教授,一来就当部长。我是先做副主任司长,相当于中层的公务员。

张 星 **我觉得,这对于您来说,这其中的落差挺大的。您从一个颇有名气的教授,变成一个中层公务员,需要适应一段时间吧?与您的个人理想冲突吗?**

王志刚 刚开始我是不愿意去的,有一位长辈,一位老部长诚恳地邀请我,眼泪汪汪地劝我说,我们都这么大岁数了还在这里做,你一定要来!我就只好去了。

张 星 **您觉得盛情难却啊!**

王志刚 我觉得很惭愧啊!(哈哈……)

张 星 **您那时候应该是意气风发的吧?**

刁明芳 还英俊潇洒呢!

王志刚 我在台大给学生上课时也就是30多岁,后来就到政府机构,先做商业司司长,又到经济部任副部长,到公平交易委员会做主任委员,然后做经济部部长,也是WTO和APEC的首席代表。从那时候就开始和大陆的一些领导人接触。像钱其琛先生,吴仪女士等,经常面对面地接触。后来我也请一些领导人到台湾去访问。这些年来,我和大陆的商务部门都很熟悉了。

张 星 **您自己的孩子也做企业吗?**

王志刚　我孩子都大了，我的外孙都9岁了，孙子也有半岁了。我女儿本来也在媒体工作，她是学新闻的，做电视主播，结婚以后就乖乖在家带孩子（当主妇）了。我儿子也在媒体，他在台湾电视台。

刁明芳　他夫人也很漂亮，一起来天津了。王老师年轻时上课很幽默，我记得他说："哎呀，你们看看，我这个白马王子都变成白马胖子了！"

（听到昔日学生的话，王志刚也哈哈笑了起来。回忆起当年王老师的幽默与风度，曾经是他学生的刁明芳依然清晰如昨。可见当年那个帅哥式的王志刚是多么具有魅力的一位教授！年轻有为，才华横溢，幽默风趣。可如今，已在官场上运筹帷幄多年的他，由于年龄，由于身份，早已经练就一副不卑不亢的官式面孔，笑容似有若无，温度不高不低，语速不快不慢……这种变化对于王志刚来说是必要的，也是成功的。）

张　星　**是不是做了行政方面的工作以后，就不如当教授幽默了？**

王志刚　当教授嘛，就是给学生上课，幽默一点会让学生觉得比较轻松。做行政工作是要负责任的嘛！

张　星　**那么对您来说，做教授和做官，成就感会不会一样？**

王志刚　就人生来讲，做教授是非常愉快的，你只要好好念书，好好做研究，好好教书，不停地吸收新的知识，然后教给学生就可以了。我跟学生的关系非常好。我教营销，教管理。现在台湾工商界做得好的企业里都有我的学生。就做官员来说，如果真的抱以真心，为公众做事，为企业做事，也是很不容易的。我就希望能让台湾企业有好的发展，与大陆保持一个良好的关系，让台湾的中小企业得到更大的发展。

张　星　**我想，您一定是桃李满天下了？**

王志刚　像台湾企业界几个知名的企业家，如富士康的老板郭台铭呀，大润发的老板尹衍梁，很多，都是我学生，包括宏基公司的老板王振堂，包括来参展的，好几个见了我都叫"王老师！"……

张　星　**我觉得这挺有意思，只知道您是台湾的官员，不知道您在台湾还是这么有名的教授。**

王志刚　上海世博会的台湾馆，都是我去民间募款。我募了7亿多元新台币。你有机会一定要去看上海世博的台湾馆，非常不错！

张　星　**我去了，但是台湾馆没进去，排队的人太多了！**

王志刚　下次你再去时，到台湾馆就提我，就可以不用排队了……

吴经国

奥林匹克博物馆在天津

吴经国：祖籍苏州，1946 年出生于重庆。少年时代在台湾生活，曾就读于台湾东海大学。1971 年赴英国牛津建筑学院留学。1977 年毕业于英国利物浦大学建筑研究所。1980 年代表台湾参加国际体育组织，担任台湾驻奥运会会议代表。1988 年至今担任中国台北国际奥委会委员。现在担任国际奥委会委员暨世界拳击联盟(前身世界业余拳击理事会)主席。他亲眼见证了中国申办奥运会从两票惜败到梦圆莫斯科的整个过程。吴先生怀着强烈的民族情感，排除“台独”势力的干扰，两次投下赞成票，为北京申奥成功做出了宝贵的贡献。

印象:温文尔雅的天津姑爷

他,是1946年在重庆出生的孩子,几年后,他去了台湾。当他进入台湾东海大学读书时,已经成长为英姿勃发的标准帅哥。他不仅是大学建筑专业的高材生,还是校园篮球场上的一员猛将,并且是校篮球队的队长。篮球为媒,同校中文系的温柔美少女刘馨,从他球场上的忠实粉丝到后来成为他的贤淑夫人,体育成就了他至今都津津乐道的美满姻缘。虽然从小喜欢运动、酷爱篮球,但他的人生理想是当一名像贝聿铭那样的建筑大师。于是,他先到英国牛津大学的建筑学院留学,后毕业于英国利物浦大学建筑研究所,之后便开始了在世界各地的建筑师生涯,但体育运动始终是他钟情的业余爱好。1988年,他荣幸地当选为国际奥林匹克委员会的委员。从此,他的专业和业余爱好换了一个位置,他的人生开始步入奥林匹克的运行轨道……

他,便是来自台湾的吴经国先生。

2010年9月3日,记者在天津大港由他个人出资并且亲自设计建造的奥林匹克博物馆采访了他和他的夫人刘馨女士。

对于吴经国先生,每个中国人都不会感到陌生,北京申奥成功之时他与何振梁在莫斯科会场上激动地拥抱、喜极而泣的历史性画面,至今令人难忘。

这是一个秋风送爽的午后,当车子朝官港湖方向行驶的时候,路两边是一片尚待开发的土地,带着些许荒凉和原始的意味,然后,我们看到了一个有箭头指向的路标,拐进岔路,仿佛开进一片天然的花园,茂盛的树林,淡粉、嫩黄的野菊花悄然开放着,却一直看不到任何建筑。突然,仿佛柳暗花明,车子按路标拐进了一条小道,那"传说"中的奥林匹克博物馆赫然出现在眼前——

白色的墙壁,绿色成几何形状的玻璃回廊,加上一道有五环图案浮雕的白色长方门框,这座占地数十亩的现代建筑安静地伫立在周围茂盛的树林当中。

此时,吴先生外出吃饭还未归来。不一会儿,当他的身影和着磁性的男低音一同出现时,有些出乎我的意料,他与照片上给我的印象不太相同,显然,他本人要比通常我们在照片或者屏幕上见到的那个人要年轻、精神许多。他身材挺拔,充满力量感。他目光温和,文质彬彬,到底是在英国牛津打的底子,举手投足间绅士风度十足。

开始，我们是在一间小会客厅里见面，然后他提议我们一起来到一间小型阶梯放映厅，大屏幕上正在播放着2008年北京奥运会开幕式上最精彩的片段，沉浸其中，想不激动都难。访谈结束之后，在他的讲解和引导下，我们从博物馆的一楼开始参观。

首先映入我们眼帘的是今年6月开幕的“天津与奥林匹克运动”特展，天津作为中国近现代体育与奥林匹克运动的发源地之一，与奥林匹克运动有着百年渊源。张伯苓1908年就在天津讲过，中国为什么不能参加奥运会？到2008年北京奥运会成功举办，刚好一百年。

看，这是张伯苓当海军时的照片。

特展中不仅展出了许多珍贵的老照片，更有数十枚民国至今各类奖章、纪念章、胸章和金银牌等历史实物首次公开展览。其中1929年南开学校授予“中国篮球之父”董守义的银盾、东北海军的创建者之一沈鸿烈赠河北省私立南开中学校拉拉队第十八届华北运动会的徽章等展品，都是记录中国体育事业发展的重要史实资料。

边参观我边问吴太太：“先生都把钱用来买这些藏品，您会不会有意见？”吴太太温柔地说：“不会，我支持他的想法。”

来到二楼的环幕影院，弧形墙上正在播放180度的视频影像，历届奥运会开幕式上最精华的部分，我们看到的是巴塞罗那奥运会射箭点火的精彩瞬间……

“将来这座博物馆准备卖票吗？”我问吴经国。

“尽量开放吧。”

“那不就赔钱了吗？”

“钱嘛，是在别的地方去赚，赚来了花在博物馆上。”

“为什么要建这样一座博物馆？”

“在我投身奥林匹克运动的30年间，我尽力收藏与五环有关的一切。我的藏品数量非常大，可以建3个博物馆。每一件藏品，都经过一番努力，都有故事。”吴经国说。此前，他已经在厦门建立了中国第一座奥林匹克博物馆，去年9月在天津大港建成开放的是他第二座奥林匹克博物馆，这是国际奥林匹克博物馆联盟12

家成员之一，开幕时，国际奥委会的萨马兰奇荣誉主席和罗格主席都专门发来贺电表示祝贺。

“那您现在每天还健身吗？”

“我每天跳绳400下，22年没有间断过。健身要从年轻时开始，不能等老了再练。你看我身体特别好，每年都在全世界跑，都不用倒时差。”

参观完一楼，乘扶梯我们上到二楼，大厅共享空间的空中，“飞翔”着一群栩栩如生的白色和平鸽，其中有5只是用了红、黄、蓝、绿、黑五环的颜色，格外醒目。

看，这里是“奥运之路”，这些雕塑都是我自己设计的。白色少女雕塑再现古希腊点圣火的情景。你看这些图片，这些裸体运动员强健的肌肉，古希腊时候早期的奥运会，运动员是不穿衣服的，并且是没有女性观众的。奥运会让战士们把武器放下来，同样是运用身体的力量，不是去进行战争，也不再是在战场上来比胜负，而是在奥运赛场上来比胜负，用运动体现一个和平的理念。

这是历届奥运会的海报，一直到北京奥运会的，都有。

这是我们国际奥委会开会时戴的徽章，每年的都不一样。

这是北京奥运会的金、银、铜牌。

这面墙是英雄榜，所有奥运会获金牌的运动员都有。

这里是各国设计的奥运火炬，都不一样，挂满了一面墙。你看这是伦敦奥运会的火炬，1948年奥运会火炬在希腊点燃以后，由英国军舰护送到伦敦。途经埃及时，埃及发生政变，没有办法找到运动员传递火炬，只能由英国海军的水手来传递火炬，让这支手工打造的火炬意义更加珍贵。

这里是一坛“燃烧”的“圣火”，象征着奥运圣火永不熄灭。

这里伫立着“现代奥运之父”顾拜旦的铜像，是纯铜的。身后的玻璃橱窗内展示着他的手稿——也是我们的镇馆之宝。这是他亲笔写的一百页的手稿，1924年已经出版了，这是出版的书。就这一份了，国际奥委会都没有。这是他游历各国时写的游记，名为《环球历史》，其中有关于中国的数十页内容。我不仅买了手稿，连这本书的版权也买了，现在版权在我手上，准备找人翻译出中文版。

这是萨马兰奇给我留下的签名，还有我们一起吃饭的菜单，他也给我签上了名。

这是罗格用中国汉字写的签名——罗格。

你看,这个石头有故事,这是南非前总统曼德拉从监狱里带出来的石头,象征着他二十多年铁窗生涯中不屈的抗争。是我去南非时他亲手送给我的,他说他此生最大的遗憾是没有当上拳击冠军。

这是巴塞罗那奥运会,棒球运动第一次进入奥运会比赛,一共8个队,每一个队都给我签了一个球,就是这8个球……

面对博物馆中的每一件展品,吴经国都如数家珍。博物馆的执行副馆长李祥说:"像吴经国这样把完全是个人的收藏品建成两座博物馆的,可以说是历史上的第一人。从另一方面说,自己设计建造博物馆,展览自己的收藏品,他也是独一无二的。"

访谈录

张 星 **这么好的博物馆为什么建在这么偏僻的地方?**

吴经国 原先想建在"水滴"附近,但那里可供我用的面积太小了。这里多大,有几十亩地。当时我就看官港湖,有7000平方米那么大一个湖面,自然环境也比较好,就是目前交通还不太好,希望这边的交通建设能快一点。

张 星 **听说您夫人是天津人,博物馆建在天津也与这有关吧?**

吴经国 当然,她也跟我一起过来了,我让她过来。(不一会儿,吴经国的夫人刘馨走进来,优雅大方,很温柔地微笑着。一开口,声音柔而缓,给人以安静、宁和的感觉。)

张 星 **您好! 听说您是天津人?**

刘 馨 我祖籍是天津,在这边还有许多亲戚,我父母都是在天津长大的,那时候台湾刚刚光复,他们就说到台湾去看看,没想到赶上了内战,就回不来了,所以我是在台湾出生的。回天津,应该说我是回娘家的。

▲ 张星在天津奥林匹克博物馆采访吴经国

张　星　**那您感觉在天津住着舒服吗?**

刘　馨　舒服啊！我在天津住得还习惯,虽然北方气候比较干燥,但从饮食、风土人情、和邻居相处上,我都觉得不错。回到天津生活挺习惯的。

吴经国　我是天津的姑爷，天津又是中国近现代体育与奥林匹克运动的发源地之一,与奥林匹克运动有着百年渊源,在奥林匹克发展史上留下了丰富的文化和体育遗产,所以,我选择天津建造这座北方唯一的奥林匹克博物馆。在厦门建馆是因为厦门离台湾比较近,海峡两岸喜好体育的人都方便去参观。

张　星　**您在这里盖这样规模的一个博物馆也是要下一番决心的?**

吴经国　是。首先是我有这么多的收藏品,32年,我参与国际体育事业这么多年,累积下来了很多的纪念品,每年的国际奥委会的年会呀,运动会呀,我收集了很多的纪念品,萨马兰奇和罗格给我们签过字的东西,我们还有"现代奥林匹克之父"顾拜旦的手稿,这在奥林匹克文献中是很重要的一件藏品。

张　星　**这么珍贵的手稿,瑞士的奥林匹克博物馆为什么没有收藏?**

吴经国　他们也都知道这份手稿,但他们嫌贵,他们不买。我觉得我这个博物馆需要一件镇馆之宝,我就买过来了,收藏是要花很多钱的。

张　星　**在进入奥委会之前您在做什么?**

吴经国　我一直在做建筑师。我在英国牛津大学和利物浦大学,学的都是建筑,毕业后在英国政府工作了5年。在英国还参与设计规划盖了一个新城。我们国际奥委会115个委员,几乎没有一个是学体育的,真正在国际体坛上一领风云的不一定是学体育的,都是在各行各业的顶尖人物。萨马兰奇是企业家和银行家,是银行的董事长,罗格是外科医生,没有一个是学体育出身。所以,体育是和每个人的生活结合起来的,而运动是生活的一部分。

张　星　**您是怎样进入国际奥委会的?**

吴经国　很多机遇是不可思议的。我的前任、台湾奥委会委员徐亨面临退休,需要找一个人来接替他,于是我被告知,要我来接替他。当时我正在沙特阿拉伯国防部任总工程师。

张　星　**为什么选中您呢?**

吴经国　当然有一些基本条件,比如喜欢体育,基本的语言能力都要够。

刘　馨　我补充一句,因为经国在英国念书的时候,就经常参与欧洲的一些体育活动,后来也代表台湾的奥委会组织到国际上去开会和办一些活动，就和国际体育方面相当熟悉了，所以当需要找这方面的人时，就会认为，经国在这方面已经有相当的经验，就选他了。

吴经国 其实海峡两岸在上世纪70年代后期，就曾努力寻求一个好的方式参与国际体育赛事，让两岸都能接受。萨马兰奇就扮演了这样一个角色。创造了两岸都能接受的所谓“奥运模式”，从此开启了中国人参加国际奥林匹克事业新的一页。这个过程是蛮艰辛的，用体育来突破政治是很不容易的。体育运动是一个最好的润滑剂，国际奥委会有它章程，有它运作的方式，你们都是我的会员，就得遵从我的章程，按照我的方式，遵从于一个共同的约定，这样就把两岸结合起来，大家共同参加一个活动，遵守一个共同的规定。

张　星 **您当年被告知接替奥委会委员时是一种什么心情？觉得突然吗？**

吴经国 有点吃惊，因为这不是一件很容易的事，可是我面对的是，我必须要放弃我的建筑师工作。

张　星 **这也是一次人生选择，从此您的人生方向就改变了？**

吴经国 应该说是一次人生机遇吧，当然我一定要和我太太商量一下。（笑）

刘　馨 我觉得经国一直很喜欢体育，后来在欧洲与体育界接触很多，认识了一些人，也积累了一些经验，就觉得这对台湾的体育和运动员来讲，会带来很多机会，是很重要的一步，并且确实这也是一个不容易得到的机会啦，我们考虑的结果就是，自己的职业以后有机会还可以捡起来，但这样的机会如果错过了，就真的错过了。

张　星 **您做建筑师也一定是很出色的。**

吴经国 当然，每一个人都有自己的专业，因为那是我很有兴趣做的事。体育我也有兴趣，我做这两件事都是我有兴趣做的，所以我觉得我很幸运。我对奥林匹克有激情，没有这个激情，我也不会花这么多钱来建这个博物馆。

张　星　**那么,您进入国际奥委会做的第一件事情是什么?**

吴经国　第一件事情就是要解决海峡两岸的体育交流问题。萨马兰奇在我当选的第二天,就把我和何振梁叫到他的办公室去。

张　星　**这中间萨马兰奇做了很多工作?**

吴经国　2001年他在国际奥委会退休的时候，在莫斯科有最后一篇演讲,在这离别的演讲中,他特别强调,在他任奥委会主席的21年期间,他认为最重要的贡献就是打开了海峡两岸的体育交流。刚好他最骄傲的这一切,我都是全程参与者,并且站在第一线,所以就特别有感受。

张　星　**有些事情很微妙,您处理起来困难吗?**

吴经国　刚开始多少会有点困惑,怎么解决?没有找到解决的方案。当时萨马兰奇讲，你们要赶快展开交流，但是交流最困难的是“Chinese Taibei”怎么翻译。大陆叫“中国台北”,台湾就坚持叫“中华台北”,这一字之差,就耗了我们一年多的时间在协商。双方都在说服对方。就这一个字,到后来,真正帮忙解决问题的是政治的高层,为什么不能叫中华呢?中华人民共和国不也是中华吗?一句话一讲,大家豁然开朗。

张　星　**在以往的报道中,我注意到一个细节,就是在您当选奥委会委员要宣誓的时候,要念一个宣誓卡片,当您正不知道该怎样说您要服务的国家名称时,一位加拿大委员帮了您的忙,他为什么要帮您呢?**

吴经国　这个我到现在都不晓得,我也问过他,他只是说他感觉我需要帮助。当时就要轮到我上台宣誓了,看着卡片上的“Chinese Taibei”我心里在想,糟糕,我应该怎么说?若按我们过去的说法念,不行,老何(何振梁)也在现场,怎么办?这时,会场里的台上,新西兰的一位委员正在里面宣誓,我就一个人在外面大厅里等,完全无助。只能在心里祈祷:上帝啊,告诉我该怎么做!虽然我不是教徒,但是我只好祈祷神灵来解决。我刚刚默默祈祷完,真是奇迹出现,那个加拿大委员就来了,他说,你的卡片给我看一下!他就拿进去给萨马兰奇看,萨马兰奇把"Chinese Taibei"画掉了,他又拿去给何振梁看了一下,回来告诉我,萨马兰奇说,你不要念国家的名字了,谁都晓得它的名字叫什么。现在国际奥委会的宣誓词已经改了,把国家的名字去掉了,再宣誓就不用说出具体代表国家的名称了。这都是很有智慧的处理。当时萨马兰奇也没有把名字改成别的,只是去掉就好了。

张　星　**这次北京奥运会之后,你们奥委会成员私下里在一起,有什么样的评论?**

吴经国　大家的观点都一样,这是空前绝后的一次成功的奥运会。

张　星　**最震撼他们的是哪一点?**

吴经国　大家共同认为,北京奥运会表现最好的是青年志愿者,人数最多,素质最高,大方自然,是很有热情的一批年轻人,给所有参赛的人都留下了非常深刻的印象,应该说,这是北京奥运会上一个最大的亮点。

张　星　**您对这个博物馆的未来有一个什么样的设想?**

吴经国　奥运会4年才办一次,而这个博物馆是宣扬奥林匹克精神的一个园地。奥运会是一个点,博物馆是一条线,这条线串起一个个点。让我们知道奥林匹克是怎么来的。奥运会有开始,有结束,但博物馆永远没有结束,博物馆其实就是一场永不闭幕的奥运会。通过这些藏品,让那些没有经历过奥运会的人,让我们子孙后代都能感受到奥林匹克的精神和魅力。

程志强

激情永远的『第一兵』

程志强：1955 年 3 月出生于山西省永济市。党员，大学文化，大校军衔。1973 年入伍，历任三军仪仗队战士、班长、排长、连长、中队长、大队长、北京卫戍区副参谋长等职。在 1984 年国庆 35 周年阅兵式上，他是国旗护卫方队的军旗手——第一个通过天安门广场接受党和国家领导人的检阅。从此，他被誉为“天下第一兵”。

印象:山西才子　军中明星

人刚一进来,声音就随之响起,洪亮、高亢、充满激情。他不问自答,像是来发表演说的。我们的采访几乎是在他激情澎湃的诗朗诵中进行的,然而他既非演员又非歌手,他只是一个兵,一个有着37年军龄的军人。但他却是真正的明星,他的舞台不在剧场,而是在中国的心脏——万人瞩目的天安门广场。每一次受阅,都是他生命之花最完美的绽放,他人生价值最灿烂的迸发。他高举军旗、脚踏正步,从血气方刚的青春年华一路走来,青春、热血、汗水、泪水,直走到人生的壮年……

他,就是被誉为“天下第一兵”的中国人民解放军陆海空三军仪仗队前大队长程志强。

2010年7月23日,在“八一”建军节前夕,我们专程到北京采访了这位虽已退休却依然忙碌的“军旅标兵”。

第一眼看上去,这是一个大块头,一米八几的个子,身材相当魁伟,虽然身着便装,但无论是坐姿,还是不经意间的举手投足,受过严格训练的军人素养依然展露着无言的风采。

他很有表演才能和导演气势,讲话时,声音、动作的模仿、环境的描述,一次次情景再现,抑扬顿挫且激情澎湃,相当有感染力。他目光炯炯,表情丰富,且写得一手好书法。我调侃说,你可能是干错行了,如果你没有入伍干仪仗队而是当了导演的话,估计就没有张艺谋他们什么事了。

他听后哈哈大笑,说2008年北京奥运会开幕式时他和张艺谋搭档还真当了一回导演,开场那震撼人心的《击缶而歌》中的演员全是他的兵,听他的指挥……

说到他的仪仗生涯,情绪激昂,张口就朗诵起来,那是他自己的作品——

仪仗兵美,仪仗兵帅,
百万军中是表率。
情注红地毯,爱洒检阅台。
大西洋赞美,太平洋喝彩。

和平的白鸽头顶上飞，
友谊的鲜花青春里栽，
仪仗队里走一回，潇洒又豪迈。

仪仗兵美，仪仗兵帅，
百万军中是表率。
直行一条线，横看钢一块。
蓝眼睛叫好，黑皮肤喜爱。
排山的气势手臂上甩，
蹈海的力量脚尖上来。
仪仗队里走一回，从容又精彩。

1973年，18岁的程志强在老家山西不仅高中毕了业，入了党，还当上了公社团委副书记兼大队党支部书记，身高体阔的他不仅是篮球场上的主力队员，还喜欢读书、编词、写日记，会吹笛子和小号。虽然他少年的理想并不是当兵，而是上大学，但是在当过志愿军的父母影响下，他还是选择了穿上军装，告别故乡来到北京。

1984年，党中央、中央军委决定在天安门广场举行国庆35周年大阅兵，这是新中国自1959年国庆10周年阅兵以来，第一次公开展示自己的武装力量。当时的军区领导决定由程志强担任这次大阅兵的军旗手。军旗手是整个受阅大军的排头兵，数十个方队、成千上万的受阅大军都要跟着军旗手的步伐前进，绝对不能出任何差错！

程志强接受任务后，很快投入训练。当时的"八一"军旗旗杆是铝合金制作的，3.29米高，3.5厘米粗，7.5公斤重，加上旗帜的张力，一般人举不到10分钟就会感到胳膊发酸。更难的是，不管风力大小、风向如何变化，军旗手必须始终做到军姿绝对标准，步幅绝对准确，步速绝对均匀，走向绝对笔直。

为了练好举旗，程志强把旗杆换成重上好几倍的旧钢管，再给钢管里灌满沙子，每天上千次地重复训练举旗、劈旗动作。胳膊练肿了，手上结满了血泡，但一到晚上他还要骑着自行车到天安门广场，反复熟悉和度量阅兵路线。在上百次的度量之后，他发现预定的743.25米阅兵线，恰好是1984块方砖，他用标准的正步步幅量出这段距离要走991步，8分33秒。他把这些数字牢牢记在心里，按照距离调整步幅，每天都要顶着高温练上几十个来回。为了练出踢腿功，他在小腿上绑上沙袋，在皮鞋上钉了两层鞋底，还要再钉上8个大号铁掌，每天训练结束后，他的皮靴里都能倒出汗水来。短短几个月，他硬是练坏了5双大头皮鞋。

1984年10月1日，规模盛大的国庆阅兵式在天安门广场举行。程志强高擎着火红的"八一"军旗，踏着雄壮的军乐节奏，第一个正步通过天安门广场，分毫不差地落在礼毕线上，他的身后，是中国人民解放军排山倒海般的滚滚铁流。

但是没有人知道，与此同时，在他的家乡山西，妻子魏茜芳正在冒雨抢收粮食，一个人在泥泞的责任田里，把滑翻的架子车拼命地往坡路上拽，把载满足有千把斤重苞谷的独轮架子车扶起来，浑身是泥，脸上早已被泪水、雨水、泥水模糊成了一片，而两岁的女儿不得不被锁在屋里，饿得哇哇直哭……

程志强为妻子写过这样一首诗："自从我们相爱，我就开始欠你。欠你花前月下，欠你新婚燕尔，欠你寂寞长夜，欠你苦累漫漫……"

说起来荒唐又辛酸，程志强与妻子的婚礼竟然没有新郎出现。1980年腊月廿六，程志强数次推迟婚期后，终于定下这个大喜的日子，一切都准备好了，就等他回山西老家永济成亲。可就在这时，一场外交司礼任务下来了，程志强离不开，家中婚礼也不能再拖了，只能由他的妹妹代替他与新娘拜堂……

说到这，程志强的心中充满内疚，他说，妻子用柔弱的双肩替他扛起了生活的重担，是他事业成功背后一座坚实的大山。

采访时，程志强透露，他正在准备出版他的自传《仪仗生涯》，他说："做一个光荣的仪仗战士，要想一生都光荣，永远光荣，一代代地光荣下去，就要在自己的本职工作中做到首先感动自己，才能感动这个社会，感动这个时代。"

访谈录

张　星　　您已经退休了还这么忙?

程志强　忙！我要做的事很多。你看奥运会开幕式我和张艺谋搞的那个《击缶而歌》，那都是我的兵！是我从全军招来的。导演组负责编舞蹈，我负责管理和指挥。开幕式从空中的礼花“大脚印”开始，战士们就“啊——”开始击鼓，你必须亲临现场，你去体会，那与看电视、看报纸、上网是完全不一样的。你到现场看一看，你的爱国之心、报国之志，全都给激发出来了！我有两句名言：你要感动别人，首先感动自己，你要感动社会，首先感动媒体。我说话爱激动，你看我又激动了！

张　星　**您是一个性情中人，与我们想象的军人的严谨与理性不太一样。**

程志强　我最近收获很大，第一，中央电视台CCTV第十四届青歌赛唱了我写的一首歌《喊一声我的大洞庭》，是解放军艺术学院的歌手演唱的。这是我1998年抗洪救灾时写的歌。第二，河北省搞的一场“纪检晚会”上，也唱了我和我弟子创作的一首写纪检干部的歌《都知道你》。第三，青海甘南征歌，我还写了一首《永远的香巴拉》。第四，我还给矿工的矿哥矿嫂写了一首歌……

张　星　**没想到您还是一个诗人。**

程志强　我是高中毕业，我入伍前已经是公社团委书记兼大队党支部书记了，我从高中时代，就爱看《山西日报》的中学生版，我还爱写日记，是按照诗的词的形式写的。我最近又整理出了好几本来。

张　星　**您是不是从小就爱读古诗词？**

程志强　我上中学接触的老师好多都是当年的右派，被从省城发落回来的。

张　星　**这些老师对您的影响很深？**

程志强　影响多么深我就不说了。我的一位老师临去世之前还一定要上北京来看看我，看看他的大弟子！我把他带到毛主席纪念堂，我还带他登上了天安门城楼……我把他送回老家二十多天后他就去世了。老师去世后的第二年，我回去又带着师娘，到我们同学给老师立的碑前，那碑上刻上我们全班同学的名字，写着儿子谁谁，女儿谁谁。后来我又把我师娘的初恋，他老伴儿也去世了，我又给他们撮合成了。

张　星　**我觉得您就是一部戏。**

程志强　我给你讲，情是万物之核心。我写的歌都是以情动人。

张　星　**您小时候的理想不是当兵吧？**

程志强　我小时候的理想是上大学。不过在部队我读了政法学院的研究生，我还是中央党校的学生。我还是卫戍区管研究生学习的辅导员。

张　星　**没想到，"中国第一兵"还是一个大才子！**

程志强　我跟他们开玩笑，我除了孩子不会生，别的活我都会干。

张　星　**那您一当兵就是仪仗兵吗？**

程志强　我刚当兵时当的是警卫兵，过去仪仗兵不从地方招，是从部队新兵里选。党员、个头、文化。我还是北京卫戍区高中速成班的数学老师，我在空降兵工作过一年。我曾七下香港，四下澳门。香港回归8周年时我还在香港工作了一年。中国人民解放军驻香港部队所有的排以上干部在入港之前都是我和仪仗队带他们。驻港部队所有的班长骨干都是从我这儿挑的。我在空军代师长一年。我到海军，乘导弹驱逐舰出国访问在海上漂了半年，访问了32个国家。

张　星　**那您在海军具体做什么？也是仪仗队吗？**

程志强　当仪仗队队长。我是以军旅观察员、穿海军的衣服在那工作的。在访问外国的同时，我还写了一本观察东西方社会的《西行记》……你采访我，我是第一次说自己，我很少说自己。

张　星　**今天您主要得说自己，您父母还在吗？**

程志强　都不在了。我是行二。我父亲是二级战斗英雄，母亲是刘邓大军的保育员，江苏徐州人。我母亲是有文化的，歌唱得相当好，她是非常好的一个人，可以说是江南美女啊！说起来还有一段故事，我父亲和我母亲的前夫都是第一批参加抗美援朝的，两个人关系很好。当时我父亲没有成家，那个人就说了，老哥，你倒好，一人参战没有牵挂。我上前线，万一有个三长两短，我老婆孩子可就交给你了！这话说的，太准了。他果然就在战场上牺牲了。首长们都知道这件事，就把我父亲从朝鲜叫回来，和我母亲结婚……这事我以前从来没有对人说过，现在可以说了。

张　星　**我想知道，您一生参加这么多次阅兵，最难忘的是哪一次？**

程志强　最难忘的还是1984年35周年国庆阅兵。这一年，我29岁，担任这么重大阅兵式上的军旗手，对我的体力和毅力都是一种考验。但我毅然扛起了这杆"八一"军旗，并立下了军令状！训练时，北京气温高达40摄氏度，太阳直射的操场上，我扛着"八一"军旗走着正步，汗水湿透了我的礼服，马靴也被汗水灌成了小水槽……

张　星　**1997年香港回归时，您是中国仪仗队升国旗的总指挥，那次最难忘的是什么？**

程志强　升国旗用一分钟时间，要与奏国歌相吻合，我们与英方谈判时的规定是，在双方交接的零点零分零秒之前，归他们掌握，之后才是中国时间。升旗手要看指挥，指挥要听读秒人的，我们当时都跟着读秒人在心里读着：55、56、57、58、59、60——国歌奏响，国旗同时冉冉升起，那一刻，我终生难忘。

张　星　**去年国庆60周年大阅兵时，担任军旗手的朱振华是您的女婿？时隔25年，您的后代又高举起鲜红的八一军旗，第一个通过天安门广场，您**

一定很激动吧?

程志强 我女婿小时候是非常苦的孩子,6岁父母离婚,在乡下长大。参军到北京以后,在战士当中是第一流的。从战士直接保送到石家庄参加了军事学院的学习,后来我把他送到了西安政治学院学习政工。

张　星 **是不是您那时候就有私心?**

程志强 没有。我对兵特别爱护,我到了卫戍区机关以后,近10年来,我们培养了3个博士,6个硕士。没有文化不行啊!没有文化你干不好工作!人

张星试一下程志强握过的军刀 ▶

这一辈子，黄金贵知识更贵，上天难求人更难，黄连苦贫穷更苦。我说的这个贫穷，知识贫穷才是真正的贫穷，物质贫穷不是贫穷。过去我们讲，以法律带兵，以条律带兵，以情带兵，以行动带兵。我重点抓了以知识带兵。我带的兵，陆军、海军、空军、国防、二炮、国防科工委，包括军事院校，各野战兵种，各省军区……都有我的兵。孔夫子当年也不过是弟子三千吗，我何止三千呀！

张　星　**您说过，中国的仪仗队是世界上最棒的？**

程志强　英国根本就没有仪仗队，英国有马队和军乐队，皇家乐队，有礼兵。包括美国的仪仗队，也都不会走。真正好的仪仗队，过去是前苏联、中国、罗马尼亚等国家，50年代的前苏联仪仗队，都是2米高的小伙子，非常漂亮。现在世界的仪仗队，唯独中国了。我们的质量是最好的，但中国人的身体条件并不是最好的，我们东方人是大宽脑袋、大屁股蛋子、大腿肚子，圆的。但在亚洲我们是最好的。我们加大了高度，过去仪仗队员的高度是1.75米，现在是1.95米。仪仗队里所有的仪仗兵，近千人，我不仅能叫上名字，而且大部分的父母是做什么的，甚至家里的电话号码，我都能背出来。所有的仪仗兵，在月亮地里走，我都能认出他是一队的还是二队的……

张　星　**您是爱兵如子啊！**

程志强　除了仪仗队的工作，我还负责北京地区的民兵预备役、一百多所大学和一百多所中学的国防教育。那天我在北京邮电大学，做国防教育演讲，我想，他们没有机会到我们军事训练的场合来受到震撼，我就要用语言的魅力来震撼他们。我即兴来了一段《握枪的感觉》——

(说着，程志强拿起了朗诵的范儿，开始高一声低一声背诵，这里只节选一部分)

总感觉背带是那凝固的黄河，
经纬中交织着历史的呐喊；

总感觉标尺是那浓缩的长城，
缺口上巍峨着民族的尊严。
山巍巍我的感觉最高，
水滔滔我的感觉最远，
在我最高最远的感觉里，
蜿蜒着祖国神圣的边防线……

张　星　**您这是当即赋诗还是事先写好的？**

程志强　是即兴写的。我的朗诵老师是李默然，我经常把李默然老师请到仪仗队。你想，我们的战士常年就是重复简单枯燥的列队练习，我总要请一些文艺名家来仪仗队，请过彭丽媛、宋祖英、刘斌等，他们拍MV，背景都是请我们仪仗队的表演。我在仪仗队时，每年春节晚会之后，大年初一，我都请他们到仪仗队来吃饺子，我们也演节目，编、导、化妆、舞台总监都是我，我请阎维文、韦唯、张也等都来唱，效果非常好。

张　星　**您在仪仗队这么多年，见过多少国家元首？**

程志强　1700多人次，有的来过好多次。最让我感动的，是我在301医院的太平间里度过了165个日日夜夜，中国仪仗队的队长，也是中国殡葬队的队长，哪位领导人去世了，都有仪仗队在场。人们只看到我们风光的那一面，看不到我们另外的一面。有时候，为了把水晶棺抬得好一点，我们怎么练呢？用一张床，放三块方砖，方砖上面再放一盆水，这样抬着练，水不能洒出来。过去301医院还有一个坡，为了找真正的感觉，我们就找一个200斤重的小伙子躺在上面抬，练，301的好多护士看我们这样苦，都感动得哭了。有一次301医院暖气跑水，把太平间泡了，但八宝山那边等着，仪式不能停，冬天啊，我们就这样趟着水抬，一出来，战士全身都冻成了冰……

张　星　**您当仪仗兵这么多年，常年的训练又苦又枯燥，您是怎么撑过来的？**

程志强　你问的是关键问题。训练时的许多艰苦你们是想象不到的，马蜂蜇了多疼都不能吭声，不能动啊！被牛虻叮咬了以后血在脖子上流也仍然保持纹丝不动。练举军旗，旗杆是3.5厘米粗的直径，我就找5厘米，甚至7厘米粗的水管子练臂力，手磨破了，胳膊、肩膀都练肿了，吃饭时连筷子都拿着困难，可这又算什么呢！与我们担当的重任与共和国的荣誉相比，一切都可以克服。

张　星　**30多年的仪仗生涯，一千多次国家重大庆典和迎宾的仪式，没有发生过任何失误，您是怎么做到的？**

程志强　从没失误过，这都靠我们几十年如一日从不松懈的训练，我们采用了分段、分次、分天取胜，集小成为大成的方法。仪仗队的一举一动都代表着国威军威，一言一行都代表着民族的尊严，是不允许出现任何失误的。

张　星　**谈谈60周年国庆时阅兵中的事？**

程志强　去年国庆60周年大阅兵，我是徒步方阵副总指挥，除了坦克装甲车方队以外，凡是徒步的方队我都要负责。女民兵方队是朝阳区组织的，有工人、警察、老师、医务人员，退役的女战士，还有大学生，民营企业、外资企业，还有打工妹。他们把人招完了以后，我给筛了一遍又一遍。我还给她们写了一首歌《铿锵玫瑰》。

张　星　**这次60年阅兵，是您仪仗生涯的最后一次吗？**

程志强　是。

张　星　**完美的谢幕。仪仗生涯谢幕了，但人生永不会谢幕。您还要写仪仗生涯的书？**

程志强　已经写完了，不久就会出版……

肖克凡

人生是一场运转

肖克凡：1953 年出生。一级作家，中国作家协会会员。天津市作家协会文学院院长。

上世纪 80 年代中期开始文学创作，主要著作有《鼠年》、《浮桥》、《机器》、《黑色部落》、《赌者》、《人间城郭》、《中国作家·经典文库·肖克凡卷》、《蓝色鸟》等共计五百余万字。作品数次在国内获奖。中篇小说《黑砂》获天津市鲁迅文艺优秀作品奖。2002 年获天津市首届青年作家创作奖。是电影《山楂树之恋》的编剧。

印象:男人的责任与心灵的清澈

认识肖克凡很多年了,总是在各种各样的活动中,总是与他熟悉的一帮作家朋友们在一起。在那样的氛围里,肖克凡给人的印象是思维敏捷、爱玩冷幽默,甚至喜欢用语言恶搞的一个家伙。他记忆力惊人,无论是古典诗词还是"文革"时期的样板戏、顺口溜,甚至天津快板,他都能倒背如流,且惟妙惟肖。让听的人笑痛了肚子,而他自己却硬是一点也不笑。有时候,他口若悬河,能把周围的目光都吸引过来,而更多的时候他目光冷峻,表情忧郁。

一般男人当了作家,多少会给人以"酸"的感觉。因为广义地讲,文学也是一种倾诉,一种文人内心情怀的职业倾诉。女人无论怎样倾诉,都是天经地义并且容易打动人心的,而男人的倾诉就难免让人觉得有点"酸"的味道,尤其是那些专以写情感类题材见长的男作家们。无论外形上多么伟岸,却总能让人从其字里行间读出一段缠绵的似水柔情来,这或许也正是他们能够吸引众多女读者的地方。然而肖克凡却让人"失望"了,读遍他的文字,竟然找不出多少犯"酸"的内容,尤其是他的最新力作——中国作家协会重点作品扶持项目、长篇小说《机器》,更是有着如机器一般的铮铮铁骨。故事很真实,真实得近于无奈、近于残酷,虽然写的是一个女劳模及其子女们的人生历程,但这是一本真正属于男人的书。

如果没有读过《机器》,相信很少有人会被这样的书名所吸引。现如今书海中那些光怪陆离、眼花缭乱的男人女人、情海欲海的书名足以晃晕了读者的眼睛,谁会注意到这样一个类似科技专著般的书名呢!封面冷峻粗大的黑体字,目录竟然以"螺丝钉卷"、"链条卷"、"齿轮卷"等机器零件命名……或许正是这种题材的稀有性,使《机器》犹如一片红男绿女中的异类,出水芙蓉般地成了当今长篇小说中的佼佼者。

诚实地说,我以前很少读过肖克凡的作品,充其量是他发表在报刊上的一些短文,感觉是窥了好几斑也未能知全豹。终于,在我拿到《机器》之后,从"华昌机器厂老东家白鸣岐一伸手撩开门帘跨进账房,大胖身子呼地带进一股冷风……"开始,我才真正走进了肖克凡的文学世界。这是一部中国工人阶级牺牲、奉献的历史,是他们用全部的心血、激情、劳作,甚至生命焊接而成的一部心灵史。他像一个耐心又精心的大工匠，一丝不苟地锻造着《机器》这样一部41万字的伟大工程。工厂、机器、劳动模范，一代又一代工人平凡的日子，甚至工人生活中所有的细枝末节、点点滴滴。肖克凡用他丰富的生活“收藏”，既为我们展开了一个劳模世家近60年生活的长卷，也为我们建造了一座中国现代工业的非物质博物馆。

对于从16岁就走进工厂大门的肖克凡来说，机器就是他少年时代的初恋。那种烙印，不由分说地在他完全无意识的时候，就已经深深地烙进他的心底，成了他基因的一部分，他日后创作永远抹不掉的底色。

2007年5月末的一个午后，刚刚从延安归来，参加了中国作协组织的纪念毛主席《在延安文艺座谈会上的讲话》发表65周年座谈会的肖克凡如约来到报社，当摄影记者为他拍照的时候，无论从哪个角度、怎样引导，他都难露笑容。他自嘲道：“我这人很少笑，招人喜欢的表情比较少，你也用不着捕捉。就如同河里有许多鱼你才有可能捕捉到，如果就一条鱼呢，你怎么捉？”

说完他自己也笑了。如果说，笑容是生活这条河里欢蹦乱跳的鱼，那么，肖克凡人生之河里的鱼真的是不多啊！

在离婚还很罕见的年代，6岁的肖克凡就遭遇了父母婚姻变故的不幸。童年是跟着奶奶在孤独、贫困和心灵的压抑中度过的。为了逃避大人们询问家境时的尴尬，他甚至强迫自己装成一个万人嫌的孩子，故意做出一种很不可爱、很不懂礼貌的样子。小小年纪，就因为家庭的解体变得敏感而自卑。在没有任何诉说对象的成长岁月里，肖克凡只能靠读书和写日记来安慰自己……后来，他当了工人，上了大学，又进了机关，当了干部。成了家，有了儿子。写作为他插上了寻梦的翅膀，他终于调进天津作协，成为一名专业作家。

当生活像一株含苞欲放的花朵刚刚绽放出幸福的微笑时，不幸再次从天而降——正值青春的儿子患了重病，一时间，作为男人、作为家庭顶梁柱的他受到了人生最残酷的考验。为了赚更多的钱给儿子治病，肖克凡不得不放下自尊，给人当“枪手”写电视剧。那是一段难与人言的日子，他每天带上一顿午饭骑着自行车来到一间价格便宜但离家很远的出租屋。酷暑盛夏，屋子里没有空调，整个人都被汗水浸透，他索性紧闭门窗，把自己脱得一丝不挂，坐在电脑前，胳膊粘在桌子上，一写就是一天。天寒地冻的时候，刮多大的风他也舍不得打车，仍然骑着自行车赶往出租的小屋。一天,他把自行车扔在了河堤上,猛然看到河堤上的柳树已经冒出了嫩嫩的绿芽,才意识到春天来了,骤然间,一种说不出的伤感涌上心头,禁不住潸然泪下……

他说:"那段时间,我觉得我的生活完全丧失,没有任何意义了。但是这种委屈我从来不讲。我跟你讲的也只是浮皮潦草,我内心真正的感触,我不可能跟别人讲!男人的那种责任感,儿子在父亲心中的分量。所有的苦难我必须自己扛起来……"

这就是作家之外的肖克凡,一个有责任感的男人,一个坚强的父亲。正是靠了他的坚强与执著,儿子的病总算有了起色,并一天天好起来。

在《机器》一书的封面内侧,肖克凡这样写道:"我为这部小说取名《机器》,认为人生就是一场运转。有谁愿意停止呢?尽管停止也是一种生命状态,然而我们还是选择运转。"

如果人生的阶段也能够选择的话,肖克凡一定会重新回到他的青少年岁月,回到那个有着"真正的蓝天,真正的绿水,清澈而透明的心灵世界"中去。尽管在那段岁月里,他经历了比同龄人更深、更难言的诸多苦难。或许,恰恰是因为有了这些苦难,才成就了他今天文学事业的辉煌。他说,人类永远喜欢讴歌自己的青少年时代,这说明我们试图保持青少年时代那种心灵的清澈与心灵的透明。这正是人类永不衰竭的精神力量。

访谈录

张　星　**如今,在市场经济大潮的席卷下,人们的价值观早已发生了颠覆性的改变。工业题材风光不再,工人的形象也悄然退隐到文学的边缘地带。而你却写出了《机器》这样一部以工厂劳模为主人公、远离当今时尚的作品。**

肖克凡　这次写作是中国作协重点作品的扶持项目。3年前,天津作协的张书记找到我说,大肖,有国家重点扶植作品项目,你得报啊!你获过文学大奖,又是领军人物。我想报什么呢?很快我就弄了一个提纲报上去,基本上就是今天《机器》一书的框架。

张　星　**这么快啊！我觉得提纲应该是一个挺需要深思熟虑的过程。**

肖克凡　那只能说明我对这类题材的熟悉，我潜意识里早就存在。你想啊，我16岁当工人，当了6年，大专3年学的是机械制造，又回厂当了两年技术员，然后调到海河边的第一机械工业局干了七八年又到了市经委，然后才跳槽跳到了市作协。也就是说，我从16岁到35岁，一直就生活在工人堆里。这次写作长篇小说《机器》，我又一次沿着这条工业大河上溯，心存敬畏地拜访自己的"祖籍"。通过与一个个老工人的交谈，通过对一座座老工厂的访问，我果然进入了角色——自己的间接生活积累与自己的直接生活积累渐渐融合，一个个人物鲜活起来，一个个事件生动起来，就连我自己都真假难分。

张　星　**那么，最令你激动的是你自己曾经的工厂生活感受，还是你回访老工人所获得的间接经验？**

肖克凡　前不久，我在《光明日报》发表了一篇关于"直接生活和间接生活"的文章，我说，有时候一个作家会调动他的间接生活，渐渐地他甚至可以把间接生活也成了他自己的了。在强调生活是文学的源泉的时候，我们丝毫不能漠视精神力量的存在。把生活打个化学方面的比方，生活是溶质。比如茶叶，而精神是溶剂，你有多少精神溶解剂，你就能消化多少生活积累。你就能再造多少精神生活。我有两点比较重要的观点，一是间接生活你要结交忘年交，你结交你父辈的人，你就了解了他们的人生，这叫提前出生效应。二是读那些老人的传记，慢慢地你就融入他们的生活，真假难辨了。

张　星　**你在写《机器》的时候是不是就有这样的状态？**

肖克凡　是，有的时候我就会觉得自己变成了男主人公王金饼，我能感受到他所处的那种生存状态。

张　星　**这就是写作时的灵魂附体吧?**

肖克凡　没错,这时候,直接生活跟间接生活已经分不清了。直接生活和间接生活不存在界面了。这需要相当的积累!

张　星　**你在《机器》中还记录了那个时代的许多生活细节。**

肖克凡　在网上有一个读者这样写道:原来过去的国营工厂是这样啊,工厂生活多好啊!他特别受感动,还引了我书中的一段文字:“清晨上班把自己的饭盒放到蒸箱里就去干活儿吧。中午打开蒸箱,一只只饭盒散发着各种各样的香味,你中有我,我中有你,你中有他,融洽极了。下班之后洗澡,赤身裸体站在热水喷头下冲着,特别理直气壮。下班结伴乘坐公共汽车,一路乐乐呵呵使你觉得处处有亲人……”而今天大家都是打工仔,是外乡人,永远都无法融入这个集体,打工者与这个集体甚至是敌对的,而那个时候工人是工厂的主人翁,穿着厂里的工作服,那种喜悦……计划经济体制的时代已经不可复现,我愿意做历史的记录者,我至少是把那个时代工人的生存状态给记录下来了。

张　星　**我在读这部书的时候就在寻找,寻找你写作时特别心动的部分。你知道我在哪点感动吗?王莹一个人跑到人民公园偷偷哭的时候,我特别感动。**

肖克凡　对,她是号啕大哭啊!你知道,我这个人从小没有兄弟姐妹,但是我有同学,我特别羡慕那些有姐姐的同学。我有一个同学的姐姐,把两个弟弟供养大,自己一辈子没结婚,从小就充当一种微型母亲。写王莹我有过感动。她母亲是那种不顾家、近乎魔怔的劳模,她管着弟弟妹妹们。这个人物感动着我,其实就是对成年男人的一种召唤。在潜意识里也想有这么一个姐姐。

张　星　**一般来说,像你这种身高的男人应该去搞体育之类的,怎么开始走上写作这条路的呢?**

肖克凡 绝对跟我的个人经历有关。人到了一定的年龄，青春期，就有一种诉说的欲望。我6岁起就跟着奶奶生活，青春期时家里就只有奶奶一个人，我没有任何诉说的对象，就只能读书，写日记。再加上可能有点天赋。现在找出我当年写给朋友的信件，我惊讶，我十八九岁时就有这么好的文笔。

张　星 **但我觉得，男作家通常不像女作家那么敢于袒露自己的内心世界，总要隐藏自己一些内心真实的东西。**

肖克凡 肯定是，性别决定了。因为从小男孩儿的时候，就知道男人要有尊严。尤其长大成人之后，其实越外向的人，表面上好像特别能和大家打成一片，他内心的秘密就更多。我有的话绝对不会说，永远不会说……我儿子得病也幸亏有我这个爹了！我看书，千方百计带着他到处求医，自作主张地为他制订治疗方案，医生不敢做的，我做了，我告诉儿子，听爸爸的，没错！所以，10年了，他没事！

张　星 **从书中能看出，你总是不由自主地就流露出一些你曾经太熟悉的东西，甚至可以说是一种情不自禁的流淌。**

肖克凡 那么是不是说，《机器》所描述的生活氛围，不管我爱与不爱，都是我走不出去的一种，或者说是我很容易回归的那种。因为我实在是太熟悉了。比如说，我16岁进厂的时候跟着一个姓王的师傅干活儿，那师傅见到某个人的时候老躲着走，而那个人从前是个资本家。后来我才知道，就问王师傅为什么？师傅说："那不是俺东家嘛？"其实我师傅一解放就入党了，却始终走不出东家在他心里投下的阴影……这里边所有的人物我都太熟悉了，根本不用去编。

张　星 **相对于今天的文学青年来说，你已经是一位老作家了。能谈谈对80后创作的看法吗？**

肖克凡 谈到80后，我认为这是文学界的领导、乃至文学界的从业者所没有想到的一个问题，就是“长江后浪推前浪”，80后很快就会接文坛的班这个事实。我当年被当作青年作者培养的时候，不就如同今天的80后吗！那么，今天我们怎么会用那种审视，或者把他们画在圈子外面的心态来看待他们呢！打一个比方，10年之后，现在60多岁的作家还写不写作？10年之后我也60岁了，那么文学不可能断代，他们必将登上历史舞台。无论主流文坛，还是非主流文坛，对他们承认与不承认，他们都要存在。

我跟你透露一个信息，我作为天津文学院院长的本职工作，去年我接待过三次鲁迅文学院关于80后的调研，并在天津开了三次座谈会，然后鲁迅文学院写了一个调查报告，上报中宣部。现在已经吸收张悦然为中国作家协会会员了。4月26日，中国作家协会在鲁迅文学院举办了一个以80后作家为主的青年作家座谈会，相关领导到会讲话，并请青年作家们吃饭，向他们敬酒。这说明我们文学界的领导人已经意识到我刚才说的那个问题了。

张　星　**可以说，80后作家是自己冒出来的，并不是作协培养出来的。这至少说明他们是发自内心地热爱文学。**

肖克凡　中国作家吸收了以张悦然为代表的80后作家，这就是一个信号。前些日子，我去延安参加纪念毛主席《在延安文艺座谈会上的讲话》发表65周年的座谈会，吉林的80后作家蒋峰参加了，他是一个自由职业者，长年漂在北京。这在过去是不可思议的，在这样一个相对严肃的会议上，让这样一个具有叛逆意识的、代表时尚文化的青年人参加，说明中国作协在改变。说句亲切的话，应该把他们视为我们的孩子，我们的晚辈，我们的接班人，而不是回避他们，漠视他们的存在。

张　星　**但是有些80后作家，可能是因为出版相对容易，所以文字非常不讲究，缺乏应有的训练。但这并不是他们的错，因为没有人给他们指出来，这个责任谁来负？**

肖克凡 时代不一样了。就如同我们的父辈曾经吃糠咽菜,而我们吃得很好,就是这么一个比喻。我们当年想要发表作品是非常困难的,必须对文字千锤百炼,他们现在相对容易了,渠道多了,这就是社会现实。但如果80后中真有其杰出者,对自己的作品进行精雕细刻这种训练,严格要求,必成大家。而那些你教导他、他仍在语言上很不讲究、仍然随意写,那他必定成为庸者。任何一个时代这样的人都有。所以我断定,80后渐渐也会分化的,也会出现一些严肃作家。他可能要追求他的文学理想,描写他的理想生活,甚至也会涌现出一批80后的作家,去关注三峡、去采访移民、去关注艾滋病,甚至去采访大熊猫、生态环境……肯定会出现。

张 星 **那你觉得他们的优势在哪呢?**

肖克凡 他们的优势,就是他们属于这个时代,他们是这个时代的产物。与他们相比,我无疑属于过时的人了,这是事实,这就是他们的优势。我在八十年代,我年轻,时代是属于我们的。到今天,我们这一代人对许多的社会领域已经是很隔膜了,不能不承认,人就是这个时代的产物,你跟这个时代一损俱损,一荣俱荣。这就是最大的优势。

石康

80后的爱情与奋斗

石康：1968年出生于北京。编剧。作家。大学本科在联大航天工程学院电子系读计算机软件专业，研究生在哈工大管理学院读技术经济专业。著有长篇小说《晃晃悠悠》、《支离破碎》、《一塌糊涂》(合称“青春三部曲”)。《在一起》、《激情与迷茫》、《心碎你好》、《奋斗》(后拍成电视剧)。随笔集《鸡一嘴鸭一嘴》、代表剧本《大腕》、《北京风情画》等。

印象：中规中矩的自由主义者

这次采访也很独特，是在天津音乐厅的舞台上，在钢琴家黄雅蒙时断时续的琴声中，而采访的对象是石康，一个写出了为众多80后所热捧的小说和电视剧《奋斗》的作家。此次来津，他既不是签名售书，也不是到大学里演讲，而是在音乐会上讲解舒曼和李斯特的浪漫主义音乐。

2010年9月11日下午，石康和女钢琴家及丈夫一行三人从北京赶来，4点钟便开始走台。在这场"舒曼与李斯特对话"的钢琴独奏音乐会上，他作为主讲人，让音乐"亲近"大众。于是，在他"走台"的空当，我们就在台上开始了访谈。

从《晃晃悠悠》、《支离破碎》、《一塌糊涂》一直到大红大紫的《奋斗》，石康文字给人的印象多少有点玩世不恭、自贬灰色的感觉，看他的博客，对当今社会上的一些敏感问题，尤其是关于穷人、富人的思考，又有着相当的深度和责任感。原以为，这个极具个性的家伙一定是不太靠谱、不会和媒体好好说话的，没想到恰恰相反，与我们面对面的石康还是相当地配合并且直抒胸臆，真诚且平和。

当我对他说，之前看你的小说和电视剧，以为你是一个个性很张扬、自由主义的人。今天见到你，发现你其实是一个挺中规中矩的人。

石康笑答，自由主义者都是中规中矩的。

我问他，最近张艺谋拍《山楂树之恋》选女演员时说，现在清纯的女孩儿已经很难找到了，你怎么看？

他脱口而出：我觉得是张艺谋身上清纯的东西没有了。

我问他，这句话是否可以写进报道？他说，没问题。

笃定，自信，这就是如今走过不惑之年的石康。如今他每天要花6个小时来读书，读的都是政治经济学一类的大部头。他还时常忧思一些"重大问题"，他在博客中写道："今年中国天灾人祸不断，政府忙救灾，老百姓忙着避难、逆境生存与捐款，我看到拆迁还是一如既往地进行，谁都知道这是极端不义的行为，矿难没完没了，人人都可看出这可以改进，但至今这件事情也没有办……"

那么当年呢？让我们看一段他当年的文字："我三十一岁，我读书，我睡眠，我写作，我厌倦，我坐立不安，我四下走动，我探头探脑，我漫不经心，我无聊至极，我孤独寂寞，我单调乏味，我不值一提，我的生活支离破碎……”

我说，从文字上看，印象中的石康变了。而他说，他没有变，有些人从《晃晃悠悠》中看到的是颓废，而在他的内心，却一直燃烧着奋斗的激情。

也许，这就是真实的石康，在貌似“支离破碎”的文字底下，胸中的火焰从未熄灭过，作家的责任感始终沉甸甸地存在着。

当晚，天津音乐厅的上座率不太理想，先于钢琴家走上台来的石康毫不掩饰他的失望。然而当一曲结束，他再次走上台来的时候，他说他为天津观众有如此高的音乐修养所感动。当钢琴家的指尖触动了琴键、舒曼的旋律缓缓流淌出来时，整个音乐厅鸦雀无声，连那些坐在父母身边的小孩子也都一动不动地盯着台上，几个乐章中间的停顿处，全场没有一丝声响，直至全曲终结才爆发出热烈的掌声……于是，石康讲起了他对古典音乐的理解以及他自己和音乐的故事。

许多人不知道，以电视剧《奋斗》火起来的石康，想当年也曾痴迷于弹吉他玩流行音乐，不料自己没玩出什么名堂，同学老狼却因一曲《同桌的你》而大火特火，于是，他扔了吉他埋头写作，并且在好友的引导下开始喜爱古典音乐。他说，有一次他从厦门开车回北京，一路上听他喜欢的歌手王菲的歌，当听到差不多二三十遍的时候便再也听不进去了，而西方的古典音乐却能让他百听不厌，沉醉再沉醉。有一天夜里，他听肖邦听了8个小时，竟然边听边哭，哭了4个小时，那种浪漫到极致的感觉让他灵魂出窍……

他站在台上，像是站在熟悉的朋友们当中，从容随意地“说话”，一点也不秀，一点也不煽情，没有抑扬顿挫，脸上也没有什么表情，但观众完全被他讲的歌德《浮士德》中魔鬼与天使的故事吸引住了。

许多人都想知道，《奋斗》背后的石康曾经有过怎样的奋斗？剧中让人眼前一亮的那个女孩儿米莱是他生活中的朋友吗？传说中的《奋斗》续集又为什么迟迟不见出笼？

访谈录

张　星　**我很好奇一个作家为什么会大老远跑来为一个钢琴家讲解，应该说**

这是挺新颖的一种形式。

石　康　主要因为我们是朋友，我和加伟、就是黄雅蒙的丈夫从小就是朋友，最早是他拿了一堆CD给我听，告诉我古典音乐有多好听。1994年，我写的第一部电视剧《天生我才》赚的稿费，一共是32000元，我就用来买了一套发烧音响，全花光了。就是觉得好听。

张　星　**当年你写的小说《晃晃悠悠》、《支离破碎》、《一塌糊涂》我都看过，挺另类的感觉，之后再看《奋斗》，好像你一下子变成主旋律了？**

石　康　《奋斗》不能算是主旋律，主旋律是《唐山大地震》，对主旋律一般的定义是好人好事，《奋斗》里的人不大算是好人。

张　星　**你是60后，为什么你写的《奋斗》这么受80后的欢迎？**

石　康　我觉得，娱乐其实是不论年代的，比如我们看一些中外作品，有的作者都死了一百多年，但我们还在受他们的影响。这就看对你是不是有一种心灵的共鸣。

张　星　**很多读者都想知道，生活中的石康大致都是怎么过的？每天都在写作吗？**

石　康　我主要都是在阅读和写作。其实我和大家一样，一天三顿饭，不过我可不是宅男型的，我比较喜欢运动，每天都花一些时间在运动上，像网球、台球，我在家里就支了一个台球案子。

张　星　**赵宝刚曾经邀请过你来写电视剧《红楼梦》被你拒绝了，为什么？**

石　康　我觉得那种东西费了好大劲，而写出来多半是不会受欢迎的，我就不会去接那个活儿。我觉得一个作者，你写自己能够把握的，你要理解你写的是什么东西，你投入多大精力能获得多大收获，这都是能计算出来的。像《红楼梦》这种戏，性价比是不合理的，它的价钱没有那么高，但你写它却要费很大的劲。如果稿费都是一样的，我宁肯去写容易一些的东西，我觉得大家都会这样选择。

张　星　**说到电视剧《红楼梦》，你说它就是一个在大家庭中如何为生存而奋斗的故事？**

石　康　对，其实它就是一个生存策略剧。我觉得一部作品，要有它的当代意义才能为人所关注。比如你讲了一个考古学上特别古老的故事，可能关注的人就特别少。为什么要写过去的故事？就是要借古喻今，《红楼梦》如果能够做到借古喻今，把它的人物拿出来与现实中的人物对应上，才能产生传播效应，才能给更多的人提供娱乐。而你现在演的就是一个古代富人的生活场景，古代富人与现代富人没有什么关系，古代富人一家子都是住在一起的，现代富人一家子都是分着住的，它的礼节、礼仪都是不同的，与现代人找不到共同点。

再说，《红楼梦》的读者比一般书的读者要多得多得多，但信息的源头却是五花八门的，他不一定都读了原著，也许他读的是连环画，他看了一个香港的三级片，总之都与《红楼梦》产生一个信息链接，他认为这个《红楼梦》就应该是这样的，这个看法太多了，太难统一了。无论哪种看法都取得不了绝对优势，所以就干脆说它是错的吧，基本上都能被认同。

张　星　**你《奋斗》里的那些年轻人的原型是从哪来的？**

石　康　都是从生活中来的。现代戏比较难写，就是现代人很难了解，现代人除了我们大家都知道的与古代人一样的性格、趣味、个人爱好之外，现代人还有他们自己的专业，一个编剧写一部现代戏，十几个人物就要有十几种专业。而写古装戏不用，古人没有什么专业。作为一个编剧，你要写一部现代戏，就要花很多工夫去了解很多专业，比如银行家、建筑家等等。所以大家都不愿意写现代戏。

张　星　**很多观众都喜欢《奋斗》里的米莱，这个人物有原型吗？**

石　康　没有。这是一个商业形象，因为大家需要梦想，就塑造这么一个人物满足他们的梦想。

张　星　**说到奋斗，你对现在年轻人有什么要说的吗？**

石　康　没什么要说的。我觉得一个人不可能去当另一个人的老师。中国古人不是说过吗，闻道有先后，你只是先知道，或者后知道罢了。对一个人来讲，你可能是先知道的，但对一个年龄层的人来讲，不一定你就比他们先知道。

张　星　**我觉得你从《晃晃悠悠》到《奋斗》，至少从作品上看，你的人生有很大的改变，你以为呢？**

石　康　作品上是的，但本质上没什么变化。只不过在我写《晃晃悠悠》那个时代，生活比较压抑，那么现在生活到了一种新的时代了，你就会表现出一种新的样子，是与时代相关的。人是被社会塑造的，你个人其实没有什么办法让自己改变。

张　星　**我觉得你现在很像《奋斗》里的陆涛，亦正亦邪。与你早期的作品带给我们的形象全然不同。**

石　康　其实是一样的。我们自己也有高兴和不高兴的时候，你自己若有机会去看自己，你也觉得不会像是同一个人。人的范围是很大的，没有一个统一的人，每一个时刻都会展示出自己不同的侧面。

张　星　**那么你还在写什么新的作品？**

石　康　就是还在写《奋斗》续集，接着写这些人的故事，没写完呢，一半都没写到。另外，我从2000年就开始写一本科幻小说，已经写了10年了。我每天以阅读为主，基本上是阅读6个小时，写作两个小时。这两年主要是读一些政治经济学方面的书，从亚当·斯密开始。（记者插话：所以你现在变得深刻了）经济学并不深刻，我觉得它们都是工具，知识不分深和不深，都说懂哲学的人就深刻，哲学是从事情的最基本面去讨论，我们现在任何一个话题都包括至少五个哲学观点，哲学并不是深刻的。

张　星　**任何一个话题都包含五个哲学观点？比如说——**

石　康　仔细去想，比如折中主义，比如你是一个激进主义者，比如你在你这句话里有实用主义、工具主义。也许不止五种，我说五十种都不新鲜，它会把你的话语分成各种的倾向，非常细小的倾向，这就能形成一个哲学流派。

张　星　**可是，这些都是逻辑思维的内容，而你写小说和剧本是需要形象思维的？**

石　康　我觉得逻辑思维与形象思维是不会分那么清楚的，就是人的思维方式嘛。人的思维方式有归纳总结法。你说这个人没逻辑，没逻辑是不能活的，没逻辑的人也要先拿了牙刷挤了牙膏再刷牙。他不能拿起牙刷"嗖"给扔了，那就是疯子了。实际上，我们都是在逻辑下生活。

张　星　**你和主流的文学圈，像作协什么的有联系吗？**

石　康　从来没联系过。

张　星　**你很有个性，可你和韩寒又不一样，你是属于大一号的韩寒？**

石　康　我不是。韩寒、郭敬明他们都是偶像，你看我长成这样能当偶像吗？（笑）

张　星　**网上有人拿《奋斗》和《蜗居》作了一个对比，说《奋斗》是一个老男人写的浪漫主义的奇幻故事。你接受吗？**

石　康　那个我也看了，我觉得他说得是对的，那是一个很好的解读角度。

张　星　**能讲讲你的奋斗吗？从表面上看，上大学，读硕士，当作家，似乎是一帆风顺的？**

石　康　我的奋斗不是一帆风顺的，在很多年里我努力奋斗却没挣着钱。在我们的社会里，需要有钱才能在社会上活动，挣不着钱就不能算成功的，只是能活下去而已。

张　星　**你给电影《大腕》写剧本的时候稿费是5万元，写《奋斗》时变成数十万元，在写《奋斗》火了之后，有人说你已经完全商业化了，在各种公开场合张口就谈钱，这样会不会有不太纯净的写作心态？**

石　康　我觉得，写作心态还是一样的。我发现一个问题，就是作家也需要钱。但是社会上的声音却说作家不需要钱，就是越穷写得越好。但是你要知道，一些在20年前和我一起写作的很多人，都是因为太穷了，根本就没办法写作了，只好去干别的了。我认为，支持作家不停写作的和支持农民不停种地的、支持公务员每天去按时上班的都是一种东西，那就是报酬。对作家来说，当然挣得越多越好。你不能说作家挣得一多，就写不好了。你不能说种水稻的科学家袁隆平挣钱多了以后，就不好好搞科研了。

张　星　**可是你这样直白地说出来，就不怕有损自己的公众形象吗？**

石　康　我不是去宣布一件事，只是把我看到的事实说出来。因为我没有看到不为金钱去奋斗的。当你这个工厂宣布不发工资了，这个工厂就倒闭了。如果你说你不为金钱奋斗的话，那么老板就是不发工资了，这个工厂还应该运转得很好才对。

张　星　**听说，你的《奋斗》续集给你带来了上千万元的进账，是吗？**

石　康　（笑）又说钱了，但这些钱并没有一下子全进，有一部分是预付，而是你的写作进展到哪儿了，就付一部分。原来说是明年能完，但可能完不了，也许要到后年。主要是太难写了。书是三到四本，先出来了一本，后面的几本还没写。

张　星　**迟迟没有写出来的原因是什么？**

石　康　主要是被新出现的现实问题拦住了。奋斗，你要讲一个故事，实际上是一种不太艰苦的奋斗，我们突出的是一种奋斗精神，就是说当你有了理想的时候，要通过奋斗去实现你的理想。或者说即使实现不了，你也有一个奋斗的过程。要说《奋斗》续集，其实我已经大致写了一遍，第一稿已经写完了，突然这个社会就出来一种声音，也是80后发出来的，说奋斗没用，奋斗了半天也还是买不起房子，尤其是大城市、包括中小城市的房价涨得太快了。那我就不知道该写什么了，哥们儿，当奋斗没用的时候，那我们还奋斗什么呀？还不如躺在家里睡觉呢！这个社会现实让我没办法把续集推出来。我若照老样子写出来，年轻人就会认为你是在说瞎话，人家奋斗了，不要说理想，连现实都达不到。

这时候我就想，要调整一下主题，但主题写什么好呢？我也不清楚。其实现在我也想好了，就是给奋斗再换一个新的定义，就是当你在不可逆的情况下，比如再奋斗我也买不起房，在这种情况下，我也能通过调整好自己的心态，在工作和生活中得到快乐。我们管这个叫奋斗。

张　星　**你所写的《奋斗》，你作品中的这些年轻人，大都有不错的家庭背景，甚至相当富有，那么这个奋斗不是年轻人那种纯粹的白手起家的奋斗？**

石　康　对。因为对于那些靠白手起家奋斗的年轻人，从个人创作的角度讲，我们没有任何办法能帮助他们，所以我们写的人物，只能写这种社会中上产阶层的。如果这些白手起家的年轻人不幸出生在远郊区县，或者大山里，我们没有任何办法能帮助他们。谁能帮到他们？只有国家。国家通过二次分配，收富人的税来给这些山里的孩子，给他们机会和保障，让他们也能像城里的孩子一样，站在同一个起跑线上奋斗。

很多人说，我通过努力获得成功。哥们儿你想想，我大学毕业学的是软件，研究生学的是经济，我生长在北京，我很早就会用普通话来说话，我又看了3000多本书，一般人怎么来跟我竞争啊？我自己的努力又占了多大的分量？因为你的环境好，你才有机会获得这些东西。并不是我能力强，我会奋斗，而是我的运气好。一个农民，他跟我在一起，他脑子比我聪明十倍，但他不是北京人，他连课本都没有，他怎么跟我去竞争啊！当我用先天的优势，去说山里的农民：你不努力，不奋斗，这合适吗？你应该把你得到的东西拿出来一部分，分给他，把他变强一点，这样大家才能形成一个竞争。

说到人的自由，本质上，我们每一个人就与判了无期徒刑的囚犯是一样的，生而为人，必须得死吧，这对我们来说就是一个不可逆的，其他的，都是工作生活中一些很小的细节。当我们面对一个必死的命运的时候，你用什么心态来对待它。当我知道在未来的20年或者30年后，我必须得死了，那么我现在就可以自杀，我可以死，我也可以好好奋斗，或者干脆就瞎胡混，我可以有很多选择。这时候，你要选择一个最适合你的方式，用一种良好的心态来面对你的命运。我在骨子里认为，成功的人不过就是运气好而已，所以我并不是太看重输赢的。我更看重的是你做每一件事的过程。

人是这种动物，你过了一种生活，你就没法过另一种生活。

刘明秀

扎根黑土地 激情俄罗斯

刘明秀：中国最早的民间展览馆创办者，世界上收藏俄罗斯艺术品最多的个人。

1964年生于黑龙江黑河，1982年5月毕业于黑河市第五中学。1988年11月从原黑河林业永新建材厂调入黑河博物馆。从1982年起，他开始钻研和创作根雕艺术，其作品曾先后获国家级和国际各类奖项。之后，他开始节衣缩食到俄罗斯民间收集俄罗斯艺术品总计达四千余件，并创办了全国首家俄罗斯艺术展览馆。2006年，俄罗斯新闻记者协会、俄罗斯国家电视台为他颁发了“文化使者”奖章与证书。俄罗斯艺术科学院为他颁发了俄罗斯历史上唯一一枚授予境外艺术家的“叶卡杰琳娜二世勋章”。

印象：有位痴者，在水一方

《三套车》、《天鹅湖》、《列宁在1918》、《莫斯科郊外的晚上》，还有“牛虻”、“保尔·柯察金”、“安娜·卡列妮娜”……当我猛然间置身于俄罗斯画展的大厅，列宁的巨幅油画映入眼帘时，有关这个民族的一切文化艺术信息便如破堤的潮水一般汹涌澎湃地奔上了我记忆的堤岸。伴随着俄罗斯绘画艺术展在天津的开幕，展厅中那一幅幅美丽的“喀秋莎”，凝重的“静静顿河”，再一次唤醒我曾经打上过俄罗斯文学深刻烙印的往昔岁月。而更加令我激动的并不是这些精美的绘画，而是把这精美绘画带到天津来的那个人——刘明秀！

一个充满激情、浑身散发着无穷能量、永远怀有一腔热血的东北汉子！

认识刘明秀是在11年前，那时候他以创办了中国第一座俄罗斯民间艺术馆而成为国内各大媒体热炒的新闻人物，《中国青年报》、《人民日报》、新华社、中央电视台都纷纷报道了这个因痴迷于俄罗斯民间艺术品收藏而被称为当代“唐·吉诃德”的黑龙江小伙子。天津电视台还拍摄了以他为原型的电视连续剧《俄罗斯邻居》。

那次采访，正是他人生和事业全都进入了最黑暗的低谷时期。我完全没有料到，这个身材魁梧、浓眉大眼的小伙子在谈到他所处的困境时，竟然一阵阵眼圈发红……1988年，他的故乡——与俄罗斯一江之隔的黑河市随着边境贸易的升温开始异常热闹起来，奔流不息的黑龙江成了刘明秀艺术之梦的摇篮。当黑河人几乎都被卷进了去俄罗斯“倒货”的狂潮中，刘明秀却“不合时宜”地对那些看似古朴笨拙但韵味十足的俄罗斯民间艺术品所深深痴迷……他几乎花光了过去做生意赚到的全部家产，换回了两千多件在别人眼里一钱不值的“破烂儿”。正如俄罗斯媒体后来报道的那样：“动乱期间的俄罗斯没有守住自己的民间艺术，破碎的文明出卖了自己的文明碎片，一个年轻的中国人把碎片拼合起来，并收藏了它们。”

随后每年，刘明秀数十次往返于黑龙江与俄罗斯之间，足迹遍布俄罗斯各地。耗尽了积蓄的刘明秀最后不得不变卖掉自己的住房，1994年终于在黑河创建了一座国内独一无二的俄罗斯民间艺术展览馆。

然而，随着黑河边贸的滑坡，刘明秀用以维持生计的酒店、商店先后关闭了，展览馆失去了经济支柱，摄氏零下三十多度的隆冬里，暖气停了，花草冻死了，万般无奈之际，刘明秀含泪关上了展览馆的大门……我为他的一片赤诚所深深感动，于是，我先后写出了《红莓花儿渴望再度开放》和《真诚的守望者》等报道为他呼吁，并专程到黑河去看望他。站在冷冷清清的展馆前，形单影只的刘明秀犹如晚秋风中那坚守的最后一片叶子……

一晃就是11年，当我突然得知刘明秀带着数位俄罗斯著名艺术家来天津办画展时，我猜想，他一定迎来了他生命中期盼着的那个阳光明媚的春天！

2006年5月9日上午10点，我们来到天津新落成的古玩城参加俄罗斯绘画艺术展隆重的开幕式，我一眼就在张灯结彩、高鼻子俄罗斯艺术家和众多嘉宾等热闹的人群中搜索到了刘明秀——依然是那个短短的寸头，依然是浓眉大眼，他正和他邀请来的俄罗斯艺术家们热情地攀谈，见到我们几位天津老朋友，他立刻奔上前来与我们热烈拥抱……11年就是这么快地过去了！刘明秀的神态里明显比当年多了一份沧桑和一种说不出的凝重。虽然表面上他还是和当年一样活泼俏皮，说话时喜欢手舞足蹈，但能够感觉到他生命中的内核已经不一样了，与当年的质朴、热情、张狂甚至狂妄相比，他已经相当成熟了。望着他额头上渐显的细细纹路，我忽然悟道，一个男人，也许到了这般时候，才算真正"炼"成了。

刘明秀兴奋地告诉我们，他的俄罗斯艺术馆已于2004年6月从黑河迁址至哈尔滨的太阳岛上了，现在有17间展厅，展览面积达两千多平方米，他的收藏事业发生了质的飞跃。除了珍贵的俄罗斯艺术收藏品之外，艺术馆还汇集了全俄罗斯近现代百位杰出画家的力作，包括俄罗斯世界级艺术大师、叶利钦和普京的两任艺术顾问伊格尔·奥勃洛索夫先生的多幅油画作品等。他还在自己的艺术馆里建立了一个俄罗斯画家村，邀请一些俄罗斯当代著名的艺术家驻馆作画。2004年，为表彰他多年来为促进中俄两国文化交流所作的贡献，俄罗斯官方最高艺术机构、俄罗斯艺术科学院为他颁发了俄罗斯历史上唯一一枚授予境外艺术家的"叶卡杰琳娜二世勋章"……

展厅内，刘明秀面对着他带给天津观众的满屋子俄罗斯风情，那种由衷的欣慰绽放在他的笑容里。我说："这也是你卧薪尝胆这么多年才盼来的，太不容易了！”

他说：“这些年我在俄罗斯经历了很多很多的波折，有打击，有困境，但更多的是感动。要把我这些年的经历写成电视剧，至少要写100集……”

经历，便是人生中的故事。有些人，也许一生都不会发生什么故事，而有些人，注定一生都将与故事纠缠不清。无疑，刘明秀天生就是一个不断制造故事又被故事折磨、一生都离不开故事的人……

第二天傍晚，结束采访后，刘明秀与我们一些当年的朋友们相聚在一起，聊着喝着，再次被激情鼓动起来的他情不自禁地站起来，高声为我们朗诵了一首他自己创作的诗歌《黑河，我永远的眷恋》——

> 我对你的爱，不是悦耳的歌声；
> 我对你的情，没有海誓山盟。
> 血液，是黑土地的油汁；
> 性格，承袭了北方柞树的质朴坚硬。
> 外面的世界我也向往，是美好就令我憧憬。
> 然而，梦牵魂系的唯有你啊——我的黑河我的父兄……

我发现，沉浸在诗情中的刘明秀完全陶醉，他声音颤抖、热泪盈眶，那种由生命喷发出来的热情与真挚不能不令人感动。在当今如此浮躁的社会中，难得他还能保持一腔如此赤诚的热血和一颗如此纯净的赤子之心！

让我们来听听他讲述的感人故事吧——

访谈录

张　星　**就从今天这个展览说起吧，这个展览是怎么搞起来的？**

刘明秀　是天津一家艺术公司找到我，想做一下俄罗斯文化艺术方面的事情。当他们提出这种合作意向时，我马上就想到了我和天津的这种感情。在我搞俄罗斯艺术收藏遇到第一个低谷的时候，是你在《天津日报·

北方周末》上报道了我，为我的艺术馆呼吁。还有天津剧作家张永琛以我为生活原型写的电视剧《俄罗斯邻居》。这些都让我觉得，天津是一个非常亲切的地方。大概三个月前，天津人民广播电台的《夜访百家》还找我做了一期节目。所以，我很高兴地就答应与天津合作，举办这次展览。

张　星　**现在看来，你做俄罗斯艺术是热门，而在十年前却是大冷门。**

刘明秀　那时候，由于前苏联的解体，这种剧烈的社会变革与政治动乱，一时间使得俄罗斯老百姓食不果腹。那时候用中国一块泡泡糖就能换回俄罗斯的一台绞肉机。所以很多人都不理解我，说刘明秀疯了，放着赚钱的事不做，却拼命往"破烂儿"里扔钱，还弄得自己穷困潦倒。《中国青年报》写我是一个"不合时宜的人"，另一位记者写我是"文化狂人"。后来，到了2002年，《人民日报·海外版》在头版上发表了一篇写我的报道，说我是"黑龙江上架桥人"，这个桥，就是文化之桥。2003年8月，中国国家文物局和《中国文物报》共同给我颁发了一个全国的文博大奖，这是从1949年建国到现在，第一次把国家级的文博奖颁给私人博物馆。我也深深地感觉到，从上世纪80年代开始到90年代，我是从个人收藏，逐渐转变为策划、发起、实施两国艺术文化方面的合作与交流，把中国的一些艺术工作者介绍到俄罗斯，同时也把俄罗斯的一些艺术家及作品介绍到中国来。

张　星　**你怎么想起来要在艺术馆里建一个画家村的?**

刘明秀　这个画家村的模式是我从艺术馆多年的实践中摸索出来的。我从2000年开始，就不断地聘请一些在艺术处于上升期的俄罗斯当代中青年画家驻馆创作，一开始来三两个，效果非常好，有些观众到艺术馆参观时看到有画家在作画，非常感兴趣。另外我还有一个想法，我请俄方的画家来中国创作，他们以俄罗斯的视角和技法来反映中国人的现实生活、精神面貌与自然风光，自有他们不同的感受。而他们的作品,除留在艺术馆一部分之外,我有意识地让他们带一部分回俄罗斯,他们回去以后,也在一起联合办这种集结起来的艺术展,在当地引起了非常大的轰动。很多俄罗斯人没有来过中国,他们看见画中的中国,就会产生一种非常强烈的想了解中国的愿望。

张 星 **并且他们画中的是今天的中国,而老一代俄罗斯人了解的却是昨天的中国。**

刘明秀 今年2月,我们在俄罗斯著名的艺术之都克拉斯诺亚尔斯克(这里是一代宗师苏里科夫的故居)举办了一个由二十几位俄罗斯画家的作品集结展,这些画家都是在太阳岛我的俄罗斯画家村创作过的,开幕式当天,俄罗斯美术家协会搞得非常隆重,锣鼓喧天,俄罗斯人表演着中国的舞龙和舞狮,一下子拉近了我们的这种感情!在我们所到之

▲ 张星(左)采访刘明秀

处，到每个画家的画室去访问，包括到机场去接我们的汽车里，播放的都是《好一朵茉莉花》这些我们熟悉的中国音乐，同去的中国美术家协会理事王仲先生说："由俄罗斯的画家来画中国，然后再回到俄罗斯展览，刘明秀，你这个举动真是一个别开生面的创举啊！"

张　星　**这些年你能够坚持下来，走到这一步，真是太不容易了！**

刘明秀　说实话，那些年我有时候真是快撑不住了，我搬到哈尔滨的这个馆已经是开了关、关了再开反反复复的第10个馆了。我当时那么艰难，我就是卖自己的房子开展览馆，也没有想到放弃。在我心里，从感情上就是不愿意放弃，割舍不下。在我心底总有一个信念，我相信总有一天人们会认识到这些藏品的价值，会认识到这种从文化领域交流合作的意义。从1988年到现在，在我做这件事情将近二十年中，我深深感受到很多俄罗斯人对中国人是非常友好的，他们非常渴望了解中国。对他们来说，我刘明秀就是一扇窗口，他们能通过我了解今日中国、包括中国的艺术与文化，并且也希望通过我把他们的艺术带到中国来。

张　星　**你确实是一个中俄文化的架桥人，甚至可以说，你就是那座桥。**

刘明秀　就为了这份信赖，这份期待，我觉得我责无旁贷，义无反顾。

张　星　**你是不是已经把俄罗斯都走遍了？**

刘明秀　差不多吧。这些年来，我可能一年有大半年是在俄罗斯，虽然我为此付出了很多，也失去了很多。许多俄罗斯人到哈尔滨看到我也很惊讶，说刘明秀你到现在怎么还开着这么破的一辆桑塔纳2000呀！你为什么不换一部更好一点的车呢？说实话，换一部更好一点的车对我来说不是什么很难的事，但是我总觉得，与其换一部车不如给一位俄罗斯艺术家办一个展览！每做一个展览，艺术家的邀请、境外作品的组织、艺术家的接待等等，所有的开销都要由我来出，我一年要给俄罗斯艺术家做十几个展览,一年下来就需要200万左右人民币。其中一部分是靠卖作品获得的。但我卖作品就跟卖孩子似的,真是舍不得啊!如果我用卖了作品的钱来改善自己的物质生活,对我来说简直就是一种罪过。但是用这些钱来给艺术家们办展览,我倒觉得是很欣慰的一件事情。

张　星　**你从搞俄罗斯的民间收藏,到搞俄罗斯的当代艺术,这个转变的过程是怎样的?**

刘明秀　可以从两方面说。一方面,从上世纪80年代末到90年代中期的时候,俄罗斯的经济在逐渐恢复,从过去老百姓食不果腹,把家里一些珍藏都换成了一些中国的鞋、袜子、运动服等生活必需品,到生活基本安定了,看到了经济复苏的迹象时,他们的心里仍然是热爱艺术的。这时候不论是在民间还是艺术品市场,都很难再搜集到过去我搜集到的那么精美、有价值的艺术品了。另一方面,就是当与俄罗斯的艺术家们建立了这么友好互信的关系之后,我觉得,介绍他们的文化远比我个人的艺术收藏价值更大,也更有意义。过去我只是自己走街串巷、走家串户不厌其烦地淘宝,与人讨价还价。那么到了现在,不断地有俄罗斯艺术家给我的艺术馆捐赠。去年,莫斯科周边的一个城市的美术家协会主席,就是这个吉霍米洛夫的父亲(现已去世),委托他儿子一次性捐给我他早期的绘画四十多幅,我非常感动。他觉得,他的作品能在中国展出,对他来说也是一种荣誉。再有就是他相信我热爱他们的艺术,不会把这些作品换成钱去为自己买汽车,或者房子。

张　星　**像这样让你感动的故事多吗?**

刘明秀　太多了!有一位七十多岁的老功勋,现在已经去世了。当他在俄罗斯的报纸上知道了我的故事以后,专程坐船来中国,把7枚古老的奖章和7张发黄的证书递到我手上,赠给我的艺术馆。还有一位白俄的后裔,她的爷爷奶奶曾在哈尔滨生活过,她们家族曾有一支非常庞大的船队。她当年从船上下来的时候留下了一个铜钟，就是1870年圣彼德堡号航船上的铜钟。后来有许多人都想高价买她的这个铜钟，她不卖。没想到她托人把这个铜钟带到了黑河，无偿送给了我。2005年夏天，在俄罗斯著名的艺术之都克拉斯诺亚尔斯克，一个著名的宫廷画家叫瓦列里，也是俄罗斯当代一个著名的先锋诗人，他几年前就知道中国有一个俄罗斯艺术馆，直到2004年才终于与我联系上，2005年他到我这个馆来做客时带来了六十多幅作品。问我能不能给他做一个展览？我说当然可以。那么我就精心地装裱他的作品，搞了一个非常隆重的开幕式，等开幕仪式结束之后，在酒会上他突然说他有一个重大事情要宣布，他决定把他带来的、今天展出的所有作品，全部捐给刘明秀的俄罗斯艺术馆！我简直就无法相信！我知道对于艺术家来说，作品就像自己的孩子一样啊！所以为什么这些年来无论有多少苦难，每一次当这样的事情发生的时候，这种温暖，这种感动，都能让我持续多少年！让我欲罢不能，充满感动。

张　星　**如果你再考虑为个人谋利益就很惭愧了。**

刘明秀　所以我决定来天津做俄罗斯艺术展，就是你们10年前给我的支持还一直持续着、温暖着我。再比如我现在的艺术馆里有3幅稀世珍宝，是康斯坦丁·伊万诺维奇·卢达阔夫的版画作品。他是二十世纪最为杰出的艺术大师，他为很多俄罗斯著名的文学家，包括莫泊桑等的小说画过插图，不要说在中国任何一家博物馆和美术馆，就是在俄罗斯的西伯利亚地区，也没有一家博物馆或美术馆有他的真迹。那么他的女儿是列宾美院的一个老教授，她有一个杰出的学生叫维佳，在维佳毕业时，老教授将自己父亲的3幅作品送给了他。2005年11月中旬，我去俄罗斯参加克拉斯诺亚尔斯克美术家学会成立一百周年庆典时，正值维佳过生日，我和几位朋友一起去他家祝贺他的生日，当天他什么也没说。第二天，当我和俄罗斯现在的美术家协会主席等人正在谈合作时，维佳敲门进来了，拿着一个小纸夹，说要送给刘明秀几件作品，当他一层层打开包装纸，当这3幅作品露出来的时候，我觉得自己的心在怦怦直跳，正是卢达阔夫的版画真迹！这3幅作品可以说是价值连城啊！

张　星　**他没有说他为什么要送给你这么珍贵的东西？**

刘明秀　他在我的画家村工作过两个月，他说通过两个月和我朝夕相处，认为我是一个非常好非常真诚的人。他这3幅画是对我、对我的艺术馆的一个肯定。他觉得这个画放在我这个艺术馆能世世代代流传下去。再比如，今年5月6日到画家村来的这个大画家伊万，他在德国有一个大画室，到我这来工作了一段时间以后他说："我一直以为柏林是我的第二故乡，但是现在我爱上了哈尔滨，我爱上了中国。我去过很多国家，包括意大利、美国、法国，最善良、最热情、最有人情味的就是中国人！"我这个馆现在内容越来越丰富，我原来是抱着帮助俄罗斯人的心态，现在反而是他们帮助了我。这种信任与友谊是心和心换来的……

姜育恒

人生是一首苍凉的长歌

姜育恒：祖籍山东荣成。

1958年11月15日出生于韩国首尔。在韩国读完了中学和大学。1981年到台湾开始了他的歌手生涯。从1984年第一张个人专辑《爱我》出版后，从此蜚声台湾和内地歌坛，不断推出新的专辑。2004年，分别在北京和天津举办了个人演唱会，盛况空前。从出道至今，已经出版了近30张个人专辑，其中影响比较大的有《驿动的心》、《再回首》、《想哭就哭》、《一世情缘》、《男人的心也会痛》等。

印象:忧郁是一种经历

也许你不熟悉姜育恒,但你一定听过他唱的那首《再回首》,还有《驿动的心》、《跟往事干杯》、《梅花三弄》……他的歌几乎全部是充满沧桑、酸楚和一种无法释怀的深情的诉说，加上他独特的嗓音和忧郁的目光，于是他被称为歌坛的"忧郁王子"。

一直对歌星没有太多的感觉,但在与姜育恒的交谈中,从始至终的两个多小时里,如果不是他放新录的歌曲录音给我听,我几乎忘却了他歌星的身份。当我听完他的人生故事之后,方明白,他在歌中唱的其实正是他自己。

"你歌里的那种沧桑的东西绝不是简单的歌词所能包括的,一定有许多生命中的故事吧?"

在提出了我的采访要求之后,姜育恒沉思良久都没有回答,他仰靠在沙发上不停地抽烟。然后,他说了一个英文单词:"Life"

"你指的是生活吗?"我问。

"它有两个层面,一个解释是生活,一个是生命。所以简单一点说,什么是生活?如果要追溯我的'Life'的这个层面的话,那些埋藏下来的东西,必须要从我小的时候谈起。"

从他的讲述中我才知道,身为台湾歌星的他是一位出生在韩国的华侨,他的父母亲都是山东荣成人。虽然在韩国长大,但他从小在家里讲的却一直是山东方言,读的是韩国的华侨学校,父母从小就在他的心灵中灌输了一个根深蒂固的信念:这里不是我们的家,我们的家在山东,早晚我们还要回去的!于是,那种"人在异乡为异客"的漂泊感就像种子一样种在了姜育恒幼小的心底,加上家境的贫寒和母亲的早逝,从十七八岁便开始独立生活的姜育恒,生命本身就具有了一种悲凉的底色,他怎么能不忧郁!又怎么能不沧桑呢!

在谈到他童年的岁月时,我们的交谈总是被他的沉默所取代,他沉默着,屋内一片寂静,冬日的阳光从窗外好奇地探进头来,与他手中香烟燃着的缕缕烟雾悄然融合。

回忆很长,埋藏很深,无言的酸楚在没有歌声的空间里拨动着每一个人的心弦。

长久的沉默之后，姜育恒离开了客厅。他的经纪人汪先生说，谈起这些会让他很难过。在他没有回来之前，汪先生为我们播放了在电脑上正在做着的一首姜育恒刚录的歌，是他新专辑的主打歌《烛光里的妈妈》。歌不是新的，但是由姜育恒用自己的理解重新演绎的，与之前别的歌手的唱法迥然不同。

在一段女声模拟母亲的道白："孩子，你是妈妈一辈子的牵挂，在妈妈的心里，你永远是个孩子……"之后，响起姜育恒那低沉沙哑、近乎诉说的歌声："妈妈，我想对你说，话到嘴边又咽下……"

这歌声穿过时光隧道，弥漫着一种遥远年代的味道在房间里低回。我知道，那是一个歌手梦开始的地方，那是一个男人生命最脆弱的岁月……

逝去的母爱，是一个成年男人苍凉的长歌！

再看回到客厅的姜育恒，他仰头靠在沙发上不停地抽烟，目光迷蒙，但不是沉醉，更不是陶醉，而是在回忆，完全陷入他自己独有的世界之中……往事一幕幕，心痛一幕幕。这时，他突然问我："你是妈妈吗？你有什么感觉吗？"

当采访即将结束时，姜育恒提议说："来，再听一遍《烛光里的妈妈》，放大声一点。"

一遍之后又放了一遍与灌唱片不同的版本，是去年他在北京演唱会的现场版，歌声中他完全放开，完全无所顾忌，呼呼唤唤，声声都是"妈妈"！

姜育恒说："我唱这首歌时，我脑海里就会出现我妈妈的画面。"

"那是一个什么样的画面呢？"

"我妈妈没念过书，大字不识，但她在我心里是一个非常有智慧的人。我妈妈生了6个孩子，死了3个。为了我们几个孩子很辛苦，47岁就死了。那么我现在就算是有成就的话，妈妈也看不到，也享受不到了，这是我心里的痛。我上中学的时候回到家里还要和妈妈耍赖，因为我是老小。在我的脑海里，想起妈妈，一直以来就是她对着我在微笑……"

从姜育恒的歌声中，我听到了一个男人发自生命深处最真实的呼喊。男人与女人不同，女人发泄情感的方式有许多，唠叨，哭泣，甚至大吵大闹。而对于男人，男儿有泪不轻弹，是不愿意轻易地流露自己的感情，更不会公开宣泄自己的感情了。只有在呼唤母亲的时候，才可以这样公开、这样无所顾忌地唱出来，才能光明正大地宣泄一个男人的情感。一声“妈妈”，实际上是包含了一个男人情感的许多层面，包括对父母、对女人、对生命、对自己人生等种种无法诉说的情怀。

用生命歌唱生命，这便是姜育恒歌声的魅力。

访 谈 录

母亲去世，吉他成了唯一的心灵慰藉

张　星　**你童年在韩国读的是父亲创办的华侨小学?**

姜育恒　在韩国我们家住在离汉城两个小时车程的地方，中国人很少，我父亲就只好请老师到家里来教孩子们读书，就这样他创建了一所华侨小学，从七八个孩子开始，邻近住处的中国孩子就都过来了。到我上小学的时候，已经有从一年级到六年级二十多个华侨学生了。我的老师和同学也都是山东人，我们在一起都讲山东话。那时在全韩国只有5座华侨上的中学，离我家最近的就是汉城，就只能住校，我从初中一年级开始就住在学校，所以我从那时起就养成了无论什么事只能靠自己的习惯。

张　星　**那你是从什么时候开始喜欢唱歌的?**

姜育恒　我在高中一年级开学时觉得腿很痛，就去检查，结果是骨髓炎。医生说必须开刀，这样我就休学了一年。就因为这一年的休学，腿上打了石膏8个月不能动，我哥哥给我买了一把吉他，从不会弹吉他开始，到我一年后回到学校，我已经是学校里弹吉他弹得最好的一个。

张　星　**无师自通吗?**

姜育恒　也可以这么说吧。我哥哥有一个朋友会弹吉他，他在那弹，我就在那看，等他走了，我就自己弹。

张　星　**那时对你生命影响最大的人是谁?**

姜育恒　我妈妈。在我高中一年级的时候我妈妈被发现患了子宫癌,当时是二期,就做了手术。之后妈妈的身体就一直不太好。也许因为我是老小,我妈妈一直是最疼我的, 我在家里也最讨人喜欢, 也总爱逗妈妈开心。所以说我妈妈从小带给我的影响是很大的。我休学一年再回到学校后就养成了一种习惯, 每当我想要抒发自己的情感时我就一个人弹着吉他唱歌,这是我自己独处的方式。因为家境不好,高中的每一个假期我都要到外面去打工,所以我从很早就认识了金钱、酒甚至女人等,比同龄人更早地接触到了成人世界。除此之外,在我们这些华侨的意识深处,"异乡人"的心态始终存在着。

张　星　**是那种流浪的感觉吗?**

姜育恒　说到流浪这两个字,那么我是从高中时代就开始了,不断地打工,投入到一个又一个新的陌生。那时候,家里也给一点有限的钱,其余的就只有自己想办法了。我姐姐只念了高一,我哥哥也是靠自己打工读完了高中。我不但念完了高中,还在韩国念了大学。记得我读高二的时候回家要学费,那时候家里刚搬了家,好不容易找到了地址,一进门看家里的状况,根本不可能有钱给我交学费,就没有开口。回学校的时候,妈妈到火车站去送我,给我买好火车票,就给了我一万元韩币(相当于人民币80元左右,当时在韩国买泡面是150元一碗),什么话也没说,就默默掉眼泪,一直在哭。我的泪在心里却不敢哭,转头之后我悄悄抹去眼角的泪,这时妈妈还在身后看着我,我就在心里对自己说:从今以后,我不会再为自己的事情而哭。我要赚很多的钱来改善家里的生活!

张　星　**这也是经常会出现在你脑海里最难忘的一幕?**

姜育恒　是。高三的第一学期结束时,农历12月11日,我妈妈去世了……其实在我上高二的时候妈妈的病就复发了。我妈妈在我生命中的影响是很深很深的。其实我本来是一个很调皮活泼的小孩子，我妈妈过世之后，我开始变得很沉默，沉默寡言，我把自己的内心世界隐藏起来，不愿意说自己的心事，唯一能慰藉我的，也是我独处的方式就是弹吉他唱歌。然后就是打工，那时候我做过很多种工作，比如说那时候刚出现一种新的皮鞋油，我就和同学一起，见到皮鞋就擦，一个人擦一个人叫卖。下雨了就卖伞，也在菜市场卖过菜，也在餐厅厨房里打过工，就是为了生活，做过很多种工，大部分是靠卖苦力赚钱。

回到台湾开始了歌手生涯

张　星　**那你是怎样上的大学？**

姜育恒　因为我们是华侨，所以我们进韩国大学是以留学生的身份，有几所大学是免试的。我出去工作了一年，攒够了学费就上了"韩大"。偶尔会有餐厅找我去唱歌，挣多少钱不重要，重要的是这是我喜欢做的事。

1981年我去了台湾，我回到台湾就想做音乐，到台湾后我才开始学习说国语。1983年年初，刚好有一家唱片公司在招新人，我就去试唱。后来我才知道，当时报名来试唱的有200多人，最后就录取了我一个人。

张　星　**从此就开始了你的歌手生涯？**

姜育恒　1984年6月12日出版了我的第一张专辑《爱我》，一下子就起来了！我在第一家唱片公司出了4张唱片，每一张都卖得很好，但我很想换个环境，我要自己制作自己的唱片，就离开了那家公司。我自己担任制作人制作的第一张唱片就是《驿动的心》，后来是《跟往事干杯》，1989年《再回首》，同年底的《想哭就哭》。每一张唱片都特别红。自己担任唱片制作人就可以把自己的理念、想法用旋律、用歌词表达出来。这样唱片收入就正常了，生活也开始改善了。从那时至今我已出了将近30张唱片了，仅在台湾的发行就超过几百万张，内地就无法统计了……

张　星　**你唱这些歌的时候，已经是沉浸其中在唱你自己的故事了，对吗？**

姜育恒　不仅仅是唱，这些歌本身就是以我的感受进行创作的。从制作人的角度，我自己想表达什么是很关键的。《驿动的心》就是我自己的体验。“曾经以为我的家，是一张张的票根，撕开后展开旅程，投入到另外一个陌生……”就是在讲我，因为我一直就是在这样漂泊啊。我把词作者找来，坐在一起聊天，把我的心境讲出来，他就透过我的这种心境写出来。《再回首》也是一样，是我想要的感觉，我觉得这首歌的旋律性，接受度都很大。我就考虑设定请谁作词更合适，与他沟通，把我的想法讲出来。当然一些歌我自己也会写。所以，一方面是自己的东西，一方面是自己深入到音乐里面演绎，所以做起来就很有趣，做得也开心。

张　星　**那你在声乐方面从来也没有受过什么专业的训练？**

姜育恒　没有。从来没有。

给太太一个隆重的婚礼

张　星　**看过一些报道，你是一个很重感情的人，是吗？**

姜育恒　我到了台湾，认识的第一个女孩子就是我的女朋友，就是我的太太，当时我就认定，她就是我老婆了。我还没有当歌星的时候就和她在一起，我没有对她讲，但我在心里就已经认定了！当初我就答应过她，要给她一个隆重的婚礼。可隆重的婚礼是要花时间花钱的，而我一直没有时间没有余力来做这个事情，就一直没有办婚礼，一直到1993年，我和我太太认识13年才举办的婚礼。

张　星　**很隆重？**

姜育恒　很隆重。一千多人，一百多桌。我岳父岳母很开心。我跟我太太到现在23年了。我觉得这与我的个性有关系，跟自己的价值观有关系。我一直是言必行，行必果的。我告诉我自己就是要这样的。对于我来说，建立正确的观念是很重要的。但是有些观念的建立必须要通过自己的感受才能够根深蒂固。因为我们每个人在生活当中就是要面对问题,处理问题。怎么去解决?就变成你的智慧。你的价值观越正确,你解决问题的正确性可能就越高。

张　星　**但是个性也很重要。**

姜育恒　这是每个人自己的选择。所以我也面对过挫折和失败,生意上也好,音乐上也好。这是一个充满遗憾的世界,所以没有遗憾是不可能的。你先有了这样的潜意识之后，当你面对不好的事情时你就可以坦然地接受,这就是人生。

平淡不难,从容比较难

张　星　**你一个人在外这么多年,肯定也会有过上当受骗、被别人算计的时候?**

姜育恒　那当然有,不然你怎么会对人生有感觉呢!

张　星　**这就是你《再回首》里那句最脍炙人口的词:"曾经在幽幽暗暗反反复复中追寻,才知道平平淡淡从从容容才是真"。**

姜育恒　所以,我的生活目的、方向、目标是什么?我们说人的本质,我们看小孩子,什么事情都是真的,美好的,然后他开始慢慢长大,本真的东西会越来越少,他开始学会与人相处,可能很多行为就出来了。当他走了这么一大圈回到这个位置,这是每个人都必须要经历的,对不对?当你走了这么一大圈之后,你还可以保持你的真善美,你的原始的这些本质的时候,这才叫返璞归真。

张　星　**这样的人很少很少。**

姜育恒　这才是最真的意境啊！可是你没有这个过程，怎么能到达这种境界呢！平淡不难,从容比较难,从容地面对平淡就更难了。

张　星　**听说你是在天津过的年,是吗?**

姜育恒　是啊。我本身就是北方人,天津话和山东话也都是北方话,从地理上也比较近。去年我在天津的演唱会评价还不错。天津让我觉得很亲切,所以每次来到北京,我都会想到天津去走走,因为在天津我认识了很多好朋友,一种真心的友谊。今年过年,我初一到天津过了一个晚上,我太太、女儿和我一起去的。还和朋友一起吃了饺子。

张　星　**你经常会带着太太和女儿一起出门吗?**

姜育恒　我是这样,我工作的时候我太太从来不会跟着,因为我是不固定的,今天这里明天那里,但是假期我们一家人是要在一起的,我一回到台湾就一定会在家里的。主要的用意,我要给女儿一个意识:家人是很重要的,家人在一起是很重要的。一家人一定要在一起。爸爸虽然忙,但我还是要想方设法和家人在一起。在她的意识里潜移默化到家是很重要的,家人不适合分开太久。

张　星　**回过山东老家吗?**

姜育恒　回去过许多次。山东老家还有我的许多亲戚,我去荣成寻根啊,那有一个很小的村庄,百分之八十都姓姜,我的表哥表弟带我去看我爸爸长大的房子,看我妈妈出生的房子……

张　星　**你现在写歌还是先阐述你的想法吗?**

姜育恒　一样。我的制作理念,就是把我生活中的一些感受讲出来。当然不是每一首歌都是这样。比如这首曲子,这样的感觉适合什么样的词,这词的意境适合什么样的方向。

张　星　**你能唱出一种特别酸楚和苍凉的感觉。**

姜育恒　因为我小时候的经历,我自己告诉我自己,我要用心来唱歌,用生命来唱歌。

李祥霆

琴箫诗画知音多

李祥霆：满族。1940 年出生于吉林省辽源市，现为中央音乐学院教授，精于琴、箫、诗、书画及即兴演奏和即兴吟唱。17 岁师从古琴泰斗查阜西学古琴，从溥雪斋、潘素学国画。1958 年考入中央音乐学院，师从古琴大师吴景略学古琴。1963 年毕业留校任教。1989 年到英国剑桥大学作古琴即兴演奏研究，并在伦敦大学亚非学院音乐研究中心任客座研究员，教授古琴和洞箫。除在国内演出，还曾多次到英、法、德、美、日等十几个国家演出。在世界各地巡回演出之余，他经常作古琴专题演讲，曾为《知音》、《诸葛亮》、《秦颂》等多部影视剧配古琴独奏。

印象：这是世界上最纯净的音乐

2010年5月15日晚，在建筑外形颇为欧化的天津音乐厅内，一场由古琴大师李祥霆先生演奏的“幽兰古韵”古琴名曲音乐会正在进行。《阳关三叠》、《流水》、《广陵散》、《梅花三弄》等中国古代著名琴曲把观众带到了一个悠远而清澈的世界。李祥霆和他的两位学生，或琴、或箫，或弹、或唱，一时间，高山在侧，流水潺潺，古音古韵顿时溢满了空间，门外大都市的繁华与喧嚣隐退了，被欲望充斥的人间烟火飘远了……虽然没有复杂的旋律，没有宏大的交响，相对于辉煌宽大的音乐厅舞台而言，那一琴、一箫实在是太过渺小，甚至有些单调，但正是这古朴单一的乐器，在李祥霆先生的精湛演奏中，声声句句，丝丝缕缕，拨动着听众的心弦。人们屏住呼吸，听高山流水，听古怨幽兰，那么奇妙，那么空灵！这是世界上最纯净的音乐，虽穿越了数千年风云岁月，却不带一丝世间尘埃。古时的风，古时的韵，纯净得让我们暂时抛却了滚滚红尘中的一切欲念忧烦，重新回归自己的内心，回到人类的初年。那时候，没有都市的繁华，没有物欲横流带来的焦虑，当身处青山碧水、大地蓝天完全自然的世界时，心灵该是多么宁静单纯啊！

那一晚，天津观众表现出极高的文化素养，演奏中，整个大厅安静得无一丝杂音，唯有古韵琴声。当下半场的互动环节开始时，李祥霆请观众随意命题，由他来即兴演奏和弹唱，观众纷纷雅兴大发，出的题目都相当有水准，有“佳茗如佳人”、“细雨”、“澈空”和李白、杜甫的诗，最后，李祥霆分别以即兴弹古琴、吹箫和吟唱满足了观众的要求，立刻博得热烈的掌声。

那晚，身穿蓝色中式长衫的李祥霆颇有几分仙风道骨，他边演奏边向大家讲解了古琴、古曲和古谱的基本常识，他说：“古琴是中国最古老的弹拨乐器，有着3000多年的历史，在古代的地位最为崇高，为琴棋书画之首。2003年，中国古琴被联合国教科文组织列为人类口头与非物质文化遗产的代表。古琴艺术在中国传统文化中犹如唐诗宋词，无论你喜欢与否，作为中国人，你都应该像知道长城、故宫、兵马俑一样对它有所了解。”

其实近年来，我们对古琴并不陌生，在《秦颂》、《功夫》、《笑傲江湖》、《大明宫词》等许多影视剧中，都出现了大量与古琴相关的情节和画面，但李祥霆说，有些演员的表演让他脸红，不敢看，因为那种弹法完全不靠谱，简直就是乱来。

5月初的一天，我们专程到北京李祥霆的家中采访了他。在他家的小客厅里，不仅案上摆着一张古琴，墙上还挂着一张古琴。环顾四周，一面是金庸先生给他的题词，一面是他自己的多幅国画作品，只见画面上飞瀑山间落，青松石上秀。李祥霆先生为我们沏好绿茶之后，就坐在这"青山秀水"之间与我们交谈，然后他应邀开始弹琴。"我就弹《流水》吧"——在他双手触弦的一瞬间，心仿佛也被触动了。平生第一次如此近距离地观看大师演奏，如此近距离地倾听古琴，忽而激烈，忽而悠扬。随着他的十指在七根弦上悠然地舞蹈，他人生的故事，也如流水一般徐徐展开……

1940年出生于东北的李祥霆五六岁时就拿起画笔，从《芥子园画谱》中的梅兰菊竹开始学中国画。在酷爱音乐的父母熏陶下，他从小就对音乐十分敏感，并且喜欢唱歌，他最先学会的乐器是箫，上初中时常和会拉二胡的同学一起演奏。15岁那年，父亲买回家一台收音机，突然有一天，他听到收音机里传出一曲美妙的乐声，他的心当时就像被人揪了一把似的提了起来，世界上还有这么好听的声音吗？那其中的洞箫他能听得出来，可是那另外一种声音又是什么呢？等乐曲结束后，他听到播音员说：刚才您听到的是琴箫合奏《关山月》。原来那声音就是古琴啊！从此，古琴像灵魂附体一般摄住了这位少年的心。他从古诗词中寻找，从古画中搜索，从古代故事里想象，他多么渴望能见识一下古琴的真面目啊！自幼读过私塾的舅舅曾给他讲过"俞伯牙摔琴谢知音"的故事，于是，他决定自己做一张古琴来弹。他几乎用了一年的时间，凭着古书中的描写和古画中的大致图形，怀着一腔强烈的渴望，终于把一块普通的木头变成了梦想中的古琴，一张由父亲中医诊所的旧牌匾改造而成的"古琴"在他的手下诞生了！他竟然用这张自制的古琴凭着想象中的指法弹奏了那首《关山月》。这个痴心的小小少年，还不顾一切地慕名给古琴泰斗、中央音乐学院的查阜西老师写信求教，并把自己做琴的故事也写了进去。没想到查老师不仅给他回信，还邀请他到北京的家中学琴、送给他真正的古琴，并且鼓励他在日后考上了中央音乐学院，命运的大门被他叩开……

从听琴、画琴、做琴、到弹琴，李祥霆可谓当代琴痴。他与古琴的情缘、命缘、一生的魂魄相依，可以说不输古人。如果俞伯牙有知，他一定会再摔一次琴，琴弦虽断，知音未绝啊！难怪金庸先生在听了李祥霆的演奏之后欣然为其题词。这其中说起来还有一段故事，香港企业家何作如先生不惜斥资300多万元在嘉德拍卖行拍得一张距今已有1251年的唐朝皇家古琴，名为“九霄环佩”。他曾先后请过一些琴家来试奏该琴，却一直没有找到知音。当这张古琴到了李祥霆的手中，立刻音韵绝佳，发出神奇之响。2004年，在“金庸泉州文化之旅”活动中，因琴主何先生与金庸是朋友，便邀请李祥霆一起去泉州一游，其间安排了李祥霆的一场独奏音乐会，弹的正是那张唐朝的“九霄环佩”。那是金庸第一次听真人演奏古琴，他虽然在小说中写过许多与古琴相关的情节，但那不过是凭想象而进行的艺术虚构，听完了李祥霆的名琴古曲，颇受震动，便挥笔写下“高山流水觅知音，轩昂低语诉琴心——敬聆李祥霆先生雅奏谨题”的条幅送他。

李祥霆与古琴的故事还有很多，他在电影《知音》中演男主角的替身，弹奏古琴，为了感谢他，导演还特意让他化好妆，给他拍了一个“听众”的镜头。说到即兴演奏，李祥霆告诉我们，古琴的即兴演奏古已有之，但自宋代之后就失传了，他是当代古琴即兴演奏的第一人。那晚，在天津音乐厅，李祥霆应观众要求，即兴弹唱了苏东坡的词“明月几时有，把酒问青天……”观众报以热烈的掌声，直到演出结束了，观众还久久不愿离去，真是“此曲只应天上有，人间能得几回闻”啊！

访 谈 录

张 星　**您家里有人搞音乐吗？**

李祥霆　我父母喜欢音乐，但我父亲是个中医，他会即兴唱，过年时他就被人请到家里唱书，我是从小先学的画，从五六岁开始就喜欢画画，看老戏，我父亲给我读武侠小说，我就画些将军骑马打仗，还有侠客。我最早接触的乐器是箫，我们东北民间音乐很丰富，婚丧嫁娶时鼓乐齐鸣，笙、管、笛、箫、唢呐，什么都有，小时候在街边一听就听一两个小时。

张 星　**您第一次接触古琴是什么时候？**

李祥霆 1955年，我家买了收音机，听各种各样的音乐，有一天突然就听到了琴箫合奏《关山月》，一下就听呆了，有一种灵魂出窍的感觉。那时候我已经会吹箫了，吹一些广东音乐。那时候课间10分钟，别的同学到操场上去玩，我就拿出箫来吹。我舅舅上过私塾，在农村就算是读书比较多的了，他就给我讲过许多古代故事，像“俞伯牙摔琴谢知音”的故事就是他讲给我听的。听了广播里的《关山月》我一下子就迷上了古琴。舅舅送给我一张国画《携琴访友图》，舅舅告诉我，那就是古琴。那是我第一次见到的古琴模样，其实画得并不像。但真正的古琴什么样？周围的人谁也没见过。于是我就想自己做一张古琴。正好我父亲有一块诊所的牌匾不用了，我就根据那幅画和书上的描写把那木头做成琴身，用胡琴弦代替古琴弦，用图钉作徽记。然后我就凭着听广播里的记忆弹奏《关山月》。1957年元旦，我还在我们中学的新年晚会上，用我自己制作的古琴上台演出，弹奏《关山月》。

张　星 **您简直是太神奇了！这对今天的孩子来说，几乎是不可想象的。**

李祥霆 我知道自己的指法不对，就根据广播里说的老师的单位，慕名给查阜西老师写信求他给我一点学琴的资料，当时并不敢奢望人家会教我，只是想要些资料就好，但是我把自己做琴的过程写给老师了，他看了以后大受感动，回信表示要全力帮助我学琴，问我家里的经济情况如何？父亲能不能供我到大学毕业？跟他学琴？还有什么爱好？我告诉老师，我还会吹箫，喜欢写旧体诗词和画画。

张　星 **应该说，您幼年时家境还算不错？**

李祥霆 时好时坏，我父亲是医生，比一般家庭要好一些。暑假我到北京和查老师学了30多天，然后就回家准备，高中毕业后就考取了中央音乐学院。读了5年。毕业后留校当了教师。后来“文革”了，古琴被批判为“地主阶级文化”，很长一段时间都不能弹了。

张　星　**从您幼年时与琴结缘，到“文革”时经历过这么多坎坷，您对琴的热爱却一直没有动摇过？**

李祥霆　对琴的热爱没有消失过，但曾经绝望过，在“文革”“砸烂一切旧世界”那么汹涌的洪流当中，以为一辈子再也不会有弹琴的机会了！没想到后来会再与古琴为伴，并带着它去了世界不少国家。

张　星　**在人们的印象中，古琴是高山流水觅知音的，是吗？**

李祥霆　这只是一种说法。古代的贵族，他不用别人知道，自己弹就可以了。就如同你喝了一杯好茶，不一定非要说，这茶真好！你不说也好，为什么要说呢！另外也是精神需要，如果能遇上这样的同类，也就是所谓知音，当然是一种精神上最高的满足。

张　星　**您1989年去英国，在那工作了好几年，主要是做什么？**

李祥霆　我在英国住了5年7个月。第一年在剑桥大学作古琴即兴演奏研究。为什么我会到那去作即兴演奏研究呢？因为我作的即兴演奏，既有中国传统风格的，也有现代无调性风格的。当时我的老师辈的教授们都是传统的，古典的，不作现代的。正好剑桥大学有一位教授在我们学校讲学，我给他介绍了古琴的历史和经典琴曲，他也是现代音乐研究方面的权威，所以我就说到他那去作研究，于是我就是自费公派去了英国。

我在那演出时认识了一个乐器店的华人老板，他请我住在他那里，给他的音乐学校当老师，所以我的生活就不成问题。我去时带去了自己的三十几幅国画，那的英中文化协会介绍我去伦敦大学里的中国美术馆，那个馆长一看我的画，就决定要给我办画展，之后就有人跟我学画。我的画展出后卖得也很好，我还有一些演出，所以我在英国不需要打工，也不用参加非正规的演出，生活完全没有问题。

张　星　**我觉得您真是一位神人啊！在国外演出多吗？**

李祥霆 在英国的5年我还去了许多别的国家，法国、荷兰、新西兰等国，还去过4次台湾，也有许多次演出。

张　星 **在普及古琴艺术方面，您做了许多工作。**

李祥霆 但也遭到了许多非难。说我不传统，不高雅。我曾在央视《大家》栏目中说过，古琴艺术是充满活力的、表现人的感情的、充满艺术性的追求。但也有人认为，古琴应该是平淡的，我不这么看，我曾写过一篇《琴乐之境》的短文，我认为，古琴既可以表现松竹梅兰、云霞风雨，也可以表现清池怒涛、泰岳巫峰。既可以如长虹丽日、朗月疏星，也可以深沉激越，雄浑高远……还有一些人以为古琴应是很安静的，像《广陵散》就很安静。其实不然。真正的古琴是什么？唐朝人就说得很清楚了："可以辨喜怒，可以悦情思，可以静神虑，可以壮胆勇，可以绝尘俗。"可以是安静的，也可以是激昂慷慨的，可以观风教，看到社会风气和社会观念，能表现喜怒和胆识。

张　星 **人们通常以为，古琴是要对着高山流水来弹，是吗？**

李祥霆 也不是。真正喜欢琴的人，只专注于音乐本身，不会去想着音乐之外的事情。你说的那种不是欣赏音乐，那是休闲，消遣。真听得入迷了，根本不会顾及琴之外的那个世界，唯一注意的是环境是不是扰音。

张　星 **我看到这幅金庸先生给您题写的条幅，您也喜欢读金庸的书吗？**

李祥霆 我特别欣赏他的小说，尤其是《书剑恩仇录》和《飞狐外传》。

张　星 **那些表现古代文人侠客的影视剧您看吗？那里面有许多弹古琴的镜头。**

李祥霆 那不能看，一些导演根本不懂古琴，又不认真，演员也是瞎比画。他们在拍新版《红娘》的时候，苏有朋演张生，导演要求他们跟我学古琴，演莺莺的演员来我这学了几次，苏有朋一直没时间来，直到开拍，到了现场才告诉我只能准备40分钟。我告诉他，动作很简单，你的右手前后动，左手左右动。右手少动，左手多动，而且动作都在节奏上就行了。他是懂音乐的，所以一会就比画得很像了。

张　星　**您觉得弹古琴对你的个人生活有什么样的影响？**

李祥霆　从小它就是我音乐里最高的精神寄托。现在它是我的事业。分开来说，职业是一个人生存的需要，而事业还是他的精神寄托。事业有精神和理想在里面。

张　星　**拍到唐朝古琴“九霄环佩”的企业家何先生，是怎么找到您的？**

李祥霆　他拍得这张古琴之后，2004年5月，在南京和上海，邀请各地名家前去弹琴。我当时因为演出就没有去。我有一个学生认识何先生，他就邀请我去。拍卖前我没见到琴时，还怀疑它是假的。我一看是真的，一弹，声音真好，我就说，声音太好了。越弹越好。当时在一旁听的有一家媒体第二天就登出来了。

同年9月份，这琴拿到北京来了，学生问我要不要弹？我说当然要弹。于是他们就把琴拿到我家来，我开始弹时只有一二三弦好，四五六七弦有点不行，弹着弹着，一个多小时之后，四五弦好了，弹了三个小时之后，六七弦也好了，再多弹呢，就全都好了，声音越弹越好。何先生想把琴放我家，我可不敢，让他拿走。第二天，在一家茶馆的包间里弹，也是越弹越好，声音比在我家时还好。低音厚，高音甜美。为什么呢？弹古琴，第一方法要对，第二功夫要够，第三要有修养，这样才能把琴弹好。这三条缺一不可。

张　星　**那您可以说是这张古琴的知音了？**

李祥霆　我对何先生说，我是琴的知音，你是我的知音。他能听得懂，很多人听不出艺术上的不同。最后，他的这张古琴只给我弹。

张　星　**您现在最独特的是即兴演奏，这好像是别的演奏家不具备的？**

李祥霆　即兴演奏，要有好的思想内容，表现还要能感动别人。这需要即兴作曲才能与演奏才能的结合。作曲才能既有风格上的不同，也有水平上的不同，又有如古人所说，功夫在诗外。

张　星　**观众一旦出了题目，需要您瞬间就来灵感，怎么做到呢？**

李祥霆　这就是思想的流动和情感的连接。我从1984年在讲座时正式公开即兴演奏以来，从来没被观众难倒过。我在美国演出时，有一位外国观众给我出的题目是"狐狸追天鹅"，狐狸是狡猾的，聪明的，天鹅是优美的，智慧的，它们一追一躲，优美与狡猾，错综变化，用音乐，用旋律来表现，演奏之后，全场观众热烈鼓掌。还有一位观众出的题目是"旧金山飞机场"，我说我不表现飞机起降的声音，第一，现代飞机起降已经不是过去那种很大的声音了，再说我要表现的是机场，不是飞机。是机场里那种紧张、祥和、有序、充满活力和温馨，虽然机场人很多，但人们都很有秩序。再说出门旅行最重要的是平安，所以我就用这样的感觉来表现，观众反应热烈。

张　星　**现在观众对古琴是不是比以前了解得多了？**

李祥霆　还是有一些人有误解，认为听不懂。其实古琴并不像有些人搞得那么神秘，那么高深莫测。大家都能听得懂经典琴曲的正确演奏。现在国内的琴厂每年做的古琴有上万张，并且都卖了出去，说明家里有琴的人很多。有些人也许并不弹琴，但他可能把琴挂起来当装饰用。比如《红楼梦》中描写，大观园建好了以后，在哪会留出一个空当，用来挂琴。我现在的提法是要正确地传播。我认为，古琴艺术应该成为每个中国人的基础知识之一，因为它在中华文化中的地位是与唐诗宋词一样的，跟长城、兵马俑一样的重要。你可以不喜欢，但你不能不知道。

司马南

我是一个自由说话人

司马南：1956年出生，人大代表，高级经济师，中国反伪科学代表性人物。

1982年大学毕业，曾任公务员、大学教师、报纸主笔、杂志出品人、电视制片人。现任多家电视台谈话节目主持人。

美国《亚洲刊》将其列入“21世纪必须关注的50位中国人”之一。代表著作：《神功内幕》、《司马白话》。

印象:角色旋转之后,咖啡有点甜

司马南牛不牛?在他最火的那年来天津时,一家媒体竟然用通栏的大字号标题就写了5个字:“司马南来了”!那阵势很有点科索沃战争爆发的味道。其实他最应该感谢的是媒体,是媒体把他变成了一个如此大名鼎鼎的人物。

是啊,那时候只要一出现“司马南”这三个字,人们的第一反应就是那个专与各色气功“大师”决一死战的斗士。为了揭穿那些打着科学旗号反科学的所谓特异功能大师们的骗局,他以“一不怕苦,二不怕死”的精神在自己身上进行了诸如“钢枪刺喉”“意念断勺”“嘴叼卡车”“板砖砍头”等几乎所有的“特异功能”试验,然后在各种场合乃至媒体上一一进行表演,然后再一一进行揭秘。

司马南的横空出世,一下子就把那些锋头正健、正唬人唬得名利双收的气功“大师”们惹翻了,为此,司马南也付出了相当沉重的代价,那些年他多次遭遇黑手,最重的一次被打瘫在地,半个月都不能动弹,直到今日仍然品尝着陈旧性骨折的滋味。

借用鲁迅先生的话,当年的司马南就是投枪、匕首、解剖刀!

2005年11月的一个周末,司马南又来了。十几年过去,他的出现不再像当年那么轰动了,他是以一个特邀主持人的身份出现在天津滨海新区的,正逢浓雾迷漫的夜晚,西服笔挺、笑容可掬的司马先生应邀来到正在这里举行的“全国第五届律师论坛”上,主持一场题为“法治与传媒自由”论坛。负责开场的先生说:“认识了司马南,你才知道什么叫做铁齿铜牙!”

铁齿铜牙不假,司马南的嘴真是无人能比,用他自己的话说,那就是“说遍天下找敌手”。不同的是,他早已不再是那个“斗士”的形象,此时,站在主席台上的司马南完全是一副资深职业主持人的感觉,他嗓音洪亮,谈笑风生,虽时而有些咄咄逼人,却又不乏幽默风趣。他极有经验地调动、调节着整个会场的气氛,无论台上与台下如何对答,他都能使会场始终不脱离中心议题,并使气氛不过于沉闷。

这是我第一次见到司马南“活”人,以前在央视崔永元的《实话实说》特别节目中见过他表演用18磅大锤砸崔永元垫了砖的脑袋,在电视剧《我爱我家》中见过他饰演的他自己，后来便是在许多家省级电视台见到他主持的一些谈话栏目。与这样的人物近距离接触，自然多多少少存有一分好奇。我看到，这是一个轮廓分明、线条清晰、目光如炬的男人，稍稍上翘的鼻子是他最独特的地方。不说话时，他便双唇紧抿，不时地用目光向台下扫视，他的目光具有一种极强的穿透力。

论坛结束的时候已经是夜晚十点多了，当他的朋友企图打断我们刚刚开始的采访，要求与他小聚的时候，他选择了继续与我们在一起，一直和我们聊到深夜零点之后。

虽然他这一天上午还在北京的网易做直播，下午就乘火车赶往天津，又马不停蹄地赶到开发区主持今晚的论坛，可司马先生依然精神抖擞，依然目光炯炯，依然口若悬河。

采访司马南，你必须具有与他一样的思维速度，否则你根本无法跟上他的语速。他一旦张口，你便无法打断，他对你提出的任何一个问题，都可以滔滔不绝地演讲下去，并且常常是举一反三，文学、历史、哲学、科学一齐上，拦都拦不住。

印象最深的，一是他谈到了死亡，并且那一瞬间表情格外地凝重了起来。话题从比他年轻的好朋友李力研的突然去世谈起，他说："参加他的告别会时我流了很多眼泪。我觉得死亡一下子离我们很近，死亡一定是要来的，躲是躲不过的。无论你如何如花似玉，你总要凋谢，无论你今天怎么得意，你也都要到那个死寂的世界去。在这点上，一切人平等。所以要想死而无憾，就不但要活得精彩，还要活得充实，活得真实……"

二是在整个交谈中，他再三表白自己是个学者，是个文化人。显然，他要竭力扭转媒体先入为主嵌给人们的片面印象。他说："我不是一个在江湖上打打杀杀的人，我从来都是一个端端正正的读书人。所以我愿意您把我当成一个学者，一个文人。"

司马南变了，或者叫角色旋转了。回首以往的打假岁月，他说他当时常常处在一种悲怆且亢奋的状态之中，有的时候在大学里演讲，讲着讲着常常会泪流满面，非常激动。但时间长了以后，这种感慨就渐渐地少了，后来他就能够用一种比较坦然的方式来面对这些问题，渐渐地就有了一种从容感，学会了鲁迅先生的"韧性的战斗"。

采访到尾声的时候，我请求书法有功底的司马南为《天津日报》读者写几个字，于是他认真地写下了八个字："苏世独立，横而不流"。他解释说，这是他非常喜欢的楚辞中屈原的两句话，大意就是：我清醒地站在这个世界上，我极富个性地活着。简言之就是：横立于江心，决不随波逐流。

我问："这也是你自己个性的真实写照吧？"

他回答说："我希望自己能这样，但有的时候也不得不妥协。"

从亢奋到从容，角色旋转之后，司马南的咖啡有点甜了。

访谈录

张　星　**通常大家一听到司马南这个名字，就会想到一个挑战者、斗牛士的形象，你自己怎么看？**

司马南　其实我从小还是一个挺乖的孩子，虽然家境贫寒，但我聪明，又知道刻苦努力，学习成绩挺好的。大家之所以对我有这样一种认识，是因为我被媒体关注，大约从我与伪气功大师打斗开始，特别是1999年前后，我被贴上了"斗士"标签。所以不论在哪儿，不论我做什么，人们都会透过这么一层底色看我，用这样一个符号来认识司马南。事实上，我曾是国务院机关的公务员，曾在大学里当中文老师，后来我一直从事新闻工作，我在《中国商报》当总编室主任……我做的大量工作都是与所谓江湖无关，我不是江湖一派，我不东邪不西毒，我是戳穿黑幕的文化人。

张　星　**你是很乐于这种角色和人们的这种认识，还是想让人们认识你更多的层面？**

司马南　我不愿意人们管我叫"反伪科学斗士"，这样容易把我看成是一个偏执的人，专门跟别人过不去的人，其实我很好相处啊。短暂的接触你也会发现，其实我是不乏幽默感的。生活中，即使真有什么过不去的地方，我也无意计较。古人说，举大事者不计小怨。在大学里面，我教中文；机关里，我搞外事；报社里，我写社评；杂志社，我搞管理。我本科是经济学专业的。此外我在大学里兼职很多，哲学系，管理学院，心理学研究中心，文学院，传媒学院都有。这里都跟江湖无关，倘若觉得我不配当文人、学者，说我司马南是“不入流的学者”，是“三流文人”也比什么“斗士”的词好些。

张　星　**你在主持节目上的这种才能是什么时候发现的？**

司马南　以前我不怎么上电视，后来做嘉宾做多了，他们发现我的嘴巴很好使，说你可以当一个好嘉宾，因为你一来，我们的收视率就上升了。“实话实说”的主持人何晶原来在上海主持一档节目叫“有话大家说”，原计划我去做一期节目，后来把我的节目做成两期，据说创了他们上海收视率的新高。作为主持人出现，我首先是现身辽宁卫视2000年48小时的“跨跃新千年”大型直播，我作为嘉宾主持人颇得好评。后来在湖南电视台做一档类似“央视论坛”的新闻评论节目，长了不少见识。我现在在辽宁电视台主持“挑战生活”，这是一个现场带观众的大型谈话节目，另一档节目“往事”在湖北电视台，我已经主持5年了。其间我还在安徽电视台主持过一档叫“家人”的谈话节目。事实上我现在已经成了一个专业的电视节目主持人，但是很奇怪，人们对我的定位依然没有变，朋友见了我还是说：哟！哥们儿，我又梦见鬼了，我妈就怕鬼，什么时候到我们家去坐坐！

张　星　**你朋友想让你去驱鬼？**

司马南　是啊，有的人家被风水先生说成是凶宅，就非要拉我去，让我到他们家坐坐，然后问我有什么感觉？我说没什么，挺好。之后他们就说，自从司马南去过之后他们家就没什么事了！（哈哈！）人常说，神鬼怕恶人，他们还是愿意把我打扮成这样的一个人。

张　星　**听说你还是人大代表？**

▲ 张星采访司马南

司马南 我是作为独立候选人当选的。独立候选人,也就是说没有组织推荐,没有部门安排的,公民司马南想当,就依照人大的组织选举法当上了。我对选民讲演,还没讲完呢,就有一个老太太说,这孩子讲得挺好!掌声热烈,高票当选。两年履职人大代表,让我成熟很多,实际很多。

张　星 **俗话说,枪打出头鸟,像你这么出头的人,有没有受到别人的攻击或者威胁到你的生命安全?**

司马南 过去有很多了。你看我刚才坐在台上都不能坐久,是我的腰被打伤了。十几年前我应邀到你们天津来作报告,当场就有一个"大师"出现,在那儿和我对话,我使他非常尴尬。在回北京的路上,我遭到了伏击,被十几个穿同样衣服的人围住打了一顿,当天夜里天黑得吓人,他们把我打倒在地,瘫得一动也不能动……那个时候很凄惨。

张　星　**后悔吗?**

司马南　后悔的只是战术上的失误,因为我可以不晚上来,我可以坐火车,或者多叫几个人。但是从做人上说,你看到那些恶性膨胀的人在图财害命,你明明能够拆穿他却不站出来,你还是条汉子吗?后来我明白了一个道理:一个成熟的男人,他应该有勇气面对他的选择所带来的必然要付的代价。

张　星　**今天回过头来,你怎样看待你当年的行为?**

司马南　我不过是在历史上的某一个区间,做了一些男人应该做的事情。

张　星　**有人说一个人的朋友是能反映出这个人的一面镜子,能说出你最好的三个朋友是谁吗?**

司马南　和我来往密切的朋友太多了,别说三个,三十个也不止。如果只说三个,咱按最近接触多的说吧,何祚庥算一个。何祚庥院士是理论物理学家,我与他是忘年交;再说一个朋友,方舟子,他是留美生物学博士,比较早在世界上创办了"新语丝"中文网站。他不仅生物学造诣深厚,而且人文素养好生了得,他致力于学术打假得罪很多人,他的事我就做不了,唯有敬佩;第三个朋友我要说是刚刚去世的李力研,国家体委的研究员,非常博学,不仅体育理论,包括中国古典和西方哲学、文学等等,都有很深的研究,著作很多。但是前不久在参加海峡两岸研讨会的时候,他就一头趴在那儿没再起来……心脏主动脉剥离,只有43岁。他对我的好,远远超过我对他的好!我听到这个消息后心里特别受挫,所以最近一段时间我的情绪不是很好,沉浸在关于死亡的思考中。

张　星　**你怎么看待死亡?**

司马南　我们这一代人有一个重要的关没有过,就是没有接受过很好的死亡教育。我们不解缘何生，为何死，更没有仔细地想过如何死。力研的死提醒我们，生命是那么脆弱，死亡说来就来，我年长于他，我今年50虚岁，他才43岁，在我眼里他是活蹦乱跳的，早上起来跑步，打乒乓球，踢足球，夜里加班写文章，永远是那么精力充沛，他是职业运动员出身啊！可是他却一头趴在那儿再也没有起来……参加他的告别会时我流了很多眼泪。我觉得死亡一下子离我们很近。最近有一个文化名人讲座，上一讲是厦门大学易中天教授讲他的新著《历史的惆怅》，我要讲的主题就是死亡，它关乎生的一切。人生所有的问题，若放在死亡的天平下衡量，通通失重……

张　星　**你怎么看待使命感？**

司马南　我们这代人都有使命感。我前一段时间在云南大学有一个演讲，讲的就是这个观点，你可以在网上搜索一下。我讲了三个问题：一、中国是一个什么样的国家？二、中日民间辩论，我作为辩手的所感所想。三、为什么今天必须反对极端环保主义？三个问题看似无关，其实本质是一个，对国家的使命感和责任感。这种使命感是浸透在我们骨子里的。当年如果没有使命感我也不会干那些得罪人的事，一干就是十几年啊！说句一点都不撒谎的话，凭我的脑子，完全可以去干点别的事。

张　星　**你认为现在的这种成功，得益于你当老师，还是得益于你做媒体？**

司马南　都受益。我做媒体做了二十多年了，其中有8年的时间是在写社论评论员文章，经济类的。写评论还是很锻炼人的。做老师更好，愈教人，己愈有。

张　星　**那你的口才是怎么训练的呢？**

司马南　我好像从小就能说会道。说到司马南的嘴，我告诉你，那些所谓的大师，从来都不是我的对手。我是说遍天下找对手！

张　星　**你反伪、揭穿大师骗局的本领是天赋吗？还是你下过很多专门的功夫？**

司马南　下过巨大的功夫。比如说，你躺在地上，摩托车从你脑袋上开过去。你看人家表演然后你来做，是不是很危险？挡一个木板刷地从你脑袋上开过去。做这件事的第一个问题，谁敢从你脑袋上骑过去？人家不敢。还有，好不容易遇上一个二愣子他敢了，开过去之后那个板子在我脑袋这个地方突然间一歪，差点就切到脖子上。幸亏我眼疾手快把他的摩托车推出去了，翻了。比方说，一把火在嘴里燃烧时间长，他们说这是特异功能，我做这种尝试，做了相当长的时间，几个月的时间，我不断在做尝试，总是失败，每失败一次就意味着我的嘴要被滴落下来的汽油烧伤……

张　星　**你为此受到的最大的伤害有多重？**

司马南　用牙齿叼摩托车，叼自行车，然后叼汽车。汽车上坐满了人然后叼着它跑。在北京军事博物馆门前。造成了我的颈椎严重拉伤，今天让我吃尽苦头。

张　星　**那你为什么要做呢？**

司马南　你不做，你做不到，你凭什么说人家是假的，你来来啊！十几年以后，几乎所有的所谓“特异功能”我都能惟妙惟肖地表演，所有靠这个发财的人见了我撒腿就跑。你们不是说你们是特异功能吗，我告诉你这不是，我也能来，然后我告诉你窍门在哪儿。不是我能，是他们太弱。

张　星　**由此你被媒体关注，曝光率非常高，于是有人认为你是借机在炒作自己。**

司马南　不做反伪科学这件事，我就不可以做主持、演戏、当律师、做企业家吗？我当律师就不能做一个好律师吗？我早十年当主持人我就不能当一个好主持人吗？

张　星　**你刚才说你是一个自由说话人，为什么这样说？**

司马南　无论是到大学教书、社会活动、主持节目，还是其他，其实我所做的事就是两个字：说话。比照“自由撰稿人”的偏正结构，我就说自己是个“自由说话人”。当然我也写东西，开专栏，但更多的时候是说话。我生活的第一状态是说话，第二是读书，第三是想事儿，第四是写字。我是一个不断地往外倒东西的人，往外倒东西，自己肚子里就得有点货色。所以我职业需要和个人习惯，适合于读书。今天诱惑的东西太多了，读书已成为一种奢侈。孔子“道知莫若好知，好知莫若乐知”，我骄傲，我乃乐知之人。我特别痴迷于写字，写字对我来说是一种休息。

张　星　**你对你目前的状态满意吗？**

司马南　满意，我现在的状态特别好。因为我现在不用为稻粱谋，不用为五斗米折腰，没有具体的隶属单位，除了老婆以外没有直接上级，没有任何一个人敢对我呼来唤去。

张　星　**你还继续做反伪科学这件事吗？**

司马南　当年“大师”横行，需要有人振臂一呼，身体力行拆穿他们。现在不用了，党和政府有专门机构来做这些事了。当然，我对这个问题仍会保持理论上的关注。

李耀宇

红小鬼见证伟大长征

李耀宇：四川省巴中县人。1933年参加红军，曾担任川陕苏区政治保卫局检察员；1935年跟随红四方面军长征；1936年到达陕北，先后担任过黄祖炎、刘锡五、张苏、王德等人的勤务员；1939年加入中国共产党；1941年到陈云、李富春、蔡畅身边工作；1942年担任中宣部行政管理员；1943年到枣园工作；1944年担任延安美军观察组管理员……1981年当选中国铁路老战士协会理事。1982年离休。

红军到达陕北根据地后，毛主席带着一些同志去看望李耀宇他们这些小鬼，毛主席询问了他的一些情况后说："你好命大！过雪山没有冻死，过草地没有饿死，大江大河没有淹死，人小命大呀！"

印象：并不私人的"私人记录"

李耀宇参加红军时，还只是一个10岁出头的孩子。为了寻找投了"红棒佬儿"的父亲，为了能吃上一顿饱饭，这个从小没了娘、连自己出生年月都搞不清楚的四川山里娃娃从放牛的地主家逃出来，一头扑进红军队伍，成了一名红小鬼。1935年他跟随红四方面军长征，三次翻越茫茫雪山，跋涉死亡陷阱般的草地，饥饿，严寒，一次次接受生存极限的残酷考验，眼见小伙伴的死亡……毛主席赞叹他是"人小命大呀"！

2006年6月，一个安静的下午，我专程采访了已八十多岁的李耀宇老人。将近四个小时的时间里，我仿佛穿越时光隧道，跟随这位当年的红小鬼，回到了上世纪初中国共产党人进行的那场惊心动魄的伟大征程中。

这位老红军的家在河东区一栋普通的住宅楼，一个旧式的独单元里，没有进行过装修的房间只有单人床、写字台等几样简单的老式家具，甚至没有沙发。老伴儿去世以后，他和住在附近的女儿一起生活。老人见到我们非常高兴，他显然为这次采访已经做好了准备，没有客套就直接进入主题。他腰板挺直地坐在一把硬板折叠椅上，稀疏的长眉下，双眼眯缝着陷入那并不如烟的往事之中……

那不仅仅是一段历史，那是他用血肉之躯经历的人生，是他生命中一段刻骨铭心的岁月。由于耳朵有些背，他听不太清楚我的提问，似乎也不希望被人打断，一经开口，便顺着自己的思绪滔滔不绝地讲下去。他边讲边回忆，夹杂着四川口音的普通话说得很慢。回忆不起来时，他就用手摸着自己的头用力想，面颊上细细的血管都清晰可见。他讲了长征的故事，也讲了在延安如何教贺子珍给毛主席烤制烟叶和做好吃的辣椒油并受到毛主席夸奖等许多细节，在一旁协助我采访的老人的儿子李东平听得喜出望外，他说这一段父亲以前从来没有讲过……

其实，能够采访到李耀宇这样如今依然健在的长征亲历者，全靠他儿子李东平的热情帮忙。这个老红军的后代，从1988年开始，断断续续听父亲讲述了那段真实的往事和许多鲜为人知的历史细节。他凭着一股激情、执著和耐力用文字记述了父亲的革命生涯。18年后，这部与“吴德口述”、“汪东兴回忆”并列的“口述历史”——《一个中国革命亲历者的私人记录》（李耀宇口述，李东平整理）终于出版了。

李东平说：我惊叹父亲的记忆力，他绘声绘色的叙述，重现了往日的辉煌。有时一个诱因的启发，他会讲出一段精彩的故事。2004年10月，央视10套的“探索发现”栏目来采访父亲，讲了半天延安“美军观察组”，讲着讲着，父亲忽然说，我领着谢伟思（美国职业外交家，延安“美军观察组”政治顾问）走上小土坡，主席已经在窑洞前等候。谢伟思双手抱拳连连作揖，毛主席拉住谢伟思的手一同走进窑洞……说到这儿，父亲露出孩童般的笑容，听得央视的编导摄影们目瞪口呆……

在红军队伍中，身为“娃娃兵”的李耀宇虽然不是什么大人物，但他眼里的大人物却别有一番情趣。他讲述延安时期的毛主席。他说，过年时毛主席给丁玲拜年，第一句话是：“过年了，秀才们好吧？丁玲同志还好吧？”“有一回我正看戏，有人轻轻地拍我的肩膀：‘小同志让一下，让这个年纪大的负责同志坐一下。’我往一旁挤了一挤，露出一段板凳，来人从后面跨过凳子，一屁股坐下来，像倾倒了一座山。这是谁呀？扭头一看，原来是毛主席。他朝我一笑，与我紧紧挤在一起……”

恰恰是这些原汁原味的历史细节，才更真实、生动地见证了伟大与光荣。

当我问李东平他父亲的性格特点时，他只用了两个字：忍耐。

一岁时死了母亲、七岁就给地主放牛的李耀宇参加红军的最初动机就是为了填饱肚子。从相依为命的祖父那里，他接受的第一个人生信念就是：活着。可悲的是，在他还没有机会读书认字之前，就先被识字的阴影所笼罩——在张国焘搞的那场惨烈的“肃反”屠杀中，他眼见识字的红军战士被抓、被杀。并且得到忠告：“千万不能对别人说你认识字，你如果说了实话，有人就怀疑你念过书，家里一定有钱财，就是革命的对象……”从此，他惧怕识字，不愿读书，还拒绝了毛主席和许多中央首长要送他去读书的好意。

走过雪山草地，历经政治运动的风风雨雨，目睹无数死亡，使李耀宇深知生命的珍贵和活着的意义。于是他学会了忍耐，并渐渐地成了他的性格。1936年11

月，李耀宇跟随红四方面军来到陕北保安，分配给毛主席的大秘书黄祖炎当勤务兵。黄祖炎要求他"不准玩股票，不准借钱，不准赌博，不准进妓院，不准和社会上的人拉拉扯扯，活到100岁，清清白白也是一个好红军。"这些话几乎成了他一生的生活准绳。

2000年9月，年逾八旬的李耀宇终于踏上西行的列车，和儿子一同回到阔别几十载的延安。清晨，他拽着儿子攀登宝塔山，去寻访他当年居住的窑洞，寻找毛主席和首长们当年的足迹。沿着陡峭的石磴，老人忘记了自己的年龄而奋力攀爬，终于在一面土崖前，他发现了两孔废弃的窑洞，那是当年中央医院的旧址。他在此徘徊半日，半个世纪的风云在他胸中激荡……

老人依然沉浸在历史的烟云中，一字一句地讲述着，仿佛对我，又仿佛是对自己。他的儿子李东平说："你就让他讲吧，最好不要打断他。"那么，就让我们一起走进老人的回忆，听他讲述长征，讲述那段70年前的峥嵘岁月吧——

访 谈 录

张 星　**您长征的时候多大？和您在一起的都是红小鬼吗？**

李耀宇　我们是混在长征队伍里的"娃娃卫生队"，有一百多人，最大的十七八岁，最小的只有4岁。1934年10月，中共中央和中央红军由江西根据地出发，开始了两万五千里长征。1935年年初，我所在的四川王坪红军总医院开始准备长征了。我们这些小同志组成"红四方面军总部卫生队"，我被任命为卫生队大队长。说起我的年龄我也说不准，直到我入党填表时一位学员大姐帮我算过，后来我儿子也帮我算过，应该是1921年生人，长征那年13岁吧。说到我的生日，就把我入党的日子当作是我的生日了。

张 星　**为什么会有这么多娃娃红军？你们在卫生队能做什么？**

李耀宇　这些娃娃红军和我一样，都是在家里没有饭吃，在家里饿肚子吃不饱，红军路过他们的家乡时，看到这些孩子这样下去只会饿死，就把他们都带上，跟着红军走。这些孩子的家长没有能力养活自己的孩子，只要谁给饭吃就让孩子跟谁走。这些孩子后来就到了川陕根据地，由张琴秋大姐(红军总医院政治部主任)带着。我们在医院的护士训练班学习清洗、换药、包扎、辨认中草药和护理伤员，还负责为伤员打水打饭、洗衣擦澡、采药制药等。长征时，我们这些小红军人人背一只布挎包，一条干粮袋，没有棉被背包，离开王坪红军总医院，沿着红军路标指引的方向向前走。进入丘陵地带，我们遇见了蛇群，大家提心吊胆，幸好我们都没有被毒蛇咬伤。穿过蛇蟒之地，我们又来到险峻的川蜀栈道，那是古人在悬崖绝壁上凿洞，横向嵌入三尺长的木桩，再铺上圆木或石板构筑的悬空“天桥”。就是在过这“天桥”的时候，一位小战友掉下山涧摔死了……

张　星　**您当时也那么小，就不害怕吗？**

李耀宇　沿岷江前行我们到了北川，接连五六天我们在原始森林里行军。进入深山之后路越来越难走，我们遇到了两座山脊间由一根圆木架起的独木桥，站在云雾中若隐若现的独木桥前，我胆战心惊，久久不敢迈腿，卫生队的小伙伴期盼地望着我，都不敢走过去。几经犹豫，我心一横，说，死也要过去！我想出了一个“骑马过桥”的主意，俯身用双腿骑在独木桥上，双手抓住圆木，身子一弓一伸地向前挪动，两眼紧盯着木桥不敢向下张望，只觉得脚下冷风飕飕。全队的小伙伴都学着我的样子过来了。我们卫生队翻过邛崃山，经松潘转向毛儿盖。在这里，我第一次与红一方面军相遇。我们看到红一方面军的战士衣衫褴褛，面色青黑，许多战士的裤管和衣袖烂成布条，露出一根根肋条骨，叫人好心酸。没多久，我们又开始上路，横穿阿坝草原，然后南下进入西康省大渡河边的丹巴县，准备过铁索桥。铁索桥是由9根碗口粗的铁链挂在大渡河两岸，红军攻克丹巴时，四川军阀刘文辉撤退前，斩断了6根铁索，红军工兵将一块块半尺宽的木板捆绑在仅存的3根铁索上，木板与木板之间有半尺宽的缝隙，一眼望去，大渡河在脚下漩涡翻滚，不由得令人胆战心惊。我们卫生队的这些小伙伴几乎是爬着过的铁索桥。

张　星　**过雪山的情况怎么样？**

李耀宇　从丹巴到道孚，海拔五千多米的大雪山山脉横卧在我们的面前，这也是红军长征攀登的海拔最高的路段。最艰难的是在大雪山上露宿，小伙伴们不分男女，互相挤在一起，借助相互的体温抗拒寒冷的山风。疲惫使我们很快睡着，但寒风又马上把我们吹醒。寒气冷入骨髓，大家冻得浑身发抖，牙齿上下铺“嗒嗒”直响。我想出了一个办法，每人咬一小块辣椒噙在口中，慢慢熬到天亮。前面的山路越来越陡峭，积雪越来越深厚，大家身上衣着单薄，脚上还穿露脚丫的草鞋，在风雪中行走，真是要有超出常人的意志才行啊！在最艰险的路段，伙伴们互相你拉着我，我拉着你，在雪槽路里一点点向前移动。当时红军战士大多没有棉军衣，穿的都是四川家乡的单衣，经过长途行军，已经是破衣烂衫，饥饿、疲惫和寒冷折磨着每一个人，我眼看着许多战士扑倒在雪地里死了。当我们气喘吁吁地爬上雪山之巅时，感觉呼吸更加困难，如同有一只手卡住喉咙，脑袋剧烈地疼痛起来，我用力挥手示意同伴们赶快离开雪山顶峰……

张　星　**听说您还差点被一位善良的藏族阿妈收养？**

李耀宇　卫生队到甘孜后，我和两名6岁的小伙伴住在一户3口人的藏胞家里，每天藏族阿妈都给我端来滚热的奶茶和香喷喷的糌粑，用慈爱的目光看着我狼吞虎咽地大吃。我在他家吃住了一个星期，但我听不懂他们说的话。有一天，藏族阿爸找来了土司，告诉我，说藏胞想把我留下来，说我跟着红军走，没吃又没喝，不定哪天就死在哪里了。我说，我听不懂他们说的话呀！又一想，在这里呆下去不行，我对土司说，我还得跟红军走。后来土司就把我的话告诉他们家的人。临走前，藏族阿妈为我杀掉一只小羊羔，给我做成一个金黄色的羊皮背囊。藏族阿妈一边哭一边从长袍里掏出六七个青稞饼装进我的衣袋里，还有炒面、羊肉干、牛肉干。我跪在草地上，给藏族阿妈磕了三个头，他们呜呜哭着，把我揽在怀里，我也哭了。在日后最艰苦的草地行军中，藏族阿妈给我的这一口袋青稞炒面，救了我和许多小伙伴的性命。

张　星　**过一回草地要多少时间？**

李耀宇　有走五六天的，有走十多天的。渡过嘎曲河后，草原渐渐变了颜色，一片片水草沼泽在草原中纵横交错，一蓬蓬蒲团大小的草墩子之间积满了烂泥污水，一群长腿尖嘴的灰白色大鸟，定睛地望着我们这些娃娃兵。先头部队在草地上留下了一道道若隐若现的脚印，给我们提示前进的方向。但一趟脚印不能走过多人，否则一旦踩破草皮，就会陷入泥沼之中，招来灭顶之灾。卫生队一百多人在草地里拉开空当，互相招呼着四处散开，踩着泥水中的草墩一蹦一跳地前进。草墩相距远时，我们只好战战兢兢地蹚着没膝深的淤泥，深一脚浅一脚地行进，直到踏上坚硬的草地才算松了一口气。草地里的气候变幻莫测，十分恶劣。一会儿是烈日灼烤，汗流如雨，一会儿又乌云滚滚，铺天盖地的暴雨夹裹着鸡蛋大的冰雹倾盆而下。我们按照藏族土司传授的方法，伸张双臂把身旁的茅草拢在一起，将草梢尖绾成扣结，一蓬茅草就成了圆锥状，然后在底下扒开一个洞钻进去，只听见冰雹砸在“草锥”上噗噗的声响而不会被砸伤。冰雹停了，我们立刻钻出来捡拾泥水里的冰雹，咬碎了解渴。冰雹刚过，太阳刚刚露头，狂风又来扫荡，紧接着连绵阴雨又淅淅沥沥地下起来，不一会儿，雨丝就变成了白花花的雪霰，然后变成铺天盖地的鹅毛大雪……

张　星　**那人呢？人怎么样？**

李耀宇　人都湿透了，没有一块干的地方。那时也没有雨伞，也没有任何遮雨的东西。下雹子也好，下雨也好，下雪也好，都是在夏天，一出太阳，天马上就变了，人不会冻坏。那时大家都没有穿的。

张 星 **那都穿什么呢?**

李耀宇 没过草地以前,老百姓用牦牛毛织的毛布,穿在身上非常扎人。什么颜色都有,白色、黑色。我们过了草地到达陕北的保安,毛主席他们见到我们这个样子,毛主席说:你们四方面军吃苦了,受罪了!你们把身上穿的都脱了,该烧的烧了,该埋的埋了。我们身上都长满了虱子,我穿的那一件衣服,烧的时候在火里噼里啪啦地特别响!后来,让我跟着毛主席的大秘书黄祖炎做事。几天以后,毛主席带着一些同志去看我们这些小鬼,毛主席询问了我的一些情况后说:"你好命大!过雪山没有冻死,过草地没有饿死,大江大河没有淹死,人小命大呀!"黄祖炎知道这件事后赞叹地说:"好不简单呢!毛主席还来慰问你。"草地那么艰苦,全队没有饿死一个人。当我们终于走出草地,吃上老乡为我们做的馒头和面疙瘩汤时,却有两个小伙伴不听指令,偷偷多吃,结果给撑死了。主要是饿得太久了,胃受不了。

张 星 **能讲一讲您自己在长征路上的感受吗?最艰苦的时候是怎样度过去的?是什么信念支撑着您?**

李耀宇 最艰苦的是过草地,我刚才讲了,下这么大的雹子,我们都钻到草里边去,不钻进去就被砸死了。那地方,今天下的是雹子,到了明天就下起大雪来,腿在雪地里冻得都拔不出来。什么信念?道理很简单,你不走就只能是死。

张 星 **您那时候知道红军是干什么的吗?**

李耀宇 知道。我爸爸回来后,打土豪分田地。我们的部队是红军,是打土豪分田地的。我父亲是在给人织布时遇到了红军,给红军带队翻过了大巴山,之后就参加了红军。

李东平画外音:我为了写这本书又带着父亲回了一次延安。当年毛主席住的小院旁，现在已经盖起了居民楼。我父亲领着我，看着山的方位，凭着他的记忆，绕到楼后头，告诉我，就在这儿。这是当年毛主席与贺子珍的居住地。那个窑洞就是毛主席戴八角帽，斯诺拍的那张照片的背景上的窑洞。可现在却没人知道了。延安现在用来展览的毛主席故居，是毛主席后来和江青居住的窑洞……

说心里话，帮助父亲断断续续回忆了18年，但我仍然不能真正洞悉他的内心世界。在那片天地里一定有光明、荣誉和自豪，也一定有黑暗、屈辱、恐惧、愤怒、不平和思索。父亲一定隐藏了许多的史实和隐私，那将是永远的谜，也是我的无奈。我猜想他，尽量展示欢快的人生，来鼓舞他的子孙寻找生活的乐趣，多一点生活的理由。夕阳余晖中，我经常看见父亲独自一人呆坐，久久地凝视着窗外……

后 记

写人物这么久了，结集出版可以说是由来已久的心愿，之所以一拖再拖，缘于总是有新的人物让我投入新的激情去采访和写作，以至于人物的名单越拉越长，而新采访的人物还在不断积累着，便没有时间坐下来整理和编辑，总是想把这个人物写完了再说，于是今天一个新的人物，明天又一个新的人物，接力赛一般没有终点。终于有一天，我给自己写过的人物排了一下目录，发现竟然已经写了几百个人了！于是，我说服自己暂时停一下，给自己多年的劳动作一个总结。没想到，在正常的采访写作中插入这件事实在是太困难了，时间总是让给新的工作，断断续续，一做就是半年多，今天，总算是告一段落了！从我上一本书《女人的廊桥》出版到现在，已经过去了五年，这五年是我采访人物最多、写作也最疯狂的五年。这套书中所收录的不过是这些年我写作海洋中的一朵浪花而已。当然，也有一些篇幅是我更早时候的作品，收录进来，是因为当时采访的不容易。

我写的名人印象和访谈，与我们通常见到的一些电视节目主持人出版的名人访谈书籍最大的不同，在于它不是先有电视录像，然后再整理成文字。而是以文字为第一媒介,文字的优势明显高于电视类访谈书籍。在这套书中,每一个人物都由简介、印象和访谈录三部分组成,基本上都是这个格式。个别也有不一样的,也有的是没有公开发表过的,比如我与叶嘉莹教授的访谈录等,有的人物我不是采写过一次,而是多次,但我也是基本上以采写比较深刻的那一次为准。我与王小慧的对话,也曾被编入她的著作《双子座》中。感谢我所就职的报社领导多年来对我的信任和扶持,感谢每一位受访者的真诚合作,感谢百花文艺出版社和对本书给予过帮助和大力支持的朋友们。还要特别感谢为我的这些文字拍摄精彩图片的摄影师们,他们有的是我报社多年的同事,比如刘耀辉、祁小龙等。有的是我多年来的好朋友,比如张越、田丕津。还有为我拍摄封面肖像的"百年印象"的尹春华先生,在此一并表示我深深的谢意!

因为篇幅的原因,还有一些也相当不错的文稿未能收录进来,特把目录附于文后。

《关牧村:一支难忘的歌》

《赵大民:芳草尽处云海深》(合写)

《绳岚:夺冠的"天津风采小姐"》

《徐翠萍:立功奖台上的外来妹》

《孟京辉:让话剧留下一个温婉的记忆》

《朱军:永远的西北汉子》(合写)

《许振超:开吊车的当代英雄》

《曾欣:捐献爱心的天使》

《杜献洲:用生命写新闻》

《韩少功:到乡间寻找一片月光》(合写)

《张大千:在墨西哥建一座中国龙城》

《王石:男人五十正辉煌》

《冯仑:伟大是熬出来的》

《侯小强:博客是私人史的博物馆》

《张旺:让古典与玄幻活灵活现》

《王淑云:母亲就是春天的阳光》

《孙玉龙:喝海河水长大的敦煌市长》(合写)

《李云迪：高举圣火的钢琴诗人》
《吴泽洲：为中国民乐敲开金色大厅之门》
《高满堂：金牌编剧的平民情华》
《蔡笑晚：我的事业是父亲》
《张世伦：多彩人生永无结尾》
《马骅：追寻那片心灵的净土》
《荣恩成：此生献大漠的天津人》
《李伟：渤海之滨的“当代精卫”》
《陆川：用生命拥抱电影》
《李夫：我参加了开国大典》
《林兆华：渴望像鸟儿一样自由飞翔》(合写)
《石惟正：走过如歌岁月的“脱衣舞者”》
《黄殿祺：情系曹禺故居纪念馆》
《周有光：汉语拼音之父》
《王金森：见证中国电信业的腾飞》
《吴为山：塑孔子像，立文化丰碑》(合写)
《闾丘露薇：盛开在新闻第一现场的玫瑰》(合写)
《布林别克：我替阿依努尔道一声谢》
《罗荣岳：“阿瘦”胸襟中的皮鞋王国》
《张立琴：一个人的希望小学》
《陈荣秀：“南丁格尔”是这样炼成的》
《陈燕妮：我在美国当记者》
《章臣桂：书香药香装点的人生》
《陆蓉之：做女人的艺术》
《张聂尔：将军的女儿在死神面前来来往往》

张星

2011年初夏